望城年鉴

WANGCHENG ALMANAC

（2016）

中共长沙市望城区委
长沙市望城区人民政府　主办
长沙市望城区史志档案局　承编

方志出版社
Publishing House of Local Records

图书在版编目（CIP）数据

望城年鉴. 2016/长沙市望城区史志档案局编. ——北京：方志出版社，2016.9
ISBN 978-7-5144-2105-7

Ⅰ. ①望… Ⅱ. ①长… Ⅲ. ①区（城市）—长沙市—2016—年鉴 Ⅳ. ①Z526.44

中国版本图书馆 CIP 数据核字（2016）第 238889 号

望城年鉴（2016）

编　　者：长沙市望城区史志档案局
责任编辑：李志瑜

出 版 人：冀祥德
出 版 者：方志出版社
地址　北京市朝阳区潘家园东里 9 号（国家方志馆 4 层）
邮编　100021
网址　http：//www. fzph. org
发　　行：方志出版社发行中心
电话（010）67110500
经　　销：各地新华书店
印　　刷：深圳中华商务安全印务股份有限公司

开　　本：889×1194　1/16
印　　张：19.5
字　　数：612 千字
版　　次：2016 年 9 月第 1 版　2016 年 9 月第 1 次印刷
印　　数：0001～1000 册

ISBN 978-7-5144-2105-7　定价：210.00 元

“三严三实”专题教育

SAN YAN SAN SHI ZHUAN TI JIAO YU

5月27日，“三严三实”专题教育在望城区全面铺开。围绕“严以修身”“严以律己”“严以用权”三个主题，2015年全区79名副县级以上在职党员干部分成5个组分别开展了三次集中学习和研讨，并通过上级点、自身查、群众提等渠道，累计查摆各类问题200余个。同时，将“三严三实”专题教育中的“一进二访”活动与精准扶贫工作结合起来，逐步向基层党员干部延伸，干部联点帮扶实现全区155个村（社区）全覆盖，1131名副科级以上干部与贫困户结成对子，全年解决村级发展问题、困难群众个人问题76个，帮扶金额达600多万元。

长沙市副市长张迎春出席望城区委第一次专题学习研讨会

望城区“三严三实”专题教育第一次集中学习专家辅导会

全区副县级以上干部参观党史展览

雷锋家乡小雷锋——周美玲

LEI FENG JIA XIANG XIAO LEI FENG ZHOU MEI LING

周美玲是望城区茶亭镇简文中学的一名学生，2015年5月22日傍晚，12岁的小美玲不顾个人安危，在千钧一发之际从渣土车车轮下救出3岁幼童，自己身负重伤。10月13日，在第五届全国道德模范授奖仪式上周美玲获得见义勇为类道德模范称号，是获奖者中唯一的未成年人。中央政治局常委、书记处书记刘云山称赞她为“雷锋家乡小雷锋，最美小少年”。

一个人感动一座城。小美玲内心涌动的善良让她成就了惊天壮举，也体现了她作为雷锋家乡小英雄的责任与担当。

讲文明树新风公益广告——雷锋家乡小雷锋周美玲

省委书记徐守盛与见义勇为模范周美玲握手，称赞她是“英雄出少年”

周美玲参加社区活动

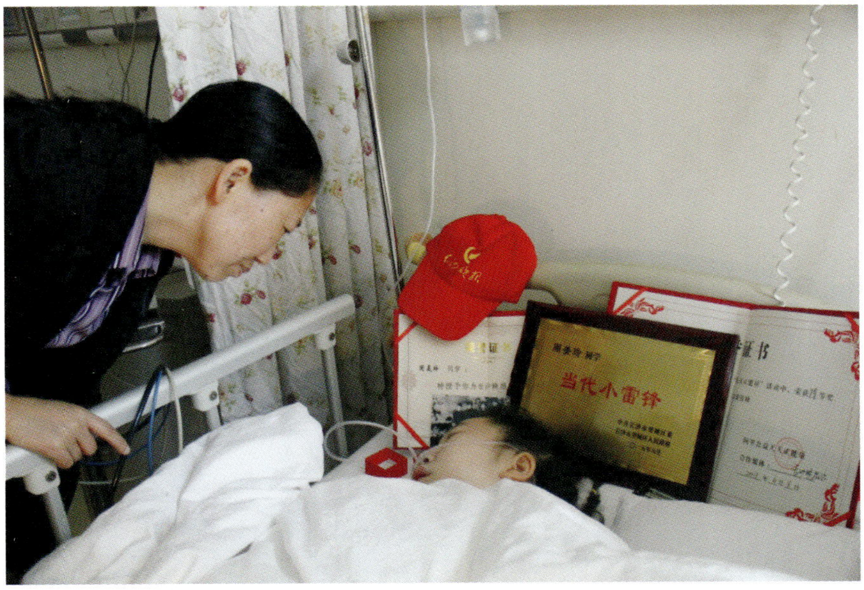

2015年6月9日，望城区委区政府授予周美玲“当代小雷锋”称号。图为美玲和妈妈在一起

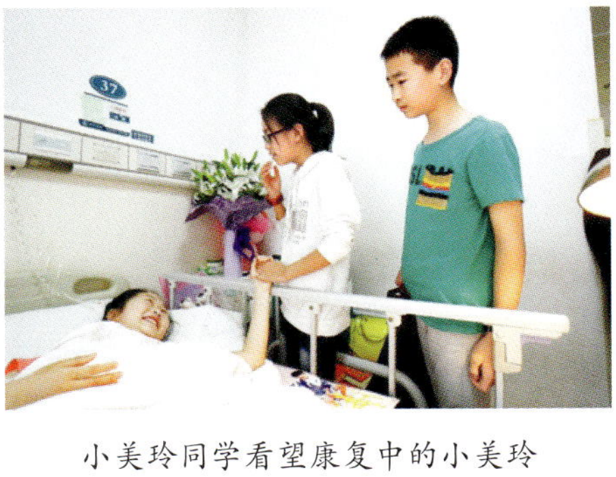

小美玲同学看望康复中的小美玲

周美玲重返课堂

WANGCHENG
YEARBOOK

雷锋精神耀望城

LEI FENG JING SHEN YAO WANG CHENG

望城是雷锋的故乡，雷锋精神已经融入每一个望城人的血液中。几十年来，望城注重雷锋精神品牌的塑造，同时也着力打造典型引领，在各个时期树立可学可比、可亲可敬的学雷锋典型，先后涌现了一大批“49颗学雷锋之星”、被中宣部授予时代楷模称号的消防大队、坚持送戏下乡的雷锋艺术团、为老百姓提供免费借阅书籍的雷锋图书馆等一批扶贫济困、乐于助人的个人和集体。雷锋精神之花在望城大地绽放，影响每一个雷锋人。

WANGCHENG
YEARBOOK

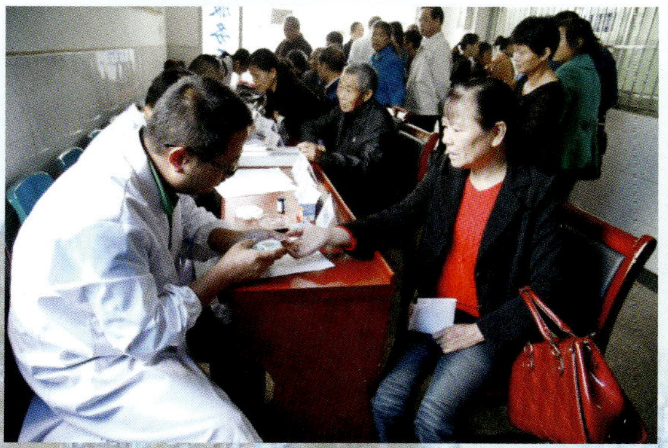

服务百姓健康行动义诊现场

“雷锋号”志愿者工作站工作人员为全区开展的重大活动服务

志愿服务队授旗仪式现场

望城共有学雷锋志愿服务站点450多个，义务为居民提供贴心服务。图为政务大厅内“雷锋580”志愿服务站。

望城率先全省推出以捐赠为“营业项目”的雷锋超市

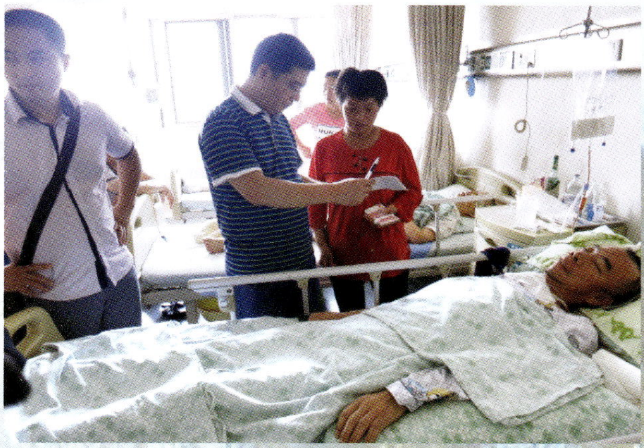

“雷锋580”志愿者到医院看望大病患者并送上紧急救助款

望城区着力打造以扶贫济困为重点的“580”学雷锋资源服务品牌，并率先在全国出台了《关于加大困难群众帮扶力度，推动扶贫济困工作常态化的决定》。同时不断壮大志愿者服务队伍，在公共场所规范建立“580”自愿服务站点。

“雷锋580”民生紧急救助热线中心服务大厅

雷锋政务超市

LEI FENG ZHENG WU CHAO SHI

2015年，望城区以雷锋精神为引领，简政放权、提高行政效能、提升行政服务能力，政务服务中心提出“雷锋政务超市”概念，为群众提供一站式政务超市服务。

率先全省实现国、地税窗口联合办税

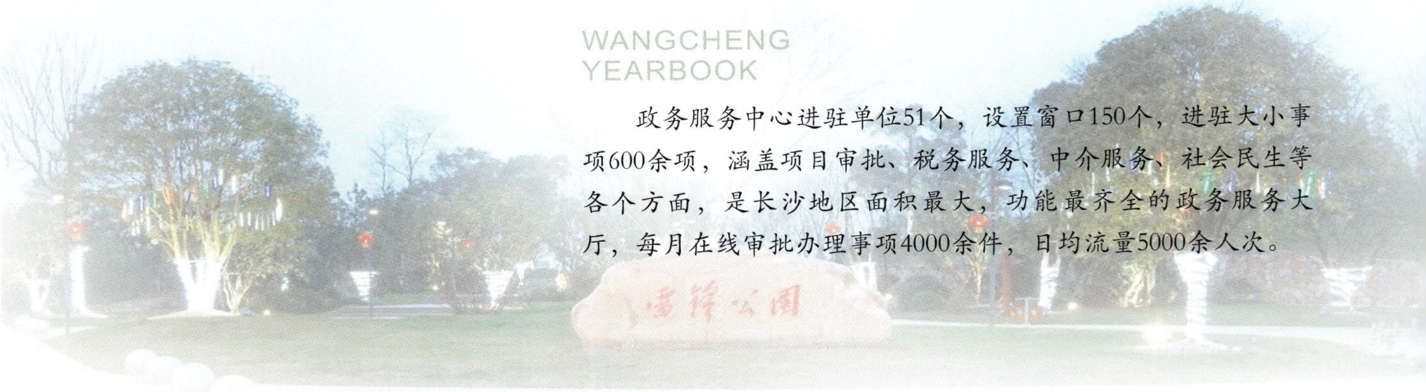

WANGCHENG YEARBOOK

政务服务中心进驻单位51个，设置窗口150个，进驻大小事项600余项，涵盖项目审批、税务服务、中介服务、社会民生等各个方面，是长沙地区面积最大，功能最齐全的政务服务大厅，每月在线审批办理事项4000余件，日均流量5000余人次。

政务超市大厅全景

社区政务超市

各项便民服务方便群众办事

狮子型团队、狮子型干部评选表彰

SHI ZI XING TUAN DUI SHI ZI XING GAN BU PING XUA BIAO ZHANG

望城区召开第三届狮子型团队和干部评选表彰大会。本次评选采取大众评审团现场投票的形式，最终评选出区发改局、区政务服务中心、月亮岛街道、大泽湖街道、丁字湾街道、区公安局巡警大队、芙蓉北大道工程建设指挥部、驻深圳招商工作组、区国土局征拆事务所、滨江片区征拆指挥部10个“狮子型团队”，刘洪波、易文龙、姚杰、廖忠宇、杨军、李思慧、周祥、吴浩、刘波、李志良10名“狮子型干部”。

表彰会上，市委组织部评价了望城开展狮子型干部和团队评选表彰活动取得的成效，并要求望城加大干部队伍建设力度，完善狮子型干部“选、育、管、用”工作体系，努力为全市干部队伍建设积累更多的经验。

提名奖个人现场陈述个人事迹

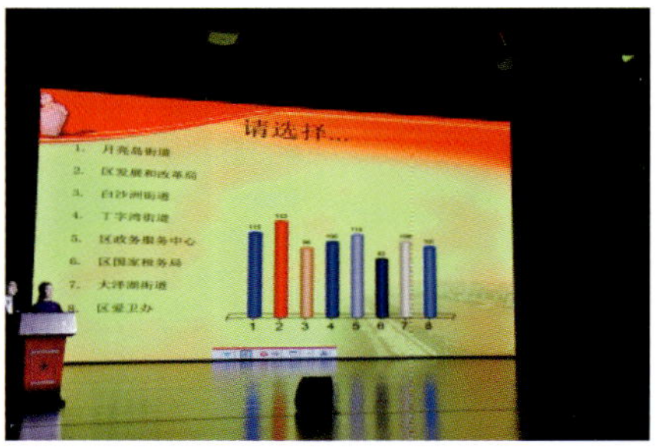

差额投票选取获奖者

大众评审现场投票

《望城年鉴》编辑委员会

《望城年鉴》编辑部

编 辑 说 明

一、《望城年鉴》是由中共长沙市望城区委员会、长沙市望城区人民政府主办，长沙市望城区史志档案局编纂的反映望城区情的大型年刊。《望城年鉴（2016）》的编写坚持以马列主义、毛泽东思想、邓小平理论、“三个代表”重要思想和科学发展观、中共十八大精神为指导，深入贯彻习近平总书记系列讲话精神。全书全面记载了2015年全区各乡镇（街道）、各部门、各行业的基本情况、主要工作和重要事件，收录了部分文件和统计资料，反映了望城改革开放的新进程和经济建设、社会发展的新成绩、新经验以及出现的某些问题。所载资料力求全面、系统、真实、准确。

二、本卷采用分类编辑法，设部类、分类两个层次，部分分类下增设子类。全书共有24个部类，102个分目，65个子目。正文体例有概述、概况、条目、专文、特载、附录、资料等，以条目为主体，卷末设置索引。新增《望城湘江洲岛》特色栏目。

三、本年鉴所载内容均由各部门、各单位专人撰写、领导审核，最后由编委会定稿。各单位领导名单以2015年12月31日在职为准，涉及到机构改革部门、合并乡镇（街道）的领导名单适当延伸至2016年3月。

四、本卷中有关全区国民经济和社会发展的主要数据均由统计局提供，行业数据由各部门提供。由于统计口径不同，引用数据时请读者以望城统计公报为准。

五、文字资料中插排的图片均由相关部门提供并审核；彩色专版部分图片由《名望之城》编辑部提供，由肖毅、全裕高、魏波、邹彦、水生等摄影。

六、本年鉴的编辑出版，得到了各级领导和部门的大力支持，在此深表谢意。由于编辑人员水平有限，疏漏、错误之处在所难免，敬请广大读者批评指正，使之更臻完善。

2016年8月

目　　录

特　　载

大　事　记

望城概况

政　　治

群众团体

法 治

地方军事

经济综合管理

园　　区

农 业·气 象

工　　业

城乡建设·环境保护

财税·金融

商贸·旅游

交通·邮电·电力

教育·科技

文化·体育

医疗卫生和计划生育

社 会 生 活

街道 · 乡镇

人 物

光 荣 榜

统 计 资 料

附 录

索 引

彩 版 目 录

Main Contents

Park Area

Agriculture · Meteorological

Industry

Town Construction · Environmental Protection

Tax and Banking

Commerce · Tourism

Traffic & Post and Telecommunication & Electric power

Education & Science and Technology

Culture & P · E

Medical Treatment and Health and Family Planning

Social Livelihood

Villages and Towns & District

People

Honor Roll

Statistics

Appendix

特 载

科学谋划 务实奋进
努力建设更加美丽强盛幸福的名望之城

——在区委一届二十六次全体(扩大)会议上的讲话

2015 年 12 月 21 日

中共长沙市望城区委书记 孔玉成

同志们:

这次会议的主要任务是,深入贯彻党的十八届五中全会、习近平总书记系列重要讲话和省、市精神,全面总结"十二五"特别是今年以来的各项工作,科学谋划"十三五"发展蓝图,研究部署明年工作,动员和号召全区上下担当有为、务实奋进,努力建设更加美丽、强盛、幸福的名望之城。下面,我根据区委常委会研究的意见,讲四个问题。

全面总结"十二五"发展成就

过去的五年,是望城实现由县到区历史性跨越、具有里程碑意义的五年。五年来,我们在市委的坚强领导下,牢牢把握撤县设区的历史机遇,奋力推进经济社会转型创新发展,完成和超额完成了"十二五"的目标任务,实现了各项事业的大步跨越,开创了望城发展的崭新局面。

——"十二五"是区域经济快速发展的五年。预计 2015 年全区地区生产总值、财政总收入、工业总产值、固定资产投资、社会消费品零售总额等主要经济指标均实现翻番,分别是"十一五"末的 2.2 倍、2.9 倍、2.8 倍、2.8 倍、2.5 倍。先后引进投资过亿元项目 221 个,发展后劲显著增强,我区荣获全省全面小康经济快进县第一名。望城经开区成功晋升国家级园区,有色金属新材料产值突破 500 亿元,全区工业产值迈上千亿元新台阶。商贸物流业实现快速发展,一批大型市场集群强势入驻,一批商业巨头抢滩登陆。成功举办三届休闲农业与乡村旅游主题节会,休闲农业已成为望城具有全国影响力的靓丽名片。

——"十二五"是城乡建设成效显著的五年。京港澳高速复线、湘江综合枢纽等重大工程相继通车通航,全区新增等级以上公路 300 公里,对接长沙、融入全省、策应全国的开放型交通体系即将形成。公园城区建设大步迈进,城市管理、绿化美化力度空前,月亮岛、高塘岭等片区日新月异,全区新增建成区面积 20 平方公里,我区继续保持"省级文明城区"称号。中心集镇提质顺利推进,湘江古镇群成为望城名片,小城镇建设得到各级领导的高度肯定和社会各界的广泛赞誉。农村环境

整治走在全省前列,美丽村落建设声名远扬,城乡一体化的“望城样本”备受推崇。

——“十二五”是民生福祉大幅提升的五年。始终坚持民生优先、共建共享,民生支出占财政总支出比重达71%,保障水平位居全省前列。可持续、均等化的创业就业服务体系初步形成,城镇居民人均可支配收入稳步增长,农村居民人均可支配收入跃居长沙四县市之首。城乡一体、全面覆盖的社会保障和救助体系不断完善,社会保险扩面提档,住房保障全面加强,扶贫济困、学雷锋活动走在全国前列。全覆盖、均衡化的公共服务体系更加健全,合格学校建设成效显著,基本公共卫生服务实现免费供给,城乡公交线路大幅增加,群众文体生活丰富多彩。五位一体、联防联控的社会治理模式更加完善,综治公众满意度连续三年位居全市第一。

——“十二五”是党的建设全面加强的五年。扎实开展创先争优、党的群众路线教育实践活动,党员干部的工作作风明显改进,联系服务群众的“最后一公里”更加畅通。落实党组织书记管党责任,构建“大群众工作”格局,推进“领头雁”培训工程,创新党员教育管理机制,基层组织建设走在全市前列。牢固树立正确用人导向,开展“狮子型”干部评选表彰,推行“有错无为”问责,实施人大、政协评议,党员干部履职尽责意识显著增强。严格落实党风廉政建设“两个责任”,率先全市实施纪检监察组织派出改革,创新建立“制度 + 科技 + 文化”廉政风险防控机制,始终保持惩治腐败的高压态势,我区连续四年获评全市党风廉政建设先进单位。

回顾五年来的奋斗历程,历数五年来的发展变化,我们倍感振奋、深受鼓舞。这五年,我们成功实现撤县设区,望城的战略定位、发展格局和区位价值发生了根本性变化,标志着我区步入加快融城步伐、建设现代城区的崭新时代。这五年,我区一系列工作走在全市、全省、全国前列,得到省、市主要领导的高度肯定,相继获评全国县域经济科学发展特色区、国家可持续发展实验区、全国休闲农业与乡村旅游示范区、全国市辖区综合实力百强和投资潜力百强。这五年,望城的关注度、知名度、美誉度不断扩大,全区人民的归属感、自豪感、幸福感持续增强,省会新城区的整体形象全面提升。

特别是今年以来,面对持续加大的经济下行压力、艰巨繁重的改革发展任务,我们坚决贯彻上级部署和要求,主动适应新常态,全力以赴稳增长,统筹兼顾建小康,经济社会实现持续健康发展,为“十二五”画上了圆满句号。预计全年完成地区生产总值520亿元,同比增长11.9%;规模工业增加值255亿元,增长14%;固定资产投资670亿元,增长17.2%;财政总收入63.9亿元,增长14%;社会消费品零售总额100亿元,增长20%;城镇居民人均可支配收入37200元,增长8.9%;农村居民人均可支配收入25800元,增长9.2%。

1. 产业升级实现新突破。新型工业跨越发展。“一区两园”加速壮大,望城经开区强力推进项目攻坚,引进证通电子、智能交通产业园等投资过50亿元项目,中粮可口可乐、安多福等项目实现当年签约当年建设,旺旺乳饮、湘江涂料等重点项目建成投产;铜官循环基地成功引进方盛制药等优质项目,金驰能源等项目顺利投产,园区工业产值和税收实现较快增长;乌山中小企业园投产企业达17家。产业培育成效明显,有色金属、食品加工等主导产业不断壮大,金龙、澳优等骨干企业实现逆市高位增长,晟通成功打开中东市场,华望科技登陆“新三板”,预计全区工业总产值突破千亿元大关。创新能力不断增强,黄金创业园获评省级科技孵化器,长高集团有望获批国家企业技术中心,预计全区高新技术产业增加值占GDP比重提升至29.5%。第三产业加快发展。专业市场建设扎实推进,金桥国际食品建材城、高星物流市场区二期启动招商,湾田国际仓储区即将投运,三大市场新增市场主体4600个。商贸流通业前景看好,奥特莱斯营业收入同比倍增,永通汽车预计全年销售额突破30亿元。文化旅游业方兴未艾,铜官窑国际文化旅游度假区全面开工,柏乐园、千龙湖、靖港古镇人气火爆,全区接待游客突破1000万人次。现代农业创新发展。现代农业试验区大力实施农业综合配套改革,设立城乡融合产业基金,“三权分置”改革稳步推进,苏蓼垸涉农资金统筹试点成效明显。望城农科园加快农业创新创业园建设,一批项目相继入驻,园区服务功能和带动作用不断增强。

2. 城乡建管开创新局面。沿江开发快速启动。高标准、大力度、快节奏推动“一路两带”规划建设,城市设计、项目规划取得初步成果,征地拆迁、争资融资高效推进,滨水片区建设蓄势待发。区域交通加速推进。石长铁路复线、湘江综合枢纽坝顶大桥、铜官大道一期、湘江大道景观道竣工投运,黄桥大道打通“最后一公里”,芙蓉北大道主线即将通车,地铁4号线、长株潭城际铁路开工建设,内通外连、城乡一网的交通体系日趋完善。镇村建设亮点纷呈。坚持“一镇一特”,持续推进精品小镇建设,梅花岭集镇品质全面提升,徐家桥集镇整治成效明显,铜官进入“全国特色景观旅游名镇”行列,乔口入选“全省美丽示范乡镇”,桥驿鸿家隆生态小区成为全省农民集中安置的典范。积极开展美丽村庄、美丽屋场、美丽庭院创建,团山湖、高桥村等美丽村落英姿初展。环境治理成效显著。数字化指挥中心建设走在全国前列,精细化考核扎实推进,城市管理水平大幅提升。积极开展城乡环境综合整治,“两河两垸”获评省级水利风景区,乔口水利风景区一期建成,我区垃圾分类试点经验得到省政府《研究与决策》专题推介。省、市领导集中到望城参加义务植树,全区上下绿化造林热情高涨,全年新增绿化面积2.5万亩。

3. 深化改革获得新进展。政府机构改革顺利实施。深入开展政府机构优化调整,部门精简、职能转变有力推进,行政效能不断提升。设立城管局及市政、环卫、园林三局,大力推动执法重心下移、服务前移,城市管理体制进一步理顺。政务服务改革成效明显。审批事项实现“应进必进”,减少办事流程2700项,行政审批提速65%以上,政务服务达到全省一流水平。经济体制改革取得突破。改进征拆安置体制机制,完善审批代办制、项目法人责任制、招投标和政府采购管理办法,征拆安置和项目建设更加规范、高效。完善招商工作机制,全年引进产业项目45个,其中过亿元项目26个。调优区、镇财政管理体制,基层抓经济、促发展的潜力得到充分释放。乡镇区划调整改革稳步推进。依规依程序推进乡镇区划调整,为进一步优化空间布局、完善基层治理和提升服务效能奠定了坚实基础。

4. 民生事业迈上新台阶。保障体系更加健全。创业就业持续推进,精准扶贫全面实施,紧急救助常态开展,"安居工程"建设全省领先,居民社会保障卡正式发行,城乡社会保障水平稳步提高。公共服务更加优质。长郡月亮岛学校如期开学,湖南一师附小成功入驻,我区首家三级甲等医院正式开工,教育、卫生事业优质均衡发展取得新突破。公共自行车租赁系统正式运营,乡镇公交覆盖率达70%,"绿色出行"理念深入人心。基层文体事业蓬勃发展,谷山体育公园建成开园,雷锋艺术团有望获评全国"服务农民、服务基层"文化建设先进集体。社会环境更加和谐。强力推进"法治望城""平安望城"建设,我区被评为全国法治创建先进单位,连续三年获评全省社会管理综合治理先进区和安全生产先进区。学雷锋活动常态开展,"全国道德模范"周美玲、"中国好人"胡丙炎、"湖南最美志愿者"谭铁辉等先进典型相继涌现,得到广大群众的纷纷点赞。

5. 管党治党取得新成效。以专题教育转变思想作风。扎实开展"三严三实"专题教育,对照"乐东经验"找差距,对照问题抓整改,各级领导干部忠诚、干净、担当意识不断增强。以严明纪律推动反腐倡廉。严格落实"两个责任",深入开展警示教育,持续推进"四风"整治,严肃查处"苍蝇式"腐败,进一步营造了廉洁从政、风清气正的政治环境。以实干导向培育干部队伍。坚持以实干选贤能、凭实绩用干部,聚焦发展一线锻炼干部,组织外出学习培养干部,选优配强各级领导班子,"狮子型"干部培养选拔模式得到中组部专题推介。以阵地建设夯实组织基础。积极开展"一进二访"和群众工作"点赞"工程,一批群众关注的热点难点问题得到有效解决。大力实施基层党建"三化"工程,扎实推进管党责任考评、党员教育管理和党小组规范化建设,基层党组织不断提质升级,基层党建工作得到上级充分肯定。

这些成绩的取得,是全区上下始终坚持发展主题、投身发展实践、服务发展大局的结果,是全区上下始终坚持实干兴区、强力攻坚克难、狠抓工作落实的结果,是全区上下始终坚持团结协作、凝聚广泛共识、合力干事创业的结果。这些既是我们克服困难、推动发展的重要经验和坚强保障,更是望城事业长盛不衰、繁荣兴旺的重要法宝和不竭动力!在此,我代表区委,向为望城发展打下坚实基础的历届区委(县委),向长期奋战在发展一线的广大干部群众,向大力支持改革发展的驻区单位、离退休老同志和各界人士,表示崇高的敬意和衷心的感谢!

科学谋划未来五年发展蓝图

"十三五"时期是协调推进"四个全面"的关键期,也是我们加快建设省会新城区的黄金期。站在新的发展起点上,我们要主动顺应发展大势,准确把握阶段特征,积极应对机遇挑战,切实增强工作的前瞻性、主动性和实效性。

科学研判宏观形势,做到超前谋划、积极有为。党的十八届五中全会,对我国"十三五"发展进行了科学谋划,提出了坚持"四个全面"、树立"五大理念"、推进"六大建设"等重要战略思想,为我们加快发展提供了行动指南。省委、省政府深入推动"五化同步"、促进"三量齐升",市委、市政府大力推进建成"三市"、实施"三倍"战略,为我们改革发展明确了具体路径。对此,我们必须因势利导,超前谋划,着力在树理念、强动力、抓重点、补短板上下功夫,更加积极有为地做好各项工作,切实增强发展的平衡性、包容性和可持续性。

准确把握战略机遇,做到精准施策、借势而为。从国家层面来看,我国仍处于大有可为的重要战略机遇期,中央确立了"十三五"时期经济保持中高速增长的发展目标,提出了坚持发展是第一要务、以提高发展质量和效益为中心的战略要求,明确了推动"供给侧"改革、实施区域发展"三大战略"、推进"三个重大"等政策措施,有利于我们在更高起点上推动经济社会转型创新发展。从区域战略来看,省委、省政府强力推进长株潭"两型"试验区、洞庭湖生态经济区、国家自主创新示范区建设,大力发展县域经济、非公经济、开放型经济和金融经济;市委、市政府大力开展新型城镇化综合试点、现代服务业试点、现代农业综合配套改革,特别是将强力推动"双核"共进、全面建设国家级湘江新区,为我们提供了难得机遇和有力支撑。从自身条件来看,随着"十三五"时期京港澳高速复线、长益高速复线、长株潭城际铁路的竣工通车和金桥枢纽站、长沙西客站的建成投运,望城作为长沙重要交通枢纽的区位优势将进一步放大,特别是地铁4号线一期正式投运后,将缩短望城与长沙中心城区的时空距离,必将快速带动"一路两带"滨江片区开发建设。随着长沙城市西扩步伐加快,我区的空间容量和环境承载优势将进一步凸显。随着一大批重大优质项目相继落户和建成投产,我区的产业聚集和带动优势将进一步增强。我们完全可以预见,"十三五"时期望城必将进入城市建设、产业发展的黄金期。对此,我们必须抢抓机遇、乘势而上,努力在新一轮大发展中争得主动权、谋求大突破。

清醒看待困难挑战,做到未雨绸缪、主动作为。一是经济发展的挑战。经济总量不够大,先进制造业龙头企业少,工业园区引擎作用有待进一步发挥,现代产业体系构建还任重道远,我们面临着扩大总量和提升质量的双重压力。二是城市建设的挑战。空间布局还不优,城市品质还不高,公共配套还不足,综合交通体系建设亟待进一步提速,区位优势有待进一步提升,我们面临着加快城市建设和提升城市品质的双重任务。三是干部队伍的挑战。少数党员干部的进取精神、担当意识还不够强,思想观念、能力水平、工作作风还不能完全适应转型创新发展的需要,干部队伍面临着提升能力和激发活力的双重要求。对此,我们必须坚持问题导向,以未雨绸缪的思维超前谋划,以迎难而进的勇气攻坚克难,拼出望城发展的新天地。

基于以上分析,未来五年,望城发展的战略定位是建设现代化公园式滨水新城区。以湘江为黄金发展轴,大力推动一江两岸协同互动发展,着力提高城市品质、彰显滨江魅力,吸纳高端要素、聚集现代产业,繁荣社会事业、改善人民生活,努力把望城打造成为现代产业聚集区、城乡统筹样板区和生态宜居首善区,建设更加美丽强盛幸福的名望之城。这是贯彻中央、省委、市委决策部署的政治责任,也是坚持一任接着一任干、一张蓝图绘到底的必然要求。只要我们始终保持战略定力,一以贯之,一抓到底,持续用力,久久为功,我们的目标任务就一定能够圆满完成,我们的美好愿景就一定能够顺利实现。

未来五年,望城发展的战略目标是:五年倍增,质效齐升。五年倍增,就是确保到2020年,地区生产总值、财政总收入、工业增加值等主要经济指标增幅高于全市平均水平,总量在"十二五"末的基础上翻一番,地区生产总值、规模工业总产值分别迈上1000亿元、2000亿元新台阶。质效齐升,就是确保到2020年,我区经济总量、发展质量、人均均量同步提升,城乡品质、产业格局、生态环境同步优化,区域差距、城乡差距、贫富差距同步缩小,居民生活质量、文明程度、幸福指数同步提高,引领望城实现更高水平的全面、协调、可持续发展。这是区委深入调研、集思广益的科学决策,也是凝聚共识、汇聚力量的目标要求,顺应了人民群众的热切期盼,也体现了望城干部的责任担当。我们要深刻领会,全面理解,精准把握,切实形成推动五年倍增、实现质效齐升的高度自觉。

未来五年,望城发展的空间布局是建设四大主体功能区。滨水城市核心区是城市建设的主战场,包括高塘岭、月亮岛、大泽湖、白沙洲等街道。要在扩容、提质上下功夫,以打造中部最美滨江生态公园群为重点,切实加快城市建设,提升城市品质,大力发展现代商贸、总部经济、金融服务、电子商务等产业,致力建设现代城区、花园城区、智慧城区、海绵城区,使之成为雷锋故乡的靓丽客厅、品质长沙的精美名片、滨水城市的建设典范。城市功能拓展区是现代产业的聚集区,包括金山桥、黄金园、乌山、丁字湾等街道。要在做强、做优上下功夫,大力发展有色金属、食品加工、电子信息、商贸流通等产业,努力构建湖南最具特色的先进制造产业群、专业商贸市场群和产城融合示范区。文化旅游发展区是望城彰显历史底蕴、凸显生态优势的特色功能区,包括铜官、靖港、乔口等街镇。要在整合、提升上下功夫,着力保护自然环境、弘扬湖湘文化、推进产业融合,积极发展文化旅游、休闲度假、都市农业,努力建设文化创意、百姓创富基地和中国最具魅力的古镇群、享誉全球的环湘江旅游圈。生态涵养保护区是支撑望城可持续发展的生态功能区,包括桥驿、茶亭、白箬铺等乡镇。要在探索、创新上下功夫,率先开展现代农业综合配套改革,积极发展绿色种养、都市农业、乡村旅游等业态,使之成为重要生态屏障、绿色经济高地、都市田园样板。四大功能区的规划布局,是借鉴先进地区成功经验、继承创新已有发展思路做出的重大决策,是引领望城长远发展的战略部署。全面实施这一战略,关键是要强化规划引导、政策配套和分类考核,努力形成主体功能明确、区域错位发展、资源配置优化、整体效能提升的一体化发展格局。

未来五年,望城发展的总体要求是协调推进"四个全面"。要始终坚持以人为本,充分发挥人民的积极性、主动性、创造性,协调推进经济社会发展、城市农村发展、河东河西发展,率先全面建成小康社会,加快向基本现代化迈进,让发展成果更多更公平地惠及人民群众。要坚持以全局观念和系统思维谋划改革,树立强烈的问题导向,协调推进经济、政治、文化、社会、生态文明、党的建设等各方面改革创新,坚决跳出惯性思维、摆脱路径依赖、破除制度弊端,为建设现代化公园式滨水新城区提供不竭动力。要运用法治思维和法治方式推动望城发展,坚持依法治区、依法执政、依法行政共同推进,坚持法治望城、法治政府、法治社会一体建设,实现严格执法、公正司法、全民守法,确保望城经济快速发展和社会长治久安。要深入贯彻"三严三实"要求,严明党的纪律和规矩,坚决落实"两个责任",持续加强作风建设,扎紧织密制度笼子,着力构建不敢腐、不能腐、不想腐的有效机制,努力营造干部清正、政府清廉、政治清明的良好生态。

努力实现"十三五"良好开局

2016年是"十三五"规划的开局之年,做好全年各项工作至关重要。明年工作总的指导思想是全面贯彻党的十八大、十八届三中、四中、五中全会精神和习近平总书记重要讲话精神,认真落实省、市委决策部署,以率先全面建成小康社会、建设现代化公园式滨水新城区为目标,坚持"沿江建设、跨江发展、基础先行、产业强区"的发展思路,努力把雷锋故乡建设得更加美丽、更加强盛、更加幸福!

明年发展的主要目标是力争地区生产总值增长12%,规模工业增加值增长15%,财政总收入增长15%,固定资产投资增长15%,社会消费品零售总额增长20%,城镇居民人均可支配收入增长10.5%,农村居民人均可支配收入增长10.5%,全面小康实现程度达93%以上,高新技术产业增加值占GDP比重达30%以上,主要污染物排放量削减2%以上。

为实现上述目标,必须抓好以下重点工作:

1. 围绕提速提质推动产业发展。坚持“双轮驱动、产业强区”,以先进制造业和现代服务业为重点,大力推动三次产业创新、协调、绿色、开放发展,努力打造区域经济“升级版”。提速先进制造业发展。坚持把发展先进制造业作为“产业强区”的第一选择,举全区之力,集全区之智,全力支持“一区两园”加快发展,不断做强工业园区、做大工业盘子。各园区要聚焦招商引资、项目建设和企业帮扶主业,不断创新体制机制,充分激发园区活力,切实提升在全市同类园区中的位次。望城经开区要以成为全区经济发展的强劲发动机和湘江新区的重要增长极为目标,拓宽招商路径,紧盯大型央企、上市公司、跨国公司,着力引进一批引领型、标杆型项目,确保引进2个以上投资过50亿元、10个以上投资过亿元的工业项目;聚焦先进制造业发展,力促证通电子、智能交通产业园等签约项目尽快启动,紧盯网讯通、中粮可口可乐等在建项目建设,着力构建特色鲜明的先进制造产业群,力争园区工业产值突破千亿元大关;紧抓“中国制造2025”“互联网+”等重要机遇,积极引进电子信息、高端装备、新材料等新兴产业,全力抢占工业转型创新发展的制高点。铜官循环园要发挥特色优势,引进优强项目,推动关西涂料、方盛制药等项目建成投产,确保工业产值增长40%以上。乌山中小企业园要对接融入经开区,着力引进配套企业,力促项目投产达效。提质现代服务业发展。以“做活市场、聚旺消费”为目标,以滨水城市核心区、城市功能拓展区为载体,以金桥国际、高星物流、湾田国际等专业商贸市场群为重点,大力引进企业总部、电子商务、金融服务等业态,努力把现代服务业打造成为强劲增长极。深入推进“旅游产业整合提升”计划,加快铜官窑国际文化旅游度假区、欧阳询文化园二期建设,力促铜官窑国际陶艺中心和光明定情谷建成投运,争创一批AAA、AAAA级景区,全力创建国家全域旅游示范区。坚持房地产业品质发展,加强政策引导、高端配套和品牌营销,积极发展养老地产、旅游地产,努力实现以品质和环境取胜。提升都市农业发展。以集约化、规模化、专业化、特色化为方向,以大众垸、苏蓼垸为重点,大力发展高端种养、科普体验、休闲观光农业,着力构建具有全国影响力的现代农业和都市农业品牌。现代农业试验区要稳步推进农村集体土地“三权分置”等各项改革,充分释放农业农村发展活力。望城农科园要突出创新创业园的示范作用,加快特色农业功能区建设,努力打造集产业、休闲、生态于一体的都市农业示范基地。

2. 围绕精致精美推动城市建管。主动对接湘江新区,高标准、高品质推进融城建城,开启新一轮城市大建设、大发展、大提升的热潮。城市规划品质要实现大突破。以四大主体功能区规划为引领,促进经济社会发展规划、城市总体规划和土地利用规划有机衔接、协调统一。加快推进滨江区域控规提升,全面优化城市设计和产业策划,留足滨江城市发展空间,让更多群众享有品质城市的美好生活。科学规划综合交通、地下管网、生态绿网、教育医疗、文化娱乐等公共设施,形成适度超前、布局合理的城市基础设施配套体系。坚持精美、精致、精细设计,精心规划天际线、水际线、楼际线,严格管理建筑体量、色彩风格、临路退让,充分彰显滨水城市的特质特色和品质品位。城市片区建设要实现大突破。加快推进潇湘北路等项目建设,积极推动月亮岛整体开发,着力构建现代、精致、极具视觉冲击力的最美滨江生态公园群。牢固树立经营城市的理念,大力引进战略投资商、城市运营商实施组团化、片区化开发,力争滨江区域建设取得突破性进展。月亮岛片区要加快推进吴家冲路、月亮岛路建设,力促万泰国际、明发商业广场、新奥燃气总部建成投运,积极担当产业聚集、消费聚旺的主力军。斑马湖片区要大力推进望府东路、斑马湖酒店建设,力促正荣财富中心商业区、戴斯酒店建成开业,持续放大主城区的集聚和辐射效应。城市功能配套要实现大突破。积极争取“海绵城区”“智慧城区”试点,加快完善道路管网、信息能源、园林绿化、农贸市场等公共设施,形成功能完备、优质高效的配套体系。加快湖南一师附小、滨水新城医院建设,确保长郡月亮岛中学二期、长沙体操学校建成开学,不断提升区域吸引力和人口聚集力。深入开展三年造绿大行动,强力实施环城绿带、花色道路等项目建设,有序推进背街小巷提质改造,创新安置小区综合整治办法,进一步提升城市品质。城市精细管理要实现大突破。推动城管指挥中心与政务中心系统对接和信息共享,打造以大数据为基础的社会治理综合平台。全面对接长沙中心城区考核标准,建立健全数字化考评、社会化监督、痕迹化管理的考核机制,把最严城市管理推向深入、形成常态。实施百姓城管“六进”,引导人民群众共创文明城区、共建秀美家园。

3. 围绕互动互促推动城乡融合。坚持跨江发展、统筹推进,加快城乡融合发展进程,努力让城市享有乡村的清新秀美,让乡村享有城市的现代文明。强化现代交通的带动作用。积极打通对外交通,力促京港澳高速复线、长株潭城际铁路、普瑞西路加快建设,争取长益高速复线、北横线、铜官港区启动建设,构建融入全省全国发展的交通大动脉。强力推进融城交通,力促地铁4号线、腾飞路、金桥枢纽站加快建设,构建全面承接省会辐射带动的现代交通体系。不断完善内部交通,加快航电大道、铜官大道等交通干道建设,形成“九纵九横”全域交通格局。突出中心城镇的承载功能。实施中国最具魅力古镇群三年行动计划,打造湘江古镇群开发建设的“升级版”。推动靖港、乔口、新康、铜官、书堂、丁字“二次规划建设”,完善旅游景区基础公共配套,提升吃、住、行、游、购、娱产业支撑,努力将古镇群打造成国家级乃至世界级的旅游名片。茶亭、桥驿、白箬铺等乡镇要积极发展生态经济,大力加强基础配套、公共服务和集镇管理,不断增强综合承载力和人口吸纳力。提升美丽乡村的魅力指数。统筹推进农村卫生整洁行动和环境综合整治,大力推行垃圾分类处理,积极开展中小河流治理,持续营造整洁有序、清新靓丽的人居环境。实施

"一村一景"工程,打造一批具有传统文化底蕴的特色村落,让乡村看得见历史、记得住乡愁。强力实施"铁腕治违",提高个人建房管理水平,有序推进农村住宅产业化试点,逐步引导农民集中居住和就近城镇化。

4. 围绕共建共享推动社会建设。紧紧围绕2017年率先全面建成小康社会的目标要求,加快发展各项社会事业,让人民群众共享发展成果和改革红利。提高小康建设质量。坚持精准对焦、对症施策,着力补齐城镇居民收入、市政配套设施、文化娱乐消费"三块短板",使全体人民在建设全面小康中享有更多的获得感。深入推进精准扶贫工作,大力实施七大扶贫举措,力争率先全面实现贫困村"摘帽"和贫困户"清零"。提高公共服务能力。完善"托底型"公共服务,统筹城乡创业就业,实施城乡居民大病医疗保险制度,推动基本养老服务补贴全覆盖,加快棚户区改造,推进扶贫济困常态化,牢牢守住基本民生的底线。构建"均衡式"公共服务,加快推进现代化学校、社区卫生服务体系、基层文化科普阵地建设,着力构建城乡一体、高位均衡的公共服务体系。提升"优质化"公共服务,推进健康望城建设,实施"名校名院名师名医"工程,引进一批健康养老、体育健身、文化娱乐等高端服务机构,使社会事业与群众需求相适应、与城市发展相协调。提高社会治理水平。深入开展"法治望城""平安望城"建设,继续实施"万人红袖章"巡防工程,依法打击违法犯罪,确保社会大局和谐稳定。大力推进阳光信访、责任信访、法治信访,有效维护群众合法利益和信访秩序。积极开展乡村治理试点,不断提高群众自我管理、自我服务、自我教育、自我监督的能力。认真抓好生产安全、食药安全、交通安全、水上安全监管,切实提高隐患排查、预警防控和风险处置能力,争创全省安全生产示范区,不断增强人民群众的安全感和满意度。深入推进文明城市建设,引导广大群众积极参与学习雷锋、志愿服务等社会实践,让人们在学习中找到精神归宿,在参与中提升思想境界,在奉献中培育文明风尚。

全面提高党的建设科学化水平

建设更加美丽强盛幸福的名望之城,关键在党。要坚持把发展作为第一要务,把抓好党建作为最大政绩,一心一意谋发展、聚精会神抓党建,真正做到两手抓、两促进。

1. 维护山清水秀、风清气正的政治环境。政通人和,则事业兴旺;风清气正,则众志成城。要胸怀大局讲政治。凝心聚力把望城的事情办好,这是最大的大局,也是最大的政治。广大党员干部要切实增强大局观念,坚决服从大局,自觉服务大局,共同营造风正劲足的良好氛围,努力凝聚干事创业的强大正能量。要群策群力谋发展。建设现代化公园式滨水新城区,是54万望城人民共同的事业。要坚持以美好蓝图凝聚共识,以宏伟目标汇聚人心,努力让各方面的智慧竞相迸发,让全社会的活力充分涌流,在全区形成群策群力谋发展、合心合力促发展的生动局面。要同心同德干事业。倍加珍惜团结,自觉维护团结,做到思想上合心、工作上合力、行动上合拍,心往一处想,劲往一处使,共同唱响加快转型创新发展的大合唱。望城是个荣辱与共的大集体,我们的事业更像是极具团队精神的"集体运动",绝不是自娱自乐的个人表演。让望城更美好、让人民更幸福是我们共同的价值追求,只要我们各级领导班子精诚团结、和衷共济,只要我们广大干部群众同心同德、齐心协力,望城的各项事业就一定会无往不胜,望城的发展航船就一定能乘风破浪!

2. 建设坚强有力、全面过硬的基层组织。党的基层组织是党的全部工作和战斗力的基础。要把基层党建作为全面从严治党的重要任务,牢牢记在心上、紧紧抓在手中,推进党的基层组织全面进步、全面过硬。要切实提高引领力。完善各级党组织领导发展的体制机制,强化基层组织在政治引领、改革发展、改善民生等方面的核心作用,确保党的各项政策在基层落到实处。深化管党述职考评,增强教育培训实效,着力建设一支党性强、能力强、作风强的党组织书记队伍,切实发挥好带头人的示范引领作用。要切实提升凝聚力。深入推进服务型党组织建设,把工作重心转移到服务发展、服务民生、服务群众、服务党员上来,切实发挥好基层组织联通党群干群、凝聚党心民心的主阵地作用。分层分片分类抓好全员轮训,强化党员积分管理,坚决处置不合格党员,永葆党员队伍的纯洁性和先进性,让每一名党员都成为群众心中的一面旗帜。要切实增强战斗力。精心组织乡镇、村(社区)换届选举,选准用好各级领导班子,着力建设一支敢于负责、善于担当、勇于作为的基层干部队伍。持续整顿软弱涣散党组织,大力培育基层骨干队伍,建立基层党建投入与财政同步增长机制,使每一个基层组织都成为抓落实、促发展、保稳定的坚强堡垒。

3. 锤炼担当有为、善做善成的干部队伍。望城发展需要担当有为的好干部,望城人民期待善做善成的好公仆。要以正确导向选用干部。始终坚持"好干部"标准和"六用六不用"原则,以鲜明的导向引导干部在干净中干事创业、在守法中担当有为、在实干中创造业绩。坚持从发展大局、按事业需要选人,既注重选拔使用"狮子型"干部,又不埋没"老黄牛型"干部,让敢抓落实、善抓落实的干部都有用武之地,让会干事、能成事的干部都得到应有尊重。要以学习实践培育干部。充分发挥党校的主阵地作用,精心组织中共十八届五中全会精神轮训,继续开展学习型党组织建设,不断提高干部推动发展的科学化、法治化、专业化水平,培养造就更多在新常态下善谋发展、善抓发展的行家里手。完善竞争上岗、轮岗交流机制,把更多优秀干部充实到发展一线,让干部在望城发展的大熔炉中接受锻炼、经受考验、成长成才。要以工作实绩评价干部。充分发挥绩效考核"指挥棒"和"风向标"作用,积极探索干部能上能下的体制机制,推动形成能者上、平者让、庸者下的良性循环。每个岗位都是干事创业平台,没有哪个岗位可以可有可无,状态可以时好时坏,在岗必须在状态,不换状态就换人。始终坚持以项目建设论英雄、定奖惩、排座位，使项目建设成为培养干部的“练兵场”、发现干部的“赛马场”、凝聚干部的“磁力场”。

4. 树立清正廉洁、务实为民的良好形象。始终坚持从严从实管党治党，以优良党风带政风，以严实作风树形象，让每一名干部都成为组织放心、人民满意的好干部。要把主体责任扛在肩上。各级党组织必须以高度的政治自觉、思想自觉、行动自觉，坚决把主体责任扛稳、抓牢、落实，切实做到守土有责、守土负责、守土尽责。各级党组织书记要切实强化主责主业意识，真正做到真管真严、敢管敢严、长管长严，争当从严治党的表率。要把纪律规矩挺在前面。深入学习贯彻新的《准则》和《条例》，把党纪党规刻印在党员干部心上、体现在行动上，切实提高各级干部在约束条件下谋事干事成事的能力。坚持有案必查、有腐必惩，以坚决的态度、果断的措施查处腐败问题，让党员干部心有所戒、言有所畏、行有所止。各级领导干部要认真履行好“一岗双责”，多做咬耳扯袖、红脸出汗的工作，让党员干部既干净又干事，既勤政又廉政。要把作风建设引向深入。坚持不懈反“四风”、改作风，着力整治乱作为、不作为、慢作为问题，做到抓早抓小、寸步不让。广大党员干部要深入学习“乐东精神”，大力弘扬严实作风，敢于和善于在作风建设的新常态下干事创业，全面展现望城干部的大智慧、硬本事、真风采。

同志们，伟大的时代召唤我们砥砺奋进，美好的蓝图需要我们共同绘就。让我们在中央、省、市的坚强领导下，进一步振奋精神、满怀信心，团结务实、担当有为，为建设更加美丽、强盛、幸福的名望之城而努力奋斗！

长沙市望城区人大常委会工作报告

——在长沙市望城区第一届人民代表大会第四次会议上

2015 年 12 月 30 日

长沙市望城区人大常委会主任 喻金平

各位代表:

我受长沙市望城区第一届人民代表大会常务委员会委托,向大会报告工作,请予审议,并请各位列席人员提出意见。

2015 年工作回顾

2015 年,是我区全面完成"十二五"规划的收官之年。区人大常委会在区委的坚强领导下,紧紧围绕全区工作大局,认真履行法定职责,积极进取,扎实工作,全年共召开常委会会议 8 次、主任会议 19 次,听取和审议"一府两院"专项工作报告 25 项,开展视察、执法检查和调研活动共计 45 次,作出决议、决定 5 项,较好地完成了区一届人大三次会议确定的各项目标任务,为促进全区经济快速发展、社会和谐稳定、民生持续改善作出了新的贡献。

一、立足全局,在服务科学发展上实现新作为

区人大常委会主动把人大工作放到全区大局中来谋划,着力推进区域经济社会持续健康发展。

1. 围绕中心服务大局。紧紧抓住依法履职的着力点,牢牢把握共谋发展的结合点,真正做到"与区委合拍,与政府合力,与群众合心"。围绕滨江片区建设,常委会主任会议成员赴南昌、武汉、广州等地学习考察,通过深入调研,提出凝聚共识、规划引领、基础先行、项目推动的建议,为区委的科学决策提供了重要参考。持续关注新型工业化的发展,认真调研后提出针对性意见,推动了"工业 18 条"政策的完善和"产业强区"战略的实施。视察经开区、铜官循环园重点工业项目建设情况,将大旺乳饮、天卓塑胶等项目反映的问题,认真梳理后及时向政府反馈,有力推动了项目建设。开展政府投资项目建设管理工作调研,建议政府重点加强工程监管和落实责任追究,逐步建立规范高效的政府投资项目运行体系。围绕旅游产业的发展进行调研,在品牌打造、品质提高、服务提升方面提出相关建议,为实现旅游产业的蓬勃发展出谋划策。继续落实联系重点工程的责任,主动作为,及时解决项目建设中存在的问题,促进了金地·三千府、龙湖高尔夫地产、石长铁路复线、中粮·北纬 28°等项目的顺利推进。

2. 依法决定重大事项。常委会围绕事关全局和群众切身利益的重大问题,深入开展调查研究,依法行使重大事项决定权,加强决议决定的跟踪问效。听取和审议《关于加强自然生态保护的决定》落实情况汇报,提出进一步加大宣传和执法力度、推进"三年造绿大行动"、林业生态建设及水资源保护的审议意见,政府及其相关部门主动落实,加大对山体、湿地、城乡公

共绿地的保护和造绿补绿力度,对已被破坏的自然生态资源加快修复或治理,如麻塘山采石场滥采问题等得到有效解决。针对国民经济和社会发展"十三五"规划纲要,提出搞好多规对接、突出产业发展、注重民生改善、强化生态保护等建议,为"十三五"规划纲要的编制提供了重要参考。先后作出关于批准《长沙市望城区国家可持续发展实验区建设规划(2014—2018)》、2014 年财政决算、2015 年融资与债务偿还计划、2015 年区财

政预算调整方案和乡镇区划调整改革方案等决议决定，为实现重大事项决策的民主化、科学化提供了重要保障。

3. 规范做好任免工作。坚持党管干部与人大任免有机统一的原则，依法行使人事任免权。切实加强任前审查，规范任命程序，严把民意调查、人事考察、主任会议初审、法律考试、个人陈词、任免审议等关口，体现了任命的公正性和严肃性。一年来，共依法任免“一府两院”国家工作人员95人次，任免人民陪审员37人次，为全区经济社会又好又快发展提供了强有力的组织保障。常委会严格按照法律程序，补选1名区代表、2名市代表。

二、突出实效，在强化监督职能上迈出新步伐

区人大常委会按照监督法的规定，综合运用多种监督方式，督促和支持“一府两院”依法履职。

1. 创新监督方式，有效开展专题询问。开展专题询问是人大及其常委会履行对“一府两院”工作监督职责的重要形式。常委会就人民群众普遍关心的城乡规划工作开展专题询问，前期通过发放读本，召开专家座谈会，开展规划知识讲座、竞赛等，为专题询问的开展营造了良好的氛围。半年的时间，相继完成听取意见、视察调研、执法检查等工作，共收集问题26个，征集建议40余条，整理后反馈至政府及其相关部门。专题询问会召开时，常委会组成人员和部分人大代表针对提高城市品质、落实环境保护、提升交通优势等问题提出询问，各应询单位实事求是、坦诚作答，有效化解了疑问，形成了共识。整个询问过程电视台进行了全程录播。之后，常委会进一步加强跟踪督查，督促有关方面落实审议意见，兑现承诺。通过专题询问，有力促进政府进一步增强规划意识、科学制定规划、强化规划实施、提升执法水平。

2. 着力财经监督，不断规范经济运行。密切关注财政运行和预算执行情况，听取和审议2015年部门预算编制、2015年财政预算执行情况、2016年财政预算编制情况汇报等，突出对全口径预决算进行审查和监督，实现了纳税人的每一分钱收支都纳入了预算管理的目标。听取和审议2015年同级财政审计工作报告，针对审计报告指出的问题和意见，督促相关单位整改落实，保证了审计监督的严肃性。积极适应新常态，开展债务管理工作调研，举行政府性债务政策讲座，听取和审议2014年融资偿债执行情况以及政府债务甄别和审计情况的综合报告，提出控制债务规模、规范债务管理、争取政策支持、破解融资难题等审议意见，提升了政府及其相关部门的债务风险意识和管理意识，促进了投融资体制的完善。

3. 突出民生监督，有力促推民生改善。坚持以人为本，把关系人民群众切身利益的根本问题作为监督重点。立足构建我区供水安全保障体系，超前谋划，对开辟第二水源进行调研，推进了望城供水总规修编，促使望城水厂提质改造项目建设提前得以实施。视察全区城市防洪保安工程建设，推动基础设施完善和涉水工程扫尾，在今年罕见冬汛来临时，有力保障了人民群众的生命财产安全。开展教师资源配置城乡一体化情况调研，建议政府从优化资源配置、强化竞争管理、改善教师待遇等方面入手，进一步提高教育教学水平。根据政府工作报告中涉及的民生任务，对村级卫生室提质改造、公办幼儿园建设、医保资金运行等情况进行调查摸底，促进了民生实事的落实。调研移民开发管理工作，推动雨潭岭移民重建地妥善解决饮水安全问题。关注城镇公共配套设施建设，铜官古镇老居民区供水管网提质改造、格塘镇通天然气、金悦花园小区燃气入户等一批群众反映强烈的问题得到切实解决。积极开展“环保世纪行”、“三湘农民健康行”、“民族团结进步行”、“农产品质量安全行”等活动，加强环境保护工作，努力提升农民健康水平，营造民族团结良好氛围，有力促进农产品质量安全。

4. 强化法律监督，切实维护公平正义。常委会紧扣民主法治主线，加大法律监督力度。年初审议通过了《听庭评议实施办法》，举行了5次听庭评议活动，不断提升司法人员依法履职的能力，促进司法机关公正司法。对行政诉讼、行政复议进行专题调研，组织政府部门负责人和基层人大工作者参与法院行政案件庭审旁听，利用鲜活事实以案说法，力促政府部门依法行政。深入开展“司法公正长沙行”活动，初步建立法律职业共同体，有力加强法治工作队伍建设，促进法检两院工作，努力让人民群众在每一个司法案件中都感受到公平正义。积极开展国家宪法日宣传活动，进行宪法知识讲座，发表电视讲话，弘扬了宪法精神。积极开展《消防法》、《人民防空法》、《食品安全法》、《工会法》等法律法规贯彻实施情况调研，配合省、市人大开展执法检查，推动相关法律法规在我区的规范施行。加强规范性文件报备审查工作，指导铜官等乡镇出台规范性文件。加强信访工作，接待来信来访32件91人次。

三、强基固本，在代表作用发挥上呈现新亮点

人大代表是人大工作的力量源泉、智慧源泉、活力源泉。常委会始终把支持保障代表依法履职作为代表工作的重点，激发代表履职热情，发挥代表主体作用，夯实人大工作基础。

1. 提升代表履职能力。组织常委会组成人员和部分人大代表赴全国人大培训基地进行了学习培训。组织区人大代表在区委党校进行履职培训，邀请专家教授、省人大常委会领导授课，通过集中授课与以会代训等形式，实现了区代表履职学习培训全覆盖。创新代表小组活动方式，组织市代表望城联组赴郴州、怀化学习考察，丰富了代表活动内容。促成区代表活动经费纳入财政预算，为代表在闭会期间履职提供了必要的经费保障。持续开展代表述职评议活动，不断规范代表述职评议程序，本届区人大代表述职工作已基本完成，部分市人大代表已向区人大常委会述职，代表履职能力得到全面提升。

2. 拓宽代表履职渠道。指导乡镇、街道管好、用活代表活动阵地,认真开展代表接待选民活动,逐步形成了"代表活动有阵地、接待群众呈常态、建议办理重落实"的工作机制。在区人大常委会的倡议下,有近200名代表踊跃参与"关爱孤寡老人,争当敬老院名誉院长"和帮扶、济困、助学等形式的系列活动,在全社会形成了强大的正能量。坚持常委会走访联系代表制度,组织代表列席常委会、参加执法检查、听庭评议、视察调研等活动,保障了代表的知情知政权,全年共有180余名代表列席常委会,50余名代表参加区人大常委会组织的调研视察等活动。

3. 抓好代表建议督办。区人大常委会将代表建议督办工作纳入工作要点,科学制定督办工作方案,及时了解进度,主动协调解决问题,采取召开座谈会、实地查看、走访代表等形式对代表建议进行督促办理,形成了"政府领导领办,部门单位承办,联系主任牵头督办、联工委跟踪办"的工作格局。截至目前,95件建议均已办理并答复代表,其中建议所提问题已经解决或基本解决的68件,占办理总数的71.6%;正在解决或已列入规划逐步解决的20件,占办理总数的21%;因受政策或条件限制暂时难以解决,已向代表说明情况的7件,占办理总数的7.4%,代表满意度不断提高。

四、注重效能,在人大自身建设上取得新成效

适应新形势、新常态、新任务对人大工作的新要求,常委会不断加强自身建设,切实提升履职能力和素质,增强履职责任和实效。

1. 注重学习提升。通过"走出去、请进来、自主学"等方式,促使机关干部不断加强学习,营造了良好的学习氛围。坚持议前学法制度,在常委会议审议和听取有关事项之前邀请专家学者讲解相关法律法规知识,有效提高审议质量。坚持机关集中学习制度,积极开展"微学堂"活动,机关干部围绕人大相关法律、业务、时事等进行授课,促进了干部的学习提升和成果共享。精心策划,认真组稿,出刊《望城人大》杂志,为全区人大系统打造了一个学习交流、经验推介、法制宣传的阵地。扎实开展"三严三实"专题学习及研讨,认真完成各个阶段的目标任务,常委会领导班子坚持用"三严三实"的要求指导工作实践,依法履职的能力和为民务实清廉的意识进一步提升,工作作风进一步改进。

2. 规范机关管理。巩固和深化党的群众路线教育实践活动成果,完善机关学习、接待、财务管理等各项制度,切实提升了机关工作的规范化和科学化水平。深入开展"一进二访"活动,组织机关副科级以上干部结对联系困难群众,通过下户走访慰问、开展扶贫济困等,切实为群众排忧解难,深化了与人民群众的鱼水深情。

3. 认真指导基层人大工作。坚持常委会主任、副主任联系乡镇、街道人大工作制度,通过现场指导、召开联席会和学习观摩等形式,切实加强业务交流,增强基层人大依法履职的能力。各乡镇人民代表大会均圆满召开,基层监督工作有序开展。在常委会的指导下,乡镇、街道人大不断解放思想,创新方式方法,全区人大工作的整体水平不断提升,亮点纷呈,得到各级领导的高度肯定,吸引了众多外地人大来我区考察交流。

各位代表,过去的一年,区人大常委会所取得的各项工作成绩,是区委正确领导和上级人大悉心指导的结果,是全体代表、常委会组成人员和人大机关工作人员辛勤工作、共同努力的结果,是"一府两院"和各乡镇、街道人大密切配合、通力协作的结果,是全区人民关心信任、大力支持的结果。在此,我代表区一届人大常委会,向关心、支持和参与我区人大工作的同志表示崇高的敬意和衷心的感谢!

在总结经验和肯定成绩的同时,我们也清醒地认识到,面对新形势,常委会工作与法律的要求和人民的期望还存在一定差距,主要是监督实效有待加强、代表作用发挥还不够充分、自身履职能力仍需提升。在今后的工作中,我们将高度重视这些问题,采取切实有效的措施认真加以解决。

2016年工作思路

2016年,是实施"十三五"规划的开局之年,是区、镇两级同步换届之年。区人大常委会将始终保持平常心、责任心、进取心、敬畏心,做到思想不乱、状态不减、标准不降、作风不松,切实做好明年的各项工作。明年工作的指导思想是:深入贯彻党的十八大、十八届三中、四中、五中全会精神和习近平总书记系列重要讲话精神,全面落实区委一届二十六次全体(扩大)会议工作部署,始终坚持党的领导、人民当家作主、依法治国有机统一,紧紧围绕"率先全面建成小康社会、建设现代化公园式滨水新城区"这一目标,全面履行宪法和法律赋予的各项职权,为把雷锋故乡建设成为更加美丽、更加强盛、更加幸福的名望之城提供有力保障。

围绕上述指导思想,在新的一年里,常委会将进一步围绕中心,服务大局,突出实效,依法履职,扎实抓好如下工作:

一、着眼发展大局,努力增强工作实效

以服务科学发展为己任,扎实履行宪法和法律赋予人大的职权,突出重点,强化措施,努力增强工作实效。依法决定重大事项。督促"一府两院"按照规定,及时报告重大事项。紧扣事关全区发展大局和人民群众普遍关注的事项,听取审议重大事项报告,适时作出决议决定。加强监督检查,维护决议决定的法律效力,促进和保障重大决策、重点工作的落实。做好人事任免工作。坚持党管干部和依法任免的有机统一,严格依照法定程序做好人事任免工作。健全区人大及其常委会选举和任命的国家机关工作人员向宪法宣誓制度。听取和审议专项工作报告。听取和审议国民经济和社会发展计划执行、"十三五"规划编制实施和运行、自然生态保护、城乡规划管理、安全生产、政府性债务管理等情况以及法检两院专项工作的报告。加强预决算审查监督。严格按照新《预算法》的要求,加强对政府全口径预决算的审查监督,加强对预算执行情况和审计整改工作的跟踪监督，加强对财政专项资金使用绩效的监督，不断推进财政监督的公开透明。开展执法检查和集中视察。对《环保法》、《禁毒法》及《电力法》贯彻实施情况开展执法检查；组织对农业现代化建设、“大众创业、万众创新”工作、老城区背街小巷改造和重点工程建设等情况开展集中视察。推进专题询问常态化。听取规划工作专题询问整改落实情况汇报，拟对食品安全工作等情况开展专题询问，实现专题询问常态化。规范备案审查工作。根据监督法和有关规定，扎实做好规范性文件报备审查工作。做好信访工作。认真研究人大信访新形势、新特点和新要求，健全人大信访工作机制，加大信访综合分析和重要信访件督办力度。深入调查研究。在做好常委会会议议题、主任会议议题前期调研工作的同时，充分发挥各工作机构的主观能动性，重点围绕政府性投资项目、新型工业化、房地产发展、小康建设、粮食流通、城市管理等情况开展专题调研。

二、突出工作重点，依法做好换届工作

按照中央和省、市委的工作部署和要求，2016 年将是区、镇两级班子同步换届之年。要站在全局的高度，深化对同步换届工作重要性的认识，坚定不移地贯彻省、市委的重大决策部署。严格按照省人大和市委、区委的要求，把坚持党的领导、充分发扬民主和严格依法办事有机结合起来，加强对换届选举工作的指导和监督，严格执行换届选举的法律规定，坚决落实中央、省、市委关于严肃换届纪律的有关要求，旗帜鲜明地将纪律和规矩挺在前面，确保换届工作依法有序、风清气正。

三、注重服务指导，充分发挥代表作用

继续深入“双联”活动。健全代表履职服务保障机制，坚持代表履职学习制度，提高代表履职水平；坚持半年度工作向代表通报制度，保障代表知情知政；完善主任会议成员联系走访代表、代表列席常委会会议等制度，进一步扩大代表对常委会和各工作委员会工作的参与，进一步密切常委会同代表的联系。健全代表闭会期间履职机制。加强闭会期间代表活动的组织和指导，完善代表小组活动制度。推进代表工作室规范化建设。拓宽和丰富代表联系群众的渠道和内容，更好地发挥代表了解民情、反映民意、集中民智的作用。健全代表建议办理机制。完善督办工作制度，加大督办力度，进一步扩大代表建议意见办理情况公开范围。继续开展人大代表向选民述职活动，加强对人大代表先进事迹的宣传报道。

四、加强自身建设，不断提升履职水平

要巩固“三严三实”专题教育活动成果，加强常委会机关党建工作，不断提升常委会的履职实效。坚持以理论学习为先导，结合常委会重点工作和审议议题，有针对性地组织专题培训，提高运用法治思维和法治方式推进工作的能力水平。积极争取区委召开区委人大工作会议，在深入调研的基础上，提出进一步加强和改进新时期人大工作的意见建议。认真贯彻落实中共中央转发的《中共全国人大常委会党组关于加强县乡人大工作和建设的若干意见》精神，进一步密切与镇、街人大的联系指导，推动人大制度和人大工作与时俱进。加强机关干部队伍建设，不断提高专业化水平，努力培养造就一支政治可靠、业务精湛、作风过硬的高素质人大干部队伍。

各位代表，同志们，时代的重托光荣艰巨，人民的期待殷切厚重。让我们在区委的坚强领导下，团结和依靠全区人民，同心同向、群策群力，共同奋斗，为把雷锋故乡建设成为更加美丽、更加强盛、更加幸福的名望之城作出新的更大贡献！

长沙市望城区人民政府2015年政府工作报告

——在长沙市望城区第一届人民代表大会第四次会议上

2015年12月29日

长沙市望城区人民政府副区长(主持政府全面工作)　范焱斌

各位代表：

现在，我代表区人民政府向大会报告工作，请予审议，并请各位政协委员和其他列席人员提出意见。

“十二五”工作回顾

过去的五年，是望城发展史上极不平凡的五年，是由县到区历史性转变的五年。五年来，在市委、市政府和区委的正确领导下，在区人大、区政协的监督支持下，区人民政府团结和带领全区人民，牢牢把握撤县设区的重大历史机遇，扎实推进经济社会转型创新发展，完成和超额完成“十二五”各项目标任务，开创了望城改革发展的崭新局面。

——五年来，经济总量快速增长，发展驱动力、竞争力持续攀升。全区地区生产总值由243亿元增加到520亿元(预计值，下同)，财政总收入由22.1亿元增加到63.9亿元，工业总产值由399.7亿元增加到1100亿元，固定资产投资由241亿元增加到670亿元，社会消费品零售总额由40.6亿元增加到100亿元，分别是“十一五”末的2.2倍、2.9倍、2.8倍、2.8倍、2.5倍；金融机构达到56家，存、贷款余额分别达到360亿元、248亿元。以“一区两园”为平台的新型工业化快速推进，望城经开区跻身国家级园区行列，全区税收过亿元企业达6家，产值过10亿元企业达10家，规模工业总产值迈上千亿元台阶；以房地产业、商贸物流业和休闲旅游业为代表的第三产业蓬勃发展，龙湖、金地等48家房企抢滩望城，湾田国际、高星物流园等专业市场相继入驻，靖港古镇、乔口柏乐园等旅游景区人气旺盛；以望城农科园和现代农业试验区为载体的现代都市农业加快发展，规模农产品加工企业达54家，规模种植大户达1124家。连续三年成功举办休闲农业与乡村旅游主题节会，休闲农业品牌享誉全国。荣获全省全面小康经济快进县第一名，区域综合竞争实力、投资潜力均进入全国市辖区百强，获评全国县域经济科学发展特色县(区)、国家可持续发展实验区。

——五年来，城乡面貌日新月异，社会知名度、美誉度全面提升。投入交通建设资金180亿元，湘江长沙综合枢纽和京港澳高速复线、黄桥大道通航通车，普瑞西路加快建设，新修、拓改农村公路1000余公里，城乡一体、融会贯通的交通路网基本形成。新增城镇建成区20平方公里，城镇化率达56.8%，斑马湖、月亮岛片区综合配套日趋完善，靖港、乔口、新康、铜官、书堂等湘江古镇声名鹊起，望城跻身全省新型城镇化试点区行列。扎实推进城乡环境卫生整洁行动，完成12条主干道两厢建筑立面改造、10条背街小巷提质改造、12个重建安置小区综合整治，城乡环境卫生整洁行动走在全省前列；超限超载治理、河道砂石管理全面加强；扎实开展三年造绿大行动和美丽乡村建设，建成6条绿色通道，银孔围、团山湖、谢家新屋等美丽村落广受好评，望城获评全国绿化模范单位。建立生态补偿机制，强力实施“碧水、清霾、静音”等环保行动，天心牧业、海利化工、省原种猪场等重污染企业全面退出，生态文明建设不断加强。新型城镇、美丽乡村、秀美生态成为望城对外开放的新名片。

——五年来，民生福祉大幅改善，群众幸福感、获得感显著增强。大力实施创业富民工程，新增城镇就业岗位2.9万个，转移农村劳动力4.7万人，城乡居民人均可支配收入分别达到37200元、25800元；居民养老、医疗保险实现城乡并轨运行，五项社会保险归集保费49.5亿元，发放各类社会保险待遇32.5亿元；开通雷锋580救助热线，成立雷锋慈善基金会；完成棚户区改造8719户，新增公共租赁住房27.3万平方米，统筹城乡、全面覆盖的社会保障体系基本形成。投入民生事业资金166.7亿元，建设义务教育合格学校95所、房地产配套学校5所，提质改造薄弱学校62所，获评国家义务教育发展基本均衡区；完成14个乡镇卫生院、138个村卫生室提质改造，区人民医院标准化建设积极推进；建成乡镇综合文化站13个、农家书屋159个，免费开放文化场所184个；区行政中心投入使用；村级基本运转经费保障标准大幅提高；获评全国科技进步先进区、全国科普示范区；连续9年保持计生"国优"，配置均衡、城乡共享的公共服务体系不断完善。深化"平安望城"建设，信访调解、综治维稳、安全生产、食品安全等工作严抓不懈，连续三年获评全省安全生产先进区、社会管理综合治理先进区，安定祥和、公平正义的社会环境得到切实维护。

——五年来，自身建设切实加强，政府执行力、公信力不断提高。深入开展党的群众路线教育实践活动和"三严三实"专题教育，狠抓"关键少数"和队伍建设，弘扬敢抓落实、善抓落实的担当精神；坚持依法行政，自觉运用法治思维和法治方式解决问题、推动发展，主动接受人大及其常委会的法律监督、政协的民主监督，办复人大代表议案3件、建议403件和政协委员提案360件；坚持以制度管人管权管事，工程建设、财政财务、商务合同、人事人才、专项资金、国土资源、政府采购等重点领域管理制度不断健全，审计监督不断加强，"制度+科技+文化"廉政风险防控体系不断拓展，忠诚、干净、担当的形象日益彰显，为民、务实、清廉的政风更加浓厚。

2015年是"十二五"规划的收官之年，也是经济社会发展取得重大收获的一年。这些收获主要体现在五个方面：

1. 项目攻坚成效明显。项目建设进度加快。坚持以项目建设稳增长，全年实施重点项目201个，完成政府投资87.5亿元，带动社会投资231.8亿元，77个项目顺利开工，46个项目加快建设，78个项目建成投运。项目保障攻坚有力。实行重点项目建设"五个一"工作机制，集中交办、分类破解难题近300个。规模50亿元的城镇发展基金投入运作，争取上级预算内资金和专项建设资金10亿元，申报中长期基准利率贷款63亿元，融资渠道不断拓宽。调整和理顺征地补偿安置体制机制，成立四大片区征拆指挥部，推行"三轮会审、三次公告、三榜公示、三月审计"工作法，依法、阳光、刚性的征拆氛围不断浓厚，实现腾地1.32万亩。强力开展"铁拳行动"，依法处置阻工闹事、强揽工程等不法行为，项目建设环境不断优化。项目引进成果丰硕。创新招商机制，成立驻北京、广州、深圳、苏州四个招商小组，定向招商、精准招商迈出坚实步伐。突出产业招商导向，积极开展"十大工业项目招商""四上"企业招商，全年引进项目45个，协议引进资金228亿元，其中投资过亿元项目26个、工业项目35个，投资过50亿元的智能交通、证通电子等重大项目成功签约，为区域发展增添了新动力。

2. 产业建设扎实推进。新型工业实现新突破。"一区两园"体制机制不断优化，招商引资、产业培育等主责主业更加突出，完成规模工业总产值751亿元，增长23%。扎实推进"有色金属精深加工提升"等产业计划，网讯通、安多福等产业项目顺利开工，旺旺乳饮、长缆电工等产业项目竣工投产，晟通科技、金龙铜业、澳优乳业等骨干企业发展势头强劲，华望科技"新三板"成功挂牌。第三产业迸发新活力。积极繁荣商贸经济，金桥国际食品建材城建成招商，新奥燃气总部即将启用，永通汽车（二期）、万泰国际等项目进展顺利，城区商气不断集聚。实施"旅游产业整合提升"计划，铜官窑国际文化旅游度假区顺利开工，长沙铜官窑国家考古遗址公园（二期）、光明蝶谷（二期）加快推进，古镇游、休闲游人气火爆，接待游客1115.6万人次，实现综合收入49.3亿元。实施"房地产稳定发展"计划，完成商品房销售270万平方米，增长55%，商品房库存逐步下降。现代农业迈出新步伐。望城农科园积极建设农业创新创业园，望城蔬菜产业示范园、湘台现代农业科技园等企业态势良好，八佳兴农产品加工配送中心即将投运，农业产业化、品牌化取得新进展。深入推进现代农业综合配套改革，城乡融合产业基金成功设立，农村集体土地确权颁证稳步开展，现代农业试验区获评国家农业产业化示范基地。

3. 城乡品质持续提升。沿江开发全面启动。高标准推进滨水新城片区建设，控规提升、产业策划、城市设计取得初步成果，潇湘北路前期工作扎实推进，滨水新城医院启动建设，月亮岛路、永通大道加快建设，谷山体育公园顺利开园，长郡月亮岛学校投入使用，沿江开发取得积极进展。交通网络日趋完善。铜官大道（一期）、湘江大道交通道、马桥河路南延线竣工通车，芙蓉北大道实现主线通车，石长铁路复线、航电大道加快建设，地铁4号线、长株潭城际铁路启动建设，金桥综合枢纽站、长益高速复线等前期工作进展顺利，新建和提质农村公路159公里，新开通公交线路3条，群众出行更加便捷。造绿增绿成效显著。深入开展三年造绿大行动，建成黄桥大道、金洲大道等绿色通道和绕城高速环城绿带示范段，新增造绿面积1667.68万平方米。全面推进"绿色城市"建设，实施拆墙透绿、拆违增绿、拆房建绿，新增城区绿化面积84万平方米。最严城管深入实施。理顺城管执法体制，设立乡镇（街道）城管执法中队，城市管理实现重心下移；数字化城管指挥中心投入运营，精细城管考核扎实推进，城市管理水平不断提升。强化拆违控违，建立"巡、控、拆"三位一体工作机制，出台八条断然措施，保持高压控违态势，依法拆除违章建筑32万平方米，实现违章建筑零增长。

4. 民生事业协调发展。社会保障不断加强。大力开展各种形式的就业培训,公共就业服务能力不断提高,城镇登记失业率控制在3.5%以内;企业退休人员养老待遇人均提标191元/月,失业金人均提标170元/月,社会保障"一卡通"正式发行;完成棚户区改造2962户,新增公共租赁住房1917套,发放住房公积金贷款4.3亿元;提质乡镇敬老院2所,新建农村幸福院25所,基层养老服务补贴覆盖率达54%,就业、住房、养老等民生保障不断加强。社会事业持续繁荣。义务教育阶段校长教师交流轮岗改革顺利推进,合格学校提质改造、农村学校教师公租房建设稳步实施,获评省教育强区;乡镇卫生院、村卫生室提质改造和区级医院标准化建设积极推进,市区两级妇幼保健院"医疗联合体"正式运行,医疗卫生服务能力持续提升;文明创建深入开展,雷锋纪念馆提质改造扎实推进,开展群众喜闻乐见的文体活动285场次,教育、医疗、文化等公共服务不断优化。社会大局平安稳定。应急管理不断加强。严格落实安全生产责任,全力开展"九打九治""打非治违"等专项行动,重点整治安全隐患2000余处,有效杜绝较大以上安全生产事故。积极落实领导干部定期接访和包案制度,化解信访积案32件;严厉打击"黄赌毒""两抢一盗"等各类违法犯罪行为,综治公众满意度全市领先。

5. 改革创新成果丰硕。行政审批制度改革成效明显。以新政务服务中心启用为契机,严格落实"三集中三到位",率先全省推行国地税办税窗口合署办公;全面实施并联审批制、全程代理制和服务承诺制,精简审批事项74个,行政审批效能提速65%以上,"雷锋政务超市"品牌初步打响。行政管理体制改革顺利完成。扎实推进政府机构改革,政府机构设置、职能配置更加科学。顺利完成乡镇区划调整,为提升基层治理能力、促进城乡统筹发展创造了条件。财政管理改革全面推进。调整区镇财政体制,街镇抓经济、促发展的积极性进一步激发。出台专项资金管理办法,规范资金使用行为,强化绩效评价、资金监管,专项资金使用效益进一步提高。改革政府采购模式,建立电子平台,政府采购的运行机制进一步规范。

人民武装、人民防空、民族宗教、外事侨务、史志档案、广播电视、工青妇、工商联、残联、气象、老干、关工委、老科协、体协等工作均稳中有进,取得了新的成绩。

各位代表,五年来,望城的发展变化有目共睹,取得的成绩有口皆碑。这是市委、市政府和区委正确领导的结果,是区人大、区政协监督支持的结果,是全区广大干部和人民群众同心同德、群策群力的结果。在此,我代表区人民政府,向全区人民和驻区部队官兵,向历任老领导,向人大代表、政协委员、各民主党派、人民团体、工商联和无党派人士、离退休老同志,向所有关心、支持、参与望城建设和发展的同志们、朋友们,表示衷心的感谢并致以崇高的敬意!

在总结成绩的同时,我们也清醒地看到,当前经济社会发展仍存在一些不容忽视的困难和问题,如经济总量不大,产业结构不优,工业实力不强,区域经济缺乏大项目支撑;区域空间布局不优,城区高端配套不足,人气商气不旺,城市品质还需进一步提升;少数单位和干部理解力、执行力、开拓力不强,缺乏碰硬担责胆识、干事创业激情,等等。这些问题,我们将采取切实有效的措施,认真加以解决。

"十三五"目标任务

未来五年,是率先全面建成小康社会、基本实现现代化的决胜五年,也是加快滨水新城区建设、全力打造名望之城的黄金五年。做好未来五年工作,对望城发展至关重要。从外部环境看,国内经济步入新常态,中央"十三五"规划确立了以坚持发展为第一要务、以提高发展质量和效益为中心的战略要求,为望城在更高起点上推动经济社会转型创新发展创造了有利条件;国家支持长江中游城市群协同发展的政策密集出台,长株潭"两型"试验区建设深入推进,洞庭湖生态经济区、湘江新区等国家级平台相继获批,长沙"东西互动、双核共进"战略全面实施,望城发展正处于大有可为的政策红利期和战略机遇期。从内部环境看,我们拥有十分突出的交通优势,湘江长沙综合枢纽、京港澳高速复线等交通动脉通航通车,地铁4号线、长株潭城际铁路等轨道交通加快建设,渝长厦高铁、金桥综合枢纽站等重大交通项目相继布局,望城正逐步抢占融入长沙、联络全省、迈向全国的交通制高点;我们拥有得天独厚的空间优势,区域面积占据长沙城区半壁江山,跨湘江两岸、拥河西河东,发展空间、经济腹地广阔,具有统筹实施沿江建设、跨江发展的独特优势;我们拥有山清水秀的生态优势,坐拥35公里湘江岸线资源,山水洲城具备,自然生态优越,人居环境优美,被誉为"处处为景、步步皆画"的大公园;我们拥有不可复制的人文优势,雷锋精神培育和造就了一代又一代艰苦奋斗、无私奉献、追求卓越的望城人。只要我们凝聚敢于担当、真抓实干的正能量,弘扬舍我其谁、谁与争锋的精气神,顺势而为、乘势而上,就一定能够在日趋激烈的区域竞争中构筑新优势、实现新发展!

今后五年政府工作的指导思想是全面贯彻党的十八大、十八届三中、四中、五中全会和习近平总书记系列重要讲话精神,树立创新、协调、绿色、开放、共享的发展理念,按照省、市和区委一届二十六次全会的决策部署,以率先全面建成小康社会、建设现代化公园式滨水新城区为目标,坚持"沿江建设、跨江发展、基础先行、产业强区"的发展思路,大力推进新型工业化、新型城镇化和城乡一体化,努力把雷锋故乡建设成为更加美丽、强盛、幸福的名望之城!

今后五年经济社会发展的主要目标是五年倍增、质效齐升。力争到2020年,经济总量、工业增加值、社会消费品零售总额、财政总收入等主要经济指标在2015年基础上实现翻番,发展质量和效益明显提升。

今后五年，政府工作将紧紧把握以下几个方面：

——以功能布局优化为抓手，统筹区域开发建设，让望城发展更加协调。牢牢把握功能分区的战略布局，将滨水城市核心区、城市功能拓展区、文化旅游发展区、生态涵养保护区四大功能区的发展战略贯穿到经济社会发展全过程，作为城乡统筹发展的重要抓手、资源配置的科学依据。坚持以规划引导功能区发展，有序推进经济社会发展规划、城市总体规划、土地利用规划“三规合一”。坚持以分类指导促进功能区发展，建立健全协调发展机制，研究制定特色化发展政策，积极推行差异化绩效考核，引导各功能区特色集聚发展，着力打造主体功能明确、区域错位联动、资源配置优化、整体效能提升的区域一体化发展格局。

——以园区平台提升为支撑，推进产业转型升级，让望城实力更加雄厚。坚持把园区作为产业发展主战场，完善承载配套，创新体制机制，强化主责主业，推动园区转型提质，打造规模集聚、活力迸发的产业高地。坚持把发展先进制造业作为“产业强区”的第一选择，依托“一区两园”，抢抓“中国制造 2025”、“互联网＋”、湘江新区打造高端制造研发转化基地等重大机遇，着力打造 1000 亿元级的有色新材、400 亿元级的电子信息、300 亿元级的装备制造、300 亿级的绿色食品加工产业集群，努力将望城建设成为先进制造产业的聚集区。依托滨水新城片区，大力发展商贸物流、金融证券、总部经济等现代服务业，培育电子商务、文化创意等新兴服务业，稳定提升房地产业，发展休闲度假、医疗养老、文化旅游业，促进服务业向高端化、高附加值方向发展。依托望城农科园和现代农业试验区，推进涉农体制改革，创新生产经营模式，引入现代生产经营理念，着力发展高端种养、休闲观光、趣味体验等都市农业形态，打造具有全国影响力的都市农业品牌。

——以滨江片区开发为重点，提升城乡建管品质，让望城环境更加靓丽。突出生态立城、品质建城、管理铸城，统筹规划、建设、管理三大环节，加快新型城镇建设，促进城乡融合发展，打造省会长沙最靓丽的名片。坚持以先进理念引领滨江开发，组团化、圈层式推进斑马湖、大泽湖、月亮岛片区建设，大气魄开发主题鲜明、精致现代的滨江生态公园群，大力度培育品质高端、集聚力强的滨江经济带。坚持以国际视野推进湘江古镇群“二次规划建设”，实施三年行动计划，提升发展规划、基础配套和品牌形象，打造中国最具魅力的古镇群。坚持以战略思维构建综合交通体系，打通对外交通，建设轨道交通，畅通两岸交通，构建以高速公路和快速干道为主体、轨道交通和湘江航道为补充、水运港口和枢纽站场为依托的立体交通网络。坚持以一流品质推进城市开发，积极争取“海绵城市”“智慧城区”试点，建设功能完备的基础配套，实施严格精细的城市管理，完善高质高效的公共服务，打造精致精美、宜居宜业的公园式城区。坚持以最严标准实施环境保护，全面落实新《环保法》，深入开展城乡环境卫生整洁行动，巩固提升清新靓丽、秀美宜居的生态优势和环境品质，争创国家级生态文明示范区。

——以全面深化改革为引领，浓厚创新创业氛围，让望城社会更具活力。弘扬敢闯敢试、先行先试的创新精神，培育开放包容、公平诚信的创业环境，营造大众创业、万众创新的浓厚氛围。深化行政审批制度、财政管理体制、投融资体制、户籍制度、国土管理、自然资源与环境补偿等重点领域和关键环节的改革创新，形成促进创新的体制架构和规范有序的管理体系，不断激发市场主体的创造活力。依托国家可持续发展实验区，强化企业创新的主体地位，深化产学研合作，推动科技成果转化，培育一批竞争力强的创新型企业，真正让创新成为驱动经济社会发展的核心动力。支持全民创新创业，鼓励在外成功人士和务工人员返乡创业，激发全社会的创新潜能和创业活力，着力将望城打造成为充满生机的创业之城。

——以民生福祉改善为关键，建成全面小康社会，让望城人民更加幸福。突出民生改善，注重机会均等，促进共享发展，带领全区人民共同迈入全面小康社会。要确保全面小康的实现程度，大幅提升综合经济实力、城乡发展水平、社会文明程度、生态环境质量、人民生活品质，推动经济社会协调均衡发展，确保 2017 年达到全面小康标准。要积极构建公平共享机制，纵深推进精准扶贫、精准脱贫，强化社会救助的托底功能，推进扶危济困工作，真情关心困难群体生活，让全体人民同步享受小康生活。要增强全面小康的获得感，努力提供更好的社会保障、更优的公共服务、更高的生活品质，让全体人民能够享受蓝天碧水、呼吸新鲜空气、吃到放心食品，活得更为平安、更有尊严、更加体面，拥有放飞梦想、实现抱负、赢得人生出彩的舞台和机会，真真切切感受到全面小康带来的生活幸福感。

2016 年工作安排

2016 年是实施“十三五”规划的开局之年，也是加快建成全面小康的关键之年，更是迎难而上、奋发赶超的重要一年。

全年主要预期指标为地区生产总值增长 11.5%，力争增长 12%；规模工业增加值增长 14%，力争增长 15%；财政总收入增长 10%，力争增长 15%；固定资产投资增长 15%；社会消费品零售总额增长 18%，力争增长 20%；城乡居民人均可支配收入增长 9.5%，力争增长 10.5%；全面小康实现程度达到 93% 以上；高新技术产业增加值占 GDP 比重达到 30% 以上；主要污染物排放量削减 2% 以上。

为实现上述目标，我们将着力抓好以下五个方面的工作：

1. 狠抓项目攻坚，在扩投资中稳增长。强化招商引资。完善驻点招商机制，突出精准招商，积极对接、主动出击，推动招商引资向专业化、精细化转变；突出产业招商导向，优化招商考核，继续开展“十大工业项目招商”，重点引入一批重量级的大项目、好项目，确保全年引进项目 50 个，其中工业项目 40 个，望城经开区要引进投资过50亿元项目2个、过亿元项目10个以上,铜官循环园要引进投资过10亿元项目1个以上,乌山中小企业园要引进工业项目4个以上。强化落地投产。全年预铺排重点项目220个,年度计划投资350亿元。加强履约清理,做细前期工作,确保证通电子、智能交通等一批项目开工建设;完善推进机制,定期调度讲评,严格督查考核,确保网讯通、关西涂料等在建项目快速推进;加强跟踪服务,倒排施工进度,加快工程扫尾,确保中粮可口可乐、恒飞电缆、湘江涂料等一批项目投产达效。强化要素保障。坚持精准施策,分类破解一批项目建设难题。坚持多途争资,充分发挥各部门积极性,精准对接国家、省、市稳增长政策,精心策划包装一批重大项目,努力争取政策、资金支持;强化专业融资,整合城建投、水利投、交建投等平台资源,创新融资模式,积极推进债券、基金、股权投资等资本市场融资,探索推行PPP等合作运营模式,不断拓宽融资渠道。继续坚持征拆安置"四三"工作法,严格政策执行,加强调度巡查,确保腾地1.1万亩;强化土地供应管理,强力处置闲置用地,盘活存量土地资源。继续开展"铁拳行动",进一步优化项目建设环境。

2. 狠抓产业升级,在转方式中优结构。提升产业平台。望城经开区要加快调规扩园和望城大道南延线等道路建设,拓展发展空间,增强承载能力和发展后劲;铜官循环园要积极完善供热、供水、排污等基础设施,提升产业配套能力;乌山中小企业园要进一步拉开路网框架,完善产业配套,对接融入望城经开区。力促新雅创业园、黄金创业园满园达效,中德有色工业园、电子信息产业园招商增效,不断提升工业综合体的产业孵化能力。现代农业试验区要稳步推进集体土地"三权分置"、农村资产确权颁证和农民集中居住试点等涉农改革,望城农科园要加快建设特色农业功能区,不断激发农村经济发展的内生动力。增强产业优势。实施"先进制造业产业群提升计划",支持晟通科技、金龙铜业、长高集团、泰嘉科技、中航起落架、黑金刚等骨干企业做大做强,不断壮大有色金属、装备制造等优势产业,着力构建特色鲜明、集聚发展的先进制造业集群。大力扶持旺旺集团、澳优乳业等企业做优做强,提质升级传统优势产业。支持金桥国际、湾田国际、高星物流园等专业市场做活做旺,奥特莱斯、永通汽车城等企业发展壮大,促进商贸流通业健康快速发展。深入实施"旅游产业整合提升"计划,搭建区级旅游发展平台,加快铜官窑国际文化旅游度假区、欧阳询文化园(二期)、光明大观园建设,推进黑麋峰、乌山森林公园保护性开发和千龙湖提质,打造一批AAA、AAAA级景区,争创国家全域旅游示范区。制定出台支持政策,促进建筑产业健康有序发展。加强政策引导,提升楼盘品质,激活住房消费,加快存量去化,促进房地产业健康稳定发展。支持湘台现代农业科技园、望城蔬菜产业园等企业做大做强,积极培育新型农业经营主体,提高农业抗风险能力,促进现代都市农业加快发展。优化产业帮扶。突出政策引导,健全工业发展专项资金管理办法,引导企业加强产学研合作和技术改造,提高创新发展能力。实施重点企业和中小企业培育工程,新增规模工业企业30家,税收过亿元企业2家。健全重点企业联系服务制,推行全方位、广覆盖、精准化的帮扶服务,不断优化企业发展环境。

3. 狠抓城乡统筹,在强建管中提品质。加快完善基础配套。全面实现航电大道、普瑞西路、月亮岛路竣工通车,全力推动金桥综合枢纽站、铜官港区建设,争取启动长益高速复线、北横线等对外大通道建设,积极构建立体交通大格局。实施农村公路提质计划,完成乔朱线、何桥公路改造,提升城乡道路通行水平。优化公交线路,完善公共自行车租赁系统,提升便民交通服务水平。实施亮化提质工程。完善水、电、气、讯等基础设施。实现光纤网络入户覆盖率达到90%以上。整合各类水利资金7.2亿元,实施中小河流治理、山塘水库整治等2700处水利实事工程,进一步改善农业生产条件。积极打造精美城镇。启动湖南一师附小斑马湖实验小学建设,加快潇湘北路、腾飞路建设和月亮岛整体开发,支持滨水新城医院、地铁4号线建设,完成雷锋公园(二期)、新奥燃气总部和长郡月亮岛学校(二期)建设,实现滨江片区开发向纵深推进。实施湘江古镇群三年行动计划,推进乔口、靖港、铜官、丁字等古镇深度开发,不断提升湘江古镇群的品牌影响力。积极完善桥驿、茶亭、白箬铺、乌山等集镇基础配套和公共服务,提升中心城镇的承载功能,打造一批市级示范街道(乡镇)、社区。深化最严城市管理。深入落实城管体制改革成果,优化城市管理机制,强化基层城管职责,做到责任落实最严格。发挥城管指挥平台作用,加强网格管理,强化动态监管,突出严管重罚、标本兼治,保持拆违控违、市容环境专项整治的高压态势,做到监管执法最严格。全面对接长沙中心城区考核标准,完善考核办法,支持百姓城管开展"六进"活动,做到考核兑现最严格。提升生态环境品质。深入推进三年造绿大行动,广泛开展全民植树造绿活动,完成环城绿带生态圈和芙蓉北大道、普瑞西路等花色道路建设,新增造绿面积2.1万亩;完善园林绿化顶层设计,推进"绿色城市"建设,新增城区绿化面积85万平方米。完成1.8万户农村散户污水治理,推进马桥河、沙河流域污染整治;严控工业废气、扬尘污染,加强秸秆禁烧和综合治理,不断提升环境保护水平。继续实施背街小巷、安置小区提质,加快城中村改造;着力破解个人建房管理难题,规范农民建房秩序,提升农民居住品质;深入开展城乡环境卫生整洁行动,大力推行垃圾分类减量处理;以示范片区典型引路,全面推进美丽乡村建设,巩固城乡环境品质全省领先地位。

4. 狠抓公共服务,在办实事中惠民生。完善社会保障体系。新增城镇就业岗位6000个、农村劳动力转移就业5000人,保持城镇零就业家庭动态清零。启动城乡低保一体化试点,健全雷锋580救助办法,提高大病医疗救助标准,进一步完善社会救助体系。实施城乡居民大病保险制度，城乡居民医疗保险、养老保险参保缴费率稳定在95%以上，职工五项社会保险实现应保尽保。新增公共租赁住房581套，改造棚户区3800户、农村危房1000户，进一步提高住房困难群众的居住品质。建设老年人日间照料中心3个，完善社区居家养老服务设施，进一步健全养老体系。提高公共服务水平。建设标准化学校20所，改建公办幼儿园3所，完成区一中等学校扩容提质，不断改善办学条件。全面推进公立医院改革，实施2个乡镇卫生院提质改造，建成2个社区卫生服务中心，着力提升医疗服务水平，打造健康望城。夯实计生基层基础，落实“全面二孩”政策，持续巩固“国优”成果。规划建设区人防指挥中心。推进公共文体场馆免费开放，广泛举办各类群众文体活动，让人民群众充分享受文化发展成果。增强社会治理能力。坚持以雷锋精神兴区育人，加强思想道德建设，弘扬正气，淳化民风。加强矛盾排查化解，坚持领导干部定期接访、下访，畅通信访渠道，妥善化解各类信访问题。积极防范和打击非法集资，规范民间融资秩序。健全社会治安防控体系，继续实施“万人红袖章”工程，加强基层派出所建设，严厉打击“黄赌毒”“两抢一盗”等违法犯罪行为。严格落实新食品安全法，完善食品安全监管体制，确保人民群众“舌尖上的安全”。牢固树立安全发展理念，严格落实安全生产责任，突出隐患排查和专项整治，坚决杜绝较大以上安全生产事故，争创省级安全生产示范区。

5. 狠抓自身建设，在转职能中增效能。严格依法行政。自觉接受人大法律监督、政协民主监督和社会舆论监督，不断改进政府工作；健全政府重大事项决策程序，完善决策咨询、听证制度，加强政策文件、商务合同的法律审查；完善行政执法程序，加强执法监督，规范自由裁量权，切实做到法定职责必须为、法无授权不可为；开展法律“六进”活动，加强法制宣传教育和法治文化建设，引导干部群众学法守法、依法办事，提高依法治区水平。提升服务效能。强力推进行政审批制度改革，落实并联审批制，提升窗口管理、项目审批、便民服务水平，擦亮“雷锋政务超市”品牌，打造“全省第一、全国一流”的政务服务中心。积极推进简政放权，探索下放经济社会管理权限，进一步激发园区、街镇稳增长、促发展的积极性和主动性。完成建制村合并工作，夯实村（社区）基层基础，加大运转经费保障力度，不断激发基层干部敢担当、挑重担的活力。弘扬严实作风。自觉践行“三严三实”，学习倡导“乐东精神”，营造实干担当、善作善成、久久为功的干事作风。加强经济责任审计、财政资金审计和专项资金监管，提高财政资金的使用效益。始终把纪律和规矩挺在前面，严格落实党风廉政建设主体责任，深入推进政府系统反腐倡廉工作，树立勤政廉政、干净干事的政府形象。

各位代表，新常态赋予新使命，新起点开启新征程。让我们在区委的正确领导下，在区人大、区政协的监督支持下，紧紧依靠全区人民，进一步凝心聚力、团结务实，担当有为、奋勇前进，为建设更加美丽、强盛、幸福的名望之城而努力奋斗！

为建设更加美丽强盛幸福的名望之城凝心聚力

——在政协长沙市望城区第一届委员会第四次会议上的工作报告

2015年12月28日

政协长沙市望城区委员会主席　骆志平

各位委员:

我受政协长沙市望城区第一届委员会常务委员会委托,向大会报告工作,报告的主题是为建设更加美丽强盛幸福的名望之城凝心聚力,请予审议,并请特邀莅临会议的领导和列席的同志提出宝贵意见。

2015年工作回顾

2015年,是我区"十二五"规划收官、经济社会取得重大收获的一年,也是全区政协工作忠实履职、服务大局、务实创新、和谐共进的一年。一年来,区政协全面贯彻中共十八大和十八届三中、四中全会精神,坚持"五心一加强"工作思路,始终与区委、区政府思想同心、目标同向、工作同步,牢牢把握团结民主两大主题,坚持在继承中发展、在发展中创新,发挥优势、突出重点、增强实效,力争全年工作有特色、有重点、有亮点,为推动望城经济社会发展做出了新的贡献。

一、立足全局,把准方向,政治协商有序开展

一年来,我们坚持"把好话说实、实话说好"的工作原则,立足全区发展大局,把准政协工作方向,坚定维护区委核心权威,力求促进党政决策更加科学化、民主化。

1. 精心组织,提高整体协商水平。高度重视政协全会作用,精心组织委员参与全区工作整体协商。会前引导委员深入开展调研,了解社情民意;会中组织委员认真听取"一府两院"报告,围绕全区经济发展、社会保障等内容,积极开展讨论,建言200余条,向区委、区政府专报后得到高度重视,大部分建议被相关部门采纳办理。

2. 注重实效,加大专题协商力度。探索建立双月协商工作制度,全年围绕"十三五"规划、农业农村转型升级发展、依法治区等重点热点问题,邀请政协常委、委员及有关单位,开展了6次专题协商,区委、区政府还就重大人事任免、乡镇区划调整等重要工作,主动上门协商、征求政协意见,就区内重点工作达成了广泛共识。

3. 密切联系,拓展对口协商领域。各专委会加强同相关职能部门联系,先后围绕失地农民就业及保障、加强全民健康教育、老重建地社区化管理、推进长沙现代农业综合配套改革试验区建设等课题,开展对口协商;政协各基层组织也密切与各战线、乡镇(街道)的联系,围绕战线工作热点、基层工作重点、群众工作难点,组织委员积极进行调研协商,助推部门、乡镇(街道)工作开展。

二、聚焦发展,突出重点,参政议政富有成效

一年来,我们坚持"少而精、好而实、准而深"的工作标准,围绕全区工作重点履行职能,精心选择课题,深入调查研究,广聚真知灼见,力求助推区域经济社会发展又好又快。

4. 深入调研,精准建言服务发展。将建言献策作为区政协助推发展的主要手段,用做学问的严谨抓重点课题调研。今年,根据区委统一安排,围绕"十三五"规划,组织发改、规划、交通、党校等部门,广泛调研讨论,形成《"品质融城 产业强区"调研报告》,对全区发展形势进行深刻剖析,对望城"十三五"发展提出了一系列建议;围绕提升城市管理水平,深入调研后形成《"加强城市管理 倍升城市品质"调研报告》,分析了我区城市管理面临的深层次矛盾,提出了切实可行的对策建议;围绕农业旅游业升级发展,组织相关区直部门和乡镇(街道)负责人,赴南宁、桂林学习考察,提出了以建设

国际农庄为切入点打造现代休闲农业制高点的建议；围绕民间融资问题，提出加强监管防范风险等具有针对性的建议。上述重点调研成果均得到区委、区政府主要领导重视，并被纳入区委、区政府相关决策之中。

5. 重点突破，集中建言促进发展。坚持有所为有所不为，做到择善而从、择善而行，在大会发言方面进行了重点突破，发言课题大幅增加，发言主题高度集中，发言内容趋向深刻。继去年集中发力行政效能建设后，今年主席会议集中研究并报请区委同意后，确定了本次大会发言主题，全部围绕农业农村现代化转型展开，由主席、副主席亲自带队，组织委室干部和部分政协委员进行了广泛深入调研，将在今天集中发言，希望对推动全区农业农村现代化转型，起到抛砖引玉的作用。此外，协助区委、区政府做好了去年大会发言的成果转化工作，去年大会发言得到区委玉成书记等领导高度重视，并成立专门领导小组落实相关建议，如政务中心行政审批实现“应进必进”，服务形象和服务水平得到大幅提升。

6. 主动融入，参与中心助推发展。坚持有为才有位，主动融入区委、区政府中心工作。全力服务重点项目建设，根据全区“项目攻坚年”部署，区政协班子成员共联系20个重点工程项目，做了大量的协调工作，促成各项目顺利推进，其中长沙铜官窑国际文化旅游度假区突破瓶颈制约，一期工程已经全面启动，铜官窑遗址公园二期、湾田国际、联力机械等重点工程项目进展顺利。同时，服从区委统一安排，积极参与项目招商、片区征拆、“点赞工程”、“一进二访”等中心工作，为推动相关工作贡献了一分力量。

三、关注民生，反映民意，民主监督扎实有力

一年来，我们坚持“让调研更扎实、协商更切实、提案更务实、社情民意反馈更准实”的工作态度，为解决民生问题摸实情、听实话、谋实招，力求助推区域工作全面协调发展。

7. 关注民生，加大专题视察力度。着眼全区改革发展和群众切身利益重点问题，组织进行专题视察，加大民主监督力度。今年组织区政协主席会议成员、政协常委，并邀请区政府领导参加，按照“肯定成绩、指出不足、提出建议、促进工作”的思路，先后开展4次专题视察，调研了依法治区、重点工程项目建设、地方税务、政务服务大厅等工作，为相关工作推进出谋划策、加油鼓劲。

8. 体察民情，充分发挥提案作用。坚持将提案工作作为履行民主监督职能的重要方式，通过拓宽委员知情晓政渠道、引导委员选题建言等措施，提案质量不断提高。全年共收到提案107件，立案80件，共有49个部门和单位承办政协提案，提案办理见面率、答复率达到百分之百，交办之快、规格之高为全市之最。同时，将部分区内不能解决的提案转化为省、市政协委员提案，解决了一些事关望城区域经济社会发展、和谐稳定的热点难点问题，连续两年成功争取省政协重点提案，继去年关于欧阳询文化园建设的提案，被列为省政协25个重点提案之一并争资2000多万后，今年又有《关于把湘江古镇群作为新型城镇化特色示范区着力打造的建议》，被列为省政协一号重点提案，有力推动了省、市对湘江古镇群提质建设的再关注、再投入、再支持。另有三件从不同角度关注桥驿固废场的市政协委员提案，得到市人民政府重点办理，群众具体诉求得到有效落实。

9. 重视民意，及时反映社情民意。将反映社情民意作为履职的一项经常性工作，不断拓宽监督层面。今年共收到各类社情民意信息200多条，编发《社情民意反映》42期，并上报市政协9条，采用5条，其中2条被衡华市长作重要批示。同时，加大对社情民意办理服务式协商力度，乌山葫芦洲危桥改建、桥驿镇明德小学田径场提质改造、全区主要景点开通免费Wifi、项目开发区建筑垃圾处理等，一批关系经济发展和民生福祉的意见建议得到落实解决。

四、弘扬主题，汇聚力量，和谐活力更为彰显

一年来，我们坚持“团结、和谐”的工作准则，在工作中做到“超前不超速、认真不较真、参政不干政、监督不监管”，注重发挥优势，调动各方面积极因素，努力营造民主团结、安定和谐的发展氛围。

10. 团结各方，增进各界人士共识。加强与党派团体、无党派人士以及社会各界人士的合作共事，积极为他们搭建平台、创造条件，全年有200多人次各界人士参与区政协大会发言、调研视察、民主协商会议等重要履职活动，凝聚了各方智慧力量。组织引导全区社会贤达，广泛开展热心公益、宣讲新风、团结邻里、化解矛盾的服务活动，充分发挥了社会贤达促进社会和谐的桥梁作用。

11. 联络联谊，拓宽对外交流渠道。以联谊交友为纽带，拓宽对外交流宣传推介望城。加强与省、市政协组织的纵向联系，多次协办省、市政协重点调研课题；加强与外省、市政协组织的横向联系，接待包括台湾参访团、广西壮族自治区政协、浙江省政协等在内的考察团30余批次；注重文史工作特殊交流作用，编辑出版了《谱牒拾掇》《故事望城》等两本有关望城地域文化的文史书籍，为进一步整理、诠释、弘扬望城地域历史文化做出了积极贡献。

12. 扶贫帮困，积极参与惠民行动。延续历届政协的优良传统，坚持把扶贫帮困作为履职的重要着力点。结合群众点赞工程、“一进二访”、春节慰问等活动，政协系统上下和广大政协委员踊跃参与各类爱心帮扶。据不完全统计，今年全区政协系统共帮扶联系1000多户困难家庭，各类爱心捐款超过1000万元，其中政协常委释悟圣以洗心禅寺爱心基金会为平台，募集爱心善款600余万元资助贫困山区学子。

五、夯实基础，提升形象，自身建设不断增强

一年来，我们以开展“三严三实”专题教育为主轴，突出履职能力、人生境界、团队形象建设，力求最大限度释放政协工作活力。

13. 强化学习,不断提高履职能力。按照中央和省、市、区委统一部署,以"三严三实"为专题,结合政协系统"三服务三提升"主题活动,深入开展"三严三实"专题教育,政协领导班子积极参加专题研讨,认真查找"不严不实"突出问题,制订切实可行的整改方案并认真加以整改,进一步修炼了内功,提升了境界。全年共组织政协常委、机关干部学习培训12次,认真学习了习近平总书记的系列讲话和中央、省、市重大决策部署精神,还安排政协系统干部和部分政协常委,到革命圣地井冈山接受红色传统教育和业务知识培训,进一步提升了履职能力和服务水平。

14. 强化服务,竭力拓展履职平台。加强政协工作规范化、程序化建设,出台《参政议政实施办法》《民主监督实施办法》等文件。拓宽委员履职空间,推广大泽湖街道、格塘镇试点经验,在全区乡镇(街道)推行委员工作室做法。完善委员履职途径,充分发挥政协基层组织载体作用,乡镇(街道)政协联络处、政协各区直战线活动组,今年组织所属委员开展履职活动均在5次以上。完善交流渠道,每位主席会议成员走访所联系委员一次以上,专委会、片会保持常态化,编撰了介绍委员先进事迹的书籍《委员风采》。

15. 强化管理,着力提升团队形象。引导政协系统上下和广大委员淡化名利意识,强化责任担当,在和谐奉献中展现形象。今年以来,全区多数乡镇(街道)政协联络处主任、战线活动组长直接参与中心工作、联系重点项目,为区域发展尽心竭力;有的委员响应"大众创业、万众创新"号召,争当创业创新弄潮儿,在推进自身企业壮大、带动群众致富中奋勇拼搏,如胡再明委员被评为2015CCTV全国十大三农创业榜样;有的委员、特邀委员、社会贤达发挥自身优势,积极协助党委政府做好项目推进、社区维稳、征地拆迁等工作,为营造全区心齐气顺良好氛围贡献力量;有的委员带着感情、带着责任,踊跃投身扶贫济困爱心大潮,为人民群众诚心诚意办实事、尽心竭力解难事、坚持不懈做好事;还有一大批委员在各自岗位忠诚履职,为政协事业推进默默奉献。

各位委员、同志们,区政协一年来取得的成绩,是市政协悉心指导、区委坚强领导的结果,是区人大、区政府及社会各界大力支持的结果,是广大政协委员、政协各组成单位以及全体政协工作者共同奋斗的结果。在此,我谨代表区政协一届委员会常务委员会表示衷心的感谢!

回顾过去一年的工作,我们清醒地认识到,我们的工作还有许多亟待加强的地方。比如,如何充分发挥人民政协协商民主的重要渠道作用,推动协商制度化、规范化和程序化方面还有潜力可挖;如何进一步深入基层,广泛听取民声、反映民意、帮解民忧,努力维护和实现群众利益方面还有差距;如何进一步发挥政协民主监督作用,扩大监督领域、提高监督实效方面还需不断加强。我们真诚希望,在座的各位同志、各位朋友以及全体政协委员,提出宝贵的意见和建议!

2016年工作任务

各位委员,2016年是我区实施"十三五"规划的开局之年,建设更加美丽强盛幸福的名望之城已经责任在肩。明年政协工作的总体要求是:以党的十八大和十八届五中全会精神为指导,全面贯彻落实区委一届二十六次全体(扩大)会议精神,紧紧围绕"率先全面建成小康社会、建设现代化公园式滨水新城区"这一目标,发挥政协独特优势,切实履行各项职能,凝聚发展共识,激发创新活力,增进民生福祉,为把雷锋家乡建设成更加美丽强盛幸福的名望之城再做新贡献!

一、更加坚决地维护核心,凝聚名望之城建设共识

维护核心就是维护大局。新的一年,我们要进一步围绕全区发展大局,明确政协工作重点,深入开展协商议政。完善协商民主机制,增强规范性。进一步强化协商意识,规范协商内容和程序,在区委领导和区政府支持下,科学制定协商年度工作计划,建立健全协商议题提出、协商流程确定、协商活动组织、成果采纳落实和反馈等机制。拓展协商民主形式,体现灵活性。在组织好政协全会整体协商、常委会议专题协商、主席会议重点协商基础上,继续巩固双月协商制度,更加活跃有序地开展专题协商、界别协商、对口协商和提案办理协商。2016年,重点围绕农业农村现代化转型、工业园区壮大、困难群众社会保障、食品药品安全、土地确权登记组织等主题开展协商。促进协商成果转化,强化实效性。继续加强提案办理督查,从办理态度、答复程序、落实情况等方面全面开展复后评议工作,提高提案办理成效;通过对建议案、调研报告、协商意见进行"回头看"、跟踪视察等形式,促进民主协商成果转化。

二、更加主动地服务中心,汇聚名望之城建设力量

服务中心就是服务发展。新的一年,我们要自觉地把工作放在大局中谋划,找准发挥政协优势与服务新一轮发展的结合点,做到党政工作推进到哪里,政协工作就跟进到哪里;社会热点集中在哪里,政协工作就聚焦到哪里。围绕经济提速提质发展谋前瞻之计。紧扣"率先全面建成小康社会、建设现代化公园式滨水新城区"这一区委既定发展目标,着力"创新、协调、绿色、开放、共享",着力"扩大房地产市场需求,加快农民工市民化",着力"提速先进制造业发展、提质现代服务业发展、提升都市农业发展"等主题,选准切入点,找准突破口,进行重点调研,形成一批具有前瞻思考和实践意义的调研成果,为区域发展发挥"人才库"作用。围绕重点热点问题进睿智之言。着眼创新发展重点和民众关注热点,重点围绕精致精美推动城市建管、互动互促推动城乡融合,以及政府机构改革后新机构运行、乡镇区划调整后因地制宜创新发展等工作,开展专题视察,集聚各方智慧,提出一些具有针对性和启示性的意见建议,为区域发展贡献"智囊团"力量。围绕促进民生改善献务实之策。坚持将关注民生、反映民意作为政协工作的一贯追求,引导广大政协委员围绕共建共享推动社会建设，针对提高小康建设质量、提高公共服务能力、提高社会治理水平等人民群众普遍关注的热点难点，通过服务式调研、提案办理、社情民意反馈等多种形式，推动解决一批政府关注、群众关心的问题，为区域协调发展担当“缓冲器”角色。

三、更加广泛地凝聚人心，促进名望之城社会和谐

凝聚人心就是凝聚力量。新的一年，我们要充分发挥政协联系广泛、代表性强、包容性大的优势，不断加强和创新团结联谊工作，弹奏好凝聚各方力量的“和谐曲”。唱响“好声音”。广泛团结民主党派、工商联、无党派人士和社会各界人士，主动邀请他们参加学习培训、视察调研、提案督办等活动，努力寻求最大公约数，增进最大共识度，形成最大凝聚力，唱响团结民主的“好声音”。汇聚正能量。自觉把团结各界、凝心聚力摆在政协工作的重要位置，在项目推进、城市管理、农业农村改革等中心工作中，主动协助党委政府多做协调关系、理顺情绪、化解矛盾的工作，进一步汇聚理解、认同、支持发展的强大能量。提振精气神。继续发挥政协委员、社会贤达的示范引导作用，引导大家积极参与公益事业，关心关爱弱势群体。积极主动征集整理和抢救挖掘我区具有地方特色的文史资料，充分发挥文史资料存史资政育人作用。

四、更加自觉地搞好自身建设，激发名望之城建设政协活力

党性好，才能维护好；修身好，才能团结好；学习好，才能协商好。新的一年，我们要抓住望城新一轮发展的重点和关键环节，去除浮躁之心，不追求好大喜功，不讲究花拳绣腿，务求履职实效，努力把政协工作提升到一个新境界。进一步加强能力建设。通过举办情况通报会、理论培训班、编发学习资料等形式，组织政协系统和广大委员，认真学习中共十八届五中全会和区委一届二十六次全会精神，按照区委决策部署，不断提升政治把握能力、调查研究能力、联系群众能力、合作共事能力。进一步加强机制建设。全面落实《参政议政实施办法》《民主监督实施办法》，规范履职程序，拓展履职渠道；建立政协专委会与党政对口部门定期联系制度，更加经常有序地开展对口协商；坚持区委、区政府领导领办提案制度，认真组织提案协商；完善接待走访委员制度，加强与委员的沟通和交流。进一步夯实基层基础。坚持在中共长沙市望城区委的领导下，会同相关部门，做好区政协换届相关工作，积极把社会各界优秀人士吸收到新一届区政协委员队伍中来；加强对现任委员履职评议，将本届履职热情高、履职能力突出、履职成效明显的优秀委员，作为留任委员建议名单向区委报送，努力为新一届政协积极履职奠定基础；充分发挥乡镇（街道）政协联络处和区直战线活动组的纽带作用和委员主体作用，切实加强工作指导，推进委员活动室、政协网站、互联网公共交流平台等载体建设；充分发挥政协机关的保障作用，加强机关规范化管理和政协系统文化建设，营造团结务实、健康活跃的良好氛围。

各位委员，开篇起航，千帆竞发。新征程就是新舞台，新常态需要新作为。让我们在中共长沙市望城区委的坚强领导下，共奏和谐曲，共谱新篇章，为建设更加美丽、强盛、幸福的名望之城做出新的贡献！

大　事　记

1　月

4日　望城区首个“中国历代钱币展”在欧阳询文化园内开馆,其中展出的“开元通宝”钱陶范是全世界发现的唯一一枚。

6日　市委副书记、市长胡衡华率全市城乡融合发展暨现代农业现场观摩讲评会成员到望城实地观摩城乡一体化项目建设情况。

7日　望城区卫生局与长沙市妇幼保健院正式签订“医疗联合体”合作协议,为市民提供优质医疗服务。

9日　省委常委、省委统战部部长李微微到望城长沙医学院调研社会组织统战工作试点情况。

14日　望城柯柯农艺梦工厂开园,成为湖南最大的农业主题公园。

21日　望城经开区债券“15望城经开债”在中央国债登记结算有限责任公司正式登记发行。

22日　望城区与湖南第一师范学院举行合作办学签约仪式,双方合作拟创办一所六年制公办小学——湖南第一师范学院斑马湖实验小学。

23日　望城召开社会贤达表彰大会,对122名社会贤达和10名十佳社会贤达进行表彰。

27日　国家粮食局党组书记、局长任正晓到望城调研粮食收储工作。

28日　望城经开区举行工业产业项目集中签约暨光电产业基地启动仪式,江苏泰源光电科技、东莞光智通讯等6个重点项目签约落户,总投资达51.7亿元。

29日　省科技厅组织长沙市望城区和株洲市石峰区参加2015年度国家可持续发展实验新区申报联系评审会。

2　月

2日　湘江长沙综合枢纽第一台机组投产发电。

▲　全长1944米、双向六车道的湘江综合枢纽坝顶公路桥正式通车。

4日　望城被省创建“书画之乡”领导小组授予省级“书画之乡”称号。

6日　商务部市场秩序司副司长耿洪洲一行,到望城区调研肉菜流通追溯体系建设情况。

8日　由长沙仁乐公益发展中心、湖南省红十字艺术团、彩陶村村支部等联合主办的2015年首届中国草根农民公益春晚在望城书堂山街道彩陶村举行。

12日　望城区雷锋图书馆行政中心分馆开馆。

15日　全国政协常委、经济委员会主任周伯华到望城考察新型城镇化建设工作。

3　月

3日　2015年雷锋精神论坛暨长沙学雷锋工作表彰会在望城举行。

6日　省政协副主席欧阳斌率调研组到望城调研村级卫生室建设工作。

8日　由省军区政治部、省委党史研究室、望城区委宣传部等单位联合主办的“中国梦·雷锋情”全国首届“雷锋杯”公益书画展在湖南党史陈列馆举行。

10日　省住建厅党组书记、厅长蒋益民到望城区铜官镇调研小城市建设工作。

11日　市人大常委会主任袁观清率市人大常委会主任会议成员到望城调研经济社会发展及望城区人大工作相关情况。

12日　省委常委、市委书记易炼红到望城调研基层党建工作。

18日　广东南粤银行长沙雷锋支行在望城成立。

19日　由团中央志愿者工作部、人民日报漫画增刊、中央电视台团委共同主办,长沙市委宣传部、湖南雷锋纪念馆等协办的“雷锋——我们与你同在”学雷锋活动主题图片展暨“成长向导”志愿服务结对仪式在北京朝阳文化馆开展。

4　月

14日　望城区高塘岭街道和靖港镇在全市180多个乡镇街道经济社会发展综合考核中分别获得“综合实力十强”和“经济社会发展十快”乡镇街道称号。

▲　全国政协常委、港澳台侨委员会副主任郑立中一行到湖南旺旺食品有限公司调研。

15日　省政协副主席杨维刚率调研组到望城区调研耕地修复治理与种植结构调整试点工作。

16日　长沙市委常委、常务副市长陈泽珲一行到望城区调研统计工作。

▲　副省长戴道晋到望城区公路管理局齐天庙超

限检测站调研治超工作。

17日 省委常委、省纪委书记黄建国，省委常委、市委书记易炼红一行到望城区调研基层党风廉政建设工作。

▲ 湖南省军区政委马必强一行到湖南雷锋纪念馆调研。

21日 市委常委、纪委书记李军，副市长夏建平到望城区督查指导防汛备汛工作，察看了沩水水闸、靖港电排等地及防汛物资准备情况。

22日 “望城大公园”湖北旅游市场推介会在柏乐园举行。165家湖北省旅行社的负责人到望城进行踩线活动。

24日 第三届中国中学生舞龙舞狮锦标赛暨2015年全国舞龙舞狮进中小学工作研讨会在望城区师大附中星城实验中学举行。

▲ 中华全国供销合作总社党组书记、理事会主任王侠到望城调研供销社综合改革试点工作。

28日 市政协主席范小新到望城调研长沙新华联铜官窑国际文化旅游度假区项目建设情况。

5 月

7日 国家发改委印发《湖南湘江新区总体方案》。望城区高塘岭、喻家坡、白沙洲、大泽湖、月亮岛、金山桥、黄金园和廖家坪（由高新区托管）共8个街道纳入湘江新区规划范围。

14日 市政协主席范小新率调研组到望城区，就推进现代农业发展工作开展专题调研。

17日 湖南省首届“新康戏乡杯”京剧票友邀请赛在新康大剧院落幕。闭幕式上，省京剧票友委员会授予新康戏乡“票友之家”牌匾。

26日 省委常委、长沙市委书记易炼红，市委副书记、市长、湘江新区党工委书记胡衡华到望城滨水新城片区，调研临江建筑规划和开发建设工作。

31日 解放军总政宣传部部长禹光一行到湖南雷锋纪念馆调研。

6 月

5日 市委副书记、市长胡衡华到望城一中考察高考考点准备工作。

▲ 长沙市委常委、统战部部长文树勋率市直相关部门负责人到望城区白箬铺镇光明村调研绿野香田现代农业项目建设工作。

10日 中国农业银行总行行长张云一行到望城调研经济发展情况。

11日 市委常委、宣传部部长张湘涛到望城区书堂山街道彩陶源村指导“和美乡村”建设工作。

▲ 市委常委、组织部部长程水泉一行到望城区月亮岛街道中华岭村、大泽湖街道东马社区、新康乡六合围村等地，调研望城区村级集体经济发展工作。

▲ 望城区能源热泵项目经省财政厅PPP试点工作领导小组专家评审，入选全省第二批PPP示范项目。

12日 望城区青年企业家商会在千龙湖生态旅游度假区挂牌成立。

18日 中粮可口可乐华中项目签约落户望城经开区。该项目位于普瑞西路与雷高公路交汇处，占地15007公顷，是湘江新区正式授牌后的首个世界500强投资项目签约，一期于8月6日开工建设。

▲ 望城区“雷锋58C”爱心物资捐赠救助中心揭牌成立。

22日 “善·拍”2015洗心基金会第二届慈善拍卖会在普瑞温泉大酒店举行，成功竞拍70余件作品，筹款644万元。

24日 市委副书记、市长胡衡华到望城区调研工业经济运行情况。

26日 省委副书记、省长杜家毫到望城区调研湘江保护与治理工作，并实地察看湘江长沙综合枢纽运行情况。

30日 省教育厅授予周美玲同学“当代小雷锋”称号，并号召全省广大中小学生向周美玲学习。

7 月

6日 省农机局党组书记、局长王罗方一行到望城对无人机植保发展情况开展实地调研。

8日 省委副书记、省长杜家毫到望城区调研新材料产业发展情况。

9日 长沙市委常委、常务副市长陈泽珲一行到望城经开区调研重大项目建设情况。

13日 省委常委、市委书记易炼红到望城区考察长沙恒飞电缆有限公司特种电线电缆工程项目。

17日 国家发改委城市和小城镇改革发展中心调研组一行到望城调研湘江古镇群建设情况。

20日 省住建厅党组书记、厅长蒋益民一行到望城调研“一路两带”（潇湘快捷路、滨江风光带和产业带）项目建设工作。

8 月

4日 省妇联党组书记、主席杜亚玲率团到望城区金山桥街道桐林坳社区银孔围组，观摩望城区“美丽庭院”“美丽村落”的建设情况。

14日 省委常委、统战部部长李微微到湖南伊宅购购物有限公司调研望城非公企业发展情况。

16日 省委常委、市委书记易炼红到望城督查安全生产工作。

20日 省委常委、省委统战部部长李微微考察黄金创业园，并组织召开全省归国人员座谈会。

28日 省侨联授予黄金创业园“湖南省新侨创新

创业示范园”称号,为湖南省第一个新侨创新创业示范园。

9 月

1 日 望城区正式实行“多证合一、一照一码”商事改革制度,由之前分别核发营业执照、组织机构代码证、税务登记证、社会保险登记证、统计登记证,改为核发一个加载统一社会信用代码的营业执照。

▲ 望城区长郡月亮岛学校举行揭牌仪式。

6 日 省政府副秘书长、省安监局局长邓立佳一行到望城区湾田国际化工交易市场和长沙化工原料总公司督查危险化学品安全生产工作。

16 日 国家农业科技园区产业融合培训班考察团到望城考察湖南国家农业科技园区。

▲ 市人大常委会主任袁观清到望城走访慰问省、市人大代表,听取基层意见,帮助代表解决在履职中遇到的困难和问题。

17 日 市政协主席范小新率市政协考察团一行到望城视察在长沙外资企业发展状况。

18 日 科技部下发文件认定望城区为国家可持续发展实验区。

▲ 长沙市城乡规划局与望城区人民政府共同组织长沙市湘江北段古镇群概念性规划方案国际征集活动,面向全球征集优秀设计方案。范围包括湘江两岸的铜官镇、丁字湾街道、书堂山街道、靖港镇、乔口镇、新康乡全域。

▲ 在湖南省第七届茶博会上,湖南省茶业协会授予千年陶都铜官为“湖南陶瓷茶器产业化基地”。

19—21 日 以“绿色建材 幸福长沙”为主题的 2015 中国(长沙)绿色建材交易博览会在望城举行。来自建材、家居、汽车、文化产业等多个行业的 600 余家国内外知名建材品牌企业参展。

24 日 中央电视台《小老师·洋学生》望城区湘江古镇群拍摄新闻发布会在乔口柏乐园举行。该节目以湘江古镇群的特色街景为拍摄地点,全面展示古镇风情风貌、人文风俗。

25 日 由长沙市文明办、望城区文明委主办的“传承中华美德,关爱留守儿童”暨“我们的节日——中秋”活动在桥驿镇明德中心小学举行。

29 日 副省长蔡振红到望城区调研工商消费维权工作,考察铜官古街、铜官工商所等地,实地了解工商执法、消费维权等工作情况。

▲ 长沙市最大的体育公园——谷山体育公园正式开园,公园占地共约 16 公顷。

10 月

8 日 省交通运输厅党组书记、厅长刘明欣一行到望城区齐天庙超限运输检测站,调研指导和督查治超工作。

13 日 在第五届全国道德模范授奖仪式上,“雷锋家乡小雷锋,最美小少年”——长沙市望城区茶亭镇西华小学学生周美玲当选见义勇为模范。

14 日 长沙开利星空汽车城签约暨项目启动仪式在望城区举行。该项目作为中部地区最大的平行进口汽车城项目,将为用户提供多品牌一站式购车消费新模式。

▲ 湖南省首批文艺创作基地授牌仪式在望城区书堂山欧阳询文化园举行。

16 日 望城经开区企业挂牌上市孵化基地正式揭牌,园区首批 11 家企业进入湖南股权交易所优选板(Q 板)。

21 日 中共长沙市望城区委、长沙市望城区人民政府公布《长沙市望城区人民政府职能转变和机构改革方案的实施意见》进一步优化组织结构,合理设置政府工作部门,区政府机构改革后,设置工作部门 24 个。

▲ 湖南智能交通产业园起步区项目入驻集中签约仪式在望城经开区举行。北京路桥方舟交通科技发展有限公司、湖南湘旭交安光电高科技股份有限公司、常州百川新型护栏有限公司、湖南程安交通设施有限公司、南京高侨交通信号工程有限公司成为湖南智能交通产业园首批入驻企业。

▲ 省卫计委主任张健率省城乡环境卫生整洁行动督查组到望城区现场督查城乡环境整治工作。

22 日 望城区城市通卡“诚卡一卡通”获住建部互联互通标准体系审核批准,加入“建设事业 IC 卡城市密钥管理系统”和安全认证卡,望城成为湖南省首个加入的区级城市。

24 日 湖南安多福生物制药有限公司产业基地项目在望城经开区正式启动,项目总投资 3 亿元。

25 日 省科技厅认定望城区长沙黄金创业园为湖南省科技企业孵化器,为望城区首个获批的单位。

30 日 深圳证通电子互联网大数据科技产业园正式签约落户望城区。项目签约投资 50 亿元,其中一期用地约 8.87 公顷,建设大数据、云计算产业基地。

11 月

7 日 中德企业(湖南)国际合作服务中心在望城经开区揭牌。

10 日 湖南网讯通科技发展有限公司产业园项目开工建设。项目投资 52 亿元,总用地面积 24 公顷,分三年建设。

▲ 市委常委、副市长张迎春到望城区芙蓉北大道建设现场,实地调研项目建设推进情况。

16 日 湘江关西涂料项目开工建设。项目总投资 12 亿元,用地 23.73 公顷。

18 日 农业部副部长屈冬玉到望城区考察现代农业发展情况。

19 日 根据省民政厅湘民行发〔2015〕39 号批复，望城将靖港镇和格塘镇合并为靖港镇；铜官镇和书堂山街道合并为铜官街道；乌山镇和喻家坡街道合并为乌山街道；新康乡和高塘岭街道合并为高塘岭街道；雷锋镇和廖家坪街道合并为雷锋街道；茶亭镇和东城镇合并为茶亭镇，11 个乡镇合并为 5 个，减少乡镇数 6 个。

20 日 望城区首家三级甲等综合医院——滨水新城医院开工建设。

26 日 长沙新华联铜官窑国际旅游文化度假区项目正式启动建设。该项目位于望城区铜官窑国家考古遗址公园以南，紧邻湘江，总用地面积 200 公顷。

27 日 举行金桥国际——中国商贸物流峰会。

12 月

2 日 在长沙举行的 2015 年湖南省纪念第 30 个国际志愿者日“向志愿者致敬”系列活动中，望城区雷锋 580 民生紧急救助项目被评为“2015 年湖南省最佳志愿服务项目”。

4 日 省委副书记、省长杜家毫调研优美科富虹（湖南）锌业有限公司。

9 日 长沙市委副书记、市长胡衡华到望城经开区调研产业发展情况，察看恒飞电缆、湘江涂料等项目建设进展。

11 日 在 2015 湖南政务新媒体高峰论坛上，由望城区委宣传部网宣办主办的政务微博“望城之声”获 2015 湖南政务微博创新应用奖。

18 日 省委常委、市委书记易炼红，市委副书记、市长胡衡华率全市项目建设流动观摩团到望城湾田国际物流园、湘江涂料、旺旺乳饮等地，观摩、点评、督导项目建设推进工作。

21 日 芙蓉北大道拓改工程完工。芙蓉北大道拓改工程北起茶亭镇梅花岭，南接芙蓉北路开福区段，道路全长 17.96 公里，总投资近 12 亿元。

▲ 望城区委召开一届二十六次全体（扩大）会议，区委书记孔玉成作题为《科学谋划 务实奋进——努力建设更加美丽强盛幸福的名望之城》工作报告。

28 日 望城区政协一届四次会议开幕，区政协主席骆志平作题为《为建设更加美丽强盛幸福的名望之城凝心聚力》工作报告。

29 日 望城区第一届人民代表大会第四次会议开幕，区委副书记、主持区政府全面工作的副区长范焱斌作区人民政府 2015 年工作报告。

30 日 长沙市望城区第一届人民代表大会第四次会议举行第二次全体会议，区人大常委会主任喻金平作区人大常委会工作报告。

望城概况

自然地理

【区域位置】 望城属长沙市辖区,是伟大的共产主义战士雷锋的故乡,位于北纬 28°08′29″~28°33′37″、东经 112°38′45″~113°02′27″,居湘中东北,东连长沙县,南接开福区、岳麓区,西南与宁乡县水陆相邻,西北与益阳市赫山区、北与湘阴县隔水相望,东北沿京广铁路与汨罗市一线相连。辖区东西最大距离58千米,南北最大距离39千米,2015年,全区总面积969平方千米。其中陆地836平方千米,占86.3%;水域133平方千米,占13.7%。

【地貌】 望城地处湘中丘陵向洞庭湖平原过渡地带,地势由南向北倾斜。兼有低山,以岗地、丘陵、平原为主。东南部黑麋峰、九峰山、书堂山、麻潭山群山绵亘,俯瞰江流;西南部观音山、谷山、白鹤山、乌山层峦叠翠,秀甲四方。区域内岗地面积较大,岗顶多为平展伸延,地表缓和起伏;中部多为丘陵岗地,海拔在60~150米之间,土质红黄,林木苍翠;东北、西北部为滨湖冲积平原区,土地平旷,湖泊密集,团头湖为其最大。境内最高峰位于桥驿镇黑麋峰,海拔590.5米,最低点位于乔口镇湛湖,海拔23.5米。

【自然资源】 境内已探明地下矿藏有金、铁、锰、磷、石灰石、花岗岩、玄武岩、青石、陶土、河砂砾石、矿泉水等30多种。广泛开发的有花岗岩、砖瓦用黏土和建筑用砂。花岗岩主要位于望城区丁字湾街道、茶亭镇和桥驿镇境内,丁字花岗岩在南宋时期就作建筑材料,从清代起开采从无间断。新中国成立后,丁字花岗岩石材先后用于国家人民大会堂及武汉长江大桥建设。地质储量1313.1万立方米,可采量1100万立方米,年产量34.5万立方米。建筑用砂取于湘江河内,实行依法有序开采,年开采量850万立方米。沿湘江东岸陶瓷黏土历经千年开采而不衰。南部富藏石灰岩。

望城区土壤成土母质母岩主要为板页岩、花岗岩,次为石灰岩、红色黏土类和河湖冲积物类。土壤分9个土类、21个亚类,以红壤、潮土、水稻土为主,山地黄壤、山地黄棕壤、石灰土等少量分布其中,各类土壤适宜多种农作物生长。

望城区地带性植被为亚热带常绿阔叶林,由于优越的自然条件,动植物种类较多,生物资源丰富。森林植被主要为常绿阔叶混交林、针阔混交林、针叶林及毛竹林,主要树种为马尾松、杉木、湿地松、毛竹、樟树、栎类等;经济林主要有油茶、柑橘、梨、核桃、板栗、桃等;药用植物有杜仲、厚朴、黄檗等。截至2015年年底,望城全区森林面积26167.1公顷,森林覆盖率为27.44%,林木绿化率为34.11%。

境内有野生动物216种,其中被列为国家二级保护动物的有白额雁、鸢、雀鹰、松雀鹰、红隼、红角鸮、领角鸮、斑头鸺鹠、穿山甲、虎纹蛙、白鹇等11种,有野生种子植物272种,其中属国家一类保护树种有水杉,白鹤山麓发现的朱砂玉兰长沙地区首见,黑麋峰顶发现的山茱萸能在该低纬度处生长,实属罕见。

【水文气候】 境内河道属长江流域,湘江是流经境内最大的河流,其自长沙市岳麓区三汉矶从南入境,纵贯境内南北35千米,携一级支流8条、二级支流13条,至茶亭镇(原东城镇)团湖洲北下洞庭。各级支流呈叶脉状向东西两侧展开,斜贯全区。其中湘江西侧有烂泥湖撇洪河、沩水河、八曲河、马桥河、龙王港等一级支流5条,东侧有沙河、石渚河、黄龙河等一级支流3条。

望城区年平均降水总量19.1亿立方米,平均径流量8.6亿立方米,另湘江径流量689.7亿立方米。团头湖与益阳市赫山区、宁乡县交界,水面587公顷。

2015年,全区有33.33公顷以上堤垸22个(湘江干流堤垸14个),其中66.67公顷以上的9个,666.67公顷以上堤垸7个,6666.67公顷以上堤垸1个;一线堤防164.3千米(湘江干流堤防69千米),总保护面积24000公顷;水库44座,总库容3610万立方米,其中中型水库1座、小Ⅰ型水库7座、小Ⅱ型水库36座。

望城区属于亚热带季风气候,温和湿润,四季分明,冬夏长,春秋短。春季开春早,气温回升快,降水丰沛,多阴雨;夏季气候炎热,降水集中,雨热同季,易发生盛夏干旱,也易出现暴雨洪涝;秋季以秋高气爽天气为主,日照强,降水少,晴日多,易发生干旱;冬季少严寒,雨雪少。

1981—2010年,年平均气温17.4℃,最冷月平均气温4.9℃(1月),最热月平均气温29.2℃(7月),极端最高气温40.6℃(2003年8月2日),极端最低气温-10.3℃(1991年12月29日),年平均雨日为150.1天,降水量1428.1毫米,其中4—9月降水量为917.4毫米，占全年总降水量的63.3%。年平均相对湿度79%。年平均无霜期为271天。全年平均日照1545.3小时，占日照时数24.9%。年平均风速为2.35米/秒，最多风向为西北风。主要气象灾害有洪涝、高温、干旱、低温阴雨、冰雹、大风、寒潮、雷暴。2015年，年内最高气温38.2℃，最低气温-2.4℃，年降水量1518.0毫米。

人口·民族

【人口】 2015年，户籍人口53.33万人(不含雷锋街道)，比上年末增加1.27万人。户籍人口中男性26.64万人，女性26.69万人。当年人口出生率为15.4‰，人口死亡率为6.5‰，人口自然增长率为8.9‰。

【民族】 望城属少数民族散居区，境内人口以汉族为主，有土家族、苗族、侗族、蒙古族、回族、白族和瑶族等29个少数民族，近3000少数民族人口；超过500人的有土家族和苗族，超过100人的有侗族和蒙古族，超过50人的有回族、白族和瑶族。

境内长沙医学院是参与教育部等8部委批准开展的"内地高校支援新疆第六次协作计划"学校之一，学校有回族、维吾尔族、土家族等29个少数民族，在读少数民族学生共计2554人，占全校学生总人数的11.9%。有新疆籍少数民族学生742人，占全校少数民族学生总人数的29.05%，占整个湖南高校新疆籍少数民族学生总人数的37.13%；其中维吾尔族学生621人(不含民族预科生27人)，占全校新疆籍少数民族学生总人数的83.69%，占整个湖南高校维吾尔族在读学生总人数的46.18%。

望城一中于2002年设立了西藏班，共招收了十三届来自西藏的藏族学生，有十一届毕业生，2名同学被吸收为中国共产党预备党员。

建置·区划

【建置沿革】 望城区域自秦、汉设郡、县以来，经三国、晋、隋、唐及五代，历为长沙郡、长沙国、长沙县辖境；至宋哲宗元符元年(1098年)，划境内南半部入善化，经南宋、元、明、清各朝，境内一直属长沙、善化两县，民国元年(1912年)，裁两县并入长沙府，直属湖南省管辖，次年改为长沙县，沿袭至中华人民共和国成立初期。1951年5月，经中央政务院批准析长沙县湘江东岸西北角一部分和西岸全部地区建置望城县，属长沙专区，县人民政府驻地初设望城坡，后迁高塘岭，1952年10月，县改属湘潭专区管辖。1956年6月，将团头湖以西的利民乡全部划归益阳县。1959年3月在全国区划调整中，望城县建制撤销，并入长沙县，属长沙市管辖。1977年12月，经国务院批准恢复望城县建制，除望岳公社划归长沙市郊区外，仍辖1958年时属地，辖7区34个公社、4个镇、2个县属场，县人民政府驻地高塘岭。1996年6月，霞凝乡划归长沙市开福区，天顶乡划归长沙市岳麓区。2008年6月，雨敞坪镇、莲花镇、坪塘镇、含浦镇划入长沙市岳麓区，雷锋镇由长沙市高新技术开发区托管。2011年5月20日，经国务院批准，撤销望城县，设立长沙市望城区，望城区以原望城县行政区域为行政区域。2012年，经省民政厅、长沙市人民政府批准，望城区撤销高塘岭镇、星城镇、丁字镇、黄金镇，相应设立高塘岭街道、星城街道、丁字街道、黄金街道。8月28日，望城区再次进行街道区划调整，将高塘岭街道拆分为高塘岭、喻家坡2个街道；星城街道拆分为白沙洲、大泽湖、月亮岛3个街道；丁字街道拆分为丁字湾、书堂山2个街道；黄金街道拆分为金山桥、黄金园、廖家坪3个街道。2014年6月，廖家坪街道由长沙市高新技术开发区托管。2015年11月，望城完成乡镇(街道)区划调整，将乌山镇和喻家坡街道合并设立乌山街道，靖港镇和格塘镇合并设立靖港镇，雷锋镇和廖家坪街道合并设立雷锋街道；新康乡和高塘岭街道合并设立高塘岭街道，茶亭和东城镇合并设立茶亭镇，铜官镇和书堂山街道合并设立铜官街道；东城镇慎家桥社区五杉片划入铜官华城村，茶亭镇郭亮村划入铜官镇。

【行政区划】 2015年11月，望城开展乡镇区划调整，将靖港镇和格塘镇成建制合并设立靖港镇；将新康乡和高塘岭街道成建制合并设立高塘岭街道；将茶亭镇和东城镇成建制合并设立茶亭镇；将东城镇慎家桥社区五杉片(含跃进、染匠、禾家、姚家、五杉、大官、鱼心7个居民小组)划入铜官镇华城村，将茶亭镇郭亮村划入铜官镇，将铜官镇和书堂山街道成建制合并设立铜官街道；将乌山镇和喻家坡街道成建制合并设立乌山街道；将雷锋镇和廖家坪街道成建制合并成立雷锋街道。合并后下辖白箬铺、靖港、乔口、茶亭、桥驿5个乡镇，雷锋、黄金园、金山桥、白沙洲、大泽湖、月亮岛、乌山、高塘岭、铜官、丁字湾10个街道，共有125个村民委员会、40个社区居民委员会。全境纳入长株潭"两型社会"综合配套改革试验核心区和洞庭湖生态经济区，2015年5月，高塘岭、喻家坡、白沙洲、大泽湖、月亮岛、金山桥、黄金园和廖家坪(由高新区托管)8个街道纳入新区核心规划范围。

国民经济和社会发展状况

【综述】 2015年，全区完成地区生产总值520.42亿元(含雷锋街道)，比上年增长12.0%。其中第一产业增加值39.40亿元，增长5.9%；第二产业增加值375.92亿元，增长12.4%；第三产业增加值105.10亿元，增长12.6%。三次产业结构为7.6∶72.2∶20.2,与上年比较,第一产业所占比重保持不变,第二产业比重下降0.6个百分点,第三产业比重上升0.6个百分点。按新口径,全区完成财政总收入63.92亿元,比上年增加7.6亿元,增长13.5%;全区财政总支出65.06亿元,增长17.9%。

【农业】 农林牧渔业总产值70.41亿元,比上年增长5.9%。其中,农业产值43.13亿元,增长7.8%;林业产值0.86亿元,增长2.4%;牧业产值21.29亿元,增长1.7%;渔业产值4.29亿元,增长6.6%;农林牧渔服务业产值0.84亿元,增长6.5%。

年末,全区耕地面积30310公顷。全年粮食播种面积55090公顷,其中,水稻播种面积50470公顷。全年粮食产量37.38万吨,增长0.9%,其中水稻总产量35.35万吨,增长0.7%。全年蔬菜播种面积32610公顷,比上年增加1070公顷,蔬菜产量110.08万吨,增长3.5%;茶叶产量0.06万吨,增长0.3%;水果产量3.83万吨,增长1.5%。

全年出栏肉猪114.6万头,比上年增长0.6%。当年肉类总产量8.93万吨,增长1.3%。其中:猪肉产量8.32万吨,增长0.9%;牛肉产量0.06万吨,增长17.0%;羊肉产量0.02万吨,增长1.0%。水产品产量2.60万吨,增长5.2%,其中:鱼类(含鳝鱼、泥鳅)产量2.37万吨,增长5.5%;虾蟹类产量0.16万吨,增长4.4%;贝类产量0.06万吨,下降4.4%。

全区规模以上农产品加工企业52家,完成规模以上农产品加工产值126.07亿元。农民专业合作组织583个,参与专业合作社的农户达2.4万户,流转土地15270公顷,农业产业化、组织化、集约化程度不断提升。推进现代农业综合配套改革,设立城乡融合产业基金,开展农村集体土地确权颁证,现代农业试验区被评为国家农业产业化示范基地。

【工业和建筑业】 工业总产值1099.58亿元,其中规模以上工业总产值1000.22亿元,规模以下工业总产值99.36亿元。完成工业增加值300.49亿元,比上年增长12.8%,其中规模以上工业增加值254.57亿元,增长14.5%。规模以上工业中,食品制造业产值61.81亿元,占规模以上工业的比重为6.2%;有色金属冶炼和压延加工业产值457.73亿元,占45.8%;非金属矿物制品业产值96.24亿元,占9.6%;电力生产和供应业产值23.02亿元,占2.3%。年末规模以上工业企业达到321家,其中全年新增规模以上工业企业69家。

全区具有资质以上建筑企业29家,完成建筑业总产值298.48亿元,比上年增长11.9%。全年房屋建筑施工面积1334.71万平方米,增长5.6%;房屋建筑竣工面积701.24万平方米,增长8.2%。

【固定资产投资】 全年完成固定资产投资681.04亿元,比上年增长17.2%。全区计划总投资超过5000万元的在建项目(不含房地产)227个,完成投资337.51亿元,占固定资产投资总额的49.55%。

在固定资产投资中,第一产业(不含水利建设投资)完成投资2.04亿元,比上年增长7.1%;第二产业完成投资396.98亿元,增长29.9%,其中工业投资389.03亿元,增长37.9%;第三产业完成投资282.02亿元,增长8.9%。全年基础设施建设完成投资127.11亿元,增长10.4%。

全年完成房地产开发投资120.86亿元,比上年下降3.8%。全区商品房销售面积268.03万平方米,增长20.6%。全区商品房销售额129.85亿元,其中住宅销售额97.77亿元,增长18.2%。

【国内贸易】 全年实现社会消费品零售总额100.21亿元,比上年增长21.2%。按经营地统计,城镇消费品零售额83.15亿元,增长19.8%;乡村消费品零售额17.06亿元,增长28.6%。按行业统计,批发业7.88亿元,增长25.5%;零售业84.59亿元,增长19.8%;住宿业1.64亿元,增长30.1%;餐饮业6.10亿元,增长34.2%。

限额以上单位商品零售额62.85亿元,比上年增长24.0%。分类别看,粮油、食品类增长84.9%;石油及制品类增长38.0%;烟酒类增长211.5%;中西药品类增长127.0%;汽车类增长21.9%。

【交通和邮电】 交通运输、仓储和邮政业完成增加值7.49亿元,增长4.5%。境内铁路总里程45公里,设火车站5个。公路总里程2790公里,其中高速公路85公里,国省干线公路175公里,市政道路930公里,全区路网密度255公里/百平方公里。年末,汽车保有量为178755辆;营业性汽车拥有量856辆,其中农村客运汽车248辆,公交车608辆;全年新增新能源车辆323辆;新辟公交线路5条,年末公交线路达19条,线路长度599公里。新改建公交车候车亭50个,群众出行更加便捷。全年新设公共自行车站点42个,投放公共自行车1000辆,方便老百姓绿色出行。

全年完成邮电业务总量6.40亿元,比上年增长2.0%。其中:邮政业务总量0.62亿元,增长16.4%;电信业务总量0.87亿元,下降4.0%;移动业务总量4.01亿元,增长5.5%;联通业务总量0.90亿元,下降34.7%。年末固定电话用户8.03万户,移动电话用户95.94万户,国际互联网用户5.61万户。

【对外经济和旅游】 全年完成外贸进出口总额31969万美元,比上年增长46.5%。其中,进口总额12333万美元,增长118.7%,出口总额19636万美元,增长57.0%。

全区共有各类景区、点105处。其中,主要景点26处,国家AAAA旅游景区4家,国家AAA旅游景区2家;全国历史文化名镇1家,国家考古遗址公园1个，国家湿地公园1个，国家森林公园1个，省级森林公园1个，国家特色景观旅游名镇2个，国家特色景观旅游名村2个，省级特色旅游名镇3家，省级特色旅游名村3家，全国工农业旅游示范点3家，省级工农业旅游示范点7家，全国休闲农业与乡村旅游示范点1家，省级乡村旅游区（点）68家，其中，五星级乡村旅游区（点）14家，四星级乡村旅游区（点）20家，三星级乡村旅游区（点）33家，二星级乡村旅游区（点）1家。四星级旅游饭店2家，五星级旅游饭店1家，三星级旅游饭店1家。全年实现旅游综合收入49.3亿元，接待游客1115.6万人次。

【金融】 金融机构各项存款余额362.8亿元，较年初增加68.7亿元，增长23.4%，其中居民储蓄存款余额199.5亿元，较年初增加26.1亿元，增长15.0%。各项贷款余额247.3亿元，较年初增加57.8亿元，增长30.5%，其中金融机构贷款余额241.4亿元，增长30.0%，4家小贷公司贷款余额5.9亿元，增长57.0%。全区金融机构实现盈利6.1亿元，商业性银行金融机构不良贷款占比1.2%。全区17家保险公司分支机构实现各类保费收入3.8亿元，下降12.5%。

【教育和科学技术】 年末，全区共有普通中学25所，中等职业中学1所，小学73所。普通中学专任教师1588人，中等职业中学专任教师173人，小学专任教师1751人。普通中学在校学生人数20437人，中等职业中学在校学生2433人，小学在校学生数31712人。当年学龄儿童入学率100%；初中升学率为99.3%；高中升学率为89.6%。

列入部级的科技项目2项，列入省级的科技项目8项，列入市级的科技项目42项。推广转化重大科技成果15项，专利申请641件，授权634件。高新技术产业产值625.38亿元，高新技术产业增加值153.07亿元，同比增长19.9%，占GDP的比重为29.4%。

【文化、卫生和体育】 全年送戏下乡156场，送电影下乡1846场，送图书下乡8000余册。建成10个市级示范性村（社区）文化活动室（中心）；完成广播电视“户户通”10035户；建成农村应急广播“村村响”120个；新增3处全民健身中心工程点，全民健身工程覆盖率达98%。

年末拥有各类医院、卫生院30个，床位2912张，卫生技术人员2377人，其中执业医生664人，执业（助理）医师186人。婴儿死亡率由2010年的5.6‰下降到2015年的2.8‰，孕产妇连续2年零死亡。

【环境、节能和安全生产】 全年环境污染治理完成投资额11.2亿元，比上年增长8.5%。工业废水排放达标率100%，工业烟尘排放达标率100%，城镇生活污水处理率95.8%。

万元规模工业增加值能耗降低率6.73%。全社会用电量16.24亿千瓦时，其中工业用电量8.29亿千瓦时，居民生活用电量4.25亿千瓦时。

2015年，全区共发生各类生产安全事故（不含火灾事故）29起，死亡7人。与上年相比，事故增加7起，上升31.8%。死亡人数持平，全年未发生一起较大及以上安全生产事故，未发生群体性食品安全事故；亿元GDP事故死亡率为0.0135人，万人火灾事故死亡人率为0.0176人，万人交通事故死亡率为0.5271人。

【人民生活和社会保障】 全体居民人均可支配收入31352元，增长8.5%。其中，城镇居民人均可支配收入37088元，增长8.5%，农村居民人均可支配收入25623元，增长8.4%。城乡居民人均消费支出20051元。

城镇新增就业8111人、农村劳动力转移就业7701人，零就业家庭实现动态清零，城镇登记失业率2.98%。五项社会保险参保20.2万人，归集社会保险费8.3亿元，发放保险金6.1亿元。城乡居民养老、医疗保险参保缴费率分别为96%、98%。实施限价商品房建设项目7个，完成农村危房改造1000户、棚户区改造2962户，新增公共租赁住房1917套，发放住房公积金贷款4.8亿元。新增城乡低保425户，退出低保573户。城市低保累计发放2431万元，6.3万人次，月人均救助383元。农村低保累计发放5537万元，23.3万人次，月人均救助191.4元。

“两型社会”建设

2015年，望城推进两型示范创建，推荐白箬铺镇光明村和千龙湖——格塘村申报省两型示范基地，推荐乔口镇申报省两型示范单位，推荐高塘岭街道白芙塘社区、靖港镇前榜村等多家单位申报省两型示范创建单位。其中，高塘岭街道白芙塘社区、西塘街社区、黄金园街道英雄岭村、新康乡月圆村、靖港镇前榜村5个示范单位获得2015年省两型专项资金支持。8月12日湖南省长株潭两型实验区管委会下发《关于授予湖南省两型示范基地称号的决定》（湘两型〔2015〕29号），望城白箬铺镇光明村、金山桥街道桐林坳社区、格塘镇千龙湖——格塘村被授予“省两型示范基地”。

加强指导协调，全年新增13家市级示范创建单位。其中，乔口镇、东城镇静慎村、靖港镇复胜村获市“两型示范单位”称号；高塘岭街道斑马湖社区获市“两型创建社区”称号；黄金园街道英雄岭村、乌山镇团山湖村、格塘镇凌冲村获市“两型创建村庄”称号；高塘岭中学、白箬铺镇五里小学获市“两型创建学校”称号；茶亭镇获市“两型创建城镇”称号；湖南泰嘉新材料科技股份有限公司获市“两型创建企业”

称号;长沙步步高商业连锁有限公司望城郭亮路店获市“两型创建门店”称号;金山桥街道桐林坳社区胡丙炎、周云勤家庭获市“两型创建家庭”称号。开展市级两型示范创建单位和市两型标杆单位的申报,2015年,共有包括格塘镇凌冲村、乌山镇团头湖村、金山桥街道、斑马湖社区等单位在内的7大类共20余个两型创建单位申报市级两型示范创建单位。

组织专题两型宣传。5月27日,与长沙市妇联联合主办“最美家庭”两型示范家庭展示宣传活动。会上,金山桥街道桐林坳社区银孔围组、高塘岭街道白芙塘社区分别就“两型”创建作了典型经验交流。望城区妇联以省、市“两型”家庭创建活动为载体,设计符合望城实际的“美丽庭院”“美丽村落”创建活动。通过广大妇女群众带动家庭成员动手将自家庭院进行净化、序化、绿化、美化。全市“两型”家庭创建经验交流会、实地观摩等活动先后在望城举行。“两型家庭,你我共建”活动经验信息在《红网》及省、市相关网站上发布。

2015年,推进度基层两型社会建设改革试点工作(长两型〔2015〕2号文),制定出台《望城区农村生活垃圾治理专项规划》《望城区农村垃圾收集处理体系建设实施方案》。开展基层垃圾减量排放和分类处理的宣传教育,积极宣传垃圾分类“六点减量法”(卖一点、沤一点、烧一点、埋一点、运一点、收一点);鼓励乡镇(街道)建立垃圾回收分拣中心,动员村、社区建立分类回收网点;推进垃圾资源化、减量化和无害化处理,建设城乡垃圾分类回收体系;在全区推广“分类投放—分类收集—分类运输—分类处理”的垃圾处理体系和“政府引导、全民参与、市场化运作、制度化管理”的运行机制。

推广重金属污染土壤治理修复技术。种粮专业合作社在优质稻基地项目区内,利用测土配方实验,合理施肥,减少磷的使用,有效降低土壤中镉的含量;利用绿色防控技术,减少农药的使用,有效保证农产品的质量安全。农业科技公司建设环保酵素制作车间,制作环保酵素,将基地土地进行酵素改良和检测,自然生态农产品生产模式。

采取以点带面,点面结合的方式,引导太阳能光伏发电技术的推广应用。以经开区为示范片区,精选基础较好的社区布点,发动企业、社会团体、个人参与,形成三级联动的局面。望城经开区晟通科技集团有限公司厂房屋顶光伏电站项目、乌山镇乌山村和金山桥街道桐林坳社区居民光伏发电47千瓦、高塘岭街道白芙塘社区办公楼屋顶光伏15千瓦完成并网建设。大众垸格塘镇格塘村委会办公楼屋顶装备光伏电站并作为千龙湖——格塘村两型示范基地推广光伏发电展示点。优化能源消费结构,建立健全分布式光伏发电推广与光伏产业发展相互促进的良性机制,促进清洁低碳技术的推广,进一步发挥“两型”(资源节约型和环境友好型)示范效应和带动作用。逐步在湖南望城经济开发区、铜官循环经济工业园区、望城区乌山中小企业园园区企业进行工业厂房屋顶光伏分布式发电技术推广试点。8月,拟订《望城区工业厂房屋顶光伏分布式发电技术推广试点示范项目实施方案》,探索望城工业厂房屋顶光伏分布式发电推广道路。2015年,对接黑金刚、金龙集团、金荣地产、金桥国际、高星物流一、二期等公司及项目单位,引入湖南鑫琪新能源有限公司等第三方企业,利用园区企业工业厂房闲置屋顶建设12兆瓦光伏分布式发电工程。

推广其他清洁低碳技术。长沙铜官窑遗址公园陶瓷博物馆、新地·东方明珠,采用可再生能源建筑应用技术,推广新型绿色建材及技术,全面普及绿色施工;金龙铜业再生铜技术提升城市矿产回收利用;在村(社区)开展节能减排村级示范点创建,集沼气建设、太阳能路灯、太阳能热水器、省煤节柴炉灶等多种节能减排方式为一体,形成示范引路,达到多能互补、节能减排的示范效应。

完善绿色建筑推进机制。落实《湘江新区生态补偿试点实施方案》出台《长沙市望城区生态补偿试点实施方案》(望政办发〔2015〕91号),《试点行政村生态环境评估核查评分细则》《村级生态治理工程配套补助标准》。落实建立空间开发保护制度。划分生态保护区,编制《望城区绿地系统专项规划》《长沙市望城区生态控制线规划导则》,合理布局全区绿地系统,将全区划分为4大生态保护区,将全区总面积40.73%的土地划入基本生态控制线内;在项目准入方面,实行分级保护,将全区生态控制区划分为生态底线区、生态缓冲区和生态发展区三大类型区,最大限度的保护好望城的山水自然资源。完善湘江断面水质监测、重金属污染土壤监测、PM2.5大气污染等检测体系。每月对湘江断面水质进行监测,出台《望城区重金属污染土壤监测方案》,建设PM2.5自动监测站。

精神文明建设

加强公民思想道德建设。向区直各单位、乡镇(街道)、基层组织发放《百篇故事讲好人》书籍10000多册,开展“讲文明,树新风”“培育和践行社会主义核心价值观”公益宣传,公益广告刊播比例达到30%以上。树立典型模范,弘扬“真善美”。开设道德讲堂。共开展11期有影响的“道德讲堂”总堂活动,全区各乡镇(街道)、村(社区)、区直部门、企业、学校等为主体的单位开展道德讲堂达1000余次。2015年,金山桥街道胡丙炎荣登“中国好人榜”,望城公安消防大队被中宣部命名为首批“全国学雷锋活动示范点”,周美玲、向铁梅、李群庆获评长沙第三届道德模范,周美玲获评第五届全国道德模范、全国优秀少先队员,省第五届道德模范。

推进学雷锋志愿服务。完善志愿服务体系架构。下发《关于进一步在全区公共场所规范建立“580”学雷锋志愿服务站(点、岗)的实施意见》,加强基层志愿服务组织建设,截至2015年年底全区共建立126个580学雷锋志愿服务站,注册的志愿者人数37000多人。开展学雷锋志愿服务活动。开展“邻里守望”主题学雷锋志愿服务活动;举办2015雷锋精神论坛暨长沙学雷锋工作表彰会,市委常委、宣传部部长张湘涛等领导出席。开办“雷锋种子站”官方微信平台;组织机关干部到群众工作联系点开展“580”学雷锋志愿服务,为群众切实解决难题。

强化精神文明创建。推进文明城市建设。建立全区文明城市建设专人负责制度、月督查制度、月点评制度、通报批评和黄牌警告制度、奖惩制度等五项制度。全年共开展文明城市建设督查200余次,整改率100%。推进基层“两美创建”,积极开展“好婆婆”“好媳妇”“五好文明家庭”等评选表彰活动,推进农村精神文明建设。规范各级文明单位管理,全年共创评各级文明单位(村镇、社区)36个。丰富创建活动。组织向国旗敬礼、网上签名寄语等网络文明传播活动,引导网络文明行为。以春节、元宵节、清明节、端午节为契机,结合传统节日色彩,开展群众喜闻乐见、别具特色的活动。全年望城承办市级以上文明创建活动40余次。

提升未成年人思想道德建设水平。常态化开展“童心向党”歌咏比赛、“中华经典诵读”“认星争优,做美德少年”评选、“向国旗敬礼”“制作抗战胜利花”和“道德小讲堂”等活动。加快乡村学校少年宫项目建设,利用雷锋纪念馆、郭亮烈士陵园等爱国主义教育基地,开展道德教育和道德实践活动。优化成长和育人环境。组织区工商局、文广局、公安局、卫生局、食药监局等部门开展多次专项整治行动,重点净化网络网吧、校园周边环境和出版物市场,营造利于未成年人健康成长的良好社会文化环境。创新开展未成年人思想道德建设,把“雷锋精神引领品格教育”与未成年人思想道德建设相结合,在学校全面实施“六个一”(每生每月摘录一篇雷锋日记;每生每期至少续写一篇雷锋日记;每校每期出一期以“雷锋精神引领品格教育”为主题的黑板报;每校每期组织学生学唱一首雷锋歌曲;每校每期至少组织一次以“学习雷锋好榜样”为主题的班会活动;每校每期至少组织一次参观素质教育基地)工程,培养学生良好的品德习惯、学习习惯和生活习惯,促进学生全面发展。

政　　治

中共长沙市望城区委员会

书　　记　孔玉成（11 月任）
　　　　　李　蔚（3—11 月）
　　　　　谭小平（3 月免）
副 书 记　范焱斌（11 月任）
　　　　　张　毅（挂职，11 月任）
　　　　　孔玉成（11 月免）
　　　　　谢　进（8—11 月）
　　　　　刘林平（8 月免）
常　　委　尹英龙　余学辉
　　　　　秦国良　周志辉
　　　　　刘要明
　　　　　姚建刚（4 月任）
　　　　　邹　特（8 月任）
　　　　　戴水文（11 月任）
　　　　　谢　进（11 月免）
　　　　　张　权（11 月免）
　　　　　莫金文（8 月免）
　　　　　王华英（1 月免）

区委办公室

主　　任　戴水文（11 月任）
　　　　　莫金文（8 月免）
副 主 任　刘文勇　胡清明
　　　　　杨志军　徐志辉
　　　　　李爱武（10 月任）
　　　　　文德霖（12 月任）
　　　　　陈杏元（12 月免）

·重要会议·

【区委常委会议】　2015 年区委召开常委会议 28 次。1 月 9 日，研究长郡月亮岛学校和湖南一师附小斑马湖小学有关工作。1 月 13 日，研究审定省劳动模范和先进工作者推荐人选名单。1 月 19 日，研究全区生态文明建设及环境保护相关工作。2 月 2 日，学习贯彻省委常委、市委书记易炼红同志在市十四届人大三次会议闭幕式上讲话精神；研究群众工作（信访维稳、新农村建设、美丽乡村建设工作）；研究铺排春节前后主要工作。2 月 6 日，研究党风廉政建设暨反腐败和组织、统战、宣传思想文化工作，审定 2014 年度区级文明单位名单。2 月 10 日，研究有关人事问题；研究铺排 2015 年政府投资建设项目和重点工程建设计划；研究规范津补贴有关工作。3 月 2 日，研究政法、法院、检察、公安、司法、反邪教相关工作。3 月 5 日，听取 2014 年度工作绩效考核、全员绩效考核（班子考核、公务员考核）和村（社区）绩效考核初评结果汇报；审定 2014 年度全区表彰奖励名单和新型工业化表彰奖励名单。3 月 19 日，研究工、青、妇、老干、关工委、党史和党史联络工作；研究岳望高速长沙北连接线建设有关工作。4 月 29 日，研究党的群众路线教育实践活动整改整治工作和城镇发展基金有关工作。6 月 2 日，研究“三严三实”专题教育工作；研究项目建设管理服务相关制度建设工作；研究绩效考核有关工作。6 月 8 日，听取周美玲同学见义勇为事迹情况汇报；听取 1—5月份全区经济工作情况汇报；听取全区拆违控违工作情况汇报；听取区党政代表团外出考察学习情况汇报。6 月 17 日，研究有关人事工作；研究区委“七一”评选表彰工作；审定全市第三届道德模范候选人望城区推荐名单；审定区委一届二十三次全体（扩大）会议大会报告；审定区镇（街道）财政管理体制；审定区委议事协调机构。6 月 24 日，研究向市委提交副区长拟任人选有关工作；通报有关案件。7 月 3 日，研究调整区征地拆迁政策；研究区半年度绩效考核工作；研究区拆违控违工作机制。7 月 10 日，研究区驻点招商工作；听取区城投集团工作情况汇报；审定区政府工作部门和涉改事业单位领导职数设置。7 月 17 日，研究区城管体制调整有关事项；研究有关人事工作。7 月 31 日，研究落实区党风廉政建设责任制有关工作；审定全区 2015 年半年度绩效考核结果；研究“一路两带”有关工作。8 月 24 日，研究全区城管体制调整有关工作。9 月 30 日，传达全省乡镇区划调整改革工作动员会议精神；研究教育工作；研究民兵预备役和军事有关工作。10 月 20 日，组织学习“乐东经验”；研究有关人事问题；研究区人民政府职能转变和机构改革有关工作。11 月 10 日，研究有关人事问题。11 月 12 日，研究乡镇区划调整改革工作；部署安排当前有关工作。11 月 26 日，传达学习贯彻中央、省市统战工作会议精神；研究全区公务员职务与职级并行制度实施工作；审议《乡镇区划调整组织人事工作方案》；审议《关于科级干部退出领导岗位的实施办法》；研究调整区纪委（监察局）牵头或参与的议事协调机构有关工作。12 月 10 日，研究有关人事问题；传达学习胡衡华市长在望城经开区调研讲话精神。12 月 16 日，传达贯彻全市调整换届时间工作部署会议精神；研究 2016 年主要预期经济指标；审定全区“十三五”发展规划建议（草案）；听取区委一届二十六次全体（扩大）会议筹备工作情况汇报，审定区委一届二十六次全体（扩大）会议大会报告、区委常委会述职述廉和履行管党责任制报告。12 月

22日，研究2016年财政预算工作；审定全区“十三五”发展规划纲要；听取区人大、政协“两会”筹备工作情况汇报，审议区人大常委会、区政府、区政协常委会工作报告。12月31日，传达省委经济工作会议、市委十二届十一次全体（扩大）会议暨经济工作务虚会议精神；研究区第三届“狮子型”团队、“狮子型”干部评选表彰有关工作。

（欧阳祥生）

【区委一届二十三次全体（扩大）会议】 6月25日，区委一届二十三次全体（扩大）会议召开。区委书记李蔚代表区委常委会作题为《建设现代滨水新城区，打造长沙城市新典范》的工作报告。李蔚书记指出，现阶段区委工作的总体思路是全面贯彻党的十八届三中、四中全会和习近平总书记系列重要讲话精神，认真落实市委关于建成“三市”、实施“三倍”的部署要求，坚持“沿江建设、跨江发展、基础先行、产业强区”的发展思路，致力建设现代化公园式城区。李蔚书记强调，要聚焦主要任务，把握望城新一轮大发展的着力点。把思路变为现实，必须抓住四大重点：一是坚持沿江建设，打造长沙滨江亮丽名片。以先进的理念引领城市发展，以科学的规划指导城市建设，以一流的品质推进城市开发，以超常的手笔建设城市客厅，以严格的要求实施城市管理。二是坚持跨江发展，提升全域统筹融合水平。统筹推进河东河西发展，统筹推进民生事业发展，统筹推进两岸设施建设，统筹推进城镇乡村建设。三是坚持产业强区，构建“一主两辅”产业格局。加快构建以现代工业为主、以现代商贸商务和现代都市农业为辅的产业结构，重点打造千亿级现代工业集群，着力培育千亿级现代服务业集群，力争“十三五”末地区生产总值突破千亿元大关。四是坚持改革创新，增强社会发展整体活力。突出问题导向，推进体制改革和机制创新，充分激活发展的内生动力。李蔚书记要求，要鼓足工作干劲，提振望城新一轮大发展的精气神。要增强“创一流、当标杆”的意识，锤炼“抓落实、求实效”的作风，提升“善谋事、会干事”的能力，追求“敢担当、讲奉献”的境界。（叶晨馨）

【区委一届二十六次全体（扩大）会议】 12月21日，区委一届二十六次全体（扩大）会议召开，会议全面总结“十二五”特别是2015年以来的各项工作，科学谋划“十三五”发展蓝图，研究部署2016年工作，动员和号召全区上下担当有为、务实奋进，努力建设更加美丽、强盛、幸福的名望之城。会上，区委书记孔玉成作题为《科学谋划务实奋进——努力建设更加美丽强盛幸福的名望之城》工作报告。报告指出，2016年是“十三五”规划的开局之年，做好全年各项工作至关重要。工作总的指导思想是全面贯彻党的十八大、十八届三中、四中、五中全会精神和习近平总书记重要讲话精神，认真落实省、市委决策部署，以率先全面建成小康社会、建设现代化公园式滨水新城区为目标，坚持“沿江建设、跨江发展、基础先行、产业强区”的发展思路，努力把雷锋故乡建设得更加美丽、更加强盛、更加幸福。报告强调，必须抓好四项重点工作：一是围绕提速提质推动产业发展。坚持“双轮驱动、产业强区”，提速先进制造业发展，提质现代服务业发展，提升都市农业发展，努力打造区域经济“升级版”。二是围绕精致精美推动城市建管。主动对接湘江新区，高标准、高品质推进融城建城，大力推动城市规划品质实现大突破，城市片区建设实现大突破，城市功能配套实现大突破，城市精细管理实现大突破，开启新一轮城市大建设、大发展、大提升的热潮。三是围绕互动互促推动城乡融合。坚持跨江发展、统筹推进，强化现代交通的带动作用，突出中心城镇的承载功能，提升美丽乡村的魅力指数，努力让城市享有乡村的清新秀美，让乡村享有城市的现代文明。四是围绕共建共享推动社会建设。紧紧围绕2017年率先全面建成小康社会的目标要求，提高小康建设质量，提高公共服务能力，提高社会治理水平，让人民群众共享发展成果和改革红利。会议还审议通过了《中共长沙市望城区委关于制定长沙市望城区国民经济和社会发展第十三个五年规划的建议（审议稿）》。（叶晨馨）

·工作纪要·

【政研、调研、改革工作】 参谋辅政方面，开展区委一届二十三次、二十六次全体（扩大）会议等重要会议的前期调研，提出的“建设现代滨水新城区、打造长沙城市新典范”“建设现代化公园式滨水新城区”“三年倍增、质效齐升”“建设四大主体功能区”等发展思路被区委采纳。开展限价商品房、工业园区转型创新发展、湘江古镇群建设等专题调研，调研成果得到区委主要领导认可。全年共起草领导讲话、报告300多个，其中大型报告10余个，讲话材料200多个，望城工作汇报30多个。编发《区委通报》7期，编辑《新望城》5期，刊发文章200余篇。推进全面小康方面，定期组织召开全面小康工作推进会，对短板指标进行专题调度，对存在的问题综合分类破解，成功获评全省首批全面建成小康社会达标区，2015年全区全面小康实现程度达到94.1%。深化改革方面，156项改革任务全面完成，其中经济、社会和政治等重点领域改革成效明显，现代农业综合配套改革试验区建设、政务服务“三集中三到位”改革、生活垃圾分类收集处理和“狮子型”干部评选表彰等高“含金量”改革工作在中央、省、市主要媒体宣传推介，并得到相关领导批示肯定。

（孔伟锟）

【秘书工作】 服务领导方面。根据每月区委工作联席会议精神，结合区委中心工作和望城工作实际，围绕改革、发展、稳定中的大事要事，紧跟领导和社会各界关注的热点难点问题，统筹兼顾区内四大家领导的重要公务活动,科学编排,制订党委重要工作活动安排,为领导有效开展工作提供较好的服务。公文处理方面。全年共制发文件129个,其中望发16个,望办发24个,望发组5个,望字9个,望纪要22个,望常办纪要17个,望阅文件8个,望办通知文件7个,望函1个,望办函20个,发文数量比上年明显减少;规范办理上级明电、部门来文及方案签批,及时与部门对接,按时催办,坚决杜绝错送、乱送和挤压延误现象的发生,中转收发办理各类上下行文件数千件,未出现差错。办会和组织活动方面。进一步规范会议管理,严格会议程序,全年共组织大型会务和接待26余次,其他各类工作会议203次,全区性会议同比下降33.33%。特别是筹备组织了区委全会,区人大、政协两会,省市领导植树等各类大型会议和活动,确保各类会议和活动的有序进行。业务指导方面。密切与区直各部门、各乡镇街道的联系,及时了解和掌握基层工作情况,为领导决策提供依据。切实加强各办公室主任之间的沟通与交流,做好全区办公系统业务指导工作,提升全区办公室工作服务水平。（叶晨馨）

【综合信息工作】 2015年《望城要情》共编印34期,区领导批示47条,并据此解决一批民生问题,破解一些工作难题,发现很多先进典型,在全区产生良好的反响。2015年“书记信箱”接收信件95件,交付各单位办理95件,已回复95件,回复办结率为100%。全年上报省、市委办公厅信息426条,被采用182条。其中,长沙医学院“5·13”聚集事件多条信息被中央、省市委办公厅采用,并获得各级领导批示,市委办公厅对望城区突发事件信息上报工作的时效性、主动性、准确性予以高度肯定。认真做好领导批示的反馈信息、预约信息、节假日信息工作,及时反馈多起重大紧急信息;春节、“五一”、“十一”等节假日,安排专人值班,坚持每天报送信息,确保重大紧急信息无一迟报、漏报、瞒报。（杨蒙娣）

【督查工作】 督促问责助推项目建设攻坚克难。全程跟进芙蓉北大道项目建设,每日归总项目进度上报区委主要领导,编发专项督查通报4期,督促各责任单位认真履职、加大投入,助推芙蓉北大道于2015年12月26日实现全线试运营通车。协调推进新华联项目、长郡月亮岛项目建设,确保新华联项目于11月顺利开工,长郡月亮岛学校于9月1日顺利开学。高效率完成“一路一园”项目、证通电子项目、长株潭城际铁路项目、雷锋西路扫尾项目90余户干部涉拆户签约。专项督查确保决策部署落地生根。全年共开展市、区重要会议纪要落实情况督查,省委常委、市委书记易炼红望城区调研重要讲话精神贯彻落实情况督查,闲置土清理摸底等专项督查52次,就书记明确相关事项落实情况进行8次专报,编发《望城督查》35期。全年共办理省委巡视组交办信访件1起、市委书记易炼红批办件3起;人民网、红网留言37条、区委书记群众来信24件;办理人大代表建议1件、政协委员提案3件。动真碰硬推动作风建设常态长效。会同区纪委、政府督查室、区直机关工委等多个主责部门开展作风督查10余次。统筹推动全区《党政机关厉行节约反对浪费条例》贯彻落实并按季度上报落实情况至市委督查室。对缺席区委全会,人大、政协“两会”,全区党政负责干部大会等重要会议的12名干部予以全区通报批评并扣除所在单位绩效考核分数,确保全区作风建设取得实效。（姚觅）

【机要保密工作】 2015年,全区机要保密工作在区委密码工作领导小组、区保密委员会的正确领导下,围绕区委的中心工作,确保密码通信的绝对安全和畅通,圆满完成各项工作任务。采取专家授课、专题培训、普遍性教育等方式,抓好干部的保密教育,提高了全区干部的保密意识;进一步强化涉密载体计算机和网络的安全管理,加大保密检查力度,采取抽查和普查结合的方式,及时发现和解决保密管理中存在的问题,全年未发生保密安全事项。协同教育局做好高考、中考试卷和考试过程中的保密安全工作,未发生试卷失泄密工作。重视基层密码工作建设,深入基层调研检查,积极对各乡镇(街道)、区直单位的计算机加密通信网进行检查和维修,并进行业务指导。积极落实24小时值班工作,及时处理各种特提、特急、加急等密电、明电,确保中央和省市有关会议精神、文件的及时落实。做好党政联席会和区委常委会议记录工作,全年共撰写党政联席会、常委会议纪要22个,维修卫士通传输系统计算机300余台次,办理密码电报96份、明传电报1100余份,收发上级涉密文件1000余份、非涉密文件3000多份10万多页,没有出现任何差错。（王芝兰）

【接待工作】 2015年完成公务接待任务180批次,接待13000人次。根据中央、省、市有关文件精神,结合望城实际,于4月制定出台《长沙市望城区党政机关国内公务接待实施细则》,针对公务接待中“吃、住、行”等各方面做出详细而有针对性的规定,进一步规范全区公务接待工作。严格按照公务接待实施细则控制接待规模和标准,接待用餐以普通家常菜为主,不上高档菜肴,中餐一律不饮酒,50人以上的接待一般安排自助餐。每次公务接待均注重细节,在宾客喜好、氛围营造、餐饮安排、地方特色等方面认真研制方案,力求做到推陈出新、个性化服务。接待过程中做到服务热情、贴心周到,发挥接待干部艺术、英语等专业特长,展示望城接待干部的综合素质。积极宣传推介望城,公务接待服务与招商引资活动紧密结合,先后组织3批骨干力量到无锡、深圳、成都等地参与招商活动,深入百强企业宣传推介望城,全年协助完成招商签约项目6个。（周硕）

附：

2015 年中共长沙市望城区委文件目录

2 月 6 日，望发〔2015〕1 号《关于实施群众工作“点赞”工程 构建“大群众工作格局”的实施意见》

7 月 3 日，望发〔2015〕2 号《关于印发〈长沙市望城区绩效考核实施办法〉的通知》

3 月 2 日，望发〔2015〕4 号《关于批转〈长沙市望城区人大常委会 2015 年工作要点〉的通知》

3 月 5 日，望发〔2015〕5 号《关于印发〈长沙市望城区贯彻落实中国共产党党和国家机关基层组织工作条例的实施细则〉的通知》

3 月 12 日，望发〔2015〕6 号《关于 2014 年度绩效考核结果的通报》

3 月 12 日，望发〔2015〕7 号《关于 2014 年度全员绩效考核结果等情况的通报》

3 月 12 日，望发〔2015〕8 号《关于 2014 年度村（社区）绩效考核结果的通报》

3 月 23 日，望发〔2015〕9 号《关于切实做好 2015 年度全区人口和计划生育工作的意见》

3 月 31 日，望发〔2015〕10 号《关于批转〈中国人民政治协商会议长沙市望城区委员会 2015 年工作要点〉的通知》

4 月 7 日，望发〔2015〕11 号《关于加快推进铜官小城市建设的若干意见》

5 月 9 日，望发〔2015〕12 号《关于印发〈中共长沙市望城区委领导班子贯彻落实“三重一大”事项集体决策制度的实施办法〉的通知》

5 月 14 日，望发〔2015〕13 号《关于转发〈中共湖南省委关于印发党委（党组）贯彻执行民主集中制的基本规则（试行）的通知〉的通知》

6 月 9 日，望发〔2015〕14 号《关于授予周美玲同学“当代小雷锋”称号的决定》

10 月 20 日，望发〔2015〕15 号《关于印发〈长沙市望城区人民政府职能转变和机构改革方案的实施意见〉的通知》

11 月 10 日，望发〔2015〕16 号《关于印发〈长沙市望城区乡镇区划调整改革工作方案〉的通知》

11 月 30 日，望发〔2015〕17 号《关于调整部分乡镇行政区划的通知》

·组织工作·

【概况】 中共长沙市望城区委组织部内设办公室、研究室、干部科、干部监督科、干部教育培训科（人才科）、组织科（党代表联络办）6 个科室。区委党员教育中心、区委干部档案信息管理中心为下属二级机构，区委基层党建工作领导小组办公室为区委挂靠机构，区绩效考核工作办公室为归口管理机构。共有在职在编干部职工 33 人，其中党员 33 人。

截至 2015 年年底，全区共有党组织 976 个，辖 42 个党委、29 个党总支、905 个支部，另有 14 个区委派出党工委、40 个党组，共有党员 28723 名，其中女党员 5804 名，占党员总数 20.2%；在岗职工党员 8924 名，占党员总数 31.1%；农村党员 15426 名，占党员总数 53.7%。

截至 2015 年年底，全区共有干部 2897 名（不含教育系统）。其中，女干部 868 名，少数民族干部 49 名，乡科级干部 1387 名，县处级干部 75 名，中共党员 2347 名。按学历分：研究生 153 名，大学本科 1450 名，大学专科 1017，中专及其以下学历 277 名；按年龄分：30 岁及以下 530 名，31 岁至 40 岁 1113 名，41 岁至 49 岁 947 名，50 岁及其以上 307 名；按职务职级分：县处级领导正职 5 名，调研员 1 名，县处级领导副职 45 名，副调研员 6 名，相当县处级 16 名，乡科级领导正职 295 名，主任科员 18 名，乡科级领导副职 754 名，副主任科员 45 名，正科级干部 153 名，副科级干部 122 名。

开展专题教育活动。按照中央和省委市委统一部署，出台《关于在全区县处级领导干部中深入开展“三严三实”专题教育的实施方案》。围绕“严以修身、严以律己、严以用权”三个主题，区委、区政府、人大、政协、经开区分别组织开展 3 次集中学习研讨；组织全区副县级以上领导干部以及区政府办、财政局等重要职能部门负责人及其配偶，赴长沙监狱接受廉政警示教育，邀请清华大学唐少杰教授讲授党史国史。结合精准扶贫工作，开展“一进二访”活动，实现 155 个村社区全覆盖，共有 2058 名干部与 2826 户困难群众结对认亲开展帮扶。抓实群众路线教育实践活动后续问题的整改落实，常委会 50 项整改任务全部整改到位。着力解决基层干部不作为乱作为等损害群众利益问题，开展专项整治，排查出的 15 个新问题，11 个问题整改到位，4 个问题仍需长期坚持。

加强干部队伍管理。严格贯彻《干部任用条例》，紧密结合“好干部”标准以及市委“六用六不用”要求，旗帜鲜明地树立重德才、重实绩、重基层、重公认的用人导向。开展“五好”领导班子评选表彰，评选出金山桥街道、区发改局等 10 个“五好”领导班子。加强“狮子型”干部培养选拔，通过个人推荐、组织推荐等形式，共评选出 10 名狮子型干部。相关经验做法获中央、省、市专题报道推介，省市委主要领导做出重要批示予以肯定，省内外组织部门前来考察学习。代表全市迎接省委组织部近三年度干部选人用人工作检查，干部任免全程纪实制度受到省市高度肯定。继续开展“三超两乱”专项治理，消化超配职数 1

名。组织实施区公安局竞岗交流,调整干部68人次。在区直机关和乡镇机构改革中,按照平稳有序的原则,对99名科级领导干部岗位进行调整,配优、配强区直机关和乡镇领导班子。开展干部人事档案专项审核,协助市组对70名市管干部进行档案审核,启动实施区管干部人事档案专项审核前期工作。推进干部日常监督,共办理区管领导班子因私出境审批手续107人次,对区人社局、规划等5个区直单位以及茶亭、东城等四个乡镇主要负责人进行经济责任审计。启动“干部素质提升3553工程”,成功开办人大培训班、区直机关党务工作者培训班、“点赞”工程培训班等主体班次,参训人员近400余人次。组织全区党政干部、人大代表、政协委员、村(社)书记代表等近200余人,围绕沿江发展、城市管理、城市建设、产业布局等内容,分9个批次赴南昌、武汉、上海、苏州、南宁、桂林等地学习考察。从国土、规划、农业等职能部门以及部分乡镇分管农业或者小城镇建设的班子副职中选派10名干部赴成都市农委和部分乡镇,开展为期两个月的挂职锻炼。以“一路两带”项目建设为契机,从区直部门副科级后备干部以及中层干部中择优抽调40名,脱产参与项目征拆工作,实现了项目拆迁和干部培养“双促进”。深入挖掘本土培训资源,建立党员教育兼职教师师资库,在全区选聘了40名业绩突出、党性坚定的兼职教师,确定雷锋纪念馆等16家现场教学点。

夯实基层党建基础。出台党组织书记履行基层党建工作责任制具体化、可操作性文件,落实举措。开展各级党组织书记“双述双评”工作,对抓党建不力、缺位失职的,严格问责。组织开展半年度党建工作督查,深入乡镇(街道)、村(社区)、党小组“号脉开方”,逐镇逐村指出问题、提出意见。并形成对每个乡镇(街道)的书面反馈意见,督促整改落实,促进党建工作整体水平提升。认真落实中央《2014—2018年全国党员教育培训工作规划》,统筹全区教育资源,分片、分层、分类抓好农村基层党员教育培训,共组织党员冬春集训1133课次,参训党员13236人次。举办党员集中培训班25期,培训党员及入党积极分子4300余名。组织155名村(社区)党组织书记进行集中培训,组织20多名“一路两带”片区镇村书记,赴江西南昌、湖北武汉等地学习沿江发展经验。认真落实发展党员预审制、备案制,实行差额推荐入党积极分子、差额确定发展对象、差额推选预备党员的“三个差额”办法,严格发展党员,全年发展党员401人。制定下发《积分定等工作要求及流程》《党小组工作手册》,严格党员积分定等量化管理,规范不合格党员处置,畅通党员出口。全区1.5万余名农村基层党员全部实现量化管理,全年评定出88名不合格党员均严格按程序进行处置。依托“雷锋580”志愿帮扶体系,组建8000余人的党员志愿服务队,开展在职党员进社区活动,3319名居住在城市社区的在职党员完成报到,1532名党员干部与困难群众结对认亲开展精准帮扶,177个机关企事业单位支部与155个村(社区)支部结对共建。认真落实“一推行四公开”制度,启动实施群众工作“点赞”工程,通过区领导联点、部门办点、队员驻点、党员干部帮点和社会各界人士援点,形成党委统一领导、党政齐抓共管、职能部门各负其责、社会组织广泛参与的“大群众工作”格局。

优化人才发展环境。严格按照《长沙市望城区人才发展三年规划》,培养和引进一批在新型工业化、现代农业与乡村旅游等重点领域的高层次创新创业人才;依托“相约雷锋家乡”大型人才招聘平台,大力引进各类高层次和高技能人才;以创建“名家工作室”为抓手,打造人才工作新亮点,促进本土人才成长。建立领导干部联系高层次人才工作制度,关心关爱高层次人才。开展杰出人才评选,共评选十大杰出人才、5家重才爱才先进单位,建立5个名家工作室,积极营造“四个尊重”的良好社会氛围。按照《关于进一步加强人才工作的若干意见》,兑现住房补贴、安家补助、职称晋升奖励等。完善人才工作管理体制,建立党委统一领导,组织部门牵头抓总,有关部门各司其职、密切配合,社会力量广泛参与的人才工作格局。整合人才市场和劳动力市场,建立人才资源信息库,完善网络人才市场,逐步构建起开放的人才信息和公共政策信息共享机制。强化人才公共服务功能,着力推行“网络服务”“一站式服务”“窗口服务”等多种服务方式,提高服务效能。

提升组工队伍综合素质。通过举办“组工论坛”,评选“学习之星”,组织选派干部参与全区培训主体班次,下派干部驻村锻炼、轮岗交流、结对帮扶等方式,提升组工干部理论水平和实践能力。新修订完善《中共长沙市望城区委组织部机关内部管理制度》,推进工作规范化、制度化。组织开展部机关“三严三实”专题教育,强化组工干部职业操守和锤炼“抓落实、求实效”的工作作风。积极向各级媒体刊物宣传推介组工典型和工作经验,《望城区“狮子型”干部培养选拔》成功入围长沙市第五届组织工作创新奖评选专家评审阶段,并在九区县参赛作品中获得第一名。在中央、省、市发表文章、组工信息56篇,其中,“狮子型”干部培养选拔相关文章被《学习与研究》《组工通讯》《组工信息》等中央级别刊物发文报道。28篇信息被长沙市委组织部《组工信息》刊物采用。

区委组织部

部　　长　周志辉
副 部 长　邓建华　李树先
　　　　　杨松林(兼)　瞿宏斌
　　　　　邹　文(12月免)

【“三分五统”模式轮训农村基层党员】 针对农村党员教育工作的薄弱环节,采取“分片建点、分层定责、分类办班”和教学管理、师资选配、课程审核、经费负担、考核评估

"五个统一"的方法,就近就地开展党员培训。将全区划分为高星开发片区,南部城郊片区,以及河东、大众垸两个农业片区,全面覆盖全区19个乡镇(街道)所有农村党员,在每个片区均建立一个特色鲜明的党性教育实践锻炼基地,负责片区内农村党员的教育培训。同时构建区、镇、村三级联动的责任落实机制,明确由区委组织部直接负责四个片区培训基地的建设,做到教学管理、师资选配、课程审核、经费负担、考核评估"五个统一",牵头拟定办班计划、轮训方案、课程设计,负责授课老师联络、学员组织、教育教学等工作,指派专人负责基地培训的指导、考核、评估,将每年市、区两级投入的党员教育专项经费集中使用,从严控制经费财务核算,坚持专款专用,全力保障四个基地的日常运转,确保片区每个农村党员每年均能接受区委轮训。乡镇(街道)协助区委组织部对片区内轮训人员进行组织和教学管理,并依托所在片区党性教育实践基地,每年自主轮训基层党员,保证每个党员每年参加镇街集中轮训时间不少于1天。明确村(社区)党组织党员教育培训直接责任,全面推行"三会一课"制度,并纳入年度村级基层党建工作考核,要求每个党组织书记每年至少上一次党课,每个基层支部每季度开展一次党课活动,并在《党支部工作手册》如实记录,年底严格考核兑现;各村级党支部将党员接受培训情况作为日常表现进行量化打分,实行"积分制",有效强化培训管理。全年全区四个片区培训基地已举办培训班28期,培训学员6000余人。

【群众工作"点赞"工程】 为贯彻落实习近平总书记系列重要讲话精神,巩固和扩大党的群众路线教育实践活动成果,区委、区政府决定以三年为一周期,在全区实施群众工作"点赞"工程,区财政将群众工作经费纳入年度财政预算,安排900万专项经费到市、区直群工站。79名区级在职副县级以上领导干部率先垂范,深入联系村(社区)开展群众工作。全区精准定位建立90个市、区直点,65个乡镇(街道)自建点,派出市、区、乡镇(街道)三级群工队员898名,引导608位两代表一委员、294名党代表、132名社会贤达、42家非公有制企业发挥各自优势,参与群众工作。走访群众76581户次,公开承诺办实事581件,结对认亲1473户,帮扶慰问1911人次,开展群体性活动3076场次,收集群众反映问题3452个,解决问题3264个,乡镇(街道)调度处理114个,区级调度处理74个,精准投入各类帮扶资金近4000万元。构建区领导联点"全覆盖"、部门办点"深对接"、队员驻点"无盲区"、党员干部帮点"零距离"、社会各界人士援点"无障碍"的大群众工作格局。2014－2015年获评长沙市群众工作一类区(县)。

·统战工作·

【概况】 中共长沙市望城区委统一战线工作部内设办公室、党外人士联络办公室,归口管理区委台湾工作办公室(区人民政府台湾事务办公室)、区民族宗教事务管理局、区归侨侨眷联合会,2015年有干部职工14人。

合作共事开创新局面。组织召开望城区党外知识分子联谊会一届理事大会,成立全区党外知识分子联谊会,为党外知识分子发挥自身优势、服务望城发展搭建新平台。支持民主党派自身建设,引导民主党派及其成员开展专家义诊、法律咨询、爱心助学等社会服务活动,民进望城区支部获评民进中央全国先进基层组织,苏敏芳获评民进中央全国先进工作者。成立望城区青年企业家商会,为全区青年尤其是留学归国人员创新创业提供交流服务和展示自我的平台。开展以"同心建望城"为主题的统一战线理论征文活动,组织统战干部、党外人士围绕"四个全面"战略布局、加强对政党协商、望城发展热点难点等问题的调研,征集调研报告23篇,各类意见建议54条,为区委、区政府决策提供参考。

"同心工程"打造新亮点。选取白箬铺镇光明村、格塘镇三桥村两个市级"同心乡村"作为中心村,打造现代农业"万亩蔬菜基地"和观光农业"光明大观园"两个示范片区。通过联点共建,整合资源,促进片区农民就近转移就业,农民人均纯收入平均增长20%。引导各乡镇(街道)结合各自资源优势开展创建工作,新康乡湘江村、黄金园街道青天寨生态农庄创建工作扎实有效,旺旺路社区、欧阳询文化园分别获评市级"同心社区""同心项目"。一批党外代表人士在村级扶

省委统战部调研光明大观园"同心乡村"片区创建

贫帮困、建设生态家园中发挥重要作用。加强新侨和留学生的服务和引导,省级“同心园区”黄金创业园被省侨联确定为全省首家“湖南省新侨创新创业示范园”,承办全省归国留学人员座谈会。

服务管理取得新成就。举办长沙医学院首届民族文化展,承办长沙市首届“民族孝道文化”演讲大赛,促进各民族团结、友谊和文化交流。成立少数民族群众服务站,为全区少数民族群众提供免费的法律援助、心理辅导、创业就业指导等服务。支持少数民族地区教育,望城一中西藏班37名毕业生全部升入国家一流重点大学深造,长沙医学院完成国家8年教育计划,为民族团结和国家教育事业做出积极贡献。引导宗教界拓展服务社会功能,指导洗心慈善基金会“万名学子助学计划”形成了宣传、募集、走访调查、资金管理与发放等一整套完备规范的制度体系,2011—2015年共募集助学善款1270.4万元,帮助3176名省内寒门学子圆“大学梦”。加强宗教事务管理。成立区道教协会。做好涉台涉侨工作,高层协调,部门联动,深入台侨企业解决实际困难,为台企发展、项目建设创设良好环境,罗莎乡村俱乐部、绿野香田等项目顺利推进。夯实基层基础,开展基地建设,旺旺路社区和高塘岭镇中学获评市级涉台教育基地。

区委统战部

部　　长　周志辉
副 部 长　毛正标
　　　　　罗立新(12月任)
　　　　　苏景文(12月任)
　　　　　毛　斌(12月任)
　　　　　王金川(12月免)
　　　　　王艾莲(12月免)
　　　　　张自然(12月“改非”)

【承办长沙市首届“民族孝道文化”演讲大赛】 5月15日,由长沙市民宗局、长沙市民族联谊会主办,望城区民宗局、望城区民族联谊会承办的长沙市“民族孝道文化”演讲比赛在望城区行政中心雷锋大剧院举行,省政协原党组副书记、副主席石玉珍,省民宗委党组副书记、副主任赵仁秀,市民宗局长刘佳勇等省、市领导出席,为12位获奖选手颁奖。本次演讲比赛,来自省会34个民族分会各民族的16名选手和望城一中西藏班、雷锋中学的11名少数民族学生代表分别献上精彩的演讲。本次演讲比赛,弘扬中华孝道文化,选手们都发挥出较高水准,展示各民族同胞的良好形象的同时增进民族团结。

【成立少数民族群众服务站】 7月3日,区少数民族群众服务站在长沙医学院正式成立。望城属于少数民族散居区,有少数民族5000余人。长沙医学院有少数民族学生2250人,涵盖维吾尔族、哈萨克族、柯尔克孜族、蒙古族、回族等27个民族,其中来自新疆的在校少数民族学生有696人(维吾尔族576人、哈萨克族72人,其他少数民族48人)。服务站以注重服务为先,以保障少数民族学生合法权益为出发点,坚持团结、教育、疏导、化解为主的原则,处理涉及少数民族学生的矛盾纠纷,向少数民族学生提供免费的公共服务、法律援助、心理疏导、创业就业指导。将之建成运转有效、保障有力的少数民族服务机构,提升为少数民族群众服务的质量和水平。

【对台工作】 区委台湾工作办公室、区政府台湾事务办公室为区委部门管理单位,归口区委统战部管理,2015年有在职在编干部2名,其中正、副科级各1名。

服务发展大局。在新建办公楼安装三台台湾有线电视,做好《台湾工作通讯》和《两岸关系》的征订及送阅,定期将刊物送主要领导阅读。服务高层调研,为企业发展搭建平台。4月14日,全国政协常委、港澳台侨委员会副主任、中共中央台办、国务院台办原常务副主任,海峡两岸关系协会常务副会长郑立中一行到旺旺调研考察,对旺旺的建设和发展给予高度肯定;4月2日,省委常委、统战部部长李微微视察绿野香田项目,提出要搞好服务,共谋发展;6月4日,市委常委、统战部部长文树勋召集市台办等10余家市直单位召开绿野香田项目现场办公会,区委书记孔玉成,市台办主任袁义和,区委常委、统战部部长、组织部部长周志辉多次深入项目,密切关注项目动态,为项目建设创造良好发展环境。针对经济下行的压力,区台办先后组织3次对台企集中走访,深入罗莎乡村俱乐部、新东阳和绿野香田项目,提出发展建议和意见。加强部门联动,解决台杰食品运输车辆进城的问题、罗莎乡村俱乐部的用水问题、绿野香田项目在建设过程中出现的问题。

强化基地建设。全区已建成喻家坡街道旺旺路社区和高塘岭镇中学两个涉台教育基地。6月18日,邀请市台办副主任袁湘鄂为涉台基地做两岸形势报告。区台办全体成员、两个涉台教育基地的负责人、社区居民、学生老师代表共计150余人听取讲座。6月3—5日,区台办组织涉台教育基地负责人和专职人员参加市台办的专业培训。从2014年至2015年年底,区台办每年给两个涉台教育基地拨付2万元建设经费,累计已投入10万元,7月两个区级涉台教育基地旺旺路社区和高塘岭镇中学通过市级涉台教育基地验收。

加强交流交往。区台办全年接待参访团10个268人次。2月5日,中华青年企业家协会副理事长骆明裕到望城考察;4月3日,市台办副主任张克清调研台企;4月15日,南台湾基层民众参观白箬铺镇光明村;5月13日,全省各市县区台办主任和对台工作骨干业务培训班全体学员参观铜官窑和书堂山;6月4日,澳门和光协进会参观铜官窑和靖港;6月9日,台湾农渔民参访绿野香田项目;7月23日,市台办主任袁义和一行调研旺旺乳饮新厂和新东阳项目;9月18—20日,台湾基隆湖南同乡会39人到望城重点参访白箬铺镇光明村、靖港古镇和铜官窑；11 月 15 日，台湾中国青年大陆研究文教基金会参访团到望城参访。5 月，统战部副部长、台办主任张自然跟随市台办联络小分队赴台，走访台胞企业家。6 月，白箬铺镇镇长廖忠宇赴台湾绿野镇交流。7—8 月，高塘岭镇一中教师约 10 人分 3 批通过自由行赴台，为望台教育沟通创造条件。11 月，区委常委、副区长邹特带队一行 4 人对台湾城市建设进行考察。

服务台胞台属。区台办积极与民政部门协调，为身患癌症的台属李国强申请大病补助，为书堂山李勇一家协调办理加急赴台相关手续，为靖港镇庐江社区刘怀沩向长沙市台北同乡会发出寻人信息。结合“与群众交朋友，帮基层解难题”活动，开展基层重点台胞台属的走访和服务工作。

【民族宗教】 区民族宗教事务局为正科级机构，2015 年有在职在编干部职工 3 人，其中局长 1 人、副局长 1 人。

探索民族工作机制。7 月 3 日，区少数民族群众服务站在少数民族流动人口较为集中的长沙医学院正式成立。望城区属于少数民族散居区，有少数民族人口 5000 余人，其中少数民族流动人口 3400 余人。长沙医学院有少数民族学生 2250 人，来自新疆的在校少数民族学生 696 人。服务站以注重服务为先，以保障少数民族学生合法权益为出发点，向少数民族学生提供免费的公共服务、法律援助、心理疏导、创业就业指导。坚持团结、教育、疏导、化解为主的原则，处理涉及少数民族学生的矛盾纠纷，旨在建设一个运转有效、保障有力的少数民族服务机构，带动全区提升为少数民族群众服务的质量和水平。

弘扬民族传统文化。5 月 15 日，长沙市首届“民族孝道文化”演讲比赛在望城区行政中心雷锋大剧院隆重举行。本次演讲比赛，集聚了省会 34 个民族分会近万名会员团结奋进的正能量和最强音，来自省会各民族的 16 名选手和望城一中西藏班、雷锋中学的 11 名少数民族学生代表分别献上了精彩的演讲。《母亲的声音》《我对孝顺的理解》《孝满天下、爱满天下》等一篇篇饱含深情的演讲稿，选手们以真挚的情感，动人的嗓音和对孝文化的深层次理解，深深打动了每一位现场的听众。整个比赛竞争激烈，精彩纷呈，选手们都发挥出了较高水准，充分展现了各民族同胞的良好形象，有力地弘扬了中华孝道文化，促进了民族团结。

长沙市首届“民族孝道文化”演讲比赛在望城举行

致力宗教慈善事业。6 月 22 日，长沙洗心禅寺洗心基金会主办的“善 · 拍”2015 洗心基金会第二届慈善拍卖会在普瑞温泉大酒店举行。200 余名爱心人士汇聚于此，共襄善举。成功竞拍 70 余件作品，筹款 644 万元，较 2014 年首届拍卖会筹得的 344.4 万元多了近一倍。慈善拍卖会筹得的善款除用于“捐资助学”外，还将用于洗心基金会扶贫济困、环保护生和慈善人文等慈善事业。截至 2015 年 12 月，洗心基金四年共募集助学善款 1270.4 万元，帮助湖南省 3176 名寒门学子圆“大学梦”。

提升依法管理能力。7 月 22 日，区民宗局率先全市，在区委党校举办第一期民族宗教政策法规培训班。邀请省、市专家授课，全区民族宗教界代表人士近 200 人参加。培训设置五个课程，有民族、宗教政策理论以及法律法规辅导，有财务监督管理及账务处理培训；有行政干部密切相关的行政执法讲述，有宗教场所弘扬文化的志书编写培训；有政策理论讲授，有实践经验介绍，知识面广、信息量大，对推动宗教界继续加强教风建设创建，提升全区民族宗教干部、民族宗教界人士及宗教教职人员政策理论水平，提升其守法用法意识起到积极作用。

· 机构编制工作 ·

【概况】 区机构编制委员会办公室设综合科（监察室）、机构编制管理科、机构编制监督检查科、事业单位登记管理科（对外保留事业单位登记管理局），2015 年有在职干部职工 10 人。

截至 2015 年年底，全区党政群机构 57 个，较上年同期减少 2 个，其中区直 48 个，乡镇 10 个，街道 9 个；共统计各类事业机构 473 个，较上年 469 个增加 4 个，其中纳入财政预算单位 430 个，经费自理单位 43 个。行政编制配备情况：因工商、质监管理权限下放，全区党政群机关配备行政编制 1847 名，较上年增加 113 名，其中区直机关行政编制 745 名（含价格监督检查局专项编制8名),乡镇(街道)行政编制504名(含财政所76名);政法专项编制598名。非行政编制配备情况:区直机关配备工勤人员编制94名,区直机关其他事业编制33名,乡镇机关配备工勤人员编制29名,政法系统配备工勤人员编制43名。使用行政编制人员情况:全区党政群机关使用行政编制的在职人数1833人,较上年增加109人,其中区直机关797人(含价格监督检查局7人),较上年增加82人,乡镇(街道)机关436人(含财政所48人),较上年增加16人;政法系统使用政法专项编制600人,较上年增加11人。事业编制配备情况:按照省、市要求,全区编制总额不超过2012年年底数的要求,全区核定事业单位编制7298名(含区直机关其他事业编制33名),其中,财政预算6361名(其中全额4820名,差额1541名),经费自理937名。事业编制人员情况:全区各类事业机构实有在职人数7238人(未含教育系统教师离岗休息人员90人),较上年增加45人,其中纳入财政预算6568人,单位经费自理670人。事业单位法人登记管理概况:全年应年审事业单位法人416家,全部参加年审,合格率100%;全年办理设立登记14家,变更登记83项次。

2015年,区编委办以深化改革为重点,深入贯彻落实李克强总理"财政供养的人员只减不增"的指示精神,在控制全区总编制的前提下,严守机构编制纪律,深化体制机制改革,积极推进机构编制管理规范化、科学化和法制化建设,认真开展党政群机关及事业单位核编工作和教育系统核编工作,扎实推进区政府机构改革、行政审批制度改革、事业单位分类改革、机构编制核查、"三超两乱"(超编制进人、超职数配备干部、超范围分设党政职务,随意按年龄画线乱调整配备干部,违反规定程序乱进人。)专项治理、机构编制实名制管理、机关事业单位网站中文域名管理等工作,适时调整有关机构编制事项及领导职数。

设立相关机构。组建长沙市望城区城市管理局,承担全区城市管理职能。设立区城市管理执法大队,为区城管局所属正科级事业单位。组建长沙市望城区农业和林业局,加挂中共长沙市望城区委农村工作办公室牌子,主管全区农业、林业和有关农村工作。组建长沙市望城区卫生和计划生育局,主管全区卫生、计生工作。组建长沙市望城区市场和质量监督管理局,加挂长沙市望城区食品药品监督管理局、长沙市望城区食品安全委员会办公室牌子。组建长沙市望城区食品药品检验检测中心。

设立相关内设科室。调整区纪委(监察局)机关内设科室,撤销纪检监察室、执法监察室、党风廉政建设室、宣传教育室(调研法规室)、行政效能监察室(优化办)、纠正行业不正之风室、干部室(监督检查室)、财务监察室;设立组织部、宣传部、党风政风监督室(区政府纠正行业不正之风办公室)、案件监督管理室、第一纪检监察室、第二纪检监察室、第三纪检监察室、第四纪检监察室。调整后,区纪委、监察局机关设办公室、组织部、宣传部、党风政风监督室(区政府纠正行业不正之风办公室)、信访室、案件监督管理室、第一至第四纪检监察室、案件审理室等11个内设科室。调整区委宣传部内设科室,撤销新闻宣传科,设立文化艺术发展办公室;将党教理教科更名为理论教育和政策研究室;撤销加挂在区精神文明建设指导委员会办公室的未成年人思想道德建设工作中心牌子,并在区委宣传部设立"未成年人思想道德建设科",在区委宣传部内设机构挂牌;将在区委宣传部内设机构挂牌的"文化产业发展办公室"调整为内设机构。在区安监局增设安监三科。在区经信局增设陶瓷产业科。在区行政综合执法局增设政工人事科。

对相关机构进行更名。长沙市望城区城乡建设局更名为长沙市望城区住房和城乡建设局。长沙市望城区工业和信息化局更名为长沙市望城区经济和信息化局。长沙市望城区长郡月亮岛实验学校更名为长沙市望城区长郡月亮岛学校。原加挂在湖南望城经开区产业发展局的"湖南望城经济开发区安全生产监督管理站"更名为"湖南望城经济开发区安全生产监督管理分局",为区安监局的派出机构。在铜官循环工业基地产业发展和社会事务处加挂"湖南望城经济开发区铜官循

政府职能转变和机构改革动员会议

环工业基地安全生产监督管理所”牌子，为区安监局派出机构。原加挂在铜官循环工业基地产业发展和社会事务处的“湖南望城经济开发区铜官循环工业基地环境保护监管所”的牌子，更名为“长沙市望城区环境保护局铜官管理所”，为环保局的派出机构，在湖南望城经开区产业发展局加挂“长沙市望城区环境保护局经开区分局”牌子，为区环保局派出机构。长沙市望城区建设工程交易中心更名为长沙市望城区公共资源交易中心。长沙市望城区高塘岭镇农科教中心更名为长沙市望城区高塘岭农科教中心，长沙市望城区黄金镇农科教中心更名为长沙市望城区黄金农科教中心，长沙市望城区星城镇农科教中心更名为长沙市望城区星城农科教中心，长沙市望城区丁字镇农科教中心更名为长沙市望城区丁字农科教中心。区市政维护处更名为区市政局，区园林管理所更名为区园林局，区市容环境卫生管理所更名为区环卫局，3 个机构均为归口区城市管理局管理、独立运作的正科级事业单位。在区安监局综合科加挂长沙市望城区安全生产应急救援管理办公室牌子。在区老干局下属的区老干部中心活动室加挂区老干部大学牌子。长沙市望城区公安局法制科更名为长沙市望城区公安局法制大队。在区司法局社区矫正科加挂长沙市望城区司法局社区矫正工作局牌子。长沙市望城区人民法院纪检组（监察室）更名为长沙市望城区人民法院纪检组（监察科）。

合理调整人员编制。核减区老干所全额事业编制 2 名，核增区老干部中心活动室 2 名全额事业编制。核减区委办机关行政编制 4 名，核增区委组织部机关行政编制 4 名。核减区人力资源和社会保障局下属区城乡居民养老保险管理中心全额拨款事业编制 1 名，核减区住房保障局下属区物业监督管理办公室全额拨款事业编制 1 名，核增区政务服务中心下属电子政务办公室全额拨款事业编制 2 名。核减区行政综合执法大队全额拨款事业编制 113 名，核减区园林局差额补贴事业编制 7 名，核减区环卫局差额补贴事业编制 12 名，核增区市政局差额补贴事业编制 9 名，核定区城市管理执法大队全额拨款事业编制 123 名。核定区不动产登记中心全额拨款事业编制 36 名。核定长沙市望城区长郡月亮岛学校小学全额拨款事业编制 39 名（含 1 名附加编制）、中学全额拨款事业编制 18 名。核减区公路管理局公路养护服务中心全额拨款事业编制 4 名。核减区人民政府教育督导室行政编制 3 名，核增区教育局机关行政编制 1 名，核增区教育局下属二级机构区招生委员会办公室、区大中专毕业生就业指导服务中心全额拨款事业编制各 1 名。核增区交通运输局机关行政编制 1 名。核减区交通运输管理所全额拨款事业编制 2 名。

明确机构级别和领导职数。明确长沙市望城区公安局法制大队增设教导员（乡科级正职）1 名。明确长沙市望城区国有资产管理局升格为副科级机构，核定局长（副科职）1 名。明确区城市管理执法大队为区行政综合执法局所属正科级事业单位，核定领导职数为大队长（正科职）1 名，教导员（正科职）1 名，副大队长（副科职）2 名。核定区行政综合执法大队领导职数为大队长（正科职）1 名，教导员（正科职）1 名，副大队长（副科职）2 名。

调整相关机构职能。调整部分涉改机构的职责。将区食药监局（区食安办）的职责，区卫生局餐饮服务许可和餐饮业、食堂等消费环节食品安全监管的职责，区商务局酒类流通食品安全监管的职责，区工商局的职责、区质监局的职责整合到区市场和质量监督管理局，负责对生产、流通、消费环节的食品安全和药品安全性、有效性实施统一监督管理，并按乡镇区划派驻市场和质量监督所，确保执法服务重心进一步下移；将区农办的职责、区农业局的职责、区林业局的职责、区商务局牲畜屠宰监管职责、区畜牧兽医水产局的行政职能、区动物卫生监督所的行政职能整合到区农业和林业局；将区卫生局除餐饮服务许可和餐饮业、食堂等消费环节食品安全监管以外的职责、区人口和计划生育局计划生育管理和服务的职责整合到区卫生和计划生育局。推进事业单位行政职能回归。结合分类推进事业单位改革的要求，统筹推进承担行政职能的事业单位改革，将其承担的行政职能剥离划入到相关行政机构。将区住房保障局的行政职能划入区住房和城乡建设局；将区公路管理局的行政职能以及区交通运输管理所的行政职能划入区交通运输局；将区畜牧兽医水产局机关的行政职能及其下属区动物卫生监督所的行政职能划入新组建的区农业和林业局。梳理部门内部职责分工。通过采用“加挂牌子、撤一建一、相对集中”的方式，在 24 个机关单位设立行政审批科。其中，加挂牌子的 10 家。撤一建一的 3 家，相对集中的 11 家。清理解决部门间职责交叉和分散事项。按照“突出主业、服务企业”要求，将原由经开区负责的征拆、拆违控违、社会治安综合治理、计划生育、重建地管理等职能交由项目所在街道负责，并将其城市管理职能交由区城市管理局负责，优化园区发展环境。将房屋登记、林权登记、水域滩涂养殖权登记、土地承包经营权登记等职责与区国土资源局承担的土地登记职责整合，在区国土局增设不动产登记科，并下设不动产登记中心，负责全区不动产登记的监督管理和登记、发证、信息平台维护、登记信息查询、档案管理等工作。

长沙市望城区机构
编制委员会办公室

主　　任　袁文科

副 主 任 杨继承 张 浩

【推进行政审批制度改革】 区编委办牵头开展区政府部门“权力清单”“责任清单”编制工作,多次受到省、市编制部门的表扬,其做法在《湖南机构编制》(总第69期)和《长沙改革简报》(总第49期)刊发、推介。修改完善区政府“权力清单”。2015年,全区公布行政审批项目143项,精简116项,精简比例53%;以望审改办函〔2015〕1号文公布了全区其他职权2397项;清理14项非行政许可事项,不再保留区本级非行政许可事项,对清理的行政职权进行归类汇总,形成了较完备的区政府“权利清单”。2015年12月,根据长政办函〔2015〕158号文件精神,组织区直有关部门率先顺利承接了市里下放到望城区的23项市级经济社会管理权限。积极开展“责任清单”编制工作。2015年4月,区审改办召开编制“责任清单”及清理“非行政许可审批”工作部署会,并开展了相关业务培训。按照“单位上报—小组初审—沟通反馈—逐项再审—单位确认—网上征求意见—单位最后确认”的工作流程,形成了《长沙市望城区人民政府部门责任清单》,汇编各类事项共计820条,并在区政府门户网站的“望城区部门责任清单”专栏刊载,对外发布。同时,为加强清单的动态管理,2015年7月,印发了《关于权利清单和责任清单动态调整有关事项的通知》(望审改办函〔2015〕5号),为全区两个清单的动态调整提供保障。

【开展区政府职能转变和机构改革】 2015年,区编委办认真组织开展了工商、质监、卫生、计生、国土、住房、林业等涉改部门调研,多次到省、市编办就有关问题进行汇报,进一步完善区政府机构改革方案;2015年4月下旬,市委、市政府批复望城区机构改革方案,同意望城区设政府工作部门24个(另有区监察局和区人防办不计入政府机构限额)、直属事业单位9个。9月中旬,市编委批复望城区城管体制调整的有关机构编制事项。10月22日,召开全区政府职能转变和机构改革动员大会,全面启动政府机构改革工作。至2015年年底,涉改单位机构整合、编制划转、“三定”方案和机构编制调整文件等工作已全部到位。

【优化城管体制机制】 2015年4月下旬,区编委办联合区人社局、行政综合执法局、政府法制办等单位,先后赴岳麓区、开福区、宁乡县、长沙县、芙蓉区学习考察,结合望城实际,形成考察报告,提出了建设性意见。2015年9月上旬,市编委批复了望城城管体制改革相关事项,同意新设区城市管理局,为区政府工作部门;区环卫所、园林所和市政维护处分别更名为区环卫局、园林局和市政局,为区城市管理局所属正科级事业机构;设立区城管执法大队,为区行政综合执法局所属正科级事业机构。区城管执法大队下设城管执法中队,派驻到各乡镇(街道),与乡镇(街道)的城建城管办、国土所合署办公,日常工作归所驻乡镇(街道)管理,使执法“重心下移、服务前移”,进一步理顺了乡镇(街道)城管执法体制,使乡镇(街道)城管工作有责、有权、有抓手,提高了执法效率。同年11月底,各项调整工作全部到位。

【做好中文域名注册管理】 按照中央编办要求,2015年开始由编委办承担网上域名的注册管理工作职责。2015年9月以来,区编委办“速”“效”并举,全力推进全区行政机关、事业单位的中文域名注册工作。组织全区各有关单位召开中文域名注册工作推进会暨业务培训会,强调工作要求,进行了业务培训。截至2015年年底,全区应注册单位461个,已全部完成网上注册、缴费等工作。

·宣传工作·

【概况】 2015年,区委宣传部科内设办公室、理论教育和政策研究室、文化艺术发展办公室、学雷锋活动指导办公室(加挂未成年人思想道德建设科)和文化产业发展办公室5个科室。区新闻中心和区网络宣传管理办公室归口区委宣传部管理;区文明办和区文联挂靠区委宣传部,共有在职在编干部职工23人。

学雷锋活动精彩纷呈。周美玲的英勇事迹获中央政治局常委、中央书记处书记刘云山批示,她被授予第五届全国道德模范、全国优秀少先队员、第五届全省道德模范、全省优秀少先队员。区公安消防大队被中宣部命名为首批“全国学雷锋活动示范点”,胡丙炎荣登敬业奉献类“中国好人榜”,谭铁辉获评“全省最美志愿者”,周美玲、向铁梅、李群庆等3人获评第三届全市道德模范,“580”紧急求助项目获评全国、全省最佳志愿服务项目。成功举办2015雷锋精神论坛,在共产党员网开通雷锋纪念馆网上展馆,设立“雷锋种子站”微信平台,开展“助春运、献真情”“红红火火过大年”“邻里守望”等主题学雷锋志愿服务活动,全区“580”学雷锋志愿服务站126个,注册志愿者3.7万余人。

新闻舆论卓有成效。全年在各级主流媒体刊发正面宣传报道稿件3000余条,其中《人民日报》《新华社》《光明日报》等中央主要媒体的重点报道86篇;《湖南日报》头条、头版、市州版头条、湖南卫视《新闻联播》头条或单篇时长两分钟以上重点新闻报道66篇;《长沙晚报》头条、头版、专版、要闻头条等重点新闻稿件110篇。央视《新闻联播》以提要+新闻+短评的形式、

《焦点访谈》以近十分钟时长对周美玲事迹予以重点报道。全年共发现并及时处置网络舆情400余起，区网评员发布和转载评论近万条，快速、有效应对月亮岛街道"孤岛"拆迁、长沙医学院学生恋爱纠纷等较大网络舆情10余起，全年未发生因舆情处置不力而影响全区形象的事件。官方微博"@望城之声"吸引粉丝近10万人，获评"2015年度湖南省政务微博创新运用奖"。

文明创建再创佳绩。在全区各单位开展道德讲堂2000余场次。公益广告刊播比例达30%。开展"美丽望城·美德先行"主题实践活动，向全区各单位发放《百篇故事讲好人》书籍1.6万余册。建立文明城市建设专人负责、日督查、月点评、黄牌警告、奖惩等五项制度，下发督查交办函210期，整改率100%。承办省、市级以上文明创建主题活动40余次，白箬铺镇光明村获评"全国文明村"称号。将"雷锋精神引领品格教育"与未成年人思想道德建设相结合，在全市未成年人思想道德建设工作推进会上作典型发言。

文化产业转型发展。建立健全文化产业体系，改造传统文化产业，培育新型文化业态，推动文化与旅游、体育、信息、科技等产业融合发展。湘台文创园完成概念性规划设计，举办"陶瓷产业复兴和陶瓷技艺创新论坛"活动。与景德镇市珠山区政府签订陶瓷产业发展合作框架协议，铜官陶瓷行业协会与景德镇市陶瓷行业协会签订合作框架协议，在产业促进、资源共享、企业合作、文化共建、技术交流、展览展示、人才培养和招商引智等方面开展合作。

文化艺术硕果累累。开展首届"雷锋文学艺术奖"评选；举办长篇报告文学《雷锋在1958》研讨会；扶持创作现代花鼓戏《良心结》、长篇报告文学《蝶恋花——望城奇女李淑一》、少儿舞蹈《最美少女周美玲》等一批文艺作品，本土文艺精品的影响力日益扩大。"斑马湖"主题群众文艺活动蓬勃开展，完成

2015雷锋精神论坛暨长沙学雷锋工作表彰会

舞剧《君生我未生》的首演，举办"我们的中国梦·文化进万家—幸福望城"等群众文化活动，组织2015年"欢乐潇湘·品质长沙'五乡'望城"群众美术、书法、摄影创作大赛，开展"聚焦文化·深入基层"大走访、大调研、大讨论活动。雷锋艺术团获评第六届全国"服务农民、服务基层"文化建设先进集体。

理论武装持续深化。围绕群众工作"点赞"工程、科技活动周、"三严三实"专题教育、十八届五中全会等主题服务区委中心组（扩大）集中学习8次，定期向区委中心组成员赠送优秀理论学习书籍。大力开展"书香望城"全民阅读学习及学习型机关建设"双争四推"活动，树立全区书香进机关、书香进企业、书香进校园、书香进社区、书香进村组、书香进家庭等第一批示范点。积极组织开展"微理论·微宣讲"竞赛及巡讲活动，从全区优秀中青年干部、"社会贤达"及"五老"等群体中选拔理论宣讲骨干，构建区、镇（街道）、村（社区）组三级网格化宣讲体系。

区委宣传部

部　　长　姚建刚（5月任）
副县级干部　李　宏
副 部 长　余旭阳　曾永胜
　　　　　资　涵　黄跃新
　　　　　谭鸿亮（10月任）

【周美玲获评第五届"全国道德模范"】 10月13日，由中央文明办、全国总工会、共青团中央、全国妇联共同主办的第五届全国道德模范座谈会和授奖仪式在北京举行，分别表彰62名助人为乐、见义勇为、诚实守信、敬业奉献、孝老爱亲5个类别的模范，长沙市望城区茶亭镇小学生周美玲获评"见义勇为模范"。她在别人危急时刻挺身而出，展现了青少年自觉践行雷锋的担当精神。5月22日傍晚，周美玲经过一个丁字路口，看到小男孩周周正横过马路，眼见小男孩就要被渣土车撞上，周美玲飞快地冲向路中间，奋力将周周往回扯。小男孩躲过一劫，周美玲的左腿却严重受伤。在获悉周美玲事迹后，湖南省委常委、长沙市委书记易炼红批示，请医院全力做好治疗工作，号召人们向周美玲学习。刘云山同志称赞她为"雷锋家乡小雷锋，最美小少年"。

【承办2015雷锋精神论坛】 3月3日，以"雷锋家乡学雷锋"为主题的"2015雷锋精神论坛"在望城举行。本届雷锋精神论坛由省委宣传部、

省文明办、长沙市文明委主办，省雷锋精神研究会会长杨忠民主持。中华雷锋文化促进会、总政治部、湖南省文明办、省雷锋精神研究会、市区相关领导及国内学雷锋活动的知名专家学者、嘉宾出席。望城区作为雷锋同志的第一故乡，是雷锋生前生活和工作的主要地方，是雷锋精神的发源地，三十年来全区人民学雷锋的热情和活力持续高涨，学雷锋志愿服务实现制度化、常态化。承办本次论坛，吸引社会各界和新闻媒体的广泛关注，通过各类媒体宣传，望城区学雷锋活动成果和经验得到了社会各界的点赞，对进一步增强望城学雷锋活动的影响力，打响望城学雷锋活动品牌具有积极意义。（刘玉明）

·信访工作·

【概况】 2015年，区信访局内设综合科、接访办信科、案件督办科3个职能科室，有在职在岗干部职工13人。区信访局认真贯彻落实中央、省、市有关信访改革精神，着力化解社会矛盾纠纷，解决信访疑难积案，维护社会和谐稳定，第一季度获评“全市信访工作红旗单位”、第二季度获评“全市信访工作先进单位”（市联席会议通报），省委书记交办案件办理程序及结果获市联办通报表扬。

强化领导责任，推动齐抓共管。区委、区政府把信访工作摆在突出位置，区委书记、区长亲自听取信访工作情况汇报，研究部署信访工作，建立健全信访工作长效机制。领导开门接访，公开随机接访制、预约制、律师陪同接访制，每周一、周四为区级领导信访接待日，区委、区政府主要领导坚持带头接访，包案处访。全年共有21位区领导公开接访63批142人次。县级领导实行“一岗双责”，按照“八个一”（上一次门、见一次面、谈一次话、组织一次情况调查、召开一次协调会、对所反映的问题做出一个明确的处理结论、提出一个合理的化解方案、出具一份答复处理意见）的工作措施负责牵头包案处理信访问题38件。落实责任倒查，按照“属地管理、分级负责”“谁主管、谁负责”，“依法、及时、就地解决问题与疏导教育相结合”的信访工作原则，严格落实信访工作责任，将信访工作与单位年度责任目标、干部考核评价等紧密挂钩，对信访工作失职、渎职引发严重后果的，严肃追究责任。

畅通信访渠道，密切干群关系。拓宽信访渠道。认真贯彻落实中央、省、市有关信访改革精神，按照市委、市政府要求，全面推行依法逐级走访工作。同时，加强“网上信访”受理办理力度，为群众及时就地反映诉求提供便捷的新途径，表达诉求提供便利，信访信息系统化水平日益提高。全面运行全省信访信息系统，实现“横向到边、纵向到底”的信访网络全铺盖。推进积案化解。开展“百日治访行动”，开展矛盾纠纷集中摸排活动和领导包案化解信访问题活动，落实区领导包案责任，按照“减存量，控增量”的总体要求，多措并举，通过分类施策，将梳理的信访积案集中交办，限期办结；通过分片攻克，选派专项调解组分片分区，源头治理；通过专项攻坚，成立涉拆涉土信访问题工作组，专项化解涉拆涉土信访突出问题。牵头协调化解信访积案33件。大力整治信访秩序。重点治理进京非访、缠访、闹访等信访违法犯罪行为，坚决依法处置非访行为，有力震慑信访违法行为。

创新工作机制，探索化解矛盾方法。强化信访信息预警机制。通过《接访通报》《望城要情》等平台，定期通报全区信访情况、分析信访形势，为领导决策和部门工作提供有效参考。强化矛盾纠纷摸排机制。对信访突出问题进行重点排查化解，确保“一般问题不出村（社区）、特殊问题不出街镇、重大问题不出区”。探索信访代理机制。针对个别有上访苗头的对象，在征得本人同意的前提下，主动引访到相关部门合法信访，节约群众上访成本，取得上访人的理解支持，将矛盾化解在萌芽状态。积极开展心理疏导。针对长期缠访的老户，聘请心理学专业工作者开展心理咨询，疏解和消除其心理障碍。组织多个相关职能部门与信访对象进行零距离的交流和面对面的对话，直面听取意见建议，引导其合理合法的反映诉求；针对涉拆、涉改、涉军等重点群体，召开信访诉求公开答复会，邀请新闻媒体和人大、政协代表参与，进一步摆清事实，宣讲法律政策，疏导信访群众郁结。

夯实基层基础，提升服务能力。全区各街镇、区直各单位及所属企业的信访工作都做到了“有人员、有规章、有场地、有经费”；共有88家单位、184名信访工作人员的信息数据全部导入全省信访信息系统，全区信访信息化工作水平显著提升。以区委、区政府为主导，区联办、信访局组织协调，街镇、区直单位共同配合，村（社区）、区直单位二级机构积极作为的立体型信访工作网络和大信访格局基本形成。加强信访干部培养、教育、交流和使用力度，优化队伍建设，把信访干部培训纳入干部教育培训总体规划和年度工作计划，组织信访工作业务培训，重点加强与信访工作紧密相关的新知识新技能培训，更新和提升信访干部综合素质和业务水平。严格落实信访工作人员岗位津贴，业务经费、车辆和办公条件均有效保障；高度重视信访积案化解工作，克服困难保证特殊疑难信访案件配套资金到位，同时设有信访工作专项资金，严格审批程序，用于部分家庭困难、需要帮扶救助的信访人；及时总结和宣传推广信访系统涌现出的先进集体和先进个人，发挥典型的示范带动作用。

区信访局

局　长　吴　刚（12月任）
　　　　刘群英（12月免）
副局长　陈曙光　李果实
　　　　罗思敏　李光祥

·党　校·

【概况】 2015年，中共长沙市望城

区委党校内设办公室、教务科、教研室和后勤科4个科室，有教职工17人。

干部教育培训工作。2015年举办各类培训班62期次，培训8876人次，其中主体班16期2414人，部门班41期6198人，异地教学班5期264人。开发教学专题20个。新建靖港镇前榜村、郭亮纪念园教学基地2个。聘请区内优秀领导、企业家任兼职教师，加强班级和学员管理，跟踪服务。组织教师参加区委理论讲师团、廉政教育讲师团、城市管理讲师团、普法讲师团、禁毒讲师团，全年完成送课下基层、道德讲堂授课150堂。

科研调研工作。围绕区委中心工作开展调研，完成《新设城区公众参与城市治理的创新研究——以长沙市望城区百姓城管为例》《新常态下基层公务员激励机制创新研究——以长沙市望城区“狮子型”团队和干部评选为例》《整合乡村资源开发乡村旅游》《以文化旅游为核心带动铜官陶瓷产业复兴的调查研究》《“四区合一”背景下望城区产业强区的调查与思考》5个重点课题。参与区政协《品质融城，产业强区》和《激活民间资本壮大旅游产业》2个课题调研。创新科研方式方法，实行团队科研，全年共完成科研成果38项。省级课题结项1个、立项2个，市级课题立项3个；公开发表论文8篇；获省级荣誉16项，市级荣誉9项，其中，省党校系统理论研讨会征文一等奖1项、二等奖3项；省党建研究会理论征文一等奖3项、二等奖2项；市委党校理论征文一等奖1项、二等奖2项。

改善办学条件。继续开展校内“一人一讲”相互评课活动，鼓励教师参加全市党校系统教学比赛和“微宣讲”活动；组织教师参加中央党校、国家行政学院、中国青年政治学院、四川行政学院以及省、市委党校培训40人次；选派教师参加全区相关部门调研活动。继续实施校园绿化、亮化、美化工程。完成教学楼教室节能改造和墙面刷白、校园路面沥青铺设，新建市民篮球场、网球场、停车场和公共卫生间，修缮学员宿舍，更换门窗，配合市政部门，拆除校园围墙，完成“拆围透绿”。

（办公室）

区委党校

校　　长　谢　进
常务副校长　黄辉宏
副 校 长　曹　文　李月明

·史志档案工作·

【概况】 2015年，区史志档案局内设办公室、党史室、方志室、档案业务指导室4个职能室，有干部职工14人。

党史工作方面，组织力量编纂《关怀与激励——党和国家领导人与望城》《望城英杰》《实践与探索——追梦青春成长专辑》三本党史书籍；指导靖港镇筹建刘畴西纪念馆、白箬铺镇桃林村开展李淑一珍藏展布展工作；在高塘岭街道雷锋路社区设立冯爷爷党史育人工作室；完成“湘江北去——望城历史展”的脚本初稿和展呈初步设计；组织开展纪念抗战胜利70周年系列活动，在区委区政府主办的《新望城》刊物上开辟纪念抗战胜利70周年专栏，在《长沙晚报》刊发3篇有关望城抗战史实的专题报道，与望城电视台联合制作纪念抗战胜利70周年系列报道《铭记》；与民政部门一起走访慰问部分健在的抗战老兵和4位抗日英烈的后代。望城的党史宣传教育工作经验在2015年全省党史暨党史联络工作会议上得到省委党史联络组组长王克英的肯定，予以重点推介，单位获评2015年度全市党史工作目标管理考核标兵单位。

志鉴编纂方面，完成《望城年鉴（2015卷）》的升级改版和出版发行；配合省、市地方志办高质量完成《湖南年鉴》《长沙年鉴》的望城区概况和条目；为《长沙市志》（1988－2012）撰写人物篇、大事记篇；推选陈宇旭、李芳，“湖南望城经济开发区成功升级为国家经开区”“望城消防大队被中宣部授予‘时代楷模’称号”分别入选《长沙年鉴》2014年度人物、年度事件，为入选数量最多的区县；在政务服务中心设立志鉴宣传台展示望城志鉴、党史成果，扩大志鉴书籍影响；作为长沙地区唯一的区县代表参与全国年鉴试点单位的申报，并在全市地方

《地方志工作条例》宣传周活动

志工作会议上作典型发言;《望城年鉴(2013卷)》获全国年鉴编纂出版质量评比综合三等奖,单位获评2015年度《长沙年鉴》组稿工作一等奖。

档案管理方面,1月在政务服务中心设立窗口并重新制定完善行政审批指南和查档流程;完成新国家综合档案馆库房建设和6万余卷馆藏档案资料的搬迁;档案馆全年接待群众查阅利用档案、现行文件2019卷次、915人次,复印1061页;档案管理和利用规范化、科学化,在市对区档案行政执法检查时获得肯定;根据区行政中心搬迁和乡镇街道及部分区直单位撤并的实际情况,全年开展两次档案执法检查和开办1次村级档案员培训班,制定《望城区综合档案馆接收档案实施细则》,组织相关乡镇街道及区直单位的档案开展整理和移交;指导区粮食局、区法院、区国土局顺利通过省一级档案室复查验收。积极开展"6·9国际档案日"、档案法规知识有奖竞赛、"抗战胜利70周年档案展"等档案宣传活动,单位获评2015年度全省档案宣传工作先进集体、《长沙档案》投稿先进集体。

区史志档案局

局　　长　李文沙
副 局 长　易智文　龙　宇

【开展《地方志工作条例》宣传周活动】 5月18日,区史志档案局在区政务中心开展地方志工作条例宣传周活动。在政务服务中心设立志鉴宣传台展示望城志鉴、党史成果,扩大《望城年鉴》《望城县志》以及志鉴衍生类书籍的知晓率。同时,利用电子屏滚动播出国务院《地方志工作条例》、湖南省《地方志条例实施办法》相关内容,传达第五次全国地方志工作会议精神。在休息区播放《雷锋在望城》《密电风云》《望城水利》三部口述史,让前来办事的群众知晓地方志法规、了解望城历史,从而推进依法修志进程,促进读志用志,更好地服务社会经济发展。

【望城区国家综合档案馆投入使用】 5月18日,区国家综合档案馆正式投入使用。新馆位于望城区高塘岭街道望府路202号,于2013年开始动工建设,2015年年初完成密集架、温控系统、火警系统等库房设施安装,总建筑面积17797.81平方米,其中库房面积5900平方米,史志档案局档案用房面积1985.9平方米,馆藏档案数45717卷,可满足全区未来30年的档案进馆量。经过科学谋划、周密部署,用半个月的时间完成700多箱档案资料的搬迁上架工作。库房建设管理进一步规范,在市对区档案行政执法检查时获得肯定。

【举办纪念抗战胜利70周年系列活动】 7—9月,为纪念抗战胜利70周年,区史志档案局联合相关单位举办系列活动。与《长沙晚报》合作挖掘望城抗战史实,刊发题为《抗战硝烟中,这里曾传出琅琅书声》《目击者亲述:长沙望城飞机丘埋葬侵华日军飞机》《"中国父母"的爱让日本兵重生》三篇专题报道;在《新望城》"峥嵘岁月"开辟纪念抗战胜利70周年专栏,先后刊发《敬畏历史 崇尚英烈——纪念抗战胜利70周年》《誓死抗倭存浩气——记谭天觉烈士》《淞沪会战时我的伯父与父亲》《抗日英雄陈锡纯驾机撞日舰》《铭记历史 勿忘国耻——我家的血海深仇》《抗战时期望城境内主要地方武装的抗战》六篇纪念文章;8月24—25日与区民政部门走访慰问周海云、陈先役、丁健元、叶菊明、肖幼龙5位健在的抗战老兵和谭天觉、陈锡纯、秦武、黄宏章4位抗日英烈的后代;8月,与望城电视台联合制作纪念抗战胜利70周年系列报道《铭记》共播出12期;联合市档案局于9月21—23日,在区政府一楼大厅举办《铭记历史 珍爱和平——长沙纪念抗日战争暨世界反法西斯战争胜利70周年档案展》巡回展览。通过举办系列活动,激发人们的爱国热情,掀起"知望城、爱望城、兴望城"的高潮。

【举办村级档案员培训班】 12月1日,区史志档案局在区委党校开办全区2015年村级档案员业务培训班,共有65名村级档案员参加培训。培训会上,区档案局档案科科长程静采取现场讲解和操作演示两种形式,分别就村级文件材料归档范围、保管期限和归档文件整理的规则进行详细的讲解,重点介绍整理档案的步骤和方法,突出针对性和实用性。旨在贯彻《长沙市村级档案管理办法(试行)》,推进村级档案管理工作的规范化、标准化,注重实际操作能力的提升。通过培训,全区村级档案人员的业务素质和业务能力显著提升,为基层组织建设和全区中心工作服务奠定基础。

·党史联络工作·

【概况】 2015年,区委党史联络组围绕党史工作"存史、资政、育人"宗旨和"一突出两跟进"(突出抓好开创和发展中国特色社会主义时间段历史研究,即时跟进十八大以来中共中央的决策部署,即时跟进以习近平同志为总书记的党中央的理论发展)要求,重点抓队伍建设、党史征编、党史宣传及纪念抗战胜利70周年系列活动的开展。

充实工作队伍。发挥行政资源与社会资源的作用,激发党史工作活力,明确区直各部门、各乡镇(街道)的党委(组)副书记分管党史和党史联络工作,兼任党史联络员。吸纳熟悉望城历史人文、有文字功底和服务党史工作热情的社会人士为兼职联络员,制定专门的管理办法,完善基层工作网络。

开展党史征编。完成《关怀与激励——党和国家领导人与望城》的初稿,该书收集32位国家领导人到望城视察和指导工作的照片、讲话及题词,用以展现党和国家领导人对望城的关怀;完成《望城英杰》的初稿,该书主要收录望城各个时期、各行各业的杰出人物,包括革命先贤、英烈、科技、艺苑、华侨等;修改和完善口述史《家庭联产承包责任制》;与区关工委、区直机关工委联合出版《实践与探索——追梦青春成长专辑》,该书收主要录区青年干部、从事关工工作同志以及老同志的理论探索文稿40篇。

扩大党史宣传。组织联络组成员赴芷江、铜鼓、平江等地学习考察,借鉴办馆(室)经验,筹建望城历史展览室,已完成脚本初稿和展呈初步设计,11月邀请专家召开评议会;协助白箬铺镇桃林村挖掘李淑一生平事迹,举办李淑一珍藏展,已收集李淑一的印章、工作日记、与毛泽东交往的部分书信以及毛主席逝世后李淑一整理的《人民日报》《解放军日报》等报纸刊登的纪念毛泽东文章的剪辑等实物;在高塘岭街道雷锋路社区设立冯爷爷党史育人工作室,由原党史联络组组长冯正其同志义务为社区居民宣讲望城党史。

举办纪念活动。与《长沙晚报》合作挖掘望城抗战史实,刊发3篇专题报道;组织联络组成员撰写回忆文章,在《新望城》"峥嵘岁月"纪念抗战胜利70周年专栏刊发6篇纪念文章;联合区民政局走访慰问健在的抗战老兵和望城籍抗日英烈的后代;与望城电视台联合制作纪念抗战胜利70周年系列报道《铭记》。

区委党史联络组

组　　长　高　潮

【走访慰问望城籍健在抗战老兵及抗战英烈后代】 8月24—25日,区委党史联络组联合区史志档案局、区民政局对区内健在抗战老兵和在抗战中牺牲的英烈的后代进行走访慰问。区委党史联络组组长高潮带队,集中走访周海云、陈先役、丁健元等5名健在的国民党抗战老兵,陈锡纯、谭天觉、黄宏章、秦武4名在抗战中牺牲烈士的后代。倾听抗战老兵和先烈浴血奋战杀敌卫国的往事和战斗细节。通过走访慰问,挖掘烈士和老兵们英勇抗战的先进事迹,让后辈了解并铭记望城人民为争取民族独立做出的努力和牺牲,传承爱国主义精神。

【成立冯爷爷党史育人工作室】 11月17日,冯爷爷党史育人工作室在高塘岭街道雷锋路社区揭牌成立,这是全区首个社区党史育人工作室。区委党史联络组原组长冯正其同志在此义务向社区居民特别是中小学生宣传望城的党史,讲述望城党史人物的先进事迹,并把个人珍藏的党史资料,放在工作室免费供居民借阅。雷锋路社区党史育人工作室的成立,为党史工作者和社区居民搭建面对面的交流平台,将党史宣传的网络延伸至社区,助推党史育人功效的发挥。

·老干部工作·

【概况】 区委老干部局内设综合科(含老年教育科)、安置服务科,有在职在编干部职工12人,下设老干部休养所、老干部活动中心。2015年,获评湖南省老干部宣传工作先进单位、长沙市老干部工作先进单位荣誉称号。

落实老干部政治待遇。建立老干部信息库,根据省、市要求,做好老干部信息的收集整理工作,基本情况、家庭情况、待遇落实等情况,全区离休干部和区级退休干部全部建立台账,编印中组部《学习贯彻习近平总书记等中央领导在"双先"表彰会上重要讲话精神提纲》和《在离退休干部中开展以"展示阳光心态、体验美好生活、畅谈发展变化"为主要内容的"为党的事业增添正能量"活动宣传提纲》,并下发各支部和单位,把"两个提纲"精神通过报告讲、讨论学、学习讲等形式,让离退休干部思想常新、理想永存。发挥区老干部党校的辅导、培训作用,开设辅导大课,举行《贯彻"四个全面"战略、促进四个望城建设》《不忘历史,振兴中华》和老干部形势报告会。组织离退休干部参观金桥国际、旺旺乳饮、芙蓉北大道、区城市规划展示馆,通报全区经济社会发展等情况,组织区老领导赴南昌考察学习。邀请区老领导参加座谈会,就全区政治、经济、文化、社会、生态及党的建设征求意见建议,区分管领导根据所提意见、建议的可行性召开现场办公会,督促有关部门采纳、落实到具体工作中。春节、端午、"七一"、中秋和老人节期间,区领导、老干部局、原单位都坚持上门走访慰问老干部及遗孀。积极开展老干部思想政治建设和党组织建设,全区已建离退休干部党支部45个,各支部开展学习、活动每季不少于1次。11月,区委组织部、区委老干部局联合表彰全区20个离退休干部先进集体,38名离退休干部先进个人,区法院、高塘岭街道、区人民医院离退休干部党支部获评"全区基层党建示范点"、全市"示范性离退休干部党支部"。

落实老干部生活待遇。按照长老干发〔2015〕17号、长组通〔2015〕43号,先后调整离休干部无固定收入的遗孀、配偶及新中国成立前参加革命工作新中国成立后退职干部生活补助和建国初期参加革命工作的部分退休干部生活补贴和医疗补贴。老干部"两费"落实无差错、无拖欠。全年上门慰问离休干部、区处级退休干部及离休干部遗孀390余人次,生日祝寿32人次,上门帮助有困难老干部11人次,探望生病住院老干部20余人次;8月6日,在雷锋大剧院举办中老年保健知识讲座,听众达到360余人,让离休干部了解自身健康状况,达到"早发现、早诊断、早治疗"的目的。11月,老干部局组织离休干部健康检查。按照区《离退休干部特殊困难救助办法》,2015年重点对离休干部及遗属,视困难程度进行1000元至2000元的特殊救助。全年集中为离休干部报销医药费12批245人次,审批金额143万元。9月,分别对深圳市、珠海市、山西省孝义市、黑龙江省牡丹江市4名异地居住的老干部进行走访,介绍望城的发展近况,征求他们的意见和建议。

推动老干部作用发挥。区委老干部局按照"打造亮点新建一批、发挥优势争创一批、综合利用拓展一批"的工作思路,在加快推进老干部学习活动平台建设上求突破、求实效。5月20日,组织区直机关单位70余名老干部进行钓鱼比赛,6月至7月,组织望城老干部代表队参加市老干部第三届运动会,参与广场舞、门球、象棋、乒乓球4个项目的比赛,获得二等奖1个、三等奖3个。2015年,区老干部大学开设班级25个,学员达1100余人次。9月,开展区老干部大学建校10周年系列活动,组织学员为市《老年教育风采录》、学校"纪念抗日战争胜利70周年"征文投稿,展示老干部大学学员老有所学、老有所乐、老有所为风采。组织校庆十周年纪念大会和举行表演,制作校庆宣传片、编辑《丹枫——十年回眸》等,全面总结和展示十年办学经验和成果。区关工委注重发挥"五老"(老干部、老模范、老教师、老战士、老专家)作用,开展雷锋文化进校园活动,组织冯正其、雷孟宣、张建文、谭荒芳等老干部结合亲身经历编写教材,结合全国道德模范周美玲同学的先进事迹,与区文明办、团区委联合举办"为美德点赞,向模范学习"主题活动。区关工委多方筹集助学金30万元向149名考上重本、二本或获得省、市、区各种荣誉的优秀学子、困难学生发放奖学金和助学金。2015年,全区有3418名"五老"参与宣讲,宣讲673场次,9.6万名听众受益;"五老"金牌讲师团望城分团6人全年宣讲场次达76场;"发挥五老作用"示范阵地建设有序进行,全年新增2个市级示范阵地;新增老年教育网络课堂站点18个,收看网络课堂近1万人次,其中7个站点获评示范站点;新增乌山镇双丰村等3所老年学校。区老干部书画协会依托"五乡"建设,组织会员深入村组、企业书写春联,送联入户,参与"东湖游艺会",推动全区群众性文化活动,为望城生态文明建设、文化繁荣发展增添正能量,先后接待省内省外老干部书画参观团7个145人次,有效宣传了望城文化。以通知、网站、微信、QQ群等途径号召老同志加入网络宣传队伍,创建网宣员微信、QQ群,为推进和谐社会做出积极贡献。

(谭望岳)

区委老干部局

局　　长　杨松林
副 局 长　李　江　罗淑冬

·关心下一代工作·

【概况】 2015年,全区共有关心下一代工作机构296个(其中乡镇、街道19个,村、社区165个,教育系统22个,直属单位77个,民营企业13个),35岁以下青少年13.5万人(其中,在校青少年4.3万人),参与关心下一代工作"五老"人员1.6万人。丁字湾街道肖玉林老人荣获省关工委"五老"突出贡献奖。

深化"三项教育",培育青少年群体正确价值观。全区各级关工委把对下一代开展革命传统教育、传统文化教育活动与培育和践行社会主义核心价值观三项教育紧密结合。区直机关关工委开展"弘扬中华美德,征集家规家训"活动,收集家规家训166条。全区480名"五老"宣讲员面向青少年群体宣讲600多场次,听众13万人次。区关工委联合教育局举办讲抗战故事比赛,全区中小学生在广泛参与中受到革命历史教育。全区各级关工委组织青少年开展"缅怀英烈·圆梦中华"读书教育活动,读抗战书籍、观抗战题材影片、传唱抗战歌曲;组织中小学生举行"勿忘国耻·圆梦中华"为主题的"开学第一课"主题班(团、队)会活动;组织开展"敬礼抗战老兵"等学雷锋志愿服务活动;组织全区青少年通过星辰在线、长沙文明网、长沙未成年人网纪念抗战胜利70周年专题网页,以献花、植树、留言等形式开展网上纪念活动。组建专业的讲师团队伍,讲授法律常识、消防安全、交通知识、治安管理、网络监察、抵制毒品、预防青少年犯罪等知识,在2所高中、6所小学、13所中学进行大型的宣讲,在10多个乡镇街道设置由"五老"人员担任的法制辅导员,全区103所学校均聘有法制副校长或法制辅导员,指导和参与学校法制教育活动。联合公安局等单位,印制15万册《禁毒知识宣传手册》,由"五老"负责发放到每家每户。

开展"三项活动",打造雷锋家乡关工品牌。12岁女孩周美玲车轮下救勇3岁幼童,获评全国第五届"见义勇为道德模范",成为望城历史上第一位全国道德模范。区关工委联合区文明办、团区委在简文中学举行"为美德点赞,向模范学习"共青团少先队主题活动,1000多名学生"开学第一课"学习周美玲。依托雷锋纪念馆、郭亮烈士纪念园等阵地,对广大中小学生进行"缅怀英烈光辉业绩,做雷锋精神传人"的教育;组织大学新生开展参观靖港古镇、乔口渔都、铜官陶城、铜官窑、欧阳询文化园、新康戏乡等名胜古迹为内容的"知我望城,爱我家乡"体验活动;邀请雷锋生前同事张建文、雷锋纪念馆谭荒芳等深入多所学校讲述雷锋故事,推进雷锋文化进校园;全区各级关工委结合学雷锋常态化,组织"五老"志愿服务队帮困助学、助青就业、赠送图书、慰问老人等系列活动。开展"共创蓝天碧水,携手低碳骑行"主题活动等,增强孩子环保意识,用实际行动为建设和谐文明、干净整洁的家园贡献力量;月亮岛街道成立"小小志愿者服务队",青少年走上街头,参与"扮靓望城,我们在行动""美丽家园,看我行动"等主题活动。联合区妇联、教育局积极推行"经典国学进校园"活动,在国学经典教育内容和形式上体现望城特色和地方传统文化,书堂山村举办"孝德之礼"冬令营活动、"美德润童心,有礼满书堂"夏令营活动,开展诵读《弟子规》、八德故事、餐桌礼仪等活动,走在全区国学教育前列。

关注"两个健康",服务青少年健康成长。各级关工委主动为"五老"提供优质服务,调整区关工委老同志岗位津贴标准,制定针对区直各单位及乡镇(街道)机关关心下一代活动教育经费使用实施细则,规范操作标准和流程。从工作力量、经费、办公场所、活动阵地等方面予以保障。区关工委连续21年坚持开展"关爱明天·爱心助学"活动,全年争取区委、区政府下拨和多方筹措助学金近30万元,向149名考上一本、二本的困难学生和获得省市区各种荣誉的优秀学子发放助学金、奖学金。区广播电视台新闻中心主任黄霞牵头组建"望城暖心社工"爱心组织,近两年共筹集10余万元捐助给区内60多名贫困学子。针对困境少儿,全区建立"五老"志愿者普遍联系、重点帮扶制度,据不完全统计,2015年"五老"共帮教失足青少年130余人,劝导网瘾少年50名,配合基层组织和妇联,使900多名困境少儿得到社会关注。据统计,40%左右行政村设立了关心下一代基金,依托学校思想教育阵地、基层公共文化服务阵地等开展为青少年的各种服务活动,建立健全学校、家庭、社会三结合教育网络,营造青少年健康成长的环境。

区关心下一代工作委员会

主　　任　张学军

·区直机关党建·

【概况】 2015年,区直机关工委下属机关单位80个,其中设机关党委的单位11个,设机关党总支的单位10个,设机关党支部的单位59个,共有党员3777人。

抓管党责任落实。80个区直单位党组织全年专题召开机关党建工作会议不少于2次,研究解决党建工作的重点和难点,保障机关党建工作经费。10个机关党委单位中有4个设立专职机关党委副书记,按内设科室正职对待。各单位在干部任免、调岗及奖惩时积极听取机关党组织的意见和建议。区公安局党委在提拔使用干部和对干部德能的考核采取"自主申报、党支部推荐、党委审核"的方式进行。新成立的农林局、市场和质量监督管理局主要领导多次听取机关党建工作汇报,设立机关党委,给从事党

全区机关党建工作会议

建工作的同志提要求、交任务、压担子。铜官窑等单位把党建工作和个人工作考核有机结合,按月考核,分季度进行评比,机关党建工作地位得到提高。各单位机关党委(总支)按照要求定期对基层党支部(党小组)的组织生活进行督促指导,促进机关党建基础工作的规范、基本制度的落实和党员政治生活习惯的养成。民政局、国土局等机关党委书记向全体党员述职并组织所管理的支部书记向党员述职,规划局机关党委书记与4位支部书记签订党建工作目标管理责任书,年底局绩效考核小组对各单位党建工作进行考核。公安局、国税局分半年度、全年度两次对所有局支部落实"三会一课"、党员教育、交心谈心等基层制度落实情况进行考核打分,与绩效奖惩挂钩。烟草局对支部党员信息系统管理情况定期督查。

抓机关党建基础工作。严格党内组织生活制度。基层党支部按规定严格落实"三会一课",党员领导干部过双层组织生活等制度。对个别缺席支部班子成员组织生活的支部委员实行"提醒制",严防基层组织生活随意化的问题。坚持把业务培训与党性锻炼相结合,融入党员日常教育学习中,增强学习实效。组织100多名纪检干部,50多名党务干部到井冈山进行体验式教学;组建工作群,为机关党务干部学习交流提供平台,开通党员微信,通过微信平台等在营造党建新常态;组织各单位的干部参加机关大课堂、微理论微宣讲、道德讲堂、党务知识大竞赛等活动。坚持把纪律规矩教育摆在重中之重,在党务和党纪知识竞赛中有22个单位参加比赛,形成了"以赛促学,以学促教"的浓厚氛围。纪委组织开展"廉政沙龙",财政局党总支组织开展廉政文化建设"三创、三赛、三评比"系列竞赛活动,及时对党内事务进行公开公示,保障了广大党员知情权、参与权和监督权。

抓示范创建树品牌。年初科学铺排,引导区内各基层党组织开展示范创建活动。参与创建单位紧密结合单位职责和队伍实际,围绕党支部"夯基础,强队伍,聚人心,出成效"和示范点"领导班子好,党员队伍好,工作机制好,工作业绩好,群众反映好"的要求,制定创建措施,推动党建工作与业务工作的有机融合,互相促进。其中,国土资源局机关党委等3个基层党组织被评定为示范性基层党组织,科技局等18个支部被评定为优秀党支部,公安局机关党委等9个基层党组织被区委组织部评定为基层党建示范点。雷锋纪念馆注重打造"雷锋精神"红色品牌;公安局注重"雷锋警营文化"品牌建设;政务中心打造

"党员示范岗"品牌;地税局打造五星级服务大厅,国税局创办《党建先锋》刊物,晒支部书记讲党课和干部心得体会,滨水新城建立网上党建平台。

抓活动开展。指导区直机关积极开展结对共建、在职党员进社区、一进二访三结对、群众工作点赞工程等活动,促项目建设、送服务,帮助群众解决邻里纠纷,化解矛盾,协调环路公司解决环线与村交界处的道路硬化问题,在双向互动中实现共建共赢。组织各单位参加十项主题活动,如机关干部大课堂、劳动农事体验,学习交流讨论、知识竞赛、未婚青年的联谊植树活动、廉政文化会演、"七一"的表彰活动、纪念抗日战争胜利70周年青年演讲赛,邀请湖南省交响乐团到雷锋大剧院演出、组织考上大学的140多位干部子弟举行"知我望城,爱我望城"的教育活动,组织开展羽毛球赛、乒乓球赛、广场舞大赛、太极拳、瑜伽等文体活动,丰富干部生活,营造机关健康文明、生动活泼、和谐奋进的良好氛围。

区直机关工委

书　　记　戴水文
常务副书记　余莉慧
副 书 记　彭　伟　夏迎春
工会联合会主席　周千合

中共长沙市望城区纪律检查委员会、长沙市望城区监察局

【概况】 中共长沙市望城区纪律检查委员会(以下简称区纪委)和长沙市望城区监察局(以下简称区监察局)合署办公,实行两块牌子一套人马。2015年,内设办公室、组织部、宣传部、党风政风监督室(区政府纠正行业不正之风办公室)、信访室、案件监督管理室、第一至第四纪检监察室、案件审理室11个科室,下设3个派出纪工委、监察分局,派出纪工委与监察分局实行合署办公,对16个区直单位分别派驻纪检组。设党总支1个,有党支部5个,有党员52人,有干部职工53人。2015年,全区党风廉政建设责任制检查考核总分在全市区县排名第一,连续五年走在前列。

落实"两个责任"。区委常委会多次研究部署党风廉政建设和反腐败工作,区委书记严格履行第一责任人责任,发挥模范引领作用。下发《关于调整长沙市望城区党风廉政建设责任制工作领导小组主要职责、组成人员、任务分工的通知》(望办发[2015]20号),对领导小组10项主要职责和15个成员单位的任务分工细化明确。修订完善全区年度责任制考核办法,建立落实"两个责任"评估机制,邀请区纪委委员、特邀监察员全程参与,对全区各单位落实党风廉政建设主体责任和监督责任进行量化考核。严肃执行市委"两个责任"追究办法,对落实"两个责任"不力的18名党政干部进行责任追究,全区"两个责任"意识显著增强。

严查作风问题。区纪委牵头,主责部门联合发力,开展作风督查62次,查处大操大办等违反作风建设规定问题140人次,党纪政纪处分37人。搭建"查处群众身边的'四风'和腐败问题"专项工作平台,给予党纪政纪处分60人,有效整治征拆干部乱作为、村干部专项资金拿回扣等问题。督促政务服务"三集中三到位",加大对行政审批流程再造的监督检查,全区99%的审批事项在区政务服务中心办结,行政审批提速65%。严肃查处"缓作为、不作为、乱作为"行为,对6名干部实施"有错无为"问责。牵头56项"四风"问题专项整治,督促责任单位完善公务接待、公车使用、征拆经费规范使用等制度48项。

严格纪律审查。全年受理信访举报42件,办结率100%。全区立案165件,办结165件,其中区纪委监察局办理38件,相关部门办理4件,乡镇街道办理123件,党纪轻处分104件,占立案总数的63%,纪律审查的力度、质量和效率明显提升。按照监督执纪"四种形态"的要求,对轻微问题线索开展函询21人次,做到早提醒早纠正。加强与检察、公安、法院、审计、财政等单位的衔接配合,涉嫌违法犯罪的案件在纪委查清主要违纪事实后,第一时间移送司法机关。发挥纪律审查的治本功能,实行"一案两报告",

召开吴家冲路项目建设专项巡查动员大会

每一个案发单位均形成案件剖析报告和问题整改报告，在4个案发单位召开了案件剖析警示教育会，以案促改。

加强教育预防。将新修订的《准则》《条例》等党风廉政教育作为区委中心组学习、干部培训的重要内容，向全区党员赠阅2.8万册新《准则》《条例》。打造"公廉机关""善水黄田""心正九峰"等廉政文化示范点，组建廉政党课宣讲团，开设廉政电视专栏，坚持"送廉政文艺下乡巡演"，举办全区廉政文艺节目会演，选送节目获省优秀奖。开展任前谈话32人次、信访谈话和廉政谈话78人次，扯袖子、多提醒、严监督成为常态。全区通报典型案件4次，组织副县级以上领导干部及配偶和重要职能部门的主要负责同志及配偶170人参观长沙监狱，强化警示教育。完善覆盖区、镇(街)、村(社区)三级的监督网络，以党小组为单位设立804个廉情收集点，通过驻点办公、交叉检查、异地处访等机制，对镇村干部的苗头性问题，早发现早提醒早处置。

强化源头防控。督促相关职能部门进一步完善"三重一大"会议决策机制，健全专项资金管理、国有资产监督管理、招投标监管和政府采购监管等制度。督促各乡镇街道继续完善农村附属工程管理、涉农惠农资金、集体资源处置和民生事务等规章制度，落实村级"零白条、零接待、零工程"。加大对乡镇街道和20个区直单位运行"制度+科技+文化"防控机制的监督检查，推广财务报账系统自动生成签呈单，开发远程审批和远程监察手机APP，建设区级纪检电子监察平台。围绕重点项目推进，开展征拆巡察5批次，68名涉拆机关工作人员发挥示范带头作用。对2个街道开展廉政巡察，走访座谈230名干部和村民，收集整理意见建议105条，逐条督促整改，对落实责任不力的干部实施追责；对2个重点工程项目开展专项巡察，对插手工程建设、扰乱发展环境等行为进行严肃查处，发挥巡察的震慑作用。对6个单位开展巡察整改"回头看"，督促314个问题整改完成。督促财政、审计部门，对10个村集中开展了财务审计。

(沈 银)

区纪律检查委员会

区纪委书记 尹英龙
副 书 记 黄祥明 朱凌云
　　　　 任长庚
纪委常委 雍 佳 陈宇旭
　　　　 王志华 罗茂林
　　　　 寻献中

区监察局

局　　长 黄祥明
副 局 长 任长庚 邓 皓

区人民代表大会常务委员会

区一届人大常委会

主　　任 喻金平
副 主 任 陈义文 杨金其
　　　　 文菊华(女) 杨德明
　　　　 丁四明
正县级干部 高 潮 余建良

区人大常委会工作机构

办公室
主　　任 郭文波
副 主 任 陈亮辉 杨 胜
内司工委
主　　任 袁吉平
副 主 任 杨利香 李小阳
财经工委
主　　任 杨乐平
副 主 任 沈 勇
教科文卫工委
主　　任 何志坚(女)
副 主 任 徐建林 陈正坤
农业工委
主　　任 王 彬
副 主 任 谭铁安 谢正武
选举任免联络工委
主　　任 李长春
副 主 任 蔡 英(女) 姚腊春
城环工委
主　　任 危 锷
副 主 任 徐定煌 陈泽华

【概况】 2015年，望城区第一届人民代表大会常务委员会有25名组成人员，其中兼职委员12人，人大常委会下设办公室和内务司法、财政经济、教科文卫、农业、选举任免联络、城乡建设资源与环境保护6个工作委员会，派出丁字湾、书堂山、高塘岭、喻家坡、金山桥、黄金园、白沙洲、大泽湖和月亮岛以及雷锋10个街道工作委员会，在职机关干部职工共48人。全年共召开常委会会议8次、主任会议19次，听取和审议"一府两院"专项工作报告25项，开展视察、执法检查和调研45次，作出决议、决定5项，完成区一届人大三次会议确定的各项任务。

立足全局，服务科学发展。抓住依法履职的着力点，把握共谋发展的结合点，做到"与区委合拍，与政府合力，与群众合心"。围绕滨江片区建设，常委会主任会议成员赴南昌、武汉、广州等地学习考察，提出"凝聚共识、规划引领、基础先行、项目推动"的建议，为区委的科学决策提供参考；持续关注新型工业化的发展，推动"工业18条"政策的完善和"产业强区"战略的实施，认真梳理大旺乳饮、天卓塑胶等项目反映的问题，及时向政府反馈，推动项目建设；开展政府投资项目建设管理工作调研，建议政府重点加强工程监管和落实责任追究，逐步建立规范高效的政府投资项目运行体系；围绕旅游产业的发展进行调研，在品牌打造、品质提高、服务提升方面提出相关建议，为实现旅游产业的蓬勃发展出谋划策；继续落实联系重点工程的责任，促进金地·三千府、龙湖高尔夫地产、石长铁路复线、中粮·北纬28°等项目的顺利推进。依法决定重大事项。听取和审议《关于加强自然生态保护的决定》落实情况汇报，提出进一步加大宣传和执法力度、推进"三年造绿大行动"、林业生态建设及水资源保护的审议意见,政府及其相关部门主动落实,加大对山体、湿地、城乡公共绿地的保护和造绿补绿力度,麻塘山采石场滥采问题等得到有效解决;针对国民经济和社会发展“十三五”规划纲要,提出搞好多规对接、突出产业发展、注重民生改善、强化生态保护等建议,为“十三五”规划纲要的编制提供参考。先后做出关于批准《长沙市望城区国家可持续发展实验区建设规划(2014—2018)》、2014年财政决算、2015年融资与债务偿还计划、2015年区财政预算调整方案和乡镇区划调整改革方案等决议决定,为实现重大事项决策民主化、科学化,提供重要保障。规范做好任免工作。坚持党管干部与人大任免有机统一的原则,依法行使人事任免权。切实加强任前审查,规范任命程序,严把民意调查、人事考察、主任会议初审、法律考试、个人陈词、任免审议等关口,保障任命的公正性和严肃性。全年共依法任免“一府两院”国家工作人员95人次,任免人民陪审员37人次,为全区经济社会又好又快发展提供了强有力的组织保障。常委会严格按照法律程序,补选1名区代表、2名市代表。

突出实效,强化监督职能。有效开展专题询问。开展专题询问是人大及其常委会履行对“一府两院”工作监督职责的重要形式。常委会就人民群众普遍关心的城乡规划工作开展专题询问,通过听取意见、视察调研、执法检查等工作,共收集问题26个,征集建议40条,整理后反馈至政府各职能部门,召开专题询问会,电视台进行全程录播,加强跟踪督查,督促有关方面落实审议意见,兑现承诺。着力财经监督规范经济运行。密切关注财政运行和预算执行情况,听取和审议2015年部门预算编制、2015年财政预算执行情况、2016年财政预算编制情况汇报等,突出对全口径预决算进行审查和监督,将纳税人的每一分钱收支都纳入预算管理的目标;听取和审议2015年同级财政审计工作报告,针对审计报告指出的问题和意见,督促相关单位整改落实,保证审计监督的严肃性;积极适应新常态,开展债务管理工作调研,举行政府性债务政策讲座,听取和审议2014年融资偿债执行情况以及政府债务甄别和审计情况的综合报告,提出控制债务规模、规范债务管理、争取政策支持、破解融资难题等审议意见,提升政府及相关职能部门的债务风险意识和管理意识,促进投融资体制的完善。突出民生监督促推民生改善。立足构建全区供水安全保障体系,超前谋划,对开辟第二水源进行调研,推进望城供水总规修编,助推望城水厂提质改造项目建设提前实施;视察全区城市防洪保安工程建设,推动基础设施完善和涉水工程扫尾,确保今年冬汛时期人民群众的生命财产安全;开展教师资源配置城乡一体化情况调研,建议政府从优化资源配置、强化竞争管理、改善教师待遇等方面入手,进一步提高教育教学水平;根据政府工作报告中涉及的民生任务,对村级卫生室提质改造、公办幼儿园建设、医保资金运行等情况进行调查摸底,促进民生实事的落实;调研移民开发管理工作,推动雨潭岭移民重建地妥善解决饮水安全问题;关注城镇公共配套设施建设,铜官古镇老居民区供水管网提质改造、格塘镇通天然气、金悦花园小区燃气入户等一批群众反映强烈的问题得到切实解决;开展“环保世纪行”“三湘农民健康行”“民族团结进步行”“农产品质量安全行”等活动,加强环境保护工作,提升农民健康水平,营造民族团结良好氛围,促进农产品质量安全。强化法律监督维护公平正义。年初,审议通过《听庭评议实施办法》,全年举行5次听庭评议活动,提升司法人员依法履职的能力;对行政诉讼、行政复议进行专题调研,组织政府部门负责人和基层人大工作者参与法院行政案件庭审旁听,利用鲜活事实以案说法,力促政府部门依法行政;深入开展“司法公正长沙行”活动,建立法律职业共同体,加强法治工作队伍建设,促进法检两院工作,努力让人民群众在司法案件中感受到公平正义;积极开展国家宪法日宣传活动,进行宪法知识讲座,发表电视讲话,弘扬宪法精神。积极开展《中华人民共和国消防法》《中华人民共和国人民防空法》《中华人民共和国食品安全法》《中华人民共和国工会法》等法律法规贯彻实施情况调研,配合省、市人大开展执法检查,推动相关法律法规在望城的规范施行;加强规范性文件报备审查工作,指导铜官等乡镇出台规范性文件;加强信访工作,全年接待来信来访32件91人次。

强基固本,发挥代表作用。常委会始终把支持保障代表依法履职作为代表工作的重点,激发代表履职热情,发挥代表主体作用,夯实人大工作基础。提升代表履职能力,组织常委会组成人员和部分人大代表赴全国人大培训基地进行学习培训,组织区人大代表在区委党校进行履职培训,邀请专家教授、省人大常委会领导授课,通过集中授课与以会代训等形式,实现区代表履职学习培训全覆盖;创新代表小组活动方式,组织市代表望城联组赴郴州、怀化学习考察,丰富代表活动内容,促成区代表活动经费纳入财政预算,为代表在闭会期间履职提供必要的经费保障;持续开展代表述职评议活动,规范代表述职评议程序,本届区人大代表述职工作已基本完成,部分市人大代表已向区人大常委会述职,代表履职能力得到全面提升。拓宽代表履职渠道。指导乡镇、街道管好、用活代表活动阵地,认真开展代表接待选民活动,形成“代表活动有阵地、接待群众呈常态、建议办理重落实”的工作机制;全区200名代表参与“关爱孤寡老人,争当敬老院名誉院长”和帮扶、济困、助学等系列活动,在全社会形成强大的正能量;坚持常委会走访联系代表制度,组织代表列席常委会、参加执法检查、听庭评议、视察调研等活动,保障代表的知情知政权,全年共有180余名代表列席常委会,50余名代表参加区人大常委会组织的调研视察等活动。抓好代表建议督办。区人大常委会将代表建议督办工作纳入工作要点，科学制定督办工作方案，及时了解进度，主动协调解决问题，采取召开座谈会、实地查看、走访代表等形式对代表建议进行督促办理，形成了“政府领导领办，部门单位承办，联系主任牵头督办、联工委跟踪办”的工作格局。截至2015年年底，95件建议均已办理并答复代表，其中建议所提问题已经解决或基本解决的68件，占办理总数的71.6%；正在解决或已列入规划逐步解决的20件，占办理总数的21%；因受政策或条件限制暂时难以解决，已向代表说明情况的7件，占办理总数的7.4%，代表满意度不断提高。

注重效能，加强自身建设。注重学习提升，通过“走出去、请进来、自主学”等方式，促使机关干部不断加强学习，营造良好的学习氛围；坚持议前学法制度，在常委会议审议和听取有关事项之前邀请专家学者讲解相关法律法规知识，有效提高审议质量；坚持机关集中学习制度，积极开展“微学堂”活动，机关干部围绕人大相关法律、业务、时事等进行授课，促进干部的学习提升和成果共享。精心策划，认真组稿，出刊《望城人大》杂志，为全区人大系统打造了一个学习交流、经验推介、法制宣传的阵地。扎实开展“三严三实”专题学习及研讨，认真完成各个阶段的目标任务，常委会领导班子坚持用“三严三实”的要求指导工作实践，工作作风进一步改进。规范机关管理，巩固和深化党的群众路线教育实践活动成果，完善机关学习、接待、财务管理等各项制度，切实提升机关工作的规范化和科学化水平。深入开展“一进二访”活动，组织机关副科级以上干部结队联系困难群众，通过下户走访慰问、开展扶贫济困等，切实为群众排忧解难，深化了与人民群众的鱼水深情。认真指导基层人大工作。坚持常委会主任、副主任联系乡镇、街道人大工作制度，通过现场指导、召开联席会和学习观摩等形式，切实加强业务交流，增强基层人大依法履职的能力。各乡镇人民代表大会均圆满召开，基层监督工作有序开展。全区人大工作的整体水平不断提升，吸引众多外地人大来望城区考察交流。

【区一届人大常委会会议】 2015年2月6日，区一届人大常委会召开第十八次会议。会议依法进行有关职务任免事项，任命江朔同志为望城区人民检察院副检察长、检察委员会委员；听取并审议通过《长沙市望城区人民政府关于提请审议〈长沙市望城区国家可持续发展实验区建设规划(2014—2018)〉的议案》；审议通过《长沙市望城区人大常委会听庭评议实施办法》；审议通过《长沙市望城区人大常委会2015年工作要点》。

2015年4月30日，区一届人大常委会召开第十九次会议。会议听取全区政府性债务管理情况汇报，审议通过区人民政府2015年融资偿债计划(草案)；视察和听取城市防洪工程情况；会议依法进行有关人事任免事项，任命张超为廖家坪街道人大工委主任，免去冯向阳的廖家坪街道人大工委主任职务；会议接受吴定芝辞去长沙市第十四届人民代表大会代表职务的辞呈。

2015年6月30日，区一届人大常委会召开第二十次会议。会议审议通过区人民政府《关于提请审议胡涛同志任职的议案》、区人民法院《关于提请免去杨鑫等职务的议案》和《关于提请任命周菊存等35位人民陪审员职务的议案》；听取和审议《关于加强自然生态保护的决定》落实情况汇报，提出要进一步加大宣传力度、执法力度、完善体制机制的审议意见；审议通过《长沙市望城区人大常委会关于许可长沙市望城区人民检察院对区人大代表周军和采取强制措施的决定》和《长沙市望城区人大常委会主任会议关于提请接受周军和辞去区一届人大代表职务的议案》。

2015年7月21日，区一届人大常委会召开第二十一次会议。会议听取区委副书记、区人民政府区长孔玉成关于提请审议刘洪波等同志职务任免的议案的说明；听取刘洪波同志的陈词；听取区人民检察院检察长宋宽徐关于提请许可对王绍军采取刑事拘留等强制措施的议案的说明。会议以无记名电子表决方式表决通过有关人事任免事项，依法任命刘洪波同志为区人民政府副区长；表决通过区人民检察院提交的议案，依法做出了有关许可决定。

2015年9月16—17日，区一届人大常委会召开第二十二次会议。会议听取和审议《长沙市望城区2014年财政决算(草案)和2015年1—6月预算执行情况的报告》和《关于长沙市望城区2014年区本级财政预算执行及其他财政收支情况的审计工作报告》，审查批准2014年区本级财政决算(草案)；会议听取和审议通过了《长沙市望城区人大常委会主任会议关于提请接受王绍军辞去区一届人大代表职务的议案》和《长沙市望城区人大常委会主任会议关于补选3名区一届人民代表大会代表的议案》；会议听取和审议《长沙市望城区人民政府关于提请审议邹特等同志职务任免的议案》，依法任命邹特、喻霞元两位同志为区人民政府副区长；会议依法开展了城乡规划工作专题询问，区规划局、经开区、建设局、国土局、环保局、行政综合执法局和市政管理局等7家单位接受询问。

2015年11月6日，区一届人大常委会召开第二十三次会议。会议依法进行人事任免事项，任命周立仁为区农业和林业局局长，刘迎秋为区卫生和计划生育局局长，王准为区城市管理局局长，朱飞跃为区市场和质量监督管理局局长，徐高为区人民防空办公室主任；任命钟建平为区人民检察院副检察长；会议听取和审议了《关于2015年财政预算调整方案(草案)的报告》，审查批准了2015年财政预算调整方案(草案)。会议听取和审议通过了《长沙市望城区人民政府关于提请审议乡镇区划调整改革方案的议案》；会议还进行何迎春、李玲、姚炎喜、朱跃辉等四位市人大代表向区人大常委会述职事项,并进行满意度测评。

2015 年 11 月 27 日,区一届人大常委会召开第二十四次会议。会议听取和审议有关市人大代表辞职和补选的议案,决定接受李罗生同志辞去长沙市第十四届人民代表大会代表职务,补选尹忠东同志为长沙市第十四届人民代表大会代表;会议还依法进行了人事任免事项,决定免去戴水文同志的区人民政府副区长职务和李军龙同志的区人民政府副区长、区公安局局长职务,决定任命范焱斌同志为区人民政府副区长,凌泽民同志为区人民政府副区长、区公安局局长;会议还审议通过区人民法院人民陪审员的任职事项。会议审议并通过《长沙市望城区人大常委会关于召开长沙市望城区第一届人民代表大会第四次会议的决定(草案)》。

2015 年 12 月 23 日,区一届人大常委会召开第二十五次会议。会议依法进行了人事任免,听取并审议通过《关于提请决定易文龙等同志职务任免的议案》《关于提请对刘文术等职务任免的议案》《关于提请任免周虹等同志法律职务的议案》;审议通过了《关于提名补选虢正贵同志为长沙市第十四届人民代表大会代表的议案》,听取和审议《长沙市望城区第一届人民代表大会代表异动情况报告》;听取和审议《关于 2015 年财政预算执行和 2016 年财政预算编制的情况汇报》,建议区人民政府要进一步完善预算编制、优化支出结构、着力提高财政管理水平;会议听取和审议《长沙市望城区国民经济和社会发展第十三个五年规划纲要编制情况汇报》;听取和审议了区人民政府《区一届人大三次会议代表建议批评意见办理情况以及区人民政府及其相关部门落实区人大常委会决议(决定)、审议意见及主任会议纪要的情况汇报》。会议还听取和审议长沙市望城区第一届人民代表大会第四次会议筹备工作情况汇报,审查长沙市望城区第一届人民代表大会第四次会议主席团成员和秘书长名单(草案)。审议决定长沙市望城区第一届人民代表大会第四次会议列席人员和特邀列席人员名单。会议听取和审查长沙市望城区人民代表大会常务委员会工作报告(送审稿)。

(钟巍伟)

区人民政府

区　　长　孔玉成
副 区 长　范焱斌
(主持区政府全面工作)
余学辉　杨利成
邹　特　苏敏芳(女)
刘洪波　喻霞元(女)
凌泽民
副调研员　李湘清　杨建湘
周恩保　兰志刚
邓桂军　周国忠
区长助理　黄　彪

区政府办公室

主　　任　易文龙
副 主 任　姚家和　刘　佳
周国如　李刚民
邹金(兼)　吴华林
熊奇志　贺锡泉
甘志武　杨　谦
何建新(兼)

·重要会议·

【政府常务会议】 1 月 5 日,召开区第一届人民政府第十四次常务会议。会议对三个问题进行了研究:审议《2015 年〈政府工作报告〉目标任务责任分解表(草案)》;研究铺排 2015 年 1 月份主要工作;研究国土工作有关问题。会议原则通过《任务分解表》,由区政府研究室负责,根据会议讨论意见,抓紧对《任务分解表》进行完善,按程序迅速下发。会议明确 1 月份重点抓好以下工作:抓 2014 年工作收官;抓好"两会"精神的贯彻落实;抓好"项目攻坚年"开局工作;抓好城乡环境整治和"三冬"工作;抓好安全生产和信访维稳;抓好省、市"两会"期间和春节前的扶贫济困、走访慰问、资金保障和作风建设工作。会议原则同意土地出让底价暂按《国土资源部关于加强房地产用地供应和监管有关问题的通知》(国土资发〔2010〕34 号)文件要求,以不低于出让地块所在地级别基准地价的 70% 确定。会议研究了土地出让底价与利用条件变更补缴土地价款有关问题,原则同意出让土地利用条件变更补缴土地价款的测算按照《长沙市国有建设用地使用权有偿使用规定》(长政发〔2014〕24 号)文件执行,涉及的标定地价、楼面地价均以有资质的评估公司出具的评估价格为准。经营性出让地调整土地用途或容积率计算楼面地价差的,各用途楼面地价为该用途容积率调整前后较高的容积率所对应的楼面地价。会议原则同意基础设施用地的划拨价格以报批税费、拆迁安置补偿费和生态补偿资金三项之和确定,保持政策执行刚性。会议明确协议出让土地价格按照《长沙市国有建设用地使用权有偿使用规定》(长政发〔2014〕24 号)文件要求进行评估后,将评估价格提交区政府常务会议审定。会议还研究了区邮政局旺旺广场东北角地块结算和省妇联养老服务中心划拨供地有关问题。

1 月 28 日,召开区第一届人民政府第十五次常务会议。会议对四个问题进行了研究:学习传达和贯彻落实市人大政协"两会"和市政府全会精神;研究政务服务管理、行政效能提速及政协大会发言办理等工作;研究区委全会代表意见和区"两会"建议、提案办理工作;研究国土工作有关问题。会议明确市《政府工作报告》和市政府全会涉及望城的工作内容和目标责任纳入区绩效考核体系,区绩效办、政府督查室要加强跟踪督办,确保各项任务落到实处。会议明确行政效能提速工作要求:高度重视。力争上游。全区各级各部门要按照"全省第一、全国一流"的目标定位,积极破解难题,将政务大厅打造成为望城的亮点和名片，努力使望城成为审批事项最少、行政效能最高、投资环境最好的城区。加快推进。全力破解“一口受理”问题是提升行政效能工作的第一步，不仅要逐步实现“限时办理”“规范办理”“透明办理”“网上办理”，而且下一步要根据上级要求，积极研究探索，建设高标准的公共资源交易中心，逐步向更高层次的办理水平迈进。加强领导。由谢进总牵头，刘洪波总协调，区编委办、监察局、发改局、政务中心等部门密切配合，切实担当起各项工作任务；区政府各副区长要全力支持，对分管区直部门进行全过程指导、把关、监督，坚持重大问题亲自参与研究；区直各部门主要负责人作为第一责任人，要敢于担当，勇于负责，确保各项工作任务落到实处。会议原则同意《关于认真办理区委一届二十二次全体（扩大）会议代表建议意见的通知》，由区政府督查室负责，根据会议讨论意见，对通知作进一步修改和完善后，按程序以区委办、政府办名义联合发文。会议原则同意《长沙市望城区人民政府关于认真办理区一届人大三次会议建议批评意见和区政协一届三次会议提案的通知》，由区政府督查室负责，根据会议讨论意见，对通知作进一步修改和完善，按程序报区政府审定。会议强调，协议出让用地、划拨用地供地价格等，要严格按照《长沙市望城区建设用地报批与供应管理暂行办法》（望政办发〔2012〕110 号）文件规定执行。特殊情况需调整的，须经区政府常务会议集体决议。会议研究了湖南外国语职业学院协议出让用地有关问题、湖南电子科技职业学院供地有关问题等具体事项。

4 月 3 日，召开区第一届人民政府第十六次常务会议。会议审议“旅游产业整合提升”计划；研究限价商品房建设工作有关问题；研究区供销合作社联合社 11 宗土地协议出让有关问题。会议原则通过《2015 年“旅游产业整合提升计划”实施方案（草案）》；同意成立区旅游发展管理委员会，定期或不定期召开管委会成员单位工作会议，领导协调统筹全区旅游产业发展相关工作。同意从 2015 年开始，将旅游工作纳入各乡镇（街道）、相关区直部门年度工作绩效考核范畴，重点考核旅游产业项目招商、旅游项目建设、旅游管理和服务等内容，具体操作由区绩效办负责，区旅游局支持配合。同意由区旅游局牵头，区直相关部门参与，按照公开、公平、公正的原则，择优选择专业旅游公司编制望城旅游“十三五”规划和旅游产业整合提升规划。旅游产业整合提升规划评审通过后，按照三年行动计划组织实施，由区财政在 2015 年安排专项经费 1300 万元，2016 年、2017 年各安排 1000 万元。必要的采购项目严格按政府采购程序办理。同意启动乡村旅游和古镇旅游项目扶持提升计划，探索政府扶持和招商合作的运营模式，提升旅游产品体系。具体事宜及经费安排待区旅游发展管理委员会成立后再专题研究。会议同意实行总体建设模式，按照每年确定限价商品房项目建设既定计划，加快组织实施；同意实行购买其他商品房模式，对放弃购买限价商品房，并在区内购买其他商品房的被征地农民（含符合申购条件的非农户），按照 500 元/平方米的标准，按实际购房面积数（每人补贴面积不得超过 55 平方米）给予补贴。由区城乡建设局负责，尽快制订相关具体实施细则，报区政府审定后试行；同意启动限价商品房回购、放开市场销售工作。望国用〔1994〕第 0185 号、望国用〔2013〕第 396 号等 11 宗划拨土地均不改变土地用途且符合城乡规划，同意按原土地用途、现状容积率及实测面积为区供销社办理协议出让手续。

5 月 15 日，召开区第一届人民政府第十七次常务会议。会议对三个问题进行了研究：研究行政效能提速有关工作；研究 2015 年区镇财政管理体制有关问题；审议《长沙市望城区城市管理工作考核试行办法（送审稿）》和《长沙市望城区城市管理工作试行细则（送审稿）》。会议同意区监察局制定的行政审批流程清单和标准化建设样式，会后由区政务中心牵头组织各单位对外发布；原则同意《政府投资建设项目流程图》和《社会投资建设项目流程图》，区监察局根据会议讨论意见对上述流程图进一步修改完善，按程序报区政府审定，在 5 月 20 日前发布；原则同意《长沙市望城区建设工程项目并联审批实施意见（送审稿）》，区监察局根据会议讨论意见对实施意见进一步修改完善，按程序报区政府审定后发布；关于工程建设项目验收备案阶段问题，明确由区城乡建设局牵头，相关单位在资料审查和现场勘验阶段并联进行；关于水务、交通等工程建设项目验收问题，由区水务局、交通运输局等各主管部门分别组织竣工验收。关于楼盘小区入住条件验收问题，由区住房保障局负责组织进行。会议原则通过《关于调整和完善区与乡镇（街道）财政管理体制的通知（送审稿）》和《关于 2015 年乡镇（街道）财税征管工作绩效考核奖励有关事项的通知（送审稿）》，由区财政局负责，根据会议讨论意见，对两个通知作进一步修改完善后，按程序报区政府审定印发

7 月 14 日，召开区第一届人民政府第十八次常务会议。会议对四个问题进行了研究：研究土地管理与出让工作有关问题整改方案；研究有关地块协议出让和规划调整问题；研究财政有关工作；审议长沙市望城区政府部门责任清单。会议原则通过土地管理与出让工作有关问题整改方案，由区国土资源局负责，根据会议讨论意见对整改方案作进一步修改完善后尽快试行，并逐步进行完善和提升。会议研究嘉宇置业与兴龙科技周边零星地块、金山桥建设工程有限公司协议出让、普瑞路与望城大道交叉口东北角（原中海鑫邦 B－53、B－55 号地块）规划修改等有关具体问题。会议明确，区行政中心实行集中办公后，要统筹分类、经营管理好留存国有资产，同时一并解决社会事业方面投入不足、发展滞后等问题；原则同意

《全区留存国有资产处置工作实施方案》和《全区机关院落水电分户工作实施方案》,由区财政局、机关事务局根据会议讨论意见作进一步修改完善后按程序发文实施;关于闲置资产出让问题,由区财政局与区城投集团对接,完善相关手续;由区城投集团负责对全部留存资产进行逐宗研究,积极盘活。会议原则通过《长沙市望城区专项资金管理办法(送审稿)》,由区财政局负责,根据会议讨论意见作进一步修改完善,按程序报区政府审定印发,实施日期按财政年度确定。原则通过《长沙市望城区人民政府部门责任清单(送审稿)》和《长沙市望城区非行政许可审批事项调整建议表》,由区编委办负责,根据会议讨论意见对部门责任清单进行修改完善,并按市审改办统一安排,在区政府门户网站上对外公布。

9月7日,召开区第一届人民政府第十九次常务会议。会议对五个问题进行了研究:研究2015年限价商品房建设用地铺排有关工作;研究与先导控股合作相关事项;研究规范加油、气、电站点运营管理有关工作;审议《关于加强团头湖湖泊湿地保护管理的通告(送审稿)》;研究海星高科项目用地有关问题。会议明确全区限价商品房建设铺排工作:要积极引导拆迁户选择政府回购限价商品房指标、购买普通商品房的方式实现安置。要更加注重科学、精准确定限价商品房建设用地选址和供地时序。要严格监管限价商品房建设,不断完善限价商品房建设管理体制,切实提高建设品质和管理水平。会议同意在月亮岛街道普瑞中路南边,驾考中心以西,富基蓝宝石体育馆正对面,临路铺排不超过4公顷净用地作为2015年启动建设项目用地;同意在大泽湖街道滨水铭城项目南边,预铺排不超过4公顷净用地作为限价商品房预铺排项目用地,根据征拆安置整体情况确定挂牌时序,由副区长余学辉、邹特负责把关。会议同意区城投集团提交的《长沙市望城区人民政府、长沙湘江新城投资有限公司合作备忘录》,由区城投集团负责,根据会议讨论意见进一步修改完善,按程序报区人民政府审定后与长沙湘江新城投资有限公司签订正式备忘录。会议原则通过《长沙市望城区加油、加气、充电站(桩)经营管理实施细则(送审稿)》,由区城投集团负责,根据会议讨论意见对细则作进一步修改完善,区法制办审查把关后,按程序报区人民政府审定,作为内部操作规程印发。会议原则通过《关于加强团头湖湖泊湿地保护管理的通告(送审稿)》,由区畜牧兽医水产局负责,对通告作进一步修改完善,按程序报区人民政府审定。会议研究了海星高科项目用地有关具体问题。

9月18日,召开区第一届人民政府第二十次常务会议。会议审议城管体制改革所涉机构人员编制、车辆调配方案;研究治超工作有关问题;研究国土工作有关问题。会议原则通过关于城管体制改革所涉机构人员编制、车辆调配方案。由区编委办负责,根据会议讨论意见,对方案作进一步修改和完善,按程序审定后印发实施。会议明确要加快实施推进城管体制调整。尽快召开城管体制改革移交动员大会,确保9月底前能按新体制运转。会议原则同意区治超办提出的意见建议,明确治超工作要求:坚决执行最严格的治超措施。开展超限超载运输源头治理专项行动。加强各类运输车辆的管理。会议研究了市体操学校划拨供地、长沙医学院第三期划拨供地有关问题。

10月16日,召开区第一届人民政府第二十一次常务会议。会议审议原60号令实施期间望城区“两安”用地遗留问题处置方案;研究铜官镇及东城镇慎家桥社区五杉片区纳入货币安置区有关问题;研究望城农商行申请加入长沙农商行改制有关问题;研究城管体制调整相关问题。会议明确区国土资源局提交的《望城区“两安”用地遗留问题处置方案》基本可行,要根据会议讨论意见进一步修改完善,由副区长余学辉、邹特审核把关,按程序审定后报市政府批准实施。会议原则同意区征地办提出的意见建议;同意将铜官镇纳入货币安置区,会后迅速报市政府批准,从获批之日起新实施的项目按货币安置区政策执行征地拆迁安置工作;原则上在铜官镇不铺排限价商品房建设项目,适时研究铜官镇范围内普通商品房建设及供应问题。鼓励拆迁户选择政府回购限价商品房指标、购买普通商品房的方式实现安置;同意将东城镇慎家桥社区五杉片区纳入货币安置区,按要求启动相关程序。会议原则同意区金融办提出的关于望城农商行申请加入长沙农商行改制有关问题的方案建议,成立望城农商行改制协调工作小组,区政府授权其与上级对接、签署协议,具体由副区长余学辉牵头、杨利成配合协调。会议研究了关于城管体制调整于下放乡镇(街道)人员工资、专项经费、城管中队人员考核、城管中队、国土所人事管理等具体问题。

11月5日,召开区第一届人民政府第二十二次常务会议。会议研究了关于全区乡镇、街道区划调整改革有关问题。会议原则通过《长沙市望城区乡镇区划调整改革工作方案(送审稿)》。由区民政局负责,根据会议讨论意见对方案作进一步修改完善,报区委常委会议审定后,迅速向市人民政府提交专项请示,争取早日批复,尽快依法依规依程序组织实施。明确由副区长谢进、戴水文负责,加强对区划调整改革工作的领导和指导,进一步做细工作,确保相关乡镇、街道平稳过渡。区纪委、组织、人社等部门要深入基层提出明确要求,防止违纪违规情况出现。有合并任务的乡镇、街道要明确一名区级领导联系,加强组织领导,统筹协调。明确此次乡镇区划调改革整暂不牵涉乡镇政策体系的调整。2015年度工作绩效考核按原有的19个乡镇(街道)建制考核。

12月20日,召开区第一届人民政府第二十三次常务会议。会议对四个问题进行了研究:审议2016

年主要经济指标预期目标；审议2016年《政府工作报告（送审稿）》；研究实行阶梯式水价有关问题；研究安全生产有关工作。会议明确2016年望城区地区生产总值的增速定为11.5%；规模工业增加值的增速定为14%；第三产业增加值的增速目标定为11%；财政总收入的增速定为10%；固定资产投资增长目标定为增长15%；社会消费品零售总额增速定为18%；城乡居民人均可支配收入增速均定为9.5%左右。会议原则同意《政府工作报告（送审稿）》（以下简称《报告》）。明确各位分管副区长对《报告》相关数据把关，确保《报告》数据精准无误；明确写作班子要认真吸纳会议讨论的意见和建议，进一步对《报告》进行修改完善；明确由副区长刘洪波牵头，区政府办具体负责，对《报告》进行精心修改和完善，更好地贯彻上级精神和区委、区政府确定的各项目标任务，确保形成一篇高质量的《报告》。会议认为，实行阶梯式水价的前期准备工作不够充分，暂不具备实行的基础。明确由区环保局负责，本着实事求是的精神，与市环委会沟通协调，根据望城县改区后"一改三不改"的精神，请求明确望城区在2016年全面推动该项工作；明确由副区长邹特牵头，对实行阶梯式水价有关问题进行分析和研究，继续推进相关工作，条件成熟再实行。会议同意申报2016年全省安全生产示范区。由区安监局负责制定申报方案，报区人民政府审定同意后实施；同意调整区安全生产委员会，由区安监局负责起草公文，报区人民政府审签下发。

·工作纪要·

【行政执法监督】 2015年，41件各类会议决策议题提前交区政府法制办、区政府法律顾问专家团队进行把关，最大程度确保全区各项决策的决定、执行以及后续处理都在法律框架内推进。望城依法行政工作在严格执行落实的同时，做到了及时总结分析，主动自觉接受监督，持续提升法治能力。8月，组织全区政府系统干部学法，省高院副院长杨翔、市政府法制办副主任罗励民以"全面法治、依法行政"为主题，详细解读了新修订的《行政诉讼法》。区政府班子成员及各单位行政主要负责人认真学习了依法行政工作中应当注意和把握的关键环节，区长孔玉成重点强调"按照三严三实和法律法规的要求规范履职行为"的具体工作要求。从根本着手强化执法队伍建设，加强执法人员资格管理。3月，即着手2015年度行政执法证件管理工作，5月组织170余名新申领行政执法证人员进行岗前培训，通过培训、考试合格办理"行政执法证"人员共159名，严格执行"先培训、后发证"和"持证上岗、亮证执法"等制度。8月公布《2015年行政执法人员资格信息公告》，行政执法队伍管理进一步加强，聘用临时人员执法、无证执法、执法违法等现象得到有效遏制。坚持案卷评查工作，单位自查、法制办抽查、集中交叉评查、评议推优和总结通报各阶段有序开展，集中评阅86宗案卷（其中行政处罚案卷42宗，行政许可案卷44宗）。扎实做好2015年行政执法指导案例编纂工作。在各单位报送指导案例的基础上，筛选3个具有合法性、代表性、针对性和示范性的指导案例，编纂成《长沙市望城区2015年度行政执法指导案例》（望政办发〔2015〕138号）对外发布，为进一步规范行政裁量权和指导具体行政行为提供案例样本。全区各级行政机关制定的规范性文件，在进入集体决策程序前，都经由法制机构进行了合法性审查，审查内容包括依据、主体、权限、内容、程序、责任等各方面，不合法的坚决不予通过，或及时提出修改意见予以纠正，实行规范性文件必须经政府常务会议审议通过方可制发的制度，确保了文件内容合法、适当。2015年，共对亮化工程建设管理、政府购买社会服务、非农建设占用耕地耕作层土壤剥离再利用等28件送审稿进行了合法性审查。接受乡镇（街道）报备规范性文件2件，全部予以备案，并及时在网上公布。完善规范性文件"三统一"（统一登记、统一编号、统一发布）工作，继续做好本级部门规范性文件"三统一"工作。在2015年规范性文件管理工作中重点突出了制发主体和发文必要性的把关，坚持有法律法规的严格执行、有上级文件的按要求贯彻落实、只涉及部门职责的由部门予以规范，有效控制了区政府规范性文件的数量，从2014年的20件左右下降到2件。

【办理涉法事务】 区法制办起草以区政府办公室名义制定下发《关于进一步做好行政诉讼和复议工作有关的事项的通知》，规范办案程序，明确办案责任。每一起以区政府为被告或被申请人的行政诉讼和复议案件，均由区政府法制办牵头组织协调，涉案单位配合共同办理。在行政案件办理的人财物配备上，区政府法制办明确两名工作人员专职负责，区政府聘请北京（长沙）德恒律师事务所的律师团队协助。在办案过程中，注重加强与省市法院、省市政府等审查机关的沟通协调。在法律允许的范围内，办案人员协同相关审查机关急事急办、特事特办，提高效率，支持和服务区内重大项目建设。2015年精心办理各类行政案件220件，是2014年行政案件数量的2.2倍。其中应诉114件，复议答复39件，自行办理复议案件26件，撤证处理决定33件；全年仅有两起案件被判决或审查败诉。2015年，在《长沙市望城区政府合同审查与管理办法》的规范指引下，进一步规范政府合同签订行为，预防和减少合同纠纷，确保政府合同全面履行，改善政府合同管理的薄弱环节，有效维护了政府机关和当事人的合法权益。2015年，全区组织召开政府及部门各类协议、合同修改、碰头会议近90次；区政府法制办审查政府合同56件，出具法律意见51份，得到政府认同与采纳；区直各单位特别是各园区管委会及国有平台公司严格进行了政府合同前置审查工作;对以往因政府合同签订前未经合法性审查导致合同内容条款不全、违约责任不清、权利义务不对等、优惠政策不合法、显失公平等问题,所引发的合同纠纷、履行争议等遗留问题有针对性地进行依法处置,保障相关工作的进度,维护了政府的公信力。

【督查工作】 年初,区政府督查室制定了年度政府督查工作要点,将落实区委、区政府的决策部署贯穿于工作全过程。开展省、市、区政府领导有关批示件的交办、督办、核实、上报工作,严格按照相关程序和要求,明确办结时限,强化办理责任,使从上到下的各项重大决策部署不折不扣落到实处。对重点工程和重大项目、征地安置、作风建设、农林水利、安全生产、环境保护、城市管理和城乡品质倍升、重大会议会风会纪及精神传达落实等工作开展专项督查共计百余次,编发《督查通报》18 期、与区委督查室联合编发《望城督查》39 期,推动各牵头单位和责任单位严格按照要求抓进度、抓落实,确保工作执行不减弱、不走样。扎实做好省、市“重点民生实事”工作,实行月度报表、集中督查、分类调度制度,强责任、督进度、保效果,31 项“重点民生实事”指标均如期全面完成;办理和答复领导信箱来信 3655 件,做到事事有回音,件件有着落。迎接市政府对望城的市《政府工作报告》、市重大项目和重点工程、市政府会议议定事项等目标任务完成情况、最严城市管理、城乡环境综合整治等活动开展情况的督查。配合区绩效考核办精心组织市对区 2015 年度绩效考核工作,掌握市对区绩效考核工作指标完成情况动态,提出工作建议,督促各指标任务单位抓紧工作,确保望城经济社会发展所取得的显著成绩和各项考核指标的落实情况得到完整反映。围绕中心工作、重大工作部署及领导批示批办狠抓督查落实,对《政府工作报告》年度目标任务、政府常务会议、区长办公会议、政府专题办公会议精神的落实情况进行跟踪督查,为区领导掌握情况、调度工作提供一手信息。根据区人民政府安排部署,直接承办和组织指导督办省市人大代表建议和政协提案共 29 件,区一届人大三次会议代表建议 90 件,区政协一届三次会议提案 78 件;牵头组织召开高规格交办动员大会,制发文件对办理工作进行任务分解和责任明确,加强日常管理和督促检查,及时协调解决办理过程中的难题,并进行跟踪问效和情况通报,同时邀请区人大、政协领导及相关委室负责人进行考察、督查,确保办理实效;在规定的时间节点前全面完成了全部建议和提案的办理工作,答复率、面商率均保持 100%。督促各相关乡镇(街道)、单位(部门)落实区人大常委会会议纪要和区人大常委会主任办公会会议纪要精神,并按要求组织总结材料向区人大进行专题汇报。参与制定 2015 年全区综合目标管理考核方案及实施细则,配合开展全区目标管理考核和区直单位的综合目标管理考核工作,推动各项工作指标任务完成或超额完成。

【外事侨务】 用好省、市外事侨务平台,按照中央、省、市相关文件及望办发〔2013〕14 号文件精神,办理相关人员出国考察和培训手续,做好跟踪服务和管理工作。2015 年先后做好印度共产党干部考察团、马来西亚登嘉楼洲访湘团、斯里兰卡人民解放阵线干部考察团考察新农村建设示范村光明村,美国圣保罗市市长代表、罗马尼亚布切勒斯特二区政府代表团、长沙外国语学院外教观摩团考察铜官窑,尼共(联)干部考察团考察靖港古镇,新加坡政企考察团、澳大利亚塔斯马尼亚经贸洽谈等外事接待工作。加强社区阵地建设,做好依法护侨工作。开展《中华人民共和国归桥归眷保护法》及《实施办法》为主的侨法宣传教育活动,推进侨务工作进社区工作。完善法制建设,落实湘政发〔2012〕30 号文件,推动望城司法部门与侨联侨务单位建立涉侨案件通报机制。依托区“五侨”(侨办、侨联、致公堂、人大华侨委员会、政协港澳台侨委员会)联动工作机制,互通工作,共享资源,形成合力维侨护侨的良好氛围。根据中央、省、市关于开展境外对政府组织和活动情况部署要求,建立了联席会议机制,对望城的境外非政府组织活动进行动态监管,2015 年总体形势平稳。对涉外事件积极与相关部门处理案件纠纷,如长沙医学院留学生斗殴事件,长沙和记黄埔经济纠纷等,依法保护留学生、港资企业合法权益,维护望城良好投资环境。

·重点工程·

【概况】 2015 年,区工务局内设办公室、综合科、项目服务科、项目建设科 4 个科室,下设区政府投资项目代建管理服务中心,有在职在编工作人员 16 人,政府雇员 4 人。

项目服务优质高效。开展走访服务,解决项目困难问题。3 月、11 月开展“项目集中开工月”活动,6 月举行“半年度项目服务讲评会”,7 月、8 月配合区委、区政府开展重点工程一线干部职工慰问活动,9 月开展“项目攻坚年”走访服务促进度活动等。全年累计开展项目走访对接 1200 余次,收集困难问题 260 个;提请区领导召开专题调度会议 37 次,按照“综合分类破解法”的工作机制,解决项目的政策资金扶持、行政审批提速、要素保障配套等各类问题 179 个;对相关的 44 家服务部门和责任单位进行问题交办,下发重点工程问题交办函 25 批次,累计解决问题 61 个;全年共计编发重点工程快讯 83 条,重点工程月报表 10 期。服务国家及省、市、湘江新区重点项目。配合完成国家级重点工程溪——浙线 ±800 千伏输电线路工程线下房屋搬迁、遗迹复绿和工程环保验收工作;组织或参与省、市、湘江新区重点工程的协调会议 11 次,为京港澳高速主线、石长电铁望城牵引变配套 110 千伏线路工程、银江路高排通江管涵工程等重点工程协调解决了一批具体问题;按要求完成市重点办交办的工作7件,组织迎接省重点办对望城省重点交通干线的调研工作。2015年,全区有201个项目开复工,完成投资329.8亿元。芙蓉北大道主线、黄桥大道全线通车,长缆电工、优美科富虹锌业、博奥玻璃、金驰能源、湘江涂料等工业产业项目,长郡月亮岛中学、谷山体育公园、沿河路等民生和基础设施项目,湘江综合枢纽坝顶大桥、湘江大道景观道等78个重点项目投产投运。

代建项目加速实施。推进黄桥大道建设。基本完成黄桥大道(第三段)1.1千米的拆迁腾地工作,11月30日黄桥大道全线通车;黄桥大道(岳麓大道至郭亮北路)16.23千米沿线绿化密植的维护保养期满移交至区城市管理局。办理高原路和厚朴商业广场及配套道路的前期工作。完成高原路施工、监理招投标工作、前期报建和用地报批手续;厚朴商业广场及配套道路建设的方案设计通过区规划分局的审查和区政府的批准。

区工务局

党组书记、局长	黄海文(12月任)
党组书记、副局长	苏跃宇(12月免)
局长	肖泽锦(12月免)
副局长	李春生 田维
	肖华
	高海祥
	(12月“改非”)

【望城区全面启动“项目攻坚年”活动】 3月4日,望城区召开“项目攻坚年”暨第三届赛狮活动动员大会,全面部署启动重点项目建设工作。2015年,望城在产业项目建设、招商引资、要素保障、项目服务和行政效能提升等方面着力,推进“项目攻坚年”活动,实施的重大项目涵盖了工业产业、现代物流服务业、小城镇及文化旅游业等多方面。通过实施“有色金属精深加工”“食品加工产业成长”“电子信息产业培育”“陶瓷产业复兴”“旅游产业整合提升”五大产业计划,大力发展产业综合体,提质做强产业园区,推动产业发展转型升级。同时,把优化服务环境作为重点,推行综合分类破解法,及时解决项目建设中的各种困难和问题,强化项目精准帮扶,对所有项目制定“时间表”“路线图”,实现执行政策零折扣、部门(乡镇)服务零距离、生产经营零干扰、处理问题零缺位的“四零”目标。通过全方位优化政务服务,全面推行“一口办理、限时办理、规范办理、透明办理、网上办理”,最大限度地优化办事流程,简化审批程序,压缩审批时限,对大项目、好项目试行并联审批并逐步推广,开辟手续办理的“绿色通道”,为项目建设提供高效、快捷、一流的政务服务。2015年,全年实施重点项目201个,完成政府投资87.5亿元,带动社会投资231.8亿元。

黄桥大道(第三段)全线通车

【全市项目建设流动观摩团到望城区考察】 12月18日,全市项目建设流动观摩团到湾田国际物流园、湘江涂料、旺旺乳饮等地,实地观摩、点评、督导项目建设推进工作。2015年,望城区通过创新体制机制,强化要素保障,全程帮扶企业,驻点招大引强等措施,推进项目建设。区工务局(重点办)集中精力,进一步完善重点工程建设动态联系机制,综合协调破解各类问题,适时协调调度,协助项目责任单位做好项目申报审批、用地保障、征地拆迁等前期工作,督促已开工项目在保证质量的同时狠抓进度,并及时汇总重点工程月报、发布重点工程快讯,全力促进了重点工程建设提速提效。2015年,旺旺乳饮、湘江涂料等重大项目投产,长郡月亮岛中学、谷山体育公园等民生项目投入运营,证通电子、智能交通产业园等投资过50亿元项目签约,为全区经济社会发展提供了强有力支撑。

·征拆安置工作·

【概况】 区人民政府征地办公室(简称“征地办”)内设综合科、监察室、征拆科、安置科、财务科5个科室,共有工作人员25人,其中在编在职工作人员16人。

2015年,全年共组织实施征拆项目104个,拆迁房屋1837户,完成岳长高速北连接线拓改、京珠西线茶亭段、雷锋公园、普瑞西线等82个项目拆迁,按进度腾地1214.07公顷,其中净腾地949.45公顷;共组织联审核准征拆转户3425人、参保4551人、社保资金50742万元,核发限价商品房指标25.22万平方米,核实回购限价商品房存量指标17.03万平方米,核发回购资金1.36亿元,建成鸿家隆等3宗拆迁安置重建地,核发失地少地农民生活补助费5380余万元,安置对象11272人。

深化改革征拆体制。调优成立由区委书记任政委、区长任组长、主管征拆工作的副区长任常务副组长的区征拆安置工作领导小组(以下简称领导小组),负责全区征拆安置工作的部署和总指挥、总调度;科学划分滨江、经开区、河东、大众垸四大片区征拆指挥部,区委常委或副区长任片区指挥长,负责片区征拆安置的统筹调度协调,归口领导小组管理;创新建立依法阳光高效的"四三制"工作法,即征拆腾地严格执行"三公告"程序,征拆安置认定实行"三轮会审",征拆安置信息坚持"三榜公示",征拆安置审计原则上在三个月内完成;构建由"领导小组"、片区指挥部、区直部门、街镇、村(社区)组成的,自上而下、广泛参与的五级联动大征拆工作格局,形成征拆工作合力。

优化征拆安置政策。出台《长沙市望城区征地补偿安置工作指导意见》,明确征拆安置工作领导机构、领导小组成员单位职能职责,就征拆安置工作程序进行进一步规范;制定货币安置《长沙市望城区货币安置方式调整操作办法》文件,充分尊重安置对象意愿,供限价商品房指标和纯货币安置两种模式选择。

全区征拆安置工作领导小组会议

推进重点项目征拆。滨江片区内跨月亮岛、大泽湖、白沙洲三个街道的"一路一园"(潇湘北路、月亮岛生态园)项目,涉及征地100余公顷,需动迁423户近2000人,征拆启动后,创新工作方式在2个月内完成签约412户、拆迁房屋374户。

区征地办公室

主　　任　袁圣洁
副 主 任　何泽恩　柳森柯
　　　　　王　宏

附:

2015年长沙市望城区人民政府文件目录

1月8日,望政发〔2015〕1号《〈政府工作报告〉2015年目标任务责任分解表(定稿)》

1月8日,望政发〔2015〕2号《经开区高端化纤环保产品征地公告》

1月8日,望政发〔2015〕3号《经开区客车车体及车内装饰项目征地公告》

1月8日,望政发〔2015〕4号《关于望城经济技术开发区2014年度第一批次建设用地项目征收土地的公告》

1月8日,望政发〔2015〕5号《湖南统一马口铁罐、配套底盖项目征地公告》

1月14日,望政发〔2015〕6号《关于调整长沙市望城区农村饮水安全工程建设领导小组的通知》

1月15日,望政发〔2015〕7号《关于望城区节能环保现浇混凝土成孔芯模二期工程项目征收土地的公告》

1月20日,望政发〔2015〕8号《关于表彰2014年度无偿献血先进单位和先进个人的决定》

1月26日,望政发〔2015〕9号《关于〈长沙市望城区加油、加气、加电站专项规划(2013—2030)〉的批复》

2月2日,望政发〔2015〕10号《关于表彰2014年度议案建议提案办理工作先进单位和先进个人的决定》

2月2日,望政发〔2015〕11号《关于认真办理区一届人大三次会议建议批评意见和区政协一届三次会议提案的通知》

2月3日,望政发〔2015〕12号《2015年市〈政府工作报告〉任务分解》

2月6日,望政发〔2015〕13号《关于明确2014年度小城镇建设发展资金》

2月10日,望政发〔2015〕14号《关于授予2014年长沙市望城区科学技术奖的通报》

2月13日,望政发〔2015〕15号《关于调整长沙市望城区安全生产委员会的通知》

2月25日，望政发〔2015〕16号《关于下达长沙市望城区2015年政府投资项目计划的通知》

2月25日，望政发〔2015〕17号《关于成立长沙市望城区生态环境保护委员会的通知》

3月10日，望政发〔2015〕18号《关于同意〈2015年度安全生产行政执法工作计划〉的批复》

3月25日，望政发〔2015〕19号《关于推进政府购买服务的实施意见》

4月7日，望政发〔2015〕20号《关于明确2015年度综合财政预算管理体制的通知》

4月10日，望政发〔2015〕21号《关于桥驿镇项目村民拆迁安置小区土地置换的批复》

4月21日，望政发〔2015〕22号《关于望城区2013年度第四批次建设用地(丁字派出所及交警三中队业务用房)项目征收土地的公告》

4月23日，望政发〔2015〕23号《关于望城区兴工大道项目征收土地的公告》

4月23日，望政发〔2015〕24号《关于表彰第一届区级劳动模范和模范集体的决定》

4月29日，望政发〔2015〕25号《关于明确2015年财政收入计划的通知》

望政发〔2015〕26号《关于明确2015年乡镇(街道)、园区财政收入计划的通知》

5月4日，望政发〔2015〕27号《关于望城区开天新农业鱼类生产项目征收土地的公告》

5月7日，望政发〔2015〕28号《转发长沙市财政支出绩效评价结果应用管理办法》

5月15日，望政发〔2015〕29号《长沙市望城区人民政府关于成立长沙市望城区旅游产业发展管理委员会的通知》

5月20日，望政发〔2015〕30号《关于印发〈2015年"望城旅游产业整合提升计划"实施方案〉的通知》

5月20日，望政发〔2015〕31号《关于下达长沙市望城区2015年固定资产投资目标任务的通知》

5月22日，望政发〔2015〕32号《关于印发〈长沙市望城区建设工程项目并联审批实施意见〉的通知》

5月28日，望政发〔2015〕33号《关于望城区双桥综合商业配套服务项目征收土地的公告》

5月29日，望政发〔2015〕34号《关于调整区节约集约用地工作领导小组的通 知》

6月5日，望政发〔2015〕35号《关于望城区高丁公路(G240望城高塘岭镇—丁字镇)建设项目征收土地的公告》

6月5日，望政发〔2015〕36号《关于成立永久基本农田划定工作领导小组的通知》

6月15日，望政发〔2015〕37号《关于同意〈望城半岛水利风景区规划纲要〉的批复》

6月15日，望政发〔2015〕38号《关于同意望城半岛水利风景区管理机构和管理范围的批复》

6月15日，望政发〔2015〕39号《关于同意〈望城半岛水利风景区资源调查评价报告〉的批复》

6月19日，望政发〔2015〕40号《关于望城区新华联陶瓷古街建设扩建项目征收土地的公告》

6月19日，望政发〔2015〕41号《关于望城区新华联陶瓷古街建设项目征收土地的公告》

6月19日，望政发〔2015〕42号《关于望城区乔口砂场项目征收土地的公告》

6月25日，望政发〔2015〕43号《关于望城经开区耐高温、耐腐蚀、耐磨损高档精密传动产品生产及科研项目征收土地的公告》

7月1日，望政发〔2015〕44号《关于全面推进预算绩效管理的意见》

7月1日，望政发〔2015〕45号《关于成立推进新型城镇化工作领导小组的通知》

7月2日，望政发〔2015〕46号《关于同意长沙市望城区城市建设投资集团有限公司申请公开发行公司债券的批复》

7月2日，望政发〔2015〕47号《关于同意长沙市望城区城市建设投资集团有限公司申请发行非公开公司债券的批复》

7月3日，望政发〔2015〕48号《关于同意报送〈望城区农业综合开发扶持农业优势特色粮食和蔬菜产业规划(2016—2018)〉的批复》

7月9日，望政发〔2015〕49号《关于调剂规划建设用地指标用于支持望城经济技术开发区建设的通知》

7月15日，望政发〔2015〕50号《望城经济技术开发区2014年度第二批次建设用地项目征地公告》

7月15日，望政发〔2015〕51号《关于望城区桑梓路项目征收土地的公告》

7月15日，望政发〔2015〕52号《关于望城区靖港中心卫生院公转房建设项目征收土地的公告》

7月15日，望政发〔2015〕53号《关于望城区谷山金融创新中心项目征收土地的公告》

7月27日，望政发〔2015〕54号《关于望城经开区建设开发公司土地出让金补缴计划方案的批复》

7月30日，望政发〔2015〕55号《关于望城县2012统征建设用地第三批次项目征收土地的公告》

8月4日，望政发〔2015〕56号《关于长沙市生活垃圾深度综合处理(清洁焚烧)建设项目征收土地的公告》

8月5日，望政发〔2015〕57号《关于望城区2014年度第一批次建设用地项目征收土地的公告》

8月10日，望政发〔2015〕58号《关于长沙市望城区行政执法人员执法资格信息的公告》

8月10日，望政发〔2015〕59号《关于废止〈湖南望城国家农业科技园区优惠政策〉的通知》

8月13日，望政发〔2015〕60号《关于望城区2015年度第三批次建设用地项目征收土地的公告》

8月13日，望政发〔2015〕61号《关于同意长沙市望城区城市建设投资集团有限公司第二届董事会和监

事会成员名单的批复》

9月23日,望政发〔2015〕62号《关于望城县靖港优质粮食产业化建设项目征收土地的公告》

11月2日,望政发〔2015〕63号《关于申报2015年农业综合开发土地治理市级地方立项项目计划的批复》

11月4日,望政发〔2015〕64号《关于长沙望城区2013年度第三批次建设用地(174.54亩)项目征收土地的公告》

11月9日,望政发〔2015〕65号《关于关闭望城县同福建材厂等12家非煤矿山企业的决定》

11月12日,望政发〔2015〕66号《关于长沙望城区红星美凯龙家居生活广场一期项目(42.90亩)征收土地的公告》

11月16日,望政发〔2015〕67号《关于望城区年产30万吨甲醇汽油(柴)油调制中心建设项目征收土地的公告》

11月16日,望政发〔2015〕68号《关于公布第三批非物质文化遗产代表作名录和非物质文化遗产项目代表性传承人的通知》

11月20日,望政发〔2015〕69号《关于同意长沙金水生态环境投资开发有限公司董事会组建方案的批复》

11月24日,望政发〔2015〕70号《关于望城县人民政府统征建设用地项目征收土地的公告》

11月24日,望政发〔2015〕71号《关于长沙望城区2013年度第四批次建设用地(1.7566公顷)项目征收土地的公告》

11月27日,望政发〔2015〕72号《关于望城区2014年度第三批次建设用地项目(0.4711公顷)征收土地的公告》

11月30日,望政发〔2015〕73号《关于成立就业创业和农民工工作领导小组的通知》

12月4日,望政发〔2015〕74号《关于委托望城城投集团对乔口镇柳林湖生态旅游基础设施建设项目资本金进行回购的通知》

12月8日,望政发〔2015〕75号《关于2015年行政执法案卷评查情况的通报》

12月25日,望政发〔2015〕76号《关于加强团头湖湖泊湿地保护管理的通告》

12月29日,望政发〔2015〕77号《关于望城区光明大观园配套设施项目(二)征收土地的公告》

12月31日,望政发〔2015〕78号《关于望城区月亮岛国际商务总部(72.91亩)项目征收土地方案公告》

·行政执法·

【概况】 2015年,区行政综合执法局内设党政办公室、财务装备科、法制科、执法协调科、督查检查科、监察室、政工人事科、指挥中心、宣教综合科等9个职能科室。下设正科级事业单位行政综合执法大队,内设综合办公室和城市管理执法指导科、水利河道执法指导科、规建房执法指导科等3个业务科室,并按照分区域、分职能的原则,分设14个行政综合执法中队,全部派驻乡镇(街道)、园区承担辖区的行政综合执法工作,全局系统干部职工达到325人。10月21日,望城区委、区政府印发《长沙市望城区人民政府职能转变和机构改革方案的实施意见》,行政综合执法局部分职能划归城管局行使,只保留水利河道执法和支援全区性重大行动两项职能,机构编制相应调整,内设监察室、办公室、法制科、财务装备科、政工人事科等5个职能科室,下设正科级事业单位行政综合执法大队,分设行政综合执法一中队、行政综合执法二中队等2个执法中队,有干部职工67人。

规范河道管理秩序。采取动态宣传、主动巡查、蹲点布控、分级交办等多种有效措施,加大水利河道执法力度,严厉查处非法砂场、非法采砂和破坏堤防安全的违法行为,全年开展禁采、禁卸专项执法行动40余次,依法查处非法作业工程船、吸砂船38艘,强制清理封闭沩水河段非法砂场和码头28处次,清除砂石堆料50余万吨,查处非法采

行政执法大队高塘岭中队女子分队获评全国“巾帼文明岗”

（吸）砂、卸砂、非法经营地摊砂场等案件38起，罚没款130万元。

推进城市管理执法。开展中心城区主次干道两厢店外经营、流动摊担、夜宵摊点的专项整治工作，组织专项执法行动298次，累计处置流动摊担、店外经营、夜宵摊点等9000余处，科学设置疏导点26个，高标准完成工作任务。开展户外广告专项整治行动，清理违章户外广告、招牌、灯箱等758处。开展渣土扬尘专项整治行动54次，依法查处违规运输渣土行为73起。开展餐厨垃圾集中整治行动42次，捣毁非法提炼潲水油场所65个，收缴潲水油10余吨。开展规建房领域执法。加强项目建设领域执法，组织开展4次以上专项执法行动，累计检查建设工程项目425批次，查处违法违规行为24起，罚没款50.52万元。

提高执法办案水平。坚持依法行政、依法办案，规范执法程序，强化执法办案。成立案件审理委员会，建立行政处罚自由裁量权基准案审会票决制，全面规范行政处罚自由裁量权。全年办结各类案件1120起，罚没款369.95万元，实现了执法准确率100%。

服务全区工作大局。支援全区重大行动，参与长湘公路、铜管窑、中粮可口可乐等司法强拆和维护性施工行动，共出动执法队员460余人次，执法车辆145台次。强力协助拆迁行动，全年开展协助拆迁行动51次，共出动执法队员1800余人次，执法车辆189台次。支援节会整治、安保工作，全年共参与大型支援活动30余次。　（陈雪娥）

区行政综合执法局

党组书记、局长　杨中明
党组副书记、副局长　黄纳新
副局长、行政综合执法大队大队长　唐华大（12月任）
易建坤（12月“改非”）
副局长　黄海军
周云凌
言福明

【开展全区拆违控违行动】　近年中，望城以高压态势开展拆违控违工作，探索形成了“巡”“控”“拆”三位一体的拆违控违机。2015年，望城全面推进拆违控违工作。区执法局牵头拟定全区《关于采取拆违控违工作八条断然措施的通知》《关于实施拆违“零违建”报告制度的通知》，开展协助、强制拆除行动。搭建动态巡违的立体网络，整合街道（乡镇）、社区（村）和群众等力量，发挥执法人员巡查发现、街道（乡镇）案源举报、群众投诉举报的作用；建立以街道（乡镇）为主体、执法中队协助的巡查机制，创新重建地、居民小区物业公司参与控违的工作机制；强化网格巡查责任，片、面结合，定岗定责；强化工作调度，定期调度推进工作，通报情况解决问题，实行周通报、月考核督促机制；强化交办考评，根据属地管理和职能对等的原则，分期分批次交办工作任务，并制定拆违控违工作月度考评办法，加大考评力度。强化法制宣传，通过张贴通告、宣传车流动宣传、望城电视台开设专栏等方式加大宣传力度，增强人民群众的法律意识和依法依规建房的自觉性。全年共组织大型拆违行动186次，依法拆除违章建筑1183处28.6万平方米。

·人力资源管理·

【概况】　区人力资源和社会保障局内设办公室、就业促进科、劳监仲裁法制科、养老保险科、工资福利科、公务员管理科、事业单位人事管理科、医疗工伤保险科、监察室等9个科室；下辖人力资源开发和就业服务中心、社会保险工作局、城乡居民养老保险管理中心、医疗保险管理服务中心、城乡居民医疗保险管理中心、失业保险管理服务中心、工伤保险管理服务中心、劳动监察大队、人事劳动争议仲裁院、人力资源和社会保障信息中心等10个二级机构，编制117人。

2015年，全年新增城镇就业8111人，城镇登记失业率2.98%，归集各类社会保险费14.1亿元，按时足额发放各类社会保险待遇10.1亿元，基金累计结余21.5亿元，先后获全省城乡居民基本养老保险经办管理服务工作优秀单位、全市工资集体协商工作优秀单位、全市企业养老保险业务档案规范化管理优秀单位等荣誉。

扩大就业。鼓励扶持大众创业。承接全区创业富民工作职能，

社保卡发放工作会议

联合团区委举办"大众创业在望城万众创新看青年"创新创业项目评选活动,吸引134个初创型项目参赛,全年新增创业主体近6000户。开展"温暖求职者,给力用人单位"专项就业服务行动,职业技能培训6050人,发放促进就业小额担保贷款900万元,为81名创业对象提供小贷贴息133万元,支持黄金创业园提质升级,免费提供200平方米创业场地鼓励企业入驻。发挥政府就业帮扶功能,开发公益性岗位385个,零就业家庭实现动态清零,2015年,区财政安排专项资金比照公益性岗位标准就近安置有就业愿望的农村户籍、曾参加过广西边境保卫战人员162人。

推进人事人才工作。开展机关事业单位三项改革。启动机关事业单位养老保险制度改革工作,采集机关事业单位工作人员参保数据70多万条;坚持"从严掌握、先易后难"和"先入轨后完善"的原则,完成职务与职级并行制度首次入轨实施工作。完成机关事业单位离退休人员增加离退休费和在职人员调整工资标准审批工作,兑现乡镇机关事业单位人员乡镇工作补贴。依托骨干企业集聚产业人才,协助晟通集团、有色铍业等企业申报领军人才1名和专业技术骨干人才2名;推进"引智"工程,泰嘉新材、有色新材等单位申报省级引智项目12个、市级引智项目15个。嘉新材"引进美国、瑞典、英国专家支持'年产1300万米双金属带锯条技改项目'"助推其成为国内领先且具有国际竞争力的双金属带锯条生产服务企业。2015年,该项目首席外籍专家海顿获长沙市第三届"星城友谊奖"。

劳动维权防治并举。注重源头治理。完善农民工工资保证金制度,取消信用等级"AAA"(及以上)建筑施工企业免缴农民工工资保证金的资格,将适用范围扩大到区域内所有工程项目的建设单位、施工企业。推进企业工资集体协商工作,全区679家建立工会组织的企业推行工资协商制度,建制率达89%。定期开展重点行业、重点时节劳动监察。先后组织开展农民工工资清欠、遵守劳动用工和社会保险法律法规等专项检查,督促发放工资5030万元,涉及劳动者9300人。妥善处理劳动纠纷。受理各类劳动争议案120件,涉及职工权益标的1600多万元,其中调解81件、裁决30件,法定时间结案率100%。（徐　璐）

区人力资源和社会保障局

党组书记、局长	黄立武	
副局长	范新建	袁彬文
	严　娟	刘炳泉
	周剑波	
总会计师	雍翠华	

【开展机关事业单位三项改革工作】 12月,望城启动机关事业单位养老保险制度改革、工资标准调整、公务员职务与职级并行制度三项改革工作。2015年,根据省市部署,望城区人社局科学部署,及时启动改革工作。改革后,机关事业单位基本养老保险费从原来的单位保障方式改为社会保险方式,筹集渠道由单位和个人缴费形成基金,再由基金支付基本养老金;养老待遇从原来按"最终工资"的一定比例分档计发退休费,改为按照本人缴费计算养老金标准;建立职业年金制度,由单一的退休费改为基本养老金加补充保险的结构。2014年10月1日起,调整机关事业单位工作人员基本工资标准,并相应减少规范性津贴补贴(绩效工资)标准;适当提高新录用人员试用期工资标准,同时建立基本工资标准正常调整机制,为每两年调整一次;增加机关事业单位离退休人员离退休费。公务员职务与职级并行制度主要是在县级以下建立公务员职务与职级并行制度,保持原有领导职务晋升通道不变的情况下,增加职级晋升通道,晋升职级后,享受相应职务层次非领导职务的工资、津贴补贴待遇,实行职级与待遇挂钩,实现职务与职级并行。改革工作启动后,共采集机关事业单位工作人员参保数据70多万条,兑现乡镇机关事业单位人员乡镇工作补贴,有利于实现社会养老"全覆盖"、化解收入分配"待遇差"、破解基层公务员"晋升难"。

【率先全市发放社会保障"一卡通"】 4月10日,长沙市社会保障卡"一卡通"在靖港镇农溪村村部试点发行,望城率先全市启动社会保障卡一卡通发放工作。社会保障卡是由人社部统一规划,面向社会公众发行,主要应用于人社领域政府社会管理和公共服务的市民卡,集社保和金融功能为一体,持卡可跨地区、跨业务办理各项人力资源社会保障事务,还可用于惠农补贴发放与领取等其他公共服务领域的集成应用。卡上印有姓名和相片等个人信息,具有电子凭证、信息记录、自助查询、就医结算、缴费和待遇领取、金融支付6大功能共102项应用,湖南省社保卡102项功能应用扩展到104项。2015年,全年望城累计提交制卡信息41万张,领取、激活社保卡人员达21.37万人。

·政务服务中心·

【概况】 区政务服务中心负责指导督促全区政务公开政务服务、推进全区电子政务、督促行政效能提速和优化经济发展环境工作。内设办公室、业务科、大厅管理科、效能监察室、优化科和12345市民服务热线办6个科室,下辖电子政务办1个副科级二级机构。截至2015年年底,中心共有在职在编干部职工18人,政府雇员和临聘人员10人。

2015年,政务服务中心通过梳理审批事项、再造审批流程、精简审批环节、推行并联审批、推进行政审批改革、规范中介服务,行政效能提速70%以上;充实大厅服务功能、创新大厅管理办法、健全大厅考评机制、强化电子监察手段、完善大厅便民服务设施,打造"雷锋政务超市"品牌;加强热线平台建设、创新热线工单督办措施，强化服务群众意识，“12345”市民服务热线工作，在每月全市综合排名中9次获得第一；完成乡镇（街道）政务服务中心标准化建设、规范村（社区）便民服务点，打造区、镇、村“三级联创”政务服务体系；加强重点领域信息公开、完善政府门户网站和电子机房建设，进深化政府信息公开。

部门联合办公。政务服务中心按“应进必进、进则全进、能进则进”的原则，协调督促各个部门行政审批事项向一个科室集中、行政审批科室向政务服务中心集中。同时，将政务大厅按功能划分为社会民生事务服务、项目行政审批和税务服务及综合服务配套三个区域，真正做到方便于民、服务于民。在全省开创国地税联合办公、公安出入境管理大厅、项目审批一条龙等先例。截至2015年年底，中心共进驻单位51个，设置窗口150个，进驻大小事项600余项。每月大厅在线审批办理超过4000余件，日均人流量达5000余人次。

压缩办事流程。望城区积极改革审批流程，推行“三集中三到位”（行政审批事项向一个科室集中，科室向政务服务中心集中，行政审批事项向审批网上集中；行政审批事项进驻政务服务中心到位，窗口审批职能授权到位，电子监察到位。），使一批审批难、审批慢的问题得到改善。中心通过全面梳理、厘清权责边界，建立权力清单，全面清理非行政审批事项，启用“并联审批”，望城区共缩减审批事项74个，压缩窗口61个，减少窗口工作人员68人，压缩办事资料549份，减少办事流程274个。

打造“网上超市”，政务中心与电子政务合二为一。年初，投资1100多万元的望城区电子政务网络平台正式上线。一方面该平台统一网站技术平台、网页风格设计、对外唯一域名、内容保障体系，实现了对外宣传一张网、政务服务一站通，彻底改变了各单位分散建网的现象，既整合了网络资源，又大大降低了运行成本。另一方面，新该平台还是集信息、办事、服务于一体的云政务门户网站，实现了权力事项集中进驻、网上服务集中提供、信息资源集中共享。据统计，平台涵盖380项网上办理事项，名列全市前茅，真正实现了审批事项同步进窗、进系统。

中介服务入驻。望城区率先全市在政务服务中心设立中介服务区，提出系统化、标准化、动态化管理理念，多管齐下规范管理中介机构，破除以往中介市场政企不分、政府无据干预、收费混乱、服务质量良莠不齐等现象，清理中介服务“灰色地带”，打造公平、公正、透明的中介服务市场。8月，中心以产业项目审批相关中介服务为突破口，启动项目审批环节的10类中介机构进驻中心工作，根据行业主管部门推荐及综合评分和区政府审定，共有54家资质优、业务能力强、在行业中评价良好的中介机构进驻中心，中介服务区全面启用。

确保服务质量。推出三大督管系统，即实时监察系统、服务评价系统和考核评分系统，确保各窗口工作人员服务质量。中心安装88个摄像头，全天候记录工作人员办事情况。同时，监控系统轮切功能实现每10秒切换一个窗口单位，半小时内可将所有窗口全部浏览一遍。并采取一月一考核制度，对工作人员到岗、服务、办事、收费、卫生、满意度等进行考核打分，奖惩情况与收入挂钩，并且窗口得分情况纳入各部门年终绩效考核。全年办理的近5万件事项中，群众和企业的不满意率仅为2‰，且所有投诉都得到有效解决。　　（陈学文）

区政务服务中心

党组书记、主任　黄　定
副　主　任　谢文武　周月娥
　　　　　　黄果平

【打造雷锋政务超市】　2015年，区政务服务中心按照“应进必进、进则全进、能进则进”的原则，实行“一站式办公，一条龙服务”，以行政审批为主，以其他便民服务为补充，为望城人民办理各项对公业务提供便利，打造雷锋政务超市。政务服务中心共分为社会民生事务服务区、项目行政审批和税务服务区、综合服务配套区三个功能区域，共进驻单位51个，集中了劳动保险、工商、国税、地税、公积金、公安、水、电、气、邮政等150多个窗口单位，进驻大小事项600余项，是长沙地区面积最大、功能齐全的政务服务大厅。近几年，政务中心精心建设集信息平台、办事平台、服务平台于一体的云政务门户网站，纵向连接省、市电子政务内外网，横向连接区直各部门、乡镇、村（社区）、学校等，实现权力事项集中进驻、网上服务集中提供、信息资源集中共享；积极协调督促各个部门行政审批事项向一个科室集中、行政审批科室向政务服务中心集中；开展行政审批中介服务清理，设立中介服务区，出台中介机构管理制度；推出实时监察系统、服务评价系统和考核评分系统等，进一步完善了服务体制，降低了服务成本，极大地方便了群众办事。每月大厅在线审批办理超过4000余件，日均人流量达5000余人次。

·机关事务管理·

【概况】　2015年，区机关事务管理局由区人民政府办公室管理单位升格为区人民政府直属事业单位，内设办公室、监察室、计财科、物业管理科、公共机构节能科、后勤管理科、安全保卫科，在编人员21人。

高效保障区域运营。多次组织召开区域服务对象代表座谈会议，广泛听取服务对象代表意见建议，将收集整理的意见建议列出清单，明确要求、时限和责任人，确保各类问题及时有效解决；将城市管理、爱国卫生运动、城乡环境品质倍升工作统筹起来，建立行政中心区域的环境卫生、安全保卫、维护维修、会务服务及综合管理“天天巡查、周周整治、月月讲评”的工作机制，班子成员带班现场巡察、现场记录、现场反馈、现场整改，物业管理综合满意率达98%；对原机关大院和二生活区实施购买服务、合同管理，安排专人监督考核；由区机关事务管理局负责的行政中心区域及原机关院落、二生活区的城市管理工作考核连续多月排名区同类前列。改善餐饮服务模式，在多方调研、广泛协调的基础上优化服务功能、提高服务品质，得到区域干部职工的好评；积极开展“市级卫生食堂”创建和“文明餐桌”行动；承接中央、省、市各级领导的公务接待用餐。

推进区域优化改造。根据区委、区政府关于完善政务服务中心功能的要求完成政务服务中心一、二楼相关区域窗口改造任务，确保新增国税、地税、公安等单位办事窗口办公需求；将政务服务中心一楼社会服务区、纳税大厅、咨询台、住房公积金中心、公安局人口出入境大厅进行优化改造，为政务服务中心形象的提升、效能的提速奠定基础；根据行政中心区域会议室的设置和多功能会议需求，将城管指挥中心一楼大厅改造成200人左右规模的多功能大会议室，并投入使用；对城市指挥中心进行资源整合改造。对城管指挥中心的配套功能及宣传设施等进行改造安装，实现配套功能的升级；高效完成人大表决系统安装工程。通过考察调研，拟定项目实施方案，在确保项目依法进行的基础上，组织好项目安装、调适，确保人大、政协两会的正常投入使用。

做好公共机构节能工作。印发《长沙市望城区公共机构节能管理办法》，规范指导全区公共机构节能管理。实行目标绩效考核机制。将公共机构节能工作情况纳入全区绩效考核管理范畴，作为评价党政领导班子和领导干部工作实绩的重要内容。加大节能宣传培训力度。举办“能源知识与能源管理”“节能减排”“能耗统计”等专题培训，开展以“节能有道，节俭有德”为主题的节能宣传周活动，强化节能理念和节能意识，倡导全民节能，共建和谐望城、绿色望城。推进节能项目改造。2015年，全区投资10万元以上规模的公共机构节能改造项目15个。安排公共机构节能项目配套资金20万元，于全区重点节能项目补助和节能示范单位创建奖励。开展合同能源管理。印发《长沙市望城区公共机构合同能源管理实施方案（试行）》，用节能管理新理念、新办法引领和推进节能工作。

（文四喜）

区机关事务管理局

局　　长　邓树林

副 局 长　何金华　王冬梅

　　　　　谭　灿

【完成办公用房统筹分配】　2015年，区机关事务管理局结合区域机构改革、清理办公用房工作，合理配置办公用房资源，有效整合为民办事平台，完成办公用房统筹分配。组织好区直部门（二级机构）办公楼腾退整合分配工作。通过资料上报、情况汇总、实地踏勘、现场核对、集中会商等程序，拟订《长沙市望城区区直部门（二级机构）办公楼腾退整合分配方案》，对22个院落进行了整合分配，腾空机关院落29个，腾空办公用房面积近3万平方米；完成好机构改革涉改单位办公用房的调配工作。对卫计局涉改单位卫生局、计生局、城管体制涉改单位市政管理局、行政综合执法局、市场和质量监督局涉改单位食药监局、工商局、质量技术监督局等办公用房进行重新调整分配。抓好办公用房清理整改工作。按照“坚持标准，严格考核”的原则，全年组织专项督查2次，确保全区党政机关的办公用房始终保持规范、高效、合理、舒适。以办公用房腾退整合分配为契机，与财政部门一道做好搬迁腾退院落的国有资产清查和登记工作。做好10个院落、39个单位的资产移交、处置、使用、管理和院落日常维护的督查工作。

【启动全区机关院落水电分户工作】　2015年，为进一步完善机关院落基础设施建设，有效解决单位宿舍、水电未分问题，区机关事务局启动全区机关院落水电分户工作。对全区79个单位的宿舍水电分离情况进行摸底调查，在广泛调研基础上，积极推进全区机关院落水电分户工作的组织实施。拟定《望城区机关院落水电分户工作实施方案》，按照职责分工，与财政、电力、自来水公司等部门共同实施机关院落宿舍区与办公区水电分户工作。全区机关院落总宿舍数为146栋2308套，其中自来水未分离的宿舍数合计115栋1889套，电力未分离的宿舍数103栋1651套。区局在做好信息采集、资料收集、施工进度及质量监督工作的同时，多次组织召开专题协调会议，重点做好了相关院落与住户的协调工作，有效地化解矛盾和问题，确保工作有序推进。

·移民安置·

【概况】　区移民开发管理局内设办公室、项目科、后期扶持科3个科室，有在职在编干部9人，政府雇员1人。

高效使用项目资金。全年共下拨项目资金482万元，及时、合理用于库区、移民安置区、移民居住地所需农田水利、道路交通、新农村建设、安全饮水等基础设施建设项目，产业开发等经济发展项目，移民培训等文化教育项目。落实移民政策，做好移民后扶人口动态管理工作，全年核减移民13人，通过“一卡通”发放直补资金133.62万元。协助湘江长沙综合枢纽指挥部做好库区后扶人口申报工作，2015年核定新建大中型水库农村移民生产安置人口179人。开展移民资金审计，聘请审计事务所对2012—2014年全区移民项目资金管理与使用情况进行全面审计，针对发现的问题逐一下发整改通知，并聘任会计事务所参与整改阶段的指导，确保整改到位。加大资金公示力度，全方位、全过程主动公开移民项目、移民资金使用情况和三公经费使用情况，

经济建设

JING JI JIAN SHE

2015年是“十二五”的收官之年，“十二五”期间望城先后引进投资过亿元项目221个，发展后劲显著增强，望城获全省全面小康经济快进县第一名。有色金属新材料产值突破500亿元，全区工业产值迈上千亿元新台阶。商贸物流业实现快速发展，大型市场集群入驻。2015年望城经开区晋升国家级园区、辖区内8个乡镇纳入到湘江新区范畴，迎来了区域大发展的又一契机。

12月18日，省委常委、市委书记易炼红（中）率全市项目建设观摩团到望城调研项目建设

12月4日，副省长张剑飞（左二）到望城区芙蓉北大道项目现场调研

2015年12月9日，市委副书记、市长胡衡华（中）到望城调研产业发展情况

中粮可口可乐华中项目签约仪式现场

2015年10月21日，湖南智能交通产业园起步区项目入驻集中签约仪式在望城经开区举行

2015年11月15日，望城经开区“企业挂牌上市孵化基地”正式揭牌

数说『十二五』

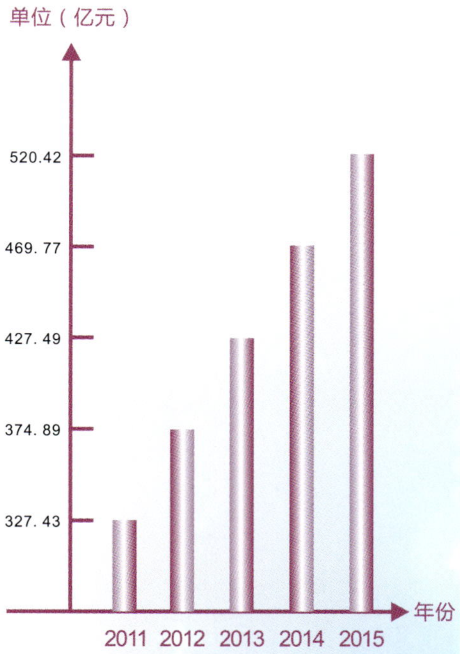

地区生产总值

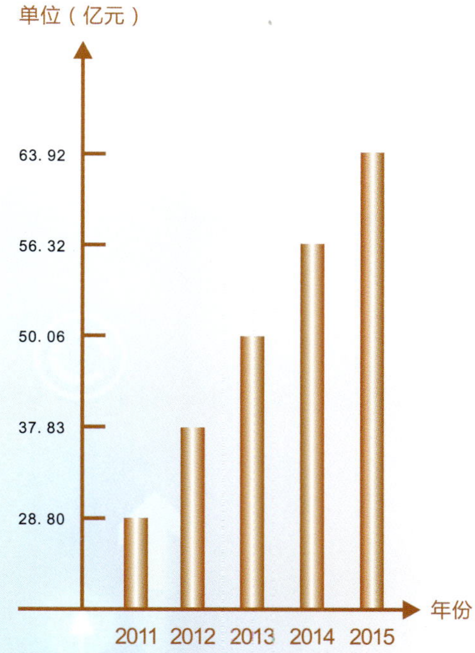

财政总收入

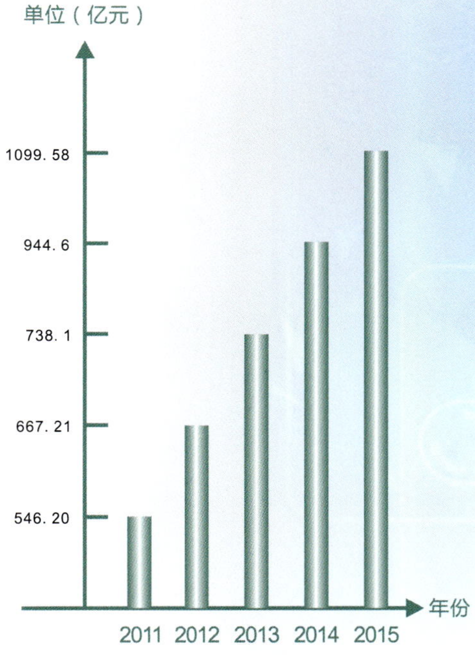

工业总产值

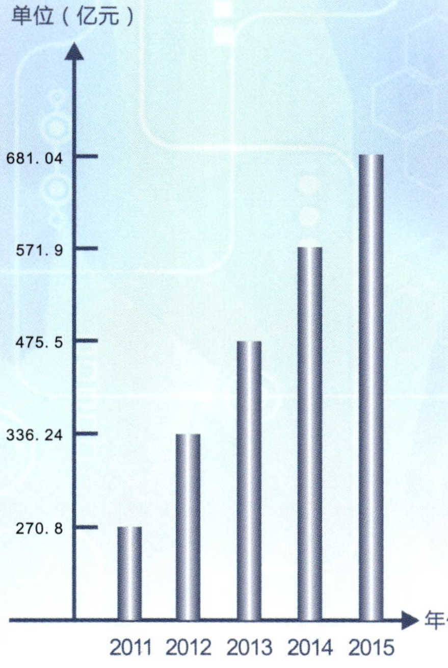

固定资产投资

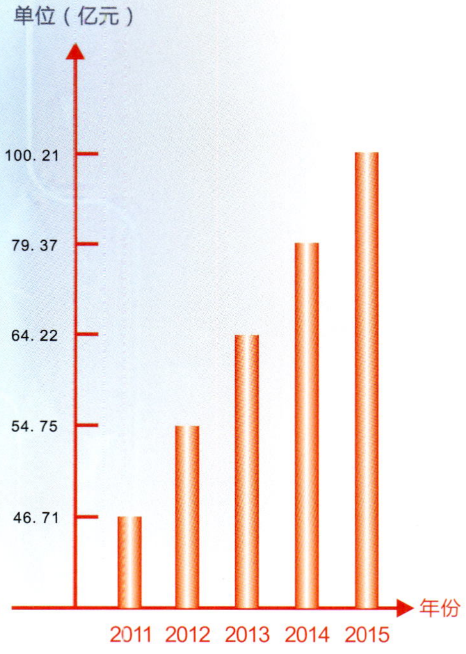

社会消费品零售总额

高星物流园

黄金创业园

铜官循环经济工业基地

金驰能源车间

金龙铜业车间

联东U谷•望城产业中心效果图

可口可乐华中饮料项目效果图

望城经开区一角

晟通集团

WANGCHENG
YEARBOOK

乌山中小企业园

WANGCHENG
YEARBOOK

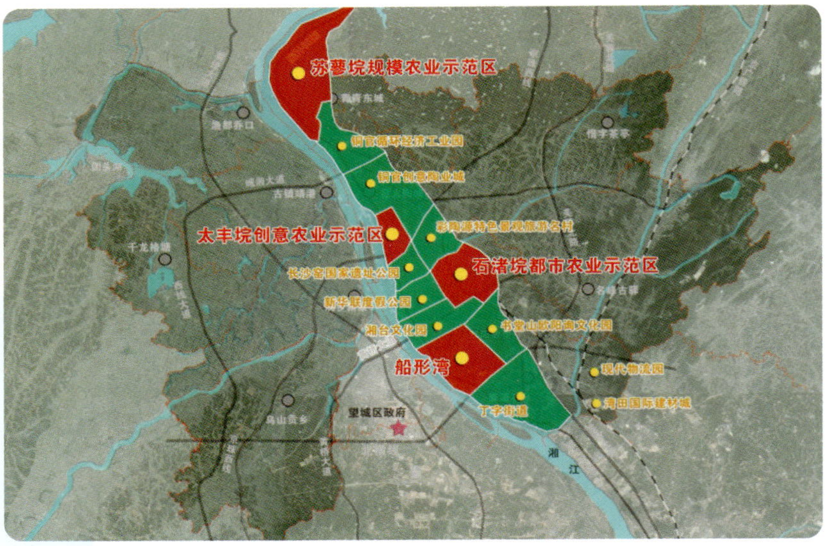

长沙现代农业综合配套改革试验区核心区域产业布局图

黄金创业园鸟瞰图

中联重科

中航起落架

并要求村(社区)将移民直补资金、项目资金进行村务公开,真正做到移民资金安排使用"区上网,村上墙"。全年先后14次在望城区移民局网站公示下拨移民项目资金情况、大中型水库移民后期扶持资金情况及三公经费情况。

落实民生工程。加大对格塘镇、桥驿镇农科教中心硬件设施、设备的技术支持与资金投入,完善移民培训基地配套设施,优化移民培训教学环境。开展移民实用技术培训和就业技能培训,组织移民参加省移民局举办的挖掘机驾驶、电梯维修就业技能培训班。全年共举办蔬菜种植实用技术培训、水产养殖实用技术培训、月嫂就业技能培训等移民培训共9期,共培训移民230人次,移民就业技能培训劳动力就业率达90.4%。加大帮扶解困力度。与省、市衔接,汇报望城库区及移民安置区和移民受灾情况,争取省、市加大对贫困移民与受灾企业、移民的帮扶力度。全年,慰问困难移民家庭150余户,共发放慰问款10.4万元。

优化项目管理。科学编报规划计划,总结"十二五"规划编制、执行经验,调研移民村亟须扶持的项目建设基本情况,完成了"十三五"规划编报前期工作。按程序及时编报《望城区移民后扶项目年度计划》《望城区2015年度第一批大中型水库库区和移民安置区项目规划计划表》《望城区2015年度第二批大中型水库库区和移民安置区项目规划计划表》和移民扶助金计划,完善库区和移民安置区基础设施建设,共投入库区和移民安置区农村道路建设、蔬菜基地建设、安全饮水工程等基础设施项目扶持资金205万元,扶持项目34个,新修建公路36公里,解决安全饮水1168人,其中移民560人。打造移民产业品牌。支持区蔬菜基地建设项目,全年共扶持柯柯农业、兴农科技农业、汇丰生态农业等蔬菜基地建设项目12个,新开蔬菜基地33.33公顷。投入8万元扶持隆平格塘种粮专业合作社。发挥区域优势,推进长沙市农业现代化试点配套服务工程,与长沙市水文局、长沙市移民局配套扶持望城区湖南宝峰农业发展有限公司和格塘镇益仕兴生态农业休闲农业项目,全力打造优质休闲农业品牌。　　(张灵辉)

区移民开发管理局

局　　长　余卫东

副 局 长　姚正良　刘建辉

【全市移民工作现场办公会议在望城召开】　6月29日,长沙市2015年半年度绩效考核现场办公会议在望城区召开。会议讨论了全市上半年移民工作和绩效考核情况及下半年工作重点,望城区移民局在会上做了典型发言,望城移民项目资金管理县级报账制经验在全市推介。2015年,区移民工作围绕库区长期稳定、经济长远发展目标,进一步整章建制,健全措施,扎实做好移民基础工作;通过规范管理,强化职责,严格监督移民资金和项目管理;同时倾听民声,不断加大移民帮扶力度;全区移民工作以改善库区生产生活条件为重点,加强移民培训力度打造"智力移民",不断做大做强产业基地,促进了移民致富增收。

政协长沙市望城区委员会

政协长沙市望城区第一届委员会

主　　席　骆志平

副 主 席　凌立霞(女)　严毅夫

　　　　　蔡　锋　李建龙(兼)

　　　　　张锰辉

秘 书 长　肖泽晋

区政协工作部门

办公室

主　　任　肖泽晋

副 主 任　赵卓炜　潘志高

提案法制委员会

主　　任　舒慧颖(女)

副 主 任　李雄壮(12月任)

　　　　　卢正席(12月"改非")

　　　　　刘耀先(12月"改非")

经济科技委员会

主　　任　黄利娟(女)(12月免)

副 主 任　袁懂良　凌小妹(女)

望城移民产业基地——长沙市望城区胤霆无土栽培基地

群团联络委员会

主　　任　程　凯(12月任)
　　　　　宁利宏(12月"改非")
副 主 任　朱红胜(女)(12月任)
　　　　　李宏奇(12月"改非")
　　　　　魏小超(12月"改非")

文教卫体委员会

主　　任　吴序杰
副 主 任　周　可(女)

人口资源环境委员会

主　　任　黄必武(12月任)
　　　　　刘云辉(12月"改非")
副 主 任　张　林(女)

【概况】 2015年,中国人民政治协商会议长沙市望城区委员会工作机构设办公室、提案法制委员会、经济科技委员会、群团联络委员会、文化教育卫生体育委员会、人口资源环境委员会,有在职在编干部职工34人。各乡镇、街道设政协工作联络处,区直单位分战线设政协委员活动组。

立足全局,把准方向,政治协商有序开展。全会期间,组织委员认真听取"一府两院"(区政府、区检察院、区人民法院)报告,围绕全区经济发展、社会保障等内容,积极开展讨论,建言200余条;组织委员围绕"十三五"规划、农业农村转型升级发展、依法治区等重点热点问题调查研究,开展专题协商,区委、区政府还就重大人事任免、乡镇区划调整等重要工作,主动上门协商、征求政协意见,就区内重点工作达成共识;各专委会组织所联系界别委员先后围绕失地农民就业及保障、加强全民健康教育、老重建地社区化管理、推进长沙现代农业综合配套改革试验区建设等课题开展对口协商,围绕热点、难点问题,献计献策,助推部门、乡镇(街道)工作开展。

聚焦发展,突出重点,参政议政富有成效。围绕"十三五"规划、提升城市管理水平、农业旅游业升级发展、民间融资问题等课题,深入部门、基层、群众,潜心研判,集思广益,总结提升,形成了《"品质融城产业强区"调研报告》《"加强城市管理 倍升城市品质"调研报告》《以建设国际农庄为切入点打造现代休闲农业制高点的建议》《望城区民间融资情况调研报告》等调研报告,得到区委、区政府主要领导重视,并被纳入区委、区政府相关决策之中。围绕"农业农村现代化转型"的主题,开展大会发言调研,并协助区委、区政府做好了2014年大会发言的成果转化工作。根据全区"项目攻坚年"部署,区政协班子成员共联系20个重点工程项目,做了大量的协调工作,促成各项目顺利推进,其中长沙铜官窑国际文化旅游度假区突破瓶颈制约,一期工程全面启动,铜官窑遗址公园二期、湾田国际、联力机械等重点工程项目进展顺利。同时,服从区委统一安排,积极参与项目招商、片区征拆、"点赞工程""一进二访"等中心工作,为推动相关工作贡献了一分力量。

关注民生,反映民意,民主监督扎实有力。组织区政协主席会议成员、政协常委,并邀请区政府领导参加,按照"肯定成绩、指出不足、提出建议、促进工作"的思路,先后开展4次专题视察,调研了依法治区、重点工程项目建设、地方税务、政务服务大厅等工作,为相关工作推进出谋划策、加油鼓劲。区政协委员积极撰写社情民意,全年收集社情民意200多条,编发《社情民意反映》42期,并上报市政协9条,采用5条,其中2条被衡华市长作重要批示。同时,加大对社情民意办理服务式协商力度,乌山葫芦洲危桥改建、桥驿镇明德小学田径场提质改造、全区主要景点开通免费Wifi、项目开发区建筑垃圾处理等,一批关系经济发展和民生福祉的意见建议得到落实解决。

弘扬主题,汇聚力量,和谐活力更为彰显。加强与党派团体、无党派人士以及社会各界人士的合作共事,积极为他们搭建平台、创造条件,全年有200多人次各界人士参与区政协大会发言、调研视察、民主协商会议等重要履职活动。组织引导全区社会贤达,广泛开展热心公益、宣讲新风、团结邻里、化解矛盾的服务活动。加强与省、市政协组织的纵向联系,多次协办省、市政协重点调研课题;加强与外省、市政协组织的横向联系,接待包括台湾参访团、广西壮族自治区政协、浙江省政协等在内的考察团30余批次;注重文史工作特殊交流作用,编辑出版《谱牒拾缀》《故事望城》等两本(套)有关望城地域文化的文史书籍,为进一步整理、诠释、弘扬望城地域历史文化作出了积极贡献。结合群众"点赞工程""一进二访"、春节慰问等活动,政协系统上下和广大政协委员踊跃参与各类爱心帮扶。全年全区政协系统共帮扶联系1000多户困难家庭,各类爱心捐款超过1000万元,其中政协常委释悟圣以洗心禅寺爱心基金会为平台,募集爱心善款600余万元资助贫困山区学子。

夯实基础,提升形象,自身建设不断增强。按照中央和省、市、区委统一部署,以"三严三实"为专题,结合政协系统"三服务三提升"(服务现代化公园式城区建设、服务民生民利、服务社会和谐;提升履职能力、提升服务水平、提升自身形象)主题活动,深入开展"三严三实"专题教育。领导班子积极参加专题研讨,认真查找"不严不实"突出问题,制定切实可行的整改方案并认真加以整改。全年共组织政协常委、机关干部学习培训12次,认真学习了习近平总书记的系列讲话和中央、省、市重大决策部署精神,还安排政协系统干部和部分政协常委,到革命圣地井冈山接受红色传统教育和业务知识培训,进一步提升了履职能力和服务水平。出台《参政议政实施办法》《民主监督实施办法》等文件;拓宽委员履职空间,推广大泽湖街道、格塘镇试点经验,在全区乡镇(街道)推行委员工作室做法;完善委员履职途径,充分发挥政协基层组织载体作用,乡镇(街道)政协联络处、政协各区直战线活动组,2015年组织所属委员开展履职活动均在5次以上;完善交流渠道,每位主席会议成员走访所联系委员一次以上，专委会、片会保持常态化，编撰了介绍委员先进事迹的书籍《委员风采》。引导政协系统上下和广大委员淡化名利意识，强化责任担当，在和谐奉献中展现形象。

【政协长沙市望城区第一届委员会第四次会议】 12月28日—30日，政协长沙市望城区第一届委员会第四次会议在区行政中心雷锋大剧院召开。会议听取了区委副书记、主持区政府全面工作的副区长范焱斌所做的政府工作报告，听取、讨论和协商了"十三五"规划纲要、财政工作报告、法院工作报告和检察院工作报告，审议批准了区政协主席骆志平代表政协第一届委员会常务委员会所做的工作报告，审议批准区政协副主席严毅夫代表第一届委员会常务委员会所做的提案工作报告，并通报一届四次会议提案征集情况。会上，5名政协委员分别做了以"规范农村土地流转 提高规模经营效益""关于提升农业社会化服务水平的建议""关于建设国际农庄打造农业世界之窗的建议""关于突出资源优势大力发展家庭旅游经济的建议""突出先行先试加快农业农村综合改革步伐"为主题的大会发言。区委书记孔玉成在会上做了重要讲话。会议认为，"十二五"期间，在中共长沙市望城区委的正确领导下，全区上下牢牢把握撤县设区历史机遇，奋力推进经济社会转型创新发展，完成和超额完成了"十二五"的各项任务，实现了各项事业的大步跨越，开创了望城发展的崭新局面。特别是2015年，面对持续加大的经济下行压力、艰巨繁重的改革发展任务，全区上下主动适应新常态，全力以赴稳增长，统筹兼顾建小康，经济社会实现持续健康发展，为"十二五"画上了圆满的句号。会议指出，"十三五"时期是协调推进"四个全面"（全面建成小康社会、全面深化改革、全面依法治国、全面从严治党）的关键期，也是望城加快建设省会新城区的黄金期。尤其是2016年，是实施"十三五"规划的开局之年，做好2016年工作，事关全局，意义重大。会议号召，全区政协组织和全体政协委员，要以中共十八大和十八届五中全会精神为指导，全面贯彻落实区委一届二十六次全体(扩大)会议精神，紧紧围绕"率先全面建成小康社会、建设现代化公园式滨水新城区"这一目标，发挥政协独特优势，切实履行各项职能，凝聚发展共识，激发创新活力，增进民生福祉，为把雷锋家乡建设成更加美丽强盛幸福的名望之城再做新贡献！

【政协长沙市望城区第一届委员会第十至第十四次常委会议】 3月31日，区政协一届十次常委会议在区政协常委会议室召开。会议审议通过《望城区政协2015年工作要点》，骆志平主席在会上做关于2015年政协工作的重要讲话。8月19日，区政协一届十一次常委会议在区政协常委会议室召开。常委们先后视察星城派出所、喻家坡社区、区人民法院，听取了区司法局、行政综合执法局、信访局主要负责人的情况介绍，对依法治区的工作进行详细的了解与分析，提出宝贵意见和建议。9月9日，区政协一届十二次常委会议在区政协常委会议室召开。会议协商邹特、喻霞元等同志的任职情况，审议通过《关于协商区人民政府副区长候选人的情况报告》，骆志平主席在会上做重要讲话。11月13日，区政协一届十三次常委会议在区政协常委会议室召开。会议听取区重点工程项目建设情况，协商《长沙市望城区乡镇区划调整改革方案》，骆志平主席在会上做重要讲话。12月21日，区政协一届十四次常委会议在区政协常委会议室召开。会议决定区政协办委、乡镇（街道）人事任免事项，审议区政协委员、常委离任、增补事项，协商了召开区政协一届四次会议的决定（草案）、提案截至日期决定、全会议程（草案）、日程（草案）、会议秘书长、副秘书长名单、委员分组办法和各组召集人名单，审定了区政协一届常委会工作报告和提案工作报告。

【提案工作】 政协长沙市望城区第一届委员会常务委员会坚持将提案工作作为履行民主监督职能的重要方式，通过拓宽委员知情晓政渠道、引导委员选题建言等措施，提案质量不断提高。区政协一届三次会议以来，共收到提案107件，立案80件，共有49个部门和单位承办政协提案，提案办理见面率、答复率达到百分之百，交办之快、规格之高为全市之最。同时，将部分区内不能解决的提案转化为省、市政协委员提案，解决了一些事关望城区域经济社会发展、和谐稳定的热点难点问题，连续两年成功争取省政协重点提案，继2014年关于欧阳询文化园建设的提案，被列为省政协25个重点提案之一并争资2000多万元后，2015年又有《关于把湘江古镇群作为新型城镇化特色示范区着力打造的建议》，被列为省政协一号重点提案，有力推动了省、市对湘江古镇群提质建设的再关注、再投入、再支持。另有3件从不同角度关注桥驿固废场的市政协委员提案，得到市人民政府重点办理，群众具体诉求得到有效落实。

【大会发言促进发展】 坚持有所为有所不为，做到择善而从、择善而行，2015年，区政协在大会发言方面进行了重点突破，发言课题大幅增加，发言主题高度集中，发言内容趋向深刻。继2014年集中发力行政效能建设后，2015年主席会议集中研究并报请区委同意后，确定区政协一届四次会议大会发言主题，全部围绕农业农村现代化转型展开，由主席、副主席带队，组织委室干部和部分政协委员进行广泛调研，在区政协一届四次大会上集中发言。此外，协助区委、区政府做好了2014年大会发言的成果转化工作，2014年的大会发言得到区委书记孔玉成等领导重视，并成立专门领导小组落实相关建议，如政务中心行政审批实现"应进必进"，服务形象和服务水平得到大幅提升。

群众团体

总工会

【概况】 2015年,区总工会机关内设办公室,有机关干部职工8人;下辖工人文化宫,有职工5人;全区辖13个系统工会,44个直属工会,14个镇(街道)工会联合会;全区共有基层工会1428个,会员8.5万余人。

加强工会组织建设。开展农民工集中入会行动,加强新建企业尤其是农民工集中的行业工会组织建设工作,为职工权益维护提供最广泛的组织基础。新建基层工会组织40家,涵盖企业法人数128家,会员7400人。开展职工之家建设活动,加强工会组织规范化建设,让工会组织建起来、转起来、活起来。指导基层工会申报创建省"六好"乡镇工会1个,创建全国模范职工之(小)家2个、市级模范职工之(小)家6个。

丰富工会活动载体。加强职工文化阵地建设,组织开展"职工书屋"建设活动,其中金龙铜业有限公司、经开区工会联合会"职工书屋"建设成为市级示范点。加强职工培训教育,联合乌山、乔口等农民工业余学校举办厨师、电工、安全生产、职业病预防等培训5期,培训下岗失业职工和农民工600多人。9月,举办全区职工第一届羽毛球赛。10月,承办全区"高星物流杯"乒乓球比赛,联合金融办、宣传部举办金融系统职工摄影比赛和"欢乐潇湘、舞动星城"广场舞比赛等活动,活跃广大职工业余文化生活。

组织开展各项劳动竞赛。围绕经济增长质量提高和效益提升,组织动员各级工会开展劳动竞赛和积极技术创新工程活动,引导广大职工积极投身"大众创新、万众创业"的热潮。组织各基层工会积极开展以班组建设为主要内容的"工人先锋号"创建活动,湖南泰嘉新材料有限公司锯带车间铣分工段获长沙市"工人先锋号"。指导湖南高星物流园等工会举办职工技术运动会。8月,针对高温季节安全生产,组织开展"清凉一夏·关爱同行"活动,慰问长沙联力实业公司、富虹锌业公司、长石铁路建筑工地等高温作业的职工和农民工800多人,同时印发高温作业职工慰问信3000余份。12月,举办全区焊工实操技能竞赛;会同安监局等部门开展"安康杯"竞赛和"安全生产知识宣传月"活动,营造浓厚的安全文化氛围。

健全职工维权长效机制。认真贯彻落实《中华人民共和国劳动合同法》和《湖南省职工代表大会条例》等法律法规,指导各基层工会建立健全职代会制度,落实职代会职权,以职代会为主要载体,推行厂务公开民主管理和平等协商集体合同。全区厂务公开(职代会)建制单位600多家,推行88.5%,有效地维护了职工的合法权益。继续贯彻落实《长沙市望城区工资集体协商工作质量提升三年行动计划(2013—2015)》,推进工资集体协商工作,举行全区工资集体协商"春季要约行动",加强分类指导,扎实推进各类企业实施工资集体协商,维护职工最关心、最直接、最基本的劳动收益权益,签订单独工资集体协商协议84份,行业性工资集体协商协议1份,涵盖企业27家,签订区域性工资集体协商协议30份,涵盖企业568家,签订工资集体协商协议的企业679家,涉及职工总人数23427人。

庆祝"五一"国际劳动节暨纪念"五四运动"96周年大会

帮扶困难职工群体。春节期间，筹措资金16.8万元和粮油等生活物资，救助全区困难职工228人。3月，开展“三八”节女教师慰问活动，为20名一线女教师送上400元/人的慰问金；8月，组织开展“芙蓉爱心助学”活动，救助贫困职工子弟就学80人，救助金额18万元；国庆期间，筹集资金10万元，救助慰问困难职工200人；12月，开展职工大病救助活动，救助患病职工60人，救助金额24万元，同时开展“关爱环卫工，温暖献真情”活动，为一线环卫工送去保温杯、护手箱等必备物资。推行职工普惠服务，在全区在职职工中广泛发动推行医疗（住院）互助计划。组织在职职工1.2万余人参加全市职工医疗（住院）互助计划，组织女职工4700多人参加女性特殊疾病保障项目，600多职工获得医疗互助金45万余元，5人获得防癌保险金5万元。

（万　可）

区总工会

主　　席　周志辉
副 主 席　朱争波　朱立明
　　　　　徐建德　解福军（兼）

【举办“长沙市望城区第一届职工羽毛球赛”活动】 9月23—30日，长沙市望城区第一届职工羽毛球赛在开拓者羽毛球馆举行。比赛由区总工会主办，区文体广电局、区羽毛球协会等单位协办，共设男女混合团体、男单、女单、男双、女双五个项目，全区各级工会的38支代表队，近300名运动员参加比赛。最终，区教育局代表队斩获羽毛球赛团体冠军；区教育局选手陈桂峰、桥驿镇选手徐飘分别荣获男子、女子单打冠军；白沙洲街道代表队、区教育局代表队分别获得男子双打和混合双打冠军。

共青团望城区委

【概况】 2015年，共青团长沙市望城区委有在职干部2人，农行挂职副书记1人，办公室主任1人，西部计划志愿者1人。团区委机关加挂区希望工程办公室、区未成年人保护及预防青少年违法犯罪领导小组办公室、区志愿者行动领导小组办公室、区少年先锋队工作委员会办公室、区青年职工工作委员会办公室、区青年联合会秘书处、区注册志愿者协会秘书处等牌子。2015年，全区14～35岁的青年16.08万人，其中共青团员2.32万人，占青年总数的14.4%；基层团委29个，团总支13个，团支部343个，两新团组织211家。

加强团组织建设。推行板块联组制度，每一个区直联组与一个区域板块结对，组成一个大联组，全区团组织划分为3个街道与乡镇板块和3个区直联组，通过召开会议，组织活动，分片区交流研讨，加强基层团组织横向联系，实现组织共建、资源共享、合作共赢。4—5月，全区基层团组织换届，通过村（社区）团组织、乡镇街道团组织换届，推动团组织格局创新。换届后，基层团组织基本形成了党政班子中最年轻的成员担任书记，体制内一名年轻干部兼任副书记，大学生村干部、农村青年致富带头人、大型组织成员担任委员的团组织格局。9月，团区委组织街道、乡镇、园区和区直部门的30余名团组织书记在中央团校开展为期一周的“团青干部创新创业能力提升班”，培训班围绕互联网思维、工作策划与设计和众创众筹等方面，帮助工作在一线的基层团干部拓展思维，提升服务大局、服务青年的能力；5月，为纪念“五四运动”96周年，举办趣味运动会，全区百余名团干参加；8月16日，主办“奔跑吧，爱情”望城区七夕专场联谊活动，来自基层团组织的117名单身青年男女参加活动；组建“先导杯”望城区机关青年足球队及望城团干篮球队，组织团青干部参与友谊比赛。

优化团组织工作载体。在全区街道、乡镇、园区、学校及企事业单位团组织中推行团组织工作项目制，开展“我最满意的一项共青团工作”的项目评选活动，并纳入全年度共青团系统年度考核指标体系。结合PPT汇报演示、微信评比展示等多种形式对各级团组织申报的特色服务项目进行青少年认可度评价等综合评比，月亮岛街道团工委“关爱青少年·成长心连心”、高塘岭街道团工委“放飞梦想·青少年暑假训练营”等被评选为十佳项目。

提升团组织影响力。利用政务微博“望城青年”发起“我们是共产主义接班人”话题互动讨论；以“雷锋家乡小雷锋”周美玲英勇事迹，号召团员青年坚定理想信念；组织

全区各界青年代表开展纪念“五四运动”96周年活动

各级团组织开通政务微博,统一发声,引领青年;全面进行网站改版,打造贴近团干部和团员青年的“服务站”、凸显望城团区委开拓创新风格的“特色站”、坚持正确舆论导向,提供综合服务,满足团干部及团员青年成长需求的“营养站”;加强微信公众平台运营,团区委官方微信“望城青年”自2015年3月认证后,面向青年发布主流思想、就业创业、生活资讯、团青活动等各类信息,推送图文消息300余条,在湖南区县共青团微信号影响力排行榜中长期居于前五,三次位列第一。

服务乡村旅游。在靖港古镇、欧阳询文化园、长沙柏乐园等景区创建“雷锋号”志愿者工作站,引进湖南商学院、北津学院等高校志愿者,组建60余人的志愿服务队伍,为游客提供旅游咨询、景点讲解、环境维护等志愿服务活动,服务1200余人次。

服务青少年。举行“迎新年·送希望”爱心志愿活动,为区内200名贫困孩子链接善心和资源,号召社会爱心人士将衣服、书包、儿童读物、学习机、足球、文具等礼物送到孩子们手中,实现孩子童真的新年心愿;10月17日,承办湖南省“N+1”专题志愿服务行动望城专场,为26名孤困儿童找到结对爱心人士、爱心学校和爱心企业,并向青年企业家和爱心团体募集善款207.6万元,设立专门账户,为孤困儿童提供持续帮扶;加大希望工程力度,全年援助特困学子235名;围绕“全区行政效能提速50%”的目标,联合区政务服务中心,以“优化窗口服务、提高行政效能”为主题,在全区政务系统内开展争创“青年文明号”和“青年岗位能手”活动,创建市级青年文明4家、区级青年文明号11家;推荐包括袁虎、沈科在内的6名典型创业青年参加团市委的“我是好青年,请为我点赞”活动,并邀请区委书记为青年点赞,望城区人民医院吴灿荣入选2015年“湖南好青年”,刘晓燕获评2015年度“长沙市杰出青年岗位能手”,王海东获评2015年度“长沙市优秀志愿者”,秦卓娅、盛状猷等5名青年获评“长沙市青年岗位能手”。

共青团长沙市望城区委

书　　记　毛　柯
副 书 记　吴弘毅
书记助理　黎小草(10月任)

【望城区青年创新创业项目评选活动】 5—8月,为服务全区工业经济增长,激发青年创造活力,助推广大青年实现创业创新的梦想,望城区开展青年创新创业项目评选活动。活动由团区委会同区创业富民办、望城区人力资源和社会保障局等单位主办。活动的口号是“大众创业在望城,万众创新看青年”,参选的项目范围为工业制造类项目,科技成果转化、“互联网+”项目等。评选活动邀请专家成立评审团,针对参赛项目的产品情况、市场前景与效益、团队实力、可行性及创新性等方面,对申报项目进行筛选评分。活动历时4个多月,吸引省内外134个工业制造类创业项目报名。通过资格初审、尽职调查、复审、路演等程序最终评出了“十佳项目”和十个“入围项目”。对于落地望城的“十佳项目”给予10万元现金奖励,并提供200平方米的免费创业场地使用一年,可优惠进驻国家级望城经济技术开发区等园区。入围项目12月底前在望城注册并落地的,每个项目给予2万元奖励。入围项目如在一年内发展情况好,经区创业富民领导小组审定后,可参照十佳项目标准进行扶持奖励。截至年底,有丝网印刷机、基于总线的数字式全伺服机械手通用控制系统,汽车动力总成测试设备的开发、生产、销售及服务等15个创业项目落户望城。活动得到团中央、中国青年网、湖南日报、长沙晚报、腾讯网、大湘网、凤凰网等媒体的宣传报道。

【打造雷锋号青少年关爱家园】 2015年,团区委在2014年黄金园街道英雄岭村青少年活动阵地试点成功的基础上,打造雷锋号青少年关爱家园“升级版”,招募中南大学、湖南农业大学、长沙职业技术学院等高校的志愿者在周末和寒暑假到斑马湖社区、黄金园村等8个村(社区)雷锋号青少年关爱家园为农村留守儿童等青少年群体提供课业辅导、素质拓展和心理咨询等关爱服务,丰富青少年的课余文化生活。全年开展服务150余天次,700余名青少年受益。其中,斑马湖社区雷锋号青少年关爱家园获评湖南省省级示范性青少年综合服务平台,格塘镇雷锋号青少年关爱家园等获评长沙市雷锋号志愿者工作站。

妇女联合会

【概况】 2015年,望城区妇女联合会机关有干部5人。全区下辖14个乡镇(街道)妇联,80个机关妇委会(妇代小组),117个村妇代会,38个社区妇联,有女企业家(企业家贤内助)协会、女领导干部联谊会、工会女职工委员会3个团体会员。

夯实组织基础。指导书堂山街道书堂山村获评省级示范“妇女之家”、市级“妇女儿童之家”优秀品牌案例三等奖,黄金园街道黄金园村、茶亭镇梅花岭社区、高塘岭街道斑马湖社区创建市级“示范妇女儿童之家”;新建丁字湾街道双桥村等7个区级示范“妇女之家”;指导首源生态种植专业合作社、启慧培训学校香桥点成立妇委会,加强“两新”组织中的妇女组织建设;推荐书堂山街道石渚湖村刘小红等7位村女主职、丁字湾街道妇联主席黄桂香和月亮岛街道杨丰社区邹红辉分别参加全市村“两委”正职、省妇干校和全省社区社会工作暨女党支部书记能力建设培训;7月8日,召开望城区第一次妇女代表大会,全面推进妇联组织配备兼职副主席工作,选举新一届区妇联领导班子,实现各级妇女组织由县到区的更替;9月28—29日,举办一期望城区妇联系统女干部创新创业能力提升班;10月22日,组织乡镇(街道)

妇联主席、村(社区)女主职到兄弟区县参观学习“妇女儿童之家”先进经验。

优化妇女发展。做好妇女小额担保贷款宣传服务工作,全年向7名女性发放贷款68万元,妇女获贷款人数达30.9%;2月28日、3月10日,与人社局、总工会等部门分别在区人力资源市场、丁字湾街道湾田国际建材城广场联合举办“春风行动”就业服务月专项活动,提供劳动维权服务和法律援助18人次,帮助45名女性实现家门口就业;9月28日至29日,举办长沙市望城区第一期新型女农民专题培训,妇联系统干部、女企业家、女大学生等近100名女性参加培训;指导百果园、青天寨、千龙茶业科技专业合作社创建“巾帼现代农业科技示范基地”,推广创业“女性+合作社+家庭户”的发展模式;指导月亮岛街道政务中心、国税局政工室创建区级“巾帼文明岗”,区行政综合执法局女子执法中队获国家级“巾帼文明岗”;2月4—6日,开展“践行群众路线 · 情暖妇女儿童”走访活动,救助贫困“两癌”(宫颈癌、乳腺癌)妇女15人;组织女企业家协会的14个爱心家庭慰问小英雄周美玲和身患重病的小女孩尹思帆;全年向32名春蕾女童发放助学金21600元;春节期间走访慰问特困妇女儿童125人,慰问金额达6万多元;10月14日,联合区老干局、教育局、总工会、团区委等开展机关道德讲堂总堂活动,组织“温暖微行动 · 彩虹行”望城专场活动,现场捐赠彩虹公益包裹51个;省妇女儿童发展基金会“母亲健康快车——导乐分娩关爱服务”公益项目落户区妇幼保健院,切实提高分娩服务质量,保障孕产妇安全。专题向区委常委会、区人民政府进行书面汇报,明确“全区青少年宫、妇女儿童活动中心场地纳入退出办公用房处置统筹研究解决”。

强化宣传教育。培育良好家风,先后6次在高塘岭街道斑马湖社区、喻家坡街道旺旺路社区、茶亭镇望群村、苗苗艺术幼儿园开展

长沙市望城区第一次妇女代表大会

《如何正确处理亲子关系》《如何说孩子才肯听》《让爱更有智慧》《亲子沟通的有效策略》等家长课堂和亲子沙龙;推荐6个家庭参加市妇联举办的亲子演说会,桥驿镇的李灵鹿鸣家庭获二等奖;3月6日,“大美望城 · 家有贤妻”——望城区“最美庭院”暨“最美女主人”三级联评活动启动,年底评选出10位“最美女主人”;5月20日,联合区粮食局、教育局、科协在高塘岭街道斑马湖社区举行“望城区2015年粮食科技活动周”启动仪式暨“爱粮节粮 · 健康消费”粮食科普知识抢答赛,发出了“爱粮节粮进社区”的活动倡议;5月27日,在高塘岭街道白芙塘社区举办长沙市“最美家庭”望城分会场两型示范家庭展示宣传活动;8月4日,省妇联宣传工作现场会议到金山桥街道桐林坳社区银孔围组参观“寻找最美家庭”活动的成果展示;全年向市妇联推荐各类“最美家庭”45户,获评省级“最美家庭”1户、市级“最美创业家庭”1户、市级“最美公益家庭”1户、市级“最美两型家庭”5户、市级“最美艺术家庭”1户。

切实履行职能。做好信访及12338热线工作,全年共接待来电来访案件139起,其中来电31起,信访接处率达100%。及时为家暴求助者提供快捷、有效的维权服务,合理引导其对家庭暴力案件进行危险性评估,协调公安局伤情鉴定中心提供家庭暴力伤情鉴定4次,通过雷锋法庭和高塘岭法庭发放“人身保护令”2张,联合公安局对18名受家暴妇女进行庇护。先后在东城、茶亭、高塘岭、丁字湾等乡镇(街道)举办“家庭律师社区行”普法宣传活动10期;联合区综治办开展万户“平安家庭”创建活动;指导白沙洲街道同心园社区申报市级“妇女之家”反家暴示范点,规范使用家庭暴力案件接案登记表、家庭暴力案件危险性评估量表;推荐社区妇联主席参加省、市妇联系统反家暴培训,帮助社区进一步规范阵地建设,指导社区开展相关宣传活动;依托村(社区)开展“五防五无”(防拐卖、防盗窃、防抢劫、防隐患、防艾滋、无毒品、无赌博、无暴力、无犯罪、无邪教)宣教活动,在书堂山村、旺旺路社区等村(社区)开展反家暴、反邪教普法宣传活动;6月3日,在茶亭镇梅花岭社区举办“健康生活我做主,不让毒品进我家”禁毒知识抢答赛暨禁毒知识讲座。

区妇女联合会

主　　席　刘群英(12月任)
　　　　　冯群芳(12月免)

副主席 周红宇 彭 阳

【召开长沙市望城区第一次妇女代表大会】 7月8日,长沙市望城区第一次妇女代表大会在雷锋大剧院四楼大会议室召开,来自各行各业的150名妇女代表参加会议。会议按照章程选举出新一届区妇联领导班子,实现全区各级妇女组织由县到区的更替。会上作了妇联第十一届执行委员会工作报告,号召全区各界妇女凝心聚力,务实创新,共同谱写望城改革发展新篇章。自望城县第十一次妇女代表大会以来,望城妇女工作成绩显著。其中,区妇联为167名妇女提供小额担保贷款1622万元,带动350名妇女就业;为妇女儿童提供法律援助50多人次,妇联人民陪审员参与陪审案件433件;新增市级"五好文明家庭"80户,"文明和谐示范家庭"7920户;实现全区村级"妇女之家"全覆盖。

工商业联合会

【概况】 2015年,区工商业联合会有在职干部职工8人(含中共长沙市望城区非公有制经济组织工作委员会2人),离退休干部4人,执委134人,辖10个乡镇工商联分会、9个街道工商联分会、5个行业商(协)会和黄金创业园商会,共有会员1708名。

搭建平台,引导非公有制经济发展。强化融资服务。与望城经开区、湖南股权交易所、黄金创业园联合举办"企业挂牌上市孵化基地"揭牌及首批优选板(Q板)企业挂牌仪式,11家企业集体登录湖南股权交易所优选板;在市工商联百家企业集体挂牌湖南股交所Q板活动中,湖南赛香食品有限公司成功挂牌,湖南华望科技集团有限公司成功进入资本市场;开展企业融资需求调查,收集企业融资需求情况,并与金融办、专业银行开展专题融资对接工作,帮助湖南三湘中药饮片有限公司等5家企业解决融资难题;高塘岭工商联开展会员内部融资,为华腾彩印融资1000万元,帮助其顺利实现搬迁投产。加强合作交流。组织60余名会员企业负责人参观考察泰嘉科技、金龙铜业和长沙金桥国际商贸城,开展会员内部交流学习;金龙铜业、泰嘉科技、黑金刚、华望科技、联力实业等企业开展交流活动,相互学习管理经验,共同促进企业发展壮大;举办庆"三八"女企业家联谊会,进行交流座谈;组织30余家会员企业赴宁乡县工商联考察,参观加加酱油、楚天科技等大型民营企业和豪德商会,学习管理经验;组织乡镇商会和工商联机关干部先后到上海、浙江安吉、安徽宁国、江西南昌、宜春、吉安等地工商联考察学习;接待青海省西宁市城中区工商联一行到望城交流,考察湖南泰嘉新材料科技股份有限公司和黄金创业园,双方签订合作协议,缔结为友好商会;接待衡阳市蒸湘区工商联到望城考察休闲旅游观光农业,参观柯柯农业和千龙湖,并召开经验交流会。开展维权服务。组织会员参加省工商联举办的"民营企业法商风险管理高级培训班"专题学习,提高会员维权意识;聘请专业律师为法律顾问,为会员企业提供法律服务;推行工资集体协商制度,维护劳资双方合法权益,切实推进和谐劳动关系的建立。加大招商服务。参加"2015湖南经济合作洽谈会暨第七届湘商大会",重点宣传推介湘台文化创意产业园,扩大园区知名度;帮助湖南双盈房地产开发有限公司引进"人人家"超市入驻乾源国际广场。提供信息服务。向会员发出"2015年全国民营企业招聘周"信息,并组织5家会员企业参加,引进高质量人才,提高企业竞争力;开展2014年度上规模民营企业调研活动,收集2014年度营业收入总额为五亿元人民币以上(含)的5家民营企业相关信息,参与全省民营企业百强评比工作。

认真履职,组织会员积极参政议政。开展专题调研。开展"望城区金融情况及民间融资管理"专题调研,为区委、区政府加强民间融资管理,防范和化解金融风险,提出意见和建议;开展"访民企、解难题、保增长"民企大走访活动,到40余家会员企业调研,分三个片区组织召开非公经济人士代表座谈会,广泛听取非公有制企业发展中面临的困难问题及建议意见,撰写关于促进民营企业发展的调研报告;参与区政协组织的"激活民间资本、壮大旅游产业"调研。参与区委重大决策。首次组织非公有制代表人士列席区委一届二十三次扩大会议共同审议区委全会工作报告,为区委重大决策提出建议和意见,引导会员积极建言献策;发挥会员中人大代表、政协委员较多的优势,在长沙市望城区一届三次人大会议和政协一届三次会议上,分别提出议案、提案和建议38个和49个。

发挥作用,切实加强组织建设。按照《长沙市工商联系统"五好"(工作保障好、队伍建设好、制度执行好、党建工作好、作用发挥好)商会创建实施方案》的要求,开展"五好"商会创建工作,并在铜官试点后逐步推开;联合省陶瓷行业协会、长沙市科协、望城区湘台文创园共同举办"铜官陶瓷产业复兴和陶瓷技艺创新论坛",表彰优秀论文作者,聘请名家现场辅导,为铜官陶瓷产业复兴和创新发展注入了强劲活力;联合格塘工商联开展村企共建,全力打造美丽乡村示范片区——"云游湾"项目;黄金园工商联成立黄金园农民同心创业分会,首批共吸纳辖区内28个创业项目。加强工商联会员队伍建设。加强执委动态管理,建立执委进出管理及考核机制,全年增补执委20名,新发展会员52名。加强自身组织建设。抓好工商联领导班子建设,创新开展兼职副主席(副会长)轮值制度,15名兼职副主席(副会长)按季实行轮值,增强企业家办会的责任感;召开两次兼职副会长会议和望城区工商联(总商会)一届四次执委会议,授予茶亭工商联等8个基层商会"先进单位"和23位执委"优秀会员"称号。

强化引导，树立非公有制经济人士队伍形象。组织乡镇、街道工商联，行业商（协）会会长参加市工商联举办的全市行业商会学习贯彻十八届五中全会精神报告会，充分认识十八届五中全会的重大意义，为企业发展引入新的理念；开展“雷锋家乡学雷锋，民营企业当先锋”活动，向会员发出“同心学雷锋·真情暖望城”活动倡议；深化“民营企业联农村，共建和谐新望城”活动，57家会员企业与58个村（社区）实现对接；投入资金3294万元，为联建村安置农民工2333人，投入修路、修桥等基础设施建设和扶贫助学等公益事业1411.7万元；联合爱心企业家捐赠2万元，慰问书堂山街道双合垸小学和茶亭镇简文学校成绩优异、家庭贫困、留守学生55名；长沙丁字建筑（集团）有限公司组织员工无偿献血，长沙九峰建设工程有限公司到乌山镇双丰村走访慰问困难党员、群众13户，长沙长鸿实业有限公司、湖南富基置业有限公司分别在望城一中创办“长鸿实验班”和“春晖班”，每年捐资30万帮助贫困学子；丁字湾工商联组织慰问5个村（社区）部分特困家庭，为其提供就业岗位；月亮岛工商联募集善款4.5万元开展扶贫助困；铜官联合商会筹集1万元爱心物资慰问敬老院，筹集善款5万元举行首届兴教助学主题活动暨庆祝第31个教师节大会，奖励贫困优秀学生和优秀教师；三环颜料、华龙山庄联合铜官爱心企业家开展春节慰问扶贫活动；麟辉建筑、爱晚集团、红建置业积极推进限价商品房建设，为区征拆工作打下基础；在望城区推动科技创新动员大会上，黑金刚、华望、泰嘉、长高、丽拓、柯柯种植、辉胜合作社7家会员企业分别获得创业贡献奖、科技成果转化奖、优秀发明奖、科学技术推广普及奖等多项殊荣；黑金刚、丁字建筑两家企业获得长沙市非公经济组织“优秀学习型企业”表彰；靖港湘港生态农业有限公司总经理曾俊杰参加全省创新创业先进典型巡回报告团作典型发言；执委胡再明被评为2015CCTV十大创业致富榜样；长沙晚报分别以《“农二代”的新型农业梦——记“全国种粮售粮大户”、望城“80后”青年袁虎》和《海归家门口圆梦“创二代”80后海归沈科回家乡望城创办黄金创业园》为题进行宣传报道。

注重党建，推进非公企业党组织建设。举办全区非公企业党的知识竞赛，组织9名非公企业党组织书记、2名企业主参加市非公党工委举办的浙江大学非公党建研修班和企业培训班，提升非公企业党务工作者的业务能力；连续两年开展“十佳非公企业党组织书记”评选工作，王乾等10名非公企业党组织书记被区委授予“十佳非公企业党组织书记”称号；推进基层党组织规范化建设，统一制作非公党组织会议记录本，开展规范化建设工作调研，向区委提交调研报告；扎实抓好示范点创建工作，千龙湖集团党委创建工作被评为全省非公企业党建示范点。（办公室）

区工商业联合会

主　　席　李建龙
党组书记　罗立新（10月任）
　　　　　毛正标（10月免）
副 主 席　周英姿（女）　胡正科
　　　　　陈杏华（兼）　杨日平（兼）
　　　　　王德良（兼）　刘先麟（兼）
　　　　　魏朝阳（兼）　方　鸿（兼）
　　　　　毛　铁（兼）　朱红建（兼）
　　　　　曾红斌（兼）
秘 书 长　周英姿（兼）

总商会

会　　长　李建龙
副 会 长　周英姿（女）　胡正科
　　　　　谭　智（兼）　刘胜祥（兼）
　　　　　朱桂洪（兼）　邹建成（兼）
　　　　　谭曙光（兼）　代志国（兼）

【召开一届四次执委会议】 1月29日，望城区工商联（总商会）召开一届四次执委会议。全区各乡镇（街道）工商联会长、秘书长、各行业商会会长、全体执常委、女委会成员及拟新增执委成员参加会议。会议回顾总结区工商联2014年工作，安排部署2015年工作。2014年，区工商联认真履职，积极开拓服务领域，全力促进非公有制经济健康发展和非公有制人士健康成长。新增私营企业及工商个体户5952户，增长30%，完成地区生产总值368亿元，固定资产投资445亿元，缴纳财政收入44.6亿元，安置劳力26.6万人。2015年，区工商联主动适应新常态，深入实施民营企业家教育培训工程，加强先进典型的宣传和信息工作，充分发挥非公经济组织党建引领作用和企业家才能，进一步强化融资服务、解决融资难题，推进创业富民工程，深化经贸服务与交流合作，进一步引导非公经济创新升级发展。会议增补20名执委，并授予茶亭镇工商联等8个基层商会“先进单位”和23位执委“优秀会员”称号。

【开展理想信念教育实践活动培训】 9月16—18日，区工商联组织会员、非公企业党组织负责人40余人到江西省委党校井冈山校区开展理想信念教育实践活动培训。培训采取理论学习与实地考察结合的方式进行，先后听取知名教授讲解井冈山革命斗争史、瞻仰井冈山革命烈士陵园、参观井冈山革命博物馆、走朱毛挑粮小道，与袁文才、王佐、曾志等井冈山红军后代座谈互动。培训加深了学员对井冈山时期党的艰苦奋斗史和光照千秋的井冈山精神的理解，通过革命传统教育，理想信念更加坚定。

【望城区青年企业家商会正式挂牌成立】 6月12日，望城区青年企业家商会在千龙湖生态旅游度假区正式挂牌成立。来自全区50余家青商会的青年企业代表及嘉宾共100余人参加。青商会以“关爱、精诚、弘扬、创新”为宗旨，将望城有志青年结合到一起，通过加强对商会组织的引导、服务和教育，团结非公有制经济人士特别是年青一代，关注其思想教育和发展困难，为望城经济社会发展贡献力量，增强雷锋家乡年轻人在湖湘大地乃至国内外的凝聚力和影响力。成立仪式上,与会嘉宾与望城青年企业家共同点亮商会会标,商会会长毛铁代表青商会作就职宣言,表示将带领全体商会会员,凝聚各方资源和力量,把望城青年企业家商会打造成富有生机和创新力的一流地域商会。

残疾人联合会

【概况】 望城区残疾人联合会机关在编干部职工6人,下设残疾人劳动就业服务中心1个二级机构,有干部职工4人。

2015年,全区有残疾人2.4万人,其中持有“第二代残疾人证”的10975人,按残疾类型分:肢体残疾5710人,视力残疾1810人,听力残疾603人,言语残疾207人,智力残疾1222人,精神残疾1128人,多重残疾295人。按所属区域分:农村残疾10064人,城镇残疾911人。

实施康复实事项目。实施“贫困残疾儿童抢救性康复项目”,送105名残疾儿童到康复机构进行康复训练。“义肢助残”项目为24名肢体残疾人免费进行假肢装配。“光明·关爱”项目免费治疗314名白内障患者、110名低弱势力患者、132名胬肉患者,定额救助15名青光眼、眼底、泪道眼病患者,享受康复服务残疾人数同比增加150余例。实施“关注听力障碍·重建听的希望”康复项目,免费为22名成年听力残疾人适配了助听器。实施辅具适配进家庭项目,为50户家庭进行辅具适配。

加强教育就业服务。举办残疾人实用技术培训班2期,共培训残疾人131人。增加残疾人就业108人,同比增加22.7%,扶持14名残疾人创业,同比增加16.7%。为445名在校残疾学生和残疾人子女发放了助学补助,同比增加3.7%。

开展扶贫济困。结合“社会主义新农村建设”改造工程项目,实施困难残疾人家庭无障碍改造51户、社区无障碍改造1个。落实群众点赞工程,指导乔口镇湛水村制定帮扶计划,解决涉残问题4个,解决帮扶资金50万元,结对帮扶贫困残疾人10户,实施残疾人家庭无障碍改造19户、无障碍村民集中点改造3个,为该村15名重度残疾人进行辅具适配。与区民政局、雷锋慈善会等部门合作,开展走访送温暖活动,慰问贫困残疾人500余户,发放慰问金30余万元。实施“农村危房改建工程”,为137户贫困残疾人家庭实施危房改造。

开展主题活动。指导8个乡镇街道和8个社区创建市级残疾人工作“明星乡镇”及“星级社区”。开展“善行四十佳”的评选活动,通过层层筛选,推荐2个爱心团队企业、2个爱心企业、2个爱心社区和2名爱心个人参加全市评选,最终入选4个单位和1个个人。完善区、乡、村三级残疾人组织体系,续聘166名残疾人专职委员,淘汰一批不合格的专职委员。在第二十五个“全国助残日”期间,结合“关注孤独症儿童,走向美好未来”的主题,走访慰问在康复机构接受康复治疗的孤独症儿童22名。组织开展以“残健融合,携手同行”为主题的残疾人趣味运动会,19个乡镇(街道)残联代表队、90余人参加比赛。

落实惠残政策。全面落实重度残疾人特殊生活补助,3995名重度残疾人享受重残补助。实施重度残疾人护理补贴政策,4374名重度残疾人享受护理补贴。落实“一户多残”贫困残疾人家庭特殊生活补助,759户“一户多残”家庭享受补助。落实残疾人免费乘坐市内公交车政策,发放公交爱心卡3990张。落实贫困残疾人居家托养工作,110名残疾人享受居家托养补助。开展“爱心助行”项目,免费发放轮椅150台,拐杖60副。落实残疾人机动车燃油补贴发放工作,72名残疾人享受机动车燃油补贴。

区残疾人联合会

党组书记、理事长	高　峰
党组副书记、副理事长	李树发
副理事长	廖应林
	易明亮

【举行“残健融合,携手同行”残疾人趣味运动会】 5月14日,由区残联主办的以“残健融合,携手同行”为主题的残疾人趣味运动会在长沙百果园农庄举行。区残联代表队及全区19个乡镇(街道)残联代

区残联慰问孤独症儿童

表队参加。运动会设“筷子夹豆”“投乒乓球”“单腿跳”“转呼啦圈”四个比赛项目。比赛秉承“友谊第一,比赛第二”的理念,决出各个项目一、二、三名,并进行颁奖。趣味运动会的举行进一步丰富残疾人的文体生活,增强残疾人参与体育锻炼和参与社会的意识。

归侨侨眷联合会

【概况】 2015年,望城区归侨侨眷联合会有专职工作人员3人,兼职副主席5人。

联络联谊。完善海外顾问联系机制,加强与海外侨团和侨领的紧密联系。在圣诞、春节期间向港澳同胞、归侨侨眷、留学生邮寄贺卡200余份,送上节日祝福;通过热线电话联系海外华人华侨及其眷属,传递关爱、分忧解难。德国留学生徐玲偕德国未婚夫HeiKo、奥地利华人李为民等回国探亲时,专程到侨联拜访。春节期间,中国在澳大利亚悉尼举办“中国灯节”,剪纸大师秦岭春与陶艺大师刘坤庭代表望城参加,送出陶艺、剪纸各式艺术作品300余件。发挥桥梁纽带作用,做好招商引资活动的接待工作。4月12日,接待由长沙市委统战部副部长、市侨联党组书记王国平陪同的加辉国际(加拿大)有限公司总裁李启安、香港工程师学会工程师张显基等一行的招商引资考察活动;4月26日,接待由商桥中国事务总干事史蒂芬·伯恩根先生率领下的德国中小企业协会代表团;5月17日,接待香港都会扶轮社社长李健华和创会主席邓锦添等一行13人的招商引资考察活动等。

维护侨益。区侨联关注民生,全年筹集资金2万余元,慰问老归侨及重点侨务对象25户。指导黄金创业园(即新侨和留学生创业服务站)成功申报“湖南省新侨创新创业示范园”。黄金创业园自2014年8月成立后,积极开展教育培训、交流合作、融资辅助等服务,引进各类企业38家,其中海归创业企业2家,增加就业岗位500余个。园区提供各种创新创业的信息,开展多形式的创新创业服务,为有创新意愿,具备创新素质的人才提供更加专业的服务,助推他们实现创新创业梦想。

支持侨企。泰嘉新材料科技股份有限公司获长沙市科技投入“双百企业”表彰,再次获评“中国运载火箭技术研究院合格供应商”,《带锯条电阻焊落料装置》实用新型专利获得国家知识产权局授权;金龙集团连续多年荣登湖南100强企业名单,2015年营业额104亿元排在湖南百强企业第23位,同比上升2位;欧比佳营养食品有限公司与西班牙最大的羊乳合作社Uniproca(优利博卡)公司签约落户,建成投产后将成为世界第二大羊奶粉生产基地;在金桥国际设立“创新创业孵化基地——众创空间”,众创空间总建筑面积1.6万平方米,完成主体结构、消防,以及装修施工图设计,建成后将为新侨和留学生及大学生提供创业培训和资金扶持。

文化宣传。加强信息报送,被上级侨网侨刊和各级新闻媒体采用通讯稿件62篇,其中侨企泰嘉新材科技股份有限公司拍摄《泰嘉追梦,锯行天下》短片于5月在CCTV—发现之旅频道播出,真实展现锯切由中国制造到中国创造的改变。3月,开展侨法宣传活动,现场进行涉侨政策咨询并发放侨法宣传资料200套,向全区宣传侨法,营造依法护侨的良好氛围。结合纪念世界反法西斯战争暨抗日战争胜利70周年主题活动,同区委办一道走访抗战老兵及烈士亲属,并为美籍华人刘汉屏的亲属送上由中共中央、国务院、中央军委颁发的“中国人民抗日战争胜利70周年纪念章”。7月,省侨联举办的“亲情中华·汉语桥”——赴望城铜官窑开展手工制陶体验和华夏剪纸博物馆体验民间剪纸文化夏令营活动在望城铜官窑举行,区侨联积极做好接待工作,向海外华裔青少年学生推广华文教育,了解博大精深的中华文化和地方风俗人情,增强民族的认同感和归属感。

公益事业。区侨联委员著名金石书画家、钓鱼台艺术馆书画家尚游先生携家人向湖南省残疾人福利基金会捐赠7幅书画作品。3月2日,区侨联联合侨务工作示范社区——雷锋路社区和相关单位以及归侨侨眷、居民群众500余人在碧园广场开展侨法宣传、文艺会演、义诊义捐和慰问等一系列学雷锋活动;10月17日,区侨界企业家代表毛铁、沈科等参加“N+1”专题志愿

全省首个“湖南省新侨创新创业示范园”在黄金创业园挂牌

服务活动,为全区孤困儿童现场捐款达10万元。

区归侨侨眷联合会

主　　席　王艾莲
副 主 席　彭　英　刘达五(兼)
　　　　　严　娟(兼)　毛　铁(兼)
　　　　　沈　科(兼)　莫小代(兼)
秘 书 长　莫小代

【召开创新创业座谈会】 8月20日,省委常委、统战部部长李微微一行在黄金创业园与归国留学人员座谈,11位"海归"人才受邀分享创新创业体会,畅谈未来发展。座谈会上,留学加拿大的金龙集团总裁,省工商联常委、省青商会副会长毛铁,留学法国的湖南领晟国际集团董事长李璇等纷纷发言,围绕回国创新创业中遇到的体会及困惑、如何调动归国留学人员在创新创业中的积极性、怎样做好出国和归国留学人员统一战线等工作提出了很多意见、建议。留学加拿大、长沙黄金创业园置业有限公司总经理沈科,希望各级统战部门支持园区建立海归创业商会、海归人才联谊会等社会组织,帮助加强党建工作,探索党建+统战+海归人才+创新企业的园区建设模式。会前,李微微一行参观了黄金创业园内的长沙成进汽车配件有限公司、湖南马良数码科技有限公司等地。

【黄金创业园获评全省首个"湖南省新侨创新创业示范园"】 8月28日,省侨联授予黄金创业园"湖南省新侨创新创业示范园"称号,这是全省第一个新侨创新创业示范园。省侨联党组成员、副主席孙民生,省侨联副主席兼长沙市侨联主席翁少兰,省侨联权益处处长肖仕林,长沙市侨联权益处处长黄永平,望城区人大常委会副主任丁四明,望城区侨联主席王艾莲出席授牌仪式。2014年8月,望城区在黄金创业园挂牌成立全省首个新侨和留学生创业服务站,创业服务站成立以来,积极开展教育培训、交流合作、融资辅助等服务,充分发挥服务功能和示范作用,引进各类企业38家,增加就业岗位500余个。该称号的授予,将鼓励支持服务更多的新侨参与到创新创业中来,拓展新侨之间的交流合作,吸引更多的新侨来望城投资兴业。

红十字会

【概况】 长沙市望城区红十字会于1991年组建,挂靠区卫生局。2013年,单位调整为区政府领导联系、参照公务员法管理的群团组织。主要职责为宣传和执行《中华人民共和国红十字会法》和《中华人民共和国红十字标志使用办法》,纠正滥用红十字标志现象;开展备灾和救灾工作;进行初级卫生救护培训和防病知识的宣传,组织群众参加意外伤害和自然灾害的现场救护;开展社会服务及社区红十字服务工作;组织会员、志愿者在社区开展社会服务、宣传培训、募捐救助等活动;参与无偿献血宣传和捐献造血干细胞宣传推动工作;推动遗体(器官)捐献工作;开展其他人道救助工作;开展红十字青少年活动以及依法开展募捐活动。2015年,有在编在职干部4人。

2015年,区红十字会以"人道、博爱、奉献"精神为宗旨,在组织建设、赈济服务、应急救护培训、志愿服务等方面发挥积极作用。

不断夯实工作基础。2015年,区红十字会加强自身建设,建立健全工作管理、学习、公务接待、救灾款物发放使用管理等一系列制度。同时,加快构建全区红十字会大格局,率先全市在全区各个乡镇(街道)成立红十字会组织。在队伍建设方面,全区志愿者队伍已发展成为拥有志愿者100人的队伍,开展以社区陪伴、看望抗战老兵等多种形式的志愿服务活动13次;积极组织各乡镇(街道)红十字会分管领导及专干(兼干)参加市红十字会举办的业务培训;参加省红十字会组织的红十字会系统新闻发言人培训,提升了服务意识和工作效能。

稳步推进救护培训。以5月8日"世界红十字日"和9月的第二个周六"世界急救日"等重要节日为契机,通过悬挂宣传标语、制作宣传展板、发放宣传资料、现场免费义诊等多种形式,向广大市民普及急救和生命安全知识。选派7名资深救护师资(包括医护工作人员、学校老师)参加市红十字会组织的救护师资复训以提升师资的授课能力,更好地开展应急救护工作。

向乡镇街道红十字会授牌

精心组织社会救助。以“博爱送万家”活动为载体，将筹集的价值20多万元的各类救助物资发放到敬老院、脑科医院、旺旺路社区、西塘街社区、雷锋路社区等地的142户困难户手中；积极申请上级红十字会的各类救助基金，帮助白箬铺镇刘静沂申请到小天使救助金3万元。

区红十字会

会　　长　苏敏芳（女）

副 会 长　苏跃宇（12月任）

　　　　　易志旺（12月免）

【举行“5·8”世界红十字日宣传活动周启动仪式】 2015年5月7日，第68个“5·8”世界红十字日宣传活动周启动仪式在望城区步行街举行。活动是由市红十字会主办、望城区红十字会承办。来自长沙市的各区县红十字会会长、常务副会长及志愿者代表300余人参加了仪式。此次活动主要开展包括在全市100个社区设立爱心投放站点，让更多的爱心人士参与“随手公益”等4项活动。启动仪式现场上，进行了红十字知识宣传，造血干细胞、遗体和人体器官捐献知识宣传，医疗机构义诊，志愿者招募，红十字宣传板报评比等，并为望城区19个街道（乡镇）新成立的红十字会授牌。活动的举办，提升红十字知识在全社会的知晓度。

法　　治

政法委及综合治理

【概况】 2015年,区委政法委、区社会管理综合治理委员会办公室、区维护稳定领导小组办公室合署办公,区委政法委内设办公室、政工人事科、执法监督科,有干部职工17人。2015年,望城区连续三年获评社会管理综合治理工作省先进、市红旗区(县),被省委、省政府授予“湖南省平安区”称号。

平安创建卓有成效。将基层平安创建与平安行业创建相结合,筑牢根基,拓展领域,创建活动延伸到社会各个层面。在年初开展万户平安家庭创建,活动中,靖港党政一把手亲自参与户主自评,白箬铺实行五户联名推荐,新康增设奖励茶杯,茶亭发动中小学生宣讲等方式,吸引群众积极参与。历时三个月评选出万户平安家庭,统一颁发荣誉奖牌和奖励家用铁桶,取得良好社会效果。开展平安单位、乡镇(街道)、社区(村)、小区等基层平安创建活动,创建覆盖率100%。区教育局平安校园创建活动成功迎接省首批平安校园建设先进区验收。创建活动延伸到边界、寺庙、军地等领域,提升人民群众对平安创建的知晓率、参与度。社会治理信息平台成功运转。将全区969平方公里划分成529个工作网格,配备150名专职信息采集员,建立了“三级平台、四级管理、分级负责、分类处置”的社会治理信息平台,做到了第一时间发现问题、处置问题、解决问题,实现了群众服务零距离、群众诉求全响应的快速反应机制。

法制宣传氛围浓厚。开展送戏下乡活动。成立一支政法综治文艺宣传队伍,以“手拉手参与平安建设,心连心共享安居乐业”为主题,编排一台时长90分钟的人民群众喜闻乐见的政法综治文艺节目,到各乡镇(街道)巡回演出38场次,观演群众1.5万余人。播放平安望城宣传片。精心制作一个平安望城宣传碟片和平安建设图文资料,在全区机关、企事业单位及各特种行业、娱乐场所的电子显示屏每天滚动播放。设立固定宣传栏点。各乡镇(街道)、社区(村)分别在辖区范围内建立2~4块永久性大型平安建设宣传标牌、3~5块平安建设宣传橱窗。其中铜官在安置小区建立平安广场,东城、丁字湾、靖港、喻家坡、新康、白箬铺制作了大量的户外宣传标牌。区交通运输局、区市政局在城区主要公交站点树立了10块平安建设宣传橱窗样板。扩大平安建设宣传面。区综治办印发30万份平安建设宣传资料,区公安局印发4万份平安建设宣传折页,各乡镇(街道)及相关单位也印发严禁“黄赌毒”、非法集资、打击传销等宣传资料,全部下发到全区居民户中,让人民群众全面了解平安建设相关内容,切实调动群众参与、支持平安建设的积极性和主动性。发挥“平安望城”微信公众号影响。及时开通“平安望城”微信公众号,分三大板块十个子项目宣传平安望城建设工作,添加关注用户1万多人,形成群众踊跃参与平安望城创建的互动局面。弘扬社会正能量。印发湖南省见义勇为宣传条例及相关资料2万余份,切实弘扬社会正能量,全力倡导见义勇为行为,并积极向上级综治部门申报年度见义勇为先进人物,周美玲、邓自力、严瑞祥被评为区见义勇为先进个人,周美玲获评全国见义勇为道德模范。

社会矛盾调解成效显著。健全完善维稳工作机制。建立健全社会稳定风险评估机制,落实相应实施办法和细则,全年开展社会稳定风险评估38次。强化情报预警机制建设,狠抓区、乡、村、组四级情报信息队伍建设,搜集研判各类情报信息526条,下达预警指令100余条。联动摸排化解社会矛盾纠纷。坚持源头治理与末端处理有机结合,处早、处小、处了,着眼从源头上减少不稳定因素。开展社会矛盾纠纷大排查、大化解活动,切实落实领导接访包案工作制度,设立乡镇(街道)司法驻派出所矛盾纠纷调解室、区矛盾纠纷调处中心二级调处平台以及医患纠纷调处、交通事故调处、房地产以及建筑领域纠纷调处三类行业调处分中心,各级调解组织调处各类社会矛盾纠纷3368起,调解成功3254起,调解率100%,调解成功率97%。及时妥善有效处置突发事件。准确把握维权与维稳的实质,严格落实“属地管理”和“三个出动层次”的维稳工作责任,及时果断有效处置较大规模群体性事件引发的100余起堵门堵路事件、130余起突发意外事件、88起重大交通事故。

治安防控彰显亮点。深化“红袖章”工程,发挥巡特警、有奖义务巡防员及治安积极分子、“五老”等群防群治力量,并创新开展机关民警夜巡和军警民大联防工作机制。全区街面“两抢”、故意杀人等八类恶性案件及其他刑事、治安案件同比减少10%。坚持月月“亮剑”行动。分四个片区每周由一个乡镇(街道)牵头组织、公安机关为主力军，开展设卡盘查、集中清查和巡逻防范，累计盘查过往车辆2680台，清查旅馆385家，网吧152家，娱乐场所245家，登记流动人口2854人。落实社区民警专职化。实行关口前移，推进警力下沉，全区有45名社区民警和200名实有人口协管员专职处理社区警务。

专项整治成绩斐然。严打整治，肃清治安“毒瘤”。区公安局破获刑事案件787起，查处治安案件2109起，刑事拘留375人，逮捕234人，直诉238人，治安拘留448人。成功破获“3·24”特大电信诈骗案、“7·10”跨省特大电信诈骗案及吴某团伙贩毒案、贺某某团伙贩卖毒品案等一系列大要案件。区检察院批捕故意杀人、涉枪涉爆、“两抢一盗”以及“黄赌毒”等严重刑事犯罪嫌疑人183人，起诉242人。区法院受理刑事案件310件，审结293件。排查整治路电气，确保隐患整改。开展线路排查整治行动，分类建立工作台账，及时落实整改责任单位和领导，“三电油气管道”和铁路、公路等各类隐患问题得到有效整改。京广线丁字湾段一处人行通道无人值守、桥驿铁路沿线两名重症肇事肇祸精神病人无人看护问题，在市、区、乡三级协调下，安排专人进行看护，问题得到妥善解决。月亮岛上养马场放养马匹上路影响铁路行车安全隐患，在区护路办督办下，养马场已全部搬迁。依法治访，维护社会稳定。严格落实湘政法〔2014〕14号文件精神要求，突出对象管控、证据收集、问题化解，及时高效、依法处置进京非访活动21人次，其中涉嫌犯罪移送起诉1人，行政拘留17人，罚款2人、警告1人。打击传销，保护群众合法利益。全力开展打击传销专项整治行动，坚持“打防结合、预防为主”和“抓早抓小、露头就打”的方针，开展大规模行动8次，小规模行动12次，清查涉传窝点400余个，查获传销人员近600人，发放宣传资料6万余份，悬挂横幅300多条。并在区电视台每月不间断播放打传行动公益广告，打传工作取得良好效果。

服务经济发展特色明显。紧扣区委优化重点工程施工环境开展“铁拳行动”，优化发展环境。严厉打击阻工闹事、强包强揽、串标围标等扰乱经济发展环境的违纪违法行为，召开相关会议20次，摸排线索50余条，依法开工120余次、教育训诫158人次、行政拘留46人、刑事拘留6人、查结治安案件42起、破获刑事案件3起。稳妥推进司法拆迁，推动项目建设。健全司法强拆联席会议制度，建立畅通司法强拆快速通道，区法院及时执结土地征拆非诉案件，全年顺利执结5起司法强拆案件。并强化协调化解工作，促使恒飞电线电缆、旺旺乳饮、汉琛体育俱乐部等相关“钉子户”顺利签订自拆协议，自动履行腾地义务。依法进行维护性施工，保障项目启动。整合各种资源力量，顺利组织网讯通、中粮可口可乐、U形谷等维护性施工30多次。积出台《服务“项目攻坚年”活动实施方案》，严格执行优化经济发展环境十条禁止性规定，突出打击危害项目建设、园区发展和企业正常经营等犯罪行为，促进经济转型升级，累计走访企业600余人次，协助解决问题100余个。

区委政法委员会

书　　记　秦国良
副 书 记　瞿礼义　黄国梁
　　　　　吴　刚

区综治办

主　　任　瞿礼义
副 主 任　虢少华　肖伟亮

区维稳办

主　　任　吴　刚
副 主 任　张洪亮　熊立宏

【开通“平安望城”微信公众号】　8月，为进一步深化平安望城建设，全力提升望城人民对平安创建活动的知晓率、参与率和满意度，区委政法委充分发挥新媒体优势，创新宣传阵地，开通“平安望城”微信公众平台。该平台分三大板块十个子项目，原则上每天推送不少于1条图文信息，推送内容主要包括平安建设工作成果、政法战线工作动态、综治成员单位综治工作开展情况、治安防范温馨提示、法律法规政策和平安建设知识宣传等。截至年底发布图文资讯1000余条，添加关注用户1万多人，相关乡镇（街道）和区综治委成员单位也纷纷建立微信公众号，形成了平安望城创建人民群众踊跃参与互动局面。

公　　安

【概况】　2015年，区公安局有指挥中心、政治工作办公室、纪委（监察室）、后勤保障科、法制科、警卫科、刑事侦查大队、治安管理大队、交通管理大队、国内安全保卫大队、禁毒大队、经济犯罪侦查大队、人口与出入境管理大队、网络安全保卫大队、单位内部安全保卫大队15个内设机构；1个看守所、1个拘留所；高塘岭派出所、星城派出所、黄金派出所、白箬铺派出所、丁字派出所、桥驿派出所、乌山派出所、铜官派出所、茶亭派出所、东城派出所、格塘派出所、靖港派出所、乔口派出所、新康派出所、水上派出所、同兴派出所16个行政派出所；其中，指挥中心下设绩效考评办、单位内部安全保卫大队下设保安公司。有民警、职工407人。全年全局有11个集体、172名民警、职工、辅警被通令嘉奖，局党委委员、副政委李志良，交警大队副大队长吴皓被评为“狮子型”干部，巡警大队被评为“狮子型”团队，消防大队被公安部授予“学雷锋示范点”称号。

2015年，全区公安机关以基础信息化、警务实战化、执法规范化、队伍正规化为主线，狠抓队伍纪律作风和自身能力建设，有效地确保全区社会治安大局的持续稳定。2015年区局被确定为全国公安机关大情报工作重点人员一体化管控改革试点单位、公安部党建工作调研联系点。刑事发案、治安警情同比下降15%、10%；刑事案件整体破案率同比提升8%、群众对公安工作满意度排名全市第四位。全年没有发生重大恶性刑事案件、群体性事件和群死群伤的治安、交通、消防事故。

主动防控风险,确保和谐稳定。全力排查风险隐患,牢牢掌控维稳工作主动权。国内安全保卫大队、各派出所多渠道收集情报信息1000余条,编发《望城国保》1041期,全年预警进京非访人员169人次。推进矛盾纠纷调处机制改革,在15个派出所设立司法驻所调解室,做实交通事故、医患纠纷行业调解工作,全年累计调解矛盾纠纷860余起。强化维稳处突演练培训和应急处置,全年稳妥处置"两安用地"(安置被征地农民的生活、生产用地)、长沙市固体废弃物处理场、湘江航电枢纽等60余起群体性事件,没有造成矛盾升级。

整治预防并重,升级平安建设。开展专项打击行动,全年侦破各类刑事案件934起,打击处理违法犯罪嫌疑人1925人,破获部督、省督毒品案件4起,4起命案全部侦破,打掉犯罪团伙58个,全局刑事案件整体破案率40%,侵财案件破案率20.3%,在打击"盗骗毒"专项行动中排名全市第四,累计为群众挽回经济损失500余万元。开展社会治安防控,以"万人红袖章"工程为抓手,坚持囤警街面,网格巡防,常态组织开展设卡盘查、机关民警夜巡、红袖章"月月亮剑"等防控工作,落实"白天见警察,晚上见警车",进一步提高见警率,刑事发案稳中有降。开展"黄赌毒"、校园周边环境、交通、消防、危爆行业安全重点整治,消除安全隐患,夯实平安根基。

坚持科技兴警,增强发展后劲。加强以"大情报"为龙头的科技信息化建设,坚持错位发展,自主研发并上线运行区县级实体情报平台,初步搭建情报工作三级构架,开发重点人员动态管控、话单分析、互联网数据采集、网上警务协作系统等小工具、小软件,服务一线实战。启动"天网三期"工程建设,进一步织密治安防控网络。派出所建设纳入政府建设规划,置换解决了巡警大队、交警一中队、治超中队、高塘岭派出所等单位办公用房问题,启动丁字派出所和交警三中队业务用房建设,投入资金对看守所、拘留所、巡警等单位进行改造升级。主动适应警务实战化需求,配齐配强基层单位执法记录仪、单警装备、巡逻警车、无线平板电脑等警用装备。加强社会应急联动体系建设,率先全省公安机关将110指挥中心搬迁至区应急联动指挥中心,自运行后,有效分流非公安警情34%。

警民一家亲

创新管理思维,提升服务水平。优化人口管理服务,率先全省公安机关于3月15日将户政、出国境、消防、内保、治安等行政审批事项入驻区政务中心,打造"政务服务超市"。落实便民利民服务要求,坚持窗口前移、服务前移,在12个派出所设立户政、出入境办理点,进一步方便群众办事,全年受理身份证办理2.6万人次,审批签发各类出国境证件2.2万人次,累计录入流动人口17万余人,登记出租房屋1.2万余户,办理居住证1.9万余张,登记境外临时住宿人员3485人,查处涉外案事件12起。

规范执法监督,坚守公平正义。开展执法为民理念教育和执法培训,建立局长、主管局长、办案单位主要负责人出庭应诉工作机制,制定出台《望城区公安局执法等级资格考试结果运用办法》,提升队伍法治素养和执法能力。强化执法监督,加强执法场所建设和基层民警移动警务通、信息采集仪、高速拍摄仪等执法装备配备,研发运行"望城法制在线"系统,做到从接处警到执法办案全过程信息化录入、同步录音录像和视频监控联网督察。贯彻执法质量排名通报机制,在全局各办案单位配备专(兼)职法制员,加强执法监督和指导,有效规范执法行为,全局未发生重大执法过错案件,有效减少涉法涉诉、涉警负面舆情,执法公信力得到提升。

区公安局

局长	凌泽民(11月任)
	李军龙(11月免)
政委	肖向东
副局长	周习文
	杨智明
	陈炯辉
	刘勇兵
	黄建刚
副政委兼纪委书记	彭文格
副政委兼工会主席	李志良
政工室主任	梁志刚

【全国公安机关完善情报平台重点人员动态管控机制改革试点部署会在望城召开】 10月13日，全国公安机关完善情报平台重点人员动态管控机制改革试点部署会在望城举行。公安部情报中心相关部门、全国12个省、市、自治区公安机关会议代表、湖南省公安厅属相关单位、各市州公安机关会议代表93人参加会议。望城区公安局是公安部郭声琨部长的联系点，近几年，坚持加强科技信息化建设，公安大情报工作，走在全国县级公安机关前列，参会人员实地考察了区公安局情报中心和星城派出所，并观看汇报影片，随后在区晟通酒店会议大厅召开部署会。会上，公安部情报中心主任黄洪对重点人员动态管控机制改革试点进行动员部署并提出指示意见，省公安厅常务副厅长周符波汇报全省"大情报"工作情况，区公安局作了重点人员动态管控典型经验发言，省、市、县等16个试点单位也分别在会上发言。会议的召开为全国重点人员动态管控机制改革试点的成功、公安机关情报工作的突破打下了良好的基础。

【破获特大电信诈骗犯罪团伙】 7月10日，区公安局接福建安溪警方提供线索，一伙福建安溪籍人员在长沙市活动，且经济往来异常，有电信诈骗犯罪嫌疑。区公安局立即指挥网安、刑侦等专业警种开展前期调查。通过对该伙人员的活动轨迹、经济状况等初步调查，有证据表明这是一伙组织严密、分工明确的电信诈骗犯罪团伙。区局迅速抽调刑侦、网安、巡警大队、黄金、乌山、水上派出所100余名精干警力全力开展破案攻坚。9月18日，专案组在长沙市公安局刑侦支队设立抓捕工作指挥部，统一调度指挥抓捕行动。9月19日凌晨，专案组分赴湖南长沙、张家界、福建安溪、江西宜春实施抓捕，三省四地同时收网，一举抓获以张某、吴某、徐某等人为首的团伙骨干成员27人，捣毁犯罪窝点10个，并在犯罪嫌疑人居住地内缴获作案工具电脑15台、手机43部、银行卡18张。

·交警·

【概况】 区公安局交警大队设大泽湖街道星城镇滨水新城斜对面，有民警48人，职工6人，协警129人，实习生18人。其中大队领导5人，内设综合管理中队、车管所；下辖特勤中队、122中队、一中队、二中队、三中队、巡逻中队、治超中队7个勤务中队。

2015年，全区公路总里程3514公里，其中高速公路85公里，国省干道140公里，市政道路930公里，县乡道路830公里，村级公路1529公里，有郭亮路、旺旺路、文源路、望府路、宝粮路、雷锋路、工农路、高塘岭大道、望城大道、雷锋大道、金星大道、普瑞大道和潇湘北大道等主、次干道。全年全区注册驾驶员133240人，登记上牌机动车22032辆（含摩托车）。全区接待受理交通事故报警12309起，其中因交通事故死亡92人，受伤3508人，较上年同期9113起，上升35.0%；死亡93人，下降1.0%；受伤2616人，上升34.1%。全年查处各类交通违法行为30557起（其中查扣摩托车3826辆，货车超载2717起，客车超员214起，涉牌涉证5381起，酒驾269起，其他违法行为18150起），电子抓拍违法行为26985起。担负各类警保卫任务159场次，其中一级警卫1次，二级警卫1次，共出动警力4695人次。

着眼安全意识，强化宣传发动。常态开展"五进"（进企业、进校园、进家庭、进社区、进农村）宣讲。大队与区百姓城管协会紧密协作，组建交通安全宣讲团，采取授课方式深入社区、学校、企业、单位、村组等开展具有针对性、全方位的交通安全宣传教育，用身边的事故教育人、警示人。创新宣传方式。大队在城区各交通岗亭上安装条形LED电子显示屏，24小时不间断滚动播放宣传标语，在主干道、集镇、社区和村组等利用橱窗、护栏、路灯杆等显眼的位置以显眼的标语宣传。并借鉴外地做法，在全区大多路口和路段的斑马线上施划"车让人"醒目标语，提醒驾驶员"礼让"，人、车、路矛盾大为缓和，获媒体多方报道。拓宽宣传渠道。长期利用望城电视台、望城新闻网、新浪、腾讯微博、短信平台等各种载体经常性宣传法律法规和交通安全知识，7月，大队开通"望城交警"微信公众平台，定期向社会发布权威资讯，传播交通安全知识，截至年底有5000余人加入。

开展摩托车专项整治行动

强化巡查管控，保障秩序维护。加强路面管控。采取定点设卡和路面巡逻管控相结合的方式加大路面巡逻密度，“晚上见警灯、白天见警车”，提高见警率和管控力。整治违法行为。结合城市管理、文明创建、治理超载超限等中心工作，在主城区开展最严交通整治，对机动车、非机动车、行人违法行为严管重罚，改善城区通行环境。经常性组织开展“营转非”大客车、“九打九治”(在事故易发高发的油气管道、非煤矿山、危险化学品、交通运输、建筑施工、消防、渔业船舶、粉尘爆炸危险、瓶装液化气等九大重点行业领域进行集中打击非法违法)、乱停乱靠等专项整治，对违法行为零容忍，一律顶格处罚。联合巡警大队、各派出所，依托科技手段开展对假牌套牌、逾期未检车辆及“违章王”车辆查缉处理，查扣假牌套牌62台，其他违法车辆116台，查扣12名违法50起以上“违章王”。实行部门协作。在区局党委的统一组织下，和巡警、机关科室和派出所一道组织经常性设卡盘查行动，震慑交通违法，全区设6个卡点，每周不少于3次。辖区中队也积极参与各街道(乡镇)组织的每月“亮剑”行动，与街道(乡镇)对治安、交通复杂区域及主干道开展综合整治。

紧盯源头管理，落实事故预防。整治交通安全隐患。为省挂办督办的“金星大道罐子岭至玫瑰园路段”安装中心护栏，配套安全设施均同步跟上；市挂牌督办的长湘公路望城段启动拓宽修建，安排600多万交通设施和人工组织专项经费；市挂牌督办，区人大建议、政协提案多次提到的高乔大道隐患整改得到落实。开展交通安全检查。与交通、教育、安监等部门一道定期开展检查，对运输企业的道路运输经营许可证、安全责任落实、GPS监控系统使用情况、车辆驾驶员和押运员资质、交通安全学习、车辆安全例行检查，加强对大中型客车、校车、危险品运输车等重点车辆远程查验审核，保证车辆技术状况达到技术等级，危爆物品运输的罐式专用车其罐体必须经质检部门检测合格并持有有效的检验合格证，对发现的不合格车辆下发整改通知书，责令限期整改。加强重点涉路工程的监督管理。为保障地铁4号线一期工程、芙蓉北大道、航电大道、沩水桥河堤公路、金星大道西延线等工程路面交通安全及施工的顺利进行，大队对部分路段采取全封闭施工并发布通告，同时在车流量大的路口和绕行路段安排警力轮班执勤，疏导交通秩序，防止因施工造成道路拥堵和事故的发生。

区交警大队

大 队 长　胡　鑫
教 导 员　杨志斌
副大队长　李　钢　吴　浩
　　　　　周安定

【二中队在梅花岭新址揭牌成立】 为进一步做好河东片区交通安全管理工作，有效应对日益严峻的交通管理形势，2015年2月16日上午8:30，交警二中队从大队搬迁至梅花岭新址揭牌成立，设民警4人，协警10人，担负茶亭镇、铜官镇、东城镇辖区内芙蓉北大道23公里至32公里，梅铜线全线、铜东线全线、东城联络线全线、电厂大道全线、城湘大道全线、杨西线全线、铜官循环经济工业园的事故处理、秩序维护、安全宣传等道路交通安全管理工作。

【抓获故意伤人犯罪嫌疑人】 11月26日下午4时18分，交警大队李伟带领协警徐万龙、廖添发、刘阳在雷锋大道黄金路口进行常态巡逻时，一个身着灰色上衣、40岁左右的男子手捂着流血的胸口向民警求助，称一男子将自己捅伤后，搭乘出租车自雷锋大道往汽车西站方向驶离，出租车车牌为湘AT8031。获悉情况后，民警快速反应，立即带领人员驾驶警车开展追踪，在莱茵城内将犯罪嫌疑人控制，为维护社会治安稳定做出了积极贡献。

检　　察

【概况】 2015年，区人民检察院内设政工室(含宣传科)、监察室、办公室(含技术科)、反贪局、反渎局、侦监科、公诉科、民行科、监所科、预防科、控申科、法警队、案件管理科(含检务督察室)，共有在职在编干警79人，另有检察辅助人员25人。

依法全面履职。依法履行审查逮捕和审查起诉职能，推进平安望城建设。始终将维护社会和谐稳定作为首要任务，全年受理各类审查逮捕案件282件442人，批准逮捕208件329人，受理各类审查起诉案件390件651人，提起公诉316件502人。依法严厉打击严重刑事犯罪。坚决打击涉黑涉恶、寻衅滋事、“黄赌毒”等危害公共安全、扰乱社会管理秩序犯罪，批捕113人，起诉184人。在吕某某、唐某某等人特大跨省贩毒案中，公安机关查获冰毒等毒品57千克，区检察院提前介入、引导取证，依法对12名嫌疑人全部批捕，并追捕2人。严厉打击故意杀人、两抢一盗、绑架诈骗等侵犯群众人身、财产权利犯罪，批捕192人，起诉189人。侯某某虚构经商事实，骗取32名被害人资金360余万元，区检察院依法批捕起诉，侯某某被判处有期徒刑12年2个月。依法惩治破坏网络安全和电信诈骗犯罪，批捕31人，起诉10人。以徐某某为首的电信诈骗团伙，冒充银行工作人员欺骗被害人登录“钓鱼网站”，骗取密码等信息后盗刷信用卡，诈骗数额巨大，区检察院严格审查，依法批捕20人，有效维护网络信息安全。贯彻宽严相济刑事政策。对构成犯罪但情节轻微，无逮捕必要或可以免除刑罚的案件，依法不批捕64人，不起诉53人，附条件不起诉9人。在办理未成年人喻某某抢劫案中，调查发现喻某某系初三在校学生，属于初犯、偶犯，区检察院与学校、家长多次沟通，制定帮教方案，在春季开学前依法变更强制措施，作出附条件不起诉决定，帮助其返校上学。严格把握法定条件，对事实不清、证据不足的案件，依法不批捕43人，不起诉21人；对不构成犯罪的案件，依法不批捕2人，不起诉4人，确保案件处理经得起法律检验。切实保障犯罪嫌疑人和被害人合法权利。依法为犯罪嫌疑人提供法律援助18次，对不需要继续羁押的8名犯罪嫌疑人，及时建议变更强制措施，均被采纳。依法告知并保障被害人诉讼权利，听取被害人意见197次。尊重和保障律师执业权利，接受律师预约并安排阅卷126次，听取律师辩护意见142次。

依法履行查办和预防职务犯罪职能。坚决贯彻中央及各级党委关于推进反腐败斗争的决策部署，开展以“查办和预防职务犯罪”为主题的“司法公正长沙行”活动，依法查办各类职务犯罪案件35件42人，其中，贪污贿赂案件24件26人，渎职侵权案件11件16人，起诉26件33人，判决24件29人，全部为有罪判决。重点查办大要案。根据上级检察院统一部署，依法查办处级以上领导干部4人，立案查办湖南日报报业集团印务分公司原总经理邹某某（正处级）涉嫌受贿案、中南大学基建处原副处长魏某某（副处级）涉嫌受贿案等大要案。开展查办发生在群众身边、损害群众切身利益职务犯罪专项工作，依法查办征地拆迁、医疗卫生、粮食收购等民生领域职务犯罪案件13件14人。根据群众举报，依法查处经开区社会事务局原工作人员刘某某等人受贿、玩忽职守，导致100余万元征拆补偿款被诈骗的职务犯罪窝案，立案8件9人。依法从严惩治行贿犯罪。严肃查办拉拢、腐蚀国家工作人员的行贿犯罪，立案10件11人。进一步完善行贿犯罪档案查询机制，新录入行贿犯罪信息8件，为辖区建设项目出具行贿犯罪档案查询函590份，参与重大工程招投标监管107次。结合侦查办案，向涉案单位及其主管部门提出防控风险、堵塞漏洞的检察建议6份，均被采纳。组织编写预防职务犯罪年度报告，为区委、区政府有关决策提供参考。建立警示教育进机关、进企业、进乡村的长效机制，开展巡回法治宣讲7场，听课干部群众数千人。

依法履行诉讼监督职能。严查司法腐败。坚决纠正办关系案、人情案、金钱案等司法不公突出问题，立案4件4人，依法查办长沙市公安局刑侦支队法制科原科长潘某某涉嫌受贿案、长沙市公安局雨花分局民警张某某涉嫌徇私枉法案等职务犯罪案件。文某某在雨花区抢夺宝马车被抓获后，串通相关执法人员伪造精神病鉴定材料，企图逃避法律追究，区检察院严查案件背后渎职行为，还原事实真相，对徇私枉法、作伪证的2名执法人员立案查办，文某某被重新收监并判处有期徒刑12年。强化侦查活动监督。对侦查机关应立案而未立案的，监督立案7件，对不应当立案而立案的，监督撤案5件，经验做法得到省检察院肯定，并在全省侦查监督工作会议上做专题推介。对应当逮捕而未提请逮捕的，追加逮捕8人，应当起诉而未移送起诉的，追加起诉19人，追诉漏罪58条。在审查张某某涉嫌抢劫案中，发现其挟持被害人拒捕的行为构成绑架罪，依法追诉，张某某数罪并罚被判处有期徒刑8年。强化审判活动监督。对刑事审判中的违法情形提出纠正意见2次，得到采纳纠正。发出量刑建议349份，促进量刑裁判的客观公正。强化刑罚执行和监管活动监督。探索开展财产刑执行监督，监督追缴罚金2.3万元。对7起减刑不当案件提出纠正意见，均被采纳。对监外执行罪犯定期开展检察，发现社区矫正罪犯袁某某不按时报到和接受矫正，依法提出撤销缓刑建议，袁某某被及时收监。强化民事、行政执法活动监督。对执法活动中的不当情形提出检察建议8份，得到采纳纠正。为农民工追索劳动报酬提供司法支持，帮助农民工追回劳动报酬9.8万元。

主动服务中心大局。优化经济发展环境。严厉打击阻碍项目建设、侵害企业权益的各类犯罪活动，批捕24人，起诉29人。姜某某等4人在多个企业、项目工地盗窃财物9万余元，区检察院依法快捕快诉，4人均被判处3年以上有期徒刑。坚持完善行政执法与刑事司法衔接机制，建议行政执法机关移送涉嫌破坏市场经济秩序犯罪3人，全部起诉。区检察院服务辖区新型城镇化建设的经验做法被省委政法委和

检察长宋宽馀作检察工作报告

省检察院予以推介。积极参与校园周边、城乡接合部等重点地区治安问题专项整治。方某某等6人在多个安置区、重建地入室盗窃40次,严重影响群众安全感,区检察院快捕快诉并依法建议从重处理,6人全部获刑,主犯方某某被判处有期徒刑13年。将解决群众利益诉求纳入规范化、法制化轨道,接待群众来信来访276人次,其中涉法涉诉信访16件,全部导入法律程序,并依法分流处理到位。将检察联络室活动与"三联三访"、群众"点赞"工程结合起来,走访全区100余个村和社区,把司法服务送到群众家门口。区检察院被评为区综治维稳工作红旗单位,驻格塘镇检察联络室主任高丽宏,被评为格塘镇"平安使者"。

着力保障民生、规范司法。加大群众权益保护。对群众高度关注的危害食品安全犯罪,加大惩治力度,保护"舌尖上的安全",批捕8人,起诉15人,全部获刑。办理的周某某等人生产、销售"毒狗肉"案中,9人被判处有期徒刑以上刑罚,为望城近年来涉案人数最多、处罚最严的危害食品安全案,《检察日报》《法制日报》等媒体对此进行专题报道。依法打击群众反映强烈的非法集资犯罪活动,维护群众权益。某公司以高息为诱饵,非法吸收公众存款280余万元,受害者多为老年人,区检察院及时督促侦查机关立案,对3名涉案人员全部起诉,并积极追缴赃款,挽回群众损失。加大检察环节司法救助力度,为6名生活确有困难的刑事被害人及其近亲属,提供救助金13万元。刑事被害人刘某某因赔偿不到位生活陷入困境,3月,其家中房屋又被暴雨冲垮,区检察院了解情况后立即启动司法救助程序,为其争取2万元救助金重建家园。加强未成年人刑事检察工作,严格落实专人办理、法定代理人到场、犯罪记录封存等制度,对需要心理辅导的未成年人,邀请专业咨询师提供免费辅导,开展社会调查10次,提供心理辅导8次,附条件不起诉9人。最高人民检察院连续2年向全国推介望城区检察院工作经验。开展规范司法行为专项整治活动,对司法作风、执法办案不规范等8个方面问题开展自查自纠。定期组织案件质量评查和法律文书评选,评查案件632件,并在全院干警大会上公开评查结果,切实提高案件质量。认真遵守《关于查办职务犯罪工作的"八项禁令"》,严格规范指定居所监视居住及查封、扣押、冻结、处理涉案款物等行为,对案件当事人、家属和辩护律师开展回访89次,继续保持"执法零过错、干警零违纪、安全零事故"的"三零"纪录,在执法状况考评中连续2年排名全市第一。

狠抓队伍建设,落实从严治检。自觉接受各方监督。主动接受人大监督,坚持做到"日常工作定期通报、重点工作专题汇报、重要案件及时报告、交办事项限时办结",主动向区人大常委会汇报"司法公正长沙行"等重要工作,完善"听庭评议"长效机制,就案件质量和队伍素质接受人大代表评议3次。加强与区政协和政协委员的日常联络,根据委员意见改进检察工作。着力构建开放、动态、透明、便民的阳光检务机制,通过"人民检察院案件信息公开网",公开案件程序性信息891份,法律文书310份,重要案件信息65份。开通官方微博和微信公众号,发布检务信息173条,点击量超过7万次。全面提升队伍专业素质。组织全员业务素能培训,选派业务骨干参加省、市业务竞赛,加大科技强检投入,不断提高队伍专业化和信息化水平。区检察院被评为全市先进基层检察院,被授予全区"工作绩效一等奖"、"关心下一代工作"十佳关工委;党组书记、检察长宋宽馀带头撰写《轻微刑事案件数量持续增长的原因分析》被评为"全省检察机关优秀文稿"、《检察人员执法过错责任追究机制研究》获长沙市宪法学研究会论文一等奖;干警刘晓燕被省检察院记二等功,欧浩洋被评为全省"业务能手",涌现出区"政法系统先进个人"高丽宏、谢福祥,全区"首届劳动模范"冯小波、"优秀共产党员"罗明理等一批先进典型。

区人民检察院

检察长	宋宽馀
副检察长	余文辉　李　翔
	莫志高　曾陕青
	江　朔
	钟建平(挂职,11月任)
纪检组长	张　平
政工室主任	周　虹
反渎局局长	谢哲明
反贪局局长	吕景俊

【获评全省优秀案件】 2月5日,区检察院查办的中南大学蒋某某、郭某某等七人受贿、徇私舞弊低价折股国有资产、贪污系列案,被评为全省优秀案件,成为全省反贪工作中唯一获奖的优秀案件。该院在办案过程中,始终坚持服务经济大局、保障企业发展的执法理念,依法监督和保护国有资产合法流动,探索一条"检校协作挖驻虫、理性监督护发展"的执法模式,实现了除虫护花,服务企业,优化经济发展环境的良好效果。郭某某因犯受贿罪、挪用公款罪、徇私舞弊低价折股国有资产罪,被判处有期徒刑十一年。蒋某某因犯受贿罪、徇私舞弊低价折股国有资产罪,被判处有期徒刑八年。

【加大司法救助工作力度】 6月1日,区检察院党组书记、检察长宋宽馀,为刑事被害人小欣芯送上30000元司法救助金。近几年,区检察院创新司法救助工作机制,加强对救助对象心理疏导和释法说理,加强与村组(社区)等基层组织的沟通联系,对困难刑事被害人中的老幼病残等特殊群体,开辟发放救助资金的绿色通道。化解因刑事犯罪引发的社会矛盾,累计帮助6名刑事被害人,发放救助金13万元。

【与区环保局会商签订《关于建立环保行政执法配合机制的意见》】 4月29日,最高人民检察院《检察工作简报》推介区检察院与区环保局会商签订的《关于建立环保行政执法配合机制的意见》。此意见的签订，有助于进一步加强对环保执法活动的法律监督，全年累计办理督促履职案6件，为保护自然生态环境取得良好效果。6月，辖区某大型养猪场在未取得排污许可证的情况下，擅自向当地水库直排污水，造成严重污染，区检察院与区环保局依照意见要求，开展联合调查，并依法关停该养猪场，为当地居民解决了困扰已久的生活环境问题。

法　　院

【概况】 2015年，区人民法院内设政工室、办公室、刑事审判庭、未成年人案件综合审判庭、民事审判一庭、民事审判二庭、行政审判庭、土地房屋征收审判庭（非诉行政案件执行局）、执行局、立案庭、审判监督庭、司法警察大队、纪检监察科、研究室、审判管理办公室15个职能部门和雷锋、高塘岭、靖港、丁字4个人民法庭，有在编法官及其他工作人员109人。

2015年，区法院各项工作取得新进展。全年受理各类案件4683件，审执结3964件，审限内结案率100%。

惩治刑事犯罪。受理刑事案件315件531人，审结298件506人，判处十年以上有期徒刑10人，十年以下三年以上有期徒刑66人。严厉打击故意杀人、故意伤害、“两抢一盗”犯罪，审结此类案件146件205人，夫妻矛盾引发纠纷、半夜锤杀瘫痪丈夫的肖某某，被依法判处有期徒刑十五年；突出打击黄、赌、毒犯罪，审结此类案件51件65人，租用赌博网站、赌球抽水牟利的傅某某等8人，均被依法判处刑罚；坚决惩处职务犯罪，审结贪污、贿赂案件12件14人，利用职务便利、收受施工方贿赂的原中南大学基建处副处长陈某某，被依法判处有期徒刑五年二个月；严厉惩处危害食品安全犯罪，生产销售有毒狗肉、结成非法利益团伙的周某某等17人，均被依法判处刑罚；重拳惩治征拆过程中的犯罪行为，合谋虚构房屋买卖、骗取拆迁补偿资金的彭某某等5人，均被判处三年以上有期徒刑；严厉惩治集资诈骗等涉众型经济犯罪，编造借款事由、诈骗他人钱财的侯某某，被依法判处有期徒刑十二年二个月。对情节较轻、有悔罪表现的被告人，依法从宽处理。启动未成年人犯罪记录封存，建立未成年犯心理疏导机制，加强对未成年人的关爱。

化解民商纠纷。受理民商事案件2838件，审结2557件，结案标的74.5亿元。加大调解力度，强化立案引导、说服教育，加强对人民调解的指导，合力化解纠纷，民商事案件调撤率52.9%。依法审理婚姻家庭、相邻纠纷等民事案件475件；积极调处经济补偿、工伤保险等劳动争议案件187件；创设交通巡回法庭，常驻交通事故调处中心，快速审理交通事故案件290件；开展专项审判活动，审慎处理银行借款、民间借贷等金融债务案件586件，结案标的62.1亿元；坚持司法服务企业，妥善审理涉企纠纷453件，对21家诚信企业司法授信，帮助企业破解经营难题，排查劳资矛盾，防范市场风险。

处理行政争议。受理行政案件199件，审结183件。其中，支持行政机关依法行政，判决维持行政机关具体行政行为47件，裁定准予行政机关执行101件，监督行政机关依法行使职权，保护公民、法人和其他组织合法权益，支持行政相对人诉讼请求21件。针对行政诉讼法修改后，行政案件大幅上升，当事人诉请审查“红头文件”、公开信息等新类型案件不断涌现，处理难度骤增的情况，积极协调，综合施策，促成和解撤诉14件，实质性化解行政争议。注重司法与行政良性互动，邀请行政机关工作人员观摩庭审800余人次，向行政部门提出合理化建议90余条，解答行政执法疑难问题130余次。

助推项目建设。受理行政非诉执行案件107件，执结94件。配合区委区政府“2015项目攻坚年”的工作部署，始终突出司法拆迁，全力服务“一路一园”等重点项目、重点片区、重点领域。积极主动，下乡入户400余人次，宣讲法律政策，消除“重点户、困难户”的对抗意识，力促自行拆迁。注重协调，案件进入司法拆迁程序后，加强与拆迁户沟通交流，引导其调整利益诉求，力促和谐拆迁。“滨水新城文艺中心”

区人民法院全体干警合影

项目舒某某户,对抗情绪强烈,四处上访,法官多次上门入户,晓之以理,明之以法,维护其合法权益,最终促使其变上访为自拆;依法强制拆除"雷锋东路南厢地块"项目王某某等户的房屋,有力促进项目建设。

加大执行力度。受理民事执行案件1224件,执结832件。开展专项行动,利用春节、端午、中秋等节假日,集中执行14次,司法拘留87人次。区内某食品公司因经营不善,工厂停产、职工停薪,濒临破产,数百名职工上访维权,在多方共同参与下,区法院耐心引导,协调各方诉求,纠纷进入法治化解决轨道,经过三个昼夜奋战,顺利完成16万箱成品矿泉水的装运变卖,提存价款200余万元,为维护职工权益、妥善处理纠纷打好基础。强化信用惩戒,将768名失信被执行人纳入老赖黑名单,采取限制高消费、限制出境、微信曝光等惩戒措施,敦促履行义务。某公司因拒不履行生效裁决,其董事长王某某被纳入黑名单,乘坐飞机高铁、贷款、消费都受到限制,促使该公司履行法律义务,偿还全部672万元债务。

推进司法改革。创新推进刑事速裁,依法快审轻微刑事案件,最快当天立案、当天开庭、当天判决,审判效率大大提高。改革执行管理模式,创新分段集约执行,优化力量配置,提升执行效率,案件执行周期同比缩短35%,执行绩效跃居全市第一。尝试审判改革,首次使用诚信诉讼保证书,发出首份食品生产销售禁止令,作出首份实现担保物权裁定,举行首次疑难案件庭前会议,开具首张妨碍诉讼罚单。作为全国人民陪审员制度改革试点法院,继续深化陪审改革,创新管理方式,改革工作模式,实行陪审员自主管理,推行陪审员独立调解,全年人民陪审员参审案件1224件,陪审率99.4%。

强化司法公开。借力多媒体,在中国教育台《法治天下》、湖南经视《钟山说法》、政法频道《一号法庭》等栏目推出专题节目15期,在《人民法院报》《湖南日报》等主流媒体发表稿件700余篇,宣传力度不断加大;打造自媒体,开通官方微信,法治宣传步入"官网+微博+微信"三位一体"微时代",官方微信影响力周排名9次进入全国法院前三十名。推进"互联网+司法公开",在中国裁判文书网公开裁判文书2618篇,在湖南法院网视频直播典型案件15件。开展巡回审判,依托便民联络室、便民联络员,巡回审判案件56件,群众旁听4000余人次;举办法院开放日活动,人大代表、政协委员、在校学生、社区群众600余人次走进法院,感受法庭氛围,了解法治文化,凝聚法治共识。

提升司法质效。实行数字法院网上巡查,对办案时限、文书送达、信息录入等流程节点实时监控,及时预警,工作效率有效提升;推行普查与重点评查并行机制,普查案件3964件,重点评查发改案件和涉诉信访案件52件,以评查促提高,办案质量明显提升;开展优秀文书评比,每月编发审判管理通报,定期公布部门及个人司法公正、司法效率、司法效果指标,争先氛围日益浓厚。在全市法院系统司法绩效考核中,平均办案天数、执行标的到位率等主要指标均位居前列,年度工作考评位列第二。

深化司法为民。落实立案登记制改革,有案必立,有诉必理,有效保障当事人诉权。建设诉讼服务中心,开通案件流程查询,设立收费退费窗口,推出上门立案、夜间送达等举措,方便当事人以最短时间、最低成本参与诉讼。创新司法救助模式,实现救助主体多元化、救助方式多样化,为当事人缓、减、免诉讼费18.9万元,发放执行救助款39.2万元。推进涉诉信访法治化改革,引导群众依法理性表达诉求,落实院领导接访机制,接待信访群众205人次,一次性息访率95%,以法治思维解决信访问题成为常态。

增强司法能力。提升科技支持水平。借助审判综合楼启用契机,运用科技手段,为群众提供高效便捷的司法服务。高清科技法庭采用庭审视频直播、全程录音录像保障司法公开;诉讼服务中心通过远程视频接访、流程网上查询助推司法为民;数字法院系统实行电子签章、推行电子审批提高司法效率。10月,集远程指挥、警力调度、网络查控、信息公开等功能于一体的法院执行指挥中心建成,有效提高应急处突能力,开启执行指挥快速反应新局面。

主动接受监督。自觉接受人大及其常委会的监督。设立人大代表听庭评议室,按照区人大常委会的部署,开展5次人大代表听庭评议活动,悉心听取人大代表对庭审程序、司法能力、司法行为的意见建议,专人负责,逐案建档,确保听取意见到位,整改落实到位。加大与政协委员联络力度,通过政协委员视察法院、旁听庭审等形式,主动接受民主监督。推进"司法公正长沙行"活动,推进法律职业共同体建设。健全与检察机关工作沟通机制,自觉接受诉讼监督。加入全国四级法院举报网络,实行重点、敏感案件备案督察,每案送达监督卡,随机回访当事人,随时接受当事人监督。诉讼文书、裁判结果、判案流程全部网上公开,方便社会各界监督。高度重视网络舆情,认真梳理网民建议,参照改进工作。

区人民法院

党组书记、院长　李才坤
副　院　长　肖智凯　郭　峰
　　　　　　黄胜华　刘昌济
纪检组长　任谷良
政工室主任　江　革
执行局局长　李　为

【发出首份食品生产销售禁止令】 3月12日,区法院对被告人周某某等11人犯销售有毒、有害食品罪一案进行公开宣判,发出食品生产销售禁止令。周某某等11名被告为谋取非法利益,违反国家对食品卫生的管理制度,在明知可能会损害消费者身体健康的情况下,将毒杀的狗只贩卖给食品经营者或者消费者,其行为均已构成销售有毒、有害食品罪，被分别判处有期徒刑一年六个月、一年、八个月等不同刑罚。同时，区法院还对杨某某等3人发出禁止令，禁止3人在缓刑考验期限内从事食品生产、销售及相关活动。这是区法院在最高人民法院、最高人民检察院《关于办理危害食品安全刑事案件适用法律若干问题的解释》实施后，在惩治食品安全犯罪中首次适用禁止令。

【开展首次庭审网络视频直播】 4月3日上午9时30分，区法院在第十五审判庭公开开庭审理吴某甲、何某某、吴某乙涉嫌非法持有、使用假币罪和盗窃罪一案，并在湖南法院网、长沙法院网等网站同步进行庭审网络视频直播。广大网民只要轻点鼠标，或者直接通过手机屏幕，即可同参加旁听的群众一样，身临其境地感受整个庭审过程，这也是区法院首次进行同步网络视频直播。庭审网络视频直播是法院推进司法公开的重要举措，旨在破除人民群众对庭审的"神秘感"，让群众更直观地接近司法审判，感受公平正义。

【启动未成年人刑事档案封存工作】 5月27日，区法院出台《未成年人犯罪记录封存制度实施细则》，正式启动未成年人犯罪记录封存制度。实施细则规定，对犯罪时已满14周岁不满18周岁，被判处5年以下（包括5年）有期徒刑及免除刑事处罚的未成年人罪犯的犯罪记录进行封存，除司法机关为办理案件需要，或者有关机关根据法律规定查询除外，不得向任何单位和个人提供。实施细则是在国家现有相关法律基础之上，结合少年审判实际工作情况制定，有助于依法维护未成年人罪犯的合法权益，消除刑事处罚给未成年人罪犯带来的不利影响，帮助未成年人罪犯顺利回归社会。

【开具首张当事人逾期举证罚单】 6月初，区法院在审理原告陈某某诉被告李某、徐某某等机动车交通事故责任纠纷一案中，依照《中华人民共和国民事诉讼法》第六十五条、第一百一十五条第一款的规定，在采纳原告陈某某提供的证人证言的同时，对原告陈某某罚款人民币500元。这是区法院开具的首张当事人逾期举证罚单。原告陈某某诉被告李某、徐某某等机动车交通事故责任纠纷一案审理中，证人何某的证言系原告逾期提交。经查，原告因对法律规定不清楚而逾期申请证人出庭作证，属于重大过失逾期提供证据的情形，但该证据与案件基本事实有关，且证人何某与原告及其委托代理人没有利害关系，法院对该证人证言予以采纳，并依据民事诉讼法的相关规定，开出前述罚单。

【司法警察大队获"全国法院司法警察先进集体"】 7月3日，最高人民法院召开"全国法院司法警察表彰暨事迹报告会"，会上表彰了全国法院司法警察先进集体和个人，区法院司法警察大队荣获"全国法院司法警察先进集体"。近几年，区法院司法警察大队弘扬雷锋精神铸警魂，推行警务创新强素质，优化警务装备夯基础，突出审判保障严管理。自2012年起，累计参与开庭押解1786次，押解人犯3176人次，对取保候审被告人执行逮捕246人次，协助完成集中执行行动176件次，实现"值庭押解工作零失误，安全保卫工作零事故，规范执法零差错"的目标，是一支纪律严明、业绩骄人、来之能战、战之能胜的司法警察大队。2014年，长沙中院审理国际上有重大影响的葛兰素史克（中国）投资有限公司行贿一案时，点名该队派员参加值庭工作，警员严谨的风貌、规范的动作，获得高度评价，被湖南省高院授予"五星级警队"，警队领导先后多次被评为全省法院系统先进个人、授予"湖南省优秀青年卫士"等称号。

【启动卷宗档案电子化工作】 11月24日，区法院召开电子卷宗、档案试点工作会议，正式启动卷宗档案电子化工作。全院试点庭室负责人与书记员参加会议。会议上院领导释明了电子卷宗、档案工作的意义与法院工作关系，指出该项工作是司法便民的重要举措，也是大势所趋，并根据院务会决议安排立案庭、刑庭、行政庭、丁字法庭、审监庭、少年法庭、档案室作为先期试点部门，自试点之日开始新结案的案件生成电子卷宗，档案室则尝试将2015年已结案件补充生成电子档案。根据最高人民法院工作规划，2017年全国法院将全面实现卷宗、档案电子化，为司法公开、网上办案的法院信息化3.0版提供基础数据。

司法行政

【概况】 2015年，区司法局内设6个科室，即综合科、监察室、基层科、社区矫正科、法制宣传教育科、法律服务管理指导科；下设二级机构3个：区法律援助中心、区"148"法律协调指挥中心、望城公证处。有在编干部职工18人（含法律援助中心和"148"法律服务协调指挥中心）、合同制人员4人。

开展系列法治宣传。加强普法依法治理"三级联创"（在区级进行法治望城、依法办事窗口创建，在乡镇级开展法制乡镇街道创建，在村级开展民主法治示范村社区创建）。全区有52个村（社区）积极申报创建"民主法治示范村（社区）"，13个行业创建市级"依法办事示范窗口（单位）"，配套新建法治公园1个（白芙塘社区法治公园）、法治广场1个（铜官平安广场），设置大型法治宣传广告牌（位于望城主干道雷锋大道）。组织开展主题宣传活动。通过"一村（社区）送一课、一骨干赠一读本、一村（社区）送一展板"，扎实开展"法治进乡村，普惠新农村"法治宣传月活动，全年举办法治讲座150余堂，组织编写《望城区农民普法教育读本》12000册。认真抓实学校普法工作。在师大附中星城实验中学启动"青少年法治宣传周",开展"八个一"(读一本好书,开展一次专题调研,撰写一篇体会文章或调研报告,参加一项主题实践活动,召开一次专题组织生活会,举办一次专题党课,选树一批服务标兵,帮扶一名困难党员或群众)活动。在全区中小学生中广泛开展"法治手抄报"比赛,联合区法院组织涉外经济学院大学生开展模拟法庭普法活动,组织高塘岭中心小学180名学生到法院观摩庭审,组织全区七年级学生进行法治知识普及轮训。推动干部学法用法。全年举办"机关干部法治季课堂"4期,组织1000多名机关干部参加集中学法活动,分批分级培训"法律明白人"4073人次,安排区普法讲师团成员巡回送课70堂次。年底全区有6728人参加集中普法考试,合格率100%。

抓好人民调解。创新调解机制。在15个公安派出所成立"公调对接"调解室,发挥人民调解和治安调解的各自优势,及时就近处理好突发性社会矛盾纠纷,受理调解案件497起,成功调处486起。推进行业调解。充分发挥驻法院诉前调解室、交通事故调解室、医患纠纷调解室等专业调解室的职能,成功调处化解交通事故纠纷329起、医患纠纷44起,挽回损失1396万元,妥善处理了一批突发性、群体性矛盾纠纷。积极开展人民调解评比活动。在全区调解员中评选表彰了王慧君等"十佳人民调解员",对737本符合规范化要求的人民调解案卷实行"以奖代补"。通过开展评比活动,进一步激发村、社区调解员的工作积极性。全年全区各级人民调解组织调处各类矛盾纠纷4950起,调处成功4792起,调处成功率97%。

完善特殊人群管理。2015年,全区累计新接收社区服刑罪犯147名,期满解矫197名,在册矫正对象260名,无一人因脱管、漏管而导致重新犯罪。实行差异化管理,强化科技监管措施。在教育监管中,落实分级管理、分级处遇,加强管理的针对性,提高社区服刑人员的改造积极性。着力推行电子化监管措施,对87名服刑人员进行手机定位,为186名服刑人员佩戴电子腕带,增强监管的适时性。坚持"严"字当头,规范日常管理。社区服刑人员实行指纹、图像考勤制度,严管级罪犯实行上、下半月两次报到考勤,监督管理更加到位。实施人文关怀,扩大社会参与度。镇、村两级对社区服刑困难对象和困难家庭及时实施援助,给予人性关怀和社会化帮扶,长沙政法频道《夜线》栏目进行专题报道。

提供优良法律服务。2015年全区新变更成立两家法律服务所,新增法律服务人员6名,进一步壮大专业人才队伍。开展法律服务进乡村活动,在12个村(社区)设立义务法律咨询室,在群众家门口提供免费的法律咨询与服务。完善法律援助工作机制。加强案件公示、听庭、回访、案件质量评查等监督措施,强化办案质量监管。加大了对重点人群的援助力度。全年受理法律援助案件396件,超额完成市重点民生项目240件的考核任务,为弱势群体避免和挽回各类经济损失600余万元。新建区公共法律服务中心。对司法局原办公用房进行改造,新建了区公共法律服务中心,集法治宣传、法律援助、法律服务、专业调解于一体,有助于展示司法局对外形象,为群众提供更方便的法律服务。 (段　琼)

区司法局

党组书记、局长　唐晓卫
党组副书记、副局长　姚建明
党组成员、副局长　张树雄
　　　　　　　　　黄海辉

【获评"全国法治县(市、区)创建活动先进单位"】 3月10日,全国普法办公室下发《全国普法办公室关于表彰第三批"全国法治县(市区)创建活动先进单位"》文件(普法办〔2015〕3号),区司法局被评为"全国法治县(市区)创建活动先进单位"。近年,区司法局以抓好法治宣传"育民工程"为重点,推动普法依法治理工作。组织"民主法治示范村(社区)"和"依法办事示范窗口(单位)"的申报创建,配套新建法治公园和法治广场;开展"法治进乡村,普惠新农村"法治宣传月活动,举办法治讲座,组织编写《望城区农民普法教育读本》等乡土教材;启动"青少年法治宣传周",开展"八个一"活动、模拟法庭普法活动,组织学生观摩法院庭审和法治知识普及轮训等新型学校普法活动;举办干部"法治季课堂",组织机关干部参加集中学法活动,分批分级培训"法律明白人",安排区普法讲师团成员巡回送课。多项举措开展法治创建,使法治意识深入民心。

【建成社区矫正中心和公共法律服务中心】 10月,望城区公共法律服务中心和社区矫正中心"两个中心"完成建设并投入使用。社区矫正中心和公共法律服务中心在原法律援助便民服务平台的基础上进行改造升级,总面积200平方米,其中接待服务大厅120平方米,设接待柜台区、等候休息区、法律咨询区、法治文化活动区、业务用房区五大功能区域,以平台服务的方式,对全区层面的法律需求按照"接待受理、分流指派、限时办结、督查督办"的流程进行处置,让有法律需求的群众"一张门进来、一个窗口受理、一站式服务",积极打造一个高质量、高规格的公共法律服务综合平台。建成后,畅通了广大居民依法维护合法权益的渠道。中心自运行后,累计接待群众来电来访咨询70余人次,受理法律援助案件20余件。

【乌山司法所获评"第五批省级规范化司法所"】 12月16日,湖南省司法厅公布《关于授予长沙市雨花区司法局砂子塘司法所等81个单位"湖南省规范化司法所"称号的决定》(湘司发〔2015〕77号),望城区司法局乌山司法所获评“第五批省级规范化司法所”。乌山司法所位于乌山街道徐家桥社区，负责管理和组织实施乌山街道区域内的司法行政各项业务工作，面积 160 平方米，配备有必要的设施装备。司法所在日常工作中，结合“农村法制宣传月”，通过街头咨询点、标语挂图、发放资料等形式，向老百姓进行普法宣传；建立社区矫正人员档案，做到随叫随到，无一脱管、漏管及重新犯罪现象发生；在大节庆活动期间实行重点排查调处，以村为单位每月排查一次，全面掌握社会不稳定因素根源，把矛盾纠纷消灭在萌芽状态。在当地普法宣传、社区矫正、安置帮教、人民调解方面发挥了重要作用。

地方军事

人民武装

【概况】 2015年,区人武部以践行强军目标为核心,抓实思想政治建设、民兵整组和安全管理工作,圆满完成各项任务。

开展思想政治建设。把学习领会习近平主席系列重要论述与学习贯彻三级党委全会精神、与“三严三实”专题教育有机结合,抓调研找准问题、抓教育统一思想、抓学习深化理解、抓计划科学实施。对照习近平主席在全军政工会议上指出的10个方面问题,征求地方领导和基层专武干部的意见建议,召开党委会专题梳理出6个方面12项问题,即行即改。编印习主席系列讲话应知应会口袋书,更换营院宣传板报,浓厚政治氛围。以习主席系列讲话汇编和上级明确的参考书目为基本教材,采取个人自学、集中领学、专题辅导、体会交流、笔记展评等方式,浓厚氛围。以习主席“四有”“军队好干部”样子为标准参照,结合人武部实际,围绕“践行‘三严三实’,在适应新常态中推进人武部全面建设创新发展”主题,制订实施方案,按照如实说清楚、真心抓整改的原则,每名班子成员都认真撰写4000字以上的对照检查材料。

推进民兵整组工作。针对今年民兵整组的新变化、新特点,学习领悟省市整组工作会议精神,结合实际制定贯彻落实的具体意见和措施。联合区政府下发《整组工作指示》。按照临水防汛、靠山防流、倚林防火、沿路保交、城镇维稳等原则调整任务分队,把平战有需要、企业有优势、建设有条件的力量编组起来,退伍军人比例由29%提高到36%,大专以上学历的兵员由10%提高到15%,专业对口率由40%提高到55%。集结点验21个镇(街道、区直单位)的民兵应急分队,组织入队宣誓和官兵相识,解决“有编无兵”“编而不实”“编训脱节”“编用不一”的问题。结合整组和《关于贯彻〈专职人民武装干部工作规定〉实施意见》,会同区委组织部、编办等部门对专武干部进行全面考察,全年调整专武干部11名,民兵干部16名,为抓好民兵组织建设提供组织保证。

落实安全管理责任。把强化教育引导贯穿于安全管理的全过程,坚持每季度1次安全防事故教育,每月1次安全形势分析和1次安全隐患排查,每天交班后10~15分钟开展条令学习、法制教育、安全常识等教育,组织干部职工学习《纪律条令》《内务条令》《广州军区人武部正规化管理规定》和《警备区管理工作若干规定》等规章制度,开展“学法规、用法规、守法规”大讨论,组织观看预防事故案件工作警示录像片,充分利用板报和宣传橱窗、安全知识挂图进行宣传教育。针对上半年节假日干部职工休假较多,严格按程序审批,合理安排,跟踪掌握动态。针对人武部与地方打交道多,受地方各种思潮和行为习惯影响,容易产生非军事化倾向问题,每周五组织党日活动,开展思想汇报,交心谈心活动。开展百日安全活动,全年未发生事故案件和安全问题。“样子立起来,军号响起来,军味浓起来”,加大干部职工“八小时以外”管控、重要岗位人员政审考核。落实车辆使用派遣制度,每日交班汇报派车情况,定期检查车辆派遣手续。组织学习《警备区部队手机使用管理规定》,在值班室设置手机存放柜保管生活手机。健全营门出入登记制度,制作来访人员、车辆登记本,加强询问、盘查,军事科适时组织开展营院防护演练。严格落实双人双锁、专人住“库”值班、定期检查等制度。严格按照保密规定对存储载体、智能手机、上网电脑等定期进行检查清理。

区人武部

部长	刘要明
政委	伍少林
副部长兼军事科长	肖尚武
政工科长	段石虎
后勤科长	罗向东

武装警察

【概况】 2015年,武警长沙市望城区中队以习主席系列重要讲话精神为指导,坚决贯彻落实全军政治工作会议精神和广州军区、省军区、长沙警备区三级党委扩大会议精神要求,按照“举旗铸魂听党话、按纲抓建固基础、与时俱进学雷锋、稳中求进创标兵”的工作思路,扎实抓好各项工作落实,中队被总队评为弘扬传统先进典型,连续24年评为“基层建设先进单位”,实现连续32年执勤安全无事故。

坚持铸魂育人,坚定官兵理想信念。中队以“弘扬雷锋精神,践行强军目标”为引领,继承和发扬革命传统。采取“干部宣讲,课前抽问,理论测试、时事解读、体会交流”等形式，坚持理论学习制度。采取“主题演讲、典型激励，宣誓承诺、岗位践行、讨论辨析”等形式，扎实开展“明辨是非、正本清源、立好样子”讨论辨析活动，推动主题教育活动向纵深发展。紧贴官兵思想的实际，突出抓好法律、心理、婚恋、密切内部关系等经常性思想教育。严格落实谈心工作、骨干思想汇报等制度，抓好经常性思想工作及预防犯罪工作，准确掌握官兵思想脉搏。重点做好满服役期上等兵、2名亲属病逝、1名伤病员的思想稳定工作。中队12名上等兵中有5人留队、1人提干，4名满服役期士官全部愿意继续留队服役。通过开展“警民鱼水情似海，爱心敬老代代传”活动、“武警春蕾计划”“大手牵小手”捐资助学等活动，与湖南大学、望城光荣院、新康敬老院、乌山镇中心小学、长郡月亮岛学校建立警民共建关系。邀请丁颖怡、贺思怡、熊阳等贫困儿童到中队过“警营日”，与湖南大学共同开展“弘扬革命传统，感悟红色基因”实践教学。继承和发扬雷锋精神，编写《最美武警兵》作为队歌并拍摄成MV，展现中队良好形象。中队学雷锋事迹受到《武警报》《湖南日报》、湖南教育电视台等省市媒体12次报道。

坚持中心居中，圆满完成各项任务。参照新《纲要》有关规定，结合“三场维稳战役”和担负任务实际，在抓好执勤训练的基础上，加强单兵、班组、协同演练、人装结合等训练。采取周会操、月考核、合理划分训练层次、实行奖惩机制的形式，月评“雷锋标兵”，调动官兵参训积极性，发挥“五小练兵”“三互小组”等载体作用，部队整体训练水平不断攀升。总队标兵中队军事考核中，总评优秀。干部在中队叫响“看我的，跟我来”，何平、廖汉平、蔡冰晶被评为总队“优秀四会教练员”，指导员廖汉平在全支队干部军事考核中排名第一。严格参照军事训练“八落实”细则，突出实战化要求，按纲施训，科学组训，认真组织防暴枪实弹训练，结合任务需要

武警中队开展练兵

组织实弹射击，提升执勤水平；将训练成绩与争红星挂钩，坚持周会操、月竞赛、季度考核制度，并给予适当物质奖励，调动官兵训练热情；完善各类训练场地，向地方申请经费配备应急班装备。以“百日安全竞赛”“安全大检查”活动为契机，加强对勤务的组织领导。贯彻固定勤务保中心、临时勤务保稳定思想，及时发现并纠治执勤隐患。完成临时押解勤务18批次，社会面联勤武装巡逻8批次，押解犯罪嫌疑人160名，出动兵力400余人次。推进看守所AB门建设及改造工程，在地方经费到位后，多次与区公安局、看守所沟通交涉，推进工程建设。把干部、公勤和零散人员作为管控重点。坚持主官每日点名，查哨必查铺，查铺必点人，干部查勤排名支队前列；持续做好在外人员的跟踪管理，做到走前有交代、到家有汇报、归队有销假，确保人员不失控不失管。

坚持节约高效，提升后勤建设水平。坚持勤俭建队的原则，强化后勤人员的专业素质培养。严格经费的开支与使用，结合总队财务大清查有关要求，对每项经费的开支进行研究，减少不必要的开支。每月武警委员会查账及时，每日伙食账目按时公布，各类经费的开支使用规范严格。为争取参加总部“标兵中队”评选，中队全年积极向地方争取经费60余万元对营房设施整体翻新、营房外表面防水工程、执勤信息化设施改造、营区围墙整体翻新、显示器和空调维修等，花费3万余元为中队购置新的办公电脑，以保证正常办公、勤务运作。发现损坏，第一时间组织维修，确保设施设备完好，培养2名“四小工”全年累计为中队节约经费4万余元。开展农副业生产。中队积极开展秋耕秋播，规划整理菜地，梯次养殖生猪。

武警长沙市望城区中队

中队长　何　平

指导员　廖汉平

公安消防

【概况】　长沙市望城区公安消防大队下辖望城区中队及书堂山中队两个中队，2015年，望城大队有官兵95名，其中干部15名，战士73

名,文职雇员7人。大队被中共中央宣传部列为全国首批学雷锋活动示范点。

思想政治工作常态化,队伍综合素质显著提升。大队党委坚持落实大队党委中心组学习制度、自学制度、定期学习制度、读报等,组织全体官兵全面学习十八大及十八届三中、四中、五中全会精神,把学习与雷锋精神、各项政治专项教育结合,邀请雷锋生前同事、好友张建文同志为大队官兵讲述雷锋的故事、抗战老兵进军营为官兵讲述抗战故事、区委党校教员为官兵上十八大精神教育专题课及时事政策教育课、举办"做四有军人,争当'时代楷模'"主题演讲等活动,扎实坚定官兵思想信念。大队党委盘活现有教育方法,运用网络资源,开辟新方法,培育官兵兴趣爱好,积极开展警营文化建设,潜移默化中提升官兵思想觉悟,增强政治思想教育工作的威性和说服力。充分利用地缘优势和"211"国家综合性大学及大型国企资源,共同开展实操和消防业务理论互动学习,打造出一支"招之能来,来之能战,战之能胜"学习型的消防监督队伍。大队被支队确定为网络思想政治教育试点,官兵自编自演《花young警营》《我要进雷锋班》《队长去哪儿》《爱的传承》等短片、小品,反响热烈。大队党委以身边违法违纪案例为切入点,开展"三清"工作检查及"回头看"、整治消防执法腐败问题专项行动、从严纠治"三松"问题纪律作风教育整顿活动、开展面向社会单位述职述廉、开展重点单位回访问卷调查、观看警示教育片,学习《准则》和《条例》、公开举报投诉电话等,筑牢官兵思想道德防线,接受群众的监督,树立良好形象。

战斗精神培育常态化,实战打赢能力显著提升。大队党委根据部队的条令条例对中队的一日生活秩序、警容风纪、内务卫生、迎检程序等进一步进行明确规范,形成常态化管理。坚持执行安全工作形势分析、教育、检查制度,将安全训练融入执勤训练和比武训练中,对中队执勤装备明确到人、责任到人,落实作战安全管理,实行鼓励、奖励机制,对训练、日常表现等优秀及进步明显的同志予以适时奖励、表彰,营造良好氛围。开展有针对性模拟、实战化、单兵、班组等训练,规范实战演练程序、强化战评总结和识险、处险、避险的技能,提升官兵能力;对辖区高层建筑、地下建筑、易燃易爆场所等单位内部情况分别进行熟悉并开展想定作业,为科学组织开展灭火救援工作奠定基础。全年共组织开展辖区情况熟悉活动280余次,制定灭火预案86份,接警出动310次,其中火灾124起,死亡1人,受伤0人,抢救被困人员66人,疏散人员159人,抢救财产价值584.9万元,完成春节、高考等40余次重大活动消防安保任务。报请区政府斥资448万余元购置了1台小型消防车和1台云梯消防车,更新换代超过服役年限的两台153东风水罐消防车。多部门召开联席会议专题研究市政消火栓管理及用水事宜,明确定点专用市政取水栓、取水证办理和使用要求、取水管理规定和措施等事项。新增消火栓200多台,全区消火栓达1200多台。

社会火灾防控常态化,服务社会经济水平显著提升。区政府多次召开全区消防安全专题会议,并将消防安全管理内容纳入城市及物业管理考评细则,融入平安望城创建等活动中;区领导带头落实消防安全责任,全年共计15次带队开展消防安全专项检查。各乡镇、街道、各行业、各系统制定消防安全工作方案,设立联络专员,成立组织机构,建立工作台账、定期报告工作进展。社会单位开展自查自纠,完善消防设施,落实消防安全主体责任。开展"今冬明春"消防会议、全区劳动密集型企业暨居民小区消防安全专项整治、娱乐场所专项整治、夏季消防安全检查等专项行动,全力投入养老院福利院、托儿所、学校幼儿园、商场、市场、公共娱乐场所、医院、易燃易爆场所等重点领域的排查,联合区文物局、区旅游局、区商务局、区安监局等多部门开展文物古建筑、旅游景区、打击违规销售假冒伪劣电取暖器、烟花爆竹等专项整治行动,清剿火灾隐患。大队全年共排查社会单位1395家,整改火灾隐患1429处,临时查封单位20家,责令"三停"(停止施工、停止使用或者停产停业)单位18家,罚款56.75万元,拘留3人,拆除违章彩钢板建筑6000多平方米,有效消除了火灾隐患。组织全区敬老院、光荣院、油库、加油站、液化气、商场、市场、网吧、物业管理公司、住宅小

中、小学生到消防大队参观学习

区、建筑工地等场所负责人、管理人开展消防安全专业知识培训；开展卫生、民政、旅游等行业系统培训；组织开展乡镇长和村、社区“两委”消防安全培训；将一万多台电脑开机提示、桌面和屏保设置成为消防安全知识内容，使电脑屏幕成为“消防宣传员”；精心设计易燃易爆场所消防安全提示栏，并印发3万份夏季消防安全提示宣传单；开展“消防夜校农村行，构建平安消防村”活动、“开学第一课，构建平安校园”消防宣传活动、“参与社区消防，建设平安家园”119消防宣传月系列活动、住宅小区消防监督检查现场会、居民趣味运动会等消防安全宣传活动，利用微信公众号平台，提升全社会防控火灾的水平，全区全年共集中培训9000余人，组织开展宣传活动300余次，发放消防安全知识传单10余万余份，接待学生、群众5400余人次。

学雷锋传播渠道常态化，品牌影响力显著提升。坚持以雷锋精神建队育警，官兵一如既往走访看望驻地“一对一”资助贫困学子23位学生，走访慰问社区10多户贫困家庭、光荣院20多位老人；爱心捐赠残疾人代步车，为困难家庭实现新年心愿；为乌山镇鸿天康逸敬老山庄接送老人，解决他们用水难题等，把学雷锋活动融入每一次灭火救灾、抢险救援、社会救助、消防执法中。大队官兵、望城消防学雷锋志愿服务队奔赴张家界桑植四中开展“情系桑植，爱心助学”活动，资助贫困学生，结成爱心帮扶对子；与全国十佳“最美志愿者”孟繁英等国内学雷锋先进典型交流；在湖南第一师范学院举行“向英雄致敬，传时代精神”大队先进事迹报告会，引导青年学子争做中华民族传统美德的传承者、社会主义道德规范的践行者、良好社会风气的创造者等。3月，大队被中宣部命名为首批“全国学雷锋活动示范点”；5月，官兵代表受到中共中央政治局常委、中央书记处书记刘云山的亲切接见，并在调研湖南培育和践行社会主义核心价值观座谈会上做典型发言。11月，省委常委、省委宣传部部长张文雄亲切接见大队官兵代表。村民、敬老院老人、幼儿园师生等给大队送锦旗，并有老人为大队官兵写歌点赞；湘名人书画馆书法家为大队题写“雷锋家乡活雷锋”“壮志三秋月，高楼万里心”“烈火金刚”等一幅幅作品，为官兵送上八一建军节节日的祝福；大队获评“长沙市文明标兵单位”称号。

区公安消防大队

大队长　朱湘春

教导员　吴宏武

【区消防大队被列为全国首批学雷锋活动示范点】 3月4日，中宣部向全社会公布第一批50个全国学雷锋活动示范点和50名全国岗位学雷锋标兵。长沙市望城区消防大队获批全国学雷锋活动示范点，是湖南省唯一一个示范点。中宣部命名并公布的第一批全国学雷锋活动示范点和岗位学雷锋标兵，涵盖社区、农村、企业、学校、机关、窗口单位等基层单位，覆盖各行各业、各个领域、各条战线，在全社会发挥模范传承雷锋精神、带头践行社会主义核心价值观的示范引领作用。望城消防大队积极发挥榜样的力量，发挥“时代楷模”引领示范作用，开拓创新学雷锋活动方式方法，推进学雷锋活动常态化，带动更多人学雷锋，让雷锋精神渗透到人们生产生活的各个方面，用雷锋精神的感召力促进社会主义核心价值观建设落细落小落实。

人民防空

【概况】 区人民防空办公室主要承担人民防空体系建设和管理工作，原为区政府办直属二级机构，2015年10月升格为区政府工作部门，为正科级单位，有在职在编干部8人。

人防宣传教育方面，7月1日，区政府组织召开现场办公会，专题研究人防宣传教育工作。区人防办在巩固提升雷锋纪念馆、大湖中学、高塘岭镇中心小学、星城东马社区、靖港镇应龙图书馆等人防宣教“五进”（进机关、进院校、进企业、进社区、进媒体）示范基地的基础上，拓宽人防宣传教育的广度和深度，逐步形成以各类示范基地为平台，大型专题活动与日常教育相结合的教育网络体系。新增民丰中心小学人防素质教育基地，打造一条长86米、宽3.5米，以人防宣传教育为主体，兼顾消防安全、食品安全、国防教育、应急避险等多要素的宣传长廊；根据人防宣传教育“五进”要求，在大湖中学建立一个“一室一厅”人防宣传教育基地，为全区中小学生提供一个人防学习实践平台，该基地占地面积145平方米，一层展示厅以人防理论教育为主，负一层体验大厅以人防实践活动为主；3月9日，市人防办组织干部职工观摩靖港镇应农人防素质教育基地；4月17日，举行望城区东马小学国防素质教育基地揭牌仪式，市警备区司令员王忠斌，市人防办主任易权吉等领导参加；5月12日，“防灾减灾日”在区政府广场开展防空防灾应急知识宣传，向市民发放《防空防灾安全手册》《公众人防知识手册》等宣传资料1000余册、接受各类咨询100余人次；8月，陆续向全区24所中小学校发放宣传册11800本，组织学生与家长观看《居安思危、备战人防》电影科教片，普及人民防空知识，强化全民国防意识，营造“关爱人防、关注人防、支持人防”的良好氛围。12月24日，省绩效评估工作组调研全区人防宣传教育工作，给予充分肯定。

人防工程建设方面，严格执行《湖南省实施〈中华人民共和国人民防空法〉办法》关于结合民用建筑修建防空地下室的政策规定，严格落实《湖南省人民防空工程建设与维护管理规定》（省政府270号令）文件，大力宣传《关于核定人防系统行政事业性收费标准的通知》（湘价费〔2014〕60号），完善审批制度，把牢人防易地建设费收缴关，全年共征收人防易地建设费1589万元,结建工程已完成设计审查面积4万平方米;积极将人防工程建设纳入城市建设整体规划,严格按照全区人防工程规划,确定全区工程布局,通过各方协调、及早介入、积极服务、跟踪调度,切实抓紧、抓实、抓好工程建设工作。

指挥通信建设方面,区人防办围绕人防指挥的应用需求,加快推进人防指挥信息传递的数字化、网络化和可视化进程。采购军用短波电台1台并安装投入使用;7月,区人防办3名通信专干及人防机动指挥通信车1台参加市人防办组织的为期一周的市人防机动指挥通信训练队伍第三次跨区野外拉练任务;推进警报器覆盖范围由城区向周边重点乡镇延伸,加强对防空警报的日常维护管理,全年新增警报器3台,全区人防警报器数量达29台。11月1日,"防空袭警报试鸣日"活动顺利举行,城区人防警报覆盖率和鸣响率均达到100%。11月,积极配合省军区的"湘江-2015"军事演习,全区处险处突能力显著增强。 (曹 琪)

区人民防空办公室

主　　任　徐　高

副 主 任　周晓辉　肖新民

【东马小学国防素质教育基地揭牌】 4月17日,望城区东马小学国防素质教育基地揭牌仪式在东马小学举行,市警备区司令员王忠斌,市人防办主任易权吉,党组成员、副主任袁健康,党组成员罗峰,区委常委、政法委书记秦国良,区委常委、区武装部部长刘要明等领导出席。东马小学自2013年5月28日确立为区人防素质教育基地来,坚持紧紧围绕国防、人防宣传教育工作任务,深入贯彻国防、人防宣传教育文件精神,创新思路、狠抓落实,着力打造国防、人防宣传教育工作特色,将"国防、人防宣传教育"作为学校的办学特色,成为全区人防素质教育"五进"宣传示范单位。

【区人防办开展防空防灾知识集中宣传活动】 5月12日,是全国第七个"防灾减灾日",根据省人防办统一部署,区人防办在全区开展防空防灾知识集中宣传活动。区人防办在大湖中学、民丰小学设置了宣传点,并配合区政府办在政府广场开展集中宣传活动。活动现场,区人防办设立了防空防灾宣传展板与咨询台,向广大市民免费发放《公众人防知识手册》《防灾减灾知识宣传单》等宣传资料,为群众解答防空防灾的各种问题,并配合宣讲《湖南省实施〈中华人民共和国人民防空法〉办法》,增强群众对人民防空工作的理解,提升群众安全防范及危机应急意识。活动共向群众发放宣传资料1000余份,接受各类咨询100余人次。

【参加市人防跨区机动指挥通信拉练】 7月6日,为期一周的市人防机动指挥通信训练队伍第三次跨区野外拉练任务圆满结束。望城区人防办3名通信专干,1台人防机动指挥通信车参加此次拉练活动。拉练途经岳阳、益阳、娄底,行程1600多公里,拉练期间,区人防办操作人员着重训练卫星、短波、超短波、无线宽带图传、视频会议等通信系统的操作使用,达到迅速、准确、不间断的信息传输要求。通过野外通信拉练,检验全区人防队伍的应急通信保障能力,提升参训人员的业务能力。

【举行防空警报试鸣活动】 11月1日,区人防办组织开展防空警报试鸣活动。此次试鸣旨在增强全区群众的国防意识和人防意识,树立常备不懈思想,让群众了解和熟悉防空警报信号的规定,检验全区防空警报器性能和音响效果。活动期间,人防机动指通车进行移动指挥,还通过广播、电视、网站等多种媒介宣传人防知识,为防空警报试鸣的顺利实施提供强保障。这次警报试鸣日活动全区29个固定警报点按时、准确地鸣放防空警报,警报鸣响覆盖率、准确率100%。

区人防机动指挥通信队伍完成长沙市人防跨区机动指挥通信训练

经济综合管理

发展和改革

【概况】 2015年，区发展和改革局(物价局)局内设办公室、发展规划科、产业发展科、招投标管理科、价格管理科、区政府重大建设项目稽查办公室6个职能科室，下设价格监督检查局、区能源局、价格认证中心、区政府投资项目管理局4个二级机构，以及两型社会建设综合配套改革领导小组办公室1个合署办公机构。有正式干部职工41人(含能源局10人)，政府雇员2人。

科学编制规划。区发改局在九区县中率先探索“三规合一”(将国民经济和社会发展规划、城市总体规划、土地利用规划中涉及的相同内容统一起来，并落实到一个共同的空间规划平台上，各规划的其他内容按相关专业要求各自补充完成)，推进“十三五”规划编制工作。区“十三五”规划纲要在充分征求各级各界意见、反复与上级部门对接后，顺利通过区委、区人大、区政协常委会议和党政联席会议审查，以及一届人大四次会议审议，5大前期研究重大课题全部结题。

争取资金支持。区发改局坚持主动出击、自加压力，密切关注国家产业和投资政策，做到有的放矢，超前谋划，指导相关部门做好项目编制、申报工作，提高申报成功率；加强与上级部门的衔接联系，第一时间掌握最新信息，精准对接，争资工作得到国家省市发改委的大力支持。以节能减排财政政策综合示范、保障性安居工程配套基础设施、两型示范道路、专项建设基金为重点，申报项目500余个，成功争取上级补助3.65亿元，实现同比翻番。争取专项建设基金6.23亿元及中长期基准利率项目贷款额度计划63.79亿元，争融资效果位居全市第一。工作成效在市干线办《关于芙蓉北大道建设情况的通报》中得到通报表扬，在全省洞庭湖生态经济区建设专题座谈会上以《创新五大保障机制，推行十大重点工程》为题作了典型经验发言。

加强项目管理。精心铺排政府投资项目实现精细化管理，全年铺排政府投资实施项目171个，实现开工160个，开工率93.6%，完成投资165.7亿元。铺排2016年政府投资项目计划，经申报、筛选、讨论、征求意见并反复修改后，形成包含200个项目、总投资500亿元(其中2016年计划投资140亿元)的2016年区政府投资项目计划铺排初步方案；通过加强项目调度实现全过程管理，围绕稳增长重点开展重大项目调度、固定资产投资调度，实行月调度、季讲评，分析并协调解决全区重点项目建设和固定资产投资工作中遇到的困难和问题，确保完成序时任务。

突出价格监管。抓治费清乱。价格监督检查局牵头实施“全面看”，开展农资价格、药品市场价格等民生价格领域检查6次；实施“回头看”，巩固“发展环境优化年”检查成果。抓价调基金。全年征收价格调节基金1000万元，并从中提取300万元用于扶持“菜篮子”工程建设，另争取省、市价格调节基金扶持968.5万元，抓认证创新。率先开通公务用车定点管理系统，对公务用车维修费用进行网上审核。全年审核2507台次，审减金额78.87万元，审减率12%。抓监测服务。价格认证中心全年上报数据26092条，形成调研文章13篇，上报价格巡视报告52篇。2015年在全省价格监测工作考评中，监测质量被评为优秀。

规范项目审批。全面落实“三集中三到位”，即行政审批事项向一个科室集中、行政审批科室向政务中心集中、审批权限向窗口和首席代表集中，进驻政务中心的审批事项到位、审批人员到位、审批权限到位，实现一窗口受理、一站式办结、一条龙服务。办事流程减少10个，承诺审批时限减少41天，全年完成项目审批1230件、物价审核22件、节能审查142件，办结率、满意率均为100%，政府投资项目估算核减率18%。全年配合上级部门开展专项稽查3次，牵头组织区内稽查4次；对82个建设项目开展重点稽查，陪同上级审计部门对22个项目开展进度审计，力促稳增长等政策措施落到实处；参加招投标监管部门联席会议20余次、处理招投标投诉会议10余次，处理各类投诉20余起，政府投资项目开标现场监管率100%。

推进两型建设。在全区组织开展两型示范创建活动，全年年新增3家“省两型示范基地”、3家市级两型示范单位、10家市级两型创建单位，5家获2015年省两型专项资金支持，两型示范创建带动效果明显。推进示范创建集中宣传，《大花园里人安乐——看望城区如何让农村干净整洁起来》等4篇经验文章在《湖南日报》《长沙通讯》、红网上发表。

区发展和改革局(物价局)

党组书记、局长　高　明
副　局　长　文革委　刘　洋
　　　　　　杨　罗
总 经 济 师　邱　进

【编制“十三五”规划】 2015年,区“十三五”规划纲要在充分征求全区各级各界宝贵意见、反复与省市发改委对接后,顺利通过区委、区人大、区政协常委会议和党政联席会议审查,以及一届人大四次会议审议。2015年是全面深化改革的关键之年、“十二五”规划的收官之年、“十三五”规划的谋划之年,“十三五”规划工作具有承上启下、继往开来的深远意义。为此,区发改局着力研究将湘江新区、洞庭湖生态经济区、长株潭“两型社会”试验区、经开区等国家级平台优势迅速转化为全区实实在在的政策优势、项目优势、资金优势,着力探索“三规合一”之路,建设性地提出滨水城市核心区、城市功能拓展区、文化旅游发展区、生态涵养保护区的主体功能布局,得到区委、区政府的高度评价和一致认可,充分实现了发扬民主、科学决策、统一思想、凝聚共识。

·能源管理·

【概况】 2015年,区能源局(加挂长沙市望城区能源执法大队牌子)属区发展和改革局二级机构,有在职在编干部职工10人,下设区农村能源技术服务站,有职工21人。

节能目标任务全面完成。2015年全区规模工业产值能耗下降 %,单位GDP能耗下降4.2 %,“十二五”期间单位GDP能耗累计下降达24.7%,均超额完成目标任务。完成市下达望城重点民生实事项目建设任务之一,建成4个农村生态能源网络化服务站点,解决了能源建设后续服务的问题,被长沙市农业委员会授予“2015年度全市农村生态建设重点民生实事先进单位”称号。

节能评估得到扎实推进。严格执行固定资产投资项目节能评估与审查制度,并进一步规范节能评估与审查的标准、流程及操作程序,加强对节能评估机构的管理,明确评估报告的质量和深度要求,确保评估报告的准确性和科学性。全年对湖南天马新能源科技产业园等19个固定资产投资项目进行节能评估审查,对长沙市环城绿化生态圈望城段等120个项目进行节能备案登记。

打造节能亮点工程。推进节能亮化工程建设。乡村道路推广使用LED节能路灯,东城镇、格塘镇等一批城乡一体化建设示范乡镇、村大力推广使用LED节能路灯,节能杀虫灯、太阳能路灯,有力促进城乡一体化建设和两型社会建设。推动绿色建筑和可再生能源应用。新增可再生能源建筑示范应用面积62.2万平方米、绿色建筑示范面积190余万平方米,完成既有建筑节能改造工程面积13万平方米,可再生能源建筑应用示范面积位居全市前列。推广使用清洁能源。金山桥街道桐林坳社区、东城镇静慎村等以沼气、太阳能为主的农村清洁能源推广示范工程,基本实现农户家居生活洁净化、庭院经济高效化、农业生产无公害化,有效改善农村卫生环境,提高了农民的生活质量。发展绿色交通。新增油电混合动力高等级公交车辆217台,在城区安装2000辆公共自行车方便群众出行。开展节能示范单位创建。格塘千龙湖湿地公园、白箬铺镇光明村等两型示范建设,晟通集团、望城六中等市级节能示范单位创建,斑马湖社区、桥头驿社区、众兴社区等区级节能环保社区创建,有力促进全区节能减排工作。

科技创新提升节能水平。突出抓好电力、机械制造、有色金属、陶瓷石材等重点用能单位节能,推动企业加快产品结构调整,拉长产业链,提高产品附加值,积极引导企业实施节能技术改造,降低能源消耗。湖南华电长沙发电有限公司、晟通科技集团有限公司采取有效措施,加大节能技改资金的投入,逐步完善内部能源消耗监控及机组整体设备优化改造,研发先进节能设备及系统,实现节电、节煤、节水、节油;湖南三环颜料公司、海旭实业等企业通过实施工业燃煤锅(窑)炉改造及工业余热余压利用等重点节能工程,形成有效的节能能力;大光明CHF照明、必拓普光电、恒瑞照明等系列节能产品开发、推广项目成效显著。

加强安全生产监管。深入管道企业和现场进行检查、督促和指导,督促各管道企业落实主体责任,看紧盯牢安全生产的重点部位和关键环节,始终保持严防严查严控高压态势,确保安全防控措施落到实处,消除安全隐患,防患于未然。经排查确认全区油气管道安全隐患11处,按轻重缓急开展治理,对症下药,齐抓共管,消除安全隐患8处,杜绝新生隐患5处。安全生产工作在市对区县的考核中,列居全市前列,被区委、区政府授予“安全生产目标管理先进单位”称号。有关经验文章在《长沙能源》刊物、长沙能源网、长沙节能网上刊登发表。

开展宣传培训确保实效。组织举办节能宣传周活动,通过氛围营造宣传、户外集中宣传、绿色照明进社区、公共机构做表率等形式多样的活动,提高全社会的节能意识。在望城电视台播放公益广告。制作加强节能减排、油气管道安全保护的主题动漫,在望城电视台黄金时段滚动播出。利用下乡下村时间,宣传节约能源、油气管道安全保护等相关政策法规,逐步增强全民节能意识,牢固树立油气管道保护法律意识。组织举办“能源知识与节能管理”“节能减排知识培训”两期培训班,培训企事业单位能源岗位管理人员200余人次。

区能源局

局　　长　陈　瑜

统　计

【概况】 2015 年,区统计局内设综合科、业务科、法规科,下设普查中心、经济调查队两个下属事业单位,有在职干部职工 23 人。

夯实统计管理基础。全面落实市局推行的网格化管理体系,构建"横向到边、纵向到底"的统计网络,推动以责任落实为主的网格化建设。在全区开展统计法制宣讲和统计巡查,提升统计人员依法统计的意识,加强统计执法检查和对违纪违法行为的曝光,推进了统计法制建设。聘请了行风监督员,健全完善统计行风监督机制,规范统计从业行为,在以统计行风建设促进数据质量提升方面卓见成效。

提升统计系统效能。抓好单位清查、宣传动员、业务培训、申报质量等重要环节,注重加强与区直部门的联动,促进了"四上"(规模以上工业企业、资质等级建筑业企业、限额以上批零住餐企业、规模以上服务业企业)企业申报效率和申报成功率的大幅提升。完善开通联网直报系统乡镇后台管理平台,畅通了"四大工程"(建立真实完整、及时更新的调查单位名录库,建立统一规范、方便填报的企业一套表制度,建立功能完善、统一兼容的数据采集处理软件系统,建设安全畅通、便捷高效的联网直报系统)建设最后一公里,实现全区各乡镇街道和企业与国家、省、市、区多级在线,并充分发挥平台的作用开展系列工作。建立省市区同时在线的视频会议系统,统计工作信息化程度大幅提升。在"双轨制"(新旧制度同时运行)运行机制下,高质量完成固定资产投资统计系列试点工作,国民经济核算方法制度改革圆满过渡,商贸、服务业、新兴产业就业等其他各项统计改革工作均有序推进。

优化统计服务功能。建立数据监测预警机制,定期发布统计数据和统计分析,及时提供横向数据对比分析,以利区委、区政府及时决策,推动各项工作的开展和落实;建立统计工作定期汇报制度和局领导班子联系乡镇、街道制度,向上服务区领导,向下指导乡镇、街道和企业,实现纵向联动;建立统计信息共享机制,加强与财政、金融、税务、发改、工信、商务等部门的联系,实现横向联动。搭建数据咨询平台,细致认真做好公众服务,开展数据咨询服务,形成"点、线、面结合"的三维立体式统计服务体系,实现统计服务模式由平面向立体转变。拓宽统计服务群众的渠道,通过网络服务、现场服务等方式,让社会各界更加快捷便利地分享统计数据和信息。提高统计服务的开放程度,实现统计服务手段由封闭向开放转变。收集、整理、评估、发布反映经济社会发展状况的数据,切实做好市对区县绩效考核、区委政府考核乡镇街道、全市"十强十快"乡镇街道考核等考核服务工作。建立重点民生实事、全面小康监测等工作平台,扎实开展统计监测工作。实现统计服务内涵由单一向多样转变。

（文勇强）

组织部部长周志辉(右三)调研区统计工作

区统计局

党组书记、局长	杨立新
副　局　长	冯德亮　胡　可 晏　思
总　统　计　师	唐启平

【开展庆祝中国统计开放日系列活动】 9 月 18—20 日,为庆祝第六届统计开放日,区统计局围绕"统计服务民生"的统计开放日活动主题在全区范围内开展了"十百千万"系列主题活动。9 月 18 日,邀请发改、工信、商务等 10 个区直相关部门召开座谈会,围绕"提升统计服务水平,提供更优民生服务"的话题展开讨论。9 月 19 日,举办百人大课堂。在统计从业人员资格证培训培训班上,播放国家统计局制作的《如何获取统计数据》宣传动画。9 月 10—20 日,在全区 19 个乡镇(街道)、2 个园区发放千份调查问卷,了解社会群体获取统计数据的需求,宣传统计服务相关知识。活动期间,在望城手机报上刊发《统计服务小知识》,向全区发送万条手机短信,通过点对点的方式宣传统计知识,让全区社会公众和各级各部门理解统计、关心统计、支

持统计。开放日活动有效促进了社会公众对统计工作的认识,营造了关心统计、支持统计的良好氛围,扩大了统计开放日的影响。

【建立统计行风监督机制】 8月17日,区统计局组织召开“2015年长沙市望城区统计局行风监督员聘任暨工作座谈会”,为来自全区两代表一委员、机关干部、乡镇(街道)统计站、“四上”企业负责人中的4名区级行风监督员举行聘请仪式。统计行风监督员主要是代表社会各界向统计系统反映行风建设意见和建议,传达群众对统计部门的评价,是统计部门和广大民众之间联系沟通的纽带。2015年,区统计局搭建统计行风监督平台,健全完善统计行风监督机制,规范统计从业行为,在以统计行风建设促进数据质量提升方面卓见成效,此次聘请的5名行风监督员(含1名市级行风监督员),具有广泛代表性,有助于统计部门更好地收集民意,反映民声,发挥对统计系统行风建设的监督作用。

【“四上”企业申报全市考核第一】 2015年,长沙市全年度审批新增889家“四上”企业入库,望城区在“四上”企业申报考核工作中取得第一的好成绩,有188家企业成功申报(含雷锋街道2家)。2015年,区统计局通过抓好单位清查、宣传动员、业务培训、申报质量等重要环节,争取领导重视,摸清单位底册,获得企业支持,并注重加强与工信、商务、房产、发改等部门的协调联动,保障为企业上好“户口”的精准度,有效提升了申报成功率。

【建设统计系统视频会议系统】 8月,区统计局成功建成省市区同时在线的视频会议系统。视频会议系统建设是信息化发展的必然,区统计局把视频会议系统和业务培训信息化有机结合,在会议室配备电视机、投影仪、宽幅幕布、摄像机等设备,可作为电视电话会议、本地培训、远程培训三合一会议系统。系统的建成,使统计工作信息化程度大幅提升,有助于减少统计成本,提高工作效率。

市场和质量监督管理

【概况】 2015年10月,全区实施机构改革,区市场和质量监督管理局由原区工商行政管理局、原区质量技术监督局、原区食品药品监督管理局(区食品安全管理办公室)整合而成,增加原区卫生局餐饮服务许可和餐饮业、食堂等消费环节食品安全监管的职责,原区商务局酒类流通食品安全监管的职责,挂区食品药品监督管理局、区食品安全委员会办公室牌子。设办公室、政工人事科、政策法规科、商事主体信用管理科、商标广告管理科、特种设备监察科、质量监管科(加挂消费者权益保护科牌子)、标准计量科、食品生产监管科(食品安全综合协调科)、食品经营监管科、市场规范监管科、药械和化妆品监管科(加挂望城区不良反应检测中心牌子)等12个科室,有干部职工163人。

2015年,全区有各类食品药品生产经营企业6230家。其中药品生产、经营、使用单位618家,食品生产加工企业97家,食品经营企业3543家,餐饮服务企业1202家,种养殖企业439家,健食品、化妆品企业331家,全区连续五年实现了食品药品安全“零”事故。全区新增商事主体5727户,同比增长3.8%;其中企业1772户,同比增长5.9%;个体工商户3848户,同比增长4.2%;原区工商局指导“黑金刚”和“爱晚aiwan”评为驰名商标,培植“参之林、奕辉、云游”等9家重点企业成功申报省著名商标。

工商行政管理,围绕“保公平、促稳定”实行市场监管。原区工商局全年清理无证无照经营户1520户,下发催办通知书1520份,查处无照经营户21户;全年立案108件,罚没金额80余万元;打假治劣专项整治共立案40件、结案38件,没收不合格板材136块、侵权钢管400根、各类假冒名酒10瓶、侵权油漆54组、侵权水泥4吨;完成食品抽样检验200批次,开展快速检测2900批次,取缔黑作坊1个,查处不符合安全标准的食品450公斤;捣毁传销窝点173个,遣送传销人员349名。围绕“惠民生、促和谐”促进消费维权。积极开展“3·15”系列宣传活动,设置消费维权展板24块、发放消费维权宣传资料600余份、现场接待咨询410起;12315共受理申诉举报283起,其中申诉216,举报67起,受理咨询275人次,办结率100%,为消费者挽回经济损失141.1万元。围绕“助中心,促发展”服务政府工作。积极落实城市管理中证照管理、市场管理、文明服务、卫生责任制、百姓城管等六大块内容十九项具体工作,全年共出动执法车辆530余台次,执法人员2560余人次,开展专项治理行动60余次,处置文明创建问题260余处;认真处理来信来访,及时有效化解矛盾,全年共受理群众来信来访18件。

食品药品监督,宣传培训凸显特色。原区食药监局组织编发新版《食品安全法》2万册,食品安全演讲稿4000册,“四小、四查”整规准则2万余份。张贴社会主义核心价值观宣传2万张,设置文明餐桌提示牌1万个,在城区LED电子显示屏设置未成年人思想道德宣传标语1000余条。以“携手共治、畅享消费”3·15宣传咨询活动、“食品安全宣传周”“12331投诉举报宣传”为契机,扎实开展“六进”活动,进村入户率90%。全年报送信息106条,其中被市级单位采用75条,省级单位红网采用8条,国家级主流媒体采用5条,其他媒体采用4条。邀请市局领导对园区30余家企业开展“品牌建设”专题讲座。成功举办以“尚德守法　全面提升食品安全法治化水平”为主题的食品安全宣传周启动仪式。首次组织区人大代表、区政协行风政风监督员参加合生元乳制品企业举办的企业开放日活动,红网、新闻网等媒体相继报道。截至12月9日,组织指导企业申报湖南名牌5个,对25家企业实施监督检查,开展标准宣贯、培训62人次,申报三家标准化战略项目;完成食品生产企业监督抽检373批次;检查特种设备使用单位180余家,检查设备近2500台,下发监察指令书10份;检定用于社会公共用计量器具2634台(件)。

质量技术监督,强化标准监管。着重检查强制性标准执行、无标生产、产品出厂检验等情况,帮助企业修制定标准10个,组织中联路面、长鸿物流、联智隧桥3家企业申报省级标准化战略项目;对经开区的25家企业开展"标准化状况调查";邀请市质监局就"品牌建设"对园区30余家企业进行一期业务培训,全年推荐湖南名牌企业5家,发现问题企业1家,经立案调查给予行政处罚1万元;全年出动执法人员开展生产许可及3C认证企业监管150余人次,检查生产企业50余家,检查强制性认证企业证书35张,对辖区内2家车检机构开展监督巡查,全面建档,对检查中发现的问题予以行政处罚1万元。提升特种设备安全工作水平。全年累计检查特种设备使用单位200余家次,制作特种设备现场安全监督检查记录180份,向特种设备使用单位下达《特种设备安全监察指令书》10份,立案2起,对湖南宝悦新型建材有限公司使用未经安全检验合格的起重机械案给予了责令停止使用及罚款人民币1万元的行政处罚;全年开展省市"两会"、元旦、春节、"九打九治"打非治违、气瓶安全、"五一、六一"游乐设施、油气管道安全隐患排查、电梯安全专项检查、"中秋、国庆"安全检查10余个专项行动,出动执法人员500余人次;全年受理群众投诉举报43起。开展食品安全排查治理。完成373个监督抽查批次的检验,超额完成原定360个批次的监检任务;针对各级监督抽检不合格情况,严格按照相关规定100%进行了后处理,全年立案处罚食品生产企业18起;加大食品、农资、建材、特种设备、汽车配件和强制性认证、生产许可证等产品的打假治劣力度,全年出动执法人员400余人次,出动执法车辆16余台次,立案23起,无行政复议、无行政诉讼;按照《计量器具检定计划表》要求,组织开展对商店、药店和超市用于贸易结算的各类衡器的登记备案检定工作,加强对安全防护用压力表和加油机的监督检定,全年检定计量器具2634台(件),其中:衡器364台(件),天平162台(件),砝码9个,加油机325台,压力表373个。

区市场和质量监督管理局

党组书记、局长、食安办主任	朱飞跃
党组副书记、副局长	周智敏
	沈建林
纪检组长	刘小松
副局长	刘达五
	周建刚
	蒲宏卫
	莫正波
	易智文
	许德山
	唐　伟
	谭志波
食安办副主任	夏　平

审　计

【概况】 2015年,区审计局内设综合科、审计一科(加挂园区审计中心)、审计二科、审计三科、内部审计指导科(加挂审计执行科),下设政府投资审计中心(主任乡科级副职)、领导干部经济责任审计室(主任高配副科级),有干部职工21人。全年完成48个审计项目,查处违纪违规金额27169万元、管理不规范金额387388万元,为财政直接增收723万元;完成政府性投资项目工程结算造价抽审项目136个,在区财评核减基础上,再次审减工程造价560万元,同比增长180%。

审计监督全覆盖。开展"强化问题导向,提升审计质量,防范审计风险"主题活动,紧紧抓住设计问题、查证问题、深挖线索、规避风险的节点关键,强化三级质量控制。组织开展2014年度区本级财政预算执行情况、9个街道财政财务收支情况、11个单位部门预算执行情况等44个审计项目,对城乡环境卫生专项整治资金、中央财政现代农业优质稻产业资金等4个专项进行

跟踪审计沩水河坝工程

复,望城区在乌山镇双兴村、茶园村和八曲河村开展试点,总规模66.67公顷。年底,完成立项、测量、设计等前期工作,预计2016年5月份全面竣工。

【"全国国土资源节约集约模范区"通过复核】 10月16日,省国土资源厅考核组一行集中对全省8个全国国土资源节约集约模范县(市)复核进行审查,望城区复核工作以"优秀"等级通过复核。2015年,国土资源部按照新修订的"全国国土资源节约集约模范县(市)"创建活动指标标准体系对已获评模范县(市)依据46项考核指标进行复核,望城区作为首届"国土资源节约集约模范区",通过开展复核工作,统筹区域土地利用,优化国土资源空间布局,使土地利用效率得到有效提高,单位GDP增长消耗新增建设用地量和单位固定资产投资消耗新增建设用地量指标明显下降。通过国土资源部复核抽查后,可保留"国土资源节约集约模范区"称号。

【数字望城地理空间框架建设项目通过验收】 9月25日,"数字望城地理空间框架建设"项目验收暨成果发布与应用推广会举行,项目经专家组认证,顺利通过验收。数字望城地理空间框架建设项目一期建设于2014年8月正式启动,主要为"一网一库一平台多应用"。"一网"是数字望城地理空间框架运维支撑环境;"一库"是数字望城地理空间框架建设的核心,包括覆盖全区的高分辨航拍影像、数字线划图,数字高程模型、地名地址、道路等基础数据,核心建成区域约50平方公里的城市三维模型,全区范围内土地利用现状、土地规划、矿产资源、土地地价、地籍数据等专题数据库。"一平台"是数字望城地理信息公共服务平台。"多应用"是基于公共服务平台提供的服务接口,结合专题应用需求建设的应用系统,区国土局与区城管指挥中心、旅游局等单位共同合作建设了数字城管平台、旅游三维展示、国土动态巡查、测绘管理和公众服务等5个示范应用系统。项目整合了全区历年来国土专题地理信息数据,建立了全区基础地理信息数据库,夯实了全区地理信息管理基础,获湖南省2015年优秀测绘地理信息工程奖一等奖。

安全生产监督管理

【概况】 2015年,区安监局内设办公室、安监一科、安监二科、安监三科、安监执法大队等5个职能科室,有干部职工26人。

2015年,全区有高危行业生产经营单位707家,其中非煤矿山企业30家(采石场1家、砖厂29家),危险化学品生产经营单位60家(其中生产企业2家、工业气体充装站3家、专业储存危险物品2家、大型油库2家、使用危险化学品企业4家、社会加油站5家、中石油加油站13家、中石化加油站11家、高速分公司加油站4家、水上加油站3家、纯贸易危险化学品经营企业11家),烟花爆竹经营单位413家,工矿商贸企业204家。全年全区发生生产经营性道路交通事故27起,同比上升35%;死亡7人,与2014年持平。全区未发生工矿商贸死亡事故,未发生较大及以上安全生产事故。望城连续三年被省委、省政府评为"全省安全生产先进区",区安监局被评为"全国安全生产监管监察先进单位"。

强化安全生产责任意识。全区印制张贴企业安全生产责任体系"五落实五到位"(落实 党政同责、一岗双责、安全生产组织领导机构、安全管理力量、安全生产报告制度,安全责任到位、安全投入到位、安全培训到位、安全管理到位、应急救援到位)规定,挂图、标牌500多张,制作设置烟花爆竹安全责任标牌413个,制作设置在建工地安全责任牌100个,督促在建工地印制悬挂"五牌一图"131个,实行施工工地安全员红袖章制度(发放红袖章200个)等。为深刻吸取天津港"8·12"事故教训,强化安全生产红线意识,全区自上而下开展安全生产交心谈话活动,各单位把辖区内对话谈心任务明确到人,精心组织实施,确保全覆盖。执行领导带队检查安全生产工作制度。区领导每月至少1次带队到各自分管行业领域和联系的乡镇(街道)督促检查安全生产工作,各乡镇(街道)各单位各部门在本辖区或本行业领域内扎实开展工作,形成了"党政同责、一岗双责、齐抓共管"的安全生产工作格局。

强化安全基层基础工作。加大宣传力度。充分利用电视、互联网、报纸、广播等多种途径宣传新《中华人民共和国安全生产法》《中华人民共和国职业病防治法》。开展"安全生产月活动",安全知识抢答赛、安全倡议与承诺等主题活动10余场次,发放安全常识手册等宣传资料1万册(本),发送预警短信60000条。抓实业务培训。开展新修订《中华人民共和国安全生产法》普及教育培训,邀请专家讲座,举办各类培训班近60期,培训人员9000多人,培训范围拓展到村(社区)安全生产信息员、企业生产车间操作员。在区委党校主体班中开设2期安全生产工作专题轮训班,全区19个乡镇(街道)、园区、安委会成员单位分管领导200余人参训。启动"千人送训进万企"安全生产大培训活动,累计送训企业800余家,参训人员过20000人。落实"三个第一课制度",安全生产课走进区委党校主体班,走进了新生入校、新员工入企培训。深化创建活动。推进"六有"(有单设机构、有专职人员、有办公场所、有工作制度、有设施装备、有资金保障)标准化安监站建设。全区全年完成大泽湖、新康、格塘、乌山、桥驿、靖港等6个安监站的标准化建设。完成靖港省级安全生产示范乡镇创建达标验收，做好格塘省级安全生产示范乡镇申报及相关准备工作。完成工贸企业标准化创建32家。提升应急救援能力。加强应急救援投入，增配三台皮卡车，为应急救援提供交通便利。开展安全生产相关应急演练，采取常规训练、综合演练等方式加强全区应急救援队伍建设，提升应急处置能力。创新监管方法。制订《望城区安全生产监管各级政府及职能部门职责规定》和《望城区生产经营单位各部门、各级人员安全生产职责规定》，不断明晰职能部门和企业安全生产职责。投入90万元建立"高危及重点行业企业电子监控监测系统"工程，对重大危险源和交通主干道重要路口等实行24小时全天候监控，确保及时发现、及时处置安全隐患。全区积极推动企业隐患自查自改自报工作，继续推广安全生产隐患自查自录自改系统，全区三大高危行业、工贸等行业605家企业录入该系统。严格安全生产行政许可审查审批，严格落实"三同时"（劳动安全卫生设施必须与主体工程同时设计、同时施工、同时投入生产和管理）制度，从源头上减少安全隐患，防范安全生产风险；严格危险化学品新建、改建、扩建项目的安全审查。

严格执法治理隐患。严格计划执法。年初制订《2015年长沙市望城区安全生产行政执法检查工作计划》，并严格按照计划、方案组织开展工作。印发《建立健全企业安全生产诚信管理"四项制度"和激励约束"三项机制"实施方案》，明确2015年年底前，建立健全安全生产诚信承诺报告制度、安全生产不良信用记录制度、安全生产诚信"黑名单"制度和安全生产诚信评价和管理制度。建立重大隐患台账，全区无挂牌督办的重大隐患。在非煤矿山、危险化学品、油气管道、烟花爆竹、交通运输、建筑施工、消防、粉尘防爆等重点行业领域集中开展专项行动。开展非煤矿山关闭退出工作，烟花爆竹"打非"清剿行动、危险化学品易燃易爆物品安全专项整治、建设施工工程落实施工方案专项整治、油气及危险化学品罐区专项安全大检查、油气管道专项治理、危化品领域本质安全水平专项行动、危化品经营市场安全专项整治、有限空间作业专项整治、粉尘防爆专项治理、重点场所消防安全大检查、住宅消防安全专项整治、电梯安全生产大检查等一系列工作。截至年底，全区各级各部门累计组织执法检查组400个，派出执法检查人员3056人次，检查生产经营单位和场所5231家次，经济处罚124.25万元。

加大安全生产投入。加大财政投入。区财政每年从预算中足额安排安全生产专项资金，用于加强安全生产宣教普法培训、提高安全生产执法监察能力、排查治理公共安全隐患、购置执法装备和应急器材等工作。全年全区安排安全生产示范乡镇及社区奖励资金、安委会经费、工业以奖代补、特殊岗位津贴、安全生产宣传教育培训、排查隐患、打非治违等经费计280万元，另花费90万元建立"高危行业企业电子监控监测系统"工程。依法从工伤保险基金中列支费用专项用于工伤预防。并扎实推进安全生产责任险或风险抵押制度，全区安全生产责任险在高危行业（领域）已做到全覆盖，应保尽保。

区安全生产监督管理局

党组书记、局长　周宏杰
副　局　长　杨文广　严春帆
　　　　　　刘小松

统计调查

【概况】　2015年，国家统计局望城调查队是国家统计局湖南调查总队41个直属县市区调查队之一。内设办公室、业务股、监测与专项调查股3个职能股（室），是承担统计调查行政职能，参照公务员法管理的正科级单位，有干部8人。

望城调查队主要职责有：组织实施县级粮食产量抽样调查、居民收支调查、农民工监测调查、农民工市民化进程动态监测调查、主要畜禽监测调查、农村住户固定资产投资抽样调查、农产品中间消耗抽样调查、农村集贸市场价格调查、农产品生产者价格调查、建筑业小微企业调查等国家抽样调查制度。

住户调查员业务暨法制工作培训会

完成各项常规统计调查业务。按照上级部署,望城调查队认真组织实施各项国家抽样调查制度,扎实做好居民收支和畜禽监测调查样本轮换工作,各专业调查数据全部得到湖南调查总队专业处室一次性审定通过。获2015年度湖南市县国家调查队综合考核良好等次。

开展专项调查,拓宽服务领域。积极配合湖南调查总队和长沙调查队,完成文明城市现场测评工作、全省网购用户专项调查、党风廉政建设民意调查等专项调查工作。受望城区纪委委托,对纳入全区绩效考核的各区直单位和乡镇(街道)开展绩效考核社会公认情况评估调查工作。各类专项调查的开展拓宽了服务领域,有力促进"国调品牌"建设。

开展分析研究,提高服务水平。着力在调查数据的开发利用上下功夫,坚持领导带头,全员参与,注重质量和实效的原则,层层分解任务,撰写一系列具有参考价值的统计分析材料。全年完成政务信息、重要经济信息、各类专业季度分析60余篇,其中《望城区农户余粮出售情况调查》《望城区病死畜禽无害化处理调查》《望城区2015年上半年生猪情况调查》《望城区晚稻长势良好丰收在望》等多篇信息被湖南调查总队内网采用,为党政领导科学决策提供优质服务。(谢　意)

国家统计局望城调查队

队　　长　谭正强
副 队 长　任建良
纪 检 员　张建益

园　区

望城经济技术开发区

【概况】　中共望城经济技术开发区工作委员会、望城经济技术开发区管理委员会分别为区委、区政府派出机构，合署办公，为正县级单位，内设办公室、规划建设局、招商合作局、产业发展局和社会事务局5个机构；有金星文化旅游产业园管理委员会和投融资办公室2个下属事业单位；有工会联合会1个正科级群团组织；有建设开发公司1个直属企业。有在职在编职工66人。区直单位设派驻机构或分设窗口共11个，分别是财政分局、同心派出所、国土中心所、安监分局、环保分局、巡回法庭、工商经开区办公室、建设驻园、环卫驻园、国税驻园、地税驻园。

2015年，望城经开区完成规模工业总产值769.6亿元，同比增长16.2%；完成规模工业增加值200亿元，同比增长15.8%；实现财政总收入31.11亿元，同比增长12.5%，其中核心区完成国地两税13.97亿元，同比增长17.2%。全年引进投资额5000万元以上的产业项目27个，总投资约210亿元。其中，投资过50亿元的项目2个，投资过10亿元的项目2个，投资过亿元的项目19个。全年铺排新建续建产业项目40个，计划总投资351.6亿元，年度完成投资100余亿元。成功发行7年期12亿元公司债券，通过银行融资6.8亿元。

招商引资方面。创新招商方式，抽调人员组成四个专门工作组，在深圳、广州、苏州、北京等地开展驻点招商，引进投资额5000万元以上的产业项目26个，其中投资超50亿元的项目2个，投资超10亿元的项目1个，投资超1亿元的项目16个，总投资约210亿元。全年各类标准厂房增加注册企业35家。其中，证通电子互联网大数据科技产业园由上市企业证通电子股份有限公司投资建设，总投资约50亿元，拟在园区打造长沙大数据中心、互联网金融孵化平台，该项目完成一期土地拆迁。中粮可口可乐华中饮料有限公司项目由世界500强企业中粮集团和可口可乐集团联合出资建设，总投资5亿元，涵盖4条水品生产线、4条汽水生产线和1条果汁生产线，全部投产达效后，年产值可达15亿元以上。

项目建设方面。全年铺排新建续建产业项目40个，总投资351.6亿元，年度投资100亿元以上。截至年底，在建项目有金桥国际商贸城、中德有色工业园、高星（钢铁）物流园等30个项目，完成投资52亿元。投产项目有旺旺乳饮、湘江涂料等15个，年内完成投资38亿元。其中旺旺乳饮项目总投资25亿元，罐装饮料年产量达66万吨，项目建成后将成为旺旺集团在大陆最大的罐装饮料生产基地，年产值可达57亿元；湘江涂料项目为湖南老牌企业湘江涂料集团的搬迁技改项目，总投资22亿元，采用国际先进的生产控制工艺和国内一流的生产设备，年销售收入达40亿元。年内新开工项目有网讯通、恒飞电缆、中粮可口可乐等15个，总投资128亿元。

要素保障方面。成功发行7年期公司债券12亿元，银行融资9.3亿元，5亿元中票完成协会审批工作并到位一期资金；加强银企对接，帮助18家企业融资9.9亿元；成立企业挂牌上市孵化基地，为13家中小企业在上海股权交易所、湖南股权交易所挂牌，开展定向融资；全年报批土地143.5公顷，挂牌出让用

中德企业（湖南）国际合作服务中心在望城经开区揭牌

地19宗共计110.5公顷,成交总额9.5亿元;强力推进网讯通、金桥国际商贸城二期等12个项目的征拆扫尾工作,实现拆迁腾地面积166.7公顷。

基础设施方面。加大基础设施建设投入,重点拉通路网骨架,完善设施配套。马桥河路南延线竣工通车,总投资4.6亿元,南北走向,全长5.5千米、宽46米,实现与高新区的有机对接;金星大道西延线、杨家湾路(中、西段)、红家坡路(西段)通车,航空西路、红家坡路(东段)启动建设。完成园区北片区污水治理工程建设,航空路以南布局企业全部实现雨污分流;完成220千伏楠晟线迁改工程;完成31项电力、给排水、管涵工程和土石方工程等配套设施建设,园区基础设施配套日臻完善。

企业服务方面。全力推动6家企业通过清洁生产审核;梳理上级扶持政策,指导企业申报各类资金4698万元;坚持领导干部联系企业制度,帮助解决各类问题46件;推荐企业产品进入市、区政府采购目录;帮助企业解决园区公交通行、货物限行的难题;成立青年企业家商会,协调处理晟通、合生元、百威英博雪津等各类突发事件10多起;举办全国有色金属技术交流会,带领企业进入中南大学开展人才招聘;突出抓好科技创新和湖南省知识产权示范园区建设工作;支持成立博士后工作站、企业技术中心、高新技术企业认定等工作。 (彭　珊)

望城经济技术开发区
管理委员会

区委副书记、党工委书记　张　毅(12月任)
区委常委、党工委书记　张　权(12月免)
党工委副书记、管委会主任　吴　皓
党工委委员、管委会副主任　谭平安
党工委委员、纪工委书记　刘　彪(11月任)
　余梅香(11月免)
党工委委员、管委会副主任　浣望民
　郑以仁(11月任)
　刘　彪(11月免)
党工委委员、总规划师　李彦波
党工委委员　李小平
管委会副主任　杨　智
管委会调研员　李新宇
工会联合会主席　向章平
办公室主任　杨文耀
规划建设局局长　李雄辉
招商合作局局长　张宏彬(8月任)
　陈端霞(8月免)
产业发展局局长　谢鸿超
社会事务局局长　任代伟(12月任)
　杨晓科(12月免)
金星文化产业园管理委员会主任、建设开发公司总经理
　魏吉辉
财政分局局长　廖建武
投(融)资管理办公室主任　袁　劲(11月免)

【国产大飞机C919下线关键系统“望城造”】 11月2日,中国自主研制的首架C919大型客机在上海中国商飞公司总装下线,C919的关键系统——飞机起落架产自望城,由中航工业飞机起落架有限责任公司生产制造。中航工业飞机起落架有限责任公司位于望城经开区,是国内唯一的飞机起落架专业化供应商,拥有国家级飞机起落架工程技术中心。2007年,该公司由原陕西燎原航空机械制造公司和湖南湘陵机械厂进行专业化整合重组,联合华融资产、中南大学等股东发起设立,隶属中航工业集团中航飞机公司,旗下科研机构拥有40余年丰富的研制经验。飞机起落架系统由4000多个零部件组成,对技术含量和配置要求高,被称为飞机“腾飞的起点,安全的重点”。7月,C919的起落架系统由航工业飞机起落架有限责任公司向中国商用飞机有限责任公司正式交付,为国产大飞机正式下线提供关键支撑。

【中德企业(湖南)国际合作中心在望城经开区成立】 11月7日,中德企业(湖南)国际合作服务中心在望城经开区揭牌。该中心设有国际企业展示中心、企业服务中心、创客转化中心等功能区,将为双方企业提供信息交流、技术转化、资源共享、市场开拓等综合服务,搭建中德企业交流合作平台。中德企业(湖南)国际合作服务中心由湖南麓谷科技孵化器有限公司、曾氏企业与德国IBMF、ME－LE集团、HTG工程局5家企业共同投资组建,由湖南中德国际孵化器有限公司负责运营。中德双方企业将充分利用各自资源,发挥各自优势,以国际孵化器服务标准为入孵企业提供全方位的服务支持。服务体系涵盖基本服务、企业合作、项目对接、产品代理、投融资服务、创业服务等,为企业提供国际化的拓展空间和发展平台。

【中粮可口可乐华中饮料项目开工】 8月6日,中粮可口可乐华中饮料、项目开工仪式在望城经开区举行。中国是可口可乐公司全球业务第三大市场。该公司于2002年在长沙经开区投资设厂,年产能30万吨。新厂选址湖南湘江新区辖区内的国家级望城经开区,一期投资3.2亿元,将打造成一家集安全、环保节能、现代科技于一体的生产基地,一期项目计划投产9条生产线,分别为4条水品生产线、4条汽水生产线和1条水果汁生产线。是湖南湘江新区成立以来首个签约的世界500强企业投资项目。项目预计2016年底投产,设计年产能可达100万吨。新投资建设的生产线,其产品在满足湖南市场同时,将辐射贵州、江西等周边省份。

【黄金创业园获评省级科技孵化器】 11月,湖南省科技厅认定10家单位为湖南省科技企业孵化器,望城区长沙黄金创业园置业有限公司成为望城区首家省级科技企业孵化器。黄金创业园位于望城经济技

术开发区辖内，于2009年5月正式立项，规划用地33.33公顷。项目总投资23亿元，是采取“官助民办、专业营运”新型开发模式的科技创业园，能够在企业创办初期举步维艰时，提供资金、管理等多种便利，旨在对高新技术成果、科技型企业和创业企业进行孵化，以推动合作和交流。2015年，创业园共入驻中小企业100家，在孵化企业84家，毕业企业16家，培育了德尚源耐磨和成进汽车2家高新技术企业。截至2015年年底，创业园已与中南大学等5所高校和科研院所、2家会计师事务所、2家专利事务所和1家成果转化机构等建立了合作关系，聘请了多名高校、科研院所、企业的专家担任园区技术顾问，并与中国银行共同在园区成立了中小企业融资服务中心，设立了300万元的种子基金，为创新创业者提供发展平台。省级科技孵化器的成功创建，将使创业园更加有效地助推园区企业发展。

湖南望城国家农业科技园区综合研发服务中心

湖南望城国家农业科技园区

【概况】 湖南望城国家农业科技园区管理委员会内设办公室、产业发展局、招商合作局、科技人才局、社会事务局5个局室，共有园区专项编22名，实际在职在编人员15人、政府雇员1人、专业技术人员5人，另有包括袁隆平院士在内的外聘专家委员会成员15人。2015年，园区主攻项目建设，强化科技支撑，狠抓产业培育，优化企业服务，获“长沙市两型创建示范单位”“2015年中国农学会农业园区先进单位”“国家杂交水稻工程技术研究中心、湖南杂交水稻研究中心2015年度超级杂交稻‘三分田养活一个人’粮食高产工程先进示范基地”等称号。

招商引资方面。注重包装策划，精心包装策划农业创新创业园、农副产品精深加工物流产业园等项目4个，并在第六届亚洲（香港）农产品博览会、湖南国际项目洽谈周等大型活动上着力推介。注重产业招商，按照打造优势产业、助推产业升级总体要求，开展面向科研院校、社会资本、上市公司多元招商，新引进并启动建设隆照高新、百花园艺、大北农长林水产等项目5个。注重科技合作项目，已有湖南师大、湖南农大、中南林科大、湖南生物机电职业学院等5家涉农院校与园区启动建设合作项目6个。注重新优品种引进，借园区研发平台，强化与涉农院所对接，引进了中国台湾、以色列蔬菜、水果新品种20多种。注重跟踪服务，出台招商服务流程和办事指南，跟踪服务入驻项目，园区引进项目履约三率（注册率、资金到位率、开工率）超过既定目标。

项目建设方面。2015年，园区核心区完成固定投资26亿元，分类投向基础设施、产业发展、科技创新和品牌建设，园区功能配套和承载力倍升，为企业发展创造条件。全面完成柯柯农业农艺梦工场三区主体建设并投入运营，完成配套的水肥一体化、废弃物处理中心、农业信息化综合服务平台，完成农业物联网调试。完成农业创新创业园一期基础配套工程建设（2.3千米内部道路，含道路、箱涵围栏和照明工程，水利基础工程部分四支塘沟水塘护砌、农渠，实现投资近千万元）。完成隆照高新3600平方米育苗中心和2400平方米温室大棚建设，进行土壤改良和作物栽培；完成百花园艺主入口景观打造，启动7.2公顷微地形改造等配套设施建设；启动大北农长林水产鱼池清淤、鱼池护坡加固等基础建设；完成湖南鱼类遗传育种中心项目基础设施配套，主体工程有序推进。

产业培育方面。安排专项资金，吸引民间资本投入，引导八佳兴、乌山贡茶、云游茶业、龙虎生态农业和格塘隆平粮社等5家农产品加工企业提质发展；帮助园区生产关联度较大的农产品加工企业，以及望城蔬菜产业园、湘台现代农业科技园、长沙龙虎生态农业等企业做大做强；培育新型农业经营主体产业发展，对团山湖家庭农场等5家企业在产业规划、项目申报和资金铺排上予以重点倾斜；注重打造农产品加工、水稻种业、休闲农业、精品蔬菜和高效健康养殖等特色产业，形成有区域特色的产业带。

品牌建设方面。安排专项资金，鼓励企业创建品牌。25家企业获国家、省、市级各类示范基地称号,其中百果园、都遨获2015年度中部(湖南)农业博览会最具人气农庄;柯柯农业获全国青少年科普示范基地、全国休闲农业与乡村旅游四星级企业;丰收园获全国青少年科普示范基地、省级休闲农业四星农庄;都遨、湘台现代农业科技园获全国休闲农业与乡村旅游五星企业称号;同心湖农庄获省级五星乡村旅游点;青天寨获省级四星乡村旅游点,成为搜农坊体验基地。云游茶业的绿茶正式认证为有机产品;柯柯农业的玉米和乌山贡茶的茶叶均获有机转换认证;创鸿获新型红薯粉烘干装置专利证书;靖港农业农机专业合作社获简易手扶电动除草机专利证书;大梁、鹿饮泉、团头湖获无公害产品和产地证书。培育宝丰农业等15家农业企业获评市级农业产业化龙头企业;神农大丰、天然茶油科技获AAA级信用企业;宝丰农业打造著名商标,云游绿茶、乌山贡米、笛之源、静胜椒等产品市场占有率不断攀升,加深望城农产品品牌印象。

科技支撑方面。实施项目申报增效工程,累计申报市级以上科技项目15个,其中园区以喜丹多农业项目申报的国家级星火计划重点项目“特色蛋鸡养殖和蛋制品加工的产业化”获批立项(2015GA770003);农业创新创业园项目获市科技计划重点项目立项;和煦种植专业合作社“保健型特色蔬菜基地建设”获市科技项目支持;组织40多家企业参加第九届中国(长沙)科技成果转化交易会,签约项目5个;组织金豆豆等20多家企业参加省市科普活动周各项活动,柯柯农业等10个科普基地积极开展科普宣教活动;依托园区研发平台,举办首届园校企科技对接、人才招聘、成果转化现场交流会,向园区企业发布技术需求79个、科技成果229项,其中9项农业技术与园区企业达成合作意向;承接转化4项最新成果,获专利10项。 (陈　萌)

湖南望城国家农业科技园区管理委员会

党工委书记	杨文东
党工委副书记、管委会主任	李谷良
党工委副书记、纪工委书记	李　奇
党工委委员、管委会副主任	邓　义
	秦正良
党工委委员、科技人才局局长	朱小平
办公室主任	陈　萌
产业发展局局长	丁华光
招商合作局局长	周智勇
社会事务局局长	王　奇

【2015园校企交流活动走进湖南农大】 6月10日,望城国家农业科技园区主办的望城区“扬创业之帆·启梦想之旅”2015园校企科技对接、人才招聘、成果转化现场交流活动在湖南农业大学举行。望城区委常委、宣传部部长、副区长姚建刚出席活动并致辞。各科研院校负责人、农业领域专家教授、望城国家农业科技园区企业法人出席活动。望城国家农业科技园区与湖南农业大学签订科技合作协议。柯柯农业、聚生源农业、都敖农业等8家企业与湖南农业大学、中南林业科技大学、湖南师范大学等5家科研院校签订合作协议,校企双方将共同致力于果蔬贮藏保鲜与商品化处理、槟榔芋(香芋)深加工系列产品开发、南方鲜食枣无公害栽培等8项技术的成果转化,推动望城区农业科研项目孵化、特色农业发展。

【园区“三一”粮食高产工程项目实现双杂双超目标】 11月4日,长沙市农业局牵头组织相关单位的专家,对望城隆平高科新康种粮专业合作社和沙道湾种植合作社两个示范点晚稻进行测产验收。专家组各选取三块具有代表性的稻田进行实地测产,示范品种分别为五优308和春优84。通过毛谷称重、GPS测面、水分测定、去除杂物等测得实际产量,平均亩产分别为602公斤和722公斤,两个示范点早、晚两季合计,平均亩产分别达到1210公斤和1282公斤,创下区粮食产量大面积示范的历史新高,实现双杂双超亩产超过1200公斤的目标,初步探索形成双季稻高产区“双超”栽培技术模式,起到良好的示范推动作用。“三一”粮食高产工程是袁隆平院士倡导实施的“三大粮食增产科技工程”之一,项目研究由湖南杂交水稻研究中心主持。2014年,湖南望城国家农业科技园区作为该项目的具体实施单位之一,通过精心组织,科学实施,获2015年度超级杂交稻“三分田养活一个人”粮食高产工程先进示范基地称号。

铜官循环经济工业基地

【概况】 铜官循环经济工业基地管委会内设监察室、办公室、产业发展和社会事务处、招商合作处、投融资管理处、规划建设工程管理处6个机构,有干部职工64人。2015年度完成工业总产值67.1亿元,同比增长40.3%;完成固定资产投资74.3亿元,同比增长153%;实现税收6611万元,同比增长56.44%(不含长沙电厂)。

招商引资方面。突出招大引强、产业集群的招商理念,紧扣新材料、新医药两大主导产业,在项目质量和落地建设上下功夫,派专员前往北京、深圳、东莞等地驻点招商,精准定位。2015年引进方盛制药、九典制药(托阳制药)、金驰技改项目落户园区(三家产值均过10亿,其中方盛制药投资过10亿元),产业聚集程度高。与兄弟园区、高校分别建立交流平台,实现资源共享,合作共赢。

项目建设方面。强化“保姆式”服务,在规划、建设等核心审批部门实行“模拟审批”工作模式,协助企业高效完成各类审批工作,促进竣工、投产、达效。金驰、博奥、新宇、湘鑫等12个项目实现新投产(含新雅内小微企业),盈成、华纳大、巨星等12家企业开工建设,尤其是湘江关西涂料年产“18万吨水性汽车涂料及6万吨树脂”项目的开工建设，标志着园区又一重点建设项目取得突破性进展，成为铜官工业园打造新材料主导产业的龙头企业。全力做好企业帮扶工作，积极帮助园区企业融资贷款，通过开展银企对接会、引进担保公司等方式帮助汉联国际、盈城油脂、湘鑫科贸、同远建材、博奥玻璃等企业融资8500万元；联系金融证券办、投资银行、券商等金融机构来园区指导企业进行上市、发债等新融资方式的探索；成为湖南省创新创业园区“135”工程重点扶持园区之一，为入园企业争取贴补资金520万元。

园区建设方面。争资融资成效明显。依靠盘活现有资产、园区名下各平台公司相互担保等形式，全年共计争取各类资金2.84亿元。推进土地征拆。完成五杉路、祥和再生资源、湖南高速、华纳北向等项目共21.4公顷土地征拆扫尾工作，实现征拆扫尾项目清零。办结用地手续。批回2014年上报的18.1公顷用地，以及2015年包装的15.1公顷用地，并完成园区所有招商项目(66公顷)的立项、可研、蓝线等用地报批前期工作，为保障2016年用地需求打下基础。完善基础设施。完成铜官大道、花果路、白杨路等道路绿化亮化；启动五杉路建设，并完成400多米路基及排水工程建设；热网三期约4千米长的热力管道建成通汽，实现园区热网全覆盖；启动铜官集镇污水入园泵站及管道工程泵站及管道建设。

铜官循环经济工业基地

党工委书记	郑以仁(11月任)
	刘 彪(11月免)
管委会主任	丁永胜(12月任)
	毛 斌(12月免)
党工委副书记、副主任	丁永胜(12月免)
党工委委员、副主任	黄勇军
	虢 军

金驰能源

【召开2015年度银企对接会】 7月15日，铜官园区召开2015年度银企对接会。市公积金中心以及中心归集处、区公积金管理部、工商银行、建设银行、交通银行、滨江保安服务公司、中石油长沙油库、新雅创业园、三环颜料等负责人参加会议。会议由党工委副书记、管委会常务副主任丁永胜主持。会议包括市住房公积金管理中心宣传公积金缴存政策、滨江保安服务公司介绍安保服务、各金融机构介绍其业务和产品、与会企业畅谈发展中遇到的资金和政策障碍、展开讨论等内容。银企对接会有利于发现商机，促进合作共赢，实现园、银、企共同发展。

【湘江关西涂料(长沙)有限公司“年产18万吨涂料及6万吨树脂”项目开工】 11月16日，湖南湘江关西涂料(长沙)有限公司(以下简称“湘江关西”)“年产水性汽车涂料18万吨及树脂6万吨”项目举行开工仪式。副区长杨利成宣布项目正式开工。区发改局、工信局、公安局、商务局、工务局、铜官园区、铜官镇、东城镇以及湘江关西主要负责人参加。湘江关西“年产18万吨涂料及6万吨树脂”项目是2015年市区重点工程，选址铜官循环经济工业基地，投资12亿元，用地23.7公顷，分两期建设，一期预计2018年6月建成，项目建成后，预计年产值可达50亿元，年税收3.2亿元以上，可提供就业岗位1000余个。

滨水新城

【概况】 2015年，滨水新城管委会内设综合管理部(加挂项目管理服务中心)、规划建设部、招商项目部、滨城投资开发有限公司，共有干部职工27人(含政府雇员6人)。

产业招商成效显著。抽调精干力量常驻深圳开展驻点招商引进工业产业项目，同时配合滨江区域规划优化提升引进高端现代服务业项目。全年引进证通电子互联网大数据科技产业园、安多福、澳优乳业总部等优质项目5个，其中投资额超50亿的重特大项目1个。全年参与第十七届中国(深圳)国际高新技术成果交易会、东莞市长沙商会成立庆典暨招商推介会等各类大型招商引资宣传推介活动5次；组织深圳投资商超百人团队17批次考察望城投资环境，组织并接待全国各地现代服务业项目考察团队30余批次。

项目服务精准高效。全年管理服务重点工程项目13个。其中政府投资项目2个:雷锋公园多次承办省、市、区组织的大型活动;滨水新城医院于11月20日举行开工仪式进入基础施工阶段。社会投资项目11个:永通汽车城二期保时捷4S店、福特4S店相继建成并于9月份投入运营,4.6万平方米综合公寓楼主体封顶;明发商业广场北区商业02栋商业街主体竣工;万泰国际大厦、新奥燃气总部项目完成主体施工,进入装饰及配套工程施工阶段;九城汽车城精品店1.2万平方米主体封顶;红星美凯龙家居建材广场开工建设,基坑已开挖至-9.3米,完成90%,一级放坡已完成100%;正荣·财富中心南一批1~5栋住宅建成封顶,北地块商业于9月份集中开盘;明发国际城、新奥佳园、澳海·澜庭(月亮湾)、新城·国际花都等房地产项目顺利完成建设并纷纷交房。按照合同履约情况,全年共解约项目2个(未实际履约的湖南望城国际商贸城项目、项目方无实力履约的游艇俱乐部项目)。

新城规划日趋科学。完成《长沙市望城区滨水新城"十三五"发展规划》《长沙市望城区滨水新城新型城镇化规划》《长株潭绿道网望城片绿道水系建设前期研究》三个规划研究工作。参与滨水新城规划提升的前期论证工作,包括滨江地带产业策划与总体城市设计、滨水新城核心区控制性详细规划优化提升、腾飞路设计、潇湘北路设计、南公园设计等。

滨水新城管理委员会

党工委书记	余学辉(12月任)
	谢　进(12月免)
党工委副书记、管委会主任	余浩宇
党工委委员、管委会副主任	何建国(兼)
	张朝辉
	肖　宇

【证通电子互联网大数据科技产业园落户望城】 10月30日,证通电子互联网大数据科技产业园正式签约落户望城区。该项目计划总投资50亿元,一期用地约8.9公顷,建设大数据、云计算产业基地,打造长沙大数据中心,预计整个项目年产值将达80亿元以上。深圳证通电子股份有限公司主要从事安全支付行业、自助服务行业的产品研发、生产、销售及应用集成服务,致力于构建以安全支付为中心的产业生态圈、金融电子、互联网金融、云计算等业务板块协同发展。证通电子的通信产品、密码键盘年生产能力达100万台,自助产品年生产能力达10万台,传统金融支付产品年生产能力超过了100万台。

农业·气象

【概述】 2015年10月,全区实施机构改革,将区委农村工作部(区政府农村工作办公室)的职能、区农业局的职能、区林业局的职能、区商务局牲畜屠宰监管职责、区畜牧兽医水产局的行政职能、区动物卫生监督所的行政职能整合,重新组建区农业和林业局,为区政府的工作部门,挂区委农村工作办公室牌子。内设办公室、粮油生产管理科、蔬菜和经济作物管理科(加挂区蔬菜工作领导小组办公室牌子)、农村经营和农林企业管理科(加挂区农民权益维护和农民负担监督管理办公室牌子)、农林企业资源保护科(加挂区山林权属管理办公室牌子)、造林绿化科(加挂区绿化委员会办公室牌子)、扶贫开发办、政策法规监督科(加挂行政审批科、农产品质量安全监管科牌子)、计划财务科、监察室10个科室,局系统共有干部职工199人,其中谢建虎、侯晓阳、李炳炎、谭锷泉、卞海清、徐友德同志到龄改为非领导职务。2015年,获评全省粮食生产优秀区,农机安全目标管理先进单位,农机统计工作先进单位。周立仁同志被授予全国绿化奖章。

稳定粮食生产,提高全区粮食产能。完成新增粮食产能田间工程项目的规划设计,施工设计和勘探。加强耕地抛荒督查。局班子成员每人带一个督查组,采取定期和不定期形式,分别联系指导督查乡镇(街道)治理抛荒工作情况。稳步推进粮食生产。每个乡镇(街道)均明确粮食种植面积任务,必须严格完成粮食生产种植面积,并明确6个高产创建基地,确保粮食产量。提升春耕备耕。认真做好冬种工作,特别是油菜的播种,全区集中育秧面积往年大幅度提升,有效地增加了早稻种植面积。面向全区发放低镉水稻品种种子,逐步提高水稻品种质量。

优化平台服务,助推现代农业发展。抓好全区629家休闲农业企业的提质改造,助推区内休闲农业上台阶、上档次、上水平。支持农副产品加工企业八佳兴、斌辉、开天等农产品加工企业,提升农业附加值,建设农业品牌;支持蔬菜产业示范园的续建工作,做好基地的扩面提质,园内基础设施建设工作,做好辣椒博物馆、都市农业馆、生态体验馆等的建设工作,逐步推进全区蔬菜企业抱团经营,构建捆绑营销新模式;开展省、市、区示范合作社创建工作,助推家庭农场规范化,2015年新增41家,全区农民合作社总数达到562家,确定市级为民办实事示范社2家,组织合作社分类评级48家;根据湖南省农业委员会《关于申报2015年省级财政预算农业专项项目的通知》要求,做好省级农业项目的申报工作,并对后期跟进、组织实施、验收达标等提供指导;做好农民教育培训、农业生产执法、农机安全生产、农产品安全检测工作,提升农产品质量,对农产品生产、加工和经营者加强安全教育和职业道德培训,完成农业专项技术培训1248人,农业职业技能培训356人,新型职业农民培训425人,完善农业投入品长效监管机制,统一供应种苗、统一配送农资、统一技术规范、统一质量检测、统一收购销售,提高基地标准化管理水平,加强农机推广,落实农机购置补贴资金,进一步健全区、乡、基地(市场)三级检测体系,建立农产品市场准入制度。全年共完成蔬菜抽检5426批次,合格率为99.98%。

开展造林绿化,推动示范创建工作。截至2015年年底,全区有林业用地面积26503.2公顷,森林面积26167.1公顷,森林覆盖率为27.44%,林木绿化率为34.11%,活立木蓄积量为168.95万立方米。开展造林绿化建设。全区全年共投入造林绿化资金约6亿元,完成造绿总面积1666.7公顷,完成年度总任务的104.2%。全面完成省市下达的营造林工程任务,包括血防林66.6公顷、油茶新造133.3公顷(不含巩退项目)、低产林改造266.6公顷、未绿地乔木造林266.6公顷、优材更替66.6公顷、速生丰产林50公顷、面上其他造林533.3公顷,完成封山育林466.6公顷。完成全市环城绿带建设望城段12.3公里的初步调查和造价测算,并实施单侧长2.7千米、宽100~130米、绿化(含补植)面积27.8公顷的环城绿带示范段项目建设,树木长势良好。加强九峰山、团山湖、英雄岭、众兴社区等10个创建市级绿色示范村庄(社区)的绿化美化,桥驿、铜官集镇争创市级绿色示范集镇达标。

强化资源管护,严格规范林业执法。征占用林地报批严格按规定办理,全年共申报50个征占用林地项目,征占用林地160公顷,收缴森林植被恢复费约2000万元,征占用林地初审率为100%。加强对公益林的管理,全区共有市级以上公益林7986.6公顷,按照生态效益补偿资金发放标准,将国家、省及市级生态补偿资金共计299.2471万元以"一卡通"方式或集体林地以"统一拨付"发放到各相关林业站、村委会及林权所有人。规范木材采伐经营加工运输管理,做好83户木竹经营、加工许可证登记换证工作;在省下指标内办理"林木采伐许可证"8张,采伐蓄积3077立方米,出材量1943立方米,办理木材运输2126立方米。开展湿地保护,全区有8公顷以上的湿地11912.72公顷,纳入保护面积6409.6公顷,占53.8%。做好林业有害生物防治工作,加强病虫监控预警,采购一批药品对重点路段和一般发病区域分类防治。推进林业专业合作组织建设,累计建立林业合作专业社77家,严格按程序依法依规审批森林资源流转8宗20公顷,受理林权纠纷8起办结7起。推动林下经济发展,桥驿镇峰北村土地专业合作社获评"省级林下经济示范基地"。推进森林保险工作,区财政每年支付17.6万余元用于商品林及市县级公益林保险。加大林业执法力度,结合开展"春季攻势"专项行动,开展护鸟宣传巡查行动、野生动植物保护执法专项行动,打击乱砍滥伐、乱捕滥猎、非法经营野生动物及其产品的违法行为。共查处案件4起,成功处警5起,调处纠纷2起。抓森林消防设施、队伍建设,组织区森林防火队伍经常性严格训练,建成望城区森林防火信息指挥系统,新建生物防火林带约20公里,全年仅发生森林火灾1起,过火面积0.2公顷。

树立标杆示范,推进城乡融合发展。认真落实市委〔2015〕1号、〔2012〕13号文件精神,牵头协调指导铜官镇样板镇、乔口镇特色镇建设,树城乡融合发展试点镇"标杆"。区配套建立5643万元专项扶持资金,并整合财政涉农专项资金5061万元,全面推进两镇规划、基础设施、产业、社会事业、公共服务、生态体系"六统筹"。两镇2015年重点推进"六统筹"项目共计29个,总投资25.3亿元,项目投资完成率、开工建设率、竣工投产率均为100%。强力实施"生态、整洁、美化、产业"四大工程,重点打造22个城乡一体化示范村。安排专项资金660万元,严格按照"以奖代补"的形式扶持示范村项目建设。22个示范村共计投入资金8168万元,硬化公里51条65.4千米,绿化美化庭院1872户,道路绿化85条149千米,道路亮化13条25.9千米,建设小憩园36个4.75公顷,发展产业项目122个。指导白箬铺镇加快建成覆盖32平方千米的光明大观园城乡一体化示范片。推广"光明模式",园区内基础设施得到进一步完善,光明蝶谷已陆续接待游客100多万人。

区农业和林业局

党组书记、局长	周立仁
党组副书记、副局长	戴德林
	肖乾坤
区纪委派驻纪检组长	李学文
党组成员、副局长	曹　辉
	庾学军
	凌国刚
	刘立新
	刘健康
	骆孟国
	刘俊杰
	叶干强
	周红宇
	张建林
	严文刚
	卞罗坤
党组成员、农科教办主任	肖剑龙

·农　　机·

【概况】 区农业机械管理局,为望城区农业和林业局二级机构,行使农机管理和服务职能,对全区15个乡镇(街道)农机管理(服务)站业务指导。内设办公室、财务室、管理科,负责管理区农机安全监理站,联系区农业机械公司工作,有干部职工26人(含区农机安全监理站)。2015年,全区推广农业机械1355台套,农业机械总动力发展到59.64万千瓦。

发放购置补贴。全区2015年申领补贴913份,受益农户457户,申购各种农机具1080台套,补贴总额达到1398.82万元。

推广机插技术。全年推广插秧机68台(其中高速插秧机38台套),全区插秧机总量达415台,完成早晚稻机插面积16万亩。依托龙虎农机合作社、喻唯农机合作社等机械化育秧技术推广示范点,负责供应全区15个33.33~133.33公顷机插秧示范区的秧苗。区农机局举办1期农机演示暨机插秧技术培训班,培训270余人。省农机局在望城举办湖南省水稻全程机械化使用与维护技能首期培训班,全区农机使用与维护技术人员的操作维护技能有明显提高。12月,望城区农机推广示范项目通过农业部考核,被列入2016年全国机插秧技术推广示范县(区)。

推进合作社建设。区农机局以推进农业机械化科学、协调、可持续发展为目标,把发展新型农机专业合作社作为建设农机社会化服务体系的主要方向。全区农机专业合作社的发展已见成效,在数量上由少到多,组织化、规模化、产业化程度不断提高,已经成为全区农机社会化服务体系的重要力量。截至2015年年底,在区农机局备案的新建农机合作社有41家,望城区中建农业机械专业合作社等14家农机合作社成功申报湖南省"百千万"工程项目。

严格依法行政。严格牌证管理,农机监理站办理新车上户142台套,全年新发、换发、补发驾驶证2929本,新发、换发、补发行驶证217本,年检、补检车辆729台,过户车辆119台,在检农用拖拉机交强险投保率100%。严抓安全整治,农机监理人员上路出勤95人/次,查检车辆620台/次,查处生产安全隐患21起,违规车辆126台次,下发扣车通知3份,警告教育180余人,大大提高了农机手的法律意识和安全防范意识,使农机安全生产隐患排查专项整治工作取得阶段性成果。加强安全宣传教育,结合"九打九治"(打击非煤矿山企业无证开采、超深越界开采行为,整治图纸造假、假整合以及水害防治措施不落实问题;打击破坏损害油气管道行为,整治管道占压及周边乱建乱挖乱钻、安全距离不足的问题;打击无资质、无手续非法施工行为,整治蹭蹭转包、非法挂靠问题;打击客车客船非法运输和货运车辆非法运输危险品行为,整治无证经营、挂靠经营、超载、违规装载和GPS动态管理制度问题;打击无证驾驶、酒后驾驶行为,整治超速、超员、疲劳驾驶、闯红灯、占用应急车道、不礼让斑马线和长途客车夜间违规行驶问题;. 打击无证非法经营储存烟花爆竹行为;打击“三合一”“多合一”违法生产经营行为,整治人员密集场所和劳动密集型企业安全出口不畅通、安全设施缺失损坏等问题;打击非法生产、经营、储存、使用危险化学品行为,整治无证或者超许可范围从业、违反作业规程、安全距离不足等问题;打击存在粉尘爆炸危险性企业非法违法生产行为,整治违规动火用电、通风除尘防静电措施不落实等问题)“安全生产年”“平安农机”创建活动要求,区监理站深入开展农机安全生产宣传活动,共发放《农机安全生产知识》《湖南农机杂志》1500余册,免费发放反光标志4000余张,1场农机安全知识咨询,参教机手200多人次。积极开展“平安农机”创建,郭亮村被评为2015年度长沙市“平安农机”示范村。（刘　庆）

区农业机械管理局

局　　长　庾学军

【举办机插秧演示及购机补贴培训】 4月14日,区农机局在新康乡兴旺村举办了一次机插秧演示及购机补贴培训班,区财政局、区农机局领导、各乡镇农机站(农办)负责同志、农机合作社负责人及全区种粮大户均200余人参加。培训现场先后由区农机局副局长就农机购置补贴工作和现代农机专业合作社申报全省“百千万”工程工作做动员,区财政局农财科科长就农机购置补贴及规范农机合作社财务工作做辅导,区纪委派驻农业局纪检组长对农机补贴纪律进行了强调要求,靖港农业农机专业合作社理事长讲授育秧技术,湖南湘田农机有限公司工程师讲授插秧机操作技术。在演示现场,重点演示了各型插秧机的操作,众多参观的种粮大户和周围农户都对插秧机使用表现出浓厚兴趣,对在全推广插秧机和提高望城农业机械化水平起到良好的示范推动作用。

养　　殖

【概况】 2015年,区畜牧兽医水产局内设办公室、畜牧兽医科、水产科(加挂渔政执法队牌子)、法制科4个科室,在职在编干部17人。直属二级机构有区乔口渔场、区动物卫生监督所和区动物疫病预防控制中心。全区全年出栏生猪114.64万头,出笼家禽326.18万羽,水产养殖0.8万公顷,水产品总量2.6万吨,养殖业总产值25.46亿元。

推进畜禽标准化养殖。坚持退养与改造结合,对禁养区、限养区、适养区分类管理。湘江干流两岸畜禽规模养殖场退出养殖场186家。严格动物防疫条件合格证审批发放标准,从严审查防疫条件,对没有与生产规模相适应的无害化处理、粪污处理设施设备的,坚决不予批准。科学利用国家生猪调出大县奖励资金,引导适养区内133家畜禽规模养殖场和畜禽养殖密集区域进行粪污综合利用设施设备建设与改造,推广四级化粪池、种养平衡等技术,落实粪污治理和环境整治。持续推行畜禽标准化生产创建,通过建设雨污分离、沼气池等粪污处理设施,建设病死畜禽无害化处理设施,应用干湿分离技术等,实现粪便和其他废弃物循环综合利用,13家养殖场通过市级标准化养殖场验收,全区年出栏500头以上的生猪规模养殖场标准化生产率80%。

推进现代渔业转型升级。推广健康养殖,以创建“全国水产健康养殖示范县(区)”为抓手,完成标准化鱼池改造133公顷,团头湖、六叉湖等667公顷水面改投饵施肥为生态养殖,新增水产品健康养殖场122户、540公顷,18个养殖场获批“农业部渔业健康养殖示范基地”,全区水产品健康养殖面积4400公顷。发展特色养殖,开天新农业、都遨农业、长辉农庄、金豆豆、卓柱农业等翘嘴红鲌主养水面387公顷;八百里水产、金成水乡等生态甲鱼养殖面积200余公顷;黄颡鱼养殖33公顷,河蟹养殖66.7公顷,小龙虾养殖73公顷,成为特色养殖的新宠;虹鳟、锦鲤、金鱼、鲈鱼、泥鳅等工厂化养殖品种取得新突破,养殖密度大幅增加,全区名特优新品种养殖面积2000余公顷,其产值占渔业总产值的56%。注重品牌培优,23个水产品生产基地通过无公害认证和绿色认证,8个水产品通过无公害水产品认证,1个水产品获得绿色认证。认证基地规模4267公顷,占全区集约化养殖水体的80%,涵盖全区主要鱼类产品。休闲渔业全年争取财政专项投入600万元,带动企业投入8000万元,新增产值2亿元。全区休闲渔业单位达200家,2家单位获批部级休闲渔业示范单位,3家单位获省级休闲渔业示范单位称号。开天、八百里、千龙湖、都遨等12处养殖基地建成渔业生产在线监管系统,在金豆豆建成全省第一个“互联网+渔业”水产网络监控中心,实现企业生产全程视频监控、水环境自动监控和远程诊断等在线技术服务。全面启动5个水产品质量安全监测点的检测工作,监督水产苗种生产场、质量安全监测点和规模养殖场落实承诺制,使用二维码可追溯产品标签10000个,初步形成水产品追溯体系。渔业环境不断改善。落实2015年湘江望城段春季(4—6月)禁渔,依法整治非法捕捞行为,放流优质“四大家鱼”鱼苗32万尾。

推进动物防疫免疫工作。组织开展春季、秋冬季集中免疫和平时申报免疫,全面落实高温季节查源灭原、养殖场防疫监管巡查等各项综合防控措施,春秋两季猪瘟、高致病性猪蓝耳病、口蹄疫和高致病性禽流感等强制免疫病种畜禽群体免疫密度维持在90%以上,其中应免畜禽免疫密度100%,免疫抗体合格率70%。开展疫病监测预警,定期、不定期对全区乡镇、街道的存栏畜禽采样送检,全年共采集各类血清样3000例送检,没有出现异常情况。开展2次H7N9流感集中监测,对环境样品监测为阳性的2个农贸市场启动预案,工商、卫生介入,休市1个月,对存笼活禽无害处理,对市场全面消毒。开展人畜共患病监测,对血吸虫病疫区的存栏牛、羊开展普查,查病结果均为阴性;对3个大型奶牛场进行牛结核菌素试验和布鲁氏菌病试验,结果均为阴性,有效阻断人畜共患病的感染和传播,降低社会公共卫生风险。

推进动物卫生执法监督。严把生产源头关。实行养殖场检查痕迹化管理,建立官方兽医巡查监管制度。开展"瘦肉精"、生鲜乳、兽药、饲料、水产苗种、健康养殖等各类专项整治,督促养殖场严格动物用药和休药制度,强化投入品监管,督促企业自律,26家兽药生产经营企业、58家饲料生产经营企业诚信档案建档率100%。严把监督执法关,设置14个动物检疫申报点,执行产地检疫申报制,严格执行屠宰检疫操作流程,严把入场监督检查、待宰巡查、同步检疫和无害化处理"四关",人员到岗、行为到位,确保屠宰环节不发生质量安全事件。全区各乡镇、街道成立无害化处理巡查组、处置组,实行动态巡查,及时开展病死畜禽无害化处理,防止病死畜禽传播疾病、污染环境、流入市场。加大违法违规行为的查处力度,共立案查处5起,结案5起。严把抽样检测关,实行临栏检测与市场检测结合、生猪产地检疫与"瘦肉精"检测同步进行,全年共抽检7930例,未检出阳性。实施水产养殖定性快检2265例,合格率99.9%。定期、不定期进行畜禽水产品抽检,共抽检179例,合格率100%。

(唐　阁)

区畜牧兽医水产局

局　　长	胡阳光(12月任) 李雄壮(12月免)
副 局 长	姚建飞　严佑红 肖志强　彭　力 刘鹏飞
工会主席	王望城

水　　务

【概况】 区水务局内设办公室、纪检监察室、人事教育科、财务科、计审科、河道堤防与安全饮水管理科、水政水资源科、农水科,加挂区防汛抗旱指挥部办公室牌,下属二级水务机构11个,归口管理单位1个,业务指导水管单位7个,2015年有在职在编干部176人。

2015年,全区有33.33公顷以上堤垸22个(湘江干流堤垸14个),其中66.67公顷以上的9个,666.67公顷以上堤垸7个,6666.67公顷以上堤垸1个;一线堤防164.3千米(湘江干流堤防69千米),总保护面积24000公顷;水库44座,总库容3610万立方米,其中中型水库1座、小Ⅰ型水库7座、小Ⅱ型水库36座。

推进项目建设。2015年,全区铺排水利工程7200处,已完成整体任务的99%。其中沩水南岸、石渚河项目区完成堤防加固、岸坡整治、河道清淤疏浚、河道清障、涵管重建;桥驿、丁字、茶亭、乌山等农村饮水安全工程入户通水;41处堤防、撇洪渠、水库、管闸、机台等处险正抓紧扫尾;铜官电排主渠、苏蓼垸排渍渠治理等5处人大建议、政协提案项目和533.33公顷山塘清淤、25处机埠改造基本完工。争取上级水利资金3.3亿元,其中中央财政小农水重点县项目第五批资金、国家中小河流治理试点县、沩水水闸、高裕及胜利垸城市防洪资金基本到位,乔口防洪闸治理等挤进国家病险水闸除险计划。主动跟进重大项目、重点工程建设,专人驻守现场落实一路一园建设,超前完成鸿荣源一期项目和道路建设5户近1000平方米拆迁;湘江西岸防洪工程进入"绿色通道"申报,争取政策性银行贷款36亿元;湘江长沙枢纽库区二期水利配套接受省、市验收,实现

水利部水资源司副司长石秋池(前排中)到望城考察半岛水利风景区

湘江长沙综合枢纽“一蓄两通”。

规范水务管理。充分做好防汛准备,加强工程维护监管。认真做实前期准备,完善防抢预案,快速应对几轮集中降雨,确保全区安全度汛。区属水利设施管理站所认真落实责任,严格规程,常态管护,保证了正常运行;按受益人口20元/人/年标准常年补助农村安全饮水工程;新建成水利工程都及时移交管理,明确责任;其他水利设施基本做到有人管事、有钱办事、有章理事。全面推进依法治水,巩固水利发展成果。主动协调行政综合执法等方面,加强水域、水工程及河道监管保护,依法查处违法行为。树立绿色发展意识,全面落实生产建设项目水土保持方案编制、实施、监测、验收。严格监管取水、用水、排水等三个重点环节,执行最严格的水资源管理制度,严守水资源红线;归口“窗口”在线及时办结行政审批。严格项目程序操作,完善廉政防控体系。水务工程项目实施、资金使用管理都进入“制度+科技”廉政风险防控系统,各环节按程序操作,项目资金按进度比例拨付,工程结算基本控制在合同价之内。同时,主动接受国务院为民办实事督查组和上级审计检查,及时整改问题。

区水务局

党组书记、局长　朱起志(12月任)
　　　　　　　　何义辉(12月“改非”)
副　局　长　谭正荣　吴世昌
　　　　　　虢昀晖(12月任)
　　　　　　彭　文　周建清
　　　　　　陈　知(12月“改非”)
总 工 程 师　陈凡辉
纪 检 组 长　王伶辉

【望城半岛水利风景区获评省级水利风景区】 12月,经省水利厅水利风景区评审委员会审定,望城半岛水利风景区为湖南省第十二批省级水利风景区。望城半岛水利风景区位于望城城区西部,东临湘江,南依沩水、西有八曲河环绕,三面环水,总面积9.91平方千米,其中水域面积3.64平方千米。望城半岛水利风景区以“城水交融,活力新生”为核心特色,由长沙市望城区水利建设投资管理有限公司规划建设管理。景区依托区域内错落有致的湖泊湿地及城市防洪工程而规划建设,通过对景区内各项水利工程建设和水利风景资源保护利用,形成水资源丰沛、河湖贯通、调蓄滞洪功能完善的水系网络,并与望城城区形成城水交融的空间格局和公园式城区的景观风貌。截至2015年年底,已完成沩水水闸、防洪工程等水利工程建设,黄金水道、新老沩水连通等水生态环境治理快速推进,景区配套服务设施逐步完善,景区持续开发与管理机制日趋成熟,累计完成投资近20亿元。

气　象

【概况】 2015年,区气象局内设办公室、业务科、气象台、防雷办和公共服务中心,有干部职工19人(含防雷中心5人)。

气象为农服务工作。“直通式”服务对象629户,较2014年增加47户,涵盖区内所有种粮大户、蔬菜大户、水产大户、休闲农业等新型农业经营主体。开展粮食、蔬菜、水果、养殖等精细化为农服务,制作发布《气象为农服务周报》《农业气象灾害预警》、关键农事服务专报等多样服务产品。特聘3名农气专家为农业气象服务顾问,针对双季水稻生产开展调研和技术指导。组织召开全区粮食生产气象服务座谈会,与20多名种养大户共同商讨粮食生产面临的灾害问题,研究部署2015年气象为农服务工作,探索“互联网+”服务形式,开发微信公众号“望城天气”。气象为农服务工作得到中国气象局检查组的充分肯定,获评全国第二届“三农科技服务金桥奖”先进集体。

基层现代气象服务体系建设工作。2014年,望城纳入全省基层现代气象服务体系建设试点单位(以下简称“基层气象试点”),启动气象服务体系硬件建设工作。2015年6月,将基层气象试点工作纳入全区全年全面深化改革工作重点,确定3大块9个方面的实施内容,明确2016年底全面完成。截止至12月,新建的业务楼、生活楼以及气象观测站全部投入使用。

气象防灾减灾工作。2015年,区委、区政府首次将气象防灾减灾纳入对全区乡(镇)、街道绩效考核指标。6月,全区气象灾害防御应急指挥部工作会议召开,会议审议并通过《长沙市望城区气象灾害防御应急指挥部成员单位工作职责》《长沙市望城区气象灾害防御应急指挥部2015年工作重点》。11月,在区委、区政府的支持和指导下,出台《长沙市望城区气象灾害防御规划(2015—2020年)》《长沙市望城区气象灾害防御应急预案》,12月底5个气象防灾减灾示范社区建设任务全部完成。

区气象局

局　　长　黎跃勇
副 局 长　黄继红　邹　胤

【气象工作纳入地方全面深化改革工作要点】 6月10日,区委、区政府下发《关于印发〈中共长沙市望城区委全面深化改革领导小组2015年工作要点及责任分工〉的通知》(望办发〔2015〕17号),铺排9大类57项重点改革任务,推进基层现代气象服务体系建设试点纳入到全区全面深化改革工作要点的第3大类、第25项。通知明确,区委、区政府联系具体改革工作任务的责任领导和牵头单位,到2016年底全面完成望城基层现代气象服务体系建设试点。通知要求,推进构建气象服务主体多元化的体制,建设现代化气象服务业务,建立法治化的气象服务管理体系,提高公共气象服务和防灾减灾效益,提高基层气象灾害防御能力和公共气象服务均等化水平,为经济社会更好更快发展、全面建成小康社会提供强有力的气象服务保障。

【区政府专题部署气象灾害防御应急工作】 6月29日,区人民政府召开全区气象灾害防御应急指挥部(以下简称"指挥部")工作会议,指挥部29个成员单位、19个乡镇(街道)的负责人参加会议。区委常委、宣传部部长、副区长姚建刚出席会议并讲话。会议听取指挥部副指挥长、区气象局局长黎跃勇关于全区气象灾害防御应急工作的情况汇报,审议并通过《长沙市望城区气象灾害防御应急指挥部成员单位工作职责》《长沙市望城区气象灾害防御应急指挥部2015年工作要点》等制度文件,安排部署6大类19项具体工作任务。

【获评第二届全国"三农科技服务金桥奖"先进集体】 11月26日,区气象局应邀出席中国技术市场协会在成都举办的全国"三农科技服务金桥奖"颁奖大会,获评全国"三农科技服务金桥奖"先进集体。"金桥奖"是经国家科学技术奖励工作办公室授权设定的奖项,每两年评选一次,表彰在科技成果转化、技术市场建设、促进科技进步和高新技术产业化工作中突出的先进集体、个人和优秀科技成果转化项目。望城区气象局围绕气象防灾减灾和"三农"专项服务,开展气象为农服务新产品、新技术、新成果的转化和推广应用,开展农业气象灾害气候风险区划和双季稻安全高产农业气象实用技术研究,加大对种粮大户的"直通式"服务力度,在湖南乃至全国实现三个"率先"引领项目,即率先建成农村气象广播系统,率先建成全国标准化现代农业气象服务县,率先创建现代农业气象服务超市,为促进农业稳定增效、粮食稳产增收做出积极贡献。

农业综合开发

【概况】 区农业综合开发办公室为区财政局副科级二级机构,承担国家农业综合开发项目及现代农业项目管理与实施,2015年,有干部职工7人。

着力土地治理。2015年,农业综合开发第一批土地治理项目辖东城镇东闸、苏蓼2个行政村,项目争取上级财政投资1421万元,本级配套200万元,建设高标准农田726.7公顷,新建电力排灌站4座,灌排渠系工程衬砌7.72千米,渠系建筑物9座,新修及改建机耕路5.08千米。农业综合开发第二批土地治理项目为种粮大户试点,新康乡六合围村王成种粮大户项目争取上级财政投资140万元,建设高标准农田66.7公顷,灌排渠系工程衬砌2.26千米,新修及改建机耕路1.98千米。茶亭项目片的茶亭镇谭家园村高标准农田建设项目,争取上级财政投资200万元,建设面积93.3公顷,灌排渠系工程衬砌3.37千米,加固、扩容骨干山塘1座。

助力农业产业发展。2015年国家级农业产业化经营项目2个,分别为长沙市望城区66.67公顷优质蔬菜种植扩建项目和长沙市望城区101.33公顷高档优质稻种植新建项目,项目投资128万元和148.4万元,争取上级财政投资分别为84万元和98万元,建设钢结构设施大棚18353平方米,滴灌设施5200米,新建多功能育秧大棚3840平方米,育秧大棚周围沟385米,新修砂石机耕道2200米,沟渠1320米,新修下水道120米。

聚力农业公园建设。财政牵头,整合涉农资金,聚力建设苏蓼垸现代农业公园。整合现代农业项目财政资金500万元,水利冬修项目财政资金500万元,交通局农村公路建设资金180万元,农业综合配套改革试验区管委会建设花园式现代农业产业园资金200万元。

(罗　腾)

区农业综合开发办公室

主　　任　叶罗生

工 业

【概述】 区经济和信息化局加挂区企业转机改制工作领导小组办公室、区加速推进新型工业化工作领导小组办公室牌子。2015年,局机关在职干部职工20人,内设办公室、规划发展科、工业企业科(加挂望城区国有工业企业改制遗留问题处理办公室牌子)、法制信息科、陶瓷产业科5个职能科室,下辖城镇集体工业联社1个二级机构。

工业经济平稳较快增长。工业总量快速增长。全区完成工业总产值1098.6亿元,增长15.4%;完成规模工业产值1004.7亿元,超年初目标任务44.7亿元,增长16.3%,占年计划的104.66%;完成工业投资389亿元,增长26.7%,占全区年度固投完成值的57.12%;规模工业实缴税金18.7亿元,增长22%,工业对财政的贡献率稳步提升。重点企业发展迅速。全年新增规模企业69家,超年计划29个,产值过亿元企业达147家,产值达到5亿~10亿元企业14家,过10亿元企业9家,晟通科技年产值达到353.5亿元,金龙集团年产值达到120.97亿元。优势税源企业不断壮大,新增税收过千万企业10家,达到25家。

产业结构稳步调整优化。主导产业优势凸显。有色金属材料、机械制造、食品医药三大产业领跑全区工业经济发展,完成规模工业产值765.5亿元,占全区规模工业产值的76.8%,同比增长16.2%,其中有色金属新材料产业完成产值517.9亿元,同比增长16.6%;先进装备制造产业完成产值124.6亿元,同比增长9.1%;食品医药产业完成产值125.9亿元,同比增长22.5%。工业园区稳步发展。"一区两园"累计完成规模工业产值744.8亿元,同比增长17.9%,占全区规模工业产值的74.1%。其中,经开区完成649.5亿元,占全区规模工业产值的64.6%。企业向园区聚集,园区的承载功能凸显,成为望城工业发展的核心增长极。

项目工作取得明显进展。项目建设稳步推进。全区铺排工业项目65个,计划投资63.2亿元,天马灯饰、赛特汽车、恒飞电缆、华纳药厂、东旺食品等一批重点项目正在进行主体建设,天卓塑胶、梦洁家纺、有色靶材、广欣化工、天赐宝科技等项目已投产,全年竣工投产项目27个。项目引进取得突破。围绕主导产业、大项目招商,充分利用各种招商信息渠道,储备、搜集重点项目,引进证通电子互联网大数据科技产业园、光智通讯光器件产业园、中粮可口可乐华中项目、生命元医药生产销售总部基地等一批投资过亿元工业项目。

新型工业再上台阶。加大政策扶持力度。牵头对"工业18条"政策进行修改完善,突出对优势产业发展、重点项目建设、产值和纳税大户、技术创新升级、节能减排等方面的引导;区财政安排1909万元兑现工业发展扶持奖励政策,进一步激发工业企业投资创业的热情;出台陶瓷产业复兴扶持政策和发展规划,实施铜官陶瓷产业复兴三年行动计划,明确每年安排1000万元专项资金提升产业装备水平和技术创新能力。强化企业服务机制。建立"点对点"企业帮扶制度。采取现场协调、找部门协调、提请领导现场办公、协助区政府召开工业项目问题交办会和竣工验收协调会等方

望城区党政代表团参观醴陵首届湖南陶博会铜官陶瓷主题馆

式，协调解决旺旺乳饮货车限行、长缆电工水电供应、湘江涂料燃气安装、赛特汽车消防备案等一系列问题。完善银企对接机制。配合区金融办搭建融资对接平台，加强对拟上市公司的培育辅导和协调服务。华望科技在新三版挂牌，海旭陶瓷与券商签订在新三版上市协议。实行“一窗受理”审批模式。政务服务中心设立“一站式办结”窗口，行政审批效能进一步提速，企业发展环境进一步优化。突出工业运行调度。对重点行业、重点企业实行实时监测，定期召开经济运行调度会，及时解决重点企业存在的困难和问题，稳定工业经济增长基础。深入企业调研，摸清企业生产经营情况、目标完成情况，走访发展前景较好的小企业，争取加入到规模企业阵营。罗斯科技、大汉混凝土、湘乔食品等42家企业纳入规模企业范围。推进陶瓷产业复兴。选派优秀干部组成陶瓷产业招商小分队，深入佛山、德化、景德镇、醴陵、新化等地招商，引进艺尚源艺术、逸源陶瓷等16个项目，五行时运、西欧电子、艺行空间等陶瓷企业及黄于刚等多个画家工作室入驻铜官，投资100亿元的新华联项目启动建设。参加首届中国醴陵陶瓷博览会和青岛工艺品博览会等展会，与醴陵市政府签订陶瓷产业发展战略合作协议。盘活存量资产，一厂标准厂房建设已竣工并部分投入使用。先后开展铜官餐饮住宿示范店评选表彰活动、陶瓷产业复兴奖补资金申报工作及首届陶瓷技艺大赛，推动铜官陶瓷技艺传承和陶瓷产业转型创新发展。（文　慧）

区委书记孔玉成（左二）调研经开区有色金属加工业企业湖南金龙集团

区经济和信息化局

党委书记、局长　黄建平（12月任）
　　　　　　　　陈建国（12月免）
党委副书记、副局长　余建龙
副局长　骆质斌（12月“改非”）
　　　　佘君武
　　　　朱尚赤（12月“改非”）
　　　　李建村（12月“改非”）

食品医药

【概况】 2015年，望城食品医药业实现较大幅度增长，食品医药完成产值125.9亿元，同比增长22.5%。新增湖南臻膳堂生物科技有限公司、统盈工贸有限公司、湖南盛世湖湘食品发展有限责任公司、长沙安佑生物科技有限公司、长沙立晔食品有限公司、湖南八佳兴农业科技有限公司、湖南滋儿乐生物科技有限公司、长沙市望城区湘豫食品加工有限公司、湖南聚生源食品有限公司、长沙市贡好食品有限责任公司、喜丹良品（湖南）农业发展有限公司、湖南神龙大丰种业科技有限责任公司、长沙龙虎生态农业科技有限公司、长沙市望城区湘乔农业科技有限公司、长沙市望城区乔香大米加工有限公司等规模食品企业15家，退出的有湖南旺顺食品科技有限公司、长沙市龙润食品添加剂有限公司，搬走的有湖南皇室食品工业有限公司、湖南省鱼羊羊食品有限公司，至年底，有规模企业63家。纳税靠前的企业有澳优乳业（15627万元），旺旺食品（13353万元），长沙素加营养品有限公司（7229万元），英博啤酒（5189万元），光明乳品（1666万元）。（王　顺）

有色金属材料

【概况】 望城拥有全省最大的有色金属制造产业基地，有色金属产业现有规模企业35家，晟通科技、金龙集团两大企业集聚望城经开区，全国唯一的国家有色金属新材料精深加工高新技术产业化基地落户望城。2015年，有色金属产业完成规模工业产值518.1亿元，增长16.6%，实现全省范围内产值规模最大。其中，晟通科技产值353.5亿元，增长15.9%，突破350亿元，成为全球最大的铝箔生产基地，位居全国有色行业五强；金龙集团实现产值120.97亿元，增长19.3%，突破120亿大关，着力打造全国有色铜铝再生资源商务平台。（王　顺）

机械制造

【概况】　全区机械制造产业有规模企业85家，新增长沙市健通精密机械制造有限公司、长沙市华胤钢结构有限公司、湖南凯新风机环保设备有限公司、湖南联力精密机械有限公司、长沙军荣机械制造厂、长沙联力重型机械有限公司、长沙联祥精锻有限公司、长沙瑞峰传动机械有限责任公司、长沙斯瑞机械有限公司、湖南明益鑫轨道交通装备股份有限公司、长沙市望城区联益家机械制造厂、长沙联峻机械制造有限公司、湖南星文道路设施有限公司、长沙晟阳机械制造有限公司、长沙金湾机械制造有限公司、长沙市新朋机械设备有限公司、湖南智晟机械设备制造有限公司、长沙市望城区东城机械化工厂等规模企业19家。中航起落架承担国内包括C919大飞机在内的各类飞机起落架研发生产，中传机械、航天磁电专业生产航天航空零部件及磁性材料；长高集团、泰嘉新材分别拥有省、市级企业技术中心和工程技术研究中心，成为各自细分行业内的领头羊。2015年，机械制造产业完成规模产值121.5亿元，增长8.5%，成为继有色金属产业、食品医药产业后第三个百亿产业。

（王　顺）

望城区“十三五”新型工业化发展规划专家评审会

工业投资

【概况】　2015年，全区完成工业投资389亿元，同比增长26.7%。恒飞电缆、天马灯饰、欧比佳等一批重点项目加快推进主体建设，天卓塑胶、梦洁家纺、有色靶材等项目建成投产。旺旺乳饮一、二期1#、2#、3#厂房及车间和2栋倒班楼和食堂、污水池、化学品仓、工务房、锅炉房、原料及成品仓库等配套设施已建成，利乐生产线设备已安装完成；恒飞电缆宿舍楼已封顶；湘江关西涂料已完成土方、护坡、围墙的施工。

（聂　芳）

城乡建设·环境保护

建设管理

【概况】 2015年10月,望城推进事业单位分类改革,将区住房保障局的行政职能划入区住房和城乡建设局。机关内设监察室、办公室、财务审计科、政策法规科、城镇建设科、房屋安全鉴定办、政务服务科、总工室、节能办、建设市场管理科10个科室,下设劳保办、质安办、建筑建材站、城建档案馆、招投标办、交易中心、燃气热力办7个二级机构。共有在编干部职工121人,党政班子成员6人,政府雇员7人。

加快城镇建设。铺排小城镇项目54个,投入资金3.5亿元,乡镇功能不断完善;争取省市主管部门资金支持3000余万元;完成湖南省海绵城市试点区(县)、地下综合管廊建设项目、省级新型城镇化引导资金农村生活垃圾治理项目申报工作;聘请湖南省建筑设计院专家为新康等5个乡镇统一编制集镇给排水专项规划,全区各乡镇给排水专项规划基本完成,为后续争取各级污水管网设施建设补助资金打下基础。铜官镇、白箬铺光明村获批"全国第三批特色旅游名镇名村",铜官镇跻身全国建制镇试点示范镇,乔口镇获批全省第一批"美丽乡镇",望城区成为长沙地区唯一入选湖南省新型城镇化试点(区)县。

强化行业管理。企业培育发展做大做强。增加7家房地产开发企业,13家房地产开发企业资质升级,7家企业被评为市AAA诚信企业,2家企业被评为市AA诚信企业。全年共受理建安企业资质增项升级2项,新成立总承包建筑企业5家,评定省优质工程11项,申报"安康杯"劳动竞赛3项,获参建国家级"鲁班奖"1项,区属企业鲁班奖实现零突破。完成九个工种培训2235人次,收取122个施工项目劳保基金共计2860万元。建筑业全年总产值达298亿元。严格"两项基金"(新型墙体材料专项基金、散装水泥专项资金)征返管理。全年征收两项基金1368万元,完成墙材备案73项,验收面积约270万平方米,新型墙材应用率84%,主城区禁实禁现率100%,散装水泥使用率80%。补贴、奖励22家企业420万元。砼站搬迁整治有序推进。恒昌建材公司成为长沙首家通过绿色环保提质改造达标的既有场站。虹桥关停老站并启动新站建设,燃气行业管理逐步正规。强化安全检查教育,督促主体责任落实,在企业和网点设置121块安全生产责任牌。协调推进重建地管道燃气建设,制订重建地开发和天然气进重点乡镇的实施方案,配合华润公司对高星片区29个集中重建地进行摸底调查。全年增加管道燃气用户10500户,增加管道12.4千米。清理整顿燃气市场,完成澄海、雪纳、利民三家液化气公司经营许可相关资料初审。引导全区燃气经营企业成立望城区燃气协会,并由燃气协会向99家完成升级改造的各液化气经营网点核发燃气备案登记证。

推进项目建设。积极与省、市工作对接,协调推进地铁四号线建设,启动望城段4个站点建设,加快实施四号线二期北延方案。设立政务服务科,强化窗口首席执行作用,制定权力清单,将服务群众职能全部进驻政务服务窗口,工程报建流程由原来的17个环节精简整合为4个环节,精简整合前置条件30多项,办结时限由原来的14个工作日缩短至12个工作日。对全区重点项目,明确专人主动对接,先后到区城建投、铜官循环工业基地、金桥国际等20个项目单位帮助解决难题。出台《长沙市望城区建设工程竣工联合验收暂行办法》,规范项目验

区委书记孔玉成(中)带队对辖区楼盘开展质量监督检查

收管理。继续完善限价商品房实施管理办法，协助推行征拆安置双轨制模式，切实加快限价房项目建设。美高梅家园、盛腾雅苑项目完成摘牌并启动建设，锦绣佳苑项目实现开盘销售。全年总铺排项目12个，净用地42.47公顷，总建筑面积为146万平方米，住宅总面积为118万平方米，已销售住宅总面积约83万平方米，剩余住宅总面积约34万平方米。完成危房改造，安排第三方检测机构，对都市区改造户及重点援建户进行改造前房屋鉴定，坚持每户三次到户核查，确保农村危房改造工作公平、公正。全年1000户援建对象危房改造竣工率100%，2510万元补助资金全部拨付到户。组织对全区危旧房屋进行2次全面排查，督促乡镇、街道成立房屋安全应急救援小组，并加强巡查，确保房屋安全。组织进行房屋安全鉴定80户，面积1.2万平方米。

规范建设市场。全年完成初步设计审批项目106个，含市政项目23个、建筑面积550万平方米，完成施工图审查备案112个，含市政项目13个、建筑面积403万平方米。办理新建节能设计审查备案面积339万平方米、验收备案项目324个。增加可再生能源建筑示范应用面积62万平方米，申报绿色建筑项目10个，获评二星项目1个、一星项目9个。完成既有居住建筑节能改造工程面积13万平方米，超额完成市级指标。对铜官窑遗址博物馆等3个项目进行奖励，推动绿色建筑在望城推广应用。施工许可严格把关。全年办理报建项目87个，总建筑面积328万平方米、市政道路工程8个，收缴报建规费2.1亿元，其中配套费1.08亿元。招投标管理不断规范。完成招标项目242项，总中标造价约37.77亿元。完成施工合同备案、审核安全文明施工措施费117项，监理合同备案100项，竣工结算备案11项。编印《望城建设造价》四期，起草《长沙市望城区政府投资建设工程造价管理办法》，促进造价管理规范。获评市造价管理工作先进单位。完成建设工程入场交易项目160项，交易额19亿元，收取交易服务费280万元。

精细质安管理。全年增加质安注册房屋建筑工程111个、面积484万平方米，市政工程23个、造价11亿元；出具质量监督报告545项，竣工验收备案545项，面积447万平方米；安全等级评定项目119个；完成385台垂直升降机、38所农民工学校备案。申报结构质量优良工程38个。创省级安全质量标准化工地30个，市级建筑施工绿色工地10个。主城区新开工项目绿色工地创建率100%。完善网格化管理模式，细化网格，做到定人、定区、定责，确保质量安全监管全覆盖、无遗漏。实行监督人员规范化考核，对工作不力的实行通报批评、停岗学习、扣发奖金。全年开展各类专项检查20余次，签发整改通知236份，设备限制使用通知73份，停工通知71份，不良行为告知23份，督办函33份。全区建设工程安全生产形势总体平稳，未发生重大质量安全监督责任事故，全年建筑工地零死亡。狠抓打非治违整治。积极开展打非治违工作，积极引导项目责任单位依法依规进行建设。共下发催办函18份，向区行政综合执法局移交2个违法项目，对7个责任单位和3个责任人员上报湖南省建筑市场不良行为记录。对部分已基本满足开工条件的项目，在催办手续的同时实行质安先行介入，进一步推动项目建设进程，全年纳入质安先行介入的项目45个。狠抓文明施工管理。全年下达文明施工限期整改通知书22份，对16项城管委督办工作进行整改回复。扎实做好围而未建地块透绿增绿工作，牵头完成5个项目整治，清除建筑垃圾近千吨，复绿面积达23.07公顷，其中新增林地2万平方米、市民休闲绿地1.2万平方米、停车位82个。

全年收取城市建设档案服务费340万元，签发《建设工程竣工档案合格证》115份，增加城建档案8200余卷。全年共接待查询档案者96人次，提供档案280余卷。信访维稳工作持续抓紧。完善信访工作机制，实行班子成员每周接访制，直面群众亲自抓好信访事件的调解。全年共妥善处理各类信访投诉事件203起，其中调处农民工投诉拖欠工资和结算纠纷21起，协调解决工程款800万元，妥善解决房屋质量投诉110起。

区住房和城乡建设局

党组书记、局长	舒　勇
党组副书记、副局长	秦国华
党组成员、副局长	周立威
	焦放军
	邱大力
总工程师	汤　近

【望城区跻身全省新型城镇化试点县市区】 7月，省委、省政府下发湖南省新型城镇化试点工作总体实施方案，望城区被纳入全省新型城镇化试点县市区名单。区城乡建设局起草《望城区新型城镇化综合试点工作方案》，望城区试点时间分两个阶段。第一阶段：2016—2017年，试点地区基本完成试点任务，取得阶段性成果，形成可复制、可推广的经验；第二阶段：2018—2020年，逐步在全省范围内推广试点地区的经验做法。望城区将以新型城镇化试点区为契机，突出“一城两貌”城乡形态，着力提升区域发展品质品位。通过构建精致、精美的美丽城市，坚持组团化、圈层式开发原则，进一步增加公共绿地、公共设施和公共空间，合理控制开发强度和人口密度，严格把控建筑形态、体量、风格、色彩，推动城市品质和宜居指数倍升。通过打造宜居、宜业的特色小镇，坚持集约建镇、集中配套，实施“一镇一特”工程，优化提升发展规划，实施集镇提质改造，完善集中居住区公共配套，让每个乡镇都拥有显著的文化标识、独特的乡村风貌和鲜明的种养产业。通过建设美丽、宜人的现代新农村，积极推进美丽村庄、美丽屋场、美丽庭院创建，强力实施铁腕控违，持续深化环

均价达4881元/平方米,同比增长3%;累计完成契税2.67亿元,同比增长52%;受理个人购房补贴22392宗,发放购房补贴3.28亿元。依据望城支持房地产发展的八条规定及有关政策,3次提请区政府召开房地产联席会议,专题研究解决房地产企业存在的困难和问题,提振企业发展信心;项目现场召开"一对一、面对面"现场办公会,实行"点对点"结队帮扶;搭建平台,指导房地产协会召开房地产企业座谈会,专门针对拆迁户联合举办"团购商品房拆迁户享特惠"集中推介活动;代拟出台望政办发〔2015〕85号《长沙市望城区城市管理进楼盘工作实施方案》,理顺城市管理进楼盘工作体制,规范物业企业行为,促进小区管理规范化、制度化、社会化。

征收项目扎实推进。国有土地房屋征收工作主要有黄桥大道(汽电器厂)、长岳高速公路长沙北连接线、铜官电厂大道西湖养路工班、一路两带(月亮岛)、桑梓路、城际铁路、自来水厂(拟启动)等7个主要项目,以及坪塘片区6个单位的房屋搬迁和公安局"拆围透绿"2个协助项目。针对项目实行"1+1+1"承包制,即组建1个工作班子,由1名副主任负责协调调度,1名科室长负责处理具体事务,保证征收项目有序推进。

行政效能全面提升。打造高效优质服务平台,行政效能整体提速80%。全年完成登记、交易、抵押等业务72014宗,归集维修资金9800万元,白蚁防(灭)治200万平方米;提供优质服务,开设"快捷服务绿色通道",办理延时服务1109次,快捷服务8296次,大学生创业优先服务220次,预约办理2600宗,发送签约提示短信24195条。

区住房保障局

党组书记　李良红
局　　长　阳立强
副 局 长　李　溪　胡刚强
　　　　　胡　敏　谢君跃
　　　　　黄志勇(12月任)

住房保障局领导班子在正荣·财富中心项目现场指导

【举办拆迁户团购活动】 9月7日,区住房保障局和区房地产协会开展拆迁户"团购商品住房,拆迁户享特惠"为主题的楼盘推介活动,鼓励、引导拆迁户参与团购活动。参与团购活动的近40个楼盘负责人集体表示将诚实守信,严格兑现优惠承诺,并现场签署公开承诺书。为让拆迁户真正享受实惠,本次团购优惠活动除房产企业自身的优惠活动外,望城区还推出了系列优惠政策。凡在10月1日至12月31日期间,望城区拆迁户凭区住房保障局发放的优惠券在区内近40家楼盘购买144平方米以上商品房,每套优惠1.5万元,购买144平以下每套优惠1万元,鼓励和引导拆迁户积极参与团购、享受优惠。截至12月月底,共发放拆迁户优惠券182户。

【召开城市管理培训会议】 7月30日,为全面推进城市管理进楼盘工作,在黄都港社区会议室召开以"手拉手参与城市管理,心连心共建美好家园"为主题的城市管理培训会议。月亮岛街道主管城市管理工作负责人、区物业监督管理办公室负责人、月亮岛辖区内各楼盘物业经理、安保主管、保洁主管、楼栋管家、社区支部党员和百姓城管志愿者共50余人参加培训。培训会上,区委党校谭丽容教授以"提高文明素质,强化社会责任"为主题,结合自己的所见所闻,从三个大的方面为全体学员讲授相关知识;交警大队严警官就交通安全事项讲授在道路交通各方面的安全常识。培训会议的召开,有效调动了居民、百姓城管志愿者共同参与城市管理进楼盘工作的积极性,为推进城市管理进楼盘工作奠定基础。

住房公积金管理

【概况】 长沙住房公积金管理中心望城区管理部下设综合科和业务科,有工作人员10名,其中,在编人员6名,合同制人员4名。

住房公积金归集(公积金缴存)。2015年,全区已有560家单位34769人建立住房公积金制度;归集总额28631.04万元;新增开户3208人。住房公积金提取。全年提取住房公积金27717笔,共计16006万元,占归集总额的55.76%。其中,住房消费类提取12245万元(购房和还贷提取),占提取总量的76.5%。住房公积金贷款。全年发放住房公积金贷款1856户,共计4.8亿元;逾期贷款率始终控制为零，远低于中心0.3‰的考核指标。

狠抓归集扩面，提升覆盖率。争取重视和支持，对照长金管发〔2014〕3号和长民发〔2014〕33号“两个文件”的要求，落实机关事业单位编制外合同人员和社区专职工作人员的建制缴存工作。借助区财政局的信息平台，全面摸清全区单位临聘人员的人数情况，并按单位性质加以划分，建立完善机关事业单位编制外合同人员台账。走访各个社区，通过社区之间的横向联系掌握各社区的财务状况和人员情况，对未建制和未全员建制的社区进行全面摸底，进一步明确重点，挖掘潜力。科学制订归集扩面方案，确定扩面重点及扩面工作措施、要求，将扩面工作目标任务具体到科室，层层落实责任，确保年度扩面任务的完成。全面清理挂账资金，做到日清月结，并作为月度评优的重要依据之一。将摸清底数、建立台账、催建催缴、清理挂账等归集工作任务层层分解落实，做到人人有任务、人人有责任，累计上门催缴50余次，电话催缴450余次，派发催缴信函25件，发放限期整改通知书11份。

稳健信贷发放，提高资金效率。严格前台操作，坚决杜绝违规审批。密切关注宏观经济形势和区房地产市场走势，加强信贷形势分析，牢牢把握中心制定的信贷政策尺度，严格执行差别化贷款政策和三级审批操作流程，始终树立信贷“三品”（人品、押品、产品）风险意识，确保贷款资料真实、抵押如实和服务优质，做好风险防控，杜绝违规审批现象发生。坚持惠民原则，建立服务绿色通道。在全面放开贷款合作楼盘，有效控制贷款规模的基础上，积极优化信贷政策，推行个性化贷款服务，每月搜集贷款操作过程中的难点、疑点，及时汇总形成书面材料上报中心，争取支持解决，尽可能地满足广大职工的贷款需求。积极整合资源，畅通贷款渠道。按照长金管发〔2015〕24号文件要求，在调整住房公积金个人住房贷款最低首付款比例后，加大贷款政策宣传的同时，会同区住房保障局对全区房地产企业和受托银行开展公积金贷款督查，逐一解决开发楼盘公积金贷款受理、发放受阻等问题，全面放开贷款合作楼盘，进一步畅通贷款渠道，切实保障职工享受低息贷款的合法权益。

注重规范管理，强化执行力。定期召开工作例会、业务专题讨论会和民主生活会，不断提高工作执行力，力求工作取得实效。及时解决工作中出现难点、疑点问题，着力推动各项管理工作有序开展。特别是对于中心每季稽核检查和专题风险排查所反映出现的“重复账号”“错误身份证号码”和“有误电话号码”等未完善的操作现象，做到及时整改消化。强化“谁主管、谁负责”的工作责任意识，进一步加大归集催建、贷款发放及风险控制管理等方面的工作力度。在逾期控制方面每月始终保持为零的低风险安全可控状态。（任　喜）

区住房公积金中心

主　　任　余小明

副 主 任　何海军

城市管理

【概况】　10月21日，望城区委、区政府印发《长沙市望城区人民政府职能转变和机构改革方案的实施意见》，整合全区的城市管理职能职责，在原市政管理局的基础上组建区城市管理局，内设综合科、法规宣教科、财务审计科、绩效考评科、政工人事科、纪检监察室、总工室、亮化管理办公室、自行车管理办公室，下设城管执法大队、渣土砂石管理办公室、广告管理办公室和给排水管理办公室4个二级机构，共有干部职工456人。原区市政管理局内设办公室、总工室（重点办）、纪检监察室、综合管理科、市容管理科、市政管理科、财务审计科、政工人事科，下设市容环境卫生管理所、园林管理所、市政维护处、渣土砂石管理办公室、广告管理办公室和给排水管理办公室6个二级机构，共有干部职工202人。

扎实推进市政项目建设。负责11个纳入全区重点工程的建设项目，完成“绿色城市”建设任务并通过市园林局考核认证，增加绿地面积84.66万平方米；完成金山桥盘树湾、喻家坡高冲和靖港垃圾站厕建设；对高沙脊临时垃圾中转站进行提质改造，完成临时垃圾中转站提质改造建设并通过市环委会考核验收；白芙塘路建设通过招投标选定施工、监理单位，完成技术交底等前期工作，因国土部门用地报批手续时间较长，根据望办发〔2015〕23号文件精神，将该项目调出2015年重点工程建设计划；公共自行车租赁系统工程完成一期41个站点建设和1000辆公共自行车及锁止器的安装调试并投入试运行，办理租赁卡1000余张；老城区人行道建设、主城区主干道盲道建设和郭亮路、旺旺路沥青路面维护工程和望城污水处理厂尾水管线改造工程均建成并通过竣工验收；启动马桥河沿线污水收集工程，通过招投标选定施工、监理单位，完成技术交底等前期工作；白芙塘片区污水管网改造通过招投标选定施工、监理单位，并完成技术交底等前期工作，因管网的建设载体白芙塘路调出2015年重点工程建设计划，为避免重复建设造成投资浪费，结合白芙塘路建设同步组织实施。

全面提升精细化管理水平。环境卫生方面，落实道路分级清扫保洁制度，加强对道路清扫、清洗、保洁质量的检查和考核；扩大机械化作业面，城市主干道清扫保洁率100%，机械化作业率100%；生活垃圾日产日清，无害化处理率100%；建立、健全社会化承包公司的长效管理与考核机制，加强管理考核。园林绿化方面，按照“绿色城市”建设要求，组织实施道路绿化提质、鲜花进城、拆围透绿、立体绿化和绿道建设等工作，实现园林绿化增量、绿地升级。加强对公共绿地的管理和养护,提高绿地管养水平,完成园林社会化承包,通过公开招投标选定专业公司实行科学化、精细化、专业化维护管养。市政维护方面,主动对接市城管委考核标准,对城区主次干道破损缺失市政设施全面摸排并及时进行提质改造,对主城区主干路盲道建设、老城区人行道建设、郭亮路旺旺路沥青路面进行维护维修。渣土管理方面,加强联合执法,打击非法营运,联合公安、交通、治超办、砂管办等职能部门,共同打击、处置各种非法运输、违规行为。强化公司管理,对渣土公司实行公司化考核和履约保证金扣除等管理手段,数次对渣土公司实施停业整顿,规范市场运行、规范车辆运输;将工地建设的视频监控设备实行网络对接,全面监控工地标准建设情况和车辆运输情况,加强对混凝土搅拌场的管理,督促装载洗车平台、防撒漏斗,杜绝发生混凝土污染路面行为。广告管理方面,督促各乡镇(街道)加大自拆和协拆工作力度,强化督查和交办工作力度,发现各类违章广告及时向责任单位交办整改;在夯实原来规范有序管理的基础上,探索进一步加强管理的新途径、新路子,通过科学规划合理设置户外广告,不断提升城市形象品位。给排水管理方面,加强对城区和乡镇污水处理厂的运营监管,对已建成管网定期维护清理,确保管道排水畅通和污水处理厂正常运营;暴雨季节启动应急机制,及时疏通排水管道,清理路面淤积杂物,确保行人行车安全和交通出行畅通。有计划地开展管网维护,做到全区管网"心中有数";做好城区和各乡镇污水处理厂的运营监管工作。亮化管理方面,按照"一街一景、分步实施"的原则,对城区主干道、重要节点、社区公园、广场、桥梁、临街主建筑立面等城市设施亮化进行高规格设计,逐步实施亮化工程提质改造;通过公开招投标委托专业维护公司对城区公共地带亮化设施实行常态化专业维护管理。

区城市管理局

党组书记、局长	王　准
党组副书记、副局长	张治旻
党组成员、纪检组长	唐永岗
党组成员、副局长	张　亮
	李　栋
副局长	鲁　进
党组成员	谭　勇

【完成公共自行车一期项目建设】 2015年,望城区启动实施全区公共自行车一期项目建设,完成一期1000辆公共自行车及运营系统的调度安装并投入运行,办理租赁卡1000余张。一期服务范围覆盖老城区和经开区范围,站点主要设置在公交站附近、大型商场超市、密集居住区、医院、学校、公园、小区、风景旅游区等场所,方便广大市民出行,满足"最后一公里"的服务需求和休闲健身娱乐需要。4月1日新华网、中华网以《望城公共自行车打造智慧交通,雷锋之城造福四方百姓》为题、8月14日长沙新闻频道以《低碳出行,绿色环保,望城区有了新举措》为题进行了宣传报道。

·市政维护·

【概况】 区市政局前身为望城区市政维护处。2015年10月,望城区委、区政府印发《长沙市望城区人民政府职能转变和机构改革方案的实施意见》,更名为望城区市政局,归口区城市管理局管理、独立运作的正科级事业单位。区市政局内设财务科、办公室、设施维护科、督查勘核科、工程建设科、政工人事科、监察科7个职能科室,有在编在职人员26人,临聘人员10人。区市政局负责全区市政道路及设施,包括城市道路、人行道、交通设施等基础设施维护工作。

加强市政环境建设。调整工作模式,将所辖区域范围划分为三个片区,加大日常维护投入,实施精细化作业。在市对区的集中检查、文明指数测评、省级文明城区复查等各项中心工作的迎检中,及时修补改性沥青路面及混凝土路面,更换井座井盖、泄水桥和交通护栏,修补路沿石、跑水石、树围石、麻石板,增设盲道口,做到日常发现问题及时解决,整改措施落实到位,建立完善快速处置机制。

重视数字化案件处理。切实加强组织领导,多次组织分管领导及片区负责人开会,统一思想认识,强化工作责任,提出数字化案件处理率、结案率、按期结案率三个100%的要求和标准,全年接收市数字化平台2882起案卷,局督查考核201起案卷,各部门交办函27件,原不属维护范围如自来水、电信等其他部门设施案卷处置23条,全面提升市政设施维护的综合管理效能。

高标准维护市政设施。正式接管城投集团移交的21条路段,并于10月底对接管道路及附属设施进行日常维护;接管园区所有信息案卷的交办落实处置工作,全力确保设施的正常运行;对主城区主干道盲道建设、老城区人行道建设及郭亮路、旺旺路沥青路面维修三项整体提质改造工程负责做好现场施工管理,保障按时间节点和建设要求保质保量完成任务,以全面完善市政功能,提升城市品位;按照区城管指挥中心制定的清理城区范围内临街路障实施方案,联合公安、执法、卫生、信访、维稳办及金山桥、月亮岛、高塘岭街道等单位约200余人对市政道路临路阶梯、水泥砌体等违章占道设施进行全面清除,切实建立无障碍式城区,努力营造整洁靓丽的城市环境。

维护城区良好环境。2015年,共接到城管委交办任务48件次、市民服务热线中心交办函17件次。对这些交办任务,第一时间组织施工力量进行维护、整改,并以文字、图片等形式对交办任务进行回复。在群众反映、政府交办和日常督查中发现的问题,以电话、通知、函告的形式向其部门反馈,并全程跟进监督,督促其及时维护和整改。全年下发工作督办函、通知30余次,督促落实整改任务140余处。交办任务的落实、其他部门设施的督促跟进,解决了存在的热点、难点问题,为城区的发展,百姓的安居乐业提供安全、舒适的空间。

区市政局

局　　长　肖宇杰
副 局 长　刘航舟　夏炼佳

·园林绿化·

【概况】 区园林局前身为望城区园林管理所,10月21日,望城区委、区政府印发《长沙市望城区人民政府职能转变和机构改革方案的实施意见》,更名为望城区园林局,归口城市管理局管理、独立运作的为正科级事业单位,内设办公室、监督管理科、技术管理科、工程建设科、4个科室(监察室不占机构限额)。共有在职在编干部职工35人,临聘人员10人,退休职工10人。固定资产约301.25万元,公务用车1辆(用于绿化督查),洒水车2辆,绿化工程车1辆,督查车3辆。2015年,区园林局完成"绿色城市"建设项目39个,增加绿地84.66公顷。

公园建设。谷山体育公园、竹主题公园、雷锋大道以东长沙医学院对面绿地等公园项目完工,雷锋公园(即斑马湖景观工程)二期建设增加面积约20公顷。三岔河风光带年底完工,共计增加公园绿地面积约53.57公顷。城市主次干道新建绿化和提质改造。按照保证绿量、增加道路绿化覆盖面积、最大限度建设林荫路的原则,完成马桥河路南延线、赤岗路、同心路、黄桥大道石长铁路辅道、月亮道路等道路绿化,增加绿地面积约14公顷,采用择空补绿、见缝插绿的方式,对桐林坳弃土区进行复绿增绿,增加绿地面积约4.5公顷,同时,对城市主次干道金星大道两厢、雷锋大道两厢、园区已移交各路段、郭亮路及城区各支路绿化等进行绿化提质,对死树、"断头树"等进行全面清理,新栽乔木2250余株、大灌木球600余株、小灌木球25万余株、地被(草

社会化承包实现绿化管理职能化

皮)7000余平方米。

林荫景观广场及停车场建设。完成马桥河南延线与雷高公路交叉口绿化广场、黄桥大道许龙路景观节点工程、黄桥大道高乌大道景观节点工程、三环线雷锋大道出口南北两侧、金星大道与雷锋大道交叉口西南角、普瑞路南山对面等景观广场建设,增加绿地约16公顷。雷锋公园停车场、和园林荫停车场完工。

立体绿化建设。对经开区办公楼、区公安局办公楼、行政中心(雷锋大剧院、城管中心、政务中心、档案馆)、原区市政局办公楼进行立体绿化示范建设,增加立体绿化面积约2万平方米。

城市绿道建设。完成湘江西岸铜官窑至铜官古街4.8公里随道路建设,完成金星北路、普瑞东路4.5公里及老城区15公里自行车道建设。

拆墙透绿增绿。根据省、市要求,决定在城区实施拆墙透绿增绿,还绿于民。3月启动项目,区公安局、区委党校、大泽湖街道及原水务局机关作为全市造绿大行动观摩示范点进行打造,市领导现场观摩区公安局项目。完成4个项目的建设,透绿增绿总面积约4.27万平方米。

其他工作。依照"品种多样、花色各异、四季绽放"的种植原则,按照5~6次/年的频率,在主城区的马桥河路口、雷锋大道、金星大道绿化带等栽种鲜花,栽种的品种为各种时令花卉。

加大对"绿色城市"项目的管理,按照每月至少1次的频率,到项目建设现场进行指导和督查,对苗木树形、大小、植物搭配、栽植后的管理等提出指导意见,对发现的栽植"断头树"、用钉子钉树桩等现象及时督促整改,确保绿化建设品质。

区园林局

局　　长　冯文主(10月任)

·市容环卫·

【概况】 环卫局的前身为市容环境卫生管理所,成立于1989年,10月21日,望城区委、区政府印发《长沙市望城区人民政府职能转变和机构改革方案的实施意见》,望城区市容环境卫生管理所更名为望城区环卫局,是归口城市管理局管理、独立运作的正科级事业单位。有干部

职工36人,退休人员33人,临聘人员35人。内设办公室、财务科、信息科、征缴科、市容维护科、基建设备科。负责对新、老城区1058万平方米的主次干道、背街小巷、公园、重建地等公共场所的清扫保洁、垃圾清运、洒水降尘和清洗;负责城区交通护栏的清洗;负责全区56座公共垃圾站、39座公厕和所有垃圾桶、果皮箱等环卫设施的维护和管理;负责城区卫生有偿服务费的收取;负责城区生活垃圾的收集、运输等工作。

区环卫局

局　　长　肖泽锦(12月任)
副 局 长　彭辉军(10月任)

城市经营

【概况】 2015年,区城市建设投资集团有限公司设行政人力资源部、投资发展部、工程管理部、融资财务部、设计管理部、土地储备部、监察室(风险控制部)、社会事务部,下辖基础设施建设有限公司、置地有限公司、城市资源发展有限公司、保障性安居工程投资有限公司、金星大道建设开发有限责任公司、长沙溪谷投资发展有限责任公司6家全资子公司;长沙先导文化旅游投资有限公司1家参股公司;有员工118人。

支持"一路两带"(一路:三汉矶大桥到沩水河到乔口的潇湘快捷路;三带:滨江风光带与滨江产业带。)建设。完成"一路两带"5个规划设计招标,其中潇湘北路完成规划方案设计,腾飞路、南公园、产业策划和总体城市设计及控规提升初步方案加紧论证优化。通过城镇发展基金及政策性银行贷款实现融资订单总计45亿元,其中已到账10亿元;拆迁方面潇湘北路和南公园应拆423户,已签约409户,已拆328户。招商引资、报规报建、杆线迁移、水利水系及岳麓尾水处理等完成大量前期工作。

全面推进市、区重点项目。2015年铺排项目57个,因片区规划调整部分项目停工,截至年底,已开工项目31个,道路总里程为80.26千米,房建工程近12万平方米,总投资92.3亿元。谷山体育公园、长郡月亮岛一期工程等9个项目全部建成投入使用,全年完成固定资产投资超过35亿元,完成上级制定的目标考核任务。普瑞西路、航电大道、吴家冲路、望府东路等23个项目按计划稳步推进。

融资工作稳中求进。2015年城投集团通过创新融资模式,全年融资订单总量达87.49亿元,超历史总和,全年累计到位资金34.69亿元。融资模式呈现多元化结构,在无须提供任何土地抵押的情况下,成功发行全国唯一一家区县级平台的新型融资产品,即光大证券承销的非公开发行债券30亿元,首批15亿元已到账;首次申报以股权合作的形式发行城镇化发展基金,实现长沙银行城镇基金10亿元融资。

系统挖掘城市资源。组织完成首批三宗加油、加气站用地上网挂牌,采用特许经营权价值与土地价值捆绑招拍挂方式,营收约4000万元;完成永通集团7公里吴家冲路有偿冠名,冠名费用300万元;才业地产35万方土方调运至公司东湖东路等项目,节约投资300万元,创造利润500万元;采用BOT模式,以"诚卡一卡通"切入智慧城市建设,并进一步在长郡月亮岛学校、龙湖和谷山体育公园等项目推广使用。

区城市建设投资集团有限公司

董 事 长　姚罗光(7月任)
　　　　　张宏彬(7月免)
总　　裁　郭开宇
副 总 裁　谭　磊(7月任)
　　　　　杜江军(7月任)
　　　　　佘赞威(7月免)
　　　　　张京湘(3月免)

【湖南名校长郡月亮岛学校正式开学】 9月1日,长沙市教育局党委书记卢鸿鸣和望城区委书记孔玉成为长郡月亮岛学校揭牌,望城区长郡月亮岛学校正式投入使用。近几年,望城区坚持"科教兴区"发展战略,注重教育的均衡发展、改革创新和品牌建设,特别是引进优质教育品牌,完善区域综合配套,提升城市综合价值。长郡月亮岛学校为望城区与长郡中学合作建设,北临月亮岛路,南至桑梓路,西毗谷山路,东接杨峰路,总投资4.5亿元,规划办学规模84个班,其中小学36个班,初中48个班。学校一期共招收小学18个班、初中8个班共1117名学生,二期工程计划于2016年8月底完工。

【谷山体育公园开园】 9月29日,望城谷山体育公园正式开园。公园以谷山原生态自然森林为依托,尽享大自然的林荫、绿地,同时又处大河西核心经济区,交通便捷,是迄今湖南省规模最大、功能最全的城市森林体育公园。公园占地16公顷,分为室内运动场与室外运动场两大区域,室内运动场所又分为综合馆和专业馆。综合馆有50米标准泳道游泳池、33片标准羽毛球场和青少年运动教育与培训基地,专业馆有乒乓球、羽毛球、篮球场、网球场等独立场馆;室外运动场有5人制足球场、7人制足球场、室外篮球场、室外网球场、登山步道、自行车道、人行休闲道、极限运动场。作为湖南省第一个集体育竞技、户外运动、休闲娱乐、文化教育、观光旅游、生态探险等主题于一体的大型综合性森林体育公园,全省时尚运动基地与城市户外运动天堂,谷山体育公园开园不仅为市民提供了体育锻炼的场所,对城市景观的塑造和生态环境的改善都起到积极的作用。

长郡月亮岛学校

环境保护

【概况】 区环境保护局内设综合科、管理科、污控科(加挂自然科牌子)和法制宣教科4个机构,下设环境监察大队和环境监测站2个二级机构。共有在职干部职工47人。

全面完成环保项目。推进"清霾"行动。制订《应对雾霾天气全社会联动方案》《2015年大气污染防治项目责任分解》《2015年河东片区清洁能源改烧目标任务》等实施方案。禁燃区范围内所有企事业单位全面完成清洁能源改烧和关停退出;关闭退出望城跃进砖厂等10家粘土砖厂;市政道路清扫率、机械清扫率均达到100%;新开工工地,绿色建筑建筑工地创建率达到100%;铜官循环工业基地内10余家企业利用电厂余热实现集中供热、供冷;启动河东片区陶瓷产业煤窑炉退出工程;实施城郊绿化、宜林地绿化、社区绿化、城市绿道、街景绿化、集镇绿化、村庄绿化、通道绿化、水系绿化、屏障绿化等十大绿化工程。全年PM10指标较上年同期下降35.7%。推进"碧水"行动。出台《湘江污染防治目标任务》《沙河流域治理工程目标任务》等实施方案。马桥河流域望城经开区范围内污水收集支管网、断头管网全面建成,实现全截污;沙河流域丁字工业园翻身垸纳污主管网和其他污水收集支管网、断头管网全面建成,实现与湘江大道主管网对接;优美科富虹锌业有限公司现有生产线关停,新厂区投运;乔口新污水处理厂基本建成,投入试运行;垃圾中转站建成投运。全年集中式饮用水源达标率100%,区域内河流出境断面水质达标率100%。超额完成减排任务。全区12家乡镇污水处理厂全部通过市环保验收,整体移交区市政管理,委托第三方标准化运营;望城污水处理厂一、二期日处理总规模8万吨,收集管网不断完善,进口污水浓度达到减排要求,工艺整体稳定运行,达标排放;望城二污列入工程减排项目,建成投入试运行,园区内管网不断完善,水量逐步增加;湖南海利化工试验工场已整体搬迁淘汰;农业源减排项目全部完成;4家企业减排监测体系考核中污染源自动监控数据传输有效率、自行监测结果公布率、监督性监测结果公布率均超过考核要求。

推进农村环境治理。畜禽退出和治理项目全面完成。辖区内无3000头以上畜禽养殖企业;退出湘江干流两岸186家畜禽养殖企业栏舍及配套设施面积12633.39平方米。全区6个村列入2015年度农村环境综合整治村庄项目,全部完成并通过省市验收。农村环境综合整治整区推进全面启动,2015年望城区列入全省农村环境综合整治整区推进范围,按省厅要求完成调查摸底,形成综合实施方案,全面推进。狠抓秸秆、垃圾禁烧。制定《2015年秸秆禁烧工作方案》《关于开展2015年秋季秸秆、垃圾禁烧工作的紧急通知》《望城区秸秆、垃圾禁烧督查方案》等。将垃圾和秸秆禁烧列入部门、乡镇(街道)绩效考核指标;在全区范围内实行强制禁烧;加强监管和巡查力度;在重点敏感区域派驻环境执法人员实行值班制度;将靖港镇作为垃圾和秸秆禁烧、综合利用试点乡镇;积极探索秸秆综合利用。

加强环境执法力度。制订《2015年望城区环境行政执法检查工作计划》。在全区实施"网格化"管理,将全区370家排污单位纳入监管范围,分三个片区按照监管频次对检查对象进行现场检查和监督性监测。构建联合执法机制,成立公检法驻环保局联络室,从严打击环境违法事件。有效处置环境投诉,全年共接信访投诉673起,其中本级受理379起,区政府交办200起,市交办81起,省以上交办5起,媒体8起。其中噪声投诉占41%,废气污染投诉占46%,废水污染投诉占11%,其他投诉占2%。所有投诉均得到有效解决,投诉处理率100%。完成重大专项行动,根据各时期的环境特点和实际需要,全年开展各类专项执法行动22余次,排查企业数670家,下达现场环境监察文书560余份,出动执法人员1500余人次,全区未发生等级环境污染事故。从严查处环境违法问题。全年共行政处罚21家企业、罚款64万元,查封暂扣10家企业,移交公安治安处罚2起。预防突发环境事件。制订《望城区突发环境事件应急预案》和《望城区空气重污染应急预案》,监督各企业开展环境应急演练,加强对各类企业安全生产的监管,未发生任何环境安全事件。

强化公众环保意识。成立望城区环委会,明确51个区直部门和19个乡镇(街道)环境保护工作职责;制订《环境问题问责调查工作方案》,建立环境目标责任制和考核评价制度;制定《长沙市望城区重大环境问题(事件)责任追究办法》《长沙市望城区环境保护工作责任规定(试行)》等。组织开展环保宣传进课堂活动,对全区所有中小学进行了巡回宣讲;组织全局干部职工、企业负责人、乡镇街道环保负责人及专干学习新环保法等法律法规,参与学习人数累计1000余人,发放相关资料万余份。以“6·5”世界环境日为契机,围绕“践行绿色生活”开展一系列纪念宣传活动,公众参与率达到98.5%。举办“新环保、新生活”环保征文、7000余人参加环保知识竞赛;举办“践行绿色生活”环保图片展;巡回播放生态安全警示片《红线》;开展“描绘绿色望城,艺术与民同在”书画创作交流活动;联合区农业局、电视台开展秸秆禁烧大型宣传活动;创建绿色学校(幼儿园)5所、绿色企业2家、绿色旅游酒店(农庄)3家、节能环保社区3家。全年在新华网、人民网、《湖南日报》《中国环境报》《潇湘晨报》新湖南、湖南经视、腾讯网、《长沙晚报》、长沙新闻频道等媒体报道30余次。在全区主要道路、市民广场、公交站台等醒目位置设置多块环保公益广告牌,在辖区政务大厅、酒店、银行、楼宇电子显示屏播放生态保护宣传片,悬挂宣传标语、横幅1500余条,制作宣传橱窗86处、电子显示屏311处、永久性户外广告8处。

区环境保护局

党组书记、局长	杨　军(12月任)
	莫科明(12月免)
党组副书记、副局长	曾丰良
副局长	周铁军
	周　斌
	彭　亮
	徐佳辉
	虢再华

财税·金融

财　　政

【概况】 2015 年,长沙市望城区财政局内设办公室、综合规划科、预算科、国库科、行政政法科、教科文科、经济建设科、农业科、社会保障科、企业科、会计科、财政监督检查室、预算绩效管理科、总工室、金融与债务科、人事教育科等 16 个科室;下设农业综合开发办公室、非税收入管理局、统发工资中心、国库集中支付核算局、乡镇财政管理局、政府采购监督管理办公室、财政预决算(投资)评审中心、中华函校望城函授站、国有资产管理局、财政信息中心等 10 个二级机构,有干部职工 102 人。2015 年,全区实现财政总收入63.92 亿元,同比增长 13.5%,其中全口径税收收入 51.89 亿元,占财政总收入的比重为 80.7%。2015 年局机关获得"全省资产管理工作先进单位""全省预算绩效管理工作先进单位""全省农业综合开发工作先进单位""全市公共资产管理工作综合管理先进单位"等荣誉;被区委、区政府评为"绩效考核一等奖""依法行政先进单位""扶贫济困先进单位"等,共获得省、市、区各级荣誉 30 余项,《中国政府采购报》《湖南日报》《长沙晚报》等多家媒体先后对望城政府采购、乡镇财政管理、农业综合开发和现代农业等工作进行宣传报道。

致力服务大局,抓重点促发展。充分发挥财政职能作用,积极争取上级政策和金融机构支持,千方百计筹集资金,全力服务区域发展。支持大众创业、万众创新,促进企业技术改造和转型升级,支持园区扩容提质,壮大产业集群;提供政策性担保贷款,破解中小企业融资难题,增强企业创税能力;发放居民购房补贴,拉动消费需求,促进房地产市场企稳回暖;支持文化旅游和现代服务业发展,增强区域经济发展内生动力。推进芙蓉北大道、湘江大道景观道等骨干路网和基础设施建设,促进融城扩城步伐加快;支持农村公路提质改造,加快铜官、乔口等精品小镇建设和棚户区改造,推动城乡一体化发展。

致力财税征管,稳增长促增收。有效应对宏观经济下行、结构性减税政策减收等影响,带领征管部门克难攻坚、统筹协调,千方百计挖潜增收,财政收入逆势增长。加强综合治税体系运用,强化涉税信息比对,加大纳税评估稽查,深入开展税收清理、清收、清缴,实现征管效率和收入质量双提升。加强收入分析调度,提高收入预见性和主动性,有效盘活闲置资产,加强非税收入执收管理,确保应收尽收。加大土地报批协调,强化国土收入清缴,指导部门、园区、乡镇(街道)积极协税护税,确保了全年任务圆满完成。

致力保障重点,保民生促和谐。不断优化支出结构,持续加大民生投入,将新增财力的 80% 以上用于民生,保障水平居全省前列。配套城乡医保,提高城乡养老保险和低保补助标准,促进就业和再就业,支持乡镇卫生院建设和医疗设备购置;实施廉租房建设、敬老院改扩建和农村危房改造,社会保障水平不断提高。支持长郡月亮岛等房地产配套学校和公办幼儿园建设,发放学生和幼儿校车乘车补贴,支持区属高中提质改造、薄弱学校和职业中专建设;优化科技、体育和公共交通服务,促进公共服务更加均衡。支持现代农业综合配套改革试验区建设,加快优质稻综合产业园等现代农业产业项目建设,促进农副产品加工业发展;完善农村水利等基础设施;推进绿化生态建设和城乡环境卫生整治,提高村级运转保障水平,城乡发展统筹推进。

致力改革创新,严管理促规范。主动顺应改革要求,着力推进财政创新,财政管理水平不断提升。改革预算管理。贯彻落实新预算法,实施全口径预算,全面推进预决算公开,预算体系不断完善。改革专项资金管理。出台专项资金管理办法,规范资金使用行为,充分发挥财政资金的导向和激励作用。改革政府债务管理。建立债务管理信息化平台,积极探索建立"借、用、还"相统一的新机制,债务管控体系不断健全。改革政府采购监管模式。建立政府采购电子平台,改革审批流程,推进采购结果、采购合同公开,逐步建立"法律定规则,市场定价格,采购人定结果"的运行机制,加快推进政府采购管理创新。深化国库集中支付改革。进一步规范支付审核标准及流程,严格资金拨付监管,资金管理水平不断提高。完善财政监督机制。建立日常监管、专项检查、绩效评价、廉政风险防控及业务评比考核多管齐下的财政监督体系,确保财政资金用好、用活、高效。创新内部管理机制。开展"三创、三赛、三评比"系列主题竞赛活动,完善廉政风险防控体系,提高工作效能和效率,干部队伍凝聚力和战斗力不断提升。 (程　琦)

区财政局

党组书记、局长　黄辉宏

副　　局　　长　姚正祥
　　　　　　　　廖建武
　　　　　　　　徐　特
　　　　　　　　张亚波
　　　　　　　　梁　茜
经开区财政分局局长　廖建武
总　会　计　师　刘建春

【规范专项资金管理】 8月,出台《长沙市望城区专项资金管理办法》,从五个方面着力加强专项资金管理。明确管理范围。所有区本级安排的专项资金和上级专项资金都纳入管理,重点是公共专项资金;科学使用资金。各部门在资金分配使用上坚持"先定办法、后分资金",专项资金使用安排到项目,对专项资金的设置、分配、拨付、评价等环节均予以明确。公开透明管理。实施项目公开申报,申报项目实行建库管理,项目申报按程序进行审批,本级财政配套资金需按程序进行办理,申报结果进行公开、公示;规范拨付行为。公共专项按程序审批,预算单位相互之间不得随意拨付资金。项目资金实行财政直付;实行绩效管理。明确绩效评价监督结果作为专项资金预算安排的重要依据。《长沙市望城区专项资金管理办法》的出台,进一步规范了财政资金使用行为,增强资金的公正性和透明度,充分发挥资金的导向和激励作用,提高了资金使用绩效。

税　　务

·地方税务·

【概况】 望城区地税局内设机构15个,其中派出机构3个,负责辖区内4995户企事业单位和5728户个体工商户的地方税费征管工作。有干部职工119人。2015年,共入库各项税费33.02亿元,其中区政府计划口径收入32.65亿元,占区政府年度收入计划31亿元的105.32%。同比增加3.84亿元,增长13.65%。

依法征收保增长。着力构建税收大分析机制。建立区局、分局、税管员三级分析制度,每月召开税收分析会,每季召开由局领导、各征收部门和业务科室参加的税收专题剖析会,通过分析,找准征管薄弱环节,找到增长潜力点。科学、及时地将收入计划分解落实到各征收部门,在组织收入中做到了坚决贯彻组织收入原则,严格遵守"依法治税、应收尽收、坚持不收'过头税',坚决防止和制止越权减免税"的组织收入原则,杜绝转引税款、收过头税等行为的发生。"三清"措施促收入。所得税汇算清缴,组成一支五十人的专业汇算清缴检查团队,对重点企业进行税收检查。全年参加企业所得税汇算清缴713户,比上年增加123户,共查补税金6056万元。营业税清理。重点强化建安行业、房地产业和生活服务业等行业营业税的清零行动,全年入库营业税7.59亿元。清欠行动,继续通过宣传税法、税务约谈、以票控税等方法压缩欠税,同时用好欠税管理软件,用信息化手段清欠和追责,全年实现入库欠税13565万元。

科学征管提效率。合作强税,深化国地联合。在全省率先实现国、地税合署办公,同时建立国地税联席会议制度,定期召开由双方领导和职能部门负责人参与的联系会议,共谋合作发展。在企业信誉等级评定上,望城国、地税一起开展年度纳税信用评价工作,按照统一的标准评选出全区24位A级纳税人。在税法宣传上,联合在区电视台举办"税法宣传课堂"活动,同时在"望城国税"和"望城地税"两个微信公众号上开展有奖抢答活动。在联合稽查上,建立联合办案工作制度和和信息交换制度,形成优势互补,促使双方的稽查工作质效、稽查队伍素质、稽查服务水平明显提高。今年已进行一户试点,成效显著。强基兴税,夯实征管基础。数据清理到位。抓好"四个结合",即与所得税汇算清缴工作相结合、与"两税"信息比对相结合、与漏征漏管户清理工作相结合、与"金税三期"上线相结合,全年共计发放信息清理表7000余份,纠正错误信息10000余条。特别是在"金税三期"上线期间,各征管单位严格要求税管员对系统推送的每条异常信息进行核对,确保数据的真实性、准确性,整个上线筹备期间共完成异常数据清理45691条,在省、市局推送数据完成率上达到100%。项目清理到位。积极强化"盯项目、促税收"理念,突出分类、结算、核查"三个到位"的工作主线,对辖区内所有建安项目登记采取分乡镇分类的办法,由所属税收管理员进行逐条清理,全年共清理建安项目1200余个,为建安、房地产税源专业化管理的进一步推进奠定了基础。创新举措到位。做好三证合一相关工作,积极与工商、质监等部门衔接,确保新制度执行到位。在多部门的共同配合下,望城开出全市区(县、市)第一张三证合一营业执照,在后继的运行管理中,区局也做到了精细审核、精准把关。同时,与长沙银行、望城农村商业银行合作,新建的商品房购买环节契税、印花税自缴系统于2015年1月1日上线,进一步规范契税的申报缴纳。信息管税,打造精品平台。对全局的计算机设备进行了全面的清理和更换,更换计算机113台,POS机18台,打印机50台。在进入办公楼的显著位置放置"金三"上线倒计时牌,在"望城地税"微信平台上发布"金三"动态和有关知识,在望城雷锋大剧院举办两场"千人纳税人学校",让纳税人对"金三"上线工程有更深入的了解。开展"五个一"工程,发挥每位干部的能动性,即"一日一查":值班局领导对"金三"上线工作,特别是针对晚间值班情况进行全面督查。"一日三问":项目组负责人每天问推送任务完成情况,问信息数据核对情况,问单岗当日双轨完成情况。"一日一发":明确项目组一名负责同志每天在RTX中发送推送消息,并及时回答工作中出现的重点难点问题,各科室、分局明确专人接受RTX信息并负责向领导干部传达。"一周两会"：项目组每周举行两次碰头会，进行总结梳理、部署安排。"一周一结"：以每周为期限，对前段工作进行阶段性总结，寻找问题、规范流程、总结经验、挖掘典型，为下阶段工作开展打好坚实基础。稽查护税，维护税法权威。按照建设法治社会的要求，加强执法的科学性和规范性，用好约谈和税收保全措施，扩大稽查威慑力。在今年市局组织的异地稽查工作中，望城分局优质、高效地完成市局交办的检查案件。同时，稽查部门制定出一套科学化的制度规范，严格执法程序，从证据采集，规范文书制作和归档等一系列稽查程序入手，建立科学规范的制度。某案卷被市局评为"2014年度优秀稽查案卷"，获得高度肯定。区局稽查局全年共进行检查15户，查补税金1.25亿元。圆满完成工作任务。参加市局组织的交叉检查19户，查补税金1.2亿余元，有力打击税收违法行为，被市局授予2014年度稽查工作先进单位，参与某稽查案件工作组的同志还被市局授予"2014年度查办大要案先进集体"称号。

便民服务树形象。贯彻落实"全国税务机关纳税服务规范"和市局"360"服务模式的要求，认真对照差距，改善细节，以纳税人的便捷为最高准则，全方位提升服务水平，让纳税人享受更加便利、更加贴心的服务。拓展渠道，完善多元办税。大力推广网上办税厅，辅导纳税人使用网厅进行申报。积极推广自助办税终端，扩大免填单和简化填单的范围，稳步推广手机APP等移动互联办税应用，并在望城地税微信服务号中嵌入预约办税服务功能，受到广大纳税人的好评。创新形式，做好税收辅导。组织六次纳税人学堂，统筹区内优秀资源，把辖区内千余户企业的财务人员请到望城区雷锋大剧院进行集中授课，提高了培训效果。助力小微，落实税收优惠。开办小微企业专场纳税人学堂，在办税服务大厅专设"小微企业政策咨询服务岗"，并通过税务网站、QQ群，微信平台等方式向广大纳税人宣传税收优惠政策。前三季度共有小微企业减免企业所得税26户，其中盈利企业26户，减免税款14.18万元，政策受惠面100%；深化国地合作兴税强税。在全省范围内率先实现国地税办税窗口共驻政务大厅合署办公，共同开展纳税服务与咨询工作，解决纳税人办事多头跑的问题，打通服务的"最后一公里"。国、地两家相互学习相互提高，让窗口服务做得更细更优，最大限度地为纳税人和企业排忧解难，极大地提高了纳税人的满意度。自搬迁至政务中心以来，大厅共新办税务登记1490户，同比增长11.07%。《湖南日报》《长沙晚报》等省市主流媒体先后刊登相关报道。打造立体宣传普法用法。国、地税联合举办"强身健体 兴税圆梦"活动，在区斑马湖畔举行游泳竞技与环湖长跑，利用聚集的人气进行税收宣传；送税宣走进企业。走进湖南高星物流园，与企业面对面的"零距离"进行税法宣传，回答了企业关于税收申报、税收优惠等方面的问题，并指导企业会计人员进行现场操作。让税宣进入网络。开通了"望城地税"微信公众号，通过官方微信平台开展电视讲坛税务普法答题有礼活动，与纳税人进行互动宣传，税法宣传覆盖面和关注度空前高涨，关注人数超过10000人。

以文化人强品牌。发挥地方优势特色，利用"雷锋故乡地税人"的荣誉感和责任感，将"雷锋文化"作为文化建设的重头戏，坚持以雷锋文化塑造人、激励人、关心人，实现干部队伍素质全面提高、活力持续迸发、生活更加丰富。全局设计制定以"我是雷锋故乡地税人"为中心的文化标识，重新制作了具备统一标示的干部去向牌、办公室门牌和干部胸牌，摘取雷锋日记中的名言名句，悬挂于走廊、食堂、大厅等处，让雷锋文化的氛围更加浓郁，让干部耳濡目染，让纳税人感同身受。同时，还在"望城地税"微信公众号中，通过"雷锋文化"栏目，以及"雷锋荟萃园""雷锋地税人""雷锋故事汇"和"雷锋美丽城"四个子栏目，向纳税人和广大网民宣传望城地税的雷锋文化。继续发挥"雷锋岗"慈善基金作用，看望慰问望城见义勇为的周美玲小姑娘，资助困难干部职工。坚持继续开展"家庭助廉"活动，弘扬廉政文化、打造家庭抗腐堤坝，培养干部与家属联动的政治责任感与风险意识。全局以"魅力望城 兴业爱家"为主题，通过组织干部和子女参观望城规划展览馆与"新康戏乡"，树立"爱家乡、兴地税"的思想理念，鼓舞干部工作干劲，培养干部子女热爱望城、建设望城的激情。

精细管理正规范。加强日常监管规范执法管理。全面落实《税收征管规范1.0》，杜绝税收执法的随意性，防范执法风险，重点加强对征收管理权、收入归属权、税务检查权、税收减免权等"四权"风险的管理。开展了"红顶中介"乱象专项自查工作，对征管执法中的风险点进行严密监控，按照预警在前、防范为先的原则，消除风险隐患。开展税收执法督查自查自纠工作，清理大集中虚假欠税笔数593笔，税款2209万元。突出抓好"一案双查双报告"工作，抽取湖南美斯顿置业投资有限公司2013年1月至2014年12月期间涉税情况进行"一案双查"。对在征管方面存在的问题，及时督促相关科室制定解决办法，防止类似问题发生；同时对涉税管理单位有关当事人进行约谈，严肃税收纪律。撬动绩效杠杆规范队伍管理。按照总局及省市局加强绩效管理工作要求，开展区局绩效管理工作。分解指标、落实责任。对指标进行归并整合、梳理优化，分解到各科室和个人，使绩效管理工作深入群众、深入人心。坚持标准、兑现奖惩。坚持以事实为依据，以指标为准绳，做到一把尺子量到底，逐项指标对照标准进行打分，将"板子"打到具体部门和个人身上。被市局扣分的，每扣1分扣减奖金1000元；被区局扣分的，每扣1分扣减奖金200元。根据全年绩效考核成绩,对获得“优秀”等次的科室(分局)和个人均给予一定的现金奖励,并作为干部任用、评先评优、公务员年度考核等方面的重要参考,切实做到激励与问责相结合,激发了干部队伍干事创业的工作热情。

区地税局

局　　长　马小平
副 局 长　熊志勇
　　　　　王斌辉(4月任)
　　　　　朱　峰　龚红吉
　　　　　余红阳(4月免)
工会主席　张建军

·国家税务·

【概况】 长沙市望城区国家税务局内设政策法规科、征收管理科、收入核算科、纳税服务科(办税服务厅)、税源管理一科、税源管理二科、税源管理三科7个业务科室,人事教育科、财务科、监察室、办公室、党办5个管理科室,1个信息中心,1个稽查局,1个工会,下设高塘岭、雷锋、丁字3个税务分局,有在岗干部职工115人,离退休干部28人。

2015年,区国税局负责全区4427户企业和7311户个体工商户的国税征管任务,其中一般纳税人1197户;年纳税10万元以上的企业有367户,其中10万~50万元的有182户,50万~100万元的有50户,100万元以上的有135户,全年国税收入20亿元。

税收收入稳中有进。2015年,经济下行压力较大,新增税源不多,组织收入形势严峻,区国税局始终坚持组织收入原则不动摇,加强税源监控与预测分析,掌控收入变动情况,把握组织收入的主动权。提前介入区域招商引资项目审查,为领导决策提供税收参考;对辖区内81户重点税源企业进行联点帮扶,全面掌握企业相关情况,协调解决企业涉税难题,关注企业涉税风险,并实施风险管控;完善收入考核,统一收入取数口径,加大奖惩力度;加强税收风险管理,强化数据分析比对,对混凝土、房地产、食品和农副产品等行业、土地交易中的政府返还资金开展纳税评估和税收检查。2015年评估入库税款10900万元,稽查查补税款2914万元。提高统筹规划能力,加强与上级主管部门、兄弟单位、地方党政的联系,加大税收协调力度,努力扩大税源基数。全年实现税收收入206664万元(不含车购税),首次突破20亿元大关,同比增收25408万元,增长14.02%,占市局年度任务的103.33%。其中区级税收收入205294万元,同比增收25236万元,增长14.02%,占全年任务的102.64%。

征管质效明显提升。在园区内设置税收宣传窗口,派专人定期到望城经开区协助经营户办理有关国税事宜。对电子商务企业等新业态的“资金流”“货物流”展开调查,对其发票领用和开具进行严格把控,防止税收“跑、冒、滴、漏”。全面规范个体户和专业市场的税收管理,在广源建材大市场、湾田国际建材大市场开展个体市场“民主评税、阳光征管”,清理漏征漏管户45户。精心部署,确保金税三期顺利上线。做好数据清理,对涉及的16项指标、1482户次纳税人进行逐笔数据核实,确保征管系统数据迁移的真实性和完整性。广泛宣传发动、制定应急预案、组织压力测试、集中业务培训,最终实现金税三期单轨运行,目前运行情况良好。大力拓展第三方信息。通过在银联调取POS机刷卡记录,获取零售药店的医保卡刷卡金额信息;通过与房产局联系,及时获取房地产公司销售信息;从电力局获取混凝土企业的用电信息,并以此为突破口开展纳税评估。积极利用政府土地款返还及政府补贴收入信息,从审计部门获取了望城区2011—2013年土地返还款的审计情况,并开展专项核查,2015年补缴税款1.05亿元,该项工作获得湖南省国税局副局长王建平、总会计师方吉杰的表扬批示。

纳税服务再上新台阶。率先在全省深入开展国地税联合办税。4月1日起,与地税办税厅一同整体进驻区政务中心,实现“进一张门,办两家事”。将部分内设科室相关涉税备案审批职能随同进驻政务大厅,前后台同步运转,同步办公,提高办事效率。制订《长沙市望城区国地税联合办税方案》,与地税局共同探索在税收宣传、政策辅导、信息共享、联合执法等方面的深入合作,工作成果被《湖南日报》《长沙晚报》等媒体报道。金税三期核心征管系统单轨运行后,将原单设的车购税征收业务窗口并入综合服务窗口,在长沙地区为第一家真正实现“大一窗通办”的功能。与工商、质监等部门建立联合办证机制,实现“三证合一”,全局通过“三证合

率先全省实现国、地税窗口联合办税

一”办理税务登记280户。开通望城国税微信公众号，建立互联互通、高效便捷的网络宣传平台；与地税局联手打造《税法讲坛及有奖竞答》税收宣传栏目，每周五晚八时在望城电视台定时播出，通过扫描微信二维码同步参与互动抢答。不断提高纳税人满意度，在第三方机构开展的纳税人满意度调查中，雷锋分局在全市名列第一。

区国家税务局

党组书记　朱清平
局　　长　朱浩光
副 局 长　丁寿斌　杨　高
　　　　　杨习宇　杨　忠
　　　　　鲁洪楠
纪检组长　平金明

【国地税携手推出《税法讲坛》电视栏目】　4月28日，望城国税与地税精心策划，联手打造的《税法讲坛及有奖竞答》税收宣传节目开播，该节目每周五晚八时在望城电视台定时播出。两家单位轮流派出业务骨干讲课，以讲解税法知识、优惠政策、办税事项、税收热点为切入点，帮助纳税人学税法，用税法，解决涉税问题。节目播出过程中，通过扫描电视屏幕微信二维码即可同步参与望城国税、望城地税官方微信的互动抢答，赢取话费和现金红包。每期两家单位各投放3000元，最高中奖金额为100元。第一期仅40人答题，第二期近300人参与，10分钟内抢完红包，这种纳税人喜闻乐见的参与方式，激发了纳税人学习税法的热情，扩大了税法宣传的影响力，在社会上引起较好反响。
（刘　娴）

【国地税共建办税大厅联合办税提效率】　4月1日，望城区国税局与地税局正式联合入驻望城区新的政务大厅，这在全省属首创。自此，望城辖区内所有纳税人的日常涉税业务均可在新的办税大厅内办理，彻底解决纳税人往返于两家税务机关的奔波之苦。在新的办税大厅内，国税局与地税局的办税窗口按照相间的方式设置，保证纳税人在一个柜台就可以同时办理所有国地税业务，避免重复排队。大厅内还设置自助服务区，对有自助纳税需求的纳税人可以在此进行国地税业务的相关操作，并由专门人员提供咨询导税。为提高办税效率，望城区国税局还派出了23名工作人员进驻政务大厅，其中包括了值班局长、业务科室负责人和办事员，做到专窗受理、信息共享、同步审核、现场审批、即时办结。
（蔡晓娟）

【望城国税在全省国税系统业务大比武活动中获得优异成绩】　2015年，望城区国税局组织干部职工积极参加全省国税系统的“岗位大练兵、业务大比武”活动，通过近三个月的认真备考，最终代表长沙市局获得了全省团体第一的好成绩，1名干部被授予湖南省国税系统岗位业务能手称号。全局制订详细的活动方案，在组织领导、后勤服务、师资团队、学习内容和时间安排等方面，进行明确和细化。组织集中讲学，以市局师资为主，区局业务骨干为辅，就各方面内容进行深入讲解。突出“以考促学”，每周组织一次集中考试，局领导全程进行监督，对考试结果在内网通报，奖优罚劣。通过业务大比武活动，形成一种良性竞争的氛围，涌现一批成绩优异的干部，共对55人次给予了通报表扬。
（文金灿）

金　　融

·中国人民银行望城支行·

【概况】　中国人民银行望城支行内设人秘股、会计国库股、业务股3个股室，正式职工21人，临聘人员7人。2015年，全面提升支行落实货币信贷、金融生态环境建设、金融服务、内部管理等工作水平，为地方经济发展创造更加有利的条件，辖内金融运行安全稳健，金融规模不断扩大，金融实力明显增强，各项金融业务平稳发展，不良贷款比例下降，信贷资产质量和金融效益不断提高。至12月末，全区金融机构各项存款余额362.77亿元，较年初增加68.68亿元、增幅23.39%。各项贷款余额247.26亿元，较年初增加57.77亿元，增幅30%，不良贷款余额3.03亿元、贷款不良率1.23%，各行共实现利润6.1亿元。

贯彻落实稳健的货币政策，助推区域经济稳定增长。夯实基础，用好用活货币政策。支行制定下发《2015年货币信贷指导意见》，按季召开行长联席会、区直部门信息交流会，引导商业银行在信贷投放上保持审慎和稳健，以“松紧适度”应对经济发展新常态，结合望城区“大项目建设年”的要求，用好用活货币政策。全年共落实5次降息、5次降准和定向降准政策。创新机制，拓宽融资渠道。继续做好金融支持现代农业发展。支行3月份对区内7家银行机构开展涉农信贷政策导向效果评估，及时上报了评估报告；进一步做好了农业适度规模经营的各项金融服务，推动农村承包土地经营权和农民住房财产权抵押贷款产品。促进小微企业金融服务增量扩面。各银行从优化流程、融资增信、降低成本等角度为小微企业提供全方位金融服务，深入园区举办银企洽谈会5次。认真落实3月30日央行房产新政，结合实际实施差别化个人住房信贷政策，积极满足居民房贷需求。11月3日，开展房地产行业银政企对接活动，共有10家银行和16家房地产参加，至12月末，新增开发贷款8.9亿元，居民消费贷款14.93亿元。推动建设银行为经开区发行5亿元中期票据，推动农业发展银行为水利投授信35亿元集团贷款。做好地方政府融资平台贷转债9.8亿元。强化责任，落实利率市场化改革。对农商行开展金融机构合格审慎评估，及时上报相关资料，成为湖南市场利率定价自律机制观察成员。做好利率报备二期系统上线运行工作，按月将人民银行利率监测表和农村商业银行利率执行情况上报。结合央行利率调整政策,扩大存款上限,及时将文件转发地方法人机构,做好辖区内银行利率执行基础工作。丰富载体,加强调查研究工作。按月办好《国库收支快讯》和《信贷统计快报》等刊物,定期反馈金融信息,为领导决策提供参考。针对辖区内经济金融情况,撰写《县域法人机构大额和可疑交易零报告问题剖析及对策》《县改区对地方财政收支影响的分析》《望城区政府性债务》《民间融资情况》《基层央行档案管理中的现状分析》《如何加强县支行建设工作探讨》6个课题调研报告,其中《县域法人机构大额和可疑交易零报告问题剖析及对策》获全省重点调研课题三等奖。《县改区对地方财政收支影响的分析》《基层央行档案管理中的现状分析》《如何加强县支行建设工作探讨》在《金融经济》上刊登。并向上级行报送有关材料和信息报道42条,采稿28条。同时积极参与区委、区政府、人大和政协及相关部门开展的调查研究工作,提供各类信息。

健全金融管理体系,确保金融稳健运行。积极推进金融改革。扎实做好《存款保险条例》实施的相关工作。按上级行的要求,做好辖区存款保险知识的宣传,加强对金融机构经营行为的监督管理,对农村商业银行进行重点监测,于7月14日首次完成投保手续、保费上缴等工作,12月份开展稳定性经营状况试评估,确保存保制度的顺利实施。强化风险防范工作,加强对8个民间融资样本企业的联系,及时掌握其融资成本,运用好民间融资样本企业系统,按季上报监测内容;同时与金融办按月加强对小贷公司业务经营的风险监测,引导民间资本规范经营,防范非正规金融及其他相关领域风险向金融体系传导。加强对地方法人银行机构的监管。为发挥存款准备金的作用,9月15日开始,对地方法人银行机构实施“存款准备金平均法考核”,灵活运用多余资金,对释放的资金进行跟踪监督,开展存款准备金专项检查,

支行在大泽湖街道开展反假人民币金融知识宣传

加强日常监管,上报“央票兑付后的专题报告”,及时做好数据库的录入工作。加强对金融机构的管理与服务。不断加强“两管理、两综合、一保护”工作。2015年,做好3家新设金融机构加入人民银行系统的管理与服务工作;严格督促银行业金融机构执行重大事项报告制度,不断提升管理效果,全年共收到重大事项报告二份。认真做好中支下达的金融消费权益保护环境评估指标体系相关工作。开展综合执法检查工作。支行分两次对辖内7家银行进行了金融综合执法检查。检查内容包括:个人征信、银行卡使用情况、账户管理、国库业务、反洗钱管理、人民币业务等。针对检查中发现的问题,按相关规定进行处罚和整改,有效规范金融行为。

积极开展金融业务宣传活动。3月15日在望城丁字镇湾田国际建材城开展消费者权益保护宣传活动,发放宣传单500余份,现场接待咨询群众200余人次;9月开展“金融知识普及月”活动。共计设立电子显示屏和悬挂横幅70余条,设立咨询台20余个,设立宣传展板50余个,累计活动次数16次,受众消费者达5475人次,发放宣传资料2226份。扎实开展《国家金库条例》颁布30周年宣传活动。支行组织制作宣传横幅35条、宣传版报15个。发挥网点窗口作用,通过电子显示屏宣传国库30周年的成果。扎实开展《2015点滴行动助力反洗钱》宣传月活动。10月24日组织辖内13家金融机构共125名干部职工上街宣传,共设立宣传台13个,发放宣传手册4550册,打印反洗钱字幕标语110多条,现场解答疑问1708人次。

推进经收处及代理银行管理。加强对银行业金融机构代理非税收入收缴业务管理,支行于4月份对10家区级金融机构代理非税收入收缴业务资格进行年检,并将年检结果及整改意见以行发文下发各代理银行。经“非税收入汇缴结算户”划解入库的收入共6900笔,金额26.5亿元。加强对国库集中支付业务代理行的监督和管理,规范国库集中支付业务行为,把好准入关,联合财政做好集中支付代理银行的考核工作,根据考核情况,评选优秀财政集中支付代理银行,与财政联合发文通报表彰,有效加强财政国库集中支付工作管理。

开展整治银行卡网上非法买卖专行动。支行于3月至7月组织辖内各银行开展整治银行卡网上非法买卖专行动,加强身份识别,严把银行卡开卡关,加强自助设备发卡业

务风险控制,关注异常开卡账户的资金变动,积极配合案件协查与调查,共同防范和打击银行卡网上非法买卖行为。全区金融机构3至6月份共开展宣传52次,受众人数1.5万人,堵截非法开卡数量178张,协助公安机关查询涉嫌诈骗的银行账户信息22件,协查账户80个,涉及金额85万元,有效打击犯罪分子。

加强征信管理与服务。管好机构信用代码证,做好贷款卡行政许可取消后企业信息的更新,至12月末共发放机构信用代码证1916户。开展企业和个人信用报告查询、异议信息处理工作,至12月末,共查询企业和个人信用报告214笔、2908笔。开展个人信用报告自查,规范用户管理,同时做好了个人查询二次以上实行有偿服务的收费工作,按月核对收费明细,及时上缴经费,利用办事窗口向客户宣讲互联网个人信用报告查询。普及征信法规知识。开展送"金融知识下乡"活动。推动辖区生态环境建设。按上级行的要求,加强与政府、金融办等部门的联系,扎实做好乌山中小企业园和黄金园街道办事处小微企业和农村信用体系建设试点工作。

加强辖内人民币流通管理和反假货币工作。做好残损人民币的鉴定、兑付工作。至12月末,已鉴定残损人民币125笔,金额83570.5元。做好反假货币系统的运行。解决了长沙银行和农村商业银行假币上缴问题,8月份对收到的假币实现了逐笔记账,至12月末共上缴假币1.32万元。组织开展反假货币培训考试工作。对辖内221名金融机构从业人员开展了反假培训。加强与公安反假机制建设。11月8日,首次与公安召开了联合反假情况通报会,将农商行郭亮支行设为银警假币监测点。做好"抗战币"、新版100元人民币、航天币、航天钞的发行工作。

做好助农取款服务的后续工作。开展助农取款服务点风险排查工作。支行于1月份对辖内15个助农取款服务点进行了风险排查。从抽查情况看,未发现服务点有违规违法行为。做好服务点的后续服务工作。至12月末,共办理取现业务6.92万笔,转账业务2.88万笔,代缴业务1.7万笔,较好满足了农村支付需求。同时,在符合文件规定的情况下,让服务点尽量享受政策优惠,全年帮助服务点解决通讯费优惠5个服务点的业务。

认真做好国债发行工作。积极组织国债发行工作效果明显,全年共组织发行凭证式国债4期,储蓄国债8期共发行5200万元。

强化反洗钱管理,积极开展业务培训。做好湖南省反洗钱监管信息综合管理系统推广上线工作。根据上级行安排,通过召开专题会议和业务培训,2月顺利地做好上线运行工作,运行情况良好;组织业务培训,提高金融机构反洗钱履职能力。组织辖内金融机构150余人进行反洗钱业务知识培训,全年辖区内金融机构上报可疑支付交易200多笔,有效防范洗钱犯罪。

(李　灿)

中国人民银行望城支行

行　　长　苏小鸽

·中国工商银行股份有限公司望城支行·

【概况】 2015年,中国工商银行股份有限公司望城支行内设办公室、业务经营部、公司业务部、个人金融业务部,下辖景城苑支行和城关支行2个二级支行,有在编员工54人。

2015年,支行全面完成上级行下达的各项指标任务,实现经营业绩稳步发展。至2015年末,支行资产总额达229778万元,各项贷款余额204314万元,各项存款余额221122万元,全年实现营业收入7969万元,在当地缴纳营业税额765万元。2015年,支行获得中国工商银行湖南省分行颁发的"2015年度县域一类支行经营先进奖",被工商银行湖南省分行营业部授予"2015年度金融先进单位"和"2015年度廉政建设和案件防范组织推动先进单位"。

打造存款业务持续增长。考核倾斜明确经营目标。为确保存款指标可持续增长,支行将存款时期数的增长作为工作的重中之重,并配套相应考核办法向存款时期任务倾

支行行长李安参加营业室晨训,督导网点工作

斜。推进储蓄存款增长,加强储蓄存款组织工作,针对上级行推出的多种优惠产品开展专项学习,提高客户经理营销能力,充分挖掘储源。在延续上年营销乡镇医院居民健康卡的基础上,成功办理医护人员居民健康卡两批次。充分发挥网点阵地营销优势,做好理财产品的宣传和销售以及优质客户的维护、挖转工作。强化服务,提升网点核心竞争力。支行以《营业网点员工优质服务手册》为标准,不断强化服务管理,规范服务行为,美化服务形象,亮化服务环境,提升服务效率,使网点的金融服务水平提升显著。

做大信贷资产规模。2015年支行以资产业务为龙头,稳步拓展具有市场和规模优势的大型项目,行长及主管行长带领营销团队多次走访望城区铜官工业园、乌山工业园、望城经开区,为支行发展储备后备力量。为区域内中小企业发放贷款近5000万元。发展潜力大的新兴中小企业流动资金信贷市场。支行主动适应企业短期融资票据化趋势,在严格防范操作风险、政策风险的基础上,积极发展票据、贸易融资业务,在有效支持企业流动资金需求的同时,促进短期信贷资产结构的优化。做好个贷营销。由行长、主管行长带队,个贷、公司条线全员出动,遍访区域内各大楼盘,与开发商深入沟通,及时了解客户需求。并不断优化业务办理流程,加快放款速度,2015年支行个贷投放额和净增额都超额完成全年任务。做好资产质量管理。对辖内贷款质量定期研究分析,提出报告、找出问题原因,研究对策及改进工作的建议;多角度、多层次加强对行业客户、重点关注客户、特殊类客户的调查。做好风险预警工作,对于大额贷款,时时注意收集有关资料信息,做到密切跟踪,实行一月一排查、一季一摸底,有效降低了信贷风险,最大程度上保证信贷资金安全。

增强核心竞争力。坚持内控管理常抓不懈。支行定期召开两月一次的内控案防暨员工思想行为动态分析会议。每次会议,都确保主题明确、分析彻底、措施到位。坚持以人为本提高整体凝聚力。2015年支行结合上级行思想文化宣传工作以及企业文化“深植”工作,特别成立企业文化领导小组,将“以人为本”的精神贯穿经营管理的始终,组织并开展了员工喜闻乐见、具有支行特色、深植企业文化理念的一系列活动,为员工营造了和谐、愉快、积极的工作环境。坚持培训与提拔,激发内生动力。为适应市场与自身发展,支行开展了多种形式的客户经理培训,积极参与上级行举办的各项专业培训学习,不断提高员工的专业素质。

中国工商银行股份
有限公司望城支行

行　　长　李　安

·中国农业发展银行望城支行·

【概况】 2015年,中国农业发展银行长沙市望城支行内设办公室、客户业务部、财务会计部3个职能部室,有员工23人。

截至2015年12月末,全行各项贷款余额57877万元,比年初增加15808万元,增长37%。累计发放贷款29400万元。累计收回贷款13000万元(其中政府融资平台贷款9000万元,地方政府债券置换4000万元)。各项存款余额19093万元,比年初增加10551万元,增幅124%。存款日均余额15006万元,中间业务收入90万元,国际业务实现零的突破,实现利润1129万元,增长32%,不良贷款为零。

加强银政合作。注重加强与地方政府的沟通合作,做到项目信息共享,融资需求互通,建立重大项目营销库,保证营销精准,快速响应。2015年,支行多次上门营销反复宣传新的信贷政策和信贷产品,认定平台公司在水利建设和城镇基础设施建设方面资金需求巨大。全面落实农发行与长沙市人民政府签订的《全面推进新型城镇化战略合作协议》,秉持“依托区位优势,实现跨越发展”的核心思路,全面落实省、市、县三级行一体化营销战略,以整区域城镇化建设及水利建设贷款为重点,积极主动对望城区内的所有政府融资平台客户进行调查,在望城区委区政府及金融办等职能部门的支持和帮助下已成功营销的6个项目贷款额度总计达117亿元。

提升团队协作。在重大项目的营销拓展过程中,省、市、县三级行联动,项目跟进情况、产生的问题、解决的建议能及时互通;上级行行领导高度重视、大力支持,营销团队、部门之间紧密配合,项目实施效率大幅提高。加强对客户的政策指导和业务宣传,先后6次在专题对各平台公司宣传介绍支行的信贷产品、基金项目等,在望城区农发行信贷产品讲解会上通过对支行所有信贷产品的详细介绍,得到了平台公司的好评,构建了银企之间的良好互动。

有效整合资源。将新型城镇化建设贷款作为信贷支持的主要方向,引导资金投向整体城镇化项目,投入支持整体城镇化建设项目、农村路网建设、水利建设等领域,严格控制了信贷风险,也让信贷资源发挥了最大的社会效应和经济效益。已受理和对接的3个整体城镇化项目都有助于构建多组团、多支点和生态型、现代化的新型城镇体系,有助于推进城乡一体化发展进程,有利于带动产业结构、产品结构和就业结构的调整,实现资源的优化配置。

提供金融支持。按照“十三五”规划和望城区委提出的五年倍增的目标,支持一批农村基础设施建设、水利建设、城乡一体化建设等项目,突出重点,积极对接符合政策、条件成熟的项目,做到“成熟一个、营销一个、投放一个”,实现早投放、早见效。强化考核和督办,对已对接的项目,定领导、定人员、定时间,明确时间表,制订线路图,责任到人,并实行周报制度,全程跟踪,全力推动项目实施,加快信贷投放节奏。为了促进项目落地,就望城水利项目，省、市行领导先后赴北京近十余次的汇报和协调，并用足支行贷款品种多、贷款期限长、贷款利率低的产品优势，全力推动项目实施。

中国农业发展银行望城支行

行　　长　王　新

·中国建设银行股份有限公司望城支行·

【概况】 2015年，中国建设银行股份有限公司望城支行设办公室和望城客户部，下辖营业部在编为员工20人。2015年总存款209830万元，总贷款93138万元，账面利润8563万元，其中全口径存款时点比年初新增52292万元，创历史新高。

与国家望城经开区业务拓展实现重大突破。在存量贷款3亿元的基础上，审批通过资产收益权转让额度4.29亿元，置换2.5亿元。同时，5亿元中期票据，已步入复审阶段。在支行青年志愿者团队的大力支持下，完成长沙医学院秋季代收学费2.7亿元，同时开展电子银行进校园活动，签约各类电子产品3600多套，办理大学生信用卡1000余张。通过支行积极争取配合，获取望城区政府2015年第一批社保卡共计2.3万张，其中支行代发近5000张。注重资产质量优化，完成望城铜官循环工业园2亿元地方一类债务置换。狠抓创收增收，全年利润总额突破8000万元，较上年度增长4700万元。住房公积金业务实现快速发展，全年归集总量达1.6亿元，实现委贷发放8000余万元，创历史新高。在中小企业营销合作平台方面，与望城区国税局签订税易贷合作协议。与望城区政府和财政部门合作进一步紧密。在2015年财政性账户清理中，支行积极争取，列入四家合作银行之一，社保卡账户列三家合作银行之一，政府事业单位人员职业年金的相关业务有序推进。克服时间紧、人员少的困难，顺利实现新一代业务系统上线工作。积极营销区域内大型市场和大型楼盘按揭业务，优化业务流程，提供高效服务，全年实现个贷投放1.5亿元，为支行业务发展做出积极贡献。（彭新凯）

中国建设银行股份有限公司望城支行

行　　长　罗　庆

·中国农业银行股份有限公司望城支行·

【概况】 2015年，中国农业银行股份有限公司望城支行设个人金融部、公司业务部、财会运营部、综合管理部、风险管理部5个部室，下辖支行营业部、高塘岭分理处、铜官分理处、雷锋分理处、星城分理处、经开区支行、丁字支行7个对外营业网点及资产团队、负债团队、个贷团队3个营销团队。共有在职员工98人。

截至2015年年末，支行各项存款较年初净增6.6亿元，各项贷款较年初净增5.7亿元；2015年底存贷款规模较2013年增幅达101.2%，拨备前利润增幅达183.6%，近三年保持存贷款规模28.9%、拨备前利润41.69%的年均增速，主体业务指标扩张速度居全省支行首位。市场份额不断突破，国土网拍、征地拆迁、重点客户、税务资金、财政资金、物业维修资金等在同业中份额持续排名第一。2015年，在省分行营业部年度考核中，支行获得农行湖南省分行经营管理先进单位、2015年度经营管理先进单位、一级支行先进班子、党风廉政建设先进单位、内控案防先进单位。

扩大有效信贷投放。2015年，持续加大区域金融服务力度，支持地方经济快速发展。支行2015年成功授信国家发改委批复的重大水利建设项目——长沙湘江综合枢纽工程项目贷款15亿元。针对新型农业主体的经营资金需求，望城支行积极推广家庭农场贷款业务，结合望城特色产业，为望城贡米、蔬菜基地、养鱼、养鸡等11户家庭农场主发放贷款，涉及金额500余万元，成为湖南分行营业部家庭农场贷款准入户数最多、覆盖领域最广的支行。2015年，望城支行实体贷款较年初净增4.88亿元，存贷比达102.4%，居全区金融机构第二，各项贷款增速达16.7%，存量占比全区9%，增量占比全区9%，均稳居

服务农民工

四大行第一,全区排名第四。

业务经营创新突破。主动参与望城区金融试产建设,将惠农卡、代理项目、农户贷款等业务融入"金融惠农通"工程平台中,有效发挥普惠金融服务的整体效能。同时,强化涉农代理项目营销,提升惠农通覆盖率和交易量,完善机具功能,加强机具维护管理,提高了机具使用效率,带动惠农卡和服点电子机具的使用,切实提升了金穗"惠农通"工程的覆盖面和发展质量。支行全年在助农取款方面实现138个行政村全覆盖,跟进、投放了一批新型农业经营主体贷款,在民生代理业务方面实现了多街道的项目代发。针对新型农业主体的经营资金需求,望城支行积极推广家庭农场贷款业务。家庭农场贷款是为农村种养殖大户、家庭农场主购买农业生产资料,购置农机具,从事农田水利、大棚等基础设施建设维修等需要推出的贷款。2015年,一季度全面启动后,望城支行快速响应,结合望城特色产业,为望城贡米、蔬菜基地、养鱼、养鸡等11户家庭农场主成功发放贷款,涉及金额500余万元,成为湖南分行营业部家庭农场贷款准入户数最多、覆盖领域最广的支行。在区域内逐步树立了农行"三农"特色产品品牌。推进"创服务品牌"工作,切实把服务能力转化为竞争力。望城支行连续两年荣获望城区优质文明服务先进单位。辖内5个网点先后获得所在街道授予的"优质服务先进单位"荣誉称号。(胡晓声)

中国农业银行股份
有限公司望城支行

行　　长　孙艳辉

·中国邮政储蓄银行股份有限公司望城支行·

【概况】 2015年,邮储银行望城支行内设综合管理部、三农金融部、公司业务部3部室,望城坡支行、坪塘支行、直属营业部和普瑞路支行4个银行自营网点,望城区域内共33个邮政金融服务代理网点,有员工92人。

2015年,望城支行以本外币储蓄存款为主的负债业务规模持续增长,4个自营网点累计日均余额8.9亿元,完成净增计划的167%。普瑞、坪塘支行拆迁项目整合营销有效维护,年净增分别排全市第一和第二;全员积极参加"蚂蚁搬家"活动;协议存款产品的利用等,使存款余额发展排全市第一;举办"心计划活动"、大客户答谢会,及支行组织沙龙活动,拓宽渠道发展信用卡业务,积极组织外拓活动,支行团办多达47余户;各单项业务稳步增长,其中,人民币理财完成进度141%、国债业务完成进度174%,为广大的个人客户提供优质的资金增值服务。

资产业务规模迅速扩张,公司大客户的综合营销与财政资金项目的日常维护和深度开发,公司时点余额达4.8亿元,较上年度增长2.4亿元;票据业务、福费廷业务、供应链业务、公司贷业务均突破亿元规模;累计发放贷款超过8亿元,帮助数万户个人及小微企业解决了融资难题;信贷资产不良率控制得当有效,为行业最低,不良资产从年初3200多万,截至12月,降至1100多万元,资本回报率、利润增长率、不良贷款率、拨备覆盖率和经济利润率等关键指标达到银行同业优秀或良好水平。

内控管理工作的有序开展。顺利完成坪塘支行拆迁工作,支行办公场地重新改造装修,信贷部集中办公,精简了办公流程,提高了办公效率;定期培训、提高员工素质;打造网点优质服务形象、合规安全生产;发挥支行基层工会作用,服务员工、关爱员工;切实履行党风廉政建设职责;遵照上级指示,开展各项组织活动。切实做到管理出效益,管理促发展。

中国邮政储蓄银行股份
有限公司望城支行

行　　长　宋文华

·长沙银行望城支行·

【概况】 2015年,长沙银行望城支行内设风险内控部、运营管理部、综合保卫部、公司业务部、零售业务部、营业部,下辖金瑞支行、高塘岭支行,有在职员工44人。

2015年,支行准确把握转型与

微笑服务

发展的关系，转换业务拓展思维，开拓进取，在总行的目标任务下达后，支行通过制定全员参与的绩效考核办法和激励措施，将各项任务指标进行细化和分解，做到了“任务到人，责任上肩”。截至12月30日，一般性存款时点数39.2亿元，较年初增加12.3亿元。一般性存款时期数29.7亿元，较年初增加7.57亿元。储蓄存款时点数11.4亿元，较年初增加2.9亿元。储蓄存款时期数9.7亿元，较年初增加1.39亿元。表内外授信余额35亿元，较年初增加15亿元。其中对公贷款余额为17亿元，零售类贷款余额为1.5亿元。

拓展客户资源，强力营销政务资源和重点客户。借力望城新一轮大发展的机遇，大力支持地方经济建设。在总行各部室的大力协助下，有力支持望城区重点建设项目的按时推进，得到区委、区政府领导的充分肯定，为下一阶段与地方政府紧密合作创造了有利条件，重大战略客户继续跟进，取得突破性进展。支行先后顺利完成了望城城市发展基金10亿元、区国土局土储中心土地储备贷款授信5亿元、望城经开区建设开发公司项目贷款整体授信10亿元(已发放2.8亿元)、铜官园区土地整理项目授信0.9亿元等重点授信和投放。与市区住房公积金合作取得实质进展。支行与中心望城管理部就开展代理业务和定存业务取得了实质性的进展，签订了业务合作协议，成为继建设银行、交通银行之外的第三家住房公积金贷款代理业务合作银行。试水省级政务资源业务初见成效。支行与省国资委紧密联系，在了解湖南省国有资产管理公司的运作模式和遇到的瓶颈困难后，及时和总行领导汇报，得到了总行领导的大力支持，走绿色通道向该公司授信投放0.6亿元，受到了省国资委和省国有资产管理公司的充分肯定，为长沙银行进入省级国企改革领域奠定了坚实基础。积极探索与网络平台企业、第三方支付企业的业务合作途径。通过与互联网金融企业不断接触和沟通，逐步了解他们的思维方式、业务发展模式及未来发展的趋势，学会与“敲门的野蛮人”打交道和开展业务合作。支行目前已与湖南“邮付通”建立了业务联系，并签订了相关业务合作规定，该单位已在支行开立了资金清算账户，并申请开通了现金管理系统，下阶段有望展开实质性业务。积极对接中小企业，加快培育基础客户群。针对支行目前战略客户、中小企业客户数量较少，存、贷款业务过于集中的情况，加快营销有效公司客户、培育有效的优质客户群成为当务之急，今年重点支持长沙市先导电子授信投放0.35亿元。

提速业务转型，强力突围零售业务。社保卡首发取得成功，后段发卡工作顺利推进。2015年，长沙银行社保卡的首发确定在望城区试点，支行承担了社保卡首发任务。在没有现成经验可循的情况下，通过提前介入，与社保局、总行部门及街道办事处等各方保持有效沟通，不断优化流程，圆满完成社保卡首发任务，累计发卡3.4万余张，发卡效率不断提高，为全行推广发行社保卡摸索了方法，积累了经验。全行发卡工作铺开后，支行按照总行的部署，在人手紧的情况下已经完成64.52%的发卡率。充分做好拆迁代发和资金稳存工作。城市发展基金放款后，支行为做好拆迁代发和资金转存工作，制定了专门的工作和营销方案，加强与街道、村组和拆迁户的对接和联系，衔接好项目资金向储蓄资金过度的各个环节，做好转存和稳存工作，目前拆迁稳存金额达1.8亿元。利用发放社保卡的有利时机，推介支行相关零售产品，通过开展社保卡专项营销活动，制定营销方案，大力推动产品联动营销，推动支行零售指标的强力营销。加强零售业务指标的营销。借助理财产品发行，做好客户存款营销工作。一方面，针对广大客户的理财需求，积极做好理财产品的发行宣传工作，另一方面，客户经理积极做好客户细分工作，积极探索中高端客户的业务需求，实施有效的跟踪服务，利用理财产品发行间隔期做好储蓄存款沉淀工作。在总行三季度的E钱庄营销活动中，支行通过将E钱庄守擂理财任务分解到各部门，每周通报营销落实情况，确保支行在总行第一轮E钱庄理财营销擂台赛中守擂成功，成为完成守擂任务的四家分支行之一。

加强风险防范和清收力度，不良贷款基本可控。2015年年末，支行不良贷款可控制在255万以内，不良率0.13%。支行通过采取积极的清收手段，依托总行及法律援助，不良贷款压缩有望达到总行要求。明确重点，制订年度工作计划及整改规划。支行年初对全年的授信风险管理条线防控工作进行了部署，拟定2015年风管条线工作思路与计划，严格落实各项工作内容，始终将风险控制工作贯穿于授信业务的日常管理和风险排查工作之中。同时，为建立整改长效机制，加强和完善风险防控工作，制定了年度风管条线防控整改规划，进一步明确并细化了全年风险防控工作的推进重点和主要实施内容。确定风险防控重点关注名单，加大对被关注单位及个人的指导和检查力度。根据日常实践，结合各项信贷检查情况，支行对授信业务经营与管理合规性相对薄弱、整改情况相对欠佳的企业单位和个人客户进行了梳理，以便加大对被关注客户的指导和检查力度。加强制度建设，规范业务操作，提高风险防控水平。以风险防控为目标，加强制度建设，进一步完善全流程管理，营造贷款合规文化，进一步改进贷款基础管理要求，统一问责标准，加强内部问责。尽职开展贷款三查，严格调查、审核、跟踪贷款用途及流向，防范信贷资金被挪用，强化贷后管理，加强对商业用房抵押贷款、个人消费贷款等的监测，严格防范信贷资金被挪用于民间借贷，并要求强化内部员工约束，防范员工利用工作便利直接或间接参与融资性担保公司的违法违规活动。按贷前、贷后、信用卡等客户申请进行征信业务规范，重申“先授权，后查询”的查询授权程序

"专人登记,定期核对"做实征信台账的管理要求。严格票据业务申请人资信状况及业务贸易背景真实性审核,提高票据业务操作中的风险与合规意识,严格按制度操作。组织开展各类风险防控排查情况。2015年,全年支行已针对抵质押物真实性、票据业务合规性、大额贷款、土地抵押贷款、个人及对公不良贷款等风险进行了排查,对总行各项信贷检查发现问题整改情况的排查等。

加强内控管理,提升风险管控能力。加强业务风险排查,组织大额授信业务检查、人民币银行结算账户管理、不规范收费自查、银企对账、人民币收付业务、反洗钱业务管理、挂失业务排查以及重要岗位和敏感环节工作人员职业操守风险排查、财务自查、员工家访等,紧绷合规经营这根绳,确保支行稳健有序发展。加强业务学习培训,支行各网点每天早上组织学习和培训,进行业务技能的练习和考试,提高柜员的业务办理能力,减少差错的产生。每周四进行网点小考,每月进行一次月考,并对月考成绩进行排名并发文通报,使柜员之间形成了你追我赶的学习氛围,在总行综合柜员星级考试中,支行5名柜员获得总行的五星级认定,2名获得四星级认定,3名获得三星级认定。

长沙银行望城支行

行　　长　丁丰华

·湖南望城农村商业银行股份有限公司·

【概况】 2015年,湖南望城农村商业银行股份有限公司设有11个职能部室,下辖1个营业部、31家支行、44个对外营业网点,有在职员工400余人。2015年,望城农商银行围绕省联社风险等级达标和银监局监管评级两条主线,各项业务持续稳健发展。存款稳步增长。12月末,各项存款余额为126.41亿元,较年初净增16.66亿元,增长15.18%,完成指标任务(16.5亿元)的100.97%。

全行低成本存款占比42.11%。在区内存款市场份额占比保持在40%左右。在优质存款客户拓展方面,对公存款客户净增565户,个人优质客户净增5311户。信贷提效增速。至12月末,各项贷款余额为82.24亿元,较年初净增14.99亿元,增幅为22.28%,较上年同期多增2.39亿元,完成指标任务(12亿元)的124.85%。累放各类贷款86.24亿元,较上年同期增加18.8亿元。其中,涉农贷款累放76.42亿元,新增涉农贷款占新增贷款的86.54%,增速高出贷款平均增速0.16个百分点。小微企业贷款余额为41.08亿元,较上年同期增加7.49亿元,申贷获得率为100%,增速为22.31%高于贷款平均增速0.03个百分点,户数净增40户。在信贷客户拓展上,法人客户净增189户,个人客户净增了824户。全行到期贷款收回率为96.39%,完成任务的98.36%。全行收回表外不良贷款3839.65万元,完成指标任务(2170万元)的176.94%。全行表内不良贷款余额2.6亿,较年初增加9429万元,不良贷款率为3.16%,较年初上升0.7个百分点,在经济下行、贷款管理难度加大的大环境下,较好地遏制住不良反弹势头。新业务加快推进。至12月末,累计发放借记卡74.83万张,较年初增加23.27万张。全年发放贷记卡1400张,便民卡1213张,发放社保卡13.5万张;新开个人网银4791户,企业网银456户,手机银行16800户,营销ETC业务4605台。新增收单特约商户230户,POS装机新增239台。全行电子银行替代率达48%,超指标任务5.16个百分点。增收创效能力增强。至12月末,实现经营利润4.53亿元,较上年增加0.8亿元。实现总收入9.37亿元,较上年增加1.28亿元。其中,中间业务收入1081.25万元,较上年度净增152.25万元;资金营运业务实现收入16697万元,比上年同期增加3846.7万元,加权收益率较上年上升了0.21个百分点。监管指标不断优化。12月末,全行资本充足率、核心一级资本充足率、拨备覆盖率、拨备率分别为12.91%、11.78%、194.76%、6.16%;流动性比率为48.12%;资产经营利润率、资本经营利润率分别为3.16%、78.44%;成本收入比、综合费用率分别为32.45%和22.79%,各项监管指标均符合农村商业银行监管要求。

做大负债业务,提高市场份额。坚持超前谋划,年初,总部结合省市联社下达的指标及对上年度指标完成情况测算,确定了年度经营目标任务,合理分配了各支行年度、阶段目标任务,与支行签订"经营目标任务责任书",做到了责任明确、部署严格。在元旦、春节等节庆时节,全行结合业务旺季、资金回笼等重要时段和特色产品推广,加大揽储力度。在一季度、三季度分别开展业务竞赛活动,特别是在三季度以全省开展存款突破6000亿元宣传活动为契机开展业务竞赛,强化8月末、9月末两个时点考核,为推动做大存款规模持续注入了新动力。

着力深挖市场。抓系统客户,重点加强政银协作,多方联动,上下全面发力,以攻关引存。通过与地方两级政府、财、税、劳、保等部门积极攻关沟通,在住房维修基金、契税代扣代缴、财政系统资金等领域都取得了显著突破。营业部、区政府行政中心等10家城区网点全年共办理契税、印花税自缴业务共2602笔,金额为3832万元,账户留存余额为1210万元;代理物业维修资金业务2923笔,金额为3213万元,账户留存余额为6830万元(其中6650万元为定期存款)。全年完成13.5万张社保卡的集中发放工作,有效争取和稳固了农村基础客户和市场。抓重点项目资金,密切对接市、区政府,城建投、公路投、水利投、园区等重点、大型投资、招商引资项目,对优质储源、优质客户第一时间掌握第一手信息,关注其资金动向,主动出击,实现以服务创造价值。跟进工作创新。出台《大额存款利率定价管理办法》，推进个性化利率定价。试点开办了代理银证第三方存管业务（与兴业银行合作，选择了华融、方正证券），试点阶段办理该业务97笔，交易金额达100余万元。积极跟进农村消费需求新变化、新特点，分别向当地湾田国际建材市场经营户、衡阳商会会员、金桥市场集群分别进行整体授信5亿元、1亿元、1亿元，新增存款客户300多户。

做优资产业务，提高资产质量。贴近需求抓投放。组织开展"入园区上企业、送服务送资金"专项活动，重点深耕望城区已形成的"社会保障房、工业园区、小城镇建设、农村新型经济体"四大板块，对区域内注册资本100万元以上企业进行摸底，跟进了小微企业发展需求；全面推行企业厂房按揭贷款、循环贷款，以现金流授信等新举措，全行累计向辖内"三园一区"综合授信20亿元，签订10多亿元的融资意向协议，对接项目落实到位资金达90%以上。根据区政府《2015年政府投资项目计划》，重点支持区内水利、交通等基础设施建设，对纳入长沙市15个中心城镇建设范围的铜官、乔口等乡镇的建设项目，累计投放贷款达2.35亿，切实跟进城镇化建设资金需求。盘活存量优化增量。开展"户户清"专项活动，通过逐户排查、逐户施策、逐户清收，腾出信贷空间，加大对地方特色产业、重点行业、重大项目的支持力度，优化结构后重新投放的信贷资金占比达60%。确保新放贷款质量。把防控新放贷款风险摆到更加突出的位置，严格到期收回率考核，严肃查处业绩驱动下的各种弄虚作假行为，纠正短期行为和短期利益倾向。加强对大额贷款、社团贷款、关联贷款的管控，严防风险集中。加强对经济金融风险的分析、预警和提示，严防限控行业贷款风险，防止其他商业银行及金融组织转嫁风险。继续推行信贷格式化管理，审贷人员抽签制，新增不良风险金赔偿制及引咎辞职制度，减少信贷客户经理工作随意性，确保全行贷款依法合规操作。多管齐下化解风险。建立风险预警机制。专设了信用风险系统管理岗，引进内部征信管理系统。通过运用信用风险系统数据，多维度、全方位掌握贷款总体风险状况，定期编制针对性和实用性较强的风险分析报告。积极争取地方政府支持。上下联动，主动出击，通过快速处置抵押物、重组盘活不良贷款等方式，最大限度地降低贷款风险。四是加大依法清收力度，不断推进法院执行力度。根据诉讼案件的难易程度、标的大小等因素将支行自主和律师代理诉讼相结合，改进诉讼方式。争取到了区法院执行局专门配备2~3名干警配合办理已进入执行程序的案件，切实增强司法震慑力。据统计，全年诉讼收回贷款共计6701.51万元，其中现金收回4129.63万元，收回抵债资产2571.88万元。

做活转型业务，培育效益增长点。做大规模，提高覆盖面。按省联社的统一部署，全面启动"自助银行百千万、移动银行全覆盖"便民服务电子化工程。对福祥便民卡、贷记卡、福祥白金卡、福祥钻石卡、公务卡及ETC业务、网银账户、手机银行、代理保险等新业务加大工作力度。特别是，按照"质量并重，多条腿走路"思路，实行对电子银行产品及个人信贷等业务推行打包捆绑营销，注重对睡眠状态的福祥借记卡、贷记卡、网银账户进行清理并指导客户使用，促使"福祥卡"、网银真正"动"起来，有效提升电子银行替代率。拓宽渠道，优化使用环境。经对成本核算，在区内具备条件的网点、具有业务市场的地域，加强ATM、CRS、助农取款终端、POS终端等机具布放力度，全行新增ATM、CRS共16台，自助设备（ATM、CRS、发卡机、查询机）总数达100台，有效实现了柜台业务分流，较好地满足了顾客金融需求。制定《ETC业务宣传营销活动方案》，在营业部、雷锋、坪塘、湾田4个网点设立一站式营销网点，通过给予客户开户赠礼、免电子标签（OBU）机具成本和安装费等优惠方式，快速推广了ETC业务，全年共营销ETC业务达4572台。加大了网银、特约商户、POS机终端的营销，重点构建了柜面、网络、电话、手机、自助终端等多种业务全天候、多维度的受理渠道。做实资金业务，提高资金运营效益。单列资金营运部，注重改进资金运营模式，在控制风险的前提下新增加了正回购和存放同业力度，在操作上逐步购入一些评级较高的信用债和利率产品，为富余资金找准增收"突破口"。2015年日平营运资金为33.45亿元，较上年度日平营运资金（28.13亿元）增加了5.32亿元，累计收入16697万元，比上年同期（12850.3万元）增加3846.7万元，加权收益率为4.74%，较上年同期加权收益率4.53%上升了0.21个百分点。

做实内控案防，依法合规经营。筑牢"案防工事"。按省联社信贷管理制度和修改要求系统梳理和修订了现行信贷制度，做到制度更新与业务发展同步，确保有章可依。认真落实视频监控管理办法等制度规定，对远程监控中心升级改造，视频监控联网管理，有效发挥案件防控、文明服务、安全保卫工作的多重功效。全行有重点、有计划从思想政治、业务技能、客户行业分析、反洗钱等方面全方位开展培训，注重提升员工素质和控案能力。全行始终保持着案防高压态势，让以思想、制度、执行力和安全保卫为防线的"案防工事"得到夯实，切实守住内控案防底线。创新稽核方式。全面铺开突击检查，对莲花、含浦等6家支行开展整体移位稽核，严肃整改检查中的各类违规问题。全年共发出整改通知书62份，提出整改意见155条，对违规违纪行为处罚共227人次，处罚金额共计70160元（含风险预警处罚的187人，金额11600元）。对2人留用察看处分，对6人进行记过处分，对3人警告处分，对10人通报批评。强化监督检查。针对往年存在问题较多、容易发生问题的业务和环节，加大关注度，强化各类专项检查，做到未雨绸缪。推行班子联片、部室联点工作督导制度,加大违规检查、处罚和追责力度。开展了反洗钱工作,内控建设及执行评价,提高内控管理的有效性。开展"以会代训"安全培训2次,进行安全检查115行次,对41例涉及违规的行为进行通报整改。充分利用专业财务核算软件和财务管理系统的功能,加强了财务费用核算管理。

做强支行班子,从严管理干部。从严选拔任用干部。从严从实推进了公开竞聘、岗位轮换等制度,加大中层干部及员工的调配和交流力度。2015年执行高标准、严要求、通过遵循公开、公平、公正和宁缺毋滥的选拔原则,提拔一批优秀年轻干部。其中,提拔支行副行长16名,新提拔部室副经理2名,从副行长(副经理)中提拔支行行长(部室经理)12名。通过创新和推行一系列选拔和任用干部的工作举措,为全行发展提供了智力支持和人才保证。加大考核考评力度。制定了支行班子成员淘汰、奖励办法及绩效考核实施细则,加强对支行班子考核、考评和监督,推动全行形成能上能下的良性选任机制,末位淘汰了2位支行行长。在全行创造"能位相宜"的择优劣汰机制,形成能者上、平者让、庸者下,让人才脱颖而出的用人环境,确保以绩效奖励、以薪酬激励。推进支行动态管理。部署完成桐木、悦喜2家分理处升格为支行管理。出台等级评定管理实施细则,动态调整支行经营等级,激励支行不断提升营销能力及管理水平。加大日常督导,挂靠办公室成立工作督导室,检查督促党委会、行务会议决定的落实情况。强化业务的分析与指导,定期通报业务指标完成情况和排名情况,每季召开一次中层干部工作会,关注工作落实情况,对任务完成不理想的部分支行负责人开展诫勉谈话。

湖南望城农村商业银行股份有限公司

董事长　严　桦
行　　长　彭新文
监事长　佘耀武

·交通银行股份有限公司长沙望城支行·

【概况】 2015年望城支行秉承"业务经营、风控先行"的理念,坚持合规审慎经营、推进客户工程、强化风险控制、加强案防及党风廉政建设,各项工作取得成效。截至2015年年末,望城(含宁乡)支行人民币各项存款余额298470万元,较年初实际新增103608万元,增长53.17%,考核新增54602万元,其中人民币对公存款245872万元,较年初实际新增92563万元,增长60.38%,考核新增43557万元;人民币储蓄存款余额52598万元,较年初新增11045万元。人民币贷款余额271305万元,较年初新增73784万元,增长37.35%,其中公司贷款余额196188万元,较年初新增48937万元,个人贷款余额75117万元,较年初新增24847万元,e贷通2.0审批通过6户,金额3617万元。1—9月份实现经营利润7569万元。创新项目方面,望城支行上报已审批通过并成功提款非信业务8笔,累计金额超过4亿元,吸收望城经开区企业债资金12亿元。全年累计办理票据贴现96837万元,实现贴现利息收入1900万元。完成对公板块中间业务净收入1519万元,个金板块中间业务净收入322万元(截至10月末),其中财管中收187.6万元,卡消费回佣50.8万元。新增蕴通账户客户7.5户,新增达标沃德客户79户,新增中端客户700户,新增手机银行客10350户,新增有效商户71户。

强本固基抓客户,存款业务创新高。全力以赴,推进客户工程抓存款。全面开展与公积金、非税局、社保局、国库集中支付局、国土局等单位的合作,积极挖掘政府客户潜力,推进政府渠道建设。全力营销社保卡项目,先后获得望城城镇职工社保卡2.4万余张(机关行政事业单位社保卡市场占比90%)。独家获得望城经开区12亿元企业债资金的托管及还款账户。"长沙医学院数字校园"及"格力一卡通"项目已进入实施阶段。成功切入央企上市公司长城信息。与望城经开区的核心银行合作关系不断稳固深入。通过名单制管理、分层持续营销、发掘满足客户需求、加强资金流监控等手段推进客户工程建设,实现了支行90%以上的新增存款份额。深度营销,走进园区拓展存款。通过对政府及园区的持续营销,成功将望城经开区12亿元企业债资金锁定支行。宁乡、望城、金州三大园区的拆迁代发主要由支行承办。长城信息、望城证通电子、宁乡粮食产业园及永通汽车总部账户亦纳入交行。与格力电器就存款、结算、融资、工资代发、园区一卡通等业务签订全面合作战略框架协议,锁定结算存款3.5亿元、工资代发2500人。积极与园区开展非信融资等创新业务,创造对公中收858万元及派生存款近亿元。全面借力,定制产品抢夺存款。借力票据池及客户产业链,通过票据托收、承兑及贴现业务沉淀存款,全年累计办理票据托收263笔6575万元,开具银行承兑汇票3.3亿元,票据贴现9.6亿元,票据业务为支行带来手续费及利息收入外,有助于支行拉动客户的结算资金,沉淀存款。借力进出口融资、跨境人民币结算及国内远期信用证等产品工具,引导客户结算资金通过支行结算,全年累计办理跨境人民币结算1.03亿元,开具国内信用证3.4亿元。借力理财产品抢夺存款,对价格敏感型或他行重点客户推出协定存款、通知存款、结构性存款或公司理财定制产品,以争抢他行存款资源,客户累计购买日增利产品5亿元、公司理财11.2亿元理财产品余额8.52亿元,其中他行转入资金8.02亿元。

多策并举拓来源,个金业务强筋骨。强力推进"两个联动"。年初省分行个金板块提出"线上与线下联动、资产与负债联动"的战略部署,望城支行根据本地实际,重点拓展住房及商铺按揭贷款、e贷通2.0等业务,做大个人业务资产端的同时,带动负债业务的稳步增长。

城乡建设

CHENG XIANG JIAN SHE

新城之变，看现代化公园式城区的实践。望城区着力打造湖南城乡统筹的示范区，以小城镇和新农村建设为重点，积极推动各个片区特色发展、协调发展、竞相发展。京港澳高速复线、湘江综合枢纽等重大工程相继通车通航，全区新增等级以上公路300公里，对接长沙、融入全省、策应全国的开放型交通体系基本建成；公园式城区建设大步迈进，城市管理、绿化美化力度空前，月亮岛、高塘岭等片区建设日新月异，全区新增建成区面积20平方公里；中心集镇提质顺利推进，湘江古镇群成为望城名片，小城镇建设成效显著；农村环境整治走在全省前列，美丽村落建设声名远扬，城乡一体化的“望城样本”备受推崇。

乡村公路——靖格线

交通干线——芙蓉北大道

“绿色通道”——潇湘北大道

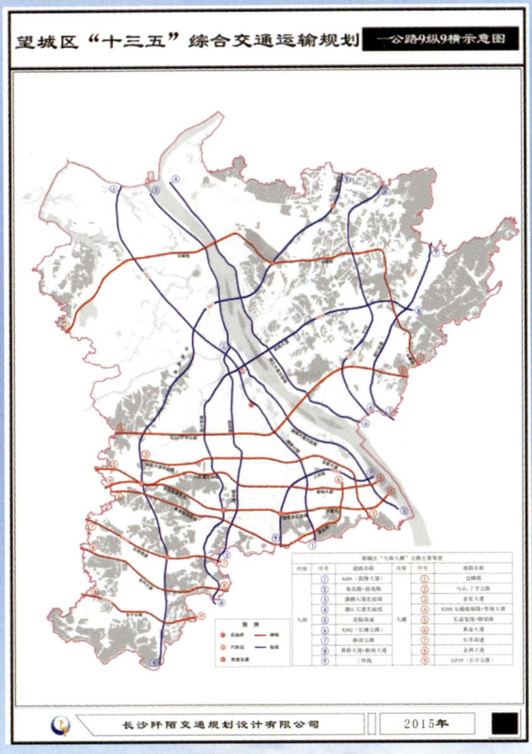

9纵9横公路网

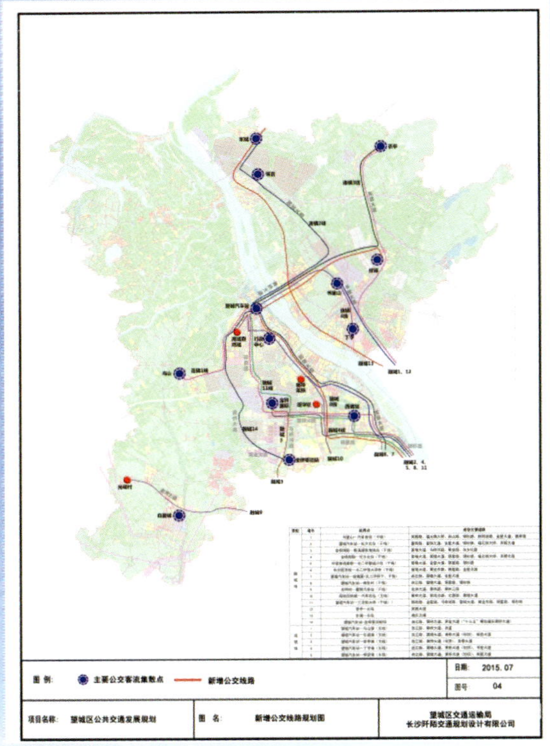

融城连镇公交线网

省级卫生村——英雄岭村

美丽村舍

美丽村落——背子坡

蔬菜产业示范园

城区夜景

规划整齐的城市道路

干净、整洁的格塘集镇

WANGCHENG
YEARBOOK

城管指挥中心大楼

“百姓城管”——志愿清扫活动

公共自行车

都市里的青山绿水

湘江晚霞

油菜花海

WANGCHENG
YEARBOOK

绿色茶园

铜官窑国际文化旅游度假区沿江效果图

立面改造后的集镇

银孔围

一江两岸

古镇的清晨

生态民居

乔口柳林江

雷锋公园

全年累计办理住房及商铺按揭贷款813笔，金额31143万元，e贷通2.0审批通过6户，金额3617万元。通过资产与负债业务的联动，实现个贷新增24847万元，较年初增长49.4%，个贷余额占全部贷款余额的比例提升至27.7%，储蓄存款新增11045万元，较年初增长26.6%，基本实现个人资产与负债业务的平衡增长。强化公私联动营销。通过对私对公条线的配合联动，在手机银行新增率、信用卡新增数、达标交银新增、储蓄存款新增等方面取得显著效果。开展个贷客户一对一营销，个人品牌客户营销持续深入。通过公私联动，宁乡支行成功营销大润发结算账户并实现近300人的工资代发，望城支行成功捆绑月亮岛等5个街道的拆迁代发1.6亿元。开展多彩客户活动。为不断提升客户满意度和忠诚度，丰富服务内涵，支行开展了定期优惠观影、家庭趣味联谊、沩山采茶、“同心结义关山行”、魔幻泡泡体验馆、新股民公开课、小小理财师等活动。推进财富管理企业行。以工资代发客户为重点，开展财富管理进企业、进社区、进校园系列营销活动60余次。通过上门服务，刷卡有礼、10元观影等形式为旺旺集团、格力电器等十余家企业提供更为全面专业的服务，有效提升手机银行、网上银行及信用卡的激活率。积少成多创中收。紧抓分行资源，用心筹划，连续不断地开展基金、保险、贵金属、三方存管等销售活动，赢得倍增的中收奖励；每日兑现奖励，每日通报，每周总结，形成你追我赶的营销氛围，个金中收集掖成裘，稳步增长。

强化控制防风险，完善机制保安全。以管理提升内控质量。营运主管加强履职，严守风险底线，通过录像检查、会计传票检查、重点业务专项检查等方式，发现风险点并加大整改力度。梳理健全内控制度，提升员工的现场应变能力与风险底线的识别能力。以制度落实安全保卫。积极开展安全教育和应急预案演练，落实好各层次人员的日常安全检查，加强安防、技防设施硬件建设。通过保安公司及内部检查时刻关注保安人员异常行为，整肃保安队伍，实现安全达标，全年安全生产无事故。以“三查”（贷前调查、贷时审查和贷后检查）防控授信风险。本着“谨慎授信”的原则，强化存量授信的风险预警机制，及时退出了鑫广安等客户的授信敞口4000万元。提高新的授信客户的准入门槛，关注同业授信策略，防止他行有毒资产转移至支行。对宁乡中小企业的问题授信采取资产保全、债务重组、法律诉讼等措施。

交通银行股份有限公司
长沙望城支行

行　　长　肖文锦

保　　险

·中国人寿保险股份有限公司望城支公司·

【概况】 2015年，中国人寿望城支公司共有四个区域中心，共有有员工28人。城区营销一部、营销二部、高塘、雷锋、莲花、望城坡、坪塘、靖港、铜官、桥驿、团险销售、银行保险共13个专业营销团队，销售人员352人，持证率达100%。

2015年落实“价值先导、规模适度、优化结构、注重创费”的经营思路，按照“价值共创、收益共享”的经营理念，坚持“创新引领、强司富员、进位争先”的工作方针，加快业务发展，加强队伍建设，提升管理效益，进行机制创新，巩固城区市场，防范经营风险，推进公司转型升级。

销售渠道稳固。2015年保险业内部监管日趋严格，依法合规经营、防范和化解经营风险贯穿业务发展始终。望城支公司坚持一手抓业务发展，一手抓合规经营，业务发展和内控管理都取得良好的成绩。

个险业务实现逆势而上。个险以基本法为重点，以周单元经营工作模式为依托，个险部全体员工团结合作，联点联片，加大考核力度。

团险业务持续做大做强。团险部加强与地方政府有关部门的紧密联系，获悉县内新上项目、新上工程和相关单位的动态后，第一时间内主动上门对接，把握市场主动权，赢得发展先机。在抓业务数量的基础上，确保以“丢保费不能丢份额”的原则，积极联络各个行代线，全面做好乡镇的宣传工作。

银保业务继续大步前进。加快业务稳定发展，维护市场地位，增强保费规模，增收创益，确保业务目标胜利达成。夯实队伍基础，坚持以人为本，实施精干高效的客户经理队伍建设。坚持以人为本的原则，以基本法为依据，以基础管理为手段，来带动整个队伍的灵活性和实战能力。深化渠道关系，充分发挥代理渠道的积极性，加强网点经营和维护，密切渠道合作关系。

增强服务意识，提高服务水平，维护公司形象。以提高服务质量为宗旨，以客户满意度为标准，认真做好各项工作。公司员工本着一切为了客户利益，一切为了公司利益的理念，认真做好后援保障工作。

中国人寿保险股份
有限公司望城支公司

经　　理　熊亮红

·中国人民财产保险股份有限公司望城支公司·

【概况】 2015年中国人民财产保险股份有限公司望城支公司内设经理室、综合部、电网销部、农险部、中介部、直销部、营销部等7个部室，下辖雷锋、黄花塘、含浦、靖港、铜官共5个营销服务部，公司目前共有各类业务团队9个，正式员工22人，个人代理营销员超过150人。

截至12月末，保费收入完成6313.63万元，占年计划任务7160万元的88.18%；其中，车险保费收入5141.33万元，占年任务的87.53%；非车险保费收入922.49万元，占年任务的71.73%，农险保费收入249.8万元。支付赔款

3034.11 万元，综合赔付率为 55.10%，综合成本率为 89.24%，费用率 34.14%。利润总额完成 685 万元，完成年计划的 86.67%。截至 12 月末，应收保费余额 4.83 万元，应收保费率 0.08%。其中企财险 0.14 万元，家财险 0.02 万元，责任险 -3.73万元，商业车险 8 万元，货运险 -0.02 万元，意外险 -7.87 万元，健康险 7.86 万元，交强险 0.42 万元。

攻坚克难，全面拓展业务。公司整合人脉资源、探求政府实际需求，在区养殖保险方面取得突破，成功签单全区的育肥猪，能繁母猪保险，保费近 250 万元。校方责任险已完成承保，保费收入 24.8 万元。成功续保望城区低保户农房统保和治安保险，分别签单保费 22 万元和 60 万元。

广开业务渠道。公司对于望城区内的车商进行“扫店行动”，并积极与4S 店进行沟通。继续保持与比亚迪 4S 店，银行、邮政的合作，为车险及财产险、意外险等非车险业务工作提供稳定保费来源。狠抓靖港、含浦、黄花塘 3 个三农营销服务部的管理服务和业务拓展工作，铜官三农营销服务部也已开门营业实现产能。继续加强与人保寿险的互动工作，并将业绩较好的互动业务员纳入考核，形成带头作用。

稳健原有传统销售团队，合理组建电网销团队。根据市公司团队组建思路，结合支公司实际情况，望城一共组建营销团队 3 个、中介团队 1 个、电网销团队 1 个、车商团队 1 个，另外还有 4 个三农营销服务部直属销售团队；积极组建年轻化电网销团队，把传统销售和电网销销售结合，优化资源配置，扩充队伍，增加队伍发展活力。

科学设定业绩目标。科学设定业务员个人月度任务，由此形成季度、年度业绩目标。针对业绩目标制定劳动竞赛激励方案，在营销会议进行月度点评、季度兑现、年度表彰。其次，结合业务员个人目标组成年度目标，团队业绩目标的考核办法以市公司销售管理部方案为依据，并增加增员考核、有效管理考核、非车险劳动竞赛考核，从 4 个维度综合考核团队和团队经理。

高度重视培训工作，尤其是年轻员工的教育与培训。车险方面培训主要侧重承保政策、费用配置的宣讲和营销管理系统的运用，让业务员及时掌握市场变化，便于车险业务新、续、转工作的开展。非车险方面培训主要侧重险种知识和的详解，目的是开拓业务员展业视野，挖掘客户潜在需求，多方位增加业务员收入来源。熟练并习惯手机销售系统的推广和使用，利用会议进行操作培训，由团队经理进行一对一指导，倡导业务员自行出单，使远程销售系统、网销 APP、手机意外险这三个软件成为支公司业务骨干的必备展业工具，既提高了工作效率，又提升了服务质量。

以人为本，培养年轻员工，对新员工以及新进营销代理人员加强公司企业文化、产品及条款、理赔等服务的理论知识学习。对新员工实行轮岗制，在轮岗过程中实行一对一的帮带，熟练实际操作，在实践中发现问题、解决问题。大胆使用新人，根据望城公司职工队伍构成的实际情况，敢于使用新人，着力培养支公司后备干部。

依法合规，狠抓公司运营。注重客户服务。公司上下积极贯彻总公司《服务界面标准化操作手册》，加强对营业厅硬件环境、办公环境和员工形象的管理，秉承“以客户为中心”服务理念，不断改善服务行为，优化服务环境，服务标准化建设成效显著。对于客户投诉，积极沟通解释，快速处理解决，在规定时限内反馈查处结果并对投诉责任人进行责任追究。加强理赔管理。严把承保关，加强理赔管控，降低出险率，对于大的理赔案件，经理亲自过问，掌握情况，坚持原则，不搞通融赔付。在未决赔案清理方面，公司挤压赔案逐步减少，严格控制赔付率，逐步提升盈利能力。

中国人民财产保险股份有限公司望城支公司

经　　理　何伟洲

商贸·旅游

【概述】 区商务局内设办公室、监察室、投资促进科、项目服务科、招商引资服务中心、市场发展建设科、外经外贸管理科和特种行业管理科8个科室。有区商业管理中心、物资管理中心2个下属二级机构;下辖区对外贸易有限公司、民爆器材有限责任公司2个企业。局机关共有干部职工27人。

2015年,全区共引进项目54个,协议引进资金265.1亿元,其中,引进了过亿元项目30个,过5亿元项目14个,10亿元项目6个,过50亿元项目2个。按产业类型分,工业项目39个,现代服务项目7个,其他类型项目3个。包括证通电子、智能交通、光器件产业园、中粮可口可乐、医药生产基地等在内的一批投资大、效益好的行业龙头项目。

实施项目攻坚,破解瓶颈推动项目建设,园区外引进市外境内形成固投61.61亿元,完成年任务的101%;园区外到位省外资金39.78亿元,完成年任务的102%;园区外完成到位外资10105万美元,完成年任务的100%。推进金桥国际商贸城(一期)、湾田国际、高星物流园市场区(二期)、开利星空、联东U谷等重点项目的建设。2015年全区完成社会消费品零售总额100.21亿元,累计增速21.2%,全市排名第一,完成全年目标任务(100亿元)的100.21%;其中限额以上部分62.85亿元,累计增速24%,全市排名第一,完成全年目标任务(45亿元)的139.7%。全年共完成电子商务交易总额1440万元,完成全年目标任务(1400万元)的102.8%。全年完成仓储面积19.64万平方米(含高星物流临建仓储4.7万平方米),超额完成年度目标建设任务4.64万平方米。完成社会物流收入63.65亿元,超额完成年度目标任务3.65亿元。2015年,新办理对外贸易经营者备案23家。全区外贸进出口企业共有107家,有业绩企业27家,晟通集团首次突破亿元大关;全年全区共完成外贸进出口10719万美元(除园区外);完成加工贸易进出口1619万美元,完成对外劳务合作营业额3654.9万美元,完成中方投资额2270万美元,超额完成全年目标任务。全区出口产品主要以机电、有色材料等产品为主,产品远销美、日、韩、阿尔及利亚、阿联酋等20个国家(地区),区内形成了“泰嘉”“晟通”等多个知名品牌。

突出项目招引,主动适应新常态。经过摸底,对有迁入意愿和协调潜力的71家企业,进行招商引资目标任务分解,按照“部门主体”和“属地原则”明确落实到责任单位,指定专人密切跟踪掌握企业动态,主动上门对接和服务,积极争取企业到望城落户。建立驻点招商机制,选派精干力量,开展专业队伍驻点招商。先后组建深圳、广州、苏州、北京4个驻点招商工作小组,由主要领导挂帅,多次赴深圳等地对接考察证通电子、中兴通信等优强项目。突出推介精准谋划。组织参加兰州投资贸易洽谈会、(重庆)国际投资暨全球采购会和厦门国际投资贸易洽谈等活动;梳理编制《长沙市望城区招商宣传册》《2015年

区委书记孔玉成(前排中)考察证通电子

长沙市重大片区、重大产业推介》;精选一批项目重新进行包装,其中入选市重大招商项目22个,入选市级精包装项目17个。

开展项目履约清理。做好2014年以前园区外工业项目后续扫尾工作,对清理剩余项目的主要问题细化分类,有针对性地采取不同处置措施各个击破,完成项目清理处置32个,收回土地约100.4公顷,建立重点招商引资项目月调度工作机制,对2015年签约项目及近年重点招商项目进行月调度,推动签约项目早落地、早开工、早达效。针对全区项目统筹管理过程,部分项目引进后履约不到位、难以统一调度的情况,进行细致分类,建立科学统筹、及时更新、随时调用的数据网络平台,调度效率提升90 %以上,实现履约情况动态全掌握。

发展高端业态。制订方案,综合施策,促进明发商业广场、美高梅、永通汽车城(二期)、开利星空进口汽车城建成营业;出台支持金桥国际商贸城等专业市场发展的具体产业扶持办法。推动产业升级。发展电子商务企业,鼓励引导电商拓展市场,创新经营模式,完善城乡流通网络,改造升级1312家农家店和19个农贸市场。对全区商贸流通企业进行摸底排查,加强对湾田国际、金桥国际、高星物流园等市场项目统计指导,全区68家限上企业实现应报尽报、应统尽统。

引导传统产业转型升级。鼓励和引导外向型企业提高产品质量和科技含量,提升产品附加值,组织企业参加"2015湘品出湘",提升望城本地"名优特"品牌价值。利用民营企业的灵活机制,引导向外开拓市场,2015年承接产业转移发展加工贸易项目3个。出口备案登记和商检手续,为新汇制药、大汉电子等23家企业办理备案登记,为湖南大北农等21家企业办理备案资料的更改扩大了自营出口主体。搭建政企桥梁,开展全区出口企业调研,帮助克服困难突破发展瓶颈,派意特、晟通等15家企业在经营、报关等环节问题得到妥善解决;主动构建服务桥梁,指导泰嘉新材料、唯罗克纺织等15家企业,利用国家外贸稳增长政策,申报扶持资金共50万元。借助平台降低企业风险。与区内保险公司接洽,推介出口信保业务,指导企业规避风险。2015年先后组织企业参加了东盟(曼谷)博览会、"中博会"、加贸博览会和中国国际汽车商品交易会。

提升效能服务。为企业排忧解难,变为上门服务,开启服务新常态。2015年全年班子成员及科室长走访企业60多家,梳理解决各类问题30多个。注重顶层设计出台政策。为企业争取更多的技术改造和发展扶持资金,探索出台奖励措施,突出向外贸出口贡献大、增幅快的企业倾斜,促使企业做大做强市场主体,通过摸底调研,制定《望城外经贸企业奖励政策(草案)》。摸清家底推动物流发展。组织完成全区物流企业情况调研,加大对湾田国际、红星北盛等企业的调度力度;召集有关部门集中办公,加速解决企业发展难题,拟定上报《关于支持金桥国际商贸城产业发展的实施办法(草案)》。优化流程服务提速增质。进一步完善政务大厅商务服务事项,按照非禁即入、能减则减的原则,商务窗口所受理的1项审批、3项备案全部完成流程再造,最大限度压缩办理时限。

区商务局

党委书记、局长	黄建平	
副　局　长	谢洪波	陈端霞
	吴伟平	罗　懿
	曾伟军	杨旭明
	符刚耀	
	易余奇(8月"改非")	

【召开招商引资项目履约管理信息系统培训会】 6月9日,区商务局组织召开招商引资项目履约管理信息系统培训会。区商务局相关科室工作人员及各园区项目履约管理专干参加了培训。招商引资项目履约管理信息系统是为进一步加强全区项目履约进展的调度,区商务局委托专业网络公司开发了一套用于项目从在谈信息、签约情况到履约调度的软件管理系统。为使各招商平台尽快正确使用项目履约管理信息系统,实现招商引资项目履约情况动态全掌握,会上,湖南科创信息股份有限公司培训人员从系统结构、项目状态流转、系统使用角色、系统访问方式及系统操作等方面进行了讲解,并重点就在谈、签约、履约项目的添加、修改、删除及导出等进行了操作演示。通过培训,与会人员对项目履约管理信息系统有了全新的认识。该系统的上线运行,将改变以往在谈、签约、履约项目调度方式,在调度项目的准确性、时效性和安全性上将迈出一大步,逐步形成"项目信息共享、项目共建管理、项目调度及时精准"的工作机制。

【推进招商引资工作】 2015年,区商务局多管齐下,全力推进全区招商引资工作。2015年,区商务局紧盯在谈项目和意向项目的洽谈对接,针对出现的各类问题迅速拿出解决方案,想方设法确保项目尽快签约落地。2015年,共签订18个招商引资项目协议,终止部分项目商务协议。狠抓信息。建立客商项目信息资源库,实行例会制度,每月组织招商主体平台召开碰头会议,收集汇总各方招商信息,充分发挥各平台的自身优势,利用各种人脉资源和渠道收集招商信息,积极推行跨平台、跨园区的招商信息共享,筛选符合望城产业发展方向的目标企业重点突破;会议调度。对重要项目的引进,组织以项目洽谈、调度会的方式进行讨论,及时研究解决项目推进过程中遇到的问题和困难,切实加强招商引资项目的组织协调和跟踪服务;健全机制。结合招商工作实际,拟定标准的政策文件和工作方案,健全招商引资工作机制,使招商工作更加标准化、科学化、规划化。拟订《开展"招商百日大行动"活动实施方案》《关于组建产业招商小分队的工作方案》《长沙市望城区驻外招商联络处工作方案》《长沙市望城区"飞地招商"实施办法》《长沙市望城区政府产业发展基金管理办法》等。2015 年,成功引进包括湖南智能交通产业园、证通电子互联网大数据产业园、同瀚装配式住宅产业化项目、中粮可口可乐(中国)华中项目、光器件产业园项目等十大工业项目。

【强化驻外招商】 7 月,全区招商系统先后成立了驻广州、深圳、苏州、北京 4 个驻外招商工作小组,强化驻点招商工作,经过各工作小组对驻外招商的实践与探索,驻外招商工作成效初显。2015 年,区商务局创新招商思路,主动作为,变被动招商为主动招商。各驻点深入了解驻点区域内的主导产业和重点企业,第一时间熟悉工作环境、掌握招商信息。突出主导产业。深圳组围绕电子信息产业,广州组围绕专业市场,苏州组围绕智能交通产业,北京组围绕院校科技成果转化,有计划有目标的开展专业招商;拓展招商渠道,打造良好招商平台。各驻点招商组积极与当地各级政府部门、商会、协会和高校加强联系,建立了稳定的企业家信息渠道和中介平台,搜集了一批投资意向较强、发展前景较好的项目资源。充分挖掘高校校友资源,以及湘籍、长沙籍、望城籍在外知名人士的人脉资源,助力招商引资;整合优势资源,展示对外形象。驻点小组先后拜访企业 60 余家,参加深圳企业联合会组织的招商活动、外商投资协会的工业沙龙等活动,邀请深圳湖南商会、广州皮革协会、省驻京办经济合作处、江浙智能交通产业企业等一批知名商协会和企业到望城考察。有效宣传和推介了望城的投资环境。2015 年,望城驻外招商小组成功签约项目 10 个,其中投资过 10 亿元项目 4 个,投资过亿元项目 8 个,共协议引进资金 173.2 亿元,预计新增产值 382 亿元,新增税收 17.1605 亿元。

·国有商业·

【概况】 区商业管理中心内设政保科、业务科、财计科、办公室 4 个科室,下辖百货纺织品公司、日用工业品公司、糖酒副食品公司、食品公司 4 个公司。机关在编干部职工 12 人,下辖企业在职职工 136 人,退休人员 427 人。

完成"四费"收缴工作。承包租赁费的收缴工作是系统下辖百货纺织品公司、日用工业品公司、糖酒副食品公司、食品公司 4 个公司维持正常运转重要来源,2015 年,由于电商冲击,四家公司的门店经营户均出现不同程度的销售收入减少,利润下降的局面,增加承包租赁费收缴难度。四家公司中心克服行业不景气、门店经营销售额下降局面,采取积极的应对措施,主动上门了解情况,高效完成了承包租赁费、养老保险费、医疗保险费、水电费"四费"的收缴工作,四家公司实现了承包租赁费,养老金,医保金百分之百全额收缴,水电费均有不同程度的结余。

维护商业系统的大局稳定。2015 年,由于资产处置工作未启动,导致系统社保养老、医保未能及时到位。商业中心积极筹措资金,由主要领导主抓,多次找主管领导,相关部门汇报、协调,争取财政资金,于 12 月 23 日完成各公司的资金调配,系统职工养老金和医保金全部清缴。

加强安全生产工作。系统物业情况复杂,安全隐患大,特别是群乐市场,迎宾楼等处。商业中心坚持定期检查,及时维护,全年没有出现一起安全事故。

区商业管理中心

主任、书记　杨旭明

·物资管理·

【概况】 区物资管理中心内设办公室,综合科 2 个科室,共有在职干部职工 8 人。

根据区政府的统一安排,物资管理中心由原商务局院落整体搬迁至原农业局院子办公。在办公楼搬迁中,管理中心本着从简和厉行节约的原则,全部沿用原办公桌椅、空调、电脑等办公用品,仅对办公用房、厕所依程序报批后进行了必需的简易改造和修缮,于 7 月底前完成搬迁工作。同时,对腾空的原商务局院落资产,积极配合国资部门、造册移交自来水公司(置换),对原出租的长沙银行、临街门面按合同要求分别下发终止租赁通知,对租户反映的相关问题及时进行协调处理并向区政府进行了汇报。4 月,妥善原物资管理总公司改制人员胡某某改制后参股民爆公司和钢材业务账务纠纷问题,核实情况后于 5 月以书面形式进行及时回复。对内退人员的养老保险参保方式进行调整,原经政府批准的内退期按事业参保,退休后转入企业退休的方案,由于在执行中出现政策障碍,社保部门要求提前按企业标准参保。对此,管理中心于 5 月 27 日召开内退人员专题会议,统一内退人员意见后,实行按社平工资的 100% 比例缴付养老保险。

完善制度,规范落实。物资管理中心主要承担原物资系统改制后历史遗留问题处理,退休老同志代管,授权范围内国有资产管理等职责。为规范内部管理,中心制定相关管理制度,严格以制度管人管事。如以病丧慰问开支制度规范开支标准,杜绝了病丧开支的随意性。在重大问题的处理中,实行集体研究决定的制度,提高办事透明度,防止暗箱操作。在执行财经制度方面,严格按会计制度办事,严格审批程序,中心财务管理基本没有违规违纪行为。

区物资管理中心

主　　任　吴伟平

·对外贸易·

【概况】 区对外经济贸易有限公司内设翔龙城西机动车辆检测站、望城兴安机动车辆检测站、进出口部、综合管理科、财务科,共有职工 45 人。公司业务包括进出口业务、机动车年检年审业务。

2015 年,公司累计实现收入 640 万元,较上年同期减少 220 多万元。其中,完成进出口额800万美元,实现收入52万元;翔龙机动车辆检测站完成车辆检测3万余台,实现收入420万元;完成其他各项收入168万元。与他方合股开发的望城兴安站完成车辆检测2.3万台,实现各项收入350万元。

2015年如期完成2个检测站检测监管系统的升级改造,顺利完成GB21861－2014新标准的实施和对接,完成了2个站的设备改造升级,逐步规范日常检测行为。积极参与检测行业协会的各项活动,正确引导兄弟站,进一步强化协会的地位,有利检测行业的行为进一步规范、提高行业地位。加强城西、望城站的检测人员业务培训。在省、市组织的多次检查中,做到检测符合规范要求,2015年,拒检不合格车辆100余台。

提升站点服务质量。杜绝索拿卡要,转变服务观点,望城站实施交钥匙服务,城西站服务效率明显提高,开展有效的营销活动,提升检测的整体水平及市场占有率。积极协调相关部门和单位,争取省、市技术监督局,省、市交警队、车管所、市环保局、望城队等单位的支持,承担自身的责任,树立了良好的窗口形象。

建立信息交流平台。完善并实施会议制,将相关会议信息有效公开,有效实现信息沟通和财务信息公开。抓好卫生和消防的落实,协调好房产税收结算。正确引导公司内部矛盾的淡化处理,逐步转变公司经营观念,成立国有股应对领导小组,实现公司利益最大化。

区对外经济贸易有限公司

董 事 长　何建光
总 经 理　唐鑫博

·民爆器材经营·

【概况】 区民爆器材有限责任公司内设办公室、财务科、资产科、业务科,共有干部职工42人,其中技术人员24人。

2015年,完成销售385吨,雷管25万发,全年总收入670万元,比上年同期增长130万元,公司全年管理费用322万元,比上年同期下降62万元。加强资产管理,全年实现含税租赁收入109万元。

中华全国供销合作总社主任王侠(左二)到望城调研供销社工作

强化安全管理,确保安全生产。投入资金28万元,适应安全要求。在仓库增添红外线对射和门禁入侵系统,办公和仓库区域分开,仓库监控系统全方位覆盖无漏。为适应配送要求,增加一辆配送车辆。加强对4名爆破员和2名安监安全员的安全培训,并通过了省、市安全培训考评。2015年通过了各级各主管部门"零容忍"的各项安全检查。

探索合作经营,增加业务收入。争取区商务局和支持,协调市、区公安局,在爆破和销售上寻求突破。在2014年,国家、省、市放开民爆市场后,面对市场放开和直供,公司多方协调,和省内生产厂家达成一致,共同维护市场格局;在本区域维护好市场,加强服务,消除恶性竞争;市内爆破公司加强合作,做好服务,确保不外购,维护好市场和价格。2015年,全年为铁军爆破公司湘府路工地共计提供民爆器材炸药170吨,雷管18万发。

开拓爆破市场。公司加强与职能部门衔接,与市内一、二级公司加强横向联合,先后在浏阳、开福区、岳麓区实现爆破工程零的突破。在望城区内旺金、公坤公司实行爆破服务,稳定民爆产品供应市场,共实现爆破收入36万元。

加强内部改革,严格奖惩机制。适应安全管理形式,加强内部管理,严格实行考勤考核制度,倡导低调务实的作风,严格履行考勤考核制度,实现了良好的发展。

区民爆器材有限责任公司

董 事 长　周灿希

供销合作

【概况】 2015年,区供销合作社联合社内设办公室、财务统计科、合作指导科、安全信访科、监察室。机关有在职在编人员19人,负责对下辖霞凝、铜官、靖港、高塘岭、白箬、坪塘6个基层供销社和区供销社烟花爆竹、农业产业化、兴业贸易、再生资源、惠农综合服务5个直属公司的管理、指导、协调和服务。截至2015年12月末,全系统共有在职职工410人、退休人员1560人(含已改制企业)、抚恤对象252人。

2015年,全系统全年实现商品销售总额5.023亿元,为目标任务4.2亿元的120%。报表利润亏损

15万元，控制在目标任务限亏20万元内，各项收入完成320万元。无一例非法越级等群众性上访、集访事件和其他安全责任事故，确保了系统大局稳定。

完善和巩固对基层供销社、直属公司综合目标管理责任制，进一步细化考核实施办法，实行百分制考核，对负责干部实施基本工资加岗位工资制，考核结果与负责干部的岗位工资挂钩，做到奖惩分明、责权结合。各基层社与区联社签订综合经济目标管理责任书和签订岗位责任书，分解落实，极大地调动了管理人员的工作积极性和主动性。妥善处理霞凝社李某某的纠缠访，与坪塘社、霞凝社两级处理200多名原已解除劳动关系人员的利益诉求案。开展3次系统安全大检查，督促各企业组织资金70余万元，整改各类安全隐患13处。进行资产处置，筹集资金清缴社保欠费，确保退休人员如期办理手续。全系统霞凝、靖港、高塘岭、白箬、坪塘5个社共处置11宗资产，筹集资金3130万元，全部用于清缴社保欠费。

农业产业化公司坚持服务三农，加强市场调研，密切网络关系，精心开展经营活动。做好农资冬储工作。12月，对农业产业化公司实行经营体制改革，引入社会资本，推行股份制经营方式。烟花爆竹公司在区公安、安监等部门的协同配合下，强化市场安全管理，组织名优商品供应，全年实现销售2998万元。

启动系统综合改革。按照省供销合作总社批准的综合改革试点方案，认真落实各项改革任务，组建区供销社惠农综合服务公司，承担全系统综合改革试点工作；对系统内15个乡镇（街道）惠农服务中心、2个村（社区）惠农综合服务社进行提质改造；对12家区域内的农民专业合作社进行扶持（其中区联社扶持5家、基层社扶持7家），共投入扶持资金30万元。改革工作通过省供销总社验收，并划拨改革专项资金80万元，区财政配套支持40万元。望城区乌山贡茶专业合作社和斌辉有机蔬菜种植专业合作社获批全国供销总社第一批"农民合作示范社"。

支持政府重点工程。铜官社配合政府长湘公路拓改工程，完成戴公桥资产移交；区联社组成工作组，进驻坪塘社，集中精力，与企业一道，做好了潇湘大道景观道南延线工程建设范围内商场、酒店、市场的移交和职工安置。（陈伟仕）

区供销合作社联合社

党委书记、理事会主任　金　抗
党委副书记、理事会副主任　任树标（12月"改非"）
理事会副主任　邓志宏
郭佳华

粮油经营

【概况】 2015年，区粮食局内设综合科、监督检查科、财务审计科、政工劳资科和储备储运科5个科室，有机关干部24人。下设区粮油购销有限公司1个国有独资企业和河东、大丰、城关、白若粮油购销有限公司4个国有参股企业以及望城金霞粮油购销有限公司1个合作企业。区域内共有25家办理了粮食收购许可证的粮食收购企业。

做好粮食流通监督检查工作。制作宣传片《守护天下粮仓——长沙市望城区粮食局开展粮食流通监督检查工作纪实》。与工商、质检、卫生等部门以及周边市（县）粮食行政管理部门建立工作联动及信息共享机制。在区域内设立白若金良村、桥驿禾丰村等8个粮油监测网点。完成粮食流通统计年报资料汇编和粮食、食用植物油供需平衡调查以及2015年度乡村居民存粮专项调查工作。依法办理和审核"粮食收购许可证"，核查粮食收购资格，查处取缔无证经营行为，对全区取得粮食收购许可证的25家经营单位和个人进行核查登记，把全区所有粮食经营者区分不同对象，分类登记管理，同时，提高粮食收购许可案卷规范化水平。开展包括粮食库存检查、粮食统计执法检查、入库前的仓储设施专项检查及涉粮企业最高最低库存检查等在内的各项粮食流通监督检查。2015年，共完成定量粮油质量抽样检测150批次，"四专一封闭"（即：专用品种、专区生产、专企收购、专仓储存、封闭运行）临田检测早稻573批次、晚稻178批次。邀请省、市、区相关领导和专家授课，举办第二届粮食收购工作培训班。建立监管对象信息库和信用评价体系，提高粮食经营户

国家粮食局局长任正晓（前排中）考察望城粮食工作

诚信度。

做好粮食收储工作。严格执行国家最低收购价政策和“五要五不准”(要敞开收购、随到随收,不准折腾农民;要依质论价、优质优价,不准坑害农民;要公平定等、准确计量,不准克扣农民;要现款结算、不打白条,不准算计农民;要优质服务、排忧解难,不准怠慢农民。)守则,保证农民顺利卖粮、增产增收。严格政策性粮食收购和销售出库监管,确保供应,稳定市场。全年全区完成粮食收购14.5万吨,销售8.6万吨,超额完成年度购销任务。

加强粮食仓储管理。督促、协调、协助望城金霞公司、隆平新康、隆平格塘的仓房建设进度和质量,确保符合储粮安全要求。强化各级储备粮及代储粮质量监管,突出强化政策性粮食库存管理,组织储粮安全检查,严格落实安全生产“一岗双责”,确保安全生产、安全储粮零事故。完成2015年全区粮食仓储设施专项调查,全面摸清全区各类粮食企业仓储设施的总量、布局等情况。督促各存储单位做好各级储备粮的轮换工作。修订完善《长沙市望城区粮食应急预案》。

保障粮食安全。掌握区域内粮食情况,对重点企业、重点品种进行重点监管,规范粮食储备,确保粮食安全。推进农户科学储粮工程,在区域内推广金属圆筒仓2143套。推进“放心粮油”工程,满足居民生活需要,3家“放心粮油”销售门店在望城开业。落实“四专一封闭”相关工作,确保重金属超标粮食不进入口粮市场。开展安全储粮检查,其中,上半年开展春季安全储粮检查,检查仓廒36廒,中央储备粮27185吨,托市粮18529吨,商品粮6710吨,地方储备粮28514吨;下半年开展秋粮收购和安全储粮大检查,检查市级储备粮20125吨,区级储备粮5000吨。

开展粮食宣传活动。在《粮食流通管理条例》颁布实施11周年之际,采用电子大屏幕宣传、集中学习、发放资料等方式,宣传国家粮食流通政策和有关粮食工作的法律法规。举办粮食科技活动周,举行“爱粮节粮、健康消费”粮食科普知识抢答赛,同时还联合区教育局组织全区中小学生开展“爱粮节粮、健康消费”征文比赛和“爱粮节粮标兵”评选活动,举办2015年食品安全宣传周活动,开展“尚德守法,全面提升食品安全法治化水平”主题宣传,布置展板2块,向市民发放《粮食科普进社区宣传册》500余份,《中国居民平衡膳食宝塔》500余份。

培育和发展壮大龙头企业。争取各级资金,完善粮食产业化项目,全年完成固定资产投资1386万元。指导并协助千重浪种粮合作社等3家企业获批市级龙头企业,龙虎生态农业科技有限公司等4家涉粮龙头企业市级粮食完成专项资金的申报工作,协助新康龙虎生态农业有限公司建设3000吨仓库,长沙天然油茶科技发展有限公司1600吨冷库和2000吨油罐建设完工。

(张文君)

区粮食局

党委书记、局长	佘亚军
党委副书记、副局长	毛国斌
党委副书记	李利君
党委委员、副局长	刘建明
	周永兰

【区粮食局获评全国粮食流通监督检查示范单位】 12月,经过申报、审核、验收、公示等环节,望城区粮食局被国家粮食局评为“全国粮食流通监督检查示范单位”。2015年,区粮食局从着力加强保障措施、建立完善工作体系、认真落实依法管粮、全力保障粮食安全、大力推行依法行政、建立诚信评价体系六个方面入手,履行粮食行政执法职能,开展监督检查工作,规范粮食收储市场秩序,推动粮食流通行政执法制度建设、机构队伍建设和执法规范化建设。完成粮食流通调查统计、“粮食收购许可证”办理等工作以及粮油质量抽样检测和“四专一封闭”临田检测任务;建立监管对象信息库、信用评价体系、工作联动及信息共享机制;开展粮食库存检查、粮食统计执法检查、入库前的仓储设施专项检查及最高最低库存检查等监督检查活动。获评粮食流通监督检查示范单位进一步促进了望城加强粮食管理,科学有力保障全区粮食安全。

【国家粮食局局长任正晓到望城调研粮食工作】 1月27日,国家粮食局局长任正晓一行到望城区涉粮龙头企业实地调研指导粮食产业化项目建设工作。任正晓一行先后到长沙龙虎生态农业科技有限公司、靖港粮庄、乔口粮库,实地考察望城粮食产业化项目建设情况。主要查看了长沙龙虎生态农业科技有限公司新建的粮食储备库房、大米生产车间、粮食烘干中心,了解了靖港、乔口的“危仓老库”改造建设等情况。望城区粮食局在危仓老库维修改造过程中,完成了仓房屋面维修改造、配电线路改造、更换密封门窗、外墙白化等工作,维修改造16362吨仓容,一线收储库点的储粮条件得到改善。任正晓一行认为,望城在危仓老库的修复改造、基础设施的完善、设备功能的提升等方面工作扎实,措施得力,并指出现代农业要做大做强,要靠培育新型经营主体、培育龙头企业、培育优势品牌。

烟草专卖

【概况】 区烟草局下设办公室、综合室、专卖监督管理股、内管派驻组、市场服务分部5个部门,有正式职工44人。

2015年区烟草局规范管理、适应新常态,完成了各项工作任务。全年共上缴各项税收1.5亿元,先后获得“省级文明单位”“省级模范职工之家”“优秀县级烟草专卖局”“优秀县级烟草分公司”“落实党风廉政建设制先进单位”“创建和谐机关先进单位”“依法办事示范窗口单位”“先进集体基层党组织”等称号。

推进营销网建。落实任务责任，改进营销方法，提升客户服务水平，创新品牌培育方式，推动市场化取向改革，开展卷烟提税顺价宣传维护工作，保持卷烟营销工作平稳发展。全年共召开18场专题客户培训会，响应并落实“金点子计划”，推进精益营销。

加强专卖管理。参与市局统一部署的“春雷”“电狐”等行动，同时联合公安、工商部门，对雷锋、红旺市场等重点区域开展多次集中整治行动。严格落实专销内互动工作机制，共召开专销内联席会议12场次，走访零售客户862余户；对发现的异常情况及时向专卖、营销部门进行沟通，共下发整改通知书5份，内管工作底稿49份，并督促相关部门及时整改到位。

夯实基础管理。区局以“机关服务一线”为工作导向，推动内部基础管理工作；突出抓好制度执行，重点加强财务预算和资金管理，严把审核关，防控风险；安全维稳工作常抓不懈，加强对信访舆情的把控，落实局长接待日和机关干部24小时值班制度，安全隐患整改率100%，全年安全生产“零事故”；做好日常案卷合法性审查，全年零上访事件、零行政复议与行政诉讼；加强采购计划管理，落实采购管理办法；组织建立区局标准化体系，完善和规范工作流程；落实局领导牵头挂片、专销内互动、行管线量化考核工作，实现了“两项工作”（办事公开民主管理工作，工程投资、宣传促销、物资采购工作）上平台、“三重一大”被监管。

区烟草专卖局

党组书记、局长、经理　罗小明
副经理　魏毅
纪检组长　谭全军
副局长　陈剑

【强化履职】 2015年，望城区局到辖区调研卷烟市场情况，推进服务，确保工作开展，并就零售客户对专卖管理、卷烟营销及客户服务等工作的意见和建议，召集市管、客服人员到现场为零售客户解决卷烟经营等方面的实际问题。2015年区烟草局加大打假打私力度，净化卷烟市场；狠抓真烟非法流通治理，努力保持良好经营秩序；尊重市场、尊重规律，把握真实需求，科学调控卷烟市场状态；加强工商协同，共同提高订单满足率；严格执行“八项规定”，认真对照“三严三实”转变作风，学习贯彻《中国共产党廉洁自律准则》和《中国共产党纪律处分条例》；加强法治烟草建设，提高依法行政、依法管理、依法生产经营水平，确保年度工作顺利开展。

区烟草局组织爱心捐款

【召开职务犯罪预防法治专题讲座】 12月25日，望城区局组织职务犯罪预防法治专题讲座，邀请望城区检察院党组成员、副检察长李翔检察长授课，区局全体人员参加。专题讲座结合近年职务犯罪具体案例，分析了职务犯罪所呈现出的特点及成因，从法眼看世界、案例背后的法条、分析原因、预防职务犯罪的建议等四个方面，以案释法、举案说法，深入浅出的说明了职务犯罪给国家、集体、家庭、个人所带来的危害，告诫区局全体人员要“学好法、算好账，当好班、把好关”。副局长陈剑就学习贯彻讲座内容提出要充分认识预防工作的重要性和必要性；要建章建制，加强管理，建立健全和完善预防工作机制；要以讲座为契机，查找各项具体工作环节中可能存在的职务犯罪风险及违法违纪风险，及时预防，保障望城烟草稳定健康发展。讲座的召开为全局职工进行了一次较好的廉政教育，进一步加强了人员队伍思想建设。

旅游管理

【概况】 区旅游局内设综合科、监察室、行业管理科、产业发展科，下设旅游质量监督所，共有干部职工19人。

2015年，望城完成《长沙市望城区旅游产业“十三五”规划》和《望城旅游产业整合提升规划及实施纲要》编制；出台《2015年“望城旅游产业整合提升计划”实施方案》，实施旅游规划、旅游产品、旅游营销、旅游机制、旅游公共服务“五大”提升工程，促进旅游产业转型升级。

推动项目建设。争取上级政策支持。新华联长沙铜官窑国际旅游度假区项目纳入2015全国优选旅游项目；新华联长沙铜官窑旅游度假区、长沙铜官窑、千龙湖生态旅游度假区、书堂山欧阳询文化园、铜官陶城5个项目纳入全国旅游项目管理系统;39个旅游厕所进入省2015—2017年旅游厕所建设扶持计划;4个项目获省级专项奖励扶持;7个景区纳入市旅游重点项目和市"十三五"项目库。服务重点项目。明确专人,服务铜官窑国际文化旅游度假区、铜官窑、铜官陶城、光明大观园等旅游项目建设,项目有序推进,进展顺利。推动旅游招商引资。包装湘江古镇群、铜官传奇、祥云山、书堂山等6个项目参加第五届中国旅游项目投资大会、省旅游博览会、中国(昆明)国际旅游交易会。吸引曲江文旅、夏岩集团、澳大利亚考察团、国际旅游投资协会及湖南华夏投资集团等企业到望城开展实地考察。发展旅游家庭旅馆。2015年完成44家旅游家庭旅馆建设,完成年度旅游家庭旅馆发展任务的110%。完善旅游标识标牌。在金星大道、雷锋北大道(11块)、书堂大道主干线(14块),金洲大道(5块),共计完善30块旅游标识标牌,完成年度考核任务的100%。

开展宣传营销。以开拓旅游市场为重点,采取"走出去和请进来"的方式,举办"望城大公园"、长沙、湖北、常德金秋旅游市场专题推介会4场。与中国首个高品质度假公寓预定平台途家网签订战略合作协议,助推途家网与千龙湖风筝节的联动合作。探索"政府扶持+渠道建设"市场合作模式,出台旅游地接奖励办法,先后与湖北、常德、益阳等旅行社协会签订战略合作协议,推出了17条"望城一日游"和"望城两日游"旅游产品并大力推介,100多家旅行社组团到望城旅游并踏勘。指导服务企业主体承办旅游节会活动37次,其中第二届中国望城风筝旅游节、黑麋峰首届露营节,"新康戏乡杯"京剧票友邀请赛等节会活动吸引市场持续关注。建设主流媒体、网络平台、资源整合等相结合的多元组合模式,望城旅游微信平台最高点击量突破5万人次;与央视和湖南经视合作拍摄旅游真人秀节目,央视的全新原创戏曲真人秀节目《小老师·洋学生》拍摄完毕,湖南经视《有什么好玩的》快乐旅游体验秀节目于12月3日播出望城内容。

强化行业管理。成立望城区旅游产业发展管理委员会,召开区政府常务会议、区长办公会议、全区旅游工作会议,专题研究旅游工作,部署旅游工作任务;将旅游工作纳入旅游乡镇(街道)、相关区直部门年度工作绩效考核范畴。与60家旅游企事业单位签订2015年旅游安全责任书,与12家重点景区负责人开展安全生产谈心活动,加强责任人意识;组织开展节假日旅游安全大检查及专项督查,规范整治旅游市场,全年没有发生重大旅游投诉和旅游安全责任事故;围绕靖港、乔口、铜官、新康等古镇旅游景区,多次开展旅游市场环境巡查工作,加强旅游市场秩序监管。组织消防知识、统计工作、乡村旅游服务员、旅游法学习贯彻等各类培训班16期,培训人员1026人次,完成全年目标任务的205.2%;编制《望城导游词》,举办"大美望城,快乐导游"大赛,提升全区导游人员讲解服务水平。铜官镇、光明村被评为全国特色景观旅游名镇、名村;千龙湖被评为"中国乡村旅游模范户",锦绣、百果园等13家农庄被评为"中国乡村旅游金牌农家乐";洗心禅农家乐、润贵生态农庄成功创建"湖南省三星级乡村旅游区(点)";湘台科技园、紫鑫阁大酒店、青天寨农庄被评为区绿色旅游饭店;指导2家景区开展国家A级景区创建,10家旅游企业创评旅游经营诚信单位。

完善配套服务。完成旅游专线、景区公交线路、内部游道、公共自行车等建设,建立旅游旺季交通畅通保障机制。新建无线wifi景区9家,4处游客服务中心投入使用,旅游信息咨询点布点61处,旅游指南平台全新上线。新建旅游厕所11座,改造18座,增设主要景区点停车位1374个,完成书堂山欧阳询文化园、靖港古镇、柏乐园3个雷锋号志愿者工作站建设。制定全区主要景区点《旅游安全生产标准化方案》和《旅游责任保险统一保险方案》,完善主要景区(点)医疗网点建设,重点推进景区旅游消防安全、食品安全建设,重新修订《望城区旅游突发事件应急预案》,增强安全应急能力。成立"旅游院校+协会+实操经验丰富"的专家顾问团队建设,为望城旅游发展提供了有力的智力支撑。 (刘秋良)

区旅游局

党组书记、副局长	任俊国(12月免)
局长	何迎春
副局长	张学谦
	胡灿

【组织参加第五届中国旅游项目投资大会暨首届全国旅游项目招商及服务商展会】 6月11—12日,区旅游局组织参加第五届中国旅游项目投资大会暨首届全国旅游项目招商及服务商展览会。本次大会以"多彩的旅游,多彩的世界"为主题,由一个高端国际旅游投资50人论坛,主题公园、乡村旅游、泛户外三个专题论坛、一个规划与服务论坛、一个展览会和一个《中国旅游投资之夜》活动构成。吸引来自全国多家知名的旅游投资企业、各地方政府领导、专业金融投资机构和服务商共500多人参加。此次展会望城共推出湘江古镇群、铜官传奇、祥云山生态休闲区、书堂山文化旅游、湘台文创园、月亮岛保护利用工程6大旅游精品项目。为更好地推介望城旅游项目资源,服务文化旅游项目招商,望城围绕"好人好地方 望城大观园"主题,根据本次大会专题论坛的内容,结合望城旅游实际,积极组织光明蝶谷、千龙湖、月亮岛等企业参会,制作并发放了1000余册旅游项目招商手册,制定微信H5专题招商手册页面,其中"湖湘文化的乡愁—湘江古镇群"项目作为旅游投资之夜唯一重点项目推介,引发多个旅游投资企业关注咨询。 (刘秋良)

【召开旅游产业整合提升计划推进会】 7月29日，望城召开旅游产业整合提升计划推进会，以推动望城旅游产业全面转型升级，实现望城旅游从旅游资源大区向旅游经济强区转变。望城2015年初启动“旅游产业整合提升计划”，具体实施“旅游规划、旅游产品、旅游营销、旅游机制、旅游公共服务”五大提升工程，规划到年底初步形成“总体规划+专项规划+实施纲要”为引领的旅游产业发展规划体系；提升以湘江古镇群、乡村旅游区、休闲主题园等为代表的旅游产品体系；以统一的望城旅游品牌形象整合提升旅游营销体系；探索建立适合望城旅游业发展的新机制、新平台，提升旅游管理服务机制；启动望城旅游公共服务体系建设，初步构建旅游公共服务五大体系。会议要求各职能部门、各景区建设责任单位要建设、管理、运营、服务统筹同步推进，实现整合成效提升、旅游品质提升和产业转型升级。2015年，区旅游局助推全区旅游产业整合提升计划的有序开展，紧密筹备旅游规划、抓好精品旅游产品、打响旅游品牌，实现了旅游机制日益完善，旅游配套稳步推进。（刘秋良）

·雷锋纪念馆·

【概况】 雷锋纪念馆内设办公室、宣传科、经营管理科3个科室，共有干部职工41人。2015年，雷锋纪念馆先后被授予“全国红梅玉杯学雷锋奖”“全国旅游价格信得过景区”“湖南省文明单位”“湖南省国防教育先进单位”。

2015年，雷锋纪念馆共接待国内外观众120.95万人次，讲解11526批次，发放宣传资料33054册。接待省部级领导20余次，接待工作全年“零”投诉。与省军区政治部、省党史研究室、市委宣传部等联合举办“全国首届‘雷锋杯’公益书画展”，共收到参展作品3000余件，特邀名家作品100余件，展出600余件精选作品；与团中央志愿者工作部、人民日报社漫画增刊、中央电视台团委共同举办“雷锋——我们与你同在”学雷锋作品展，接待观众20000多人；先后主办、承办、协办“长篇报告文学《雷锋在1958》作品研讨会”“驻长部队向雷锋塑像献花宣誓仪式”“万辆自驾车畅游美丽湘东活动启动式”“雷锋生前亲人老师同学‘忆雷锋、学雷锋’座谈会”等大型学雷锋主题活动30多次；与湖南省雷锋精神研究会共同编辑出版《雷锋精神研究》杂志、《当代雷锋》红皮书。组织雷锋精神宣讲团成员，开展“雷锋精神进校园”主题巡讲活动，精心编制面向不同人群的宣讲稿和幻灯片，共开展巡讲活动40场。邀请谢子龙、何平、孟繁英、周美玲等道德模范走进雷锋纪念馆讲述自己的感人故事，共开讲11场，组织宣讲员进机关、进学校、进社区进行全国道德模范周美玲先进事迹宣讲，受讲人数10000余人。

推进馆区建设。2015年，雷锋纪念馆进一步优化景区环境，4月26日，雷锋生平事迹陈列馆开工建设，并于12月底完成工程主体建设任务。改造后勤服务中心，解决干部职工办公场所分散、员工宿舍不足和活动场所缺失等问题。新建游客中心、中央广场旅游厕所；加强停车场规划建设，在适宜位置增设警告、禁令、指示、导向标志，规范游客停车秩序；设计制作并安装新的景区标识标牌。开通雷锋纪念馆微信公众号，建立雷锋纪念馆党性教育基地网上展馆，拓宽雷锋精神宣传渠道，扩大雷锋精神的覆盖面。强化安防措施，定期对展出文物和珍贵资料进行维护，确保雷锋故居、雷锋塑像等重点文物安全。按照第一次全国可移动文物普查工作的要求，组织人员完成馆藏文物资料的拍摄、系统录入和信息上报工作，共采集488件馆藏文物资料的信息。5月下旬，成立雷锋生平事迹陈列布展筹备工作组，明确了职责任务和人员分工。面向全社会广泛征集雷锋主题展品，工作组通过网络征集、走访雷锋生前亲朋故旧、省市区档案局查档和召开座谈会等方式，共征集文物资料310件，其中，生活用具等实物17件，回忆手稿16份，照片32张，文件资料245份。

加强服务管理。规范接待服务流程，推进“八项免费服务活动”（免费参观；免费提供讲解服务；免费发放宣传资料；免费提供茶水；免

举行“2015年长沙市传承雷锋精神主题活动暨雷锋生前亲人老师同学‘忆雷锋、学雷锋’座谈会”

费提供简易药品;免费提供残障设施;免费提供各类旗帜及誓词;免费提供广场音响。)。组建和注册学雷锋志愿服务队和雷锋纪念馆百姓城管志愿服务中队,开展义务宣讲、爱绿护绿、扶贫帮困、捐资助学、文明旅游等学雷锋志愿服务活动。面向社会公开招聘三名优秀讲解员,通过请进来、走出去的方式,提升全馆干部职工队伍的业务素质和服务水平。选派青年职工参加省、市、区组织的各类比赛,在市"微理论·微宣讲"演讲比赛中获一等奖,在区直机关纪念中国人民抗日战争胜利70周年演讲比赛、"大美望城 快乐导游大赛"均取得二等奖以上成绩。 (舒 迟)

湖南雷锋纪念馆

党支部书记 刘宏伟

馆　　长 陈亮伟

副 馆 长 杨政海 严 璐

【建立雷锋纪念馆官方微信平台】 3月5日,湖南雷锋纪念馆开通官方微信平台,微信号"hnleifeng"。微信平台主要以图文的形式宣传报道雷锋纪念馆及全国各地开展的各种学雷锋活动。分为"馆区风貌""精神传承""阳光善行"三大板块,设有"微官网""360全景""纪念馆微博""纪念馆官网""参观小贴士""雷锋文化""雷锋传人""寻找雷锋""游记分享""志愿精神""志愿者官网""纪念馆志愿者""加入我们"13个子项目,官方微信平台自发布后有近500人关注,2015年全年共发布宣传信息85期,宣传内容涉及全国重要的学雷锋活动报道、雷锋日记选读、好人好事等,进一步扩大了雷锋精神的覆盖面。

【建立湖南雷锋纪念馆党性教育基地网上展馆】 7月,雷锋纪念馆建立湖南雷锋纪念馆党性教育基地网上展馆。党性教育基地网上展馆旨在立足资源优势和党员学习需求,紧扣党性教育主题,并通过信息化手段在共产党员网上进行集中展示。5月,雷锋纪念馆接市委组织部《关于全国党性教育基地网上展馆建设的通知》后,安排人员结合实际情况制定相关方案,并及时开展资料收集。先后对网站建设进行三次重大修改,20余次微调,于7月下旬完成网站建设任务。湖南雷锋纪念馆党性教育基地网上展馆网址为:http://lfdxjy. redtest. cn/,12月,网上展馆通过省委组织部评审,作为全省仅有的两家网上展馆上报中组部。网上展馆共设置"全景展示""走近雷锋""雷锋日记""雷锋故事""精神传承"五个版块,通过平面展示、音视频解读、720度全景展示配合实时讲解、动漫以及深度链接等手段,全方位地凸显雷锋崇高的党性模范形象。

【雷锋生平事迹陈列馆主体工程全面竣工】 2015年12月,雷锋纪念馆提质改造工程,雷锋生平事迹陈列馆项目主体工程全面竣工。2015年一季度,雷锋纪念馆围绕项目科学铺排、狠抓落实,扎实做好了施工图设计、工程预算编制审核、项目公开招投标等前期工作。4月26日,雷锋纪念馆提质改造工程新建雷锋生平事迹陈列馆项目正式开工建设,雷锋生平事迹陈列馆选址于纪念馆中央广场东侧,省党史陈列馆北侧,占地面积1461.4平方米,总建筑面积6275.5平方米,展区面积3200多平方米,建筑高度23 .55米。地上四层,为陈展大厅、办公管理用房等,地下一层,为车库及设备用房。雷锋生平事迹陈列馆主体工程竣工,为雷锋纪念馆全面地展现雷锋家乡学雷锋活动的丰硕成果提供了平台,有利于打造"建设全国一流雷锋精神宣传阵地和打造神圣道德殿堂。

·长沙铜官窑遗址管理处·

【概况】 长沙铜官窑遗址管理处内设综合科、文物管理科、规划建设科、开放运营科4个科室,下设湖南长沙铜官窑建设开发有限公司、长沙铜官窑文化发展有限公司,其中管理处核定事业编制17名,共有干部职工23人。

开展遗址保护研究。2015年,重点对石渚湖市场区、码头区、生活区进行考古发掘,发现灰坑40处,灰沟1条,柱洞141个,瓷器堆积9处,作坊1处,采集一般标本1599袋,小件标本493件,测试标本43件。调拨区文物局237件长沙铜官窑文物;对211件库藏文物进行公开招标修复;对社会流散文物进行摸底调查、市场考察,登记造册后进行收购。在湖南省文物保护成果全民共享现场经验交流会上,长沙铜官窑遗址获评"湖南十年(2006—2015年)重要考古发现及优秀考古工地",并作为唯一基层文物单位作先进典型发言。

提升运营服务。加强队伍建设、体制改革、旅游配套等运营管理工作。长沙铜官窑遗址公园作为全国五家之一、湖南省唯一的国家考古遗址公园代表在大遗址保护与旅游融合高峰论坛暨国家考古遗址公园联盟第五届联席会议上作经验发言。2015年接待原国家领导人贾庆林。破解运营难题。建立"三联"管理机制,联动治理拆违控违工作,配合当地镇村、部门全年拆除违章建筑15处,实现违章建筑"零报告";联合管控摆摊设点行为,配合各部门规范摊贩有序摆放,既满足游客购物需求,又保护景区环境和秩序;联同监管价格监督工作,没有发生一起旅商纠纷事件。提升景区品质。招募67名志愿者、8名群众组建讲解服务和文明劝导队伍,在周末及旅游高峰期上岗服务;提升道路两厢绿化品质,美化露黄区杂草区;开通免费WLAN(无线局域网)、语音导览和微信公众平台系统,开启"智慧景区"建设。

加强遗址公园建设。全年争取批复文物保护预算资金5134万元,到位资金1100万元，防洪护坡与环境整治2个项目立项报告通过专家评审。加快与铜官古镇、新华联沟通，统筹片区旅游发展，打造集文物保护、文化旅游、休闲度假、产业发展为一体的旅游目的地。推进建设，完善配套。完成博物馆主体结构建设和外墙装修以及陈列布展设计。博物馆旅游配套设施完成前期工作，公园旅游配套设施升级完成前期设计。

发展文化产业。联合长沙窑研究学会专家、铜官陶瓷大师进行设计打样，共同开发内涵深厚、特色鲜明、高端精美的陶瓷文化礼品。引进长沙美陶美公司开发集现代陶艺精品展销、社区陶艺普及教育、艺术创作与交流、现代陶艺休闲文化于一体的铜官窑·国际陶艺商业综合体。国际文化旅游度假区项目累计完成投资3.2亿元，前期工作进展顺利，总体概念规划方案及一期修建性详规通过区规委会审定，批回建设用地53.486公顷、只征不转用地19.42公顷，项目一期征地拆迁基本完成；工程建设全面启动，于11月举行开工仪式，石渚湖泵站、明渠、自排涵闸工程完成建设。（殷　霜）

长沙铜官窑遗址管理处

主　　任　王　宏（12月任）
　　　　　杨东方（12月免）
副 主 任　刘　厚　叶剑楠
　　　　　何　莉

【大遗址保护和国家考古遗址公园建设的"铜官窑模式"在全国获推介】 11月18—20日，在大遗址保护与旅游融合高峰论坛暨国家考古遗址公园联盟第五届联席会上，长沙铜官窑作为湖南省唯一代表做经验发言，大遗址保护和国家考古遗址公园建设的"铜官窑模式"在全国获推介。该联席会由国家文物局指导，国家考古遗址公园联盟、中国社会科学院考古研究所等部门主办，来自全国考古、文物保护、旅游、互联网领域的专家和24个国家考古遗址公园、43个立项单位的200多名代表参加会议，并围绕"大遗址保护与旅游融合"的主题进行了交流。近几年，长沙铜官窑创新大遗址保护新模式，坚持在保护中利用，在利用中保护的理念，安装了最先进的三维声敏预警报警系统安防设施，率先在全省制定第一部大遗址保护专题法律——《长沙铜官窑遗址保护条例》，长沙铜官窑国家考古遗址公园于2010年启动建设，并于2012年正式对外开放，公园合理统筹遗址保护与城乡建设、交通发展、水土资源利用、生态环境改善、文化旅游开发，共接待游客上百万人次，被故宫博物院院长单霁翔誉为文化遗址保护好、文化设施建设好、城市特色彰显好、人民生活改善好、经济社会发展好的"五朵大红花"工程。此次联盟会议从大遗址保护与旅游融合方面进行了交流探讨，长沙铜官窑将吸收国内各大遗址公园的经验，不断探讨完善大遗址保护与公园建设、旅游发展的机制，使铜官窑珍贵的历史文化遗产更广泛地惠及人民群众。

·长沙黑麋峰国家森林公园管理处·

【概况】 2015年，长沙黑麋峰国家森林公园管理处下设办公室、开发建设科、旅游科、管理科4个科室，有干部职工23人。2015年，黑麋峰森林公园门票收入137.36万元，较上年同期增长36%，共接待游客86万人次，同比14.67%。

提高服务质量和服务水平。对全景区实施制度化管理，实施目标管理责任制，签订内部目标管理责任书，实行定岗、定位、定指标、定任务。提高工作人员业务素质，加强员工培训。定期制订培训计划，针对景区旅游服务、礼仪、营销、安全、导游、环保等有关知识进行培训。坚持年初定计划，月度有考核，年终作总评，把培训计划列入岗位责任制考核中。规范景区经营秩序。安排专人对经营户实行统一管理。规范农家乐经营管理，加强检查监督，分别于4月28日与9月24日联合派出所、工商、城管、食安、爱卫等行政执法部门开展两次大型的节前监督检查。加强与经营户的沟通，做好文明经营的宣传工作，与公园内经营户签订文明经营承诺书，杜绝欺客宰客现象的发生。

强化资源意识，落实保护措施，改善旅游环境。加大资源保护力度，防止和杜绝种种急功近利的破坏性开发的发生。9—10月在双黑线、文北公路、速降赛道及上山公路沿线播种野花组合种子50公斤，覆盖面积合计2000平方米；完善公园竹木砍伐管理制度，开展打击乱砍滥伐的行动，有效制止公园内盗伐竹木行为。全年不定期开展爱林护林森林防火宣传；派专人参加望城森林消防培训，完善防火器材的配备；组织防火队员进行森林防火消防演习，确保有备无患；防火队员下村巡查，在"五一""十一"小长假和公园内开展的重大活动期间进行不间断轮班巡查，确保公园内无火灾隐患。与洞阳村、联合村、峰北村签订环卫协议，派专门的环卫人员对公园内的所有卫生区域进行清扫，彻底落实环境卫生管理制度，清扫制度上墙，责任到人；与爱卫办、各村部门联动，全年共进行全面清扫环境卫生整治行动30余次。2015年，组织人员对双黑线、文北公路、上山公路、峰顶、电厂大道及湖溪冲路段沿线合计20.6公里进行全面砍青整理、清理排水沟，营造了公园良好的旅游环境。

加快旅游开发，规划景区建设。2015年共投入资金750万元，进行公园基础设施建设。先后完成黑麋峰小广场的规划设计，芙蓉溪游道建设，黑麋峰旅游信息咨询点建设，完善了景区内部游道导引和游客服务中心标准化建设。5月，对景区内所有旅游公共厕所进行净化亮化，黑麋峰景区增设停车场车位112个；支持协调龙门坝的建设，做好龙门景观水利工程的设计规划。在登山麻石游步道及上山公路沿线增设环保垃圾桶50个、休息条椅50条，在湖溪冲、黑石坑、塔背塘、假日宾馆增设大型垃圾回收池8个；引导当地经营户进行创业，创建15家家庭旅馆。

创建文明景区。在景区管理方面，建立健全各项规章制度，确保景区管理有序，加强文明宣传。对内部工作人员宣传“中国梦”和“培育和践行社会主义核心价值观”；在游客服务中心、购物中心播放“讲文明树新风”公益视频广告。加大文明引导。在核心景区位置设置《中国公民国内旅游文明行为公约》等文明旅游宣传海报；在游客服务中心播放文明游览的语言广播和提示，向游客提供《望城区文明旅游宣传手册》；在景区出入口、游客服务中心、核心景区等位置设有“遵德守礼 文明游览”提示牌；落实投诉处理制度。建立投诉处理机制，在景区醒目位置、宣传手册上公布游客投诉电话，并落实专人接听、记录，确保游客诉求能得到及时回复。

加大宣传，树立公园品牌形象。通过更新官网、微信公众号，进行官方消息发布与品牌营销，对公园展开一系列的宣传，打造黑麋峰特色品牌。与旅行社、自驾游、驴友及传媒公司对接，连接全新的网络宣传平台，为游客提供预约、咨询等旅游服务；与省、市、区旅游局的沟通汇报，对长期有合作往来的旅游公司、省市区直单位的工会办公室开展上门推介工作，同时，发展各传媒的合作，扩大平面网络的宣传营销。参加2015中国森林旅游节、2015湖南(第六届)旅游休闲博览会、2015中国国际旅游交易会等各种节会，发放景区宣传手册、免费体验券；举办2015首届黑麋峰露营节，10月份举办2015“道卡斯 & 飞锐照明”杯中国速降积分联赛吸引众多市民参与和大批媒体的报道，提升了黑麋峰知名度；与湖南聚美源景区投资运营有限公司对接，配合完成对景区的调研，形成了公园运营方案(草案)，并开展专项工作会议进行研讨。 (饶　欢)

长沙黑麋峰国家森林公园管理处

主　　任　吴南军
副 主 任　文志勇　文　侠
　　　　　李海波

【举办2015年“首届黑麋峰露营节”】 8月8日，由望城区旅游局、望城区旅游协会、黑麋峰国家森林公园主办，潇湘晨报、旅行车get联合主办，长沙言达传媒承办的首届黑麋峰露营节拉开序幕。此次露营节为期两天，吸引来自省内外约2000人参与，同时也吸引了大批媒体到场，湖南自媒体联盟全程参与体验和报道。露营节根据黑麋峰景区特有的人文景观和地形特色，设置了泳池派对、露天电影、智勇闯关大寻宝等活动。通过此次活动的开展，极大的提升景区形象，扩大黑麋峰品牌效益，并将倡导的积极生活态度与健康生活方式传递给了更多的人。

【举办2015“道卡斯 & 飞锐照明”杯中国速降积分联赛(黑麋峰站)】 10月31日，2015“道卡斯 & 飞锐照明”杯中国速降积分联赛(黑麋峰站)在长沙黑麋峰国家森林公园举行。积分联赛(黑麋峰站)的积分以精英组及夜间组的比赛所产生的成绩决定，所有参赛人员可以交叉参与国内积分赛，但只能就近登记一个地区精英组及夜间组的积分，以获得参与总决赛的资格。黑麋峰国家森林公园黑山赛道长达1.7千米，落差达300米，结合了各种乱石、发夹弯、竹海林道、落差跳台等技术点。此次比赛有来自全国各地148名速降选手参加，分为飞包组、夜间组、女子组、大众组、本地组、精英组6个赛组，根据组别不同设置不同赛道长度和难度，体现选手的真实水平。经过激烈角逐，最终男子精英组由云南李润松以2分56秒的成绩获得冠军，大众组和夜间组第一名均由极速道卡斯车队新星梁金隆获得，女子组第一由贵州诺立单车刘子寒获得，飞包大赛组第一名由广西南宁X－RACE车队陆冠达获得。

公园大门

交通·邮电·电力

交　　通

【概况】 2015年,望城区交通运输局内设综合科、财务审计科、安全企业法制科、交建科、监察室五个科室,下辖交通建设投(融)资管理中心(交建投)、路政执法局、农村公路管理站、交通运输管理所、交通质量监督管理站、城市公共客运管理办和交通行政处罚中心七个二级机构,共有干部职工170人(其中退休人员44人),管理航运总公司、运输总公司两家企业。2015年,交通运输事业取得历史性突破,单位获评全区目标管理绩效考核一等奖、芙蓉大道项目建设指挥部获评"狮子型"团队,局长刘洪波获评湖南省劳动模范和先进工作者荣誉称号。

项目建设实现新跨越。全年共实施项目13个,服务项目12个,完成固定资金投资11.191亿元,完成年度任务的160%,项目获"湖南省优质工程奖""市优良工程奖",项目指挥部多次受到市区书面表扬。2015年12月25日岳望高速长沙北连接线(芙蓉北大道)实现主路面通车。湘江大道景观道(湘江长沙综合枢纽至铜官古镇)全线已通车。S213望城杨桥—金星公路(代公桥至铜官段)一期工程已通车,二期工程已启动路基施工。金桥综合交通枢纽站前期征地拆迁、资金筹集和融资用地等工作已铺开。铜官港区一期工程已实现招商合作,征拆工作已基本完成,10月启动建设。桥汨线路面改造工程已通车。中青路北延线可研批复和立项已完成。公交候车亭(招呼站)已完成50个;大众垸公交保养场、乔口公交停车场、航电枢纽公交停车场正启动计划申报和方案设计,黄金枢纽公交停泊场已启动前期工作运作。30个公交充电桩建设项目已完成建设并投入使用。三汊矶公交站二期已经完成并交付使用。新康砂石运输车辆管理站建设已完成,即将投入使用。洪家超限检测站已完成全部主体工程建设。白靖线路面提质改造工程前期工作已全部完成。大力开展项目服务工作,为高丁公路、S108长湘高速乌山互通连接线、长益高速复线、"两河两垸"道路工程等项目在可研报批、设计施工、资金争取等方面提供优质服务。

融资争资增添新亮点。通过协调市局各类项目补助,紧盯市区财政资金,共调度重点项目建设资金32038万元,争取上级补助(已到位)24200万元,完成任务数的342%。到位国开行银行融资1.4亿元。将芙蓉北大道建设项目纳入岳望高速北连接线范畴,2015年总争资2.4亿元。

公路建养步入新境界。加大农村公路建设力度,2015年新、改建农村公路159.3千米,完成年度任务的159%。桥汨线路面提质改造工程竣工通车。完成白乌线、乔朱线等13条76.68千米县乡道安保工程建设。对前马线等5条线路实施预防性养护。完成普通公路安保设施建设76千米,完成年度任务的127%。对青山桥等5座桥梁实施危桥改造。对白乌线等4条线路进行试点进行"田路分家"改造,取得明显的成效。2015年,全区2232.58公里列养线路经PQI(路面使用性能指数)体系自查,综合优良率达86.3%,超任务数14.5%,PQI中等路以上比例96.1%、绿化率83.3%,指标大幅提高。

公共交通取得新突破。实施"公共交通三年行动计划",全面融入长沙市"公交都市"创建工作。联合长沙理工大学,编制《望城区公共交通发展规划》,科学指导全区公共交通事业发展。运管所成立公交客运科,进一步加强对全区公交事业的管理。根据群众所需,开通W207、W211、W117三条公交线路,并实现7条区内线路融入长沙主城区。公交线路营运总里程达到599千米。公交线网布局覆盖高塘岭、喻家坡、丁字、靖港、乔口、光明等重点发展区域。加大场站设施建设,全区公交首末站的占地总面积达2.55公顷。公交运力增加至595台,万人公交拥有量达11标台。城区140台出租车更新换代工作实现平稳过渡,并与市区"八年租期不变、四年强制换新"的通用政策全面接轨,价格调整及新增出租车工作稳步推进,全区公共交通系统的整体服务能力得到提升。

行业管理迈出新步伐。2015年,共组织开展"打非"专项联合整治行动16次,并始终坚持常态化"打非"治理工作。行动中共出动各种执法和宣传车辆600台次,执法人员1600人次,发放宣传单1000余份;共查扣非法营运和违规车辆447辆,暂扣违法经营证(牌)106本(块),宣传教育劝退非法营运机动"摩的"560台次。2015年春运期间,共安全输送旅客76.75万人次,未发生旅客滞留车站现象,未发生一起重大交通事故,实现"便民利民、平安春运"的工作目标。全年共审验营运车辆3861辆,综合审验率为98%。

治理超速工作迈上新台阶。区治超办推行“源头监管、路面巡查、精准整治、全域管控、形成长效”的治超工作新模式。以治超点为依托,形成以齐天庙和洪家两个标准化治超站为主,5个治超点为辅的全域治超新格局。坚持24小时不间断执法,实行守点与路面巡查相结合始终保持高压态势。全面推行“一超四究”(对检查发现或路政管理机构抄告的违法超限超载车辆,依法追究相关车辆、从业人员、道路运输企业、重点货源单位责任),联合公安、公路、交警等部门开展集中整治。通过集中精力不断强化治理措施,创新管理理念,巩固了治超成果,2015年共检测货运车辆42.77万余台次,查处超限超载车辆1394台,处罚金额117.59万元,全区货运车辆超限率严格控制在0.1%以下。省市媒体多次报道,江西、新疆等地的同行也纷纷到望城学习治超工作“望城模式”。

安全维稳取得新成效。2015年,着力加强渡口管理、渡船改造、运输安全,安全监管和应急保障能力全面提高。争取省市区补助资金,对横跨湘江的民渡和小河义渡船只进行更新,对仰泉湖渡口进行了渡改桥。投入资金960万元对17条临水临崖的县乡道设立安全护栏,全区水上和道路安全水平得到大幅提升。深入推进社会矛盾化解、平安交通体系防控建设和维稳基础建设等工作,共计处理信访事件26起。航运公司新建搅拌场投入运营,退休职工分配征收款集访事件得到有效处理;运输公司检测站搬迁已启动选址工作;为积极配合省市重点工程建设,航运公司和运输公司全力支持,圆满完成坪塘区域汽车站、敬老院、码头、分公司办公楼等场所的征拆工作;运输行业中巴下线工作处置得体,全系统保持安全稳定的局面。

区交通运输局

书记、局长　刘洪波
副 局 长　熊　伟　周建波
　　　　　赵　昂
　　　　　杨　谦(12月免)
　　　　　谭　磊(7月免)

【芙蓉北大道实现主路面通车】 芙蓉大道望城段(梅花岭至湘阴界)起于茶亭镇梅花岭加油站南侧,终点与在建的芙蓉大道湘阴界对接,全长3.577千米,占地面积8.6公顷。全线采用设计速度60千米/时的双向六车道城市主干道标准。其中,梅花岭至茶亭砖厂段(约1千米)路基宽度为46米,茶亭砖厂至湘阴界段路基宽度30.5米,全线采用沥青砼路面,项目总投资约1.12亿元。该项目由长沙市望城区交通建设投资有限公司作为业主单位组织实施,于2015年3月启动建设,6月,此项目获评“湖南省优质工程奖”。芙蓉大道望城段(沙河至梅花岭)项目是2015年省重点工程项目,起于茶亭镇梅花岭,经桥驿镇、书堂山街道、丁字湾街道,终点顺接芙蓉大道开福区段,沿原长湘公路(S102)拓改,全长17.96千米,总投资近12亿元。其中,项目一期全长7.53千米,起于茶亭镇梅花岭,止于桥驿镇洪家村部,按36米市政道路标准建设。项目二期起于桥驿镇洪家村部,终点顺接芙蓉大道开福区段,全长10.44千米,按42米市政道路标准建设。主路面通车标志着全长61千米的芙蓉大道全线贯通并跃升为国内最长的城际主干道。项目的建成,对提升城际路网功能和交通通行效率,促进长株潭城市群和环洞庭湖生态经济圈发展具有十分重要的战略意义。

【农村公路“田路分家”试点改造】 2015年,为打破道路固有养护模式,创新农村公路工作,选定县道白乌线(白箬铺镇—乌山镇)作为试点线路,着手进行“田路分家”改造。该项目的核心内容是对全线的水沟、路肩进行恢复和硬化,通过“明确路界、修复路肩、疏通边沟、完善绿化”等一系列措施,进一步对该线路的占地权属进行了明确,达到排水顺畅、路基稳固、路容美观、行车舒畅的目标。“田路分家”试点改造工作取得了较好效果,并在全区逐步推广。

【科技“治超”】 “治超先治本、正本必清源”,要从根本上治理超限超载运输,关键在控住源头。望城主要货源为砂石,根据望城货运车辆及货源地现状,2015年区局在源头治超工作上做了一些新的探索:砂石集中配载、限量准运。将分散性的砂石场拆除合并,成立两大砂石生产基地,货物源头集中监管,实行砂石“凭证运输,限量准运”,砂石运输车辆IC卡电子准运证管理,一车一卡,逐台过磅出场。严格实行限时、限道、限载、限车的“四限”措施,加强运输行为管理。推进环保罐装运输。全力推动罐装环保车辆参与运输项目,既解决了车辆超限超载问题,又有效防止货物在运输途中洒漏。作为望城治超的一项重要举措,环保罐装车辆装有GPS实时监控平台,可以运输途中全过程实时监控,自动限速限载。安装不停车检测系统。通过不停车检测系统,可对通行货物运输车辆进行不停车检测,实时监控当前道路的货物运输车辆的超限超载情况,既节省人力物力,又科学高效的保护公路和人发财产安全。

公 路 管 理

【概况】 2015年,望城区公路管理局主要负责全区境内10条线路,共计159.84千米的建设、养护、管理工作,其中国道1条,省道2条,县道6条和代养城市道路1条。局机关内设办公室、政工科、财务科、工务科、路政科、后勤科、纪检监察室、工会、妇联、共青团、关工委,下辖路面综合养护专业队、沥青油场、铜靖汽车渡口所及7个管养站。现有干部职工189人(在职120人,退休69人)。

完成养护任务。路面中修由局

专业养护队施工，路面大修、安保工程项目实行公开招标。开工前与施工单位签订施工、安全、廉政合同，明确责任和义务；施工过程中安排专人现场负责，并委托社会监理全程监督，确保工程质量、安全、进度。全年共完成干线公路养护投资1101.55万元，干线公路建设投资4738.47万元，完成公路大修标准里程5.054千米，安保工程4千米，水泥路面修补坑槽14200平方米，沥青路面挖补11300平方米，水泥路面板底压浆7900平方米，G319线水泥路面换板5200平方米，X075许龙线、X080惊袁线等县道换板4600平方米。2015年年末，辖区内国省干线路况优良率为97.22%，县道优良率89.7%，路况优良率92.43%。

提升依法治路。开展路域环境集中整治行动，彻底清理公路两侧乱搭乱建、乱堆乱放、乱倒垃圾、乱设标牌的“四乱”现象。各路政中队全年共上路巡查1260人次；全年共发放、张贴宣传资料2000余份；拆除违法非公路标志20块，清理摆摊设点52处，清理公路用地范围内堆物放料31处，清除遮挡公路标志的障碍物3处，清除路基、路肩、边坡非法种植物4处，清理马路市场8个；处理路产损赔6起。公路违法行为查处力度加大，实现公路违法案件查处率100%，结案率100%。

开展公路治超。通过上路巡查、流动检测及发放宣传资料等形式，与公安交警部门联合执法，落实严管重罚、源头管控，突出重点路段、时段、区域等重点，全覆盖铁腕治理。全年共检测车辆369台，处罚超限车辆302台，收取罚款31.1万元，卸载2634.7吨。通过治理，全区公路、桥梁因超限超载而严重损坏的势头得到了有效遏制。金州大道齐天庙治超站于2015年2月投入使用，配备了路面监测不停车检测预检系统、静态电子磅、检测大棚、执法处理大厅、卸货仓储、停车场地、信息及监控系统，是长沙地区最标准化、现代化、先进化的检测站。

公路养护

区公路管理局

党委副书记、局长	苏宏辉
党委书记、副局长	王立志
副　局　长	曾召速
	虢林宏
纪　委　书　记	谭未明

【干线公路养护管理工作获市“迎国检”先进单位】 2015年是全国干线公路养护管理大检之年，为切实做好迎国检各项工作，区公路管理局制订了迎国检工作方案，明确了工作任务及标准，时间节点清晰，每月组织检查验收，确保每一项工作落实到位。G319线大修工程是“迎国检”工作的重点项目。自9月8日组织施工后，区公路管理局克服高温天气多、车流量大、路面情况复杂等不利因素，在不中断交通的情况下，安全保质如期地完成了G319线K1183.8～K1188.854段共5.054千米路面大修工程，该工程共计投入资金1899.5315万元。区公路管理局在“迎国检”工作中获得了长沙市公路局“迎国检先进单位”、“迎国检路况检查组织优胜单位”及“迎国检养护工程优胜单位”称号。

邮　　政

【概况】 2015年，望城区邮政分公司设综合办公室、营销服务部。下辖10个支局，1个直辖所，32个综合营业网点，有员工305人，其中合同工110个，聘用工42个、劳务工153个。区内有农村投递邮路51条，城市段道22条，投递段道里程共计2160公里，省级二级干线邮路2条，市趟邮路3条，区内转趟邮路2条，邮运线路里程300.4公里，区内邮件日均2次直达省会中心邮政局。29个邮政储蓄网点（不含邮储银行）全部实现通存通兑和电子化汇兑。

2015年，望城区邮政分公司全年完成业务收入6179.53万元，完成年计划的92.03%%，累计欠产－535万元，较上年增长16.45%。增长绝对值872万元，其中，邮务类1—12月累计完成1487.84万元，为年计划的97.37%，较上年增幅6.14%，累计欠产40万元；金融类：1—12月累计完成4202.06万元，为年计划的98.92%，较上年增幅14.60%，累计欠产46万元；快递包裹类:1—12月累计完成408.86万元,为年计划的46.41%,较上年增幅150.02%,累计欠产472万元。在11项业务中,集邮收入完成规模和增幅排全省县局第一,保险收入完成进度和增幅均排全市第一,发行收入完成进度和增幅均排全市第一,电子邮政收入完成进度和增幅均排全市第一,四季度余额净增和进度均排全市第一,其中集邮、保险、分销三项业务一季度完成的收入超过上年一年的收入。截至12月31日,全年金融总资产达30亿元,其中邮储余额净增3.5亿元,保险净增1.07亿元,均创历史新高。

做好宣传造势,推动金融业务快速发展。开展亮单争霸赛、主人杯策反竞赛、大战红五月竞赛、迎端午竞赛、奋战45天转型跨越赛等多种形式的系列竞赛活动,推动金融总资产的稳步提升。为打好旺季金融战役,各网点加大走访工作,公司大力支撑,确保礼品铺到网点,宣传单到位,横幅到位,利用投递车、邮车、公车私车粘贴车身广告等方式,全力以赴打好这场战役。

扭转发展势头,实现速递业务大幅度回升。5月份,实现速递收入18.9万元,当月增幅为19.23%,为长邮区县第一位;县域快递包裹业务在全省排名进升至月底的前十位。1—12月份,望城公司共实现快包收入256万元,月均21.3万元,较上年同期增长5.9%。签订协议客户179户,日收寄量已稳定维持在1000件左右。为抓好快包业务的发展,公司领导高度重视,积极争取政府支持,多次主动跟区政府领导进行汇报,得到政府的大力支持,望城区政府率先下发《关于加强国家机关公文寄递管理的通知》,为公司收寄政务类邮件打好了基础。双“十一”期间,望城全区日均包裹进口量达4984件,最高峰进口量达6800余件,比部分地市局日均进口量都大。自11月10日开始,区分公司就组织机关帮扶人员到御泥坊公司24小时轮班收寄邮件,随后又组织全机关人员8~9人一组,由分公司领导带队,分赴进口量大的望城坡投递部、星城、霞凝、学士支局进行帮扶。

“互联网+传统”,玩转集邮业务见实效。1月27日,望城区分公司举办中国集邮文化季之高端客户答谢暨珍邮鉴赏会,邀约到106位高端客户前来观摩,整体销售达到158万元,现场收款70万元,位列全省第一。积极开展集邮产品“进社区、进校园、进景点、进写字楼”活动,以“互联网+传统”的模式,进行新邮预订,开办集邮微店,客户可在微店上订购邮品,已销售70万元,排区县局第一名。1—12月集邮收入累计完成354.8万元,较上年同期增长73.85%,累计进度排名全市第二,累计增幅排名第一。

全员上下一心,抓好学生包收寄提士气。2015年,在省公司一体两翼的正确指引下,长沙中心局给予了网运的大力支持、积极配合。望城公司精心准备、上下一心、全力以赴打一场学生包收寄攻坚战。提出全年学生包收寄收入要增幅50%,迅速收复校园市场。为达到这一目标,望城分公司提前召开学生包收寄动员会,将宣传资料分单位、分院校进行印制,在取得各大院校的支持下,将宣传海报张贴至学生宿舍,将宣传单页投送至学生手中。截至6月27日,望城区分公司学生包收寄大幅增长,收寄量达11427件,收入23.63万元,完成进度72%,实现增幅6%。

落实双创工作,打造精品路线和综合服务平台。望城公司积极落“双创”工作的要求,迅速将创业平台进行整理发布。已有校园综合服务创业平台2个、社区综合服务创业平台122个、揽投点员工承包创业2个、大宗邮件处理员工家属承包创业5人、分销酒水员工创业等5个项目落地,安排职工家属创业达16人,“双创”工作取得较好效果。截至12月20日,累计已打造精品路线3条,综合服务平台122个。

加强学习培训,促进电子商务再攀新高。加强绿卡短信业务发展督导,确保发展效果:1—12月,公司共发展短讯客户59774户,完成短讯收入382.34万元,截至12月17日完成进度111%,进度排名列区县第一位。全年累计组织短讯培训16次,极大地提升了营业人员的业务技能,促进了短讯业务健康、快速发展。全力支持代开税票的发展:1—11月代收国税26764笔,税额为1203万元,共计实现收入60万元,较上年同期增长45.28%。1—12月三农收入为43.99万元,惠民优选实现收入14.22万元,合计实现收入58.21万元。惠民优选业务,实现收入14.05万元。酒水业务:分别在6月、9月召开了本年度2场酒品鉴赏会,通过精心准备和布置,邀约近百名客户参与,并在现场预定酒水120万元,全年实现收入43.99万元。加大全员营销,促进车险业务快速发展:2015年,为实现全员破零全局职工利用“中华抢单赛”,7月和9月两次竞赛夺得全市第一名;1—12月车险共计完成420台,完成商业保费90.15万元。12月13日,大型亲子舞台剧《熊来了》在湖南信息职工技术学院隆重举行,望城区分公司组织有序,场面盛大,座无虚席,并推出“么么闪印”,印制出许多小朋友和小动物们的合影,让客户们赞不绝口。

强化服务质量,抓好教育期刊配送工作。公司高度重视教育期刊业务的投递配送质量,由领导带头,组织机关人员分批次进行教育期刊的配送工作,做到投送保时限、接收有核对、配送有签收,确保配送质量。全年共配送教育期刊26批次,配送金额达86万元,创收16.5万元。没有外请一个短期工,没有开支一分钱加班费,为企业节约成本近2万元。

强化后勤支撑,增强企业活力。邮件处理、网运质量明显提升。公司根据业务发展需要和社会需求,不断调整网运和投递作业组织,严格网运纪律,优化邮件内部处理环节,大大加快了邮件的传递时限,增强了邮递类业务市场竞争力;严格检查支局出口邮件质量,对差错较多、投递压力较大的支局进行业务指导和业务帮扶，要求支局严格按照规格封发邮件，提高了出口邮件质量。安保督察到位，做好隐患防范。采取对照问题找差距，分析原因定措施，落实整改保平安的原则，对分公司的安防设施进行了逐步改造、升级。对加钞间未在现金区的莲花桥、谷山、商学院进行升级改造，对东马、太平、徐家桥等新增ATM机网点的安防设施予以完善，保证了对ATM机安防设备的风险管控；对桥驿、太平等网点的110报警主机进行更换，保证网点110报警系统的正常运行；对18个网点的业务库进行“四锁联动”的改造升级，提升业务库的风险防控能力；对分公司职工开展了4次较为全面的安防知识培训，开展了第15个“安全生产月”活动及开展常规检查和突击检查达68个频次，获得2014年长沙邮政安全生产月“一等奖”。

以人为本，强化企业文化建设，促进企业和谐发展。加大干部职工培训力度。为了提升干部职工业务素质，公司加大职工技能培训力度，全年共组织员工集中学习35次，职业技能培训29次、网络教育学院专项培训27次，其中网络教育学院支行长培训参考率和及格率均100%完成，通过培训提高了职工的业务素质和职业道德水平。

区邮政局

总经理　古建明

电　　信

【概况】 2015年，中国电信股份有限公司望城分公司（以下简称“中国电信望城分公司”）下辖星城、雷锋、丁字、桥一、茶亭、铜官、靖港、格塘、乔口、乌山、黄金、白若、莲花、雨敞坪14个支局，有员工237人。

多渠道协同发展，优化便捷服务。2015年公司持续为农村基层提供移动、光网宽带、电视接入等信息化政策支持和惠农资费政策，丰富农村用户的文化娱乐生活；并引入社会代理、行业代理、村级代理等多种社会代理形式，将渠道和终端持续向客户端延伸，实现村村有电信服务网点，让客户无论何时何地都能享受到便捷、丰富的通信服务。2015年1—12月完成全年业务收入8724万元，完成年计划的100.05%，同比增幅10.83%。

促进光网建设，提升服务标准。积极响应望城区委、政府建设美丽和谐新望城号召，更好地支持望城地方经济建设，履行公司构建和谐社会、建设幸福新望城的社会责任，省、市公司调拨专项工程建设资金，对望城各乡镇进行全光网升级改造，实现全区光纤入户，全面打造光网集镇，进一步丰富电话、手机、电视功能。截至2015年年底，公司已在全区包含10个街道办、8个乡镇、151个行政村、32个社区居委会实现光网入户FTTH（一根光纤直接到家庭）改造，全区电信共有ITV（宽带互联网视听业务）电视用户22494户，农村市场占比75.67%；移动用户69327户，农村市场占比70.23%；宽带用户48739户，农村市场占比60.24%。

全区已5万多户具备光纤入户，速率分别可达20M～100M，逐步将农村通信网络升级到城区通信网络建设标准，区域内网络的整体形象和实力显著提升，望城农村地区信息化程度进一步提高，百姓的幸福指数进一步提升。

中国电信股份有限公司
望城分公司

经　理　胡　捷

移动通信

【概况】 2015年，望城移动分公司设综合部、市场部、网络部、政企大客户中心三部一中心，有员工158人。

2015年，望城移动分公司夯实基础，提升能力，稳步提升市场经营及网络运营健康度。从“补盲、拓广、做深”三个维度全面提升4G网络能力，全年新建4G宏站360余个，累计达到1000余个。4G客户快速增长，全年发展4G客户21万户。充分利用已覆盖全区的4G通信网络及成熟的宽带网络，全面推进移动信息化产品项目的建设，助推望城“智慧城市”建设，累计上线“移动警务通”“狱警通”“教育城域网”“智慧渔业”“无线望城”等300余项行业应用产品。全年完成纳税1120万元，其中地税缴纳156万元，国税缴纳964万元，促进地方财政收入的增长，有力支持全区经济建设的发展。

湖南移动望城区分公司

经　理　温　泉

联通通信

【概况】 2015年，湖南联通望城分公司内设综合管理部、营销部、客户服务部、集团客户部、校园业务拓展部、固网中心、建设维护部，共有职工179人。

望城分公司全面落实省市分公司工作部署，以扩大市场份额、提升收入为中心，深入推进发展创新工作，着力转变经营模式和增长方式，持续增强网络保障和服务领先能力，全速推进各项业务规模持续前进发展。

2015年1—11月移固两网业务出账收入完成10221.4万元，完成率87.7%，其中移网收入累计完成8660.9万元，同比增幅0.71%，累计扣款271.2万元，实际完成8389.6万元，完成率89%；固网收入累计完成1831.8万元，同比增幅16.03%，完成率82.6%。2015年1—11月23G净增639户，4G净增20462户，宽带6259线；2016年1—11月累计收入同比23G为-31.48%，4G为1549.24%，宽带为6747线，融合业务为430线。

一高塘岭中学入选“全国青少年校园足球特色学校”。书堂中学创建为国家级乡村少年宫、长沙市区域教育特色发展建设学校。打造了铜官郭亮小学“陶艺”、新康中学“戏曲”、黄金中学“社团活动”、星城东马小学“国防、人防”等特色学校。

教育质量全面提高。深入开展“课堂教学改革深化年”活动,打造高效低负课堂,教育教学质量大幅提升。全区初中升高中比例99.4%,普职分流比全省第一。区一中高考成绩创历史新高,区二中、六中一本、二本上线率,区职业中专对口升学率较上年均有提高。成功承办2015年全国民办中小学高效课堂现场观摩研讨会,全区高效课堂经验在会上推介。在市级艺体、科技创新比赛中,200余人次获一等奖。望一高塘岭中学和白箬铺五里小学2所学校获评长沙市两型创建示范学校。

办学效益全面提升。顺利通过首批国家级农村职业教育和成人教育示范区(县)省级复检。职业教育和成人教育发展经验在教育部2015年第二期涉农职业院校干部培训班上推介。职业学校毕业生就业率98%,就业稳定率90%。

学校安全切实加强。为全区118所中小学和公办幼儿园的重要部位增补708个视频监控点、安装一键式报警系统,并与区教育局联网。实现全区中小学校及公办幼儿园专职保安全覆盖。作为全市唯一代表迎接国务院教育督导委员会办公室春秋两季开学工作暨“护校安园”行动落实情况督导检查,获得教育部和省、市领导高度肯定。更新升级全区校车监控系统,优化校车管理模式,调整11台校车服务范围,新增3台校车,实行“公车公营”模式。校车运营管理经验在湖南省校车管理工作会议上推介。望城区获评首批湖南省平安校园建设先进区。

依法治教扎实推进。全面落实管办评分离要求,开展学校章程建设,基本实现“一校一章程”。中小学校长负责制、教职工代表大会制度和民主参与机制不断完善,大湖中学、师大附中星城实验中学分别创建为国家级和省级模范职工之(小)家。督学责任区建设经验全国推介;成功创建为湖南省2015年中小学校责任督学挂牌督导创新区。

教育民生切实保障。做好进城务工人员子女平等就学相关工作;及时发放各类免补、资助资金5564万元;积极开展困难教职工慰问帮扶活动;对涉教检查实行归口管理,严格规范教育行政行为;加强学校财务、固定资产的规范管理;认真开展违规补课、教育乱收费等工作督查,及时纠正和查处损害群众利益的行为;开展规范社会办学专项治理,民办教育形象和地位不断提升。

全面深化人事制度改革。实施义务教育学校校长教师交流轮岗,破除身份障碍,实行“区管校聘”制度,使教师由“学校人”变为“学区人”,由“学区人”变为“系统人”,采取走教、支教、顶岗、选调、轮岗、竞岗六种方式,共有268名校长、教师交流轮岗,达符合交流轮岗条件校长、教师总数的12.2%,被确定为长沙地区唯一的湖南省推进校长教师交流轮岗试点区(县)。启动全区校长职级制改革,区二中、六中顺利完成学校去行政化。局机关首次推行干部竞岗、双向选择、全员聘任,竞岗、轮岗比例42.5%,建立了科室干部三年一竞岗,干部职工三年一聘任的用人机制。

深入探索办学模式改革。加大“内培外引”力度,成功引进湖南第一师范学校合作办学,引进长沙市体操学校和培智学校到望城办学,区域内集团办学、托管办学、联合办学、对口支援等办学模式日益完善,培育和扩大了优质教育资源。

有效推进招生评价制度改革。坚持小学就近免试入学、初中划片招生政策,严格控制大班额,秋季城区义务教育阶段初中新生无大班额,小学新生大班额控制在2.01%。完善发展性绿色评价体系,实行质量抽考制度,注重增量评价,促进不同层次学校办学水平不断提高。

创新打造教育阳光服务品牌。区教育局创新开展“雷锋580”教育阳光服务工作,被评为湖南省教育阳光服务优秀单位,并作为县市区唯一代表在全市教育阳光服务工作推进会上作典型发言。《湖南教育》报道了相关工作经验,并在《2015年湖南省市县级教育行政管理者高研班论文和调研报告汇编》一书中推介。圆满完成高考、自考、成考等各类大型考试的组考工作,老干、计生、团队、征拆、文明创建、建议提案办理等工作都取得了新的成绩。 (罗婷婷)

区教育局

党委书记、局长	万畅红
党委副书记、副局长	高　峰(12月免)
副局长	曹小平
	肖　跨
	李建宇(12月免)
党委委员	王艳平
	徐志忠(12月免)
	侯国志(12月免)

【创建湖南省首批平安校园建设先进区】 11月5日,省教育厅副巡视员邓江祁率省教育督导委员会成员到望城开展“平安校园建设先进县市区”项目评估,望城区成功创建为首批湖南省平安校园建设先进区。创建“平安校园建设先进县市(区)”项目于2013年立项,望城紧紧围绕“强化安全意识,提升安全素养”的主题,突出抓好“落实责任”“筑牢基础”“科技强安”三个亮点,大力推进“平安校园”建设。严格落实“一岗双责”,明确各学校39个岗位的安全职责,将学校安全工作纳入经常性督导内容;抓好防灾减灾日、食品安全周等主题活动;建立校车智能管理系统,不断完善人防、物防、技防三位一体的学校安全防控体系,平安校园建设水平不断提升。9月17日,由教育部财务司

副巡视员刘玉光带队的国务院教育督导委员会办公室春秋两季开学工作暨“护校安园”行动落实情况督导组到望城督导检查。通过实地调研、查阅资料、与学校各部门进行访谈等形式,对望城区中小学校开学条件保障、“护校安园”行动落实、学校安全管理、校车安全管理、校舍安全管理、规范办学行为、教师队伍配备、教育信息化开展、校园文化建设、中小学校素质教育开展十方面的内容进行了全面督查。督导组认为,望城中小学校(幼儿园)开学工作谋划早、目标明、思路新、措施实、准备充分、开学工作井然有序。学校安全管理到位,教育教学秩序规范有序,育人环境和谐稳定。

【创建全国农村职业教育和成人教育示范县】 11月18日,望城区顺利通过由湖南省教科院高校所所长陈拥贤带队开展的第一批全国农村职业教育和成人教育示范县建设工作省级复检。2014年,望城区入围首批国家级农村职业教育和成人教育示范县(市、区)。望城区职业教育和成人教育网络健全,共有中等职业学校3所(其中含有中职部的高职院校2所)、区电视大学1所、乡镇农校14所、社区学校19所、村农校127所、社区教学点127个,实现农校和社区学校全覆盖。建立乡镇农校现代远程教育服务平台、农户和技术专家沟通平台、师资共享资源平台、乡镇农校和社区学校管理平台等多个服务平台;创建了以区职业中专为龙头,区电大、乡镇农校、社区学校为骨干,村农校、社区服务中心为基础的职成教育办学网络。实训条件不断改善,区职业中专拥有总值4550万元的实训设备,9个功能完善的实训基地,校外实训基地35个,各乡镇农校建立实训培训基地127个。办学水平不断提高,培训效益显著。各职成学校开展了养殖、种植、电工、焊工、酒店与旅游管理、家政等各类培训,年培训人次达全区总人口10%以上,区职业学校“三率”不断提升。其中,毕业生就业率98%以上,本地就业率95%以上,对口就业率91%以上。先后获“全国中等职业学校德育工作先进集体”“全国农村成人教育先进单位”“湖南省职业中等学校职业指导工作先进单位”等称号。4月13日《中国教育报》以《没有农校,就没有我的今天——培养新型职业农民的“望城模式”》为题,对望城农村职业教育和成人教育发展经验进行了深度报道。望城农村职业教育和成人教育的成功经验在教育部2015年第二期涉农职业院校干部培训班上作典型推介。

【创建湖南省中小学校责任督学挂牌督导创新区】 10月23日,湖南省政府督学、长沙市政府原主任督学陶建华,市政府教育督导委员会副主任、市教育局党委委员、副局长邓芸,市政府教育督导室副主任李峰一行,对望城区申报全国中小学校责任督学挂牌督导创新区进行了复核评估。望城于2010年搭建督学责任区制度的初步架构。2014年进一步强化教育督导,构建教育督导新模式,深入推进管办评分离。按照定人员、定场地、定经费、定范围、定职责的“五定”原则,设置7个督导责任区,选聘21名专职和47名兼职督学,实行督导集约化管理、创新督导方式、建立以网络为基础的区域内责任督导挂牌督导信息平台。实现学校督导“全覆盖”、学校“全过程”“全方位”督导,责任督学挂牌督导成为全区加强对中小学校工作监督与指导,引领望城教育事业创新突破,跨越发展的有效举措。评估组通过听取汇报、查阅资料、现场走访,认为望城区的中小学校督导工作领导组织有力、管理制度健全、督导队伍专业、开展工作规范、工作条件和经费保障落实、督导方式科学、问责整改到位、结果运用有效,达到国家中小学校责任督学挂牌督导创新县(市、区)标准。湖南省教育督导委员会办公室《关于公布2015年度全国中小学校责任督学挂牌督导创新县》(湘教督办〔2015〕42号)确认长沙市望城区等23个县(市、区)为2015年湖南省中小学校责任督学挂牌督导创新县(市、区),并推荐申报全国中小学校责任督学挂牌督导创新县(市、区)。

【举行第三届中国中学生舞龙舞狮锦标赛】 4月24日,第二届中国中学生舞龙舞狮锦标赛在望城区师大附中星城实验中学举行。此届锦标赛由中国中学生体育协会主办,中国大学生体育协会舞龙舞狮分会等单位承办,主题是“龙腾盛世·耀星城”。来自全国各地的12支中学生舞龙代表队,分别进行了教学双龙、规定套路、自选套路等项目的比赛。经过为期两天的激烈角逐,师大附中星城实验中学获得教学双龙、规定套路、开幕式表演等3个项目的金奖,并获评首批“全国中小学舞龙舞狮教育示范学校”。

【召开2015年全国民办中小学高效课堂现场会】 5月29—30日,全国民办中小学高效课堂现场会在望城金海学校召开。来自全国20个省市的800多名代表齐聚望城,围绕“追求课堂高效,提升教育质量”这一主题,并结合金海集团旗下望城金海学校和宁乡金海中学两个现场的观摩情况,展开了研讨。此次活动由中国民办教育协会和湖南民办教育协会联合主办,望城区人民政府和金海教育集团共同承办,通过高效课堂现场观摩、课堂教学创新成果表示与分享、专题讲座等方式,旨在发现全国民办中小学的优质课堂,展现全国民办学校的课堂改革特色成果,交流课改经验,提升教育质量。活动期间,湖南长沙金海教育集团、山东即墨二十八中、河北承德市兴隆县六道河中学等学校进行了课堂活动展示。全国人大常委会委员、全国人大教科文卫委员会副主任委员、民进中央副主席、中国民办教育协会会长王佐书,教育部发展规划司副司长郭春鸣、民办教育管理处处长曹志芳,湖南省人大常委会原副主任、省民办教育协会会长唐之享,省教育厅党组成员王建华等领导、专家参加了现场观摩和研讨活动。望城区高效课堂建设经验在会上推介。

·教研与培训·

【概况】 2015年,区教研培训装备中心内设办公室、教研部、师训部、电大部、装备部5个部门,共有教职员工52人,中学高级教师33人(其中特级教师1人),中学一级教师15人,文印、会计及其他工作人员4人。扎实开展中小学教师信息技术能力提升培训、“研训一体 送培到校”培训、“诊断式”调研、“点单式”调研、“一师一优课 一课一名师”评比等活动;加强高三教学和考前复习的指导,组织两轮教学调研和教学质量抽测;做好初三毕业班相关学科实验考查和教学设备的配备工作。

教育科研。教研部2015年创新教育科研工作,继续开展教学调研、联片教研、网络教研等常规教研工作;在全区范围开展“一师一优课 一课一名师”评比等活动,全区共上传129堂区级优质课,经过打磨、统一录制,推选出38堂市级优质课、9堂省级优质课、5堂部级优质课。继续探索“研训一体化”教研模式,引导各学校继续构建“主动参与、理性批判、反思超越、互助共进”的校本教研文化,增强校本教研工作的针对性和实效性,提高教师教研的主动性、积极性和专业素养。全年开展联片研训活动80余次,展出教研课137节,议课80余堂,举办讲座70余场;组织全区高三教学研讨会,展出教研课18节,举行研讨讲座9科次;举办高效课堂研讨会,展出研讨课6节,举行主题班会2个、专家讲座1场;组织中学中青年教师片段教学大赛、首届中学生图说时政演讲比赛、小学科学主题式教研暨长沙市红霞名师工作室交流活动。指导教师参加省市级赛课,有16人次获市级赛课一等奖、4人次在省级赛课中获奖。

教育教学。2015年,教研部在星城实验中学、金海中学、区一中开展以新课程改革为主题的区级教学研讨活动16次,承担国家和省级教学研讨活动各4次、市级教学研讨活动6次,全年人均下校听课140余节,主持开展3个课题的研究工作,指导基层学校建立市级以上课题7项、区级课题5项,全区有2项课题获市级以上奖励。在乔口中学、靖港中学、星城中岭小学、高塘岭莲湖小学开展诊断式调研视导活动,通过课堂听课观察、问卷调查、备课、作业检查、教研组建设情况核查等方式,针对学校教学中存在的问题提出了中肯的意见,与授课老师进行广泛深入的探讨,促进教师教学水平的提高。组织全区高三模拟考试三次,联合长沙县、宁乡县、浏阳市组织高三联考1次。组织高三、初三毕业会考、肄业班各年级文化学科期末质量检测和非文化学科抽测工作。组织教研员参加省教科院和全国教研机构组织的相关课程培训,组织全体中学教研员和高三一线教师参加省市各学科的高考研讨会14科次。开展全区性大规模教学竞赛活动8次,有16位教师在省市教学竞赛活动中获奖,在省级以上刊物发表论文4篇。

师资培训。2015年,师训部联合教研部开展了桥驿中心校河东片区的“送培到片 研训一体”活动、乌山中心校的望城小学数学主题式(数学广角)“送培到片 研训一体”活动、高塘岭中学的3次点单式“送培到片 研训一体”培训、丁字书堂中学的“送教下乡 研训一体”培训模式展示活动,4次“送培到片 研训一体化”活动共培训教师491人。组织“中小学教师信息技术应用能力提升工程培训”,聘请省市和本地专家送课送培到片区110余次,共培训教师1376人。暑假组织11个不同学科教师参加专任教师学科培训,共培训教师1041人。全年组织相关老师参加“国培教师专题培训”“市县培训者高级研修培训”“长沙市英才工程——教师培训高级研修培训”、教师工作坊研修和省市级“远程网络培训”,共培训教师1074人。协助区教育局做好市级骨干老师的管理和考核工作和273名大中院校毕业生教师资格认定工作,完成3352名中小学教师的学分登记。

电大与社区教育。电大2015年春秋两季招收新学员344人,其中,招收农民大学生135人、电大开放教育学员95人、中南网院114人,完成270余位毕业学员的毕业

送课下乡

工作。派送全体班主任赴市电大参加了“国家开放大学学习网”和“农民大学生培养计划”教学平台的培训,“开放教育省级示范性电大”的申报争创工作继续推进。社区教育学院继续指导社区学校开展市示范性社区学校的创建工作,2015 年新建喻家坡街道和茶亭镇两所社区学校,全区社区学校覆盖率 100%。指导金山桥街道社区学校、丁字湾街道社区学校创建“长沙市示范性社区学校”。

教育技术与实验教学。指导高塘岭镇中学等学校成功创建了高标准化实验室,组织全区实验创新大赛、实验操作比赛和信息技术培训、实验管理员的培训,组织教师参加化学和生物实验创新大赛分别获市一、三等奖。全区教育城域网建设初具规模,多媒体进教室 924 个,中小学全部实现校校通,加强“班班通”工程应用研究管理。全面完成教育城域网建设和中小学门户网站建设任务,开通学校门户网站 60 余个,到班多媒体设备新增 160 套,共有 889 套,开展网络直播课堂试点工作。继续保持“省教育信息化建设示范县(区)”称号,被确定为湖南省信息化试点区。完成教育强区项目建设计划、星城镇中岭小学第三期项目建设计划、5 所公办幼儿园建设计划和长郡月亮岛学校第一期项目建设计划。课题《农村中小学老师教育能力培养方式研究》顺利结题,并被湖南省电化教育馆评为“优秀课题”。2015 年 5 月,在市教科院组织的信息技能教学中获“2015 年度长沙市小学信息技术教师技能比武”团体一等奖。

(刘兰竹)

区教研培训装备中心

主　　任　杨志明
副 主 任　周　明

【“望城模式”获推介】 2015 年 7 月 18 日,区教研培训装备中心副主任陈立新应邀在湖南省 2015 年“国培计划”和“省培计划”培训管理者高级研修班大会上做了题为《“送教下乡”常态化研修的“望城模式”》专题经验介绍。近几年望城区不断探索中小学教师培训新模式,形成了“送教下乡、送培到片、研训一体”的新模式——“3321”模式(即在全区范围内打造“教研员、名师骨干、专家”三个团队,分主题培训、点单培训,诊断培训三条主线,以学科或学校为单位,进行研究与培训一体化的教研活动);进一步破解了农村中小学教师培训任务重、难度大、要求高的难题。在研修班上陈立新将望城“3321”模式中的做法、经验和几年来所取得的效果向各地、州、市和部分高等院校的领导、专家做了详细汇报,获得与会代表的高度认可。

【举行“送教下乡”研修模式现场观摩活动】 2015 年 12 月 24 日,由周红语文名师工作室牵头、望城区教研培训装备中心组织的望城区“送教下乡”研修模式河东片初中语文主题式研修活动在书堂中学举行。活动分“骨干教师研讨课”“语文名师展示课”“学员分组研讨发言”“专家点评讲座课”四部分。书堂中学骨干教师杨妹娥承担了实践课教学,周红语文工作室名师梁敏担任了展示课教学,长沙市教科院语文教研员刘兵老师以《语文教学的方向及具体实施方法的探索》为题,针对当前语文教学实践中存在的问题、发展的方向做了专题讲座,并分别对“研讨课”“展示课”进行点评。河东片区丁字、桥驿、铜官、茶亭、东城 5 个中心学校的语文教师参加了这次集中研修。湖南省中小学发展中心“国培班”学员和“广西南宁培训机构考察团”现场观摩了本次活动。

·望城一中·

【概况】 2015 年,区第一中学(简称望城一中)有教学班级 56 个,在校学生 3196 人,在职在岗教师职工 286 人。有特级教师 4 人,全国优秀教师、优秀班主任 5 人,高级教师 104 人。

2015 年,学校获得各级各类集体奖励或荣誉 9 项,其中有“全国示范文学校园”等国家级荣誉 3 项,“2015 年度湖南省教育科学研究工作者协会先进会员单位”等省级荣誉 2 项,“先进基层党组织”等区级荣誉 4 项。《中国教师》《湖南日报》《长沙晚报》、湖南经视等媒体先后 10 次报道学校办学业绩。

队伍建设不断加强。分别在 2015 年上学期、下学期开学前夕进行为期 3 天的干部业务学习,促进中层干部业务素质的提升。加强对中层干部的监督考核,提升中层干部勤勉务实的工作作风。加强教师队伍培训。在暑假期间,组织 20 余名新教师参加为期三天的新教师培训。全年派出参加继续教育的教师 140 余人,其中,4 名教师被派往北京等地接受新课程培训。邀请“两弹一星”专家黄吉虎教授等 35 名省内外知名教授、学者到校讲学。继续实施“师徒结对”活动,全年共有 19 位骨干教师与青年教师签订师徒合同,起到了很好的“传帮带”的作用。学校通过工会、团委组织教工羽毛球赛、篮球赛、校园歌手大赛、拔河比赛、“心灵之声”文艺演出、体育艺术节、画展等文体活动,增强了学校凝聚力,丰富了校园生活。

德育工作机制、范式日渐形成。学校进一步完善德育网络,全年召开 8 次不同年级学生家长会,加强学校、家庭、社会的有机联系。组织 8 次班主任专题培训,提升班主任队伍素质。大力实施“1234”(高举一面旗帜,建设两个节日,创新三个平台,办好四所学校)主体德育工程,建立年级组“三人制”工作领导小组,配齐副班主任工作队伍,完善家长委员会制度,规范寄宿生和非寄宿生管理。完善德育活动课程,开办“学生素质提高班”,促进学生行为习惯的规范和整体素质的提高。开展“校务会成员到班活动”和“校长午餐”、主题班会、班主任培训、学生干部培训、生活辅导老师培训、学生体检、星级文明寝室评比活动,创新开展素质培训班活动、户外德育体验活动和班级文化建设活动,提升德育工作的效果。发挥团组织在学生活动中的作用,开展学雷锋系列活动、资助困难学子活动、社区服务活动等,增强学生的责任意识。实行综治安全治理责任制,落实“一岗双责”职责要求,建设电子围栏,成立教工护校队,开展“法制安全”“消防知识”“人身安全”“国防教育”等安全宣传教育,每期组织两次师生消防演练,增强师生的安全意识。2015 年,1 个班级获长沙市“我的中国梦”主题班会竞赛活动一等奖,23 个班级被评为“长沙市先进集体”,33 名学生被评为省级“优秀(三好)学生”或“优秀干部”,近 500 名学生被评为区级以上“优秀学生”或“优秀干部”。

教研教改成果显著。学校一直致力于教研教改,尤其重视课堂教育的研究。落实课堂巡查、教学常规检查、组考、推门听课、教师培训等常规工作,推进“生本课堂”建设,丰富教育科技节内容,定期开展“教学活动周”活动、教学片断比赛等,逐步形成了“自主探究、合作学习、有效教学、课堂观察”的课堂范式。2015 年,高三教学视导优质课优秀率 90% 以上。两个教育团队、7 名教师获“望城教育奖”。在各类教学比赛中,18 名教师获市级以上奖励,6 名教师在“一师一优课,一课一名师”中获省级奖励,2 名教师授出课例被推选参加国家级评选,1 名教师获全国西藏教育教学赛课二等奖,1 名教师获湖南省地理教学片断比赛一等奖。有 80 篇论文获市级奖励,在各类刊物发表文章 26 篇,9 个科研课题(省级以上课题 6 个)已立项。

教育质量全面提升。充分发挥传统优势,连续坚持 20 年举办传统“教育科技节”“体育艺术节”,不断提高同学们的身体素质、科学素养和人文情怀。2015 年,参加和开展“三独比赛”、第十三届“叶圣陶杯”全国中学生新作文决赛、第八届“文心雕龙杯”全国书画才艺大赛、长沙市首届民族孝道文化演讲比赛等。在音乐美术比赛中,50 余人次获市级以上奖励,在体育比赛中,6 人获“国家二级运动员”称号,在学科竞赛中,40 余人次获省级以上奖励。高考本科上线 893 人,其中一本上线 272 人,二本以上上线 621 人,上线率 81.2%。高中学业水平考试成绩合格率 90.70%。

管理服务不断优化。争取区委、区政府的支持,区委召开专门会议,明确了学校未来五年发展蓝图,全力建设生源基地学校,大力改善办学条件。不断规范学校财务制度,进一步明晰后勤服务中心的管理,进一步规范接待制度、用车制度和财经制度。不断探索多元办学模式,利用学校优质资源,参与托管的望一高塘岭中学、望一简文学校的管理,提升两所学校的治校理念,提高教育教学水平,促进教育的均衡发展,2015 年,两校为望城一中输送优质学生 125 人,望一简文学校学生周美玲获全国“道德模范”称号。多次送课到望城二中、望城六中,参与两校的教研活动,促进两校教学水平的提高。

民族教育特色彰显。西藏部构建一个网络——形成齐抓共管的德育格局;突出一个主题——培养和激发爱国主义;坚定一个目标——浓厚藏族学生情感;优化一个环境——拓宽西藏生德育渠道。2015 年 7 月 16—19 日,学校在拉萨召开第一届西藏学生家长会。组织全体西藏学生集中参加社会实践活动,参观中航工业集团、湖南现代农业科技示范基地和刘少奇和毛泽东故居。组队参加“建设伟大祖国、建设美丽家乡”主题演讲等活动,为西藏培养优秀人才。2015 年,西藏生 37 人全部上一本线,一本上线率 100%。

(王双雨)

望城一中

校　　长　夏育华

书　　记　李玉上

副 校 长　姚武良　肖忠平

　　　　　谢永兴

工会主席　杨清华

【“两弹一星”专家黄吉虎教授到校作科普讲座】 11 月 9 日,望城一中邀请“两弹一星”专家、中国科技大学近代力学系教授、曾任中国科技大学西校区区长兼区党委书记、现任国际青少年创新设计大赛委员会主任黄吉虎教授到校为高一、高二年级师生作题为《中国的航天——忆钱学森先生的创新人才培养之道》的科普讲座。黄吉虎教授就其师从钱学森的经历和亲历中国航天的发展历程回忆了钱学森等老一辈科学家在祖国创新人才培养方面的做法,通过大量图片和亲身经历,生动展示了中国航天发展的艰辛和辉煌历程,中国科技人的努力和传承引起在座师生的深深思考。黄教授的报告激发了望城一中学子心中的激情和热血。随后,国际青少年创新设计大赛委员会副主任、秘书长邢乃贵研究员做了题为《高校自主招生与未来创新人才培养》的报告,结合相关形势和政策,做了相应的解读和指导。望城一中在办学的过程中,提出并践行“六个一”(一副健康身心、一个良好习惯、一种创新特质、一门艺术素养、一门国学传承、一生导师引领)的中学生培养目标。这次科普讲座是学校培养学生“一种创新特质”的行动的一部分。

【召开首届西藏学生家长座谈会】 7 月 18 日,望城一中在拉萨天河宾馆会议室首次召开西藏学生家长座谈会。共商孩子成长大计、共话藏汉情谊。西藏地区学生家长、学生、望城一中的部分行政老师 100 余人参加会议。会议由望城一中副校长姚武良主持,望城一中西藏部主任陈毓轩作《我们和孩子一同成长》主题发言,详细介绍每个西藏学生在望城一中“一起笑、一起哭、一同成长”的过程,何月华老师、旺姆同学分别结合自己的工作和学习谈了亲身感受。珠络次仁代表西藏学生家长感谢学校为西藏儿女成长付出的艰辛努力,真诚表态尽最大努力支持学校各项工作。最后,由望城一中校长夏育华作总结发言。夏校长首先和与会家长、学生分享“三个感受”:感谢家长和社会各界对望城一中西藏班的认同和支持;感恩国家和政府对少数民族的无疆大爱和开明积极的民族政策;感动于学生的求学之苦,坚持和坚守,感动于家长给予子弟和学校的精神支持,并和大家分享了校友的故事、《超级演说家》选手的故事、《中国好声音》选手的故事,用生动的事例说明了社会底层人物到社会精英的成长过程。活动期间,播放了《望城一中西藏学生在校学习、生活剪影》的视频,部分西藏学生表演了独唱、合唱、演讲等文艺节目。2小时的活动结束后,副校长姚武良和主任陈毓轩就“周末学生学习生活”“2016年高考问题”“建议学校在西藏扩大招生宣传”等相关意见分别进行了解释和说明。这次会议是湖南内地西藏班走进西藏举行的第一次家长会,为孩子们构建了一个“家长—学校—孩子”直接互动交流平台;是望城一中西藏班办学成绩的一次集中展示,让西藏家长进一步了解西藏学生在内地的学习和生活,更深刻明白党的民族政策,更深切地感受到党和国家对少数民族地区的无疆大爱。

【校园文学专家王世龙、王光第到校指导工作】 4月13日,著名校园文学研究专家、全国校园文学委员会常务副会长王世龙、全国校园文学委员会办公室主任王光第到望城一中指导校园文学工作。两位专家参观了校园并就校园文学工作与夏育华校长、李玉上书记等进行了交流。近年中,望城一中坚持“文化立校”,以“厚德文化”墙为主体的校园文化工作,望城区首批名家工作室“李玉上语文工作室”引领区域内语文教学教研工作,服务地方政治经济文化发展,积极承担国家级研究课题、学校校本课程开发、培育地方文学新苗;以语文教研组为主导,强化文学教育,倡导语文教师利用语文学科特点,打造融文学教育、审美情趣、想象力和创造力于每一个环节的文学课堂;以白色鸟文学社为中心,广泛开展提升学生文学素养的学生社团的活动。学校文学校园建设硕果累累:获望城区“经典诵读示范学校”、中语会“全国优秀文学校园”、当代文学研究会“全国示范文学校园”“ 校园文学与语文校本课程教材开发研究实验学校(2014—2018)”称号;白色鸟文学社获“全国优秀文学社”“全国示范文学社”称号。学生在各类创作大赛中有800余人次获一、二等奖,50余位学生作品在各类媒体上发表。两位专家表示,望城一中积极借助校园文学平台提升学生素养、推进素质教育的工作难能可贵,并就如何进一步强化文学课堂建设、推进校园文学社团活动、加强校园文学与语文校本课程教材开发工作提出宝贵意见。

·职业中专·

【概况】 区职业中专有教职工235名,在籍学生3000多人,开设加工制造、交通运输、信息技术、旅游服务、财经商贸、文化艺术六大类9个专业。2015年,学校获得“长沙市创新型学校”“长沙市就业技能培训定点机构”“望城区教育绩效考核一等奖”“望城区食品安全管理工作优秀学校”等15项市、区荣誉。

以示范校建设为契机,提高人才培养质量。争取汽修实训大楼等5个中央财政支持项目,改善办学条件,增强专业实力。实施学历提升、“双师”培养、名师培养与引进、师德建设四大工程,打造领导人才,培养梯队人才,围绕长沙地区机械制造业、交通运输业、现代服务业及新兴产业发展,以机械加工技术、汽车运用与维修、焊接技术应用、旅游服务与管理等专业建设为重点,加强人才培养模式与课程体系改革、师资队伍改革、校企合作、工学结合运作机制建设,推进服务边远贫困地区农村剩余劳动力转移培训,完成示范校建设《任务书》中的21个一级指标、93个二级指标、448个任务点,形成398项建设成果,任务完成率100%。建成省级示范性特色专业2个、省级特色专业2个、省级示范性特色专业群1个、省级精品专业1个,国家级实习实训基地1个、省级生产性实习实训基地1个、市级示范性实训基地1个、市级开放性实习实训基地1个、市级精品专业1个、区级名师工作室1个。以校企合作委员会为平台,进一步深化“校企双主体、工学双交替”育人模式,企业行业专家、学校一线教师共同参与,修订了人才培养方案和课程标准,开发符合新的人才培养方案的校本教材、精品课程及大量课程资源、网络课程。充分运用现代教育技术,改革教学方式方法,尝试项目教学法、理实一体教学法、情景教学法、仿真教学法,大力实施“教、学、做”合一,推进课堂理实一体化,优化课堂教学效果,提高人才培养质量。开展农村劳动力转移培训、复转军人培训、阳光工程培训和失地农民就业培训4000余人次。毕业生就业率达98%。学生获国家、省、市荣誉100多项。在长沙市中职学生技能抽查中,机械加工技术专业合格率100%,优秀率80%;在长沙市中职学校学生技能竞赛中,51名学生参加21个项目的比赛获团体奖3个,学校获组织奖;音乐专业学生以全省一等奖的身份参加全国技能大赛获三等奖。高考对口升学二本上线率稳步提高,居全市职校前列。

以弘扬雷锋精神为“魂”的校园文化作根基,培养雷锋式职业人。利用雷锋精神这一宝贵的德育资源,挖掘“一滴水、一盏灯、一颗钉”精神的深刻内涵,结合学校《学生成长手册》要求,实行“三自三成”教育。坚持以“学习雷锋精神,做雷锋式职业人”系列活动为载体,引导师生践行社会主义核心价值观。各项主题活动常态化,技能节、励志会、运动会、艺术节开展得有声有色;向望城“小雷锋”周美玲学习等系列主题教育活动,传递社会正能量;企业文化融入校园,远大公司、清华IT思途教育集团来校举办企业文化讲座,促进学校文化和企业文化对接。学校《以校园文化引领“雷锋式”职业人的培养》在全市职业教育工作会议上交流。在良好的校园文化熏陶下,职中师生在文体、艺术、德育活动中获国家级奖项2个,省级奖项6个,市级奖项16个,区级奖项11个,其中特等奖1个,一等奖13个。学校获长沙市中职学生跳绳比赛团体一等奖、市中职学生文学文化常识竞赛团体第一名、区校园艺术节目展演一等奖;1人获国家级征文比赛二等奖,1人获区“图说时政”演讲赛特等奖,2人获区主题班会赛课活动一等奖。师生21人共33篇诗词作品选登在《望城诗联》《长沙诗词》等刊物上。

以提升教学质量为核心,打造高素质师资队伍。全年有300多人次参加各级各类培训。其中2人参加国家级专业带头人和骨干教师培训,10人参加省级培训。邀请高校教授来校进行理实一体化教学设计讲座,邀请企业专家进行为期一周的理实一体化培训,承办长沙市中职学校理实一体化教学培训,分批安排多名专业教师下企业实践,多名老师参加市、区名师工作室,提升自我。积极开展校本教研、教学研讨会,组织示范课、公开课、研讨课69节。教师参加技能比武,主编教材,撰写案例、论文等获奖200余人次,其中一等奖48人次。机械加工专业工作室申报为区名师工作室,戴石辉老师成为区首席名师;11人被评为长沙市职业教育教学改革教研工作积极分子,1人被评为“望城教育奖优秀教师”,21位老师作品或论文在报纸杂志上发表。4个省级课题已结题,2个市级课题、1个区级课题在研究中。

以拓展就业渠道为突破口,增强社会服务能力。积极应对装备制造业就业需求下滑的危机,主动走出校门,参加长沙市经开区主持的校企对接会和市教委支持的校企联合洽谈会。与远大空调、广汽菲亚特、华天集团等多家知名企业建立长期稳定的合作关系,2015年新增双叶汽车、吉利汽车、红乔旅游3家企业,联合办学企业共85家,订单教育率80%。毕业生受到用人单位好评,跟踪调查和回访相关数据显示,毕业生对口就业率、就业稳定率逐步提高。作为区职业培训和技能鉴定中心,年内进行安全信息员培训200人次,鉴定维修电工124人。被定为湖南远洋船务管理有限公司海员海乘人才培养基地和长沙市职业技能定点培训机构。积极申报2015年度长沙市高技能人才培训基础能力建设项目。充分发挥国家级示范校辐射示范作用,对邵阳绥宁县职业中专进行帮扶,捐赠6万余元的多媒体设备,开设“三一班”“远大班”,并委派5名专业课教师支教。（曾　武）

区职业中专

校　　长　杨奇才
党委书记　李颂武(10月任)

【举办第七届校园艺术节】 12月8日、10日、11日,区职业中专举办以“放飞青春,出彩人生”为主题的雷锋精神伴我成长之第七届校园艺术节。为期3天的艺术节活动内容丰富,形式多样,既有文艺会演、校园歌手大赛、“青春激昂,团歌嘹亮”班级合唱比赛、“敢问路在何方”演讲赛等文艺节目,也有团体跳绳、拔河比赛等体育活动。参演人员用优美动听的旋律、婀娜曼妙的舞姿、妙趣横生的表演、热情洋溢的演讲、声情并茂的吟诵展露出学子们的艺术才华,用奋勇拼搏的团队精神展现了学子们的风采。闭幕式上,学校对各项目获奖班级和个人予以表彰、奖励。区职业中专重视艺术活动的开展,已连续七年举办校园艺术节。艺术节既较好的发挥育人功能,也为学生提供了一个发现自我、充实自我、展现自我的平台。从艺术的甘泉中汲取精神营养、阳光、自信、智慧、幽默、超越、创新,让自我人生更加出彩。艺术活动的举办,为学校营养了健康向上、乐观进取的校园文艺氛围,有效地推进以雷锋精神为内涵的校园文化建设。

科技管理

【概况】 2015年,区科学技术局(加挂区科学技术协会、区知识产权局两块牌子)内设综合科、工业科技科、农业科技科、科普宣传科4个科(室),下设专利办公室、技术市场管理办公室和生产力促进中心3个二级机构,有干部职工25人。

强化大项目引导,增强产业发展支撑力。打造区域产业发展平台,成功获批国家可持续发展实验区。以“建设特色村镇群落、引领城乡一体发展,加快实现新型城镇化”为实验主题创建国家可持续发展实验区,2015年9月科技部正式发文认定望城区为国家可持续发展实验区,成为长沙首个国家可持续发展实验区。通过该平台已为长沙龙虎生态有限公司争取省级科技惠民资金100万元,为长高集团争取省级战略新兴产业资金100万元。健全技术创新激励机制,推动企业创新能力建设向更高领域发展。联智桥隧、新汇制药获得全市产学研合作与科技成果转化奖,中联消防获得全省科技进步一等奖,澳优乳业、中阀科技4家单位的5个项目获省科技奖励。开展区级科技奖励评审,对20家获奖单位进行了表彰奖励,其中澳优乳业、黑金刚2家企业获评区创新贡献奖单位给予50万元重奖。加大科技项目资金支持,引导企业持续增加经费支撑自主研发。突出政府投入的引导作用,加大向上争资工作力度,指导企业申报国家和省、市科技计划项目。全区共争取市级以上科技项目60余个,区本级科技计划项目立项118个。

突出大平台建设,提升企业核心竞争力。加强科技创新平台建设,增强企业发展内生动力。培育黄金创业园、金桥国际产业新城等发展众创空间,黄金创业园成为望城首个省级科技企业孵化器。联智桥隧成功获批省级工程技术研究中心,宝利沥青成功获批市级工程技术研究中心,全区市级以上工程技术研究中心达到20家。稳步推进民生科技发展,提高科技惠农服务水准。争取上级支持,在新康片区试点重金属超标稻谷种植及综合加工利用技术研发。深入实施科技入户工程,立旺农业等3家单位被认定为市级信息服务站创建单位,龙虎生态等3家单位被认定为区级信息服务示范站。打造科技助农直通车,下派第八批科技特派员21名,培训农民5000余人次,推广新品种、新技术、新成果21项,培育市级现代农业特色产业科技示范基地5个,望城区被授予“2014—2015年度湖南省科技特派员工作先进单位”称号。深入实施知识产权战略,支撑创新型望城建设。率先全省设立首家乡镇版权基层工作站——铜官镇版权工作站,版权代理工作更加高效便捷。开展知识产权特派员工作,加大对专利申请和授权的经费补助,全区专利申请量641件,专利授权量634件,专利授权和发明专利授权量增速居全市各区县市第一位。中联消防、绿建集团成功创建“市级知识产权示范企业”,中联消防专利项目获第十七届中国专利奖。加强打击侵权假冒工作力度,共组织“双打”大型联合执法2次,专项执法300余次,立案143起,结案123起。

推进大环境优化,彰显科技创新驱动力。强化创新驱动发展顶层设计,科学编制“十三五”科技创新规划。深入企业开展调研,及时收集制约企业发展的有关瓶颈,全面掌握科技事业发展的掣肘。加快高新技术产业高端快速发展,培育引领科技创新的技术人才。组织科技型企业参加全市高企认定培训,指导万家乐、成进汽车等11家企业认定为高新技术企业,2015年高新技术产业增加值154亿元,占GDP比重29.5%。加强科技创新人才的培育,长步道技术总监尹韶辉、纳菲尔董事长高晖被认定为2015年长沙市科技领军人才。大力营造科技创新浓厚氛围,引导全社会形成协

科技活动周启动式上对全区科学技术奖获奖单位进行表彰

同创新工作合力。5月举办全区2015年科技活动周启动式暨区委中心组第二次集中学习,特邀省科技厅党组成员、副厅长贺修铭为全区党政负责干部作了“科技创新”专题辅导报告,为引导全社会协同创新形成合力起到了积极成效。

加强大科普建设,提高科协组织承载力。依托中国科协联点望城科协有力载体,完成“2016—2020年全国科普示范区”创建申报工作。开展科普进基层活动,把科普服务送上门,全年组织科普大篷车进学校等巡展活动13余次,累计接待参观群众40583人次。举办全区青少年科技创新大赛,评选优秀作品60余件,青少年科技创新意识不断增强。区科协获评“2015年湖南省全国科普日优秀组织单位”“第32届长沙市青少年科技创新大赛优秀组织单位”。加快基层科普行动计划实施,进一步发挥科普典型的示范带头作用。全面启动“科普惠农与科普益民”行动计划,分类指导创建活动,区渔业协会获得“国家级农村专业技术协会”称号,成功创建5个市级科普示范单位和个人,评选认定区级科普示范单位7家、农村科普带头人2人。健全科协工作体系建设,进一步整合专业技术协会和学会资源。指导创新方法研究会、传统文化与现代科学研究会、白沙洲创业技术指导协会建设。充分整合协会学会资源,组织开展了健康科普进社区活动,承办“中医之魂·聚首湘江”2015名家论坛,召开“2015年长沙市科学技术学术年会望城区分会场——铜官陶瓷产业复兴和陶瓷技艺创新论坛”学术年会,举办全市青少年“走近科学、快乐夏天”科普夏令营活动,协会和学会的创造自主性得到提升。（刘　庆）

区科技局、区科协、区知识产权局

书记、局长	杨东方(12月任)
	李颂武(12月免)
副书记、副局长	李松林
	(12月“改非”)
副局长	刘　英　虢万来
科协副主席	欧阳君利
	李小武

【获批国家可持续发展实验区】 9月21日科技部下发文件认定湖南省长沙市望城区等29个市(县、区)为国家可持续发展实验区,成为长沙首个国家可持续发展实验

区。2014年,望城区启动以“建设特色村镇群落、引领城乡一体发展,加快实现新型城镇化”为实验主题创建国家可持续发展实验区。经过自主申报、科技部专家委员会审核、现场考察、国家相关部委联席评审等程序望城成功获评。国家可持续发展试验区是科技部推动的一项地方性可持续发展综合示范试点工作,旨在依靠科技进步、机制创新和制度建设,全面提高实验区的可持续发展能力,探索不同类型地区的经济、社会和资源环境协调发展的机制和模式,为不同类型地区实施可持续发展战略提供示范。望城区坚持实验主题,以“生态+文化+科技”为核心,推动中心城区、特色小镇、新农村三位一体发展,实现工业化和城镇化良性互动,城镇化和农业现代化相互协调。下一步望城将着力建设现代产业聚集区、城乡统筹示范区、生态宜居首善区,努力把雷锋故乡打造成为更加美丽、强盛、幸福的名望之城,为全国大中城市近郊区域的可持续发展探索出一条具有典型示范作用的新路子。

【湖南首家乡镇版权基层工作站——铜官镇版权工作站成立】 4月22日,区版权工作服务站在铜官镇挂牌成立,成为湖南首家乡镇版权基层工作站。版权工作站主要是对版权进行登记和有关版权方面的知识提供咨询。版权登记是指对作品的著作权人所拥有的版权进行一个登记,从而确定权利归属和证明,版权登记涉及著作权法第三条所列的作品,如创作的文学作品、口述作品、美术摄影作品、影视作品、音乐作品,录像作品、艺术和自然科学、社会科学、工程和产品设计图纸及其说明等。铜官镇版权工作站是市、区知识产权部门主要为保护陶瓷等产业而搭建的知识产权保护支撑平台,对完善创新陶瓷行业知识产权检索和咨询服务工作模式,促进陶瓷行业信息传播和利用,加强对陶瓷传统技艺的研究、认定、保存,以及保护铜官陶瓷产业复兴和长远发展,具有重要的意义。

【举行区科技活动周启动式暨区委中心组学习活动】 5月22日,区科技活动周启动式暨区委中心组第二次学习在雷锋大剧院举行,省科技厅党组成员、副厅长贺修铭,市科技局党组书记、局长赵跃驷莅临出席,区内全体在职副县级以上领导干部、区直机关各单位、乡镇(街道)党政主要负责人、区委理论讲师团全体成员、区科学技术奖获奖企业代表、部分科技型企业负责人、工农业科技特派员等400余人全程参加。区委、区政府对2014年全区科学技术奖获奖单位进行表彰,向区内20家企业送出240万元大“红包”。其中,区创新贡献奖获得者澳优乳业、黑金刚实业各获得50万元重奖。在区委中心组第二次集中学习会上,省科技厅党组成员、副厅长贺修铭作《加快实施创新发展战略,促进科技和经济深度融合》专题辅导报告,对在新常态下望城区如何加快实施创新发展战略,促进科技和经济深度融合,科技创新创业等方面进行了全面系统的阐述,吹响了望城区推动“大众创业、万众创新”的号角。

科技普及

·老科技工作者协会·

【概况】 2015年,望城区老科技工作者协会(以下简称老科协)有街道、乡镇分会14个、区直机关分会10个,有会员986人,有中、高级专业技术职称461人,占46%。

以科技服务为主导,助推经济社会发展。在服务经济方面,贯彻落实中央《关于加快发展现代农业进一步增强农村发展活力的若干意见》的一号文件精神,全区乡镇、街道分会配合所在乡镇、街道农办、农科教等部门举办农技、植保、农机等农民实用技术培训班51期次。协助发展能人经济,协助培育农业领军人才117人。组织富硒农产品开发,以乌山浩鹏农产品合作社为基地,引进富晒技术,以现有优势农业品种为依托,种植富硒稻66.67公顷,富硒茶6.67公顷,富硒红薯33.33公顷,富硒果蔬33.33公顷,养殖鸡2000羽,发展富硒土鸡蛋,经省农产品检验检测中心检测,含硒量全部达标。继续开展科技扶贫。帮扶的23户扶贫对象已全部脱贫,其中有11户致富。加强对农民专业合作社经营指导,发展种植大户和种植能手,以“公司+基地”“合作社+农户”“加工企业+农户”等形式引导农民适度规模种植,协助抓好产业结构优化升级,全区城郊型、都市型、休闲观光型农业格局初步形成。在服务社会方面:参与维稳促和工作,2015年,全区老科协会员调处民事纠纷518起,铜官镇分会会长刘铁柱专门成立了“柱爹调解室”;协助司法行政机关做好社区矫正工作,通过对矫正人员进行帮教,有84名矫正人员解除矫正,改过自新;积极参与人民法院人民陪审工作,58名会员被法院聘为人民陪审员,通过参与案件审理,引入社情民意,弥补法官对案件判断的不足,提升了司法公信力。积极参与关爱空巢老人、留守儿童活动。老科协会员积极配合妇联、团委、关协工作,与空巢老人、留守儿童结对关爱帮扶。积极参与“五老四教”主题活动。全区有131名老科协会员被区“五老四教”办公室聘为“五老”宣讲员,讲课47场次,听众4800人。开展科技、卫生、文化、法治“四下乡”活动。配合科技局、科协部门开展科技活动周主题活动;医卫分会共接待咨询、义诊、体检190人次,推广“312”经络锻炼和人体健康反射疗法13场次,听课270人次,发放自我保健宣传资料300份;配合文化部门开展“我们的中国梦”文化进万家暨“三下乡”系列活动;政法分会到中小学校讲法治课11场,参与“法治大讲堂”授课,应聘担任学校法治辅导员。

以科学养生为主线,力推“创百”工作深化。按照“党政推动、协会主动、部门联动、典型带动”的运作模式,“创百”工作取得实效。制订《望城区开展创建百岁健康区“双八”活动实施方案》,全区19个试点村(社区)实行领导分工负责,下拨专项经费,为全区“创百”工作提供重要保障。先后涌现农溪村、黄田村、团山湖村、彩陶源村等一批先进典型。8月19日,农溪村顺利通过省老科协百岁健康村考核验收。9月25日,市老科协在望城区召开全市创建百岁健康村(社区)经验交流会。望城区“创百”工作经验被省老科协推介。

以科技普及为主旨,激发全民创新活力。组织配合相关部门举办各类实用技术和科普知识讲座52场次,培训当家农民2200人,发送科普资料12000份。教育分会组织会员组织“创新讲座”“能源与环境”“素质决定命运”等科普课向青少年传播课外科普知识。配合科技局、科协推广新技术、新品种,解决种养专业户技术难题。协助有关部门加快科普示范平台建设。由区科协、区老科协联手打造的科技活动中心、区青少年科普活动室于5月12日开启运营,面向全区老科协会员和在校青少年学生开放。区老科协扶贫点见翔科普图书馆,拥有图书17000册,免费为当地农民借阅,带动了周边村民学科学、用科学的热情。积极开展科普活动周活动。5月17日至23日,围绕“创新驱动发展,科技引领未来”主题,配合科技局、科协举办了科技活动周启动仪式,组织中小学生参观区内科普场馆活动、科技特派员定点巡诊活动、科普大篷车“三进”活动、国家(望城)农业科技园科普基地宣教活动、“爱粮节粮,科学消费”等六大主题活动,均收到良好的社会效果。

以科技咨询为主题,彰显协会独特优势。继续开展学术实践、建言献策活动,确定调研课题53个,召开调研座谈会54个,向有关部门提交建言献策建议68条,其中被采纳48条,撰写调研报告等文章47篇,其中报送市老科协34篇参评。会员徐振祥撰写的《走出法治认识上的误区》《学习党的历史,弘扬时代精神》2篇文章被省老科协通讯采用。

以科学办会为主措,强化协会自身建设。加强组织建设,对4个分会会长和部分村(社区)老科协小组长进行了调整,对分会和小组阵地建设进行了规范和完善,夯实了基层基础工作。建好老科协会员之家。争取区委、区政府的重视,安排专项经费,对老科协搬迁新办公楼进行装修,购置全套办公设施,并建有老科协自我保健指导中心,科技成果展示厅、科普图书室、文娱活动室等,为会员建起了一个温馨的家。召开老科协理事会4次,对老科协工作进行了交流。办好会刊,刊发调研、论文、建言献策文章近20多篇。汇编《学术实践建言献策成果选集》一书,收录近2年优秀作品27篇,呈送区委、区政府、区人大、区政协领导及有关部门,获得好评。加强与省市老科协联系,报送各类文章及信息近60多篇,其中省老科协采用6篇,市老科协采用18篇。广泛开展文体活动,各分会以不同形式组织会员参观、对口联谊、垂钓等多种活动,陶冶会员思想情操,增强了协会凝聚力和归属感。

(徐振祥)

区老科技工作者协会

会　　长　李文彬

【望城区科技活动中心开启运营】 5月12日,由区科协、区老科协共同举办的青少年科普体验活动启动式在区科技活动中心前坪举行,望城区高塘岭实验学校60多名青少年学生和区科技局、区科协、区教育局、区老科协负责人以及科教老师和媒体记者近100人参加启动式。区科技活动中心暨区青少年科普活动室由望城区科协、望城区老科协联手打造,室内面积120平方米,配置有尖端放电、益智游戏、短期记忆测试等一大批青少年科普教具,科普书籍和浏览动植物百科触摸式电子书台等。青少年科普活动室面向全区老科协会员和在校青少年学生开放。它的投入使用,使老科协会员和青少年有了科普体验场所,对于弘扬科学精神,传播科学思想,培养科学方法,普及科学知识,营造科技创新的社会氛围,丰富协会生活和校园生活,具有重要意义。

文化·体育

文体建设

【概况】 区文化体育广播电视局机关内设综合办公室、文化事业科、体育事业科、产业发展科、社会管理科5个科室,有干部职工15人。系统下设文化馆、雷锋图书馆、雷锋艺术团、电影发行放映公司、文物管理局、文化市场综合执法局、体育事业发展中心7个二级机构。

公共文化服务阵地建设逐步完善。长沙市最大的体育公园——谷山体育公园建成并开园,为周边5千米70余万市民提供了健身、运动、休闲的场所;新开200余平方米的雷锋图书馆行政中心分馆藏书20000余册;金山桥街道综合文化站建成,丁字湾街道和铜官镇综合文化站提质改造完成;10个市级示范性村(社区)文化活动室(中心)全面建成;完成广播电视"户户通"10035户;建成农村应急广播"村村响"120户;新增3处全民健身中心工程点,全民健身工程覆盖率达98%。

群众文体活动不断扩大影响。2015年组织"文化进万家"活动暨斑马湖(东湖)湿地公园群众迎春游园、百团迎新喜乐会暨2014年"斑马湖杯"群众文艺团队评选颁奖典礼、"送文化进基层""欢乐潇湘——舞动星城·歌涌湘江·相约斑马湖"望城区第三届全民广场舞大赛等三大主题文化活动;创排的现代花鼓戏《郭亮带兵抓郭亮》获得2015年湖南省艺术节"三湘群星奖"市级金奖,并晋级省级比赛;"相约斑马湖"系列活动获市级项目类"群星奖";原创情景剧《竹美山乡》获市廉政晚会文艺二等奖。全年重点策划和承办的国家级、省级赛事有:"天龙立醒杯"全国象棋(个人)锦标赛、"道卡斯·飞锐照明"杯中国自行车速降积分联赛、第三届中国中学生舞龙舞狮锦标赛暨2015年全国舞龙舞狮中小学研讨会、湖南省业余乒乓球公开赛、"麓山杯"青少年定向越野锦标赛。专项体育进校园作为全区特色体育工作在《湖南日报》上专题报道。

文化遗产保护工作扎实推进。组织全区各乡镇(街道)文化(文物)专干和驻守在各文物点的文物保护员举办了文物保护员培训班,确保辖区内文物安全无事故。成立专业巡护队的模式得到了国家文物局及省、市文物局的肯定和推广。"望城惜字塔修缮工程"被评为湖南十年"2006—2015年"优秀文物保护工程二等奖;"望城风篷岭西汉长沙国王后墓"被评为湖南十年"2006—2015年"重要考古新发现。将"非遗"项目陶艺和剪纸送到中小学校课堂,让中小学生亲身体验非物质文化的独特魅力。非遗项目"铜官陶艺""望城剪纸"和"影戏"走出国门,远赴澳大利亚,澳大利亚总理亲临现场观摩,向世界展示了湖湘文化魅力。

文化市场监管有序规范。区文化市场综合执法局认真实施《网吧、音像、娱乐场所管理分片包干责任制》,加大对文化市场违法、违规查处打击力度,把网吧违规接纳未成年人、娱乐场所不重视安全管理等作为执法工作的重点,有针对性地开展专项整治行动;全区网吧计算机实名登记系统启用,有效杜绝网吧违规接纳未成年人现象;周密部署"扫黄打非"行动,严厉打击文化市场各类违规行为;组织开展"阳光暑假""清源""秋风"和打击接收境外卫星电视专项整治行动;参加全国侵权盗版和非法出版物集中销毁行动,共销毁非法出版物10000余张(盒)。（高 衔）

区文化体育广播电视局

党委书记、局长	张红元(12月任)
	刘文术(12月免)
副局长	简 艳
	周景光(12月任)
	肖 敏 龙伟清
	舒志清(12月免)
	郭昌(12月"改非")
	张培(12月"改非")

【长沙谷山体育公园开园】 9月29日,长沙谷山体育公园开园。长沙谷山体育公园位于望城区月亮岛街道银星路与金甲冲路交会处,是全省第一个集体育竞技、户外运动、休闲娱乐、生态探险等主题于一体的大型综合性森林体育公园,占地面积16公顷,由望城区政府投资3.5亿元倾力打造,是最先开发的426.67公顷森林公园的一期工程。公园的规划和建设保留了原始山地、湖泊的特色,依山规划、依水建设,将现代的建筑、运动元素与大自然融合在一起。谷山体育公园由室外运动场、室内运动馆、专业运动馆及市民休闲、健身步道组成,共有10片标准网球场、6片标准篮球场、42片标准羽毛球场、2个乒乓球场、1个恒温标准游泳池、2片5人和7人足球场,另外,还有省内一流的户外极限运动场、山地自行车赛道。谷山体育公园的建成为周边5千米70余万的市民提供了运动、健身、休闲的场所。

【举行2015“天龙立醒杯”全国象棋锦标赛(个人)】 11月24日,2015“天龙立醒杯”全国象棋锦标赛(个人)在望城举行。来自全国34个队伍的156名象棋国手参加了比赛。全国象棋个人锦标赛是全国最高等级的中国象棋赛事之一,其冠军得主获申报国际运动健将资格,晋升为象棋特级大师。比赛创办于1956年,每年举行一届(1979年开始设立女子组),截至2015年年底,共举办50届。1994年,湖南郴州曾举办过第29届全国象棋锦标赛,本次象棋锦标赛是湖南省第二次举办。这次比赛由国家体育总局棋牌运动管理中心(中国棋院)、中国象棋协会主办,长沙市望城区人民政府、望城经济技术开发区管理委员会、长沙市望城区象棋协会承办,湖南天龙制药有限公司冠名,长沙市望城区文化体育广播电视局、联诚华天大酒店、湖南省棋类协会、衡阳市珠晖区象棋协会协办。本次锦标赛男子组是由乙组32强联手,与上年甲组前32强棋手对决,采用分先两局单败淘汰赛,两局得分多者晋级;如果打平,则加赛两局快棋,两局得分多者晋级;快棋打平,则加赛两局超快棋,两局得分多者晋级;超快棋再打平,则加赛一局附加赛,胜者(和棋黑胜)晋级。女子组则采用11轮积分编排。经过11天的激烈角逐,最终获得男子组冠军的是来自成都瀛嘉象棋队的郑惟桐,获得女子组冠军的是来自广东碧桂园象棋队的陈幸琳。活动举办后,大赛组委会授予望城个人赛“优秀组织奖”、授予湖南天龙制药有限公司“象棋文化推广优秀企业”。

·群众文化·

【概况】 区文化馆内设办公室、财务室、艺术部、创作部、活动部、非物质文化遗产保护中心6个部门,有干部职工12人。

大力开展群众文化活动。全区共组织群众文化活动十余次,有2015年百团迎新喜乐会、群众迎春游园会、“送文化进基层”演出活动、“欢乐潇湘·品质长沙‘五乡’望城”“迎六一·颂青春”第四届校园文化进社区“青春星声音”校园歌手进社区大赛、2015年湖南省艺术节“三湘群星奖”望城区文艺作品类大赛、“相约斑马湖”群众文化活动、“扬清风,颂廉洁”廉政文艺会演、纪念抗战胜利70周年大型群众合唱比赛、望城区第三届全民广场舞大赛等大型群众文化系列活动。在2015年湖南省艺术节“三湘群星奖”长沙市赛区文艺作品类大赛中,望城区选送的现代花鼓戏《郭亮带兵抓郭亮》获金奖;“相约斑马湖”群众文化活动品牌获省艺术节市级项目类“群星奖”;组织3个优秀节目参加市廉政文艺会演,获“优秀奖”;120人组成的望城区合唱团参加“勿忘国耻 圆梦中华”长沙市纪念中国人民抗日战争暨世界反法西斯战争胜利70周年大型群众合唱比赛,获三等奖;组织2支队伍参加长沙市广场舞比赛,获1银1铜的成绩。

加强非物质文化遗产保护及宣传工作。通过“非遗”专家组评审,区人民政府发文确定了望城区第三批非物质文化遗产保护项目2个,非物质文化遗产项目代表性传承人6名。配合省“非遗”中心、省文化音像出版社进行湖南省非物质文化遗产数字化采集,望城剪纸数字化采集工作全部完成。开展“非遗”进校园活动,其中,陶艺和剪纸两个“非遗”项目已进入望城区部分中、小学校的课堂。组织“望城剪纸”及“铜官陶艺”两个非遗项目的传承人秦岭春、刘坤庭参加在澳大利亚悉尼情人港举办的中国新年灯会上进行表演,获得海外观众好评。开展2015年文化遗产日“保护成果,全民共享”望城区非物质文化遗产影戏专场展演暨影戏人物手工制作大赛,以生动的形式传播、保护“非遗”项目。“亲情中华·汉语桥”夏令营活动在区文化馆多功能厅隆重举行,来自世界各地的70余名华裔青少年在剪纸大师秦石蛟的指导下,体验了剪纸文化艺术魅力。

加大群众文化培训力度。区文化馆注重业余团队骨干的培训及业余文艺团队的辅导工作,全年深入农村、社区辅导100余次,在望城文化体育中心对200余名学员开展了为期3天的广场舞集中培训。

(魏　然)

区文化馆

副 馆 长　朱净波

【编排花鼓戏《郭亮带兵抓郭亮》】 为缅怀革命先烈,发扬奉献精神,

汉王陵安防站的巡护员认真学习消防安全技能

2015 年,区文化馆取材本土早期工人运动杰出领袖郭亮在家乡广为流传的红色经典故事,编导创作排演了现代花鼓戏《郭亮带兵抓郭亮》。剧本、音乐分别由李剑飞、刘文君创作,马伕担任编导。剧本讲述的是一伙伪军伪装成“猪贩子”前往郭亮家乡,试图抓捕郭亮,而郭亮及当地群众将计就计,与伪军斗智斗勇,并最终成功脱逃。作品采用望城传统戏曲花鼓戏的形式演绎,由文化馆和雷锋艺术团的演员共同演出,排演后受到广大群众的一致好评,并选送到 2015 年湖南省艺术节“三湘群星奖”长沙市赛区文艺作品类大赛中参演,获得金奖。

【举办群众迎春游园会】 2 月 5 日晚,在望城区斑马湖东湖湿地公园举办群众迎春游园会。游园会上既有舞龙、舞狮传统节目,还有大型多媒体景观水秀《湘歌渔火》,以及各种群众喜闻乐见的活动,包括“赠送春联”“剪纸赠送”“发现最美东湖”现场拍摄、花鼓戏表演、皮影戏表演、腰鼓表演、扇子舞表演、器乐表演、灯谜竞猜以及穿插小丑和电视卡通人物表演的“文艺串烧”活动。同时,还专门设立传统小吃展示区,将靖港香干、新康裕源槽坊酒、糖油粑粑、甜酒、棉花糖等传统风味小吃项目在现场进行展示。群众迎春游园会是开展“文化进万家”活动、推动文化下基层、进社区的重要形式。活动的开展,丰富了全区群众业余文化生活,营造了一个热闹、愉快的节日气氛。

· 图书阅览 ·

【概况】 区雷锋图书馆是全区综合性公共图书馆,是全区文献收藏利用中心、信息咨询中心、图书馆际协作交流中心,是国家一级公共图书馆。内设“文化信息共享工程”电子阅览室、报刊阅览室、少儿外借部、综合图书外借部,有干部职工 8 人。

拓展阅读服务范围。在继续办好老馆的基础上,新建雷锋图书馆行政中心分馆,并于 2 月 12 日开馆,为机关干部和广大市民提供了良好的阅读场所。增加馆藏资源采购数量,全年新购图书 12000 余册,订阅报刊 400 余种。同时,通过微信群、人文望城公众号、望城手机报等方式,每周向广大市民推介新书,提供专业的阅读指导。办证量、图书外借量增加,全年共办理借书卡 800 多张,外借图书 7.9 万余册。

开展读书学习交流活动。组织开展“小小图书管理员”主题活动,培养孩子们爱护书籍、热心公益的精神;袁健个人书法作品展在行政中心图书分馆展出,共展出书画作品 80 余幅;行政中心分馆与森林海红杉树幼儿园联合组织开展“快乐阅读 从小开始”读书活动;组织 1000 余册图书,包括中外文学、科普读物、少儿杂志等书籍,在新康乡沱市学校开展阅读进校园和图书捐赠活动,沱市学校组织 200 余名师生参加活动;特邀长沙中医药大学的志愿者来馆举办两次主题圈圈故事会,通过讲故事和扮演故事主角,与小朋友和学生家长进行表演游戏互动,丰富小朋友们的周末生活;组织以“书香望城 · 快乐分享”为主题的读书沙龙活动;精选 400 余册图书赠送给艺英培训学校,充实该校图书室;长沙市文明办、望城区委宣传部、区文化体育广播电视局举办,图书馆承办的“幸福生活从哪里来”纪念抗日战争胜利 70 周年主题故事会在图书馆三楼报告厅隆重举行,通过讲故事和观看抗战影片,使小朋友和家长深受教育;在市文广新局“书香湖南 2015 年长沙市少年儿童中国梦 · 汉语美”诵读展演活动中,选送的《花木兰》故事展演获全市“三湘读书月”银奖和优秀组织奖。 (袁　健)

区雷锋图书馆

馆　　长　袁　健

【雷锋图书馆行政中心分馆开馆】 2 月 12 日,区雷锋图书馆行政中心分馆开馆。2014 年,雷锋图书馆以新行政中心启用为契机,积极争取支持,投资 50 万元在行政中心政务大厅三楼建设分馆。分馆面积 200 余平方米,有馆藏文献资料万余册,以及电子图书借阅机和电子报刊触摸阅读系统,是一个集阅读、外借、免费培训、公益讲座、文化展览于一体的现代图书馆。雷锋图书馆行政中心分馆的建成,拓宽雷锋图书馆的承载能力和发展空间,为助推“书香望城”建设起到了积极作用。

· 戏曲演出 ·

【概况】 区雷锋艺术团内设办公室、财务室、演出队,有干部职工 24 人。2015 年为 20 余万观众演出 278 场,其中送戏下乡 156 场。

2015 年,艺术团围绕区纪委、区委政法委、区百姓城管等单位的工作,以打造公园式滨水新城区为主题,编排了一批以廉政文化、法治社会、平安建设等为内容的剧节目,开展送戏下乡活动。

继承传统,开拓创新。为服务全区广大群众,满足群众文化需求,艺术团精选青年演员,对传统花鼓戏《柜中缘》《访友》《郭亮带兵抓郭亮》等剧目进行复排、演出。并新创《再打铜锣》《平安创建兴望城》《雷锋家乡小雷锋》《天地之间》等充满正能量的剧节目,收到良好的社会效果。

服务群众,业绩突出。2015 年艺术团获“全国第六届服务农民、服务基层文化建设先进集体”荣誉称号;在区纪委主办的“扬清风、颂廉洁”廉政文化会演中,选送的节目《天地之间》《郭亮带兵抓郭亮》均获一等奖。 (范　琳)

区雷锋艺术团

团　　长　易辉洪

· 电影放映 ·

【概况】 望城电影发行放映公司下设办公室、财务室、农村电影工程服务中心、雷锋影视文化中心,共有干部职工 22 人。

改善农民群众观影条件。为推动农村电影放映工作的持续长效发展,2015 年,公司争取市广电局的支持,新建改造农村公益固定放映点 4 处,全区增至 17 处。

推进农村(公益)电影放映工程。2015 年,完成农村公益电影放映 1842 场(其中广场电影 330 场、影企联姻电影 151 场、廉政电影 181 场、农村电影 1180 场),观众人数超过 27 万人次。2015 年获得中共长沙市委宣传部和长沙市文化广电新闻出版局颁发的“农村公益优秀放映队”称号。

做好免费电影放映工作。注重宣传,及时公布影讯,吸引群众观看。全年共免费放映电影 295 场,观众达 5.8 万余人,得到广大群众,特别是农民工朋友的广泛好评。

(徐　明)

区电影发行放映公司

经　　理　谭　超

送电影下乡

·文物管理·

【概况】 区文物管理局下设综合科、文物安全执法科、文物保护管理科、郭亮纪念园,共有干部职工 14 人。

2015 年,全区拥有不可移动文物点 139 处,国家级文物保护单位 2 处,省级文物保护单位 7 处,市级文物保护单位 17 处,县(区)级文物保护单位 8 处;文物库房拥有馆藏文物 1109 件(套),其中珍贵文物 208 件。2015 年,被长沙市文物局授予“文物安全管理先进集体”称号。

文物保护利用工作稳步推进。汉王陵考古遗址公园建设如火如荼。《长沙国王陵国家考古遗址公园及周边地区总体规划》获得市人民政府批复,安全防范二期工程招投标、现场布线、绘制施工图等工作顺利完成,谷山片区安防设备铺设、监控室建设等工作紧锣密鼓开展;文物保护单位保护修缮工作逐步推进。《湖南和平解放秘密电台工作站旧址复原维修方案》编制完成并上报。《陈树藩墓修缮工程设计方案》获得市文物管理局批复。

文物安全防范工作常抓不懈。完善“三级网络”体系建设,督促各乡镇(街道)分别与所辖村(社区)、不可移动文物保护责任人签订新的《文物保护责任书》,确保安全责任落实到位。创新不可移动文物安全管理新模式,组建专业巡护队,全年出动巡查 37 轮,巡查 162 天次、950 余人次,巡查范围遍布全区不可移动文物,其中每处国保单位巡查 16 次以上,省保单位 12 次以上,市保、县(区)保单位 10 次以上,并用执法记录仪全程记录巡查情况及执法情况,累计排除安全隐患 20 余处,巡查工作取得较好的效果。联合排查消防安全隐患。7 月中旬,联合区消防大队对各乡镇(街道)重点文物保护单位、古镇古村中的古建筑及历史纪念建筑物的消防安全工作进行重点检查,排除消防隐患 8 处。

建设用地文物调查勘探审核严格把关。按照建设用地文物调勘审批程序,加强建设单位和文物业务单位的文物调勘工作的指导和监督,全年共完成 32 处、面积 88 公顷建设用地文物调勘审核,建设单位满意率达 100%。

可移动文物普查阶段任务圆满完成。严格按照第一次全国可移动文物普查要求,完成了 1109 件馆藏藏品的数据文字信息录入和藏品拍照工作,全面完成藏品数据的在线平台录入与审核工作,录入率 100%。

文物保护宣传形式多样。第十个“文化遗产日”活动期间,出动巡查与宣传小分队,到乌山、金山桥、桥驿等乡镇(街道)进行文物保护知识宣传,向游客和当地村民发放宣传手册 500 余份;长沙铜官窑举办“少儿考古体验之旅”活动;雷锋纪念馆“雷锋精神进课堂”巡讲活动走进金星小学课堂;纪念抗战胜利 70 周年之际,在郭亮纪念园组织“纪念抗战胜利 70 周年,为青少年讲抗战故事”及“体验陶艺乐趣”活动,为青少年带来了一次生动的爱国主义教育和传统文化魅力体验。

(曾　斌)

区文物管理局

局　　长　龙伟清

【开展纪念抗战胜利 70 周年系列活动】 8 月 12 日,区文物局在郭亮纪念园举办“纪念抗战胜利 70 周年,为青少年讲抗战故事”及“体验陶艺乐趣”的活动。活动分为“聆听抗战故事,追忆峥嵘岁月”和“传承传统文化,感受陶艺魅力”两个环节。活动中,40多名孩子及家长认真聆听了老党员刘瑞祥讲述革命年代的故事,亲身感受了一次生动的革命传统教育。随后到铜官古镇泥人刘陶艺馆,近距离感受传统文化的魅力。本次活动为青少年带来了一次生动的爱国主义教育和传统文化魅力体验,让孩子们在参观、聆听、实践中,接受教育,汲取知识,陶冶情操,享受快乐。

·文化市场综合执法·

【概况】 区文化市场综合执法局内设办公室(政策法规室)、市场办、网吧执法中队、娱乐执法中队、广电执法中队和新闻出版执法中队6个股室,共有干部职工19人。

2015年,全面开展网吧市场、娱乐市场以及“扫黄打非”等各类专项整治行动,严厉打击文化市场各种违法违规行为。共出动执法人员2400余人次、车辆600余台次,收缴非法音像制品10000余张(盒)、盗版电子出版物、软件480余张(盒)、各种盗版书籍2700余册、电游板5块,赌博机2台,取缔出版物零售店档摊点10个,查处违规经营网吧28家,受理并办结举报投诉20余件,查处各类违法违规案件37件。立案37件,并全部结案。

加强网吧市场监管。以打击网吧违规接纳未成年人及不按要求进行实名登记为重点,加大日常监管和专项整治力度,特别是加大对“12318”“12345”举报、校园周边及居民住宅区等重点领域的执法检查力度。重点开展互联网上网服务营业场所和“阳光暑假”网吧整治工作,查处违规经营网吧26家,停业整顿3家,扣押电脑主机18台次。

加强娱乐市场执法工作。全年针对歌舞娱乐市场和电游市场开展专项执法检查3次,联合执法检查1次,检查电子游艺场所18家(次),歌舞娱乐场所210家(次),对“麦乐迪KTV”“天籁KTV”等20余家娱乐场所下达了整改通知,有效地打击了娱乐市场违规经营行为。

文化市场综合执法局局长就望城文化市场执法工作接受记者采访

全面落实“扫黄打非”。按照省、市“扫黄打非”领导小组办公室统一工作部署,全面开展2015“净网”“清源”“秋风”“护苗”专项行动。4月份查处省市督办案件——大明文化传播有限公司涉嫌销售假图书一案,对该公司处以1万元的行政处罚。深入开展著作权领域打击侵犯知识产权和打击盗版工具书的专项行动,联合区教育局开展春季教材教辅的专项检查。

加强广电市场整治。深入开展查处非法卫星地面接收设施安装服务活动,严厉打击未经批准私自设置使用卫星地面接收设施特别是接收境外电视节目的行为,重点巡查宾馆饭店、单位大院,防止非法境外卫星电视信号落地。关停3家擅自安装使用卫星地面设施的宾馆。同时,加大对广告播出违规的广电媒体查处力度,解决人民群众反映强烈的广播电视广告过多过滥的问题。 (高伟平)

区文化市场综合执法局

局　　长　周景光(12月任)
　　　　　张　培(12月“改非”)
副 局 长　毛刚强　何青山

·体育事业·

【概况】 区体育事业发展中心负责区体育中心场地管理、体育训练及区内大型活动、体育赛事后勤保障工作和体育产业开发工作。中心共有干部职工7人。

2015年,承接各类比赛和健身活动50场次,培训学员近万人,培训社会体育指导员300余人次。配合做好体育彩票发行工作,销售量达到1550万元。

体育基础设施建设不断完善。望城区倾力打造的湖南省首个集体育竞技、户外运动、休闲娱乐、生态探险等于一体的大型体育主题公园——长沙谷山体育公园建成并对市民开放;指导参与健身场馆建设,全区共有10家健身俱乐部开业运营;区人民政府投入20万元,在暑假期间,区群众文化体育中心游泳池和时代倾城游泳池为全区中小学生提供免费游泳。

群众性体育活动丰富多彩。2015年,先后承办、协办望城区羽毛球俱乐部邀请赛、望城区全民健身节羽毛球俱乐部联赛、望城区第四届全民健身节2015年“城投杯”男子篮球联赛、望城区首届中老年人气排球比赛、第四届全民健身节暨第一届职工羽毛球赛、望城区“梦想杯”中小学生足球赛、望城区“高星物流园杯”乒乓球比赛、“天龙立醒杯”全国象棋锦标赛(个人)、望城区中学生篮球赛、湖南省业余乒乓球公开赛等赛事活动。

培训一批社会体育指导员。举办篮球裁判员培训班,邀请省篮协国家级裁判老师进行现场授课指导,35人参加了培训;来自全区中小学体育老师、足球爱好者共81人参加了由区教育局、区文化体育广播电视局主办,区足协承办的足球教练员培训;由区文化体育广播电视局主办,体育事业发展中心协办的望城区广场舞社会指导员培训班在区体育中心开班,培训历时3天,共有200多名学员参加培训,196人通过考评获得二级社会体育指导员证。选送14人次参加省定向越野、广场舞、气排球等社会体育指导员培训,1人参加全国裁判员培训班,共有11人获一级社会体育指导员证,6人获得定向越野裁判员证。

(袁翠平)

区体育事业发展中心

主　任　伍　亮

广播电视

【概况】 区广播电视台内设广播电视台机关、电视台、广播电台和湖南有线望城网络公司。广播电视台机关设综合办公室,电视台设播控中心、新闻中心、技术中心、广告传媒4个部门,全台开设新闻、生活、文艺、政务信息4个频道。湖南有线望城网络公司设综合事务部、客户服务部、市场营销部、运维部、网建部、河西岳麓客服部6个部门。区广播电视台有在职在编人员35人,聘用人员84人,共计工作人员119人。

2015年,全区有线电视网络覆盖望城区各乡镇(街道)和岳麓区部分区域,全网覆盖用户12.5万户,网络公司用户7.4万户。共设有10个乡镇广播电视站。

准确把握舆论导向。发挥党和政府的“喉舌”作用,规范日常报道,确保新闻信息传达准确、及时。主动策划、精心组织十大主题报道,如《我是雷锋家乡人》《项目大攻坚》《雷锋家乡党旗红》《美丽“达人”》《身边的感动》《劳模风采》等。全年共编播《望城新闻》348组,播发新闻3368条,并有27条新闻被湖南卫视、长沙新闻频道等省市媒体采用。获奖的节目、报道有《望城经开区出台长沙市第一个〈生态线控制规划〉》获长沙市电视新闻类一等奖、《望城汉子王红里创军事奇迹 家乡人民纷纷点赞》获长沙市电视新闻类二等奖、《狮子型团队:干部评选 为项目建设“助跑”》获长沙市电视新闻类三等奖、系列报道《美丽乡村我的家之最美银孔围》获长沙市电视新闻类三等奖、新闻访谈《环保兄弟》获长沙市电视专题类一等奖。

品牌栏目有特色。依托望城厚重的历史文化、多彩的古镇风情、美丽的乡村环境、良性的经济社会发展,着力办好特色品牌栏目,给节目内容镶上地域底色。《魅力望城》专栏被观众称之为“电子版望城本土文化教科书”,全方位多角度展现望城独有风采,体现本土电视特色和主流媒体品味。《清正望城》专栏尝试跨频道跨栏目宣传,新闻动态、案例警示、每日一条解读、公益广告宣传、廉政文化会演展播等一系列不同形式的宣传,营造“以廉为荣”“以贪为耻”的社会舆论氛围。坚持媒体“三贴近”原则,把镜头和话筒对准基层,围绕弘扬社会正气、关注老百姓关心的热点,讴歌经济发展主旋律,受到观众的普遍好评。公益宣传氛围浓厚。根据阶段性宣传重点,策划制作了勤政廉政、公民道德规范、抗战胜利70周年等方面的公益广告40个,安排在4个频道的每段商业广告前循环播出。及时公示播出与老百姓生产生活息息相关的政务信息等方面的信息52条。制作望城形象宣传片《一条江 一座城》、反映项目大攻坚的歌曲MV《归来》及《出征》、讴歌全国道德模范周美玲的歌曲MV《哦,女孩》等在黄金时段播出。主力人员为台新闻中心记者的望城暖心社工组织善款10万余元资助贫困学生82个。节目播出监管到位。制定安全播出工作制度,加强机房安全管理,对播出的节目实行三审制,严把节目播出关。2015年,全台四套节目播出的视频健康向上,始终把握正确的舆论导向。在主要节假日和各重要安全播出保障期,实现安全播出无事故。

发挥媒体优势,彰显传媒文化特色。广泛使用航拍、单反拍摄等技术,主动将电视元素融入区委、区政府及部门的特色工作,积极承担区委、区政府对外宣传任务,高质量高标准完成《一条江 一座城》《文创波涛涌湘江》《身在公园不辨城乡》《百姓城管:美丽望城·有你有我》等宣传片,以及国土、粮食、爱卫等部门汇报片共25部。组织策划参与“狮子型”团队及“狮子型”干部表彰、第一届劳模表彰等活动,灵活地将各种电视表现手法运用于座谈会和表彰活动中,使活动更彰显成效。尝试台上台下互动,开辟《税法讲堂》,电视频道播出税务相关知识,微信公众号组织互动答题,为节目在群众中取得较好的影响发挥不可忽略的作用。尝试与新媒体接轨,在中心工作和上级重大调研、参观活动中,以车载电台解说的新形式推介望城,拓宽广播电视服务中心工作的新途径。《望城新闻》等栏目常态化逐日上传望城公众信息网、公众微信号、土豆网等平台,向群众提供获取新闻资讯不同途径,有效扩大受众群体,实现台上台下、网上网下的良性互动。

提升服务质量和竞争力,推进电视产业发展。强化服务体系建设,完善运维包片制度,落实片区责任,优化派单、跟单服务的质量考核,重视用户续费和用户回访的考核,提高派单的及时到位率和用户的续费率。完成总前端机房经湘江航电枢纽到河东五个乡镇的96芯干线回路建设,以及从雷锋镇省干网至中心机房的宽带回路建设,实现宽带网络的省网信号双路保障、自动切换,保证整个网络的可靠、安全运行。积极解决宽带出口品质问题,完成机房核心设备 BRAS 的更新升级,夯实宽带网络支撑能力。中心机房配置 50 千瓦的柴油发电机和中央空调,避免因断电导致的网络中断,确保网络信号更稳定、不间断。面对市场竞争压力,创新思路营销,掌握用户资源。狠抓楼盘项目的入网洽谈,澳海澜庭项目入网、兴邦花城入网的攻坚,为望城广电网络广泛进驻楼盘打下坚实的基础。果断调整重点业务发展方向,将高清和宽带作为主营业务重点攻关,形成产业发展的良性格局。实行全员营销和组合套餐营销的模式,大客户营销成效明显,一体机业务达 400 多台。全力做好重点工程的杆线迁移,争取配套设施建设进政务中心统一办理,争取广播"村村响"的县级平台建设落户和乡镇网络整合建设,确保基本业务稳定增长和增值业务快速发展。

(何小望)

区广播电视台

党组书记　李小春
台　　长　缪万年
副 台 长　李小春　谭长军
　　　　　冯静妮
总 编 辑　黄称忠

图书发行

望城二中流动售书小分队

【概况】 湖南省新华书店有限责任公司长沙市望城区分公司内设综合管理部、财务部、教材业务部和图书音像业务部,图书音像业务部下设中心门店、区行政中心机关书店和岳麓实验中学校园书店。截至2015 年年末,共有在职干部职工 32 人,退休职工 14 人。

2015 年,望城区新华书店以加强内部管理,提升盈利能力为抓手,公司持续健康发展,全年销售额达 6043 万元,实现利润 302 万元。

发挥图书发行阵地作用。通过加强内部管理,创新工作思路,围绕中心工作,开展一系列营销活动,推进"书香望城"建设。"书香进校园"工作方便师生。秋季开学后的一周,为方便广大师生更好地选书购书,组织员工开展教辅资料和工具用书送进校园的流动售书活动,将流动售书摊摆进望城区一中和望城区二中;"书香进机关"工作服务到位。定期向区委宣传部选送优秀的图书目录,并将选出的图书及时配送到区委中心组成员手中,让全区领导干部方便快捷地阅读到各类优秀的图书。开辟领导荐书专栏,欢迎全区领导干部推荐好书,并将推荐的好书目录张贴在区行政中心 15 楼机关书屋内,供广大党员干部学习借鉴。定期印制"书香望城 · 全民阅读"推荐目录和送书上门服务卡,向全区所有机关单位发放,提供书屋内所有图书 2 小时内送书上门服务;"书香望城"微信公众服务平台利用率高。安排专人负责编辑工作,定期发布各类经典美文,并及时推送各类新书信息,9—12 月共计推送各类读书资讯 100 余次,充分发挥平台传播文化、崇尚阅读、推介知识的功能;强化门店管理中心标准化建设。为更好地服务区域经济建设,提高服务读者和人民群众的能力,新华书店加强对门店员工的业务技能的提升,加大业务练兵和绩效考核力度,以市场为导向,加强进销管理,丰富图书品种,优化购书环境,为打造文化望城起到促进作用。

(魏　萍)

区新华书店

经　　理　黄　胜

医疗卫生和计划生育

【概述】 2015年10月，全区实施机构改革，将区卫生局除餐饮服务许可和餐饮业、食堂等消费环节食品安全监管以外的职能，区人口和计划生育局计划生育管理和服务的职责整合，组建区卫生和计划生育局，为政府工作部门。区卫生和计划生育局机关内设办公室、财务监审科、政策法规科（加挂行政审批科）、公共卫生科、医政监管科、计划生育基层指导科、计划生育家庭发展科、流动人口服务管理科、政工人事宣教科和监察室9个职能科室，区血吸虫病防治领导小组办公室、区计划生育协会挂靠区卫生和计划生育局办公，共有在编干部职工25人。

2015年，全区共有医疗卫生机构36家，其中区属医疗卫生机构8家，乡镇卫生院14家（含6家中心卫生院），其他民营医院16家，卫生所143家、诊所131家，享受财政补助的村卫生室143个。全区各级各类医疗机构共有卫生技术人员2981人，其中，医师1166人、护士1071人、药师（士）215人、技师（士）144人、其他卫技人员385人，每千人拥有卫技人员数6.1人。全区医疗卫生单位共拥有床位2759张，每千人拥有床位数4.81张。全年区级财政投入医疗卫生事业经费7889万元，同比增长6.67%。各医疗卫生服务机构接诊门、急诊54.2万人次，接收住院病人6.21万人次，实现医疗收入3.24亿元，分别较上年增长2.85%、4.19%、12.5%。

截至12月31日，全区出生人口8840人，符合政策生育率92.74%，人口自然增长率5.64%，性别比102.1。全年区财政安排计生事业经费2372万元，另追加经费45万元，经费投入较上年增加18.8%。计生基层基础工作进一步加强，成功实现“国优”九连冠、“省模”十二连冠。

深化医疗卫生体制改革。巩固基本药物制度，切实做到基本药物制度实施与监管的有机结合，继续实行基本药物配送企业公开遴选制度，加大对乡镇卫生院和村卫生室巡查监管和考核力度，全年开展2次基本药物制度实施情况专项督查，督查结果直接与经费拨付挂钩。稳步实施基本公共卫生服务，14项基本公共卫生服务全部实现免费供给，均等化程度逐渐提高。全年共建立居民健康档案505458份，建档率92%；更新健康教育栏959个版面，发放健康教育资料35万余份，积极开展健康支持性环境建设，在区政府政务中心新建健康加油站1家、健康书屋1家，3个健康社区（村）创建工作已通过市行动办评估，并完成省级申报；3岁以下儿童系统管理率90.25%，7岁以下儿童健康管理率96.35%，孕产妇系统管理率97.21%，基础疫苗及强化免疫接种率95%以上，65岁及以上老年人体检43511人，高血压病年内新建卡管理3550人，糖尿病新建卡管理1395人，检出并登记重性精神疾病患者2442人，免费治疗肺结核病患者371例。望城获评全省妇幼健康优质服务示范县（区）称号。

改善就医环境。启动区人民医院重症监护室建设，完成区精神病医院住院综合楼、丁字卫生院公租房、桥驿中心卫生院住院综合楼、东城镇卫生院提质改造、格塘镇卫生院整体搬迁一期工程；完成33个村卫生室新、改、扩建任务；启动卫生系统医疗垃圾、污水处理建设工程；制定出台街道社区卫生服务机构建设三年行动计划，启动高塘岭街道社区卫生服务中心建设，筹备月亮岛街道社区卫生服务中心建设。科学统筹使用医疗卫生单位基本设备配置经费，向大型设备及中医设备倾斜，第二批设备通过政府招标采购，已全部分配到各医疗机构投入使用。

提升医疗卫生技术水平。坚持走名医院合作之路，深入实施“树名医、建名科、创名院”工程。区人民医院与湘雅医院和省中医附一医院合作更加深入，市区妇幼保健院医联体成效明显，区精神病医院和湖南省脑科医院托管协议基本达成，上下级医院手牵手合作和双向转诊机制逐步完善。加强医疗质量管理，严格落实病历、处方点评及分级查房制度，开展“三基”（基础理论、基本技能、基本知识）理论和技能操作竞赛，继续实行医疗机构不良行为记分制度；认真落实便民惠民措施，全面实行“无假日门诊”和“无假日检查”，落实Ⅰ级、Ⅱ级残疾人住院减免政策，深入实施优质护理工程；积极稳妥处置医患纠纷，全年共受理纠纷47起，成功调处45起，调解成功率95.7%。大力开展中医服务能力提升工程，充分发挥中医药在常见病、多发病诊治中的优势和作用，新建中医药综合服务区2家，共14家，中医特色专科建设成效日益凸显。

优化卫生队伍结构。稳步实施第二个卫生人才五年培训规划，在培训周期内，实行“十、百、千”计划，充分借助区财政安排的培训资

区人民医院

院　　长　彭晓兰
书　　记　越劲良

【启动国家"十二五"重大专项H型高血压CER研究项目】 1月23日,国家十二五重大专项H型高血压CER研究项目启动仪式在人民医院门诊五楼多媒体教室举行。启动仪式上,特邀请国家"十二五"专项H型高血压CER研究项目组的北京大学第一医院王伟博士及湖南省脑科医院神经内科主任刘秋庭教授授课。专家从项目实施要点、项目背景介绍、项目方案摘要、项目工作流程等方面详细介绍了H型高血压CER研究项目的相关知识,H型高血压为伴有高同型半胱氨酸血症的原发性高血压,H型高血压CER研究指的是H型高血压比较效果学研究,该研究项目是国家"十二五"重大专项唯一的心血管系统支持项目,区人民医院是全国分中心之一,以心内科、神内科牵头全院参与。

【开办烧伤创疡再生医疗技术培训班】 7月13日,烧伤疮疡再生医疗医术培训班在区人民医院开办。长沙市卫生局副局长黄赣湘,湖南省医保局财务处长、烧伤专家周鹏翔处长,中国中西医结合学会烧伤专业委员会常务委员、临床部副主任金党军教授莅临指导与授课,来自各临床科室主任、护士长及临床医生近200人参加了培训。该次培训的主要内容为"再生医疗技术在各类难愈性创伤及溃疡创面治疗的新进展"。

【举办第三期中层干部培训班】 7月23—24日,为不断提高中层干部的管理水平,深入职责化、制度化、规范化、程序化管理,推动医院健康、持续发展,结合医院实际情况,区人民医院于2015年7月23—24日在千龙湖赏荷居举行了第三期中层干部培训活动。特邀医院管理专家胡书孝、刘文江清华大学外聘教授担任授课教师,进行了以"如何做好一名中层管理干部"为主题的培训。区卫生局部分领导、医院全体领导班子、中层干部、区内各乡镇医院院长共150余人参加了此次培训。

【完成望城区首例膝关节置换手术】 2015年10月11日,66岁的患者阳某某在区人民医院骨科成功完成左膝关节置换手术,这是区人民医院首例膝关节置换手术。患者阳某某,因患双膝骨性关节炎,致双膝关节疼痛、畸形20余年,跛行5年,不能下蹲。施行膝关节置换术是唯一的根治方法。由于膝关节骨质构造复杂,关节部位的血管、神经丰富、手术精确度要求高、难度大。由区人民医院副主任医师文跃军主刀的团队凭着精湛的技术,历时2.5小时,成功完成手术。患者术后恢复良好,已能行走,正在接受进一步康复训练。

【举办常见民事法律风险防控培训】 10月16日下午,区人民医院党委组织医院全体在职干部职工,在医院大礼堂举办了常见民事法律风险培训。特邀市委党校法律教研部主任、湖南省天地人律师事务所刑辩中心副主任伍贤华老师来院讲授,赵劲良书记担任主持。伍贤华老师用深入浅出的语言讲述了民事法律风险的概念和特征,并着重介绍了民间借贷、为他人担保、个人之间形成劳务关系等八类常见民事法律风险,让大家能够对潜在的危险防患于未然,避免受到伤害。

·疾病预防控制·

【概况】 2015年,区疾病预防控制中心(以下简称"疾控中心"),设急性传染病控制科、性病与艾滋病防治科、结核病防治科、免疫规划科、体检监测科、职业卫生与学校卫生科、慢性病防治与健康教育科、诊疗门诊部质控科、检验科、财务科、后勤科、办公室13个职能科室。承担全区疾病预防与控制、突发公共卫生事件应急处置、疫情报告、健康相关信息管理、健康危害因素监测与控制、实验室检测与评价、健康教育与健康促进、技术指导与应用研究等七大防病职能。有在职在编职工64人,有副高级职称3人,中级职称29人。

稳步推进重大疾病防控工作。开展人感染H7N9禽流感、霍乱、狂犬病、手足口病等重点传染病监测,全年共监测2000余份传染病样品,无甲类传染病发生,无重点传染病暴发流行。落实艾滋病"四免一关怀"政策,艾滋病免费初筛检测12055人次,全天候开放艾滋病咨询服务门诊;与社会公益组织合作,开展男男同性恋的干预措施,共干预男男同性恋人群100人;组织建设工地农民工艾滋病防治知识讲座,并提供免费初筛检测和咨询服务。继续推进结核病防治工作。全年共免费治疗肺结核病人371人,做好病人的督导和追踪,病人规则服药率和完成治疗率均达90%,治愈率86.6%。巩固疟疾和碘缺乏病防治成果,对1951年建县以来的疟疾防控工作资料进行分析和整理,加强不明原因发热病人疟原虫镜检;组织居民盐碘、尿碘监测和人群甲状腺检查,顺利通过市卫计委组织的消除疟疾和消除碘缺乏病工作评估,完成了"十二五"规划地方病防治工作任务。加强登革热、地方病和病媒生物监测工作,开展老鼠、蟑螂、蚊、蝇、虫媒密度监测60次。截至12月31日,全区共报告乙类法定传染病11种,1037例,无甲类传染病报告,总发病率为194.68/10万,累计通过网络上报死亡病例3286例。

稳步推进免疫规划工作,疫苗可预防传染病逐年下降。落实国家免疫规划疫苗的接种工作,加强免疫规划工作质量管理,目标儿童建卡率、建证率、卡证相符率100%,

国家免疫规划疫苗接种率均保持在95%以上，连续24年保持无脊髓灰质炎状态，连续30年无白喉病例报告，全年无流脑、乙脑报告，麻疹发病率较上年同期下降10%以上。加强预防接种门诊规范化建设，启动预防接种"示范门诊建设项目"，乌山中心卫生院、高塘岭卫生院和铜官中心卫生院的预防接种门诊被市卫计委授予"市级示范性预防接种门诊"称号，丁字镇卫生院、东城镇卫生院预防接种门诊被区卫计局授予"区级示范性预防接种门诊"称号，星城卫生院预防接种门诊成功创建省级数字化示范门诊。

及时应对突发公共卫生事件，应急能力有效提升。组建7支突发公共卫生事件应急处置机动队，完善突发公共卫生事件应急处置工作预案和方案73个，补充药品、器械、装备，实行突发公共卫生事件24小时值班制度。全年共发生突发公共卫生事件1起，其他预警事件3起，均得到有效处置，未出现二代病例与重症、死亡病例。组织一次以农村集中式供水污染导致传染病暴发疫情为主题的模拟应急演练。

稳步推进慢病、重性精神病管理工作。高血压病、糖尿病等慢病机构综合防治覆盖率100%，按照基本公共卫生服务规范要求开展慢性病人的随访及治疗、生活指导，重性精神疾病发现率和规范管理率居全市前茅。开展重点卫生日宣传咨询活动10次和科学就医健康咨询活动15次，制作科学就医健康知识宣传栏105版次。积极开展健康支持性环境建设，在区政府政务中心设立健康加油站1家、健康书屋1家。

稳步提升卫生检测检验能力。2015年添置仪器设备16台（件），共有76个品种91台（件）总价值552.4万元，经省质量技术监督局认证的检测项目231项。中心实验室分别通过了省质量技术监督部门的资质认证复评审、省卫生厅、省安全生产监督管理局职业卫生技术服务机构资质认定和职业卫生体检认证；接受国家质量监督总局2015年度检验检测机构资质认定抽查获好评。全年检测餐具、公共场所样品2295份，预防性健康检查20712人次；职业卫生体检2017人次，职业危害因素监测样品238份；消毒样品1341份。所有检测项目做到结果公正、准确、及时，为卫生监督和疾病控制提供了科学依据。

（周湘桥）

区疾病预防控制中心

主　　任　赵运良

书　　记　程　发

【开展建筑工地农民工艾滋病干预活动】 2015年11月11日，区疾控中心对正荣财富中心、才子城、新城国际花都和金地·三千府4个工地进行了艾滋病和性病防治知识健康教育、干预活动。通过现场讲解、演示、提问、问卷等多种方式，引导农民工正确认识并主动预防艾滋病、梅毒。活动中共发放艾滋病宣传教育手册400余份，免费发放安全套4000枚，现场培训74人，现场咨询并免费检测63人。通过活动，帮助农民工认识艾滋病、梅毒的危害，提高农民工的防控制意识，消除对艾滋病的恐惧和误解，为艾滋病的控制工作打下良好基础。

·卫生监督·

【概况】 2015年，区卫生监督所编制25人，在编20人；设卫生监督一科、二科、三科和办公室（内设稽查科）4个科室，除承担公共场所、生活饮用水、学校卫生监督和医疗执业、母婴保健、放射诊疗、传染病执法监督职能外，按照长沙市人民政府有关食品安全监管职能调整的要求，继续代履行餐饮服务环节的食品安全监管职能。全区乡镇卫生监督协管人员37人，较2014年增加3人。

优化行政许可证流程，强化服务措施，提高行政许可审批效率。全年共受理各类卫生行政许可申请844份，审批发放行政许可证件793份，其中餐饮服务许可579件，公共场所卫生许可208件，供水单位许可6件。

加强卫生法制教育。组织7次有关食品安全、饮水安全的专题宣传活动，制作宣传展板9块，发放各类宣传资料2000余份。组织乡镇卫生监督协管人员培训1期，卫生行政执法人员培训班3期，派出76人次参加省、市级的行政执法业务培训。对学校及托幼机构食堂继续推行食品安全管理员持证上岗制度，联合区教育局对全区学校及托幼机构食品安全管理人员进行培训，配合区食安办对600名农村厨师进行培训。区电视台报道卫生监督执法活动10次。

强化餐饮服务环节食品安全监管。以文明城区创建、文明指数测评、城市管理考评、城乡环境卫生整洁等工作为契机，结合全市"四小"（小作坊、小食品店、小餐饮店、小诊所）整规、"四查"（食品药品主体大普查、风险大排查、执法大检查、问题大清查）等工作，对全区餐饮行业无证经营进行清理整治，督促一批无证经营的餐饮单位改善经营条件，完善依法经营手续。组织对食品添加剂、食用油、早餐食品的监督抽检，全年共抽检各类样品1139份，其中定量检测合格率94%；定性检查合格率100%。组织"两节""两会"食品安全等专项行动10次，检查各类餐饮单位1015户次，为全国节能减排财政政策综合示范城市工作会议等重大活动提供饮食安全保障服务10次。加大餐饮食品安全违法案件的查处力度，共查处餐饮服务环节违法案件8起，已执行罚款7起，罚款金额3.4万余元，调查处置各类社会投诉7起，做到了有报必查、有查必复。对50桌以上规模农村聚餐活动现场指导9次，有效防范了群体性食物中毒事件的发生。

规范医疗执业行为。对非法行医继续保持高压打击态势，组织对乡镇卫生监督协管员的专题培训班，增强协管员对非法行医的识别能力；成立打击非法行医工作领导小组;组织乡镇卫生监督协管队伍对涉嫌非法行医对象进行摸排调查;对发现的非法行医的行为及时予以查处;开展母婴保健技术服务、传染病防治、医疗广告和互联网医疗保健信息服务专项检查、临床用血单位专项检查专项执法检查。全年查处各类医疗执业案件8起,罚款3.48万元,进一步规范了医疗市场秩序。

加强生活饮用水卫生监督。组织开展3次生活饮用水卫生专项检查,监督检查生活饮用水单位300余户,督促供水单位加大设备投入,改善水质处理条件,提高水质检测能力,确保水质合格出厂,防止水源性疾病和水污染事故的发生。

强化公共场所卫生监督。开展公共场所无卫生许可证经营专项整治行动,住宿场所、游泳场所、控烟及经营性公共场所专项整治行动,联合区疾控中心对公共场所的环境卫生状况进行监督监测。组织公共场所经营单位量化分级评定405家,其中A级单位6家,B级单位109家,C级单位290家。查处无证经营公共场所单位1家,罚款人民币0.2万元。

加强学校卫生监督。由区食安办的牵头,联合区教育局、工商局对全区各类学校、托幼机构进行一次拉网式检查,共检查学校、托幼机构377家次,全面了解和指导各学校的餐饮安全、饮水安全和传染病防控工作。开展学校预防近视卫生监督专项检查及宣传活动,对10所(中学、小学各5所)学校进行了综合评价,优秀1所,良好9所。

(舒　杰)

区卫生监督所

所　　长　吴　超

·妇幼保健·

【概况】 2015年,区妇幼保健院主要开设妇科、产科、儿科门诊,妇产科住院部(以产科为主)、医技、药剂、妇女保健科、儿童保健科等科室。有工作人员93人,其中在编人员40人,临聘人员51人,委聘人员2人。在职在岗人员中副高职称2人,中级职称22人,初级职称44人;医药卫技人员68人,占80%。全年门诊27658人次,住院1249人次,业务收入1214.44万元,与上年同比增长49.32%。

稳步推进妇幼保健工作。认真贯彻执行"一法两纲"(一法:《中华人民共和国母婴保健法》;两纲:《中国妇女发展纲要》《中国儿童发展纲要》),以降低"两个死亡率"(孕产妇死亡率和5岁以下儿童死亡率)为目标,切实加强妇幼保健管理力度,全年无孕产妇死亡,5岁以下儿童死亡率控制在6%以下;孕产妇系统覆盖率、孕产妇系统管理率、孕产妇住院分娩率、高危孕产妇住院分娩率、孕产妇产后访视率、儿童保健覆盖率、0~6岁儿童系统保健管理率及新生儿疾病筛查率均达到省市级要求标准;农村孕产妇住院分娩补助100%;开展妇女病普查普治工作,采用区、乡结合的模式对重点乡镇进行集中查治,共查治人数40924人,筛查完成率94.8%。农村孕产妇住院分娩补助4670人,补助率100.79%。组织地中海贫血筛查11037人,发现血红蛋白电泳异常244人。新生儿疾病筛查6663人,机构筛查率99.87%。婚前健康医学检查工作稳步推进,选派3名医务人员到婚姻登记处与计生、民政等部门联合开展婚检和婚前健康咨询和宣教工作;组织实施预防"艾梅乙"(艾滋病、梅毒、乙肝)母婴传播项目,并将此项目纳入妇幼保健常规工作,孕产妇艾滋病、梅毒、乙肝筛查率均达到上级标准要求。

改善服务条件。投资400余万元购置四维彩超、新生儿科和儿保门诊设备、大型空调、电脑等,满足群众需求;投资143万元改造了产房、手术室、病房和新生儿科,提升服务环境。

提升服务质量。对各科室实行服务质量(即群众满意度测评)及目标的绩效目标管理,年初制定总体目标任务,拓宽服务领域,坚持以临床、以服务对象为中心,为技术服务提供重要保障,各科室积极配合,服务对象满意率98.5%。

提高人员素质。选派人员到长沙市妇幼保健院进修学习B超、乳腺外科、产后康复、儿科、妇产科及麻醉等专业人员;加强对全院医疗人员的业务培训工作,每季度组织医务人员培训、学习,全年共培训30次,定期考试15次,合格率95%,人员听课率88%。每季度举行"三基"(基本理论、基本技能、基本操作)知识业务考试,内容涵盖临床、B超、影像、检验、药学法律等七个科目,有效地提高了业务人员的整体素质。

(张　丹)

区妇幼保健院

院　　长　黄干权

【创建妇幼健康优质服务示范区】 12月8日,省卫计委正式下文明确望城为全省首批十个"妇幼健康优质服务示范区县"之一。为有效保障妇女、儿童健康,区人民政府加大投入力度,完善妇幼健康服务体系,区、乡、村妇幼保健机构加强孕产妇健康管理、儿童保健管理。孕产妇系统管理率96.42%、住院分娩率100%,无孕产妇死亡;5岁以下儿童死亡率6.15‰、7岁以下儿童健康管理率96.37%、3岁以下儿童系统管理率88.1%。全面开展妇女病免费查治妇女常见病复查400924人,复查率85.40%。落实孕产妇县乡住院分娩补助政策和预防艾滋病、梅毒、乙肝措施及优生优质措施,住院分娩补助率100%;孕妇艾滋病、梅毒、乙肝复查率分别为95%、95%、94.7%;孕前倚重健康检查覆盖率98.56%;为妇女、儿童健康提供优质服务。9月23日,由省卫生计生委妇幼处副处长王璋华、省妇幼保健院保健部主任杜其云等领导专家一行5人组成的省级专家组对望城2015年妇幼健康优质服务示范区工作进行现场评估。专家组采取听取优质服务示范工程情况汇报、查阅相关资料、走访部分服务对象,到区人民医院、区妇幼保健院、区计生服务站、高塘岭镇卫生院、联城国际红杉树幼儿园实地察看等方式进行现场考核，专家们肯定望城区妇幼健康优质服务工作所取得的成效。

·血吸虫病防治·

【概况】 2015年，区血吸虫病防治站设预防科、宣教科、门诊医疗科、财务科、办公室5个科室。有在职在编人员26人。血吸虫病疫区覆盖9个乡镇（街道）22个村，疫区人口约6.8万人。全区现有钉螺面积358.95万平方米，2008年以来，无本地居民、牲畜感染血吸虫病，未发现阳性钉螺。连续8年未发生急性血吸虫病病例。

扎实开展查螺、灭螺、灭蚴工作。2015年查螺面积1756.026万平方米，总查螺21101框，完成全年查螺面积任务的103%，其中系统抽样调查704.786万平方米16860框，环境抽样1051.24万平方米4241框，未发现感染性钉螺。3—4月对湘江望城段历史有螺州滩进行除草清障，4—5月全面开展巩固灭螺工作，药物灭螺面积201.4万平方米，水体灭蚴100万平方米；联合湘阴县樟树港血防站对东城镇苏蓼村泥洲子和樟树港白眉洲开展同步灭螺，联合灭螺面积20万平方米。

全面开展居民血吸虫感染查治工作。9—11月组织乡、村两级血防专干对乌山镇八曲河村、新康乡六合围村和潭家湖村、乔口镇柳林江村、靖港镇金星村、东城镇苏蓼村6个村的居民进行血吸虫病感染的普查。7月，对全区疫区的居民、学生和航运、水利、湘江望城段重点工程建设水上作业人员进行病情调查，共查病5130人次（血检5080人次、粪检50人次），未发现阳性病人，完成查病任务102%，完成人群化疗1412人（陆上居民1266人、水上流动人员146人），完成化疗任务118%，累计投放吡喹酮12000片；送2例晚期血吸虫病人到定点医院治疗。2015年，查病覆盖5个乡镇（街道）的6个疫区村及水上作业人员。

严格急性血吸虫病控制措施。制订预案、成立机构、强化责任、严防死守，配备灭螺机5台、氯硝柳胺灭螺药物3吨、吡喹酮化疗药物12000片、防护膏600支、防护套鞋30双及相关调查用资料等；严格控制有螺洲滩以敞放的牛、羊为主要传染源的牲畜，配合畜牧部门在高感染季节前化疗牛506头、羊63头；加强健康教育宣传，增强群众自我防护意识，对中小学生上血防知识宣传课2堂，并签订不下河游泳、戏水的保证书，发放学校健康教育资料；对重点疫区地段设立哨卡，聘请血防巡查员劝告和阻止下河捕鱼捞虾、游泳、戏水等水上活动人群，减少接触疫水的机会，对因生产生活需要下疫水的人员，发放防护油膏并做好登记，掌握情况变化，适时给予化疗投服；对未采取任何防护措施，裸露接触疫水人群，作好巡查登记，待3—4周后针对性投服化疗预防药物控制疫情，5—11月，在苏蓼村、柳林江村、金星村、洪洲社区等重点地段聘请血防巡查员沿堤巡查、劝阻各类人员下水、上洲活动，并做好接触疫水人员的登记造册工作，全年各疫区村共摸底排查142人。与渔政、水利、海事、执法局密切联系，加强对渔船民、水上作业人员防治工作，密切监控外来传染源的输入和对湘江望城段渔船民及水上作业人员的监测。与区畜牧动监站合作，对东城镇苏蓼村、靖港镇金星村、乔口镇柳林江村等有螺州滩敞放的家畜，在春、秋两季进行查病化疗，共家畜查病398头，化疗耕牛506头、羊63头。

规范开展国家监测点的监测工作。按照全国监测方案内容和要求，对东城镇苏蓼村开展春季螺情监测、人群病情监测。共调查适宜钉螺生长的洲滩面积194.62万平方米，未查到阳性钉螺；人群查病823人次，其中血检807人，粪检16人，未发现感染病例。加强阵地建设，制作宣传栏，对辖区内本地渔船及外来渔船进行建档。在东城镇和乔口镇疫立两个固定病情监测点，对辖区内流动人员常年开展监测工作，完成流动人员查病200人，未发现感染病例。 （刘　健）

区血吸虫病防治站

站　　长　章世清

【开展血吸虫病防治知识宣传周活动】 湖南省血吸虫病防治工作领导小组办公室《关于开展2015年血吸虫病防治知识宣传周活动的通知》统一部署，区血防站于2015年4月20—24日在全区疫区乡镇开展了以“控制血吸虫，达标保民生”为主题的宣传周活动。宣传采取多种行之有效的宣传形式，大力开展血防宣传，共出动宣传车5趟次，悬挂横幅4条，设立血吸虫病防治知识固定咨询点2处，流动咨询点17个，展示宣传板4块，举办学生血防知识讲座，发放血防知识问答680份，血防科普知识专辑220本，健康教育处方340本，血吸虫病防治彩页470份，血防宣传画540张；对沿河堤8所重点疫区中小学校学生发放给家长的一封信及保证书320份，血防教案8份，血防测试卷480份，其他血防宣传资料330份，宣传效果显著，社会效应良好。

·精神病医院·

【概况】 区精神病医院是一所由政府主导，集基本医疗和精神类疾病诊治、康复的区属二级综合医院。2015年，设预防保健科、内科、外科（限门诊）、精神科、康复医学科、医学推介科、影像科、中医科8个科室。设病床240张，在职职工80人，中级职称4人，初级职称51人。

完善基础设施。建筑面积3840平方米的新住院大楼于4月正式投入使用，其水电、绿化、道路、护坡、围墙、亮化等配套工程完善。全自动生化仪、脑电图与脑地形图仪、血细胞分析仪、尿液分析仪、彩色及黑色超声诊断仪、500毫安放射机、心电图、经颅磁刺激治疗仪、彩色多普勒、心电监护仪等现代诊疗设备齐全。为患者提供技术力量雄厚、环境优美的诊疗服务。

加强人才队伍建设。选送医护人员到湖南省脑科医院、长沙市中心医院、长沙市三医院进修培训8人,定期组织医务人员三基知识学习、考试和操作技能竞赛;组织新招聘入院医务人员岗前培训、礼仪培训3次。鼓励医务人员积极深造与继续教育,现有在读本科人员5名,继续教育人员4名。

注重医疗质量,加强各环节的质量控制。落实病例书写规范,护理部和医务部每月进行医疗质量检查,每周开展大查房;进行疑难病例讨论分析,及时汇报检查情况,总结经验教训。

规范管理精神病人。从望城救助站、宁乡县精神病医院接回的望城地区流浪精神病人40人,妥善安置并提供优质诊疗和个人护理,认真建立其个人信息档案,并且通过合法有效渠道成功将其中11人找到家属,10人病情稳定回到家人身边接受在家监督服药控制。新启用的精神科住院大楼现已开设精神病区4个,收治住院重性精神病人有200余人。聘请市区级医疗机构专家、教授坐诊,着力治疗精神分裂症、情感性障碍、脑器质性精神障碍、老年期精神障碍、应激相关障碍、神经症、各种心理障碍等精神疾病。在精神科病房和精神病人康复活动中心开展丰富的文娱活动,提供广播体操、手语舞蹈、唱歌等教学,定期举行精神病人羽毛球、乒乓球等比赛项目,对精神病人进行文娱治疗、音乐治疗,帮助病人恢复社会功能。落实国家免费发放精神类救助药品送药下乡政策,每月定期对全区14个乡镇卫生院开展精神病人救助药品现场发放,全年共计下乡发药168次,管理登记在册轻症精神病人在家监护服药2532人。

(梁　勇)

区精神病医院

院　　长　易志雄

爱国卫生

【概况】　区爱国卫生运动委员会办公室(以下简称“爱卫办”)是挂靠区人民政府办公室的一个正科级单位。2015年有在职干部6人。

推进乡村环境卫生整洁行动。区爱卫办牵头对照“干干净净、整整齐齐、漂漂亮亮”标准;遵循“不大包大揽、不大拆大建、不贪大求洋、不千篇一律、不重复建设”原则;采用“净化、序化、美化”三步工作法,制定美丽乡村示范创建标准和创建计划,将环境综合整治与美丽乡村建设有机结合,并逐步由片区建设向整村建设推进,教育、组织、发动、引导群众筹资筹劳,积极投身扮靓美丽家园的生动实践。各乡镇(街道)主动担当、积极作为,打造了乌山镇团山湖石牛塘片区、格塘镇高桥村染坊片区、东城镇杨家坪棠花屋场、茶亭镇望群官塘片区、喻家坡街道宾佳乐小区、高塘岭街道红氮南院小区等30余个高品质的美丽片区(小区)和格塘镇高桥村、乌山镇团山湖村、东城镇大垅村、靖港镇复胜村、乔口镇柳林江村、铜官镇洪家洲社区等美丽村庄的整村建设。喻家坡街道喻家坡社区、茶亭镇谭家园村、铜官镇太丰村、新康乡月圆村获2015年全市城乡环境卫生整洁行动年中考评“优胜村(社区)”称号;东城镇、乌山镇、丁字湾街道获“优胜街道(乡镇)”称号。靖港镇农溪村、乌山镇团山湖村、格塘镇高桥村获2015年城乡环境卫生整治行动年终考评“十佳”村(社区)称号;乔口镇、东城镇、喻家坡街道获“十佳”街道(乡镇)称号;靖港镇、书堂山街道、金山桥街道、黄金园街道获2013—2015年度整洁行动“优秀”乡镇(街道)称号。在2015年全省城乡环境卫生整洁行动半年度及年终考评中,望城区均位列县(区)一类排名第一名。望城的城乡环境卫生整治及美丽乡村建设经验在全省推广。

推广垃圾分类减量工作。因地制宜、分区试点,探索城区、山区、垸区三种垃圾分类处置模式。乔口镇已经全部拆除垃圾池,在每个村建立垃圾分类回收站,促使农户垃圾初分类后,由保洁员上户回收进行二次分类回收,垃圾减量率90%以上。金山桥街道金悦小区积极学习先进地区经验,在小区筹建了垃圾分类回收中心,自制垃圾分类知识光盘,指导居民将垃圾细分成20余类,并通过奖励促分类。望城垃圾分类减量的成功经验作为全市典型上报国家发改委、全国爱卫办、住建部、环保部等部办委。

推进卫生创建工作。贯彻落实国务院办公厅印发《关于领导干部带头在公共场所禁烟有关事项的通知》,制定控烟工作方案,各公共场所设置醒目的禁止吸烟警语和标识,各单位明确人员劝阻和制止在公共场所吸烟行为并积极组织创建无烟单位、无烟家庭,减少烟草对人体健康危害。2015年,书堂山中学和靖港中心卫生院以及10户家庭获得市爱卫会命名的“无烟单位(家庭)”称号。各乡、镇、村注重对道路绿化、环卫设施的投入,完善卫生基础设施,落实改水、改厕措施,组织除“四害”活动,广泛开展健康教育,增强居民卫生意识,优化村民人居环境、绿化环境和整体性环境。格塘镇获省级卫生镇称号,格塘镇高桥村、乌山镇团山湖村、白箬铺镇大塘村、黄金园街道英雄岭村获省级卫生村称号。靖港镇复胜村、新康乡六合围村、乌山镇黄花岭村、茶亭镇谭家园村、茶亭镇梅花岭社区、书堂山街道彩陶源村、桥驿镇民望村获市级卫生村称号。高塘岭街道雷锋路社区、月亮岛街道杨丰社区获市卫生社区称号,靖港镇芦江小学获市级文明卫生单位。

加强病媒生物防制。继续实行病媒生物防制公司化运作。中标病媒生物防制专业公司负责城区内公共区域防制工作,加强对专业公司的监督,引入市场监督机制,实行第三方监督,安排专项经费对中标企业病媒生物防制效果进行督查、考评。全面落实城区主要市场、主要街道下水道以及公共地带除“四害”专项行动；乡镇（街道）逐步推行集镇、居民小区的灭鼠、灭蚊、灭蝇、灭蟑工作并引入专业公司参与防制。结合全市环境卫生整治行动，发动街道（乡镇）和村（社区）动员人民群众积极开展农村农户除“四害”活动，继续保持老鼠、蟑螂、蚊子、苍蝇四害的密度控制在国家规定的标准之下。继续加强农村改厕工作，2015 年，完成农村改厕 3002 座。

（熊炎骅）

区爱国卫生运动委员会办公室

主　　任　何建新

副 主 任　洪　峰　肖建新

社会生活

民政事务

【概况】 2015年,区民政局机关内设办公室、监察室、救灾救济科、基层政权建设科、优抚安置科、规划财务科、社会事务和社会福利科7个科室,雷锋580中心、社会救助局、救助管理站、老龄委办公室、民间组织管理局、婚姻登记处、殡葬管理站、军队离退休干部休养所、福利彩票发行中心、慈善会办公室、按摩医院、光荣院12个二级机构。有在职在编干部职工79人,区纪委派驻纪检组长1人,其中局班子成员6人。

扶贫济困常态化。最低生活保障有所提高。农村五保分散供养4140元/年,城市低保月人均救助383元,农村低保月人均救助192元,2015年累计保障29.7万人次,发放城乡低保金7968万元。医疗救助力度不断加大。低保医疗救助比例从50%提高至70%,特困医疗救助比例从30%提高至50%,城乡居民医疗救助限额由5000元提高至2万元,慈善助医由原来5万元限额提高至10万元,发放救助金额1926万元。帮扶救济力度加大。以群众工作"点赞"工程帮扶活动和各类节日为契机,开展走访慰问和扶贫帮困,在春节慰问活动中,全区共投入资金1550万元,走访对象15294户。品牌服务得以延伸。雷锋慈善会在做好日常救助外,新增爱心速递、生命护航、圆梦象牙塔、雷锋超市援助、爱心助居5个救助项目,发放慈善救助金655万元和价值46.2万元的生活物资,惠及困难群众7000多人。在"雷锋580"紧急救助热线中心基础上成立"雷锋580"爱心物资捐赠救助中心,以网点派发和现场领取形式向困难群众提供物质帮助。不断扩大"雷锋超市"覆盖面,在各街道、镇的中心村设立"雷锋超市",实行资金援助和物资配送,有效保障辖区内生活困难人员日常生活。"雷锋580"获"2015年湖南省最佳志愿服务项目"。

设施建设标准化。在各街道、镇设立社会救助工作站,按辖区总人口规模配备工作人员,并安排退役士官从事社会救助专职工作,基层社会救助工作队伍注入新鲜血液和力量。积极开展农村示范社区创建,全面完成13个试点村、8个示范村"一站式"服务大厅提质改造和示范创建任务。继续实施敬老院改扩建"三年行动计划",投入资金1000多万元,完成靖港敬老院新建和茶亭敬老院扩建任务。加大养老服务设施的建设,新建3所日间照料中心和25个农村幸福院,新增社会养老服务床位468张。指导新康乡新阳村、桥驿镇民望村、乌山镇乌山村和茶园村成功创建"省级居家养老服务示范点"。

社会管理规范化。完成乡镇区划调整任务,工作推动有序,全区大局稳定。开展村级公共服务中心运行维护试点,促进村级规范代办服务。引导社区在社会工作、志愿服务方面开展特色服务,打造出"阳光之家"残疾人工作室和"爱心妈妈"工作室2个社区服务品牌,指导新康乡创建"全省村务公开和民主管理先进乡镇"、喻家坡街道旺旺路社区创建"全省和谐建设示范社区"。全面落实重点优抚对象和军休干部待遇,妥善处置来信来访。强力执法,全区死亡人员遗体火化率继续保持100%。健全搜救机制,炎寒天气流浪人员救助率100%。福彩销售突破1.5亿元,跻

区委书记孔玉成(中)走访慰问全国道德模范周美玲

民生福祉

MIN SHENG FU ZHI

望城始终坚持民生优先、注重机会均等、促进共享发展，带领全区人民共同迈入全面小康社会。民生支出占财政总支出比重达71%，保障水平位居全省前列。可持续、均等化的创业就业服务体系初步形成，城镇居民人均可支配收入稳步增长，农村居民人均可支配收入跃居长沙四县市之首。城乡一体、全面覆盖的社会保障和救助体系不断完善，社会保险扩面提档，住房保障全面加强，扶贫济困、学雷锋活动走在全国前列。全覆盖、均衡化的公共服务体系更加健全，合格学校建设成效显著，基本公共卫生服务实现免费供给，城乡公交线路大幅增加，群众文体生活丰富多彩。五位一体、联防联控的社会治理模式更加完善，综治公众满意度连续三年位居全市第一。

设施完备的乡镇卫生院

整洁舒适的老年人活动室

高规格的农村敬老院

整齐漂亮的乡村民居

社会保障卡集中发放现场

村民打乒乓球

群众文艺会演

篝火晚会

妇女跳广场舞

居民开纳凉晚会

舞龙比赛

户外健身设施

义务教育合格学校——简文中学

惬意的田园生活

WANGCHENG
YEARBOOK

快捷、便民的公交车

黑麋峰露营节

移民安置小区——鸿家隆

区内首家在建的三级甲等综合医院效果图

出警保稳定

廉租房

全市最大体育公园——谷山体育公园

武警官兵开展治安巡察

市民休闲文化广场

“孝亲尊师，励志成才”夏令营

书堂孝文化讲堂

雷锋大剧院

身全省福彩销售先进县市区行列。
（谭　帅）

区民政局

党组书记、局长	陈建国（12月任）
	甘志武（12月免）
党组副书记、副局长	张志敏
党组成员、副局长	瞿钢冰
	吕鳌先
	欧程锦
	谭浩波（12月任）
副局长	黄小娟

【望城完成乡镇（街道）区划调整】 11月19日，望城全面完成乡镇（街道）区划调整，11个乡镇（街道）合并为5个。此次调整将乌山镇和喻家坡街道合并设立乌山街道，靖港镇和格塘镇合并设立靖港镇，新康乡和高塘岭街道合并设立高塘岭街道，雷锋镇和廖家坪街道合并设立雷锋街道，茶亭和东城镇合并设立茶亭镇，铜官镇和书堂山街道合并设立铜官街道，东城镇慎家桥社区五杉片划入铜官华城村，茶亭镇郭亮村划入铜官镇，合并后乡镇政府和街道办事处驻地设在命名的相应原乡镇、街道驻地，合并前的另一驻地设便民服务中心，学校、卫生院、敬老院等公共服务机构和设施予以保留，方便群众就近就学、就医、养老等。调整后望城下辖白箬铺、靖港、乔口、茶亭、桥驿5个乡镇，雷锋、黄金园、金山桥、白沙洲、大泽湖、月亮岛、乌山、高塘岭、铜官、丁字湾10个街道，总面积956平方千米。新设乡镇（街道）将按照各自地域特点，努力加快经济发展，精准化推进镇街发展，精致化抓好城乡建设，优质化提升公共服务，做好城市经济与乡村经济、产城融合和城乡融合、文化旅游文章。12月16日，新设乡镇（街道）举行了授牌仪式。

【“雷锋580”民生紧急救助项目获评“2015年湖南省最佳志愿服务项目”】 12月2日，在长沙举行的2015年湖南省纪念第30个国际志愿者日“向志愿者致敬”系列活动中，望城区雷锋580民生紧急救助项目被评为“2015年湖南省最佳志愿服务项目”。2014年9月，望城区“雷锋580”紧急救助热线中心联合雷锋慈善会开展雷锋580民生紧急救助项目，对全区突发重大疾病、突发意外事故（无责任方）和严重自然灾害的城乡困难居民实施一次性紧急救助，并对当年度在望城境内实施见义勇行为对象或望城籍城乡居民在全国其他省市实施见义勇为受伤严重住院治疗的对象实施见义勇为紧急救助，最高救助限额为10万元。“雷锋580”紧急救助热线中心坚持白天2名、晚间1名志愿者轮流服务模式全天候受理紧急诉求，为特困群体构筑了一条反应迅速、保障有力的民生紧急救助绿色通道。同时，坚持“一个电话，雷锋上门”制度。对来电来访受理事项，严格遵循时效性原则，由“雷锋580”志愿者进行入户调查，妥善处理群众诉求，做到非常紧急情况24小时内处置到位，其他紧急情况3个工作日内处置到位。截至2015年年底，受理“雷锋580”紧急救助2631起，发放紧急救助资金707.3万元。

【乔口日间照料中心成为全市样板】 2015年，区民政局坚持养老服务设施标准化，实施《日间照料中心三年行动计划》，在高塘岭、喻家坡、乔口新建3个日间照料中心，引入专业化、社会化养老服务组织，为社区老年人开展日间托老、医疗康复、集中就餐、文体娱乐、老年学习等养老服务项目，乔口镇日间照料中心规模大、功能齐、标准高，成为全市养老服务示范样板工程。乔口镇养老服务日间照料中心建筑面积800平方米，内设制作间、用餐厅、健身室、阅览室、医务室、棋牌室等多个活动室。中心为社区孤寡、留守老人提供日间就餐、休息娱乐、医疗就诊、精神慰藉等全方位的日间照料服务，每天上午8时到晚上6时，老人可以来这里免费休闲娱乐。同时中心还由老人们自行推选成立理事会，鼓励老人们发挥好自我管理和自我服务的积极作用，全面提升老年群体的幸福指数。

社会保障

【概况】 着力扩大社会保险覆盖面。率先全市开展全民社会保险参保登记和社会保障一卡通发放试点，开卡40万张，金融、社保激活率均为100%。城乡居民养老保险参保缴费19万人，缴费率达96%，稳居全省前列；城乡居民医疗保险参保43.9万人，覆盖率98%，累计征缴金额可达2.06亿元，征缴到位1.96亿元。

落实社会保险降费、提标政策。实施养老保险缴费费率过渡试点，预计减免澳优乳业等24家企业养老保险费600万元；企业退休人员养老金实现“十一连调”，月人均增加191元。失业保险费率由3%降至2%，失业保险金支付标准年内实现两连调，达到1182元/月；拨付湖南大北农等52家单位失业保险稳岗补贴181万元。

加强社保基金监管。全面运行社会保险基金监管软件，加强内部控制和社会保险稽核工作，抽查协议医疗机构、协议零售药店107家次，追回基金697万元。

人民生活

【概况】 2015年，望城区城镇居民人均可支配收入37088元，同比增长8.5%。其中，城镇居民人均工资性收入20269元，占城镇居民人均可支配收入的54.6%；人均经营性收入10384元，占比28%；人均财产性收入3774元，占比10.2%；人均转移性收入2661元，占比7.2%。

农村居民人均可支配收入25623元,同比增长8.4%。其中,农村居民人均工资性收入16739元,占农村居民人均可支配收入的65.3%;人均经营性收入7205元,占比28.1%;人均财产性收入485元,占比1.9%;人均转移性收入1194元,占比4.7%。

全区城镇居民人均生活消费支出24548元。其中,食品消费支出6148元,占城镇居民人均生活消费支出的25.1%;衣着支出2055元,占比8.4%;居住支出4640元,占比18.9%;生活用品及服务支出1455元,占比5.9%;交通通信支出4056元,占比16.5% ;教育文化娱乐支出4417元,占比18%;医疗保健支出1190元,占比4.8%;其他商品,服务支出587元,占比2.4%。

全区农村居民人均生活消费支出15559元。其中,食品消费支出4332元,占农村居民人均生活消费支出的27.8%;衣着支出967元,占比6.2%;居住支出3533元,占比22.7%;生活用品及服务支出1102元,占比7.1%;交通通信支出2431元,占比15.7% ;教育文化娱乐支出2003元,占比12.9%;医疗保健支出873元,占比5.6%;其他商品,服务支出318元,占比2%。

街道·乡镇

丁字湾街道

【概况】 丁字湾街道总面积39.89平方公里，总人口4.7万人，下辖丁字湾、兴城两社区和金云、翻身垸、双桥三个村。境内麻石储量达37亿立方米，有“麻石之乡”之称。2015年，街道共完成规模工业总产值26.22亿元，完成财政收入1.1亿元，其中国税完成1400余万元、地税完成9600余万元，比上年同期增长21%。城镇居民人均可支配收入达28246元、农民人均纯收入达21001元。全年完成固定投资56.97亿元，社会消费品零售总额2.6亿元。

项目建设强力推进。2015年全街道23个项目启动建设，东野门窗等3个项目竣工。7月集中开展“项目建设百日攻坚大会战”，其间共收集处理企业反映的各类问题36个，实现26个攻坚项目拆迁腾地。芙蓉北大道顺利实现主道通车，联丰房产等12个项目竣工。5个项目在一周内就完成拆迁任务，融资用地项目更是实现了“3天签约清零，15天内完成房屋腾地”。

基础设施日益完善。以湘江大道、芙蓉北路等为主纵向，丁字大道、太阳山路等为主横向的“四纵三横”的交通网基本成型，物流园区、生活区、高校等周边商圈正在同步形成。完善集镇南、北二区、官山、翻身、西沃等八个安置小区配套设施建设，完成湘江大道北延线、汤家湖路、腊树塘路、湾田路、太阳山路、园区路、外贸路等多条市政道路建设，建设长度20多公里。给排水、天然气、公交线路等已与长沙市区全面对接。城市容量和承载力大幅提升。

农业工作稳步推进。积极完善农村水利水系等基础设施，完成一批塘坝清淤、处险工程、渠道疏浚、机埠维修改造工程，扎实做好防汛抗旱工作，全年合计清淤山塘6.92公顷，疏通灌溉渠道1350米，整治渗漏库堤50米；粮食生产实现零抛荒；加强街道辖区绿化美化，全年共计完成绿化面积20940平方米，共计植树超5.5万株。

城乡环境不断改善。采取多种方式广泛宣传百姓城管工作，积极推行会员制管理。加强环境整治，针对违章建筑流动摊贩等整治工作开展联合行动，对长湘公路等境内所有交通主次干道和集镇区域等重点小区进行全面清理和整治，拆除违章建筑18210平方米，成功制止违法建筑搭建12处。加大对临时菜市场的疏导管理。加大乡村环卫治理，全面撤除村（社区）垃圾池，改为专人定时上门入户清运垃圾。

社会事业协调发展。全年共审核低保675户1080人，落实应保尽保，应退尽退；全面超额完成医疗保险工作，卫生事业健康发展，各村级卫生室全面启用；大力开展慈善助贫、助残工程，积极开展长沙市残疾人明星街道和明星社区的创建活动，被评为长沙市残疾人明星街道；文化体育活动蓬勃开展，协办望城区文化下乡活动，举办反腐倡廉宣传、迎国庆等大型文艺会演11余场次。社会治安、安全生产等工作常抓不懈，全年无一安全生产事故、无重大治安问题，上半年民调工作排名获得全区第2名。安全生产评为省内示范乡镇。加强普法宣传教育，全面开展“红袖章”工程，深入开展“月月亮剑”活动，社会综合治理全市全区排名靠前，被评为“市级红旗单位”。

存在的问题和困难：干部群众的思想和观念还跟不上现代文明城市科学发展的步伐，尤其是管理意识、管理理念、管理手段还停留在较低层级，现代化新城区建设工作任重而道远。

丁字湾街道

党工委书记	聂　荣	
办事处主任	刘灿辉	
人大工委主任	夏岳峰	
党工委副书记	刘灿辉	夏岳峰
政协联络处主任	方蔚茗	
党工委委员	余高建	陈铁武
	谢定伟	
办事处副主任	陈铁武	蔡海龙
	李　花	

【开展“国学经典　心口相传”活动】 2015年9月7—10月25日，丁字湾街道开展“国学经典 心口相传”活动。活动分为两个阶段进行。第一阶段，为9月7日举办的国学经典主题讲座。来自街道的村（社区）干部、企事业单位代表等200人聆听了由中南大学颜爱民教授的题为《国学践行与企业管理》讲座。第二阶段为9月15—10月25日，由街道内的各企事业单位、高校、社会团体志愿者组建的“国学经典 心口相传”宣讲团，深入到辖区内各企事业单位、各中小学、幼儿园进行宣讲，共10场次，听众人数达6000余人。活动的开展，进一步营造了人人品读经典的浓厚氛围，为大力培育社会主义核心价值观奠定了基础。

【汤家湖路望城段全线通车】 2015年11月,汤家湖路望城段全线通车。汤家湖路是长沙铁路南北站迁建配套工程之一,东接太阳山路,西至芙蓉北路。汤家湖路望城段全长814米,总投资3000余万元,双向六车道,于2014年8月启动建设,经过15个月的时间,共完成3×2.4米的混凝土箱涵521米,外借土方10万立方米,场内平衡土方5.6万立方米,麻石挡土墙1200立方米,水稳层3.6万平方米,沥青油面3.3万平方米,并完成了汤家湖路跨铁路桥主体建设工程。道路拉通后,丁字湾街道又增加了一条融城大通道,进一步服务湾田国际等项目建设和发展,进一步完善了望城河东片区的路网配套。

【村级后备干部选拔】 为进一步加强村(社区)干部队伍建设,储备一支素质优良的村级后备干部队伍,根据区委组织部《关于加强村级后备干部队伍建设的实施意见》,丁字湾街道于2015年11月启动村级后备干部公开选拔工作。本次选拔工作,本着公开、公平、公正的原则,通过明确选拔条件、工作程序、时间安排、报名办法等,70余人踊跃报名参加。通过资格审查、公开考试(包含民主测评、电脑操作测试、申论考试、面试)、组织考察、讨论决定、公示备案等选拔程序,最终选拔梁畅、邹尚武、周栋、黄翔等四位同志为村级后备干部。

铜官街道

【概况】 2015年11月,实施乡镇区划调整。铜官镇和书堂山街道合并为铜官街道,东城镇慎家桥社区五杉片划入铜官华城村,茶亭镇郭亮村划入铜官街道。调整后,铜官街道辖万星、花实、华城(含五杉片)、郭亮、书堂山、何桥、石渚湖、中山、彩陶源9个行政村,誓港、袁家湖、铜官街、高岭、潭洲5个社区。街道年末人口5.2万人,其中非农业人口3.1万人,总面积90.3平方千米。全年完成地区生产总值103.4亿元,其中第一、二、三产业分别是1.1亿元、93.7亿元、8.6亿元;完成财政总收入3.9亿元;完成社会消费品零售总额3135万元;城镇、农村居民可支配收入分别为27916元、25582元。

基础设施不断完善。铜官大道实现全线通车,与湘江北大道景观道形成铜官对接市、区的两大快捷通道。公租房、丰盛园安置小区三期环境整治、四期桩基础工程按期完成。积极推进欧阳询文化园停车坪、书堂小镇民居改造、书堂山弘文馆建设,书堂小镇初具雏形。成立新华联铜官窑国际文化旅游度假区指挥部,完成自排涵闸湘江大堤出水段和石渚泵站消力池等水利基础设施工程。完成铜官古镇滨江、古窑路两厢民居改造及景观建设。

农业农村稳步夯实。原铜官镇成功打造太丰村城乡一体化示范点,完成梅铜公路两厢绿化工程,新增造绿面积66.67公顷。原书堂山街道投入防疫资金10万元,确保重大疫情有效防范。投入550万元,植树造林64公顷、油茶造林41.67公顷、油菜种植69.67公顷。大力培育特色水果产业,彩陶源村的西瓜基地、中山村的蓝莓基地和石渚湖村的葡萄基地都成规模。

环境整治加大力度。原铜官镇开展环境卫生专项整治工作,健全环境卫生评比常态机制,每月开展村(社区)环境卫生评比,严格兑现奖惩措施。原书堂山街道开展"五星庭院、五星村民组、星级企事业单位"评选活动,动员和号召全体人员参与绿化美化活动。全年绿化美化道路24公里、种植苗木22.5万株,打造红枫路、丹桂路等特色景观道,美丽乡村示范点12个。狠抓拆违控违。原书堂山街道共拆除违章建筑77处,面积11790平方米,拆除违章广告牌100处。

产业基础稳步增强。循环工业园区初具规模。工业园区建成面积4.6平方公里,入驻企业45家,共有19家企业实现投产,全年实现规模工业产值67.1亿元。陶瓷产业走向复兴,全年新增陶瓷企业(门店、工作室)15家,共77家;新增5000万元以上项目4个,实现产值5.9亿元。成功组织陶瓷产业复兴和陶瓷技艺创新论坛,积极探索陶瓷产业转型创新发展新路径。组织辖区陶瓷企业先后参加景德镇、青岛、北京、醴陵等地节会,大力推介铜官陶瓷,并荣获金奖27项、银奖37项、铜奖52项,进一步提升铜官陶瓷知名度和美誉度。文化旅游方

陶瓷技艺创新论坛

兴未艾。街道坚持陶瓷与文创、旅游产业整合发展,引进软银旅游云客栈、创客中心等文创旅游项目。通过完善旅游配套设施,活动宣传推介,铜官古镇、书堂小镇游客日益增多。

社会事业协调发展。教育环境得到改善。原铜官镇完成陶城小学撤并和铜官中学提质改造工程,促进教育事业优质均衡发展。原书堂山街道投入教育专项配套资金1000多万元,完成新河小学和车桥小学的扫尾工程,完成书堂中学礼堂提质改造,新建书堂中学综合田径运动场,完成双合垸小学教师用房和食堂建设扫尾工程。全年,5所义务教育学校标准化建设工程全面完成。书堂中学和书堂山小学被授予"全国书法特色学校"称号。

民生事业扎实推进。按照"保基本、补短板、兜底线"的原则,铜官街道全力落实民政救助、优抚、防灾减灾、社保保障等民生工作。铜官中心卫生院被评为全市助残"善行四十佳"单位。原书堂山街道完成医疗保险任务18251人,新增城镇就业350人。加快完善敬老院硬件设施,入住五保户52人。原铜官镇新增工商注册商户60余家,新增就业538人,新增农村劳动力转移就业385人。计生工作成绩突出。街道全面落实计划生育利益导向,实施"单独两孩"政策,积极应对人口和计划生育新形势。原书堂山街道投入50余万元完善计生工作阵地,社会抚养费征收50余万元。平安创建成效显著。原铜官镇深入推进"平安铜官"建设,兴建平安广场,积极开展"平安家庭"创建活动,实施"万人红袖章"工程"月月亮剑"行动。原书堂山街道为街道群众购买12万元综治保险。先后投入16万元,制作宣传橱窗16块,编写印发《全力推进平安建设,携手共创温馨书堂》宣传手册6000余份,表彰平安362户。

存在的困难和问题:作为旅游景区,开发的旅游基础设施配套不完善,整体品质不高。尤其是铜官古镇属典型的工矿棚户区,房屋密集、结构差,内部的道路、绿化、亮化、给排水管网欠缺,提质改造压力大。

铜官街道

党工委书记	周志国
办事处主任	余 款
人大工委主任	徐文昌
政协联络处主任	龙 尧
党工委副书记	梁海波
党工委委员	刘 灿 余匹雄 熊 彪 丁 智 严海砂 周志兵 何 柳 宾 臻
办事处副主任	刘海波 姚旭科 谭佳惠 周 旺 余 彪

【获评"全国特色景观旅游名镇"】 7月13日,铜官镇被住房和城乡建设部、国家旅游局授予"全国特色景观旅游名镇"称号。这是铜官镇继2007年获评"湖南省历史文化名镇"、2013年获评"湖南省特色旅游名镇"之后,在特色旅游发展方面获得的又一殊荣。铜官文物古迹众多,历史人文荟萃,旅游资源丰富,集陶瓷文化、三国文化、红色文化于一体。近几年,铜官镇大力挖掘文化资源,努力打造特色古镇。编制古镇规划。邀请上海同济规划院、省规划院编制镇域总体规划、历史文化名镇保护规划、新镇区控制性详规等发展规划。2014年,根据"大铜官"发展定位,按照"整合资源、一体规划、分区发展、协调推进"的原则,整合铜官镇与循环经济工业基地、书堂山、铜官窑发展规划,编制《铜官创意发展规划》、2015年编制《铜官小城市总体规划及重点地段城市设计》。完善道路交通。湘江北大道及景观道、铜官大道一期、航电大道(书堂大道以西段)、芙蓉北路等城市干道相继拉通,打通对接市、区的快捷通道。提升环境品质。实施城乡环境综合整治,新镇丰盛园安置小区环境综合整治现已完成。加强古镇管理,出台关于《规范铜官古镇城市管理的通告》。发展特色产业。长沙电厂、循环工业园区相继落户铜官。2012年被列为全市小城市建设试点镇之后,完成关西涂料等9个园区项目拆迁任务,实现腾地213.33公顷;完成金驰能源等29个项目建设并实现投产达效,规模工业产值达67.1亿元。复兴陶瓷产业。实施陶瓷产业复兴发展规划和三年行动计划,搭建陶瓷行业协会、商会、版权服务站等平台,推动陶瓷产业繁荣发展。2012年至2015年,街道新增陶瓷企业、门店(工作室、小作坊)60余家,总数达到105家,年产值5.9亿元。坚持陶瓷与文创旅游相结合,着力挖掘本土陶瓷文化、书法文化,完善旅游配套设施,景区特色不断彰显。成功举办文创名人名企铜官行、古街开街等系列活动,提升区域热度。引进曲文会所、云端书院、古镇客栈等旅游配套项目,旅游配套设施不断完善。同时,铜官镇还先后提质改造铜官古镇核心区背街小巷4.5公里,完成1200户17.3万平方米棚户区特色化改造,新建独具"陶瓷风韵"的窑火陶城文化广场和陶城路,特色古镇初具规模。

【举办首届"清风陶韵"廉政文化作品大赛】 9月24日下午,望城区首届陶瓷廉政文化作品大赛在原铜官镇举行。这是铜官镇依托"千年陶瓷"地方特色文化,通过推"产品"、求"精品",传播廉政文化,弘扬清风正气的又一创举。这次"清风陶韵"廉政文化作品征集活动,有57家陶瓷文化爱好者参与,共征集作品60余幅。经过作品现场展示、作者自荐作品、专家现场打分和点评以及50名大众评审团投票等四个环节,最终评选出20幅优秀作品。其中,府窑陶瓷艺术有限公司的《大唐清廉诗文陶板及纸镇》荣获大赛一等奖。评选结束后,组委会将活动征集到的陶瓷作品,以产品形式流入市场,使廉洁文化真正走进家庭、融入社会,营造出良好的舆论氛围。

【举办首届铜官陶瓷产业复兴和陶瓷技艺创新论坛】 11月10日上

午,由省陶瓷行业协会、市科协、湘台文创园和区工商联共同举办的铜官陶瓷产业复兴和陶瓷技艺创新论坛在铜官国际陶艺村举行。活动上,表彰了“铜官陶瓷产业复兴和陶瓷技艺创新论坛”优秀论文作者;全国拉坯大师占绍林和铜官拉坯泰斗谢福祥同台竞技。学术论坛上,8位来自陶瓷各领域的专家学者分别就如何创新发展陶瓷技艺进行发言。他们认为,铜官陶瓷要复兴、要发展,关键是创新,既要有陶瓷技艺的创业,也要有市场、营销手段等方面的创新。泥人刘陶瓷技艺大师刘坤庭表示,老一辈的陶瓷艺人一直致力于创新这块,但是还是不够,要引进年轻的力量,引进大专院校有资质、有文化的人年轻人来开创新的思路。下午,全国拉坯大师占绍林进行了拉坯技艺授课。论坛的举办,是让铜官的陶瓷技艺得到继承、让铜官的陶瓷文化得到弘扬,是实施“陶瓷产业复兴三年行动计划”的重要举措。

【铜官大道一期全线通车】 8月28日,铜官大道一期工程已全线竣工通车,让茶亭、铜官两镇村沿线居民从此彻底告别粉尘飞扬、泥泞坑洼的出行环境。铜官大道起于茶亭镇代公桥、止于长沙电厂、全长12.09公里,一期工程按24.5米宽的一级公路标准拓改。2013年11月动工后,铜官镇按期完成郭亮故居至电厂路5.27公里长的沥青路面铺装任务。一期工程的拓改完成,对提高区域的对外通行能力,支持帮助本地企业发展,改善优化招商引资环境具有重要意义。

【新华联铜官国际文化旅游度假区开工建设】 原书堂山街道在完成石渚垸防洪排涝水利工程可研、方案论证、施工图设计后,于11月26日,启动建设新华联铜官窑国际文化旅游度假区项目。新华联铜官窑国际文化旅游度假区项目位于长沙望城区沿湘江古镇群带上,紧邻湘江,位居铜官窑国家考古遗址公园以南,总占地面积约200公顷,规划总建筑面积82万平方米,总投资100亿元。项目建筑风格采用唐代风格和湘中传统民居风格,建设涵盖陶瓷博物馆、刺绣美术馆、钱币博物馆等五大博物馆;沿江规划铜官阁和演艺中心等文化建筑;开发一个六星级酒店、一个五星级酒店、一个四星级酒店和五个特色客栈;原貌呈现10个以上百年精品历史古院、古宅;恢复欧阳询书院、曾国藩祠堂等五个以上当地历史名人宅院;重建“海上丝绸之路”的重要支点——石渚湖,制作以唐代商船“黑石号”出航、交易为主题的大型演艺节目,再现长沙窑陶瓷沿“海上丝绸之路”交易的盛况;打造湖南传统戏曲花鼓戏台、关公战长沙演艺节目以及5D电影院;还将集合国际双语学校、儿童乐园、滨江商街、特色餐饮、艺术家创作基地等多种业态。文化旅游度假区项目不仅是长沙市重点工程、长沙市重大文化产业扶持项目,更是湖南省重点工程、湖南省511重大投资计划、湖南省重点旅游项目。项目建成后,将成为中南地区最大的历史文化街区和湘江古镇群的龙头古镇。

【举行湖南省首批文艺创作基地暨艺术家下乡记开拍活动】 10月14日,湖南省首批文艺创作基地授牌仪式暨艺术家下乡记开拍活动,在长沙市望城区书堂山欧阳询文化园举行,省文化厅厅长李晖、省文化厅副厅长鄢福初等领导出席并为原书堂山街道、原靖港镇等全省首批32家文艺创作基地授牌。这项活动是由省文化厅牵头组织,旨在深入贯彻习近平总书记文艺座谈会的讲话精神,繁荣湖南省文艺创作事业,丰富人民群众精神文化生活,建立湖南省“深入生活、扎根人民”主题活动长效机制,用镜头记录省艺术家深入基层、深入生活的真实片段。活动当天,来自省花鼓戏保护传承中心、省湘剧院等单位的李小嘉、刘赵黔等表演艺术家,为观众表演了花鼓戏《俏花旦》、湘剧《谭嗣同》片段、二胡独奏《茉莉花》等精彩节目;省内多位著名书法家、画家现场还为当地群众免费写字、作画。

【湖湘文化交流协会书堂山分会成立】 11月30日,区湖湘文化交流协会书堂山分会挂牌成立,这是望城区首个湖湘文化交流协会分会。来自原书堂山街道的机关干部、湖湘文化交流协会书堂山分会会员等100人参加了挂牌仪式。市湖湘文化交流协会会长董学生,区委常委、宣传部部长姚建刚,区湖湘文化交流协会杨万平为分会成立揭牌。分会是由41名热爱湖湘文化、热心研究、开发和弘扬书堂山湖湘文化的专家、学者、文化工作者、经济工作者和社会各界有关人士自愿组成,以“积极推介湖湘文化,传承和发展书堂山本土优秀文化,促进对外文化交流”为己任,隶属于区湖湘文化交流协会的专业性非营利性社会团体。成立后,分会将围绕“楷圣故里、书法圣地”这一核心,深入到群众中,挖掘普通群众的文化生活,并组织策划开展文化交流活动,传播弘扬湖湘文化精神。

高塘岭街道

【概况】 2015年11月,根据全区乡镇区划调整工作部署,原高塘岭街道和原新康乡合并为高塘岭街道,调整后的高塘岭街道下辖高塘岭、西塘街、雷锋路、高塘、白芙塘、莲湖、航运、斑马湖、望府路、新康集镇10个社区和胜利、裕农、长联、新阳、六合围、月圆、湘江、新河、名盛9个建制村。总面积69.07平方千米,总人口15万人。

经济实力快速增长。街道2015年实现区域总产值159亿元,其中第一、二、三产业分别为6.18亿元、33.13亿元、119.69亿元;完成财税总收入4.18亿元,其中国税1.68亿元,地税2.5亿元;完成工业产值工业总产值49.2亿元,完成规模以上工业产值30.71亿元,工业总投资17.8亿元;完成社会消费品零售总额6亿元;城镇、农村居民可支配收入分别为33598元、23546元。区域经济社会发展综合实力不断提升,连续两年获评长沙市经济社会发展综合实力"十强乡镇(街道)"。

项目建设强势推进。2015年街道范围内铺排的省、市、区重点工程项目达40个,明确所有项目指挥长、责任单位和责任人,建立党政领导、机关干部、村组干部"三位一体"的协调服务责任体系,零距离服务项目建设。狠抓新启动项目,5月启动电子科技职院项目征拆,通过前期集中攻坚和后期扫尾跟进,已实现全部清零;完成正荣"三路"(华林路、嘉园路、取忠路)青苗丈量、土地勘界和历史遗留问题处理等工作;做好高原路、看守所路、一师附小等新项目征拆前期准备工作。狠抓征拆项目扫尾,开展项目攻坚活动,组织对雷锋西路、"161"储备用地等项目进行扫尾;实现斑马湖生态酒店,黄桥大道等项目全面清盘;协助拆除东湖二期、胜利垸堤防工程等项目内23户已签未拆户房屋,项目建设统筹有序。全年完成固定资产投资68.77亿元,超额完成。年初配合省四大家领导雷锋公园植树活动,顺利动迁了项目内邓家坟山近600冢坟,调解了各种矛盾纠纷,确保了活动顺利开展。完成取忠社区公园建设项目,沩水水闸项目桥坝主体工程、库区建设竣工投运,老沩水17公里堤身加固工程全面完成,区砂石车辆停车服务中心停车坪竣工服务楼主体完工,启动连江路提质改造工程,解决厚朴置业征拆遗留问题,妥善处理雷锋公园、黄桥大道胜利段、望府东路等重点工程项目中的各种矛盾问题,确保项目顺利推进。

城乡治理卓有成效。积极开展最严城市管理执法,组织大型拆违行动13次,拆违总面积近30000平方米。大力开展户外广告和渣土扬尘污染的专项整治,重点清理整治违规户外广告、乱搭乱建等行为,重点整治城郊接合部、背街小巷等环境卫生薄弱地带。组建城市建设管理中心,干部分片包网格,"一月一

湖南省首届"新康戏乡杯"京剧票友邀请赛

考核",促进工作落实。成立数字化城管分队,实行"专干处理、城管分队把关、座席员核对"三保险结案制度,4月,共处置市、区数字化城管考核案件5021件,其中市平台案件3669件,区平台案件1352件。成立市场管理中心,开展莲湖农贸市场规范化管理,设立红旺市场自产自销区域;率先全区开创垃圾分类回收城区模式,加强百姓城管协会建设,开展宣传教育活动,妥善解决区污水处理厂遗留问题,做好"两河两垸"水利风景区协调工作,关停跃进机砖厂污染项目。积极推进美丽乡村建设,实施乡村绿化、美化工程,植树面积134公顷,草花播种1667公顷,完成了湘江大堤沿线26.6公顷砂场复绿建设,老沩水堤顶公路、新阳线、石沩线等全线绿化;推进畜禽无害化养殖治理,控制新增生猪养殖大户,强制退出湘江沿线500米范围内的规模型生猪养殖户;开展秸秆禁烧集中整治行动;推进月圆栀子山、长联桎木屋场、谭家湖双桂片区、杨家围子小区、红氮南院小区、龙塘片区、裕农片区等城乡示范片建设;加强新康集镇沿街商户管理,集镇经营行为明显规范,城乡面貌明显提升。《湖南日报》以《绿水清波逐幸福》为题进行报道。

戏乡品牌持续提升。主动应对省、市、区委关于湘江古镇群统筹实施二次规划、建设管理、招商运营的决策,积极配合做好戏乡工作。加强戏乡景区管理与维护,定期检查维护公共基础设施,定期管护绿化景观,提升景区形象。出台《鼓励和扶持戏曲文化事业发展的意见》,整体包装推介戏乡,积极引进整体开发运营项目,持续推动文化旅游事业和产业发展。成功举办戏乡跨年戏曲晚会、省皮影木偶剧院迎新春戏乡专场演出、省广播电台戏曲频道戏乡新春元宵戏乐会、新康戏曲持色学校成果汇报演出、廉政建设与法制宣传送戏下乡、湖南省首届"新康戏乡杯"京剧票友大赛、湖南省首届"新康戏乡杯"快乐戏迷第三季复赛等活动。新康戏乡被评为全国首批价格信得过旅游景点,景区安全生产标准化市级达标验收。

农业农村工作扎实推进。狠抓"三农"工作,大力治理稻田抛荒,着力发展农业生产,安排专项工作经费,翻耕130公顷,补种130公顷。早稻种植面积2424公顷,晚稻2540公顷,实现粮食生产大丰收;扎实开展冬季农业生产,种植油菜、绿肥等经济作物702公顷,加紧冬修水利进度,组织开展山塘清淤62公顷,修建渠道24千米,完成小湖河坝闸门维修处险工程,投资1600余万元的小农水工程全面推进,新、老沩水连通工程已启动。积极推进

小农水工程、马桥河河道综合治理工程。扎实推进防汛备汛,动物防疫,禽流感防控、森林防火等工作,确保农业生产安全。积极推进三年造绿大行动,全年累计植树4万余株,播种草花面积25000平方米,着力打造了一批节点景观,湘江村成功创建全市"绿色示范村庄",斑马湖社区获评全市"绿色示范社区"。

社会事业全面进步。做实、做细、做好各项社会保障工作。医疗保险、养老保险参保缴费率达100%,低保户、三无(五保)户等低保对象入户核查率达100%,医保、养保、低保、救助资金及时足额到位率100%。全年开展大病救助271人次,临时救助困难群众212人次,及时处理雷锋"580"救助事项15件,救助对象15名。全面完成全区劳动力信息采集工作,加大创业就业培训力度,斑马湖等5个村(社区)成功创建了市区充分就业社区,白芙塘社区与康乃馨老年呵护中心合作,打造白芙塘老年日间照料中心。认真组织无偿献血活动,共有290人自愿无偿献血。统计站规范化建设通过市级验收达标,获评长沙市第三次全国经济普查优秀单位。认真落实为民办实事工程,公办第二幼儿园全面竣工,完成新康中学、中心小学、月圆小学、五星小学、实验小学和裕农小学提质改造。积极开展群众文体活动,原新康戏乡全年向公众展演花鼓戏200余场、皮影戏500余折、电影数十场,湘江村积极争创全省首个"全民健身示范村"。创新流动人口管理模式,严格计生管理,街道被评为全国创建幸福家庭活动示范检查点和市计生模范单位。做好文明创建工作,举办"爱在四季·端午有约"等文明创评主题活动,原高塘岭街道在市对区第三季度文明指数测评中排名全市同类街道第一。组织开展平安创建活动,开展义务巡防"红袖章"工程、"铁拳行动"和"月月亮剑行动",成立高塘岭街道禁毒分会,承办全区禁毒工作现场会。认真落实安全生产、食品安全等工作,获市"消防工作先进街道"。

存在的困难和问题:街道基础设施还有待进一步完善,特别是背街小巷的提质改造、重建地配套设施和管理服务亟待跟进;辖区范围内征拆项目多,压力大,有的项目还未实现全面清盘,由此造成的信访维稳压力较大;城市管理工作任务艰巨,尤其是实施数字化城管后提出了新的更高的要求,城市管理方式方法亟待创新;受到土地利用规划的瓶颈制约,招商引进企业和个人建房用地规划需求矛盾十分突出;新常态下的村级财务管理水平有待规范和提高。

高塘岭街道

党工委书记	吕凯兴	
办事处主任	梁志辉	
人大工委主任	李智勇	
党工委副书记	梁志辉	李智勇
	崔　林	刘艺苗
	刘　燕	
政协联络处主任	崔　林	
党工委委员	何铁亮	徐铁武
	陈望福	周志刚
	姚帅军	舒　泽
	熊正国	周曼红
办事处副主任	徐铁武	陈望福
	姚帅军	舒　泽
	李　达	粟　强
	唐　勇	方　起

【高塘岭街道再次获评长沙市经济社会发展"十强乡镇(街道)"】 2015年,高塘岭街道紧紧围绕"建设城市街道标杆,打造美丽乡村典范,争当城乡统筹样板"的目标,扎实推进项目建设、城市管理、现代农业、戏乡文化、民生保障、组织建设等六大工程,促进工业经济稳步发展,财政税收逆势增长,现代农业加快升级,戏乡品牌持续提升,城市管理不断加强,社会事业和谐共进。合并后街道全年实现区域总产值159亿元,完成固定资产投资68.77亿元,社会消费品零售总额6亿元,完成财政收入4.18亿元(其中国税1.68亿元,地税2.5亿元),全年完成工业产值工业总产值49.2亿元,完成规模工业产值30.71亿元,工业总投资17.8亿元。街道经济社会事业快速发展,再次获评长沙市经济社会发展综合实力"十强乡镇(街道)"。

【雷锋路社区新公共服务中心建成并投入使用】 11月14日,雷锋路社区新公共服务中心正式挂牌投入使用,至此西塘街、白芙塘、雷锋路、高塘岭、斑马湖、望府路、莲湖等7个社区公共服务中心全面完成升级。该中心建设总投资投资600多万元,占地面积305平方米,总建筑面积1528平方米,设立一站式便民服务窗口、居民议事室、绿色网吧、居家养老服务中心、老年活动中心、青少年思想道德教育基地、文体娱乐活动中心、党员服务中心等。通过科学合理调度,有效整合资源,不断完善设施,社区公共服务中心成为集党员教育管理、便民服务、舆论宣传、信息咨询等功能于一体的社区综合性服务平台,社区服务功能实现提档升级。

【黄桥大道与航电大道对接竣工通车】 11月,高丁公路胜利段与黄桥大道对接竣工通车。胜利段高丁公路途经高塘岭街道胜利村1.1公里,是道路南北全线贯通的重要节点。胜利段1.1公里建成通车,至此黄桥大道全线竣工通车。自项目征拆启动后,在区征地、国土、规划等相关部门的支持下,街道与区住房保障局合力攻坚,破解重型机械厂、四季果园搬迁和项目征拆扫尾等难题,妥善解决建设过程中遇到的各类矛盾问题,全力促进项目建设。贯通后向南延伸至黄桥大道,向东经航电路,连接湘江综合枢纽工程坝顶公路桥,继续向东南延伸,至芙蓉北路接京港澳高速,对提升望城城市交通承载能力、加快现代化公园式城区建设、带动区域经济发展具有积极意义。

【举办湖南省首届"新康戏乡杯"京剧票友大赛】 5月8—17日,湖南省首届"新康戏乡杯"京剧票友邀请赛在新康集镇社区举行。共有来自全省14个地州市的370余名选手参赛，经过9天12场比赛近300场次精彩剧目的激烈角逐。该次京剧票友邀请赛吸引众多参赛选手其中年龄最大的有80岁，最小的才8岁，他们通过展演折子戏、片段、彩唱、清唱等多种戏曲表演形式，为观众带来一场场形式丰富的视听觉盛宴。同时带动戏乡旅游发展，比赛期间累计接待游客9000多人次，带动戏乡农家乐、农家土菜馆、酒店业务发展。

【农业部副部长屈冬玉到新康考察】 11月18日，农业部副部长屈冬玉一行16人到新康片指导现代农业工作，湖南省农委主任刘宗林、长沙市副市长陈中、长沙市农委主任吴石平等陪同考察。屈冬玉一行先后考察长沙龙虎生态农业科技有限公司和湖南省湘台现代农业科技有限公司。屈冬玉强调要充分整合各方面资源，加大科技创新、市场创新和产品创新力度，切实提高农业质量和效益；要紧密结合农业农村特点，立足加快转变农业发展方式，统筹做好农业电子商务、农业物联网等工作，走出一条"互联网+农业"的新路子；要认真学习和借鉴外地先进经验，发挥龙头企业的示范带动作用，真正做到"兴一方产业，富一方农户"，努力推动现代农业新发展。

乌山街道

【概况】 2015年11月，实施乡镇区划调整。乌山镇和喻家坡街道成建制合并设立乌山街道。合并后乌山街道辖黄花岭、金树、双丰、维梓、八曲河、团山湖、乌山、龙王岭、双兴、原佳、高冲11个建制村，徐家桥、旺旺路、喻家坡、仁和4个社区，总面积97.7平方千米，总人口8.4万人，共有356个村民小组。全年完成农业总产值6.2亿元；完成规模以上工业产值26亿元、完成财政总收入0.86亿元；完成社会消费品零售总额6000万元；固定资产投资20亿元。

工业园区有突破。争取政策资源优势，加快规划国土报批报建等审批进程，园区发展强劲。加快基础设施配套，推进兴工大道（航空西路）与富民二路路基工程建设，完成高乌大道污水管网建设，强化基础配套承载能力与区位优势，加快与望城经开区对接。加大招商引资力度，实施领导干部"一帮一"服务项目机制，年内，明益鑫轨道交通、三鑫幕墙等一批企业落户，联力二期、黑金刚二期、虹桥建成投产。

农业产业有发展。出台专门支持贡米、贡茶及家庭农庄的扶持政策和奖励办法。原乌山镇获"千亿茶产业十大示范乡镇"，全国农业示范性合作社乌山贡米成功通过省级著名商标的评定；乌山贡茶获评长沙市农业龙头企业。在"贡"产业的辐射带动下，农民专业合作社累计达71家。创新家庭农庄全市试点。以团山湖村为试点，引导扶持农家体验、水稻蔬菜种植、水产养殖、花卉苗木等5种类型家庭农庄建设。粮食生产工作稳步开展，原喻家坡街道全年种植水稻820公顷，有种粮大户7家；新建标准化蔬菜基地6.67公顷；规范土地流转13.33公顷；新批准区级农民专业合作社1家。深化美丽乡村建设，挖掘团山湖雷锋精神深厚积淀，精心包装策划，建成石牛塘、十婆桥等示范片，推动基础设施、农耕文化、乡村旅游、农业产业等项目建设，将团山湖打造成青少年素质教育高地与家庭农庄示范点。旺旺路社区申报了"市级绿色社区"、喻家坡社区七星片区申报"美丽村落精品样板片区"，高冲村申报"美丽村落"，评选出80户"美丽庭院"示范户和"最美女主人"。

城乡品质有提升。坚持建管并重，原乌山街道投入800余万元，实施集镇桥北600户立面改造和配套设施建设；投入近500万元，启动梅罗线改造，缓解集镇交通压力。开展房屋普查工作，建立房屋数据库，为农村建房管理和拆违控违奠定基础。坚持巡查工作常态化，开创违章建（构）筑物"零增长"局面。原喻家坡街道实行街道、村组干部分片包户，积极宣传发动，如期完成宾佳乐重建地提质改造工作。推进拆违控违工作，原乌山镇拆除违章建筑11000平方米，实现历史违章建筑"清零"的目标。原喻家坡街道联合相关部门执法，开展大型拆违行动11次，铁腕拆除93处违章建筑物，面积23523平方米。推进环境卫生综合整治。原喻家坡街道全

举行纪念建党94周年暨"十大党员之星"评选表彰大会

年共开展集中整治行动45次,拆除违章店外广告185处,清理牛皮癣1200余处。开展市容秩序集中整治行动73次,规范店外经营796处,取缔流动摊担472处,清理乱堆乱放1136处。

项目建设有举措。推进拆迁、破解难题,乌山项目建设顺利推进。普瑞西线工程涉及的24.67公顷67户实现10天签约、10天完成房屋腾地。原喻家坡街道全年新上、扫尾项目16个,实现交地建设123.67公顷,并促成网讯通、欧智通项目动工和中粮可口可乐项目土方施工,实现湖南电子科技职院、食品安全基地二期、普瑞大道西延线等6个大项目腾地清零。主体片区路网普瑞西线、高塘岭南延线、金星西路等路基成形,推进玉湖公园、喻家坡路提质改造,完成前进路、雷高公路沿线改造工作,促进了城市扩容提质。原乌山镇推进110千伏变电站和三期重建地建设;实施高乌大道、徐家桥街道、梅十线、许龙线提质改造和绿化美化工作,试点探索投入少、垃圾少、投诉少、环境好、评价好、习惯好的垃圾分类减量"三少三好"模式,在《湖南日报》、市政府门户网站、《望城要情》等将经验做法全面推介。

民生福祉有改善。原乌山镇开展低保"阳光行动",确保低保申报与评定工作的公平、公正、公开,全年累计发放临时救助12.36万元,大病救助55万元。完成省实事工程敬老院公寓楼建设,成功创建市级示范敬老院。实施农村改水、改厕工程,新增无害化卫生厕所400个。开展职业技能培训,以培训助推创业,以创业带动就业,不断提高群众收入。完成专利申请16项,科技更好地融入经济社会发展。原乌山镇投资800余万元,完成南中学校、坪塘学校、中心小学薄改项目,完成各中、小学校隐患排查整治项目,中心小学教师公租房、金树幼儿园转公办项目招投标工作顺利推进。原喻家坡街道按计划完成2015年义务教育薄弱学校提质改造和公办幼儿园建设任务,打造了综合文化站和旺旺路社区示范性文化活动室。深化医疗卫生改革,完成徐家桥社区、蓟家巷村级卫生室建设。

存在的问题和困难:区域空间布局不优,资金短缺、符合规划建设的用地指标不足致使项目建设仍面临困难;重建地提质改造和背街小巷综合治理有待持续推进;喻家坡玉湖公园项目需形成建设合力;极个别干部和群众服务发展的意识还不浓,为民意识、干部作风和效能建设还需继续加强。

乌山街道

党工委书记	丁　翔	
办事处主任	姚　杰	
人大工委主任	谭建刚	
党工委副书记	姚　杰	谭建刚
	李跃平	冯　峥
	张玲英	
政协联络处主任	李跃平	
党工委委员	刘树松	杨　胜
	舒　鸥	李再武
	刘新辉	刘　佶
	李　礼	
办事处副主任	杨　胜	舒　鸥
	徐　昆	宁静宇
	袁　鑫	彭跃军
	张志勇	戴　宇

【团山湖村获评"长沙市首批党员干部示范培训实践基地"】 7月,在长沙市委组织部开展的全市党员干部示范培训实践基地建设工作中,团山湖村在全市众多村级培训实践基地中脱颖而出,被市委组织部授予"长沙市首批党员干部示范培训实践基地"称号。农村党员干部是团结带领群众建设社会主义新农村,构建社会主义和谐社会的骨干力量。团山湖村是一个山清水秀的农业大村,又是雷锋同志工作第一站。近几年,团山湖村以雷锋精神为引领,通过整章建制,狠抓党小组骨干队伍管理,打造出一支作风实力过硬的党员骨干队伍;以村民自治为核心,以石牛塘片区为试点,创新实施"自发组织、自愿参与、自主管理"运作模式,稳步推进环境整治,将该村建设成为如画似景的美丽村庄;以家庭农场为龙头,巧借国家惠农政策东风,组建家庭农场30余家,形成了面积近200公顷的家庭农场产业基地,带领当地群众走上富民强村的广阔道路。先后获评长沙市新农村建设示范村、市卫生村、市家庭农场示范点;多次获评望城区先进基层党组织、民主法治示范村、党风廉政建设先进单位。

【举办"5·29"生育关怀助困活动暨原佳村首届广场舞比赛】 5月28日,原喻家坡街道在斌辉文化广场举办"幸福喻家坡、和谐计生梦"生育关怀助困活动暨原佳村首届广场舞比赛。此次活动旨在纪念中国计生协会成立35周年,充分发挥计生协会职能作用,集中宣传计划生育基本国策,广泛开展生育关怀为民服务。活动现场街道为20户计生困难家庭发放援助帮扶资金12000元。近几年,街道努力探索多元化的助困筹资机制,开展以关怀计划生育贫困家庭、育龄群众生殖健康、独生子女和女孩健康成长为主要内容的"生育关怀行动",累计发放计生助困帮扶资金30余万元。同时,来自原佳村本土的7支广场舞队参加了原佳村首届广场舞比赛,经过激烈的角逐,姐妹情深队最终夺得桂冠。此次活动,向广大群众宣传了计生政策、法律法规,倡导了健康、科学、文明、进步的婚育观念和生活方式,树立了计生协会的良好形象,同时进一步丰富了居民的业余生活。

【表彰10名"党员之星"】 6月29日,原喻家坡街道举行纪念建党94周年表彰大会,现场表彰10名"党员之星"。喻家坡街道通过公开评选,共选出了10名"党员之星",分别为扶贫帮困之星李剑、带头致富之星杨正杰、热心公益之星张炳生、爱护环境之星张运兰、支持建设之星张宇峰、援建家乡之星杨谦、正直无私之星李惠霞、志愿服务之星周新国、流动党员之星胡亦明、爱岗敬业之星刘治钢。近几年,按照"以党建为引领,依托经开区建设靓丽新城区”的总体目标,动员广大党员,投身到新一轮大建设、大发展、大提升热潮中。在推进基层党建方面,以“360”网格化工作体系为载体,完善村社区网格内党小组建设的示范点工作;制定实施村(社区)、“两新”组织党建工作量化、细化、个性化目标考核,建立目标明晰的评议考核机制,在经费、纪律、能力、激励等方面加强保障,强力推进基层党建标准化、规范化、科学化“三化”工程;持续开展作风督查,严肃整治不作为、乱作为现象,推动工作作风持续优化、工作效率不断提升,促进基层党建取得实实在在的成效。表彰大会的召开,进一步激励全街道党员干部弘扬优良作风,适应新常态,抢抓新机遇,展现新作为,在全力推进各项重点工作中讲党性、作表率。

【抗日老兵肖幼龙获抗战胜利70周年纪念章】 9月2日,区民政局为辖区内抗日老兵肖幼龙佩戴了中国人民抗日战争胜利70周年纪念章。肖幼龙,1942年2月入伍,曾在云南美国援华机场服役。纪念章是以中共中央、国务院、中央军委名义,向约21万名抗战老战士老同志、抗战将领、为中国抗战胜利做出贡献的国际友人或其遗属颁发,表彰他们的历史功勋,彰显他们的荣誉地位,包含绶带及证书。纪念章章体为铜胎体镀金直径50厘米,厚30厘米,围绕“铭记历史、缅怀先烈、珍爱和平、开创未来”的主题,整体图案由抗日战士浮雕、延安宝塔山、黄河、橄榄枝、光芒组成,象征着中国人民伟大的抗战精神,寓意实现中国梦和世界和平发展的光明前景。

【开展平安家庭评选活动】 8月,原乌山镇扎实开展“平安家庭”创建活动,进一步提高群众的文明素质,提升城镇的普法氛围。近几年,原乌山镇“三举措”推进“平安家庭”评选活动。营造氛围,坚持以平安望城建设为核心、以家庭为阵地做好宣传发动工作。各村组采取入户走访方式,向每个家庭发放“平安家庭创建”倡议书。借助各单位黑板报、宣传栏、显示屏、宣传单、微信公众号等方式,开展“平安家庭”评选宣传活动;开展大走访,全镇11个村(社区)依托各自的党小组、“妇女儿童家园”等阵地,引导妇女和家庭踊跃参与,吸引群众在参与中接受教育、提升素养。全镇180名镇村干部联片深入群众家庭,了解每户家庭的具体情况,及时建立家庭台账,同时建立“平安家庭”推选档案,在各村民设立“最美家庭”征集箱,征集美丽村落、美丽庭院、最美家庭等相关线索;全面公示,各村组不定门槛、不设标准,收集到报名后,在全镇281个村民组张贴报名公示榜,坚持群众自荐、群众评议、群众推选、群众投票,在收到报名后,注重平凡普通家庭故事的挖掘,在群众参与、群众认可基础上,以生动活泼、群众喜闻乐见的方式开展好“平安家庭”创评活动,以“小家”带“大家”,进一步促进全镇的和谐稳定。全镇10542户家庭有7100多户家庭参与到创建活动中来,占家庭总户数的67%。“平安家庭”创建活动的开展,化解了家庭之间的矛盾与纠纷,增进了家庭之间的团结和睦,助推了平安望城的创建进程。

金山桥街道

【概况】 金山桥街道辖3个社区,108个居民小组,4815户,常住人口18478人,总面积24.07平方公里。2015年全街道完成经济总收入25.86亿元,同比增长13.6%,其中第一产业2.52亿元,第二产业21.52亿元,第三产业1.82亿元,分别占比9.7%,83.3%,7%;实现财税收入2.69亿元;实现工业产值18亿元,固定资产投资完成50.3亿元;居(农)民人均纯收入24738元,同比增长18.5%;社会消费品零售总额6385万元,新增“四上”企业4家;街道获评“2013—2015年度全市环境卫生优胜街道”,桐林坳社区获评“省级文明社区”,桐林坳社区胡丙炎上榜“中国好人榜”。

项目建设强势推进。全年共铺排项目48个,征地面积达66.67公顷,拆迁房屋113户。特别是望城大道(金山桥段)桐林坳集镇16户32缝门面,一周时间实现清盘,为全区门面征拆提供了样板;长株潭城际铁路西延线项目九天时间签订拆迁协议41户,拆迁腾地36户。新城·国际花都配套吾悦生活广场成功开业,成为雷锋大道上的第一个城市综合体;新巷南路、吴家冲路完成建设;龙湖房产、富恒地产、大河西汽配城、金山桥限价商品房等项目启动建设,其中环城林带示范路段一期涉及金山桥、金坪两个社区,13个居民组,400多户,20公顷。

城乡环境显著提升。将打造的“银孔围模式”和“金悦模式”作为全国爱卫示范点进行申报,胡丙炎、李海清获评“望城区十佳乡贤”。金悦花园的居民自主筹资20余万元、筹劳700余工时,筹集花卉、苗木40000余株;辖区内爱心企业慈善老板捐赠捐建路灯、围墙等共计价值80余万元,完成水、路、电、汽、讯、绿化、亮化等基础设施建设,小区面貌大有改观。

社会大局和谐稳定。实施街道综治牵头,社区为主,实现矛盾调解进社区、进小区、进楼盘、进项目,共排查化解各类矛盾纠纷80起。开展两次“月月亮剑行动”,清查流动人口1300余人,出租房屋130余户,盘查待审可疑对象14人,营造了良好的社会治安环境。食品安全进一步强化,组织三次潲水油专项整治行动,捣毁潲水油炼制窝点30处,没收油桶、灶具106个,对潲水油,发现一户取缔一户。安全生产进一步强化,开展各类安全生产大检查20多次,查处安全隐患33处,当场整改21处,下达整改责令书12处,拆除成品油管管道安全隐患1处,有效维护了社会安全、和谐、稳定。

社会事业全面进步。结合群众工作"点赞"工程、"一进二访"(进村入户、访困问需、访贫问计)和精准扶贫工作,走访慰问困难群众426户,发放慰问资金30.21万元;救助56名学生,救助金额9.32万元;帮助15名下岗失业人员实现再就业。送服务进社区、入村组深得民心,在青山重建地、金塘重建地、金坪社区白沙塘组、桐林坳集镇等地开展多次"义诊服务""白内障筛查""食品安全""计生关怀"进社区等活动。开办电工培训班、焊工培训班、花卉园艺培训班,让失地少地农民真正掌握新型实用技能,增加致富渠道。群众文化蓬勃发展。完成街道综合文化站建设,组织居民积极参与各类文体活动,木棉花艺术团获得全区优秀艺术团,金枫文艺团获得全区优胜艺术团。卫计服务大有革新,组织"5·29""7·13"等阳光计生服务活动,打造两个全区示范性卫生室,街道计生工作荣获全市第二的好成绩。

存在的困难和问题:街道开发早、遗留问题多、矛盾问题复杂、信访维稳压力大。街道重建地提质改造、美丽乡村建设、综治维稳等资金需求大、财政体制改革给街道财政带来压力。街道财税任务重、而一些大项目的基建税收、黄金创业园等大企业税收不属街道,财税压力较大。

金山桥街道

党工委书记	陈宏武 姚罗光(7月免)
办事处主任	杨 毅 苏景文(12月免)
人大工委主任	周建武
党工委副书记	杨 毅 苏景文(12月免) 周建武
政协联络处主任	任斗霓(12月任) 易 亿(12月免)
党工委委员	朱 浩 毛 旭 彭雄伟
办事处副主任	李 峰 刘 波

【国家发改委宏观院国土开发与经济研究所调研桐林坳社区两型社会建设工作】 9月15日,国家发改委宏观国土开发与地区经济研究所李忠、市两型办主任彭鉴西、市两型办副主任谢湘名等一行走访金山桥街道银孔围组,现场调研两型社会建设工作。考察组一行现场考察了桐林坳社区两型农村社区建设情况,然后书面听取了桐林坳社区以"美丽乡村和垃圾分类"为主的两型社区建设情况汇报。调研组对于银孔围组营造的环境整洁、空气清新、鲜花环绕、茂林修竹、人文和谐的氛围,给予了高度肯定,认为社区确实是"生态美、管理美、人文美",无愧"环境友好、资源节约"的"两型示范社区"。

【金山桥社区微信公众平台开通】 3月5日,金山桥街道金山桥社区微信公众平台正式上线开通。"金山桥社区"微信公众平台采取图文并茂的形式,对街道与社区动态、党建知识、法治宣教、政策解读等方面进行宣传。还设有和谐计生、温馨民政、综合服务等栏目,内容涉及居民群众普遍关注的计生政策、低保救助、合作医疗、残疾帮扶等民生服务项目。社区居民只需用手机扫描二维码、登陆平台,就可及时了解社区动态,让社区解决居民在生活中遇到的各类问题。平台的开通,进一步提升社区全方位的服务功能,拉近办事处、社区与居民之间的距离,提高社会管理服务水平。

【评选"最美家庭""最清洁户"】 12月22日,金山桥街道妇联和城管办在金山桥社区金悦小区重建地联合开展了"最美家庭""最清洁户"的年度评选活动。评选活动旨在树立一批看得见、学得到的典型,形成人人爱护环境,家家崇尚洁净、户户参与建设的良好氛围,让"环境优美、房舍精美、人心和美、生活甜美"的生活理念深入人心。这次活动的评选先由金悦小区议事委员会、理事委员会对小区的所有住户进行初选,再由金悦小区的部分居民代表、街道干部、社区干部组成年度评审委员会,对初选出的家庭进行复选。评委们以《金山桥街道"最美家庭"评比细则》为依据,从摆放有序整洁美、布局合理设计美、房屋周边环境美、低碳环保和谐美、养绿护绿风景美等五个方面进行评比,采取"实地查看、实地打分"的形式,实行百分制考核,最终评出了"最美家庭"3户、"最清洁户"5户。

【率先全区组建城市建设管理办公室】 2015年,金山桥街道率先全区整合街道城管办、规划办、区执法中队、国土所力量,于11月组建城市建设管理办公室。办公室有42名人员,主要负责辖区环境卫生、数字化城管、爱国卫生、百姓城管、城市棚、改个人建房办证、项目登记、动态巡查、巡违控违、违法用地查处、拆迁、地灾防治、营业执照审批、数字化城管、规划建设房产执法、城市管理执法、拆违等工作的管理。办公室成立后,对街道数字化平台接收的1960条案件进行了处置;环卫工作机制进行了创新,将保洁公司承包的农村区域环境卫生日常保洁工作重新划归社区管理,对社区、保洁公司、社区环卫专干重奖重罚;发展了百姓城管志愿者协会金山桥街道分会会员,新成立8个安置小区会员小组,8个楼盘小组,11个企事业单位会员小组,社区中队新成立68个会员小组。城市建设管理办公室的成立,更好地理顺了街道城管执法体制,有效地推进各项工作开展。

黄金园街道

【概况】 黄金园街道辖黄金园、桂芳、英雄岭3个村,面积28平方公里,人口14433人。农林牧渔业和农林牧渔服务业总产值为1.66亿元。2015年,完成财政总收入4338万元;完成规模以上工业产值2.89亿,完成目标任务的144.5%,完成工业投资4.77亿，完成目标任务的207.39%；完成固定资产投资7.3亿元，完成目标任务的182.5%；完成社会消费品零售总额1637万元，完成目标任务的204.6%。获市环境“优胜”乡镇（街道）、省级依法行政示范单位，英雄岭村被评为省级卫生村。

实行网格化管理，狠抓严禁稻田抛荒工作，开展稻田抛荒督查3次，水稻种植面积1200公顷，全街道630公顷稻田实现零抛荒。黄金园村庙坡组粮食监测点工作顺利开展。建立健全11个土地流转项目动态管理台账；建立各网格、各项目农户承包清册和丘块清册；申报奕程、华瑞、丰收园3个合作社创建示范社。抓好动植物疫病防控，全年未发生区域性动物疫情；病死畜禽无害化处理率达到100%。开展三年造绿大行动，细化街道造绿项目14个，明确项目责任人，完成造绿项目8个，全年共完成造绿任务53.33公顷。

推进项目政策落实。街道拆迁分前黄桥大道建设中的遗留106栋震动损坏的房屋补偿全部到位，完成马桥河南延线、金桥国际二期、中粮可口可乐、安多福、普瑞大道西路、红家坡路、望城大道等8个项目的拆迁与扫尾任务。加强城区整治管理。加大了公路两侧、拆迁区域等重点区域的违建巡察力度，2015年，街道共计拆除违章建筑80处，拆除违章面积18852平方米，控违50处，面积约为9850平方米。处理好区政府交办的15处历史违章建筑，开展一次侵占基本农田的违建拆除行动，规范个人建房程序；依法取缔了12户潲水油非法提炼小作坊，没收黑作坊炼油灶具、油桶60多个，潲水油750余公斤，并拆除违章搭建炼油作坊300余平方米。对桂芳集镇、桂芳重建地进行市容秩序、环境卫生整治，铲除牛皮癣、横幅100余处，对流动摊贩、户外经营注重疏导，劝导整治停靠车辆，营造了整洁、有序的停车环境，开展非法赶集整治行动10次，数字化城市管理工作共处理案卷数1496条，结案率100%。

国家卫计委副主任王国强（前排左二）到英雄岭村谢家新屋巡查

低保户按照“申请—审核—民主评议—公示—发放”程序进行操作、确定，低保规模从2014年的192户495人降到170户403人。加大救助力度，组织开展爱心募捐活动，募集资金2.12万元；开展帮扶困难群众、冬春生活救助和自然灾害救助分别救助31户、29户，募集资金1.24万元、2.84万元；组织开展医疗救助，共计救助33户、6.05万元，为38名重大疾病患者发放大病救助资金13.25万元。对街道辖区内96户，100名五保户进行上户走访，为每名五保、“三无”人员（无生活来源、无劳动能力、无法定抚养义务人）建立纸质、电子信息档案。加大教育投入，提高教育质量，确保学校安全。2015年，黄金中学迎接省第三轮教育督导评估获优秀。加强公共卫生基础设施建设，桂芳村村卫生室完成建设，英雄岭村、黄金园村卫生室投入使用。发挥奕辉农业星火科技“12396”科技助农直通车平台作用，推广大棚有机蔬菜种植技术，完成了16项科技专利指导任务。依托乌山森林公园，打造美丽乡村谢家新屋——大塘冲两型示范片，引进蝴蝶树爱情婚纱摄影项目。

坚持党政领导“一把手”亲自抓、负总责为核心的人口与计划生育目标管理责任制和计划生育“一票否决”制，与各村签订计划生育目标管理责任书，明确计生专干工作职责，切实提高村级工作的责任感。成立流动人口计生协会和卫计服务联络处，开展“5·29”协会和承办全区“7·11”世界人口日活动。2015年，共新增加农村奖扶对象18人，新增特扶对象3人，符合再生育政策自愿放弃再生育子女的奖励户数10户，新办理独生子女证68人，征收社会抚养费15.8万元。2015年，街道共出生253人，其中男孩125人，女孩128人，性别比97.65，政策内生育率93.28%，自然增长率7.1‰。

开展平安创建工作，共计走访群众3100余户，发放平安创建宣传资料5000余册，组织平安建设文艺会演二场，观看群众近1000人，评选“平安家庭”240余户；发挥“红袖章”义务巡防队的作用，对重点部位和主干道路进行24小时不间断巡逻，治安环境明显好转；落实领导接访责任制，畅通民意表达渠道，及时解决群众反映的各类突出问题,缓解社会矛盾,通过"五包五个一"("五包":一名党政领导、一名公安干警、一名相关职能部门干部、一名信访老户所在单位或社区村组干部、一名信访维稳积极分子;"五个一":一名对象、一名领导、一套班子、一个方案、一抓到底),对信访对象实行矛盾化解责任包干。2015年,化解各类矛盾纠纷43起,调处率达100%。

存在的问题与困难:街道全境属于长沙先导区规划范围,绝大部分面积属于望城经开区控规,受先导区和经开区的规划控制,基本无税收项目,新项目进驻受到严重制约;街道的项目拆迁、招商引资、城区建设等涉及创税创收的项目全部纳入经开区管理,无固定的经济来源和明确的发展导向,发展只能依靠转移支付及相关单位资助,缺乏可持续发展性。 (周文隽)

黄金园街道

党工委书记	龚国华(10月任) 朱飞跃(10月免)
办事处主任	张　勇
人大工委主任	谢立雄
党工委副书记	张　勇 谢立雄　李建恒
政协联络处主任	周伟红
党工委委员	李　书　刘　真 谭芝藩
办事处副主任	刘　真　刘贞勇 余　青

【黄金园街道获省级计划生育依法行政示范单位】 12月24日,湖南卫计委公布《湖南省卫生计生委关于表彰2015年度湖南省计划生育依法行政示范单位的通报》(湘卫法制发〔2015〕8号),黄金园街道被评为"2015年度湖南省计划生育依法行政示范单位"称号。自创建工作开展以来,街道办事处在计划生育依法行政方面创新工作新机制和工作方法、扎实开展依法行政、依法办事,不断完善相关制度,建立基础台账,规范计划生育法规案卷及办证服务规章制度,全面提升了计划生育各项工作法治化水平。11月26日,省、市卫计委领导一行到街道对街道省级计划生育依法行政示范单位创建工作进行了检查验收。对街道计划生育依法行政示范单位创建工作给予肯定,提出了"高""严""实""暖"四字要求,从而实现由县到区,由计生到卫计、由传统管理到依法管理和由普遍一孩到全面二孩的转型。

【黄金园街道英雄岭村迎省级卫生村验收】 9月17日,受省爱卫会委托,长沙市爱卫办成菲菲主任一行到黄金园街道,就英雄岭村创建省级卫生村情况进行考核验收。考核验收组一行通过听汇报、查资料、看现场等形式,对卫生村的组织管理、村容村貌、卫生设施、健康教育、除四害及预防保健、家庭与单位卫生等方面的工作开展情况进行了检查。2015年,英雄岭村支两委重视爱卫工作,加大爱卫工作投入,明确责任分工,实行网格化管理,常态化开展环境卫生宣传引导、考核评比等工作。4月拆除辖区露天垃圾池,全面启动垃圾分类处理模式,有效提高了资源利用率,保护了生态环境。检查组充分肯定了英雄岭村在创建过程中所做出的努力和取得的成效,并对英雄岭村爱卫工作的开展提出了建设性的意见和建议,确保农村环境卫生持续改善。

雷锋街道

【概况】 2015年11月,实施乡镇区划调整,雷锋镇和廖家坪街道成建制合并成立雷锋街道。合并后的雷锋街道辖真人桥、桥头铺、雷锋、牌楼坝、坪山、白马、廖家坪、三益8个建制村,荷花塘、和润园2个社区,共有311个村民小组,面积79.8平方千米,总人口约4.6万人。全年完成地区生产总值41.74亿元,同比增长5%,其中第一、二、三产业分别是9.25亿元、27.17亿元 、5.31亿元;农民人均年纯收入22209元,同比增长10%。

推进项目建设。重点抓好时间节点调度。雷锋科技城一期项目完成11户签约,征收房屋28栋,先后启动雷锋村安置地、麓山国际实验学校、桥头铺村安置地、三环线入地工程项目。金洲大道拓改项目完成拆迁及加压泵房交地工作;长川路代征(含袁家冲路)完成17大户31小户和1个移动基站的签约及腾地等。岳麓大道辅道拆迁项目完成外业调查和土地庙搬迁工作;黄桥大道城市化改造项目完成土地、青苗、插花地的勘查丈量;蓝天汽车城项目完成土方场平和乡村公路,7家4S店建成开业。2015年,原雷锋镇新启动项目包括许龙路、湘雅六医院、岳宁路、儿童公园、道路顺接等5个项目,涉及群众331户,基本完成签约。加强建设协调,原雷锋镇组织人员对各项目存在的安全隐患的问题进行走访和梳理,及时排除12处隐患。5月28日召开雷锋镇范围市政道路项目建设协调会,重点解决各项目沿线存在影响项目建设的安全隐患。原廖家坪街道先后成立了廖家坪街道重点项目扫尾指挥部、廖家坪街道岳麓大道辅道拆迁工作指挥部,实现了人力、财力、物力的统一调度。

夯实农村农业工作。原雷锋镇实行粮食生产"一票否决"和粮食生产行政首长负责制,坚决制止稻田抛荒。对全镇动物防疫人员进行业务知识培训,进一步完善《雷锋镇突发动物疫情应急预案》,扑杀疑似疫病动物540头,疫病扑杀率100%。疫苗注射猪9.75万头,家禽13.97万羽,确保重大动物疫苗注射率达到100%。全年完成728批次蔬菜的残留农药检查,完成瘦肉精检测865批次。原廖家坪街道明确"三防"(防疫、防火、防汛)责任,春季动物防疫密度达到100%,免疫牲畜100%挂标到位,全年未发生一起森林火灾,未发生一起溃坝、垮坝安全事故;通过村村响、发放公开信和悬挂宣传横幅等形式,有效地控制耕地抛荒、双改单等非法占用耕地和旱稻直播现象。全年共计发放惠农补贴资金108.85万元,其中,耕地地力补贴共计发放1081549元,2284户;生态公益林地补贴6968.43元,43户。

强化基础设施建设。原雷锋镇硬化村级公路5.5千米,养护简易公路128公里,水泥公路养护82公里;新增4000千伏安高压升压站2台,移迁变压器5台,新架10千伏线路8.64千米,改造低压线路48.99千米;塘坝清淤19.07公顷,整修38处,清淤量方4.3万立方米,整修护坡面积4175平方米,疏浚沟渠16公里,加固病险山塘2口。原廖家坪街道启动小石塘水库除险加固工程建设、完成冬修渠道改造配套工程建设;全年村组硬化路维护达50千米,砂石路达25千米。

完善环境综合治理。成立长沙高新区雷锋镇片区拆违控违工作指挥部。原雷锋镇共计拆除新旧违章共计75767平方米,其中新建违章7637平方米,项目外历史违章24处(含国土卫片执法),22318平方米,项目内历史违章建筑112处、45812平方米;原廖家坪街道完成2947户现有房屋面积摸底工作,做到新增违建"零增长",全年经巡查共发现建房91户,拆除违章建筑13户,面积1174平方米,已控面积8766平方米,拆除14户历史违章建筑,面积8036平方米。

原雷锋镇推进集镇"门前三包"责任落实,悬挂567块"门前三包"管理责任牌。全年处理乱搭乱建、违章广告招牌、店外经营、流动摊贩和环境卫生等各种数字化案卷2124条,办结率达100%。建立环卫微信和数字化信息平台,安排专门的工作人员;开展集镇和乡村环境卫生巡查;对群众举报的各类养殖场和企业污染进行调查取证和相关处置,建立辖区内五小企业、养殖场等隐患巡查备案机制,全年共处置各类环保污染问题50多起。牌楼坝村、坪山村分别通过湘江新区的生态补偿申报审核,纳入生态补偿试点涉农行政村。

保障民生事业发展。原雷锋镇成立社会救助工作站和社会救助服务中心,救助工作逐步规范。全年依规依程序开展大病医疗救助、慈善助医、精神病人药物救助、临时救助、灾害救助等各类救助活动,救助1000余人,发放救助资金206.5万元;发放优抚资金375万元,发放义务兵优待金以及退伍兵地方性一次性补助52.88万元;启动10户低保户和特困户的危房改造,救助房屋受灾户23户;敬老院集中供养34人,寄养对象8人,居家养老33人。发放重度残疾生活补助和护理费18.64万元,为4名脑瘫儿童和35名患白内障的老人提供免费治疗;为80岁以上的享受老龄补助的467名老人,发放生活补助17.73万元。城乡居民基本医疗保险达到99.8%,养老保险参保率达到95.88%。全年城镇新增就业人数475人,失业人员再就业160人,就业困难人员再就业158人。原廖家坪街道扎实做好居家养老和优抚工作。针对辖区内的48户"三无"(无劳动能力、无生活来源、无赡养人和抚养人)老人开展居家托养服务,以廖家坪敬老院为依托,由各村推荐人选,由政府购买服务,成立一支有9人组成的服务队伍。全年组织"春风送岗、情系就业、服务民生""送岗位下基层"2场就业招聘会;开展首届廖家坪街道SYB创业培训班和就业技能培训班,实现新增被征地农民和农村居民稳定就业104人,扶持创业13人,发放稳定就业奖励资金16人,总计32000元。广泛开展社保医保日常工作。采用全员走访和全民摸底等形式,开展社会保障卡信息采集工作,补全辖区2828名居民的社保信息;采取集中发放和个别上门等形式,开展了社会保障卡发放工作,发卡率高达87%;城镇居民医保参保率达到100%;城乡居民养老保险参保率达到97.09%。

存在的问题和困难:拆迁安置任务重,历史遗留问题较多,影响社会稳定的因素和制约发展的瓶颈亟待破解;民生欠账,特别是农村基础设施建设、环境整治、就业等关系群众切身利益方面的矛盾问题依然存在;部分街道、村(社区)干部的能力素质不适应新常态下群众工作的需要,干部队伍建设还需要进一步加强。

雷锋街道

党工委书记　李大群
办事处主任　鲁存良
人大工委主任　金胜利
党工委副书记　周立良　曾曙光　杨永亮
政协联络处主任　黄光佑
党工委委员　何铁刚　付向岗　文　稳　罗劲波

雷锋小学学生在雷锋雕像前宣誓

	来辉煌　王　倡
	陈英强
办事处副主任	粟德志　周　豹
	罗　钢
人大工委副主任	吕正良

【和润园社区创建省级充分就业星级社区】 10月12日,省、市人社局一行人对和润园社区创省级充分就业星级社区进行验收。工作组认真听取了社区开展创星级充分就业社区的工作情况汇报,并查阅了各类创业就业工作台账,高度肯定社区施行的“小区门面对内招租,小区居民自己当老板”和“党员包户、包就业”这两种新型带动创业就业模式。近几年,雷锋镇高度重视社区在推动及促进就业方面的重要作用,坚持以“便民、惠民”的服务理念,严格按照充分就业星级社区评选标准,多举措倾力打造充分就业星级社区。验收组指出,要充分发挥社区党支部在再就业工作中的作用,完善服务功能,提高服务质量和办事能力,充分利用好就业再就业优惠政策,运用多渠道、多层次、多形式的培训手段,提高安置群众的就业技能和就业能力,努力拓宽就业渠道。12月3日,省人力资源和社会保障厅通过湘人社函〔2015〕317号文件认定,和润园社区成功创建省级充分就业星级社区。

【举办首届SYB创业培训班】 6月29号,原廖家坪街道在白马学校举办了首届SYB创业培训班,培训班为期一周,来自辖区内的60名群众报名参加了此次培训。创业培训旨在用创业带动就业,营造良好的创业就业环境,并通过对辖区内所有有创业愿望和创业能力的农村居民进行创业知识与技能培训,提高其创业能力,促进其创业成功。培训期间,培训班老师从不同的方面就如何创业等问题进行了全方位的培训。7月23日,参加培训的考生进行了培训考核。通过此次培训,街道有创业意愿或者已经在创业过程中的百姓收获颇多,也让国家政策真正惠及百姓,同时,进一步鼓励并推动了辖区内居民实现的就业和创业。

【举办“送岗位进村(社区)”被征地和城乡居民推荐就业专场招聘会】 4月14日,“送岗位进村(社区)”被征地和城乡居民推荐就业专场招聘会在雷锋镇举行。此次招聘会由雷锋镇政府、高新区人才服务中心以及高新区劳动和社会保障局联合举办,共有6家企业提供涉及电子、化工、机器制造、食品加工、保安、服务等行业的岗位280个,参与人员达300余人,现场达成就业意向的有50余人。此次招聘会的举办,为用人单位和求职者搭建了一个信息交流的平台,极大地促进了剩余劳动力的流动,使用人单位和求职者能在较大程度上进行自由选择,有利于人力资源的优化配置,更好地帮助辖区失地农民及农村剩余劳动力实现就业再就业,缓解就业压力。

【和润园社区举办“雷锋家乡学雷锋”活动颁奖暨文艺晚会】 3月24日,润园社区举办以“心手相牵、幸福家园”为主题的“雷锋家乡学雷锋”活动颁奖暨文艺晚会。颁奖仪式与文艺表演同台开展,长沙市文明办副主任丁德喜参加活动。充满青春活力的舞蹈、富有教育意义的情景剧和小品、精彩的歌曲演唱,社区群众呈现了一场精彩的文化盛宴。晚会上社区“幸福和谐家庭”“学雷锋之星”“老年义务巡逻之星”等一批先进典型在活动现场得到表彰;社区学雷锋志愿服务工作站的代表宣读了共建共享文明社区倡议书,群众代表竞相在横幅上签名,表达争当文明市民、积极参与文明社区共建的决心。自开展“雷锋家乡学雷锋”活动后,和润园社区的党员骨干和广大居民积极参与,从自身、从身边小事做起,涌现出了一批先进家庭和个人。表彰活动的开展,进一步激励了群众学习雷锋的热情,促进社区和谐发展。

白沙洲街道

【概况】 白沙洲街道区域面积25.44平方公里,下辖马桥河、腾飞、黄田3个村,同心园1个社区,共108个村民小组,总户数4485户,总人口20709人。2015年,街道实现财税总收入5683.74万元,居民人平纯收入26526元。实现经济总产值7.579亿元,其中第一产业1.692亿元、第二产业5.2亿元、第三产业0.687亿元,分别占22.3%、68.6%、9.1%;完成规模工业产值2.56亿元,工业投资4.67亿元,各占全年考核任务的98.5%和104%;完成税收任务920万元,占全年任务的92%,其中国税283万元、地税637万元;完成社会消费品零售总额12788万元;完成固定资产投资11亿元。

推进项目建设。加快推进项目征拆安置工作,潇湘北大道(白沙洲段)项目涉及黄田村、腾飞村共131户,征地37.7公顷。自7月启动征拆,10天内协议签约128户、签约率达96.24%。三江房地产等经开区项目3月启动,涉拆35户,经过集中攻坚,已签已拆28户,剩余7户全部进入限期腾地程序。实施“一个项目、一个领导牵头、一套班子服务”的工作推进机制,及时协调处理项目存在的困难和问题,山水蓝天、熙庭原著房地产,湘江涂料等近20个项目开工建设。加大项目扫尾力度,抽调精干人员组成攻坚组,依法依规强力推进。联智桥隧沿河路项目及金荣科技产业园项目拆迁工作清零,开工建设。

提升城乡环境品质。投入200多万元,组织专业施工队伍对东马重建地600米西侧道路进行施工建设;分网格、分步对东马重建地和同兴花园重建地的给排水、绿化、供电等配套设施进行提质改造,方便群众出行、改善人居环境。加强日常管理,清理重建地安置小区、旺旺东路、雷锋大道、金星大道等地店外经营、占道经营200余起,流动摊贩130余户,规范西瓜摊贩,并加强整治后的巡查,经营秩序日趋规范。截止到12月底,共发现个人建房行为109处,其中符合建房条件和增补面积的61处,违法个人建房48处,组织大型行动23余次,拆除48处违章建筑,拆违面积6156平方米,做到新建违章建筑100%拆除。

推进民生事业。以街道网格管理组团服务“580”机制为依托,推进各项民生工作。2015年,街道审核录入农村低保户156户、338人,农村五保(三无)户79户、82人,城市低保19户、27人,并为33名低保户和特困户申报区级大病医疗救助,共发放医疗救济金17.73万元,发放社会保障卡一卡通”5431张。雷锋慈善会白沙洲分会共开展慈善助医帮助15人,发放慈善救助金4.8万元;救助困难群众263人,发放慈善救助金17.34万元。落实优抚政策,保障重点优抚对象的权益,100%按时兑现军烈属、残疾军人优待金;2015年,城镇新增就业人数600人,完成率为100%;城乡居民医疗保险实现全覆盖,参保人数12443人;举办“同行你和我,共圆中国梦”残疾人活动、“志愿助残阳光行动”,中国残疾人联合会网站予以推介。

组织元宵灯会、廉政文化暨道德讲堂、乒乓球赛、羽毛球赛、象棋赛、广场舞赛等文体活动,9月,街道获望城“高新物流园杯”乒乓球赛男子团队赛第一名,男子单打第三名的优异成绩,获区第一届羽毛球赛男双冠军。定期对不可移动文物、娱乐场所和进行消防安全与管理保护安全检查。街道公办幼儿园开园。2015年度街道符合政策生育率达到93.6%,性别比103,自然增长率5.39‰。街道被设为市级卫生计生均等化培植点;代表望城区迎接市级流动人口专项调查;弘扬“最美基层计生人”宣传报道,《村民说出心事 干部上门解决》《家门口享健康大餐》在《长沙晚报》、光明新闻网、中国文明网等刊登。

社会大局和谐稳定。举办“平安建设”文艺会演,开展“平安村(社区)”创建,创新宣传形式,开设“平安白沙洲”微信平台。实施责任领导对信访问题“五包一”[每一件不稳定问题,都有一名责任领导、一名联村干部、一名综治干部、一名政法干警、一名村(居)干部],建立领导接访下访约访制度,做到底子清、情况明、化解措施到位。对重点信访案件实行“一案一册、一人一档”。2015年,全年共排查矛盾纠纷98起,调处94起,稳控4起。定期组织交警、派出所干警、巡警、机关干部、巡防队员、支村两委等200多人,集中开展“红袖章”工程月月“亮剑”行动。对辖区内多个重建地、学校周边、重点企业、项目工地、交通路口,全方位开展地毯式清查,严厉查处“黄赌毒”,严厉打击恶意阻工、敲诈勒索行为。

存在的问题:从严治党的新常态下,谋划街道发展,抢抓新机遇,思想还需进一步解放;承接一江两岸大建设、大发展、大提升的发展思路,创新思维还有待进一步加强。

(王　柳)

白沙洲街道

党工委书记	周辉军
办事处主任	谢　孟
人大工委主任	郑文艺
党工委副书记	郑文艺
	王姣妍(12月免)
政协联络主任	钟德星
党工委委员	胡湘海　彭亚拉
	邓少文
办事处副主任	彭亚拉　王　彪
	姚　铁

【服务群众“580”工作获推介】 5月9日,长沙电视台新闻频道全国优秀党建电视专栏《先锋潮》专题播出《服务群众“580”——记长沙市望城区白沙洲街道网格管理组团580工作》,白沙洲街道服务群众“580”工作获推介。白沙洲街道在服务群众工作上,创新管理机制,将村(社区)划分为30个网格,每个网格设有街、村联网指导员各1名,并在居民中选聘1名党员网格长和2名网格员,打造组团服务“580”队伍,由网格团队直接为群众提供基层党建、社会事务、便民服务、计划生育、城管环卫、综治维稳、食品安全、文化建设等八项重点服务,一改过去基层服务管理“干部少群众多、资源少需求多”“主体缺位、服务真空”等现象。同时,街道对其中的难点热点问题,党政班子每月召开调度会,进行集中研究和督办,真正做到第一时间掌握民情、化解矛盾、服务群众,形成零距离摸排民情、零距离干群联动、零距离动态管理的社会服务管理的新模式。截至2015年,网格团队走访慰问达400余次,邻里帮扶达600余次,帮扶人数达300余人。

【街道被设为市级卫生均等化培植点】 2015年,街道卫计工作试点工作创特色,流动人口卫生计生均等化成效明显,被设为市级卫生计生均等化培植点。近几年,街道按照“完善‘一盘棋’,巩固均等化,推进新融合”的总体思路,促进流动人口社会融合试点工作。4月,街道以打造同心园社区为示范点和品牌项目,逐步构建流动人口服务管理新机制,努力实现流动人口“流进同心园、留在同心园、融入同心园”的工作目标。成立了卫生和计划生育服务中心“5+6”(计划生育服务均等化:宣传倡导服务均等化、避孕节育服务均等化、生殖健康服务均等化、优生优育服务均等化、奖励优待服务均等化;卫生服务均等化:健康教育服务均等化、预防接种服务均等化、传染病防治服务均等化、重点人群保健服务均等化、慢性病管理服务均等化、重性精神疾病管理服务均等化)。开展社会融合系列项目,为流动人口提供免费的健康教育、预防接种、传染病防治等11项均等化服务。加强流动人口重点协同治理工作。以重点协同治理为契机,创新方式方法,通过主动对接服务,增进街道与企业之间的理解合作。同时,以流动人口信息采集为核心点,夯实流动人口管理基础。以健全网络为支撑点,实现管理零死角。《长沙晚报》、光明新闻网、中国文明网以《村民说出心事 干部上门解决》为题,介绍了白沙洲流动人口卫生计生均等化成果。

【开通“平安白沙洲”微信平台】 7月,白沙洲街道开通“平安白沙洲”微信平台,向辖区内民众提供最新的街道动态,法律政策,安全知识。微信平台发布的内容丰富、短小精悍,都是关乎民生利益的实用信息,群众通过微信可随时查阅学习。每周六晚8时街道组织在微信平台开展“平安白沙洲”进行综治知识有奖答题活动,微信红包抢答题的主题涵盖消防、禁毒、安全生产、交通安全、平安创建、红袖章工程亮剑行动,防范邪教等,并通过积极的宣传,使广大人民群众广泛支持关于推进白沙洲平安建设、创新社会治理、净化社会治安、构建和谐社会等重大决策部署的重要意义,引导大家自觉参与其中,积极行动起来。微信平台开通是白沙洲街道推行“平安白沙洲”的创新之举,截至2015年年底,关注用户数量达700余人,用户日均访问量超300次。

【开展“积微善·成大德”之孝感亲恩公益夏令营活动】 7月23—29日,白沙洲街道2015年“积微善·成大德”之孝感亲恩公益夏令营在黄田村举行。夏令营为期七天,以“教育促德孝文化传播、孝亲敬人怀感恩之心”为主题,来自黄田村支村两委、夏令营的老师组织学生,村老干关协成员、学生家长共计30人参加,开设国学《弟子规》诵读、餐桌礼仪、手工课、手语舞蹈等课程。同时,老师和学生们为家长精心准备了一场汇报演出,大合唱《堂堂正正一辈子》、手语舞《游子吟》、朗诵《尊师颂》等节目强调尊师重道。夏令营还为学生颁发了进步奖、谦谦君子奖、谦让将、礼仪奖、培福奖贺和好家风奖。七天的夏令营让孩子们学会了德孝文化的优良传统,了解了孝感亲恩的真谛,进一步浓厚了街道学习中国传统文化的氛围。

大泽湖街道

【概况】 大泽湖街道辖南塘、回龙、西塘和东马三村一社区,面积25.33平方公里,户籍人口2.6万人,127个村(居)民组。设13个党支部,20个村(社区)党小组,有党员594人。机关在编在职干部职工54人。2015年,大泽湖街道实现经济总收入15.39亿元,其中第一产业1.25亿元,第二产业6.87亿元,第三产业7.27亿元;完成财税总收入1.1875亿元,同比增长16.05%;完成固定资产投资60.3亿元,规模以上工业产值5.15亿元,居民人均纯收入22053元。

征拆工作成效显著。全年铺排项目30余个,总投资达到211亿元,其中社会投资项目10个,投资159亿元;政府性投资项目11个,投资20亿元;储备项目9个,投资32亿元。街道强化干部谋项目、抓项目、跑项目、促项目责任意识,掀起了多轮项目征拆高潮。年初,率先启动永通代征地块项目征拆,仅3天时间就完成全部12户签约清零、8天房屋实现“倒地”。按照区委、区政府“一路两带”(“一路”指从三汊矶大桥到沩水河再到乔口潇湘快捷路。“两带”是指滨江风光带与分布于快捷路两旁的滨江产业带。)项目在街道有沿江7公里,涉拆面积约266.67公顷,涉及3个村70个村民组,涉拆670户的工作任务。街道从10月26日签约开始,仅8天时间就完成项目第一期(潇湘北路)全部111户中的109户签约任务,签约率98%;1个月时间实现了签约房屋全部拆迁腾地。“证通电子”项目总面积14.67公顷,主房屋20户,涉及西塘村6个村民组,东马社区1个居民组,仅7天时间就完成了全部20户的协议签订,15天实现房屋全部拆迁腾地。

城市管理稳步推进。大力开展环境整治。街道严格落实街村干部联点包片责任,制定日常核查、绩效考评、工作调度、总结奖励机制。投入400万元,深入开展城乡环卫整洁行动,积极推进垃圾分类减量和两型社会示范创建工作,完成区数字化城管平台交办件765条,市平台交办件138条,满意率100%。创新城市管理模式,实施“三精”工程,着力打造精品线路、精致小区、精细管理机制;在荷塘月色等重建安置小区实行开放式物业管理模式、破解小区无人管、无钱管、管不好难题。坚决组织拆违控违。创新实行街、村、组三级联动机制,严格加强对违章建筑的管控。对于顶风作案的违章建筑,严格按照《长沙市望城区城乡环境品质倍升示范创建和专项治理工作要点》及《长沙市望城区关于采取拆违控违工作八条断然措施的通知》等文件精神,依法依规开展拆违控违工作,组织10次专项行动,拆除陈量违章50000平方米、违章广告500多处,确保“杜绝增量、消化陈量、减少总量”的总体目标。持续推进造绿增绿。以“学雷锋”、“植树节”、小区提质等为契机,在6.8公里潇湘大道北延线、12公里村级干道、12处社会路口、三环线出口、东马小区、荷塘月色小区等广大范围内,发动街村干部和党员群众开展义务修路、植树、栽花种草活动,累计新增绿化600余亩,绿化公路近20公里,增栽苗木20000多株,播散花籽700多公斤。全街参与义务劳动的街村干部和党员、群众多达800余人次。

综合治理不断加强。狠抓法制意识的提升。抓住“民主法治示范村(社区)”创建、“6·26”禁毒日等契机，切实加强法律法规教育，开展法治专题宣传4次，发放宣传资料3000余份，营造办事依法、遇事找法、解决问题用法、化解矛盾靠法的法治环境，创建区“民主法制示范村”1个，“六五”普法验收获得好评。突出重点难点的治理。开展“向群众承诺、为群众办事”、“三调联动化解矛盾，息诉息访促进平安”信访问题公开听证和“三个一”（即每月安排一天作为信访接待日；群众工作队员联系一名重点信访对象；包案处理一个突出信访问题。）主题活动，成功化解疑难积案20余个。注重治理方式的创新。推进社会贤达工作室工作，引导社会贤达参与矛盾化解和应急处置，提高了矛盾纠纷预警和调处化解能力，成功率达95%。；开展“平安家庭”创建，发放倡议1800余份，评选“平安家庭”220户；实施万人“红袖章”工程，定期组织“月月亮剑”行动，震慑、打击“两抢一盗”等犯罪现象，社会大局平安稳定，进京非访为零。以“责任重于泰山”的理念来抓安全生产，将安全生产工作列入绩效考核重点，层层签订管理责任书，以责任强化促进安全生产。围绕“查隐患、严治理、防事故、保安全”主题，发放宣传资料6000多份，不定期对企业、项目、油（燃）气管道及17个烟花爆竹零售店进行监督，制止一例违规建厂施工，一起可能导致燃气泄漏的私挖鱼塘淤泥行动，督促2个机制砖厂停产整顿，排查整改其他安全隐患100余处。多次联合区食安办、公安、工商、行政综合执法局等部门，开展地沟油等专项整治行动，取缔潲水油黑作坊点11个，查收潲水油10000余斤，确保“舌尖上”的安全，全街未发生重特大安全生产事故。全年没有出现“黄牌警告”“一票否决”情形，群众安全感、满意率稳步上升，综合治理民调上半年跃升至全市第22名，《望城督查》专题推介。

民生事业协调发展。大力发展科教文卫。积极促进科技推广，开展以“创新发展，全民行动”为主题的科普活动，组织规模产权知识培训1次，配合“双打”行动及专利执法行动多次；征集上报区域技术需求2项，完成本区域专利申请2项；投入600多万元，完成南西小学厕所和教学楼，东马小学球场看台，回龙小学传达室、教学楼、跑道，大湖中学篮球场、田径场等改建项目和星城卫生院门诊楼。建设广播电视户户通400余户；与社区文物保护责任人签订了责任书，街道2个文物保护点没有发生安全事故；成立文化市场监管员队伍，每周对辖区内文化市场进行1次排查；参加全区性文体活动4次；自主组织本地群众开展各类文体活动5次。全面加强社会保障。城乡居民医疗保险参保缴费超额完成；城乡居民养老保险完成率100%；基层人社公共服务平台标准化建设达标率100%；完成工会组织企业工资集体协商40家。供养五保对象56人，集中供养（入住敬老院）18人；发放困难救扶款10余万元，低保户、五保户、特困户的大病医疗救助工作和社会精神病人药物救助工作到位；对辖区内200多名残疾人进行免费体检，并赠送10多套辅助器具；依托“政府主导、名流主体、群众主动”常态机制，募得爱心善款12万余元；投入30多万元慰问帮扶困难群众、特困家庭和其他特困对象，帮助他们解决了部分生活生产实际困难，确保了辖区的和谐稳定。切实解决民生难题。街道积极争取区电力部门支持，率先启动并顺利完成荷塘月色等小区的电力提质工作，新架设线路3万多米，更换智能电表400多个，为小区居民生产生活安全用电提供有力保障，也为全区解决同类“老大难”问题提供示范参考。持续推进卫计服务。全面深化计生工作网格管理，进一步深化流动人口均等化服务，完成了南塘村、西塘村卫生室的硬件配置和其他必须基础设施建设，人口计生工作管理与服务质量大提升，《中国人口报》专题推介街道的成功经验。

存在的问题和困难：经济发展中的结构性矛盾突出，受宏观经济下行影响，税收压力大；部分项目进展缓慢，和记黄埔第四期等项目没有启动实质建设；村级集体经济依然薄弱。（陈　云）

大泽湖街道

党工委书记　易文龙
办事处主任　谭志龙
人大工委主任　李　栋
党工委副书记　谭志龙　李　栋　欧阳钟

时任省委常委、纪委书记黄建国（前排右二）调研街道党风廉政建设

政协联络处主任	朱红胜	
纪工委书记	黄新宇	
党工委委员	黄新宇	王　帆
	卢建群	龙成宇
办事处副主任	王　帆	罗　瑜
	谢　攀	

【黄建国调研街道党风廉政建设与纪检监察工作】 2015年4月17日,时任省委常委、纪委书记黄建国调研大泽湖街道党风廉政建设和纪检监察工作。全年,街道坚持将党风廉政建设和反腐败工作纳入总体工作,制定下发《2015年度大泽湖街道落实党风廉政建设"两个责任"》,将党风廉政建设责任分解落实,并与各村(社区)签订党风廉政建设责任书,确保重大决策落实到位。坚持立规树矩,建立健全《村级财务规范化管理制度》《规范组级财务管理的指导意见》《附属工程管理办法》,创新实行"五公示三推行"("五公示"即涉拆的房屋、青苗、土地、设施、坟墓等五项补偿资金一律进行张榜公示;"三推行"即推行项目附属工程公开招投标、政府统一组织清表砌围墙交熟地、实行树木保留征收等三项制度)征拆模式,严明《项目征拆工作纪律要求》。同时,严格纪律教育、监督与查处,新建廉政文化墙600平方米,组织廉政文化送戏下村2次;利用节点、会议、活动等契机,开展警示教育5次,立案查办三起,查处7人,党风政风进一步推进。在详细了解了廉政文化建设、纪工委专职、村组财务管理、征地拆迁、项目附属工程招投标等方面的有关情况后,黄建国又重点询问了廉情预警"千里眼"工程建设与运行情况,高度评价街道在推进党风廉政和纪检监察工作方面的努力与创新,并强调:顺应新常态要求,进一步落实党风廉政建设主体责任和监督责任,认真做细做实各项工作,推动党风廉政建设再上新台阶。

【荷塘月色小区电力提质全面完成】 荷塘月色小区是和记黄埔房地产项目南塘村村民拆迁安置小区,建成已有多年,原有的电力供应设施设备条件较差。随着小区自身住户以及外来务工者等流动人员的增加,小区电力供应能力不足等问题日益凸显,影响到村(居)民的正常生产生活。针对这一问题,街道2015年上半年将提质改造电力工作纳入议事日程,多次召开党政会议专题研究解决方案。在积极争取区电力部门支持下,街道于8月2日正式启动荷塘月色小区电力提质工作,于当月底圆满结束,历时将近一个月。累计新架设各类线路3万多米,更换智能电表400多个,极大地改善了供电设施条件,为小区居民生产生活安全用电提供了有力保障,也为全区解决同类"老大难"问题提供了示范参考。

【潇湘北路项目征拆顺利推进】 2015年,街道将"一路一园"(潇湘北路、月亮岛生态公园)作为全年的重点项目,其中潇洒北路在大泽湖街道范围内长约7公里,涉及面积71.33公顷,涉拆房屋111户。为顺利推进项目建设,街道于6月30启动此项工作,截至7月25日,连同潇湘北路在内的整个"一路一园"266.67公顷670多户的房屋外业调查全部完成,完成率100%。至9月初,完成重新放线和挖边沟工作,并全部完成涉拆房屋丈量工作,组织进行第一轮、第二轮、第三轮会审。10月26日至11月4日,进行自愿拆迁签约,仅一周的时间,111户中,除2户情况比较特殊复杂的以外,其余109户全部签约,签约率超过98%;且搬空房屋107户,拆迁腾地107户,收齐限价房申购表107户。

【启动"学雷锋、倡三清、送文化"系列活动】 2015年,大泽湖街道为号召干部职工奋勇拼搏、积极进取、争当岗位标兵,服务群众、服务社会,全面推动各项工作,开展了"学雷锋、倡三清、送文化"系列活动。3月5日,大泽湖街道在东马小学礼堂举行"学雷锋、倡三清、送文化"文艺会演。演出在东马小学带来的军乐演奏《学习雷锋好榜样》中拉开帷幕。随后,军乐演奏、扇子舞、萨克斯演奏、长鼓舞、诗朗诵等10多个节目轮番上演。3月12日,大泽湖街道又以"学雷锋""植树节"为契机,先后发动共500余人次的街村干部和党员群众开展义务修路、植树、种花活动,对潇湘大道北延线6.8公里、4个村(社区)境内12公里村级干道、12处社会路口进行全面造绿增绿,累计优绿扩绿面积20公顷,栽种苗木8000多株,播散花籽150余公斤。活动的举行,不仅拉近了街道干部和群众的距离,更激发了大家干事热情。

【举办首届篮球赛】 为丰富街道文化生活,强化全民健身意识,推进全民健身工程,掀起全民健身运动高潮,4月27—30日,大泽湖街道组织街道首届"大泽湖杯"篮球赛。参赛的队伍来自西塘村、南塘村、回龙村、东马社区以及街属各企事业单位,活动参与人员近400人。比赛举行以"友谊第一、比赛第二、健身为主"为宗旨,并邀请望城区篮协专业裁判执裁。经过四天的激烈角逐,最终湖南商学院北校区代表队夺得冠军,南塘村代表队获得亚军,西塘村代表队获得第三名。

月亮岛街道

【概况】 月亮岛街道辖银星、中华岭、戴公庙3个行政村和月亮岛、黄都港、黄狮岭、桑梓、杨丰5个社区,总面积22.77平方公里,常住人口达6万余人,党员有776人,设17个支部、39个党小组。2015年街道共实现经济总收入85.22亿元,其中第一产业9.05亿元,第二产业7.2亿元,第三产业68.97亿元,分别占10.6%、8.9%、80.9%;2015年底共完成财税总收入6.63亿元,同比增长12.19%,其中国税0.32亿元,地税6.31亿元;完成固定资产投资77.6亿元,完成工业总产值2.85亿元;居民人均纯收入达到

25676元，同比增长11%。街道各项工作取得了突破性进展，获评计生工作优秀等次单位、市流动人口公共服务均等化培植先进单位。月亮岛街道政务中心荣获长沙市青年文明号、市级优秀政务中心等荣誉称号。杨丰社区获评为区级党建示范。

项目建设迈上新台阶。始终坚持一手抓拆迁扫尾，一手抓新项目拆迁，全年共计腾地近200公顷。成立攻坚克难组，集中街村精干力量强力推进项目扫尾清盘，签订协议12户，实现新华联、湘船重工等8个项目86.67公顷的全面腾地。先后启动2010报部计划、润和又一城二期、王家湾路等7个项目，共计拆迁100户，腾地53.33公顷，真正实现全清盘。“一路两带”（“一路”指从三汊矶大桥到沩水河再到乔口潇湘快捷路；“两带”是指分布于快捷路两旁的滨江风光带与滨江产业带。）项目，涉拆181户，12月底已完成签约173户，已拆150户。同时，继续开展“两帮两促”（帮助扶持企业发展、帮助推进项目建设，促进民生改善、促进经济增长）活动，推行党政干部联项目制度，为项目开工建设提供全方位、全天候服务。深入开展铁拳行动，努力实现“两个决不”：决不因拆迁不及时而影响项目开工，决不因服务不到位而影响项目建设，努力为项目建设营造良好的环境，有效确保新奥燃气、新华联、万泰国际等42个项目有序推进。采取主动引商、以商招商、以商带商等形式，着力引进现代都市型企业和商贸物流企业，全年共完成13家“四上”企业（规模以上工业企业、房地产企业和资质等级以上建筑业企业、限额以上批发和零售业、住宿和餐饮业企业、规模以上服务业企业）的引进及申报。

民生事业焕发新活力。全力实施群众工作“点赞”工程，强力推进服务民生十大实事。高标准建设街道政务服务中心，编印《月亮岛街道政务服务中心管理和服务手册》，建立健全首问责任、限时办结、全程代办等制度，结合利用月亮

4月17日，区委领导了解长郡月亮岛中学项目建设情况

岛街道公众信息网和“魅力月亮岛”微信平台，公布政务信息、服务事项、办事流程，为群众提供明了、方便、快捷的一站式服务。全力推动戴公庙村、银星村、桑梓社区便民服务中心建设，努力把服务的触角延伸到最基层。加快推进街道公办幼儿园和长郡月亮岛实验学校的建设工作，并于下半年投入使用，为辖区居民子女就近入学开辟快捷通道。充分发挥雷锋慈善分会作用，帮扶困难群众894人次，帮扶资金100余万元。发放低保金129万元。处理农民工维权12起。大力开展爱残助残活动，为56名残疾人解决就学、就医、生活等难题。开展“一进二访”（进村入户、访团问需、访贫问计）活动，联合区政府办、征地办、住房保障局对街道范围内59名困难家庭进行精准扶贫。为拆迁群众办理转户参保180户800人，办理限价商品房申购6万平方米，核发失地少地农民生活补助730万元，开展创业培训6次，培训2730人次，举办人才招聘会3次，新增就业650余人，为11人争取创业富民资金。

社会管理开创新局面。坚持以城乡环境品质倍升为目标，努力打造宜居宜业的望城“新客厅”。投入200余万元，对星月、七峰等5个小区进行绿化美化。率先全区开展农村居民房屋电子档案信息采集工作，建立日巡违、月总结制度，加大防控力度，以高压态势确保了违章建筑“零增长”，有效控制并拆除违章建筑（含过度棚）184余处，强力消化违章建筑存量5.01万平方米。及时处理数字城管交办件3100余件，开展专项整治行动60余次，规范施工围挡48处。联合区直相关部门开展专项整治行动，打击地沟油窝点25处，捣毁提炼窝点1个，收缴提炼潲水油锅30个，潲水油4.2吨。大力开展百姓城管志愿活动，通过一日一抽查、一周一通报、一月一奖惩兑现，城乡环境卫生整治取得明显成效，勤诚达·新界街区成为全区首个精品片区示范门店。深入开展“两排查一促进”专项活动，组建了村（社区）“红袖章”平安巡防队，搭建网格化社会服务管理平台，着力推进“平安月亮岛”创建活动。成功调处各类纠纷229起，开展月月亮剑行动4次。进一步落实“五包一”（对每起信访案件组成一个由区领导，街道主要负责人，具体负责干部，村干部和公安干警或治安员参加的包案小组，各负其责，一包到底）责任，化解信访积案8起，劝返进京非访8人次，民调排名在全市上升73位。以“安全生

产年”活动为载体,成立突出金属与非金属矿山、危险化学品、燃气管道、烟花爆竹、交通运输、建筑施工、消防、粉尘防爆等重点行业领域打非治违专项行动领导小组,组织集中执法行动12次,检查生产经营单位50余家,排查发现安全隐患15处。从宣教入手,组织“美丽家园、看我行动”文艺会演活动8次,出动宣传车33天,下发门前三包责任书1200余份,着力提高群众文明意识。积极组织广场舞、柔力球、气排球等赛事,开展七一、中秋、老年节等纪念活动,着力弘扬社会正能量,引领生活新时尚。

存在的问题和困难:一是区域产业结构不优、受经济形势制约较大;二是历史遗留问题尚未彻底解决,信访维稳压力依然很大;三是城市化进程加快,社会管理难度越来越大。

月亮岛街道

党工委书记	周辉军	
办事处主任	张妹辉	
人大工委主任	郭荣辉	
党工委副书记	张妹辉	郭荣辉
	谭　舟	谭　华
政协联络处主任	谭　舟	
纪工委书记	刘树松	
党工委委员	刘树松	曾向阳
	余　波	
办事处副主任	徐小勇	李思慧

【全面推进“阳光计生”】 2015年,街道创新计生工作机制,落实“四项坚持”,全力推进“阳光计划”。坚持“阳光”公开。各村设立人口计生公开栏,张贴计划生育行政事务《办理指南》。让群众随时了解计划生育服务手册办理、二胎审批办事程序,奖励扶助政策和法律法规等。坚持阳光维权。开通镇级人口计生热线服务电话,公布县计生举报投诉电话,实行“群众事务干部代理制”,实现办事到村,服务到家。坚持阳光监督。落实“五项监督”(“12356”阳光殷红服务、行风监督员、有奖举报、主动接受新闻舆论监督、系统内层级监督等制度):设立阳光计生意见箱,做好舆论监测工作。同时聘请镇村干部、育龄群众担任监督员,定期向他们发送计生行风建设文件资料,赋予他们反映群众呼声、提出批评建议的权利。坚持阳光评议。认真开展政风行风评议,评议资料齐全(方案、评议表、总结、整改落实情况),群众满意率达90%以上,针对评议工作中发现的问题及时整改。计生站的B超普查、技术服务、社会抚养费征收等方面主动接受服务对象以及各界人士的评议,让群众真正行使知情权、参与权、表达权和监督权。

【创新流动人口均等化服务体系】 2015年,街道计生办按照“服务优质、群众满意”的要求,积极为流动人口建立健康档案,通过多种形式为流动人口免费提供基本健康教育宣传和流动人口计生知识宣传。充分发挥社区卫生服务中心的作用,定期开展计生、卫生健康教育讲座。内容包括卫生和计生基本公共服务政策讲解、公民健康素养、避孕节育、维权援助等多元化活动,引导广大流动人口树立科学、文明、进步的婚育观念,营造和谐的人口文化氛围。街道计生办给予辖区内凡自愿结扎、上环、流引产的流动育龄妇女全免报销。在对辖区内孕龄妇女群体的随访中,每人赠送一套价值218元的儿童套装。对辖区内凡考入三本以上学院的贫困家庭,予以2000元的助学奖励。另外,街道计生办把流动人口作为“同乡人”,积极落实“人性化”“亲情化”工作措施。牢固树立服务为先,依法落实流动人口计划生育服务和奖励优待政策,使流动人口在就业、就医、子女入托入学、法律援助和社会救助等方面享有居民同等待遇。

【建设“社区微型消防站”】 2015年,街道为完善社区安全体系,在杨丰社区和黄都港社区建设了微型消防站。社区微型消防站以救早、灭小和“3分钟到场”扑救初起火灾为目标,组织开展防火巡查和初起火灾扑救等火灾防控工作。消防站实行24小时全天候执勤,配备有灭火器、水枪、防毒面具、防火服等消防设施,并将各项制度上墙告示。作为城市最小灭火单元的微型消防站,将消防部门灭火救援力量延伸到一线,依托消防安全网格化管理平台和体系,大大提高了反应速度,为防火安全奠定了坚实的基础。

【率先全市建立居民房屋电子档案信息库】 为全面了解掌握街道辖区范围内农村建房情况,加强和规范建房用地管理,为下一步拆违控违工作提供可靠依据。2015年,街道率先全市建立居民房屋电子档案信息库。在建库前,由街道城管办牵头、村(社区)城管及国土专干等配合,成立信息采集小组,负责对农村辖区内的所有建筑物进行拍照、对所有房屋居住信息进行采集登记和建档造册汇总。然后,再将建筑面积、办证情况、目的用途、户主联系方式等信息输入电子档案信息库中。仅68天,共采集信息数2672户,其中银星村1546户,戴公庙村610户,中华岭村318户,月亮岛社区198户。

【构建“1+N”以党建带社建的服务新模式】 2015年,街道杨丰社区借鉴武汉百步亭、常青花园和长沙江湾社区先进经验,从加强党的建设和社区发展的需要出发,建立以党支部为核心,集志愿服务、文体、百姓城管等多个团队为一体的服务体系,对所辖范围的9个楼盘,3280户业主、11860人,实现社区服务全覆盖。同时,还按照便民、规范、实用的原则,建设“一站式”服务大厅,不仅能完成党建、民政、计生、综治、文体等公共服务的规定动作,还能提供居住证代办、企业退休养老认证、社保一卡通自助等特色服务。服务新模式的启用,既巩固和扩大了党的执政基础和群众基础,也为提升社区服务能力,拓展基层党建新领域,进行了有益的探索和实践。

桥驿镇

【概况】 桥驿镇镇域总面积103平方公里,辖1个社区,16个行政村,共429个村(居)民小组,年末总人口38857人。2015年,农村经济总收入30.49亿元,同比增长14.2%,其中第一产业7.12亿元,第二产业13.15亿元,第三产业10.22亿元,分别占23.35%、43.13%、33.52%;全年完成财政总收入25718万元,完成财税收入4853万元(其中国税1147万元,地税3706万元),同比增长26.84%;完成规模工业产值30亿元,完成固定资产投资15.5亿元,完成社会消费品零售总额2621万元;农民人均可支配收入20889元,同比增长10%。

项目建设快速推进。2015年,全镇铺排20个项目。鸿家隆安置小区、桥汨线改造工程已全部完成建设,航电大道正在进行路基形成和桥梁建设,芙蓉北大道主路面全线通车,中青路北延线进入工可编制阶段。长沙北城农副产品交易市场项目正在协调土地挂牌、征拆等相关工作,清洁焚烧项目已完成交地。天赐宝已投产达效,中巨机械准备启动附属工程建设,茂通包装已启动厂房主体工程建设。黑麋峰森林公园综合开发、杨白线及杨桥集镇提质改造等项目正顺利推进。事关桥驿未来发展的总体规划修编和土地利用调整工作正在抓紧进行。

现代农业稳步推进。积极开展水稻重金属治理,发放低镉粮种111258公斤,种植水稻3801.27公顷,水利秋冬修工作全面展开,农民实用技术培训800人次。全面落实三年造绿大行动,植树8万余株,造林153.33公顷,建成洞阳村、禾丰村3.8公里生物防火林带。桥头驿集镇创建为市级绿色集镇,永丰村、群力村创建为区级绿色示范村庄。大力推进城乡一体化建设,建成永丰村大路上组、群力村照霞冲组两处绿化美化示范点,建成永丰村巷子口组、群力村莫同茂组两处小憩园,扶持11家种粮合作社发展壮大。

名峰古驿初步成型。建成黑麋峰森林公园标准化游客服务中心、旅游信息咨询点和芙蓉溪游道,提质改造公园路,新增停车位112个。成功举办2015湖南(第六届)旅游休闲博览会、中国森林旅游节和中国国际旅游节、“道卡斯 & 飞锐照明”杯中国速降积分联赛(黑麋峰站)及首届黑麋峰露营节等系列活动。接待游客56万人次,门票收入比上年同期增长30.6%。桥头古驿集镇老街改造已完成棚改二期(二批)306缝、府前路、老街附属工程扫尾、污水管网建设(一期)等项目,棚改三期209缝和桥汨线环道已启动建设,生态停车场、青石河南路、葛根湖水利景观建设已完成设计、预算等前期工作。

美丽乡村建设加快。整合爱卫、城管、拆违三支队伍,构建“大城管”工作格局。加大巡控违工作力度,采取“预防为主、拆控并重”的方法,组织对全镇范围内的违章建筑进行地毯式大检查。对违规建设“发现一处,拆除一处”,开展20次拆违行动,拆除违章建筑83处,共计8792平方米。以“灵山秀水黑麋峰、古乡土韵桥头驿”为主题,重点打造美丽乡村“一带两路三屋场”:民望村王家庄组、禾丰村西塘湾组、群力村盆湖湾至照霞冲组美丽屋场初具雏形,鸿家隆安置小区、经桥驿敬老院、过双江口桥、至仙麋桥的美丽乡村风景带,正在紧锣密鼓进行建设,公园路和古驿沙河路的美化升级已经启动。在全市环境卫生工作检查考核中,成功摘掉“黄牌”。

社会保障更加有力。城乡居民养老保险参保缴费16486人,参保率为97.67%,居全区第二名,城乡居民医疗保险缴费33149人。对全镇610户城乡低保户发放生活保障金254.5万元,对349户五保户发放生活保障金170.2万元。对精神病人药物救助151人次,住院救助39人次。对520名优抚对象放发优抚金157万元,对170名孤儿及困境儿童、高龄老人共发放救助资金14.8万元。对480户受灾户发放救灾款34万元,慈善助学52人次共15.6万元,慈善助医14人次共8万余元。改造农村危房118户,改善了一批特困户、无房户的居住条件。

社会事业全面进步。教育强镇建设步伐加快。全年教育投入388万元,全面完成维新学校活动坪和农恢小学篮球场油砂铺设、民福小学教学楼维修、明德小学教学楼维修、桥驿中学新建食堂等学校提质改造建设项目,在省第三轮教育工作评估中被评为优秀等次。社会文化事业蓬勃发展。新开通“广播电视户户通”750户,组织参加门球赛、象棋比赛、“歌涌湘江”广场舞比赛、“高星物流园杯”乒乓球赛、2015年“欢乐潇湘·品质长沙”群众美术、书法、摄影活动等全区性文体活动,丰富了群众的文体生活。计生工作继续保持先进。桥驿镇被定为长沙市流动人口卫生和计划生育基本公共服务均等化培植单位,望城电视台“最美计生人”栏目专题推介计生工作经验,《中国人口报》“舞台搭到家门口”栏目对杨桥村计生政策宣传队进行了专题报道。龙塘村被评为“2015年度省计划生育协会创先争优活动先进集体”。认真落实安全生产、食品安全等工作。深入开展“九打九治”“安全生产月”等活动,关闭2家麻石开采企业、1处非法加油点,查处9处非法经营烟花爆竹点、1处液化气非法经营场所。开展打击“潲水油”专项行动,成功捣毁黑窝点7处,湖南都市、长沙政法频道等媒体进行专题报道。

社会大局和谐稳定。针对固废场及其周边严重的维稳形势,全面实施“四个一”工作机制,镇村干部联村包户,上门走访,及时化解矛盾问题,积极争取垃圾专用运输道路的亮化工程和污染费的扩面提标工作,及时妥善处理群众反映的无交通安全标识、涵道清淤等问题,赢得了群众的认同和赞誉。在全镇开展“与群众交朋友,把服务当家事”活动,得到省委常委、市委书记易炼红的高度肯定并在全市进行宣传推介。逐步化解了一批突出信访案件,全年无一进京非访登记,完成17个信访特护期的维稳任务。完善社会网格化管理,积极开展“红袖章”工程“月月亮剑”、禁毒宣传教育、铁路护路防伤宣传等活动,严厉打击各种违法犯罪行为。在今年的综治民调工作中,名列全区前列。

存在的困难和问题:镇域经济实力还不够强,城乡居民收入增长速度还不够快,民生投入有待进一步加大,信访维稳、安全生产、环境整治等社会管理中的难点问题依然突出。

桥驿镇

党委书记	吴南军
镇长	刘海林(12月任) 冯文主(12月免)
人大主席	周翔
党委副书记	冯文主(12月免) 刘海林(12月任) 周翔　陈艳
政协联络处主任	周桂林
党委委员	王泽林　刘志国 周炎明　文志勇 陈伟胜
副镇长	刘志国　袁鑫 蔡江
人大副主席	吴锋

【省委常委、市委书记易炼红到桥驿镇走访调研】 3月12日,省委常委、市委书记易炼红深入桥驿镇调研基层党建、政务服务工作。市委常委、组织部部长程水泉参加调研,区领导谭小平、孔玉成、莫金文、周志辉,镇党政领导陪同。在洞阳村,易炼红察看了村级党组织阵地建设情况,与村干部、党小组长交流,详细了解村级经济发展和农民增收致富情况。得知村支两委引导村民发展农村合作社,建起玫瑰、蔬菜、水果等种植基地,不仅让村民的口袋鼓了起来,还在沿线打造起一道独特的农业休闲观光风景线时,易炼红鼓励村干部继续带领村民致富。另外还考察了桥驿镇政务服务中心,了解基层党组织为民便民服务情况。他指出,桥驿镇“与群众交朋友,把服务当家事”的做法,增强了联系群众、服务群众的能力,切实提升了办事服务效率,赢得了群众的认可,值得向全市推介。

【团镇委召开第一届委员会第一次代表大会】 5月19日上午,桥驿镇团委召开第一届委员会第一次代表大会。团区委书记毛柯,机关、各村(社区)、企事业单位团支部负责人及部分优秀团员代表共50多人参加会议。该次会议上,团镇委严格按照选举程序选举产生了新一届团委委员,其中书记、副书记各一名。团区委书记毛柯同志充分肯定了桥驿团镇委过去的成绩,对当选的新一届团委班子表达了祝贺,并从如何正确理解认识共青团工作、如何丰富团委工作方法以及团干如何更好地成长和发展给团代表上了一堂深入浅出的课。桥驿镇党委书记、长沙市黑麋峰森林公园管理处主任吴南军同志站在全局高度,结合自身经历,从如何发挥青年先进性和青年如何在新常态下找准自身工作定位,彰显青年干部的精气神作了重要的阐述,并对新一届团委班子的工作提出了希望和要求。团干部要着力提升自身能力,向社会公众展示广大团员青年的风采,为实现“打造名峰古驿品牌、建设生态旅游名镇”的“桥驿梦”而努力奋斗。

【岳麓区党政代表团考察学习桥驿镇群众工作经验】 5月22日,岳麓区委副书记刘汇,区委常委、区委办主任蔡锋率党政代表团一行到桥驿镇考察群众工作。代表团一行参观了桥驿镇洞阳村、鸿家隆安置小区,详细了解了桥驿镇“与群众交朋友、把服务当家事”的群众工作做法。近年中,桥驿镇坚持“与群众交朋友、把服务当家事”,真心实意为群众办好事、解难事、干实事,化解了因长沙固废场而引发的一系列问题。通过帮助群众树立主人翁意识,增强群众责任感;划分工作职权,激发村干部活力;狠抓基础设施建设,有效地缓解了各类天灾,及时制止了各类恶性事件,推动惠民事业发展。用15天时间完成占地20.67公顷鸿家隆安置小区场内腾地;解决固废场搬迁重建地220人就业问题;完成危房改造22户,对928户城镇低保对象和1963名农村低保对象实施救助;救助抢救性康复贫困残疾儿童4名,托养求助服务智力、精神残疾人8名,救助重症精神病人32人次。在听完桥驿镇的情况介绍后,代表团对群众工作取得的实效表示赞赏,表示将号召岳麓区各乡镇街道学习借鉴桥驿镇的做法和经验。

【成功捣毁4处“潲水油”黑窝点】 6月17日,桥驿镇联合区食安、质监、卫生、环保、公安等部门,开展“潲水油”养殖违法犯罪专项整治行动,成功捣毁4处打着养殖幌子非法从事“潲水油”提炼的黑窝点,当场查扣非法炼制的潲水油3吨多。近半个月,桥驿镇相关部门在详细摸排走访后,相继在民福村、群力村、沙田村发现4户来自外地的生猪养殖户选择隐蔽地段,租赁村民临时搭建的违章建筑,非法收集、运输餐厨垃圾,并提炼、转移“潲水油”,加工现场油污遍地,臭气熏天。在完成取证工作后,就与部门联动对黑窝点进行了彻底捣毁。此次行动共收缴提炼锅具7口、油桶38个、查扣非法运输车辆1台、拆除200多平方米的“潲水油”加工棚。

茶亭镇

【概况】 2015年11月,实施乡镇区划调整,茶亭镇和东城镇成建制合并设立茶亭镇。其中东城镇慎家桥社区五杉片(含跃进、染匠、禾家、姚家、五杉、大官、鱼心7个居民小组)划入铜官镇华城村,茶亭镇郭亮村划入铜官镇,调整后茶亭镇辖望群、九峰山、谭家园、狮子岭、西湖寺、代公桥、洪开桥、泉丰、杨家坪、大龙、苏蓼11个建制村,梅花岭、东城(不含五杉片)2个社区,总面积116.4平方千米,共有484个村民小组,总人口5万人,是全国道德模范周美玲的家乡。全年完成地区生产总值57亿元,其中第一、二、三产业分别是48.5亿元、7.5亿元、1亿元;完成农业总产值7.5亿元;完成规模以上工业产值27.6亿元、完成财政总收入1.61亿元;完成社会消费品零售总额1.16亿元;固定资产投资15.7亿元。

夯实农业基础。2015年原茶亭镇开展水利冬修,山塘水坝清淤扩容54公顷,渠道护砌30千米,新建、改造机台4座,获得2014年度全市水利先进乡镇称号。南干渠望群村段节水改造、北干渠谭家园村段明渠改管道、茶骆支渠王家坡段整治等项目纳入2015年水利秋冬修、农业综合开发项目计划。推广"一季水稻加一季油菜"的种植模式,鼓励发展适度规模经营,原茶亭镇流转面积20公顷以上的农民合作社22家,流转面积6.67公顷以上的种粮大户67户,流转面积2公顷以上的"种粮能手"有63户,土地流转面积达1113.33公顷。原东城镇粮食种植面积3133.33公顷,实现总产量1.9万吨,确保了粮食生产安全。加强财政投入力度,出台扶助政策,安排特色种植业发展专项资金,域内涌现出黄秋葵、贵妃藤、紫红薯等多个效益显著的特色基地,通过技术革新和品牌营销,鼓励、扶持东成生态椒、静慎红薯粉、雪峰山茶油、苏蓼红湘莲等品牌农产品发展壮大。

完善基础设施建设。城湘大道全线拉通,打破区域交通瓶颈;通村、通组、通户道路硬化率达80%,形成了较为完善的内部道路网络。原东城镇示范安置小区建设扎实推进,实施立面和配套工程建设,一期工程初步完成;二期工程完成征拆任务。原茶亭镇全年共铺排重点项目11个,其中京港澳高速西线茶亭段完成路基工程80%;芙蓉北大道茶亭一标段项目完成隐蔽工程;省级为民办实事工程敬老院改扩建工程完成主体建设,并于12月4日完成主体验收。安全饮水工程完成经梅铜线至郭亮集镇主管网铺设近6.8千米,铺设梅铜线两厢梅花岭、中兴、西湖寺、狮子岭4个村支管网近8.5千米。

实施集镇综合整治。探索垃圾分类新模式,依托以垃圾分类为主题的民间生态环保合作社(九峰生态环保合作社),激活村级回收网点,形成垃圾分类回收网络体系。原茶亭镇对沿街400户房屋实施立面改造,迁改梅花岭集镇的强弱电杆线;投资200余万元,新建长230米宽12米茶杨路北延长线连通茶九公路和芙蓉大道,改造北干渠黄泥塘段管道,有效缓解集镇交通拥堵状况。推动长湘公路及茶杨公路部分路段、梅花岭集镇与九峰山新正宫片以及到狮子岭村部的油砂路铺设,完成梅花岭新老集镇道路两厢散水边沟建设。原东城镇完成集镇路面"砂改油"工程,并以十字街口为带动,高标准、高品质对集镇民居进行统一改造;农贸市场建设完成施工设计、场地平整、通水、通电等各项工作。原东城镇落实集中居住试点工作。选定在慎家桥集镇、杨家坪集镇、东闸集镇、大龙沙咀集镇4个人口相对集中的区域作为农民集中居住区,适度引导农民集中居住。优化拆控违体系,加大城管执法力度,开展违章建筑的整顿与清理工作,加快集镇规范管理,实行"门前三包"和日常巡查,集镇整体形象显著提升,2015年原茶亭镇共查处违建140处,限期整改78处,督促自拆25处,停工停建37处,实现违章建筑零增长。

推进民生事业。推行乡村医生探寻述职测评,探索"惜字"国医馆的营运新模式,新建3所标准化村级卫生室;强化食品药品安全监管,农村聚餐新思路,茶亭镇乡村厨师协会和茶亭镇梦圆礼仪餐饮服务有限公司规范运营,业务范围覆盖全镇45%,全年未发生一起食品安全事故。2015年,投资近千万元对简文中学、梅园中学、梅花岭小学、茶亭小学等中小学校进行提质改造;创新教学思路,简文学校由望城一中托管,梅园中学、西华中心小学、工院小学分别与星城实验中学、星城实验小学、丁字集镇完小结对共建。开展"东城温暖行"活动,对因灾致贫、因病致贫和因学致贫的困难群众予以帮扶,推进扶贫济困工作常态化。原东城镇全年新增城镇就业岗位500多个,农村劳动力转移就业500余人。开展平安望城创建工作,原茶亭镇建立"1+1"创新工作机制(即在交警三中队设立一个服务机动车办证购买保险的平台,建立一支以民兵为基础的消防应急队);原东城镇推行农村治安保险试点,推动"移动警务进家庭,当好群众贴心人"为主题的移动警务平台建设,建立健全"综治、信访、安全生产、环境卫生、计生、党建"群防群治群管"六位一体"网格化管理模式。

存在的问题和困难:财税基数不大,造血功能不足,核心竞争力还不够强;茶亭美丽乡村建设和生态旅游,需要上级加大扶持力度;乡镇配套功能有待提升,集镇管理水平有待进一步提高。

茶亭镇

党委书记	郑　波
镇长	李　勇
党委副书记	陈　杰
人大主席	易　皋
政协联络处主任	彭　阳
党委委员、纪委书记	曹　树
党委委员、副镇长	龙曙光
	熊和平
党委委员	曾文武
	李　林
副镇长	余洪波
	姚铁军
	周新颜

苏蓼垸现代农业公园——青山片区

【开展垃圾分类回收系统新会员注册活动】 6月24日,望城区茶亭镇开展垃圾分类回收系统新会员注册活动,现场为居民们提供用户免费注册、垃圾分类知识宣传、会员积分兑奖等服务,吸引更多居民参与到垃圾分类回收的活动中。活动现场,工作人员向已绑定系统的居民免费发放二维码、积分卡与环保垃圾袋等物品,并现场教授居民如何利用系统进行垃圾分类回收。近几年,茶亭镇积极鼓励居民利用垃圾分类回收系统对资源进行回收利用,通过居民注册的个人系统账户和二维码,全程跟踪居民投放到专用回收箱的每袋垃圾。系统通过对回收的垃圾进行分类定等与积分核算,再向居民账户发放积分,居民可凭获取的积分兑换领取生活用品。自垃圾分类回收系统启用以后,镇村环境卫生有了较大的改变,居民们正逐步养成将生活垃圾分类与回收的习惯,进一步引导和树立了卫生环保的生活新理念。

【长沙市2015年“三下乡”活动在东城启动】 1月8日,由市委宣传部主办的全市文化、科技、卫生“三下乡”活动在东城中学启动。近几年,望城区积极开展“三下乡”活动,通过新途径把戏台搭到村头,把科技和法律送到田间地头,把知识、健康和快乐送到百姓农家。启动仪式上,市、区有关部门向东城捐赠慰问资金及物资共计价值约75万元。来自全市文广、科技、卫生等部门抽调精兵强将,组成的文艺演出、文化服务、卫生服务、科技宣传、法制宣传等小分队,开展了文艺演出、法律咨询、科普宣传、艺术展示、困难慰问、义务服务等惠民服务活动。此次“三下乡”活动的开展,向广大村民普及科学知识、传播科学思想、弘扬科学精神,倡导科学文明健康的生活方式,为促进农村经济发展提供了有力支持。

【举办2015年春季水稻种植技术培训班】 2月26—28日,茶亭2015年春季水稻种植技术培训班在茶亭农技站举办。此次培训班由茶亭镇人民政府主办、茶亭镇农科教中心和茶亭种粮合作社联合承办,旨在认真贯彻上级农业农村工作相关会议精神,提高农民的优质稻种植技术和科学种田水平。望城隆平茶亭种粮专业合作社骨干社员、各村(社区)及种植合作社代表共计58人参加培训。培训班邀请福建大学作物栽培专家张玉烛,区农技服务中心唐灿辉、刘志坚以及望城隆平茶亭种粮专业合作社徐胜利对早稻浸种育秧培训、高档优质稻保优栽培技术、优质稻基地绿色防控技术、水稻病虫害防治技术进行了讲授。会后,专家们就油菜栽培和管理做了实地考察和指导。此次水稻种植技术培训,有利于示范带动农民科学种田,促进农业增效、农村发展、农民增收。

乔口镇

【概况】 乔口镇辖10个行政村、1个社区居委会,户籍总户数9573户,总人口35259人,其中非农业人口2482人,区域总面积46.23平方公里,其中水田2178公顷,旱地74公顷,水面933.4公顷。2015年,全镇地区生产产值达19.24亿元,同比增长16.88%,其中第一、第二、第三产业分别为4.70亿元、8.22亿元、6.32亿元,分别占24.40%、42.74%、32.86%;规模工业增加值1.43亿元,同比增长10%;固定资产投资12.1亿元,同比增长41.27%;财政总收入1.37亿元;社会消费品零售总额3.50亿元,同比增长9%;农民人均可支配收入达到20162元,同比增长15.2%。全镇投入建设资金1061.38万元,引导近1000人集中居住和创业就业,获评“全国美丽宜居小镇”“湖南省美丽乡镇示范镇”“长沙市城乡融合发展试点镇”“长沙市现代农业发展优秀单位”。

基础设施建设方面,按照“一

镇一环一核心,两湖两街两遗址"总体布局,争取上级资金和政策支持,加大财政投入,完善基础设施,努力实现城乡统筹融合发展。修复维护以"三帝三贤"为文化内涵的乔江书院、三贤祠、百岁坊等景点设施。完成顺风渠硬化、撇洪河大堤和东、西停车场的提质改造,对雷锋北大道、湘团公路两厢进行绿化美化和亮化提质,推进玉水渠建设,完成乔朱线提质改造的前期调查。以美丽乡村建设和片区整治为契机,对古镇沿街道路两厢、柳林湖南岸等400多缝房屋进行立面提质改造,完成集镇外街和巷道的立体绿化,增补亲水码头、景观小品、休闲设施等10多处,完善集镇所有道路、街巷、景点的标识、标牌,修复柳林湖水体和沿湖生态走廊。完成湘江乔口段砂石场的征拆,对项目区的鱼池进行升级改造,第二污水处理厂建设顺利推进,完成新集镇杆线入地、下水设施及污水处理管网铺设,移动、电信、有线、银行、邮政、环卫、园林绿化等市政配套设施日臻完善。长沙柏乐园、新长久商贸城、金豆豆乔口渔都商业广场等项目发展环境日益优化,实现城市功能和乡村环境地有机融合。

产业发展方面,坚持规划引领,编制《望城区乔口镇总体规划(2010—2020)》《乔口镇产业发展规划》等镇村规划10余部。以"三大产业"为重点,整合资源,做大做强产业支撑。完成国土整理,扩大优质水稻种植面积,以雷锋北大道、湘团公路等为主线,整合开天农业、八百里水产、翠翠农业、湘柳源、澳光农业、凤凰农庄等10余个生态农庄,打造现代渔业生态示范园,推出大闸蟹、翘嘴红鲌、瘦身鱼等特色水产品;引进协鑫生态光伏农业、李家湖健康养殖等特色项目,清退生猪、奶牛等污染严重的落后养殖项目,现代农业结构进一步优化。长沙柏乐园年接待游客逾70万人次,推出"古镇游、呷鱼游、赏荷游"等精品旅游线路,引进旅馆、餐馆、酒吧等各类门店500余家,扶持水乡民宿"乔口人家"系列家庭旅馆33家。湖南华望公司在新三板市场成功挂牌上市、乔口建设集团摘取建筑行业最高奖项——鲁班奖、湖南开天新农业科技有限公司胡再明获评"全国农业十佳领军人物"。

城乡品质提升方面,强力推进美丽乡村建设,实施"三年造绿大行动",先后对红南公路两厢、湘团公路西段等区域进行绿化提质,对水利风景区、大垅围村金盘渠道、柳林江村垃圾分拣总站周边及鲜鱼塘村哑河堤等进行绿化美化,全镇绿地面积1089万平方米,绿地率23.56%,绿化覆盖面积184.94万平方米,绿化覆盖率40%,公园绿地面积20万平方米,人均绿地面积311平方米,打造1个绿色示范村庄、100余户绿色庭院和湘团公路、东福、田心湾等多个精品片区和城乡品质倍升观摩示范点。新建1个垃圾分拣总站、7个垃圾分拣中心、2座垃圾中转站和12座无害化公厕,配备128辆环卫工作用车,拆除生活垃圾池1000余个,安装和发放垃圾桶17000个,垃圾分类减量率达90%。积极争创国家卫生镇,实行"三化五统一"(即网格化、信息化、社会化,统一车辆停放、统一环卫清扫、统一规范经营、统一门店招牌、统一绿化美化)的集镇管理模式,集中开展"雷霆行动""铁拳行动""亮剑行动""百姓城管""平安边界"等专项行动,依法开展拆违控违、砂场整治、治超限载、社会治安、集镇管理等工作。

民生事业发展方面,成立养老服务日间照料中心,解决集镇及周边100多名孤寡老人和留守老人的日间居家养老问题,新建成的敬老院安置老人40名。完成乔口中学、南湖学校等5所学校和2所幼儿园的合格化学校建设,启动乔口中学、田心小学教师公转房建设;完成所有村级卫生室的标准化建设,完善计生服务所、动物防疫站等基层服务站所设施,引进专门的教师、医生和技师队伍。加大对五保户、低保户、危房改造家庭等困难群体的帮扶救助,开展"一进二访"精准扶贫工作,严格落实低保、五保等对象评审,确保程序合法、社会公平。狠抓安全生产和食品安全工作,对建筑工地、烟花鞭炮店、加油站、校车运营等加强日常监管,乡村厨师持证上岗,农村聚餐管理日趋规范;重视群众来信、来访,妥善处理各类矛盾纠纷和利益诉求问题,民生事业的协调发展,社会大局和谐稳定。

存在的困难和问题:经济总量偏小,支撑财税收入的龙头项目不多;城镇配套功能亟待完善,群众可支配收入总体不平衡,贫困人员较多,城乡品质整体水平不高,景区特色明显,渔都品牌不响亮。

(朱　敏　黄　超)

乔口镇

党委书记	王润波(12月任) 郑　波(12月免)
镇长	李志钢
人大主席	余晓阳
政协联络处主任	刘　城(12月任) 周　玲(12月免)
党委副书记	李志钢　余晓阳 刘　城
党委委员	程　维　邓传军
副镇长	邓传军　黄志国 刘　臻

【乔口镇获批"长沙市城乡融合发展试点镇"】 1月,长沙获批国家新型城镇化综合试点后,市委出台《中共长沙市委 长沙市人民政府关于统筹推进城乡融合发展的意见》(长发〔2015〕1号,以下简称《意见》)文件。《意见》确定乔口镇等15个乡镇为试点镇,明确根据落户试点镇的农民意愿,可以保留其原有土地承包经营权,并鼓励依法、自愿、有偿进行土地承包经营权流转。列入试点名单,加快乔口的发展步伐,将更加有序、有力、有效地推进统筹城乡融合发展。

【乔口镇入选首批"全省美丽乡镇"】 6月15日,湖南省推进新型城镇化工作领导小组办公室公布湖南省首批美丽乡镇示范名单,望城区乔口镇成功入选。乔口注重城乡统筹发展,着力探索城市功能与乡村环境有机结合的道路，通过完善镇域、镇村布局规划，引导村民集中居住，促进村庄适度集聚，节约利用土地等资源，镇域内各村和集镇形成“一心多带”的总体空间布局。2015年，镇区人均公共绿地面积达15平方米；已设立垃圾站2座，小型垃圾场20个并每户配备有简易垃圾桶；建成日处理量为4000吨的污水处理站，完成近20公里污水管网铺设，多方位提升了公共服务水平。

【乔口集镇开通公交穿梭巴士】 8月，继2014年6月实现望城至乔口镇的公交通车，乔口集镇正式开通集镇穿梭公交巴士。穿梭W101巴士线路从乔口渔都“鱼形”门楼至古镇东停车场，每5分钟一次往返通行，极大地方便集镇居民的日常出行，缓解集镇的交通压力，特别是旅游旺季的交通压力。

【养老服务日间照料中心开业】 8月18日，经过半年的筹备建设，乔口镇养老服务日间照料中心正式开业。长沙市民政局副局长范凤芝、望城区副区长胡涛、区老干局局长杨松林、区老科协会长李文斌以及本地知名人士、老年人代表等60余人出席开业仪式。养老服务日间照料中心选址乔口社区古正街195号(万寿宫对面)，建筑面积800平方米，由原挂钩厂厂房改造而成，累计投入200多万元，中心设制作间、餐厅、健身室、阅览室、医务室、棋牌室等，配套建设公共绿化场所，日常运转资金通过社会募捐、基金组织赞助、政府补助等形式筹措，按年龄段收费，60~69岁每餐收费5元/人、70~79岁每餐收费4元/人、80岁以上老人每餐收费3元/人、90岁以上老人免费，解决社区及周边100多位留守和孤寡老人的日间居家养老照料问题。

靖港镇

【概况】 2015年11月，实施乡镇区划调整。原靖港镇和原格塘镇合并为靖港镇。调整后，靖港镇辖复胜、农溪、前榜、石亳、新峰、福塘、金星、格塘、三桥、杨家山、合池、高桥、柏叶、凌冲14个行政村，芦江、众兴2个社区，镇域总面积91.88平方千米，18915户，6.74万人。全年完成地区生产总值40.93亿元，其中第一、二、三产业分别是4.89亿元、30.29亿元、5.75亿元；完成财政总收入2.44亿元；完成社会消费品零售总额1.39亿元；农村居民可支配收入为19712元。

现代农业硕果累累。稳固优质稻种植面积，认真做好机械化育插秧技术推广，全镇完成早、晚稻种植面积8260公顷，其中优质稻7132公顷，完成农机推广108台。发放农机购置补贴106.9万元。支持千龙湖、柯柯、都遨、聚生源、庆湘等现代农业企业进一步做优做强，11月18日柯柯农业成功挂牌湖南股权交易所，成为望城第一家上市融资现代农业企业。支持云游茶业、蓝莓种植、鲌鱼养殖等产业的快速发展，打造现代农业新的产业亮点。先后获全市“现代农业发展优秀单位”“农田水利建设优秀单位”。福塘村支部委员、湘港生态农业公司总经理曾俊杰获评“全国优秀农民工”，被聘为湖南省创新创业宣讲团讲师。

项目建设有序推进。全年完成山塘清淤73.3公顷，渠道建设6.7千米，机台更新改造7处。山塘水库治理、秋冬修水利、小农水重点县建设、粮食产能工程、众兴农业综合开发、农村安全饮水工程、污水管网建设等项目均顺利完成。望城六中道路绿化亮化工程、老沩水公路硬化、五土公路提质改造、合池大道提质改造、燃气管道建设、卫生院整体搬迁一期建设等项目全面启动，格塘集镇扩容建设作为全区新型城镇化的示范项目、全区农民集中居住工作的试点项目，已经完成所有前期准备工作，完成33.3公顷建设用地调规，到位8公顷国有土地建设开发指标，农民集中居住点完成设计立项。靖港古镇垃圾中转站竣工验收。靖港敬老院完成主体工程建设，进入装饰装修阶段。完成刘畴西纪念馆设计、报建相关手续和布展前期工作；做好金记铁铺提质改造设计工作。

城乡环境整洁靓丽。加强集镇管理，累计拆除违章建筑43处13756平方米、劝导店外经营和流动摊担205起，拆除拱门气球21处。规范个人建房管理，办理乡村建设规划许可证125份，以奖代补鼓励危房改造户采用仿古立面装修，促推集镇古镇风貌统一化。扎实推进“三年造绿大行动”，推进美丽乡村建设，加快示范片打造。凌冲云游湾、高桥老山、复胜村杨家湾片、前榜村贺家岭片、农溪村李家老屋片等，示范带头作用明显，多次接待省、市考察团观摩学习。靖港镇获评长沙市2013—2015年度城乡环境卫生“优秀乡镇”，高桥村获评“省级卫生村”、农溪村获评2015年度市城乡环境卫生“十佳村”，复胜村获评2015年度“市级卫生村”。

发展环境逐步优化。坚持打防并举，扎实开展“红袖章工程”和“月月亮剑”行动；落实安全生产“一岗双责”制度，与各村(社区)、企事业单位签订安全生产目标管理责任书。加强对烟花爆竹经营门店、危化品生产经营企业，加油站等重大危险源的日常监管，建立监控台账，实行按月检查；落实矛盾纠纷排查调处工作，社会矛盾调解成功率达到98%以上，加强对重点人员监管，在册社区矫正服刑人员无一例脱管、漏管和重新犯罪；及时介入突发事件，妥善解决老信访问题，全年无群体性上访和进京非访，获评“湖南省依法行政示范乡镇”。

民生事业全面改善。抓好城乡居民养老、医疗保险、低保、危房改造、大病救助、救灾救济等工作，率先全区开展社会保障卡发放试点工作，加强残疾人就业培训、服务等工作；积极开展群众性文化体育活动，推进村镇广播站建设，率先全区组织开展村社区篮球赛；计划生育突出优质服务；弘扬雷锋精神，加强雷锋580志愿服务站建设,举行“感动格塘”十大人物评选表彰活动,掀起全镇学雷锋、赶先进的热潮;完成教育服务中心建设,举办庆祝教师节系列活动,掀起尊师重教的浓厚氛围。

存在的问题和困难:古镇保护性开发和民生事业改善投入了大量资金和物力,化债压力依然严峻;古镇还存在基础设施不完善、景点特色不突出等短板,合作事宜尚在重新评估谈判中,推动发展动力不足。

靖港镇

党委书记	陈际明
镇长	刘平
人大主席	罗丽华
政协联络处主任	李意
党委副书记	刘平　罗丽华　李意　佘敏威　胡震(2016年3月免)
党委委员	邓治国　易新宙　杨涛　文曙光　张德智
副镇长	张海斌　罗瑜　刘杰
人大副主席	刘怀远

【长沙市社会保障“一卡通”在靖港镇试点首发】 4月10日,长沙市社会保障卡“一卡通”在靖港镇农溪村村部试点发行。发卡前,市、区、镇、村四级联动,精心组织协调安排,积极宣传发动,以“以人为本,服务群众,便民利民”为宗旨,保证发卡试点工作平稳有序向全镇推进。发卡中,作为发卡主体的区农商行将社保卡一一发放到村民手中。通过社会保障卡建设,构建社会保障信息系统之间共享平台,将实现养老、医疗、失业、工伤、生育等社会保障业务“一卡多用”,同时促进社会保障卡在人力资源和社会保障业务领域的广泛应用,为社会公众提供方便、快捷、高效服务。

【长沙船舶厂建造的湖南首艘沿海客轮下水】 4月22日,“舟山群岛幸福号”豪华客轮在长沙船舶厂顺利下水,这是湖南造船业首次建造的沿海客轮。该客轮于2014年9月动工建造,是浙江舟山市普陀区东极海运有限公司投资数千万元,为适应舟山群岛域间旅游业迅速发展的需要而打造。该客轮总长56.20米,型宽9.1米,型深3.8米,设计吃水2.28米,空船自重约530吨,额定载客量498客位,设计航速29.63千米/小时。雷达、通信等导航设备按沿海抗台风安全系数最先进的高速豪华客轮设计建造。该轮在设计上注重稳定性,船体上部分为铝合金,下部分为钢材,“上轻下重”航行中可以更稳定。同时,船上很多部位都进行“升级”,如加厚船体钢板、加粗系缆桩、加厚加粗船体两边护舷木。另外,除和普通客船一样设有船体两边的通道外,“舟山群岛幸福号”还增加一条中间过道。三个通道的设计避免了乘客在下雨、大风等恶劣天气时被风浪打湿。

【举行“感动格塘十大人物”颁奖典礼】 3月18日,原格塘镇党委、政府在千龙湖龙韵会堂举行“感动格塘十大人物”颁奖典礼。表彰辖区内各行各业做出突出贡献、弘扬社会主义公平正义、彰显传统美德和良好社会风尚的杰出人物。回乡创业带动家乡致富的陈杏华,15年如一日主动在家升国旗的姚志高,格塘诗社创始人丁翕云,在外创业资助家乡建设的邓国祥等十位同志荣获“感动格塘”十大人物称号。通过评选表彰,进一步激发格塘人民热爱祖国、回报家乡、乐于助人、艰苦奋斗、敬老孝亲的高贵品质和社会美德,培育知荣辱、讲道德、促和谐的文明风尚。

【柯柯农业启动“新三板”挂牌】 4月27日,湖南柯柯农业科技新战略发布暨新三板挂牌启动大会在柯柯农艺梦工厂举行。会上,博融董事长付延席发表以《抓住资本市场新机遇,打造创意农业第一股》的主题演讲,博融战略专家胡春泉讲解柯柯新湛略与商业计划书;湖南柯柯生态循环农业科技观光园董事长何桅讲述柯柯农业未来三年经营发展计划和实施方案。柯柯农业公司成立于2009年9月,是一家集农副产品研发、生产、销售、旅游休闲、科技成果转化及推广、循环农业实践实训一体的现代农业生态科技园,是望城区目前唯一启动“新三板”挂牌的农业企业。“新三板”是继沪深交易所之后,国务院批准设立的第三家全国性证券交易场所,是

举行“感动格塘十大人物”颁奖典礼

建立成熟的多层次资本市场的一部分。在“新三板”挂牌的企业大多属于信息技术、先进制造、新材料、节能环保、新型农业等战略新兴产业。柯柯农业通过挂牌在市场上融资后,在全区范围内开展并购的同时,将对相关企业提供技术指导,让更多企业创收,助推望城现代农业发展。

白箬铺镇

【概况】 白箬铺镇辖14个行政村、1个居委会、517个村民小组,10091户,总人口46653人,区域总面积106平方公里。2015年,全镇实现财政总收入9460万元,完成税收2117万元,其中国税完成630万元,地税完成1487万元;规模工业企业总产值25亿元,同比增长15%;固定资产投资11.5亿元,同比增长23%;社会消费品零售总额5900万元,同比增长35%。新增“四上”企业(规模以上工业企业、资质等级建筑业企业、限额以上批零住餐企业、规模以上服务业企业)1家。农业生产总值5.9亿元,同比增长8%。

现代农业发展势头强劲。2015年,白箬铺镇调整融资思路,由财政负责公共配套、项目负责筹资开发建设,撬动社会投资。新引进宏欣蝶谷恋园、定情谷、云开农业、金洲文化创意园等4个投资过3000万元以上现代农业项目,协议用地7.33公顷,土地流转80公顷,项目的落户为2016年固定资产投资和光明大观园的发展注入了新的活力。同时,狠抓一批在建现代农业项目,光明蝶谷二期顺利建成,吸引游客近20万人,实现门票收入600万元;投资近3亿元的中华黑茶文化博览园、宏欣蝶谷恋园、台湾绿野香田和云开农业顺利推进。定情谷、金洲文化创意园等项目已启动建设,2016年可建成对外营业;汉琛体育一期3.33公顷已腾地、二期4.53公顷用地已完成用地报批,力促开工建设。古冲水库露营基地、奇奇农业、轩逸山庄、日红农庄、大塘花果园、快乐车行露营基地、古村农庄、赛健农业、谦一农场等一批农业项目建设进展顺利。项目建设的不断推进,提升了区域竞争力,为光明大观园建设提供强有力的产业支撑。

工业项目稳中有进。新引进天马工业园完成固定资产投资近2亿元,规划建设工业厂房建成近20万平方米,成功签约6家入园中小企业,为319国道新型工业走廊建设注入活力;中煌环保工业园成功落户,鑫湘电子出口创汇发展势头良好。传统企业加大技改投入,加快产业升级,益华气体、精鑫铸造、长一泵业等11家规模工业企业保持良好的增长态势。积极扶持一批“创业富民”工程,鼓励和引导在外经商成功人士回乡投资兴业,有效带动了社会投资。

基础设施不断完善。交通路网全面提质。全镇共硬化村、组级公路46公里;全面完成光明大观园“两纵三横”主路网骨架,友仁大道、金庄大道、绿野大道、汉琛路等近30公里实现砂改油提质改造;319国道全面完成砂改油工程。安全饮水工程实现历史性突破。完成农村安全饮水工程主管网和支管网铺设任务,共铺设管道近40公里。农村水利大步推进。完成幸福水库病险治理、白鹭冲农田水利整理、大胜桥危桥改造、鸭塘桥新建等工程建设任务;对骨干山塘、重要干渠进行有效清淤和疏通。电力增容快速增长。齐天庙等10个村增装变压器29台,装机容量达9000千伏安,有效保证全镇居民和项目用电需求。大力建设洪山、金峰服务中心,龙莲、大塘完成村部改造任务,村级办公服务场地不断优化。

“生态白箬”持续推进。生态环境不断优化。深入开展“三年造绿大行动”,持续推进生态白箬建设,高标准打造友仁大道、汉琛路、虎形大道、金庄大道、三邑寺公路、绿野香田进出道路等11条共计22.5公里生态示范路;高规格建成胜和狗尾塘、光明坝湾等美丽村落示范片;播种时令草花6.65万平方米,栽种树木8.78万株,美化庭院333户,成功打造了光明花海。保持拆违控违高压态势。动员自拆和依法拆除违章建筑65处、16800平方米。强化食品安全工作,开展潲水油专项整治,整治餐厨垃圾喂猪户近60户。乡村环境卫生实现常态化。垃圾分类处理逐步推进,大塘村被评为省级“卫生示范村”、五里小学被评为市级“两型示范学校”。加大集镇综合整治力度。完成了友仁集镇综合整治,以319国道提质改造为契机,对五里集镇和32公里集镇进行提质改造。

社会事业统筹发展。积极完善社会保障体系。扎实推进城乡居民医疗保险和养老保险工作,城乡居民医疗保险缴费38782人,缴费金额433万元,城乡居民养老保险完成缴费人数20203人,缴费金额235万元,缴费率达95.2%,基层人社公共服务平台标准化建设率达90%。扎实推进民生实事工程。完成103户危房改造任务。积极推进白箬小学、公办幼儿园建设;完成9所薄弱学校、中心卫生院及11所村级卫生室提质改造。创新人口和计划生育基层群众自治。9月份,光明村作为国家计生协基层群众自治示范村,得到国家计生协副会长勾清明高度肯定。积极推进文化事业发展,成功举办第二届“梦蝶杯”男子篮球赛和“友善亲仁、爱我白箬”主题演讲比赛,湖南省光明蝴蝶文化艺术节10月份成功在光明蝶谷举办。切实维护社会稳定。以“九打九治”(非煤矿山、油气输送管道、危险化学品、烟花爆竹、道路交通运输、道路交通安全、建筑施工、消防、粉尘涉爆)专项整治和打非治违活动为契机,关停2家砖厂,对镇域内20余家企业和40余家门店进行定期检查,确保安全生产零事故;积极化解各类矛盾,共调处矛盾240余起,调解重大纠纷10起。积极推进“依法治镇、平安白箬”建设,通过联名推荐评选出752户平安家庭,开展平安创建八大活动,有效增进了群众的安全感和满意度。

存在的困难和问题:项目支撑不大、产业发展不强、主导产业不优,配套设施薄弱,片区发展不平衡仍然是制约白箬发展的主要因素。

白箬铺镇

党委书记	冯群芳(12月任) 陈际明(12月免)
镇长	廖忠宇
人大主席	易超
党委副书记	廖忠宇　易超 王姣妍　彭术平
政协联络处主任	王姣妍(12月任) 李红玉(12月免)
党委委员	易小宇　陈浪 易正民　冯珊
副镇长	文杰林　张力夫
人大副主席	文锋

【举行“剪纸之乡”剪纸艺术展】 2月10日,“剪纸之乡”剪纸艺术展在光明村举行。作为民间剪纸发展迅速的“剪纸之乡”——白箬铺镇,在承办这次展览中以“大美望城·魅力剪影”为主题,将“孝悌爱众,友善亲仁”的友仁精神寓于剪纸艺术中,并融合“综合折剪”“着色剪纸”“交织套色剪纸”等多种特色剪纸技艺。该次剪纸展览共展出作品114幅,主要为白箬铺镇剪纸艺术家们的剪纸作品,作品时间跨度长远,最早一幅创作于20世纪60年代。活动当天,白箬铺镇还组织群众文艺团队、中小学校学生开展新春群众文艺会演,表演了诗朗诵《我的祖国》、拉丁舞《狂舞纷飞》、独唱《美丽中国》、快板《赞习主席》等节目。这次展览是建设“五乡”(陶艺之乡、书画之乡、剪纸之乡、诗联之乡、戏曲之乡)望城的有益尝试,是向社会各界展示剪纸艺术的光华,以剪纸作品向社会传递真善美的举措。

【开展“爱我白箬·友善亲仁”主题演讲比赛】 7月31日,白箬铺镇开展以“爱我白箬 友善亲仁”为主题的演讲比赛。来自各村和各企事业单位的18名选手参加了此次比赛。活动旨在传承优秀传统文化,引领群众树立社会主义核心价值观。比赛中,参赛选手们用饱满的热情、鲜活的事例、真实的情感、质朴的语言讲述着身边让自己感动的人和事。这些事例从不同角度诠释友善亲仁的内涵,情理交融,扣人心弦,有较强的感染力。经过激烈的角逐,最后由龙唐村村民侯漾获得了这次比赛的第一名。

【“中国计生协计生基层群众自治示范县项目(南片)研讨会”代表到光明村考察】 9月17日,中计协副会长勾清明、副秘书长王景水和“中国计生协计生基层群众自治示范县项目(南片)研讨会 ”代表等100余人到白箬铺镇光明村考察。考察组一行先察看了光明村计生村务公开栏、计生与协会工作阵地,听取了光明村计生协会会长黄铁辉关于新农村建设、计生与协会工作的简要介绍,观看了光明村关于人口计生基层群众自治工作情况的PPT介绍。考察人员对光明村新农村建设的成就表示认可,对光明村“融入新农村建设,发挥协会作用,扎实有效推进人口计生基层群众自治”的做法给予了充分肯定。近几年,光明村将人口计生基层群众自治融入新农村建设,以党建带计生连协会,充分发挥计生协会骨干会员作用,通过统筹促自治,协会抓自治,活动引自治,逐步形成了“两委负总责、协会唱主角、村民搞自治、计生上水平”的计生群众自治格局。全村人口计生和协会工作实现了“一变、二高、三无、四化”。“一变”是群众的生育观念明显转变;“二高”是计生与协会工作群众参与率和满意率大幅度提高;“三无”是无早婚早育、无计生违法行为、无“两非”案件;“四化”是阵地规范化、工作经常化、服务优质化、管理精细化。光明村先后荣获“全国文明村镇”“全国计划生育协会先进单位”“省社会主义新农村建设示范村”“省人口计生基层群众自治示范村”“市、区人口计生工作模范村”等荣誉称号。

【湖南省光明蝴蝶文化艺术节在光明蝶谷举行】 10月1—7日,以“见证亲情,放飞梦想”为主题的湖南省光明蝴蝶文化艺术节在白箬铺镇光明蝶谷举行。艺术节当天,开展了千人绘蝶、至臻蝶翅画艺术品展览、湖南省蝴蝶工艺品展销会、亲子蝴蝶饲养、万蝶齐舞、蝴蝶仙子游园等系列特色主题活动,吸引了近5万游客前来游玩。活动的举行,既让游客朋友放松了心情,领略了“蝴蝶精灵”的独特魅力,也让光明蝶谷进一步提升了知名度。

【开展村账竞赛活动】 为规范村级财务管理,强化集体财务透明度,2015年10月16日,白箬铺镇进行照镜子、促廉洁、抓落实、上台阶村账竞赛活动,以进一步提高村级报账员业务能力、提升村民满意度。此次活动由镇纪委、镇财政所共同举办,十五个村报账员参加,对各村2015年1—6月份的财务凭证、手工账本进行晒账评比,评分主要对村级专项资金管理、工程项目建设管理、非生产性开支管理、民主理财和原始凭证真实合法性等27个项目进行打分,通过为期一天的评比打分,金峙村、金峰村等6家单位分获一、二、三等奖。

人　　物

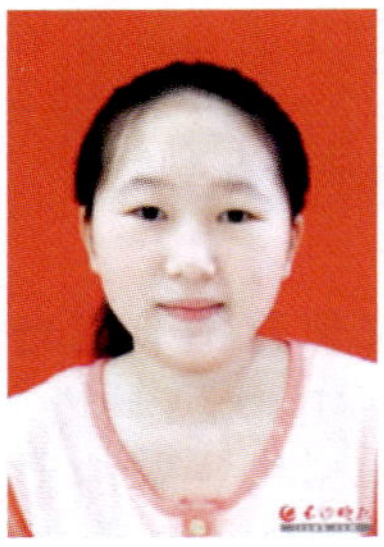

周美玲　10月13日，由中央文明办、全国总工会、共青团中央、全国妇联共同主办的第五届全国道德模范授奖仪式在北京举行，望城区12岁女孩周美玲获得“见义勇为”道德模范称号，是获奖者中唯一的未成年人。刘云山称赞她为“雷锋家乡小雷锋，最美小少年”。2015年，周美玲先后被省教育厅、市教育局授予“当代小雷锋”“雷锋式好少年”称号。

5月22日傍晚，望城区茶亭镇戴公桥村。周美玲吃完晚饭陪妈妈出门散步。在与电厂大道交汇的一条村级公路上，很多村民在路旁聊天、散步。3岁小男孩周运龙突然从人群里冲出来，跑向丁字路口，想越过电厂大道回家。这时一辆后八轮渣土车从电厂大道由西往东疾驰过来。小运龙不知危险，聊天的大人们也没有留意到。这一幕被周美玲发现。她冲向路中间，奋力将小男孩往回扯。两个人摔在一起，周美玲用力将男孩推向路边。小男孩被推到安全地带，躲过了一劫，而渣土车撞上了来不及爬起来的美玲。美玲被车拖了一两米远，左腿血肉模糊，骨头裸露出来。周美玲的左小腿至足背有大面积皮肤缺损，创面比较大，需要从背部、右腿等多个地方取皮瓣，进行移植修复，难度较大，手术进行了多次，经过精心的治疗，终于保住了双腿。

一个人感动一座城。小美玲内心涌动的善良让她成就了惊天壮举，也体现了她作为雷锋家乡小英雄的责任与担当。周美玲的先进事迹迅速在社会上传播，产生了良好的社会反响，中央、省市领导纷纷做出批示号召大家向周美玲学习。

易建坤　男，汉族，1964年3月出生，中共党员，大专学历，工人。系望城区行政综合执法局原党组成员、副局长、行政综合执法大队大队长。2015年4月获评“全国先进工作者”。

他曾是神威凛凛的战斗英雄。在广西某部边防侦察队服役期间，14次参战。退伍回地方后，战斗精神不减。1991年到县城管队工作，24年如一日奋战在城管第一线，先后获得省劳动模范、市文明标兵等荣誉80多次。

他是冲锋在前的硬汉子。昼夜奋战执法一线，经常一站就是12个小时，几乎没有节假日的概念。长年的劳累使他患上了腰椎间盘突出等疾病，病痛发作时，只能靠在路边的车上缓解腰部的剧痛，稍稍缓解又投入工作。

他是指挥若定的领头雁。为项目建设保驾护航，积极营造和谐人居环境，他执法如山，近4年来，参与和组织执法行动400多次，累计拆除违章建筑125余万平方米、违章广告、招牌14.2万块，取缔违规店外经营、流动摊担6.8万户。

他是侠骨柔情的贴心人。注重做执法对象思想工作，积极帮助他们解决具体问题，有效化解群众矛盾，实现了执法对象“零”上访。组织执法队员缴纳特殊党费慰问特困经营户和困难小摊贩，并积极帮他们谋出路。他用爱心实践着共产党员无私奉献的承诺，用言行树立了艰苦奋斗的城管执法形象。

一直以来，他任劳任怨，在部队和城管工作中获得荣誉60余次，其中1983年被军区授予社会主义精神文明建设先进个人，获得县劳动模范、县重点工程建设先进个人、县优秀共产党员、县依法行政工作先进个人、县征拆工作先进个人、县3次三等功等县级荣誉22次，获得市人事局记二等功1次、市“劳动模范”、市十佳城管行政执法干部、市创建无违法建筑活动先进个人、市城市管理综合整治工作先进个人、市文明市民标兵等市级荣誉8次。

刘洪波　男，汉族，1964年12月出生，本科文化，中共党员，湖南望城人，长沙市望城区交通局党委书记、局长。1998年10月，被长沙市政府评为抗洪先进个人；2013年2月，被望城区政府授予重点工程建设特殊贡献奖；2013年，评为长沙市国省干线公路建设先进个人；2015年荣获湖南省先进工作者的称号(省劳模)。

以敢闯敢拼敢干的勇气与干劲，以不怕苦、不言苦、不畏难、迎头挑战的执着与精神，奋战在抗灾抢险、防汛抗旱、征地拆迁工作一线，以自身的行动感染并带领一班人积极作为。在项目攻坚中，坐镇指挥，“白加黑”、“五加二”地干，一边忙全局协调一边周密调度项目，24小时歇人不歇机地赶，在推进项目进度、破解项目瓶颈、优化服务环境上克难攻坚。如在湘江大道景观道建设中，面对限期必须建成通车、时间短、施工难度大、任务重等重重困难，采取超常举措，硬是靠苦心、诚心、耐心、热心抢回工期、赢得进度，而患病住院一个多月的父亲都没时间去看望，自己更是因劳累和饮食不规律引发胆囊炎和胆结石，却舍不得时间来治病，有时候疼得额头布满汗珠，只是匆匆吞下几颗药片就走向了矛盾最前端、施工建设一线。仅2014年他就走危桥、下农村帮助群众解决道路顺接、水系恢复20处生产生活的具体问题，化解矛盾纠纷29起，使各项工程顺利推进。在他的带领下，区交通局班子之间形成了团结、务实、开拓、创新的战斗集体，连续三年获市绩效考核一等奖、连续两年获区绩效考核一等奖和“狮子型团队”的光荣称号。

始终坚持任劳任怨的精神，勤恳努力、认真细致，工作贡献突出。在桥驿镇镇任党委书记期间，废寝忘食、起早贪黑地工作。跑遍了全镇各个角落和每一处建设工地，带领全镇干部群众夜以继日，拼搏奋斗，彻底改变了乡镇面貌，使桥驿镇处处呈现靓丽风姿。在区交通局任局长期间，求真务实，注重创新，勇于改革实践。交通局是一个业务性很强的政府职能部门。面对交通行业面临的新形势、新任务，无论工作多忙多累，每天都抽出时间，埋头苦学，更新知识，拓展视野，很快就成为交通战线的行家里手。在重点工程一线上，他带领一班人发挥“拔钉子”的精神，无论是冬季冰天雪地，还是夏季炎炎烈日，不分昼夜奋战在施工现场；带领交通局一班子创造了具有里程碑意义的业绩。至2015年年底，望城区道路总里程2470公里，其中高速公路85公里，国省干线公路140公里。乡镇（街道）已基本实现与主城区“20分钟通勤圈”；区农村公路优良率85.3%，并连续三年排名全市第一，局属公路站荣誉“全省农村公路管理养护年活动先进集体”称号。

在领导岗位上，没架子，对百姓满腔热情。坚持定期联系和走访制度，深入村、组、户，始终把关心群众的疾苦放在第一位，静心倾听群众的呼声，及时帮助解决群众的疾苦。在学雷锋爱心捐助、一对一扶贫帮困等活动中他都解囊相助，为星城镇、桥驿镇、靖港镇等多个贫困家庭捐款捐物，尽其所能给予帮助。为解决农村人进城难、进城贵，实现城乡统筹发展，面对100多台中巴车经营者停运罢工的维稳难题，苦口婆心一边与司机交心协调，一边把控大局调动运政、公安等保持现场稳定，连续三个通宵达旦亲自调解，18天没有休息，硬是将复杂尖锐的矛盾处理妥当，成功开通区内公交、快巴、延长线路共14条，促进公共交通一体化发展实现大突破。

雷孟宣　男，汉族，1933年生，湖南望城人，雷锋纪念馆荣誉馆长。雷孟宣自1963年调往雷锋母校荷叶坝完小负责举办《雷锋生平事迹展览》，到湖南雷锋纪念馆老馆长，再到退休，坚持不懈宣传雷锋，学习雷锋，成为雷锋精神的传承人。2015年，入选“中国好人榜”。

1963年，全国掀起了学雷锋的热潮。县委抽调雷孟宣去雷锋母校办雷锋事迹展览室，专门负责举办雷锋事迹展览和宣传接待工作。来到雷锋母校，自己动手拍摄绘制图片；用板车到县城把过去搞展览用的废弃材料拉回来，制作展览模具。

1966年冬至1968年，为筹建湖南雷锋纪念馆，雷孟宣四处奔波，几乎跑遍了雷锋生活、工作过的地方、单位和部队。采访雷锋的领导、同事、战友和群众，收集、整理和挖掘了有关雷锋的文字资料200多万字，照片、底片200余张，实物70多件；在北京的军事博物馆，雷孟宣曾经连续几天伏在展板前，一笔一画地抄录了约20万字的雷锋日记手稿，征集雷锋生前用过的工作、生活、学习的实物资料。

雷孟宣历任雷锋纪念馆副馆长、馆长，党支部书记等职务，在馆里，他身兼数职，既是领导，又是资料员，还是一名优秀的讲解员。他时刻用真诚和行动去感染他人。1990年6月26日，一位中文名叫葛佩芝的美国教师在听了雷馆长介绍的雷锋事迹后，在他的笔记本上写下了这样一句话：我很高兴地见到了你，因为你如此热情地将我印象中的一位伟大的英雄变成了有血有肉的活生生的人，而不再是传说的故事，谢谢你。湖北监狱一个因抢劫被判入狱十年的服刑人员通过报纸知道雷孟宣的事迹后，给他写来信件，希望雷馆长能给他提供雷锋的资料，他想雕一尊雷锋塑像。接到信件以后，雷孟宣当即给他写了一封长达6页的回信，还给他寄去一本《雷锋日记》和几张雷锋的照片。在信中希望他读好《雷锋日记》，用雷锋这面镜子对照自己的言行，真正认识自身的错误，勉励他只有先把雷锋的精神、思想塑在心上，才能把雷锋像塑好。后来，这位服刑人员提前5年出狱，并且雕了一尊雷锋像送给了雷馆长。通过与他的交往，雷孟宣深切感受到雷锋精神对这些特殊人群的重要性，他经常到湖南监狱、湖南省少管所、山东监狱等地做报告，还动员纪念馆的工作人员与服刑人员进行联欢，用雷锋精神关爱他们，许多服刑人员流下了感动的眼泪。

退休以后，雷孟宣坚持外出宣讲雷锋精神，北京、深圳、上海、广州、武汉等大中城市都留下了他宣讲雷锋精神的足迹。近年来，由于年岁已高，加上身体方面的原因，亲人们都劝雷老在家好好休息，不要再“到处跑了”，但雷老却没有“停下来”的念头，他说：“不要我讲雷锋，除非哪一天腿不能走了，嘴巴不能讲了。”没有专车接送，他就自己坐公交车，遇到给他让座的好心人，总是把自己画的竹子拿出来送给人家。“同志，你让座位给我，这是在学雷锋，这幅《竹子》送给你，希望你继续努力，把雷锋精神传承下去。”如今,80多岁高龄的他不顾身患高血压,仍然在全国各地宣讲雷锋。几次因激动与劳累,血压升高,与死神擦肩而过。医生劝他静养,他说,学雷锋讲雷锋是我的使命,离开它,我的生命也就没有了价值。

50年来,雷孟宣同志满腔热情学习、研究、宣传雷锋精神,先后编写了《光辉的榜样——雷锋》《雷锋与雷锋纪念馆》《雷锋日记》等资料,撰写有关雷锋的理论文章50余篇发表在全国有关报纸杂志上。常年来,他共外出作学雷锋报告2000多场,听众1000万人次,足迹遍及20余个省。

雷孟宣先后50多次被评为省、市、县先进工作者,优秀共产党员等。1990年出席了在北京召开的全国学雷锋先进代表座谈会,受到江泽民、杨尚昆、李鹏等国家领导人的亲切接见。1997年,中共望城县委、县人民政府授予雷孟宣同志为“传播雷锋精神的模范”光荣称号。2012年,中共望城区委、区人民政府授予他为“雷锋之星”的荣誉称号。

曾俊杰 男,汉族,1978年12月出生,中共党员,大专文化程度,任长沙市望城区靖港镇福塘村治安主任,长沙市望城区湘港生态农业有限公司总经理,望城湘港珍禽养殖专业合作社理事长。2015年,获评全国优秀农民工。

高中毕业后,曾俊杰考取了湖南师范大学,同年他妹妹也考取了空军长沙航空工程学院。但因为父亲重病,家里没有任何经济来源,他把读书的机会留给了妹妹,服役于北京市武警总队。当兵三年,在部队表现相当好,被部队选送到北京经济贸易管理干部学校参加军地两用人才学习,获得军地两用人才资格证书。在参加新中国成立五十周年阅兵方队训练期间荣立集体三等功,并加入中国共产党。

退伍后,曾俊杰奔走在长沙各人才市场,应聘到了湖南芝林药业集团,从简单的防损员做起。在防损员工作岗位上,兢兢业业,除了做好卖场的防损以外,还义务加班帮助做好仓库的防火,防盗,防鼠以及仓库药品的养护等工作。本职工作外,曾俊杰拜了多位师傅,广泛学习药品零售技能和经验。一年半的时间,没有休过一天假,没有领取一分钱的加班工资,而是万分感谢公司给了这个平台,让他在短时间内学会了药品零售超市卖场的管理和仓库的管理。调职为仓库管理员后,曾俊杰熟练掌握仓库管理信息系统,通过一段时间的摸索后,他发现仓库管理信息系统有一个致命的缺点:药品入库时信息录入只扫描了条码而忽略了生产批号环节,不能自动调控为“先进先出”,导致库存积压有大量的近效期或失效期药品,在公司管理层会议上,他提出自己的观点并配合公司信息技术部成功解决了这一问题,实现了几十家门店“零库存”管理被评为“优秀员工”,晋升为采购部部长。打拼只是过程,创业才是目标。曾俊杰以所有的积蓄代理了济南鸿济堂和广西金页制药的18个品种,掘得了人生的第一桶金。

2008年是网络偷菜游戏——“开心农场”最火的时候。长沙市望城湘港生态农业有限公司就在这样的机缘下诞生了。曾俊杰拿出所有的积蓄,流转了20公顷土地,整理成块,预备出租给市民,并提供农机、农具、种子、肥料,代为管理等服务。由于交通不便、产品单一等原因,“开心农场”并没有如期门庭若市。但他并没有放弃,反而走出了一条“私人定制”农场模式的道路。放弃了零散的客户,成立了配送中心,订单生产,按需生产,直销给学校,企事业单位等,第二年公司实现营业额380万元。为了让土地活起来,发挥它的最大价值,他创新开发出一年种三季的“稻+稻+油”,“稻+药+稻”种植模式,并与“金霞米业”合作,在全村推广一村一品“沁香2号”优质稻种植200余公顷,当年就为全村村民增加农业收入240余万元。发展休闲观光农业,农场年接待游客量近万人,参与劳作体验的游客近2000余人次,解决了30余名闲散劳动力和残疾人就业。公司先后被评为“望城区2011年度科普示范基地”“长沙市休闲农业协会会员单位”“2012年靖港镇服务镇域经济社会发展先进单位”“长沙市2013年度科普示范基地”“长沙市2014年扶残助残爱心企业”,并接受了中央电视台、中国教育电视台、和省内多家媒体前来专题采访和报道。

福塘村有86户191人吃农村低保,有102人身患残疾,一定要找到他们摆脱贫穷的项目,带领他们共同致富。

曾俊杰调查发现,在农村饲养珍禽很有前景。自费组织8名村民前往江西、广西等地考察,成立了望城湘港珍禽养殖专业合作社,发展美国七彩山鸡、蓝孔雀等珍禽的驯养繁殖与经营。由于经验不足,防疫不到位,不到一个月,几十万元的种苗几乎全部死亡。面对挫折,合作社的社员们纷纷打起了退堂鼓,而百年难遇的干旱致使公司的粮油作物、中药材等经济作物种植损失惨重,巨大的资金、市场压力下,他请来湖南农大、湖南省畜牧兽医研究所的专家,组成一个强大的专家技术团队,在认真分析总结失败的原因后,组织召开社员大会,大胆承诺:“失败了,由我个人承担风险;成功了,大家一起分享成果。”并将最后一笔积蓄20多万元取出来,分别存到社员个人账户上做保证金,购进第二批种苗,秉承“科学技术为核心、市场需求为导向、良种培育为基础、生态养殖为关键”的经营理念,在专家的指导下,在喂养、管理、繁殖、防疫等每一个环节上严格把关,并实行“五统一”运作模式,由合作社统一供苗、统一防疫、统一培训、统一管理、统一销售。功夫不负有心人,“公司+合作社+基地+农户”模式成功了,当年就为养殖户每户增收近2万元。2014年,合作社将养殖产业逐渐向周边地州市延伸,成功地将这一模式复制到岳阳、怀化、邵阳等地，积极开拓市场、准确预测、把握机遇，打造品牌，走高端发展之路。并且利用“互联网＋”的销售平台把珍禽卖出了省外，卖到了国外，闯出了发展特色养殖业的好路子。凭着优秀的业绩和骄人的口碑，曾俊杰同志先后荣获“望城区十佳农村青年党员”“长沙市优秀农民工”“湖南省科普带头人”，2015年被评为“湖南省创新创业先进典型”并成为全省创新创业先进典型报告团成员。

周立仁 男，汉族，1967年12月出生，1990年3月参加工作，湖南省长沙市望城区林业局党组书记、局长，兼区森林防火指挥部副指挥长。2015年，获全国绿化奖章。

任职卫生局局长兼县爱卫会副主任期间，作为森林防火、城乡绿化成员单位的主要负责人，以操作规范化、服务人性化、环境舒适化的“三化”标准作要求，以绿化建设为抓手，促进了雷锋家乡基层医疗卫生单位住院环境的全面改善。任林业局局长以来，对本职工作更是孜孜以求，尽心尽力，做到了干一行爱一行精一行。多次利用出差机会从外地带回大量有参考价值的园林绿化书籍；经常利用工作之余上网查阅收集资料，熟悉掌握了绿化树种的栽植技术和多种草花的播种要点；将1990年以来各期林业杂志全部看完并作标记。同时注重从实践学，经常和同事们一道探讨制订合理的绿化设计和植物配置方案。经常奔波于各乡镇街道、社区村组讲课或现场传授相关知识，促进了全区造林绿化水平的提高。

主政林业局以来，先后组织开展了森林防火建设、宜林宜绿备用地资源等多项现状调查，在林业发展方面为区委、区政府积极出谋划策，当好了参谋；同时，在绿化用乡土植物选择、林木保留征收、石壁陡坎“难地”绿化等方面进行了有益探索。特别在2011年望城县改区后，他率先提出“全区域公园化战略”，建议区委、区政府把全区当作一个大公园、大花园来绿化、美化、建设和管理，逐步总结提升并大力倡导“植树就是储蓄，造林就是造福，绿化就是文化，增绿就是增寿，生态就是生命”的绿色理念，为望城“建设现代化公园式城区”的目标定位和生动实践做出了理论贡献；就林业部门及其工作推进而言，确立以生态建设和城乡绿化为林业发展主攻方向，坚持落实“广栽树、多种花、不抛荒、不露黄”的工作要求，强力推进“森林进城上路，园林上山下乡”，促进林业工作真正“为经济发展服务，为城乡建设添彩，为子孙后代造福”。这些理念和思路正在通过日益深入的实践变为现实。

不怕苦不怕累，经常利用晚上和周末加班，坚持锄头、剪刀、围尺、防火服装、书籍资料随车带，随时准备用于造绿护绿的现场监督、指导和指挥，确保各项工作圆满完成并取得优异成绩。造林绿化方面，先后策划了“到望城栽棵树·为三湘添片绿”“齐心添新绿·共建大公园”等系列大型绿化活动，组织开展了“老三年（2011—2013）”、“新三年（2014—2016）”造林绿化大行动，掀起了造林绿化的一轮又一轮热潮，形成了社会各界植树造林大合唱，近年累计植树600余万株，涉及道路、沟渠近600公里，面积达4200余公顷，较高标准打造了一批景观节点和路段，为撤县后的“新城区”迅速披上了绿色的盛装，为区内举办全国第四届休闲农业节、世界乡村旅游论坛等重大活动增添了色彩。2011年该区光明村获评全国生态文化示范村，2012年创建黑麋峰国家森林公园，2013年获评全国绿化模范单位，2014年千龙湖国家湿地公园顺利通过验收，直至2015年春省市区领导齐聚雷锋公园义务植树，都付出了辛勤劳动。全区森林覆盖率由几年前的27.9%提升到现在的34.0%，建城区绿化覆盖率达40.72%、人均绿地（含湿地）15.48平方米，正朝着“步步为景，处处皆画”的目标迈进。资源管护方面，牵头组织研究制定了征占用林地苗木采伐采挖管理办法，督促狠抓了乱采滥挖树木、非法占用林（绿）地等违法犯罪行为的打击整治，全面落实了现行政策下的生态补偿措施，加强了竹蝗等森林病虫害防治，开始实施了主要水域退出人工养殖行动，启动了绿色生态资源划定区块保护工作，争取区政府开征了生态补偿费，全区林地、绿地、湿地资源得到较好保护。森林防火方面，力主全面加强了“三基”（基本队伍、基本装备、基层基础）建设，全区各级基本队伍均已组建并训练有素，拥有森林消防水车3台、多级泵37台及其他大小基本装备约3000件，基础工作日益规范。始终坚持防火、扑火并重，立足“打早、打小、打了”，身先士卒上山扑火，为确保全区多年未发生重大森林火灾做出了贡献，望城的森林防火工作也因此得到国家森林防火指挥部的专题推介。

光 荣 榜

表1 获省部级奖励(命名)的单位名单

获奖单位	奖励(命名)名称	授奖(命名)单位
区委政法委	全省社会管理综合治理工作先进单位	中共湖南省委 湖南省人民政府
区委政法委	湖南省平安区	中共湖南省委 湖南省人民政府
区人民检察院	全国检察宣传先进单位	最高人民检察院
区人民法院	全国法院司法警察先进集体	最高人民法院
区国税局	省级“文明单位”	中共湖南省委 湖南省人民政府
区国税局工会	“全国模范职工之家”	中华全国总工会
区行政综合执法局 高塘岭中队女子分队	巾帼文明岗	全国妇联
区司法局	全国法治县(市区)创建活动先进单位	司法部
区安监局	全省安全生产先进区	中共湖南省委 湖南省人民政府
铜官镇	全国特色景观旅游名镇	住房和城乡建设部、国家旅游局
武警消防望城大队	全国学雷锋活动示范点	中共中央宣传部
区气象局	第二届“三农科技服务金桥奖”先进集体	中国技术市场协会
区城投集团	智慧城市建设第三届金标奖“标准成果应用奖”	住房和城乡建设部
区农业银行	运营基础管理“三铁”单位	中国农业银行总行
区农业银行	中国农业银行青年文明号	中国农业银行总行
区农业银行	总行级“三化三达标”先进单位	中国农业银行总行
靖港中心卫生院	最受群众满意的卫生院	国家卫计委
乌山贡茶专业合作社和 斌辉有机蔬菜种植专业 合作社	第一批“农民合作示范社”	全国供销总社

表2　**获省部级奖励(命名)的个人名单**

获奖人	所在单位	奖励(命名)名称	授奖(命名)单位
周美玲	茶亭镇望一简文学习	全国见义勇为模范	中央文明办、全国总工会、共青团中央、全国妇联
雷孟宣	雷锋纪念馆	“中国好人”榜	中央文明办
易建坤	区行政综合执法局	全国先进工作者	中央办公厅、国务院办公厅
曾俊杰	福塘村	全国优秀农民工	国务院农民工工作领导小组
周立仁	区林业局	全国绿化奖章	全国绿化委员会
刘洪波	区交通局	湖南省劳动模范和先进工作者	中共湖南省委 湖南省人民政府

表3　**获市厅级奖励(命名)的单位名单**

获奖单位	奖励(命名)名称	授奖(命名)单位
区人民检察院	省检察机关“检察文化活动”先进单位	湖南省人民检察院
区人民检察院	省检察机关第一届“光影检察”摄影比赛组织奖	湖南省人民检察院
区人民检察院	省检察机关示范食堂	湖南省人民检察院
区人民检察院	省检察机关优秀预防调查案件一件	湖南省人民检察院
区人民检察院	省检察机关优秀犯罪分析案件一件	湖南省人民检察院
区人民检察院	省检察机关民事行政检察优秀案件一件	湖南省人民检察院
区人民检察院	省检察机关优秀文稿暨检察理论成果一篇	湖南省人民检察院
区史志档案局	全省省档案宣传工作先进集体	湖南省档案局
区史志档案局	全省党史优秀科研成果评比影视音像制品类三等奖	中共湖南省委党史研究室
区史志档案局	第五届全国年鉴编纂出版质量评比综合三等奖	中国出版协会年鉴工作委员会
长沙铜官窑遗址管理处	全省十年(2006—2015年)重要考古发现及优秀考古工地	湖南省文物局
长沙铜官窑遗址管理处	市级文明单位	中共长沙市委、长沙市人民政府
区人力资源和社会保障局	全省城乡居民基本养老保险经办管理服务工作优秀单位	湖南省城乡居民社会养老保险管理服务中心
区移民局	全省移民工作县市区移民局先进单位	湖南省水库移民开发管理局
区政务服务中心	全省优秀政府网站	湖南省人民政府办公厅
区政务服务中心	市级文明单位	中共长沙市委、长沙市人民政府
区畜牧水产局	全省养殖业工作目标管理先进县(区)	湖南省畜牧水产局
区烟草局	全省卷烟打假工作先进集体	湖南省烟草专卖局
黄金园街道办事处	全市环境“优胜”街道	长沙市人民政府

续表 3—1

获奖单位	奖励(命名)名称	授奖(命名)单位
黄金创业园	全省“同心园区”称号	湖南省委统战部
黄金园街道英雄岭村	省级卫生村	中共长沙市委、长沙市人民政府
黄金园街道	省级依法行政示范单位	湖南省卫计委
望城区财政局	全省资产管理工作先进单位	湖南省财政厅
区财政局	全省预算绩效管理工作先进单位	湖南省财政厅
区财政局	全省农业综合开发工作先进单位	湖南省财政厅
区交通运输局	全省交通运输行政执法评议考核优秀单位	湖南省交通厅
区国税局雷锋分局	全省国税系统“先进集体”	湖南省国家税务局
武警消防望城大队	市级文明标兵单位	中共长沙市委、长沙市人民政府
格塘镇	省级卫生镇	湖南省爱卫会,湖南省爱卫办
格塘镇	全省依法行政示范单位	湖南省卫生和计划生育委员会
区畜牧水产局	全省养殖业工作目标管理先进县(区)	湖南省畜牧水产局
区住房保障局白蚁防治所	全省白蚁防治先进单位	湖南省房地产业协会白蚁防治专业委员会
区民政局	民政宣传工作先进单位	中国社会报
区民政局	全省福彩销售先进区	湖南省民政厅
区民政局	全省“最佳志愿服务项目”	湖南省文明委
区民政局	全省乡镇区划调整改革工作先进单位	湖南省民政厅
区民政局	市级文明标兵单位	中共长沙市委、长沙市人民政府
区妇联	全省示范“妇女之家”	湖南省妇女联合会
武警中队	基层建设先进中队	武警湖南省总队
武警中队	执勤标兵中队	武警湖南省总队
武警中队	先进基层党组织	武警湖南省总队
靖港镇	全市经济社会发展十快乡镇	中共长沙市委、长沙市人民政府
靖港镇复胜村	全市美丽乡村建设示范村	中共长沙市委、长沙市人民政府
靖港镇	全市城乡环境卫生“优秀乡镇”	中共长沙市委、长沙市人民政府
靖港镇农溪村	全市城乡环境卫生整洁行动“十佳村”	中共长沙市委、长沙市人民政府
区靖港中心卫生院	省级文明卫生单位	湖南省爱国卫生委员会
丁字湾街道	全市环境卫生十佳乡镇	长沙市人民政府
丁字湾街道	“欢乐潇湘”全民健身广场舞大赛银奖	长沙市人民政府
丁字湾街道	全市社会综合治理“红旗单位”	长沙市人民政府
丁字湾街道财政所	全省标准化财政所	湖南省财政厅
铜官镇	全市统筹城乡发展发展优秀单位	中共长沙市委、长沙市人民政府

续表 3—2

获奖单位	奖励(命名)名称	授奖(命名)单位
金山桥街道	全市环境卫生优胜街道	长沙市人民政府
桥驿镇	全市统筹城乡融合发展优秀单位	中共长沙市委、长沙市人民政府
区教育局	“少年向上,真善美伴我行”主题教育活动先进集体	教育部关工委
区教育局	全省教育阳光服务优秀单位	湖南省教育厅
区教育局	全省平安校园建设先进县市区	湖南省教育厅
望城区	全省科技特派员工作先进单位	湖南省人才工作领导小组办
区科协	全省科技特派员工作先进单位	湖南省科协
区计生局	全省计生协会模范单位	湖南省计生协会
区计生局	全省人口和计生模范单位	省委办、省政府办
区计生局	全省妇幼健康优质服务示范区	湖南省卫计委
区价格认证中心	全省价格监测质量考核优秀单位	湖南省物价局
区食药监局	全省依法办事示范窗口单位	湖南省法制办
区血防站	优秀单位	湖南省血防办
区审计局	表彰审计项目	湖南省审计厅
区国土局	开发区土地节约集约利用特等奖	湖南省国土资源厅
区国土局	省档案工作规范化管理省一级单位	湖南省档案局
中国工商银行股份有限公司望城支行	县域一类支行经营先进奖	中国工商银行湖南省分行
中国工商银行股份有限公司望城支行	金融先进单位	中国工商银行湖南省分行营业部
中国工商银行股份有限公司望城支行	廉政建设和案件防范组织推动先进单位	中国工商银行湖南省分行营业部
区农业银行	网点个人贵宾客户产品交叉销售率增量领先奖	中国农业银行湖南省分行
区农业银行	潜力客户信息治理	中国农业银行湖南省分行
区农业银行	运营基础管理先进单位	中国农业银行湖南省分行
区农业银行	运营基础管理“良好”单位	中国农业银行湖南省分行
区农业银行	一级支行经营管理先进单位	中国农业银行湖南省分行
乌山司法所	全省第五批规范化司法所	湖南省司法厅
望城调查队	2015 年度湖南市县国家调查队综合考核良好等次	湖南调查总队
望城调查队	财会工作一等奖	湖南调查总队
望城调查队	办公室工作、统计法制工作、畜牧业统计调查工作、专项统计调查工作二等奖	湖南调查总队
望城调查队	统计综合服务工作、农业统计调查工作、居民收支调查工作、住户专项调查工作、纪检监察工作三等奖	湖南调查总队

表4 **获市厅级奖励(命名)的个人名单**

获奖人	所在单位	奖励(命名)名称	授奖(命名)单位
谭正强	望城调查队	考核优秀等次并予以嘉奖	湖南调查总队
雷孟宣	雷锋纪念馆	全省最美志愿者	共青团湖南省委
陈　芳	长沙铜官窑遗址管理处	全省科普传播十佳使者	湖南省科技厅
陈　芳	长沙铜官窑遗址管理处	全省科普讲解大赛总决赛中荣获三等奖	湖南省科技厅
杨　硕	区政务服务中心	市级优秀志愿者	长沙市精神文明建设指导委员会
毛　柯	团区委	全省最美基层团干	共青团湖南省委
蔡松林	区国税局	全省“税务稽查类岗位能手”	湖南省国家税务局
樊　敏 周跃进	区国税局	全省国税系统“先进工作者”	湖南省国家税务局
李　翔	区人民检察院	省检察机关文艺创作征集评比一等奖	湖南省人民检察院
刘晓燕	区人民检察院	省人民检察院个人二等功	湖南省人民检察院
欧浩洋	区人民检察院	省检察机关第一届刑事执行检察业务竞赛“业务能手”	湖南省人民检察院
黄海辉	区司法局	全省信息化管理考核先进个人	湖南省司法厅

统 计 资 料

望城区国民经济和社会发展统计资料
（2014—2015 年）

表 5

项　　目	单　位	2014 年	2015 年	2015 年比 2014 年增减	
				绝对数	%
一、人口情况					
总户数	万户	16.36	16.47	0.11	0.7
年末总人口	万人	52.6	53.33	0.73	1.4
年内出生人口	人	8906	8239	-667	-7.5
出生率	‰	16.93	15.45	-1.48	—
年内死亡人口	人	3869	3474	-395	-10.2
死亡率	‰	7.36	6.51	-0.85	—
年内自然增长人口	人	5037	4765	-272	-5.4
自然增长率	‰	9.58	8.93	-0.65	—
二、生产总值及构成					
生产总值(可比价)	万元	4041075	4527888	486813	12.0
第一产业	万元	257500	268828	11328	4.4
第二产业	万元	2988330	3355067	366737	12.3
其中:工业	万元	2392342	2697485	305143	12.8
第三产业	万元	795275	903993	108718	13.7
生产总值(现价)	万元	4697660	5204201	506541	10.8
第一产业	万元	355336	394026	38690	10.9
第二产业	万元	3421185	3759199	338014	9.9
其中:工业	万元	2739708	3004861	265153	9.7
第三产业	万元	921139	1050976	129837	14.1
生产总值构成(现价)	%	100	100.0	—	—
第一产业	%	7.6	7.6	—	—
第二产业	%	72.8	72.2	—	—
其中:工业	%	58.3	57.7	—	—
第三产业	%	19.6	20.2	—	—
三、农业生产情况					
农林牧渔总产值(可比价)	万元	604200	661062	56862	5.8
农业产值	万元	358178	410657	52479	7.8
林业产值	万元	6986	7222	236.2	2.4
牧业产值	万元	194176	192734	-1441.8	1.7
渔业产值	万元	37043	42209	5166.5	6.6

续表5—1

项　目	单　位	2014年	2015年	2015年比2014年增减	
				绝对数	%
农林牧渔服务业产值	万元	7817	8241	423.8	6.5
农林牧渔总产值(现价)	万元	624773	704112	79339.4	—
农业产值	万元	380889	431313	50424.5	—
林业产值	万元	7051	8592	1540.6	—
牧业产值	万元	189501	212948	23447.3	—
渔业产值	万元	39593	42854	3261	—
农林牧渔服务业产值	万元	7739	8405	666	—
年末耕地面积	公顷	30307	30307	0	0.0
其中:水田	公顷	26933	26933	0	0.0
旱土	公顷	3373	3373	0	0.0
粮食作物播种面积	公顷	55086	55287	201	0.36
每公顷	公斤	6722	6760	38	0.54
总产	吨	370303	373732	3429	0.93
其中:稻谷播种面积	公顷	50460	51020	560	1.11
每公顷	公斤	6959	6995	36	0.52
总产	吨	351151	356946	5795	1.66
全年牲猪发展数	万头	170.98	176.06	5.08	3.0
全年出栏牲猪总数	万头	114	114.64	0.64	0.56
出栏肉猪	万头	114	114.64	0.64	0.56
出栏外贸仔猪	万头	0	0		
年末牲猪存栏	万头	56.98	61.42	4.44	7.8
其中:母猪	万头	6.53	6.68	0.15	2.3
年末家禽存笼	万羽	357.11	359.96	2.85	0.8
年末牛存栏	万头	0.75	0.79	0.04	5.33
其中:能劳役的	万头	0.23	0.22	-0.01	-4.35
奶牛存栏	万头	0.09	0.09	0	0.0
年内蛋品产量	吨	15074	15271	197	1.3
年内水产品产量	吨	24766	26045	1279	5.16
其中:鲜鱼	吨	22432	23663	1231	5.5
四、居民收入					
农民人均可支配收入	元	23632	25623	1991	8.4
镇居民人均可支配收入	元	34175	37088	2913	8.5
五、区域工业单位个数及工业总产值					
企业个数	个	3900	4229	329	8.4
其中:规模以上企业	个	254	312	58	22.8
六、全社会固定资产投资完成情况					
固定资产投资	万元	5718811	6810433	1091622	17.2
房地产投资	万元	1256076	1208681	-47395	-3.8
七、社会消费品零售					
社会消费品零售额	万元	793651	1002074	208423	21.2

续表 5—1

项　　目	单　位	2014 年	2015 年	2015 年比 2014 年增减	
				绝对数	%
八、财政金融					
一般预算总收入	万元	562789	639168	76379	13.5
财政支出合计	万元	551404	650614	99210	17.9
金融部门年末存款余额	万元	2940904	3627705	686801	23.4
其中:城乡居民储蓄余额	万元	1735924	1994585	258661	14.9
金融部门年末贷款余额	万元	1857514	2413956	556442	30.0
九、科教卫生事业情况					
普通中学学校数	所	24	25	1	4.2
普通中学在校学生数	人	20909	20437	-472	-2.3
小学学校数	所	78	73	-5	-6.4
小学在校学生数	人	28762	31712	2950	10.3
职业中学学校数	所	1	1	0	0.0
学龄儿童入学率	%	100	100	0	0.0
初中升学率	%	99.2	99.3	0.1	0.1
高中升学率	%	88.5	89.5	1	1.1
全年专利申请数	件	806	641	-165	-20.5
卫生技术人员数	人	2103	2377	274	13.0
产妇住院分娩比例	%	100	100	0	0.0

注:人口情况不包含由高新区托管的雷锋镇和廖家坪街道

附　　录

文 件 选 登

中共长沙市望城区委
长沙市望城区人民政府
关于授予周美玲同学“当代小雷锋”称号的决定

望发〔2015〕14 号

周美玲,女,望城区茶亭镇戴公桥村人,2003 年 2 月出生,少先队员,现为茶亭镇西华中心小学六年级学生。

2015 年 5 月 22 日傍晚,周美玲不顾自身安危,勇救独自横穿马路险被重型货车撞到的 3 岁幼儿,而她自己却躲闪不及,被重型货车撞倒,造成左小腿肌肉、肌腱等多处严重受伤,身体多处擦伤,左腿险被截肢。

周美玲同学从小诚实敬老,平时乐于助人,在校成绩优秀、表现突出,特别是在关键时刻为他人生命安全奋不顾身,舍己救人的英勇行为,体现了雷锋家乡人的优秀品质。她的事迹在社会各界引起了强烈反响,被中央、省市多家媒体广泛报道。为了弘扬社会正气,传播雷锋精神,倡导激昂向上的社会风气,区委、区政府决定,授予周美玲同学“当代小雷锋”称号。

区委、区政府号召,全区广大干部群众向周美玲同学学习。学习她临危不惧、见义勇为的英雄气概,用自己的实际行动体现出尊重生命、关爱他人的优秀品质;学习她乐于助人、勇于奉献的高尚品德,总是热心帮助遇到困难的同学,无私助人。学习她坚强自立、积极向上的精神风貌,始终保持乐观向上的生活态度,展现中华民族的传统美德。全区广大干部群众要学习周美玲同学,自觉培育和践行社会主义核心价值观,发扬“雷锋家乡学雷锋”光荣传统,把雷锋精神融入到工作、学习、生活之中,把个人远大理想和人生追求落实到实际行动上来,全面推进区域经济社会各项事业又好又快发展。

中共长沙市望城区委
长沙市望城区人民政府
2015 年 6 月 9 日

中共长沙市望城区委　长沙市望城区人民政府
关于印发《长沙市望城区人民政府职能转变和
机构改革方案的实施意见》的通知

望发〔2015〕15 号

各乡镇党委、人民政府,各街道工委、办事处,区直机关各单位:

《长沙市望城区人民政府职能转变和机构改革方案的实施意见》已经区委、区政府审定同意,现印发给你们,请认真组织实施。

中共长沙市望城区委
长沙市望城区人民政府
2015 年 10 月 21 日

长沙市望城区人民政府职能转变和机构改革方案的实施意见

为深入贯彻落实党的十八大和十八届二中、三中、四中全会精神，根据《中共中央国务院关于地方政府职能转变和机构改革的意见》（中发〔2013〕9号）、《中共湖南省委湖南省人民政府关于市县政府职能转变和机构改革的意见》（湘发〔2014〕14号）、《中共长沙市委办公厅长沙市人民政府办公厅关于印发〈长沙市望城区人民政府职能转变和机构改革方案〉的通知》（长办〔2015〕18号）和《长沙市机构编制委员会关于望城区城市管理体制调整有关机构编制事项的通知》（长编委发〔2015〕30号）精神，结合长沙市望城区实际，提出以下实施意见。

一、指导思想和基本原则

（一）指导思想

高举中国特色社会主义伟大旗帜，以邓小平理论、"三个代表"重要思想、科学发展观为指导，适应社会主义市场经济发展需要，围绕全面深化改革和建立中国特色社会主义行政体制目标，与国务院、省政府、市政府职能转变和机构改革相衔接，从望城区实际出发，以职能转变为核心，大力简政放权，优化机构设置，理顺职责关系，切实加强监管，严控人员编制，提高行政效能，努力建设人民满意的法治政府和服务型政府。

（二）基本原则

1. 切实转变政府职能。按照全面深化改革的要求和精简、统一、效能的原则，积极推进政府转变职能，深化行政审批制度改革，减少行政审批事项，理顺职责关系，突出政府履职重点，更加注重公共服务。

2. 因地制宜推进改革。在搞好上下衔接对应的同时，积极探索符合本地特点的改革路子，紧密结合全面深化改革和事业单位分类改革，探索创新，加大机构和职责整合力度，因地制宜、统筹协调推进政府机构改革。

3. 依法依规加强管理。按照行政体制改革的总体要求，依法依规解决机构设置不规范、行政职能体外循环、权责不一致和政企、政事、政资不分等现实问题和历史遗留问题，实现机构编制管理科学化、规范化、法制化。

4. 积极稳妥有序实施。正确处理改革、发展、稳定的关系，客观分析和把握改革力度与各方面可承受程度，寻找改革的最大公约数，坚持统筹规划与分步推进相结合，着重解决当前突出问题，条件成熟的事项积极推进，尚未具备条件的逐步研究解决。

5. 严格控制机构编制。坚持机构限额和编制总额不突破。建立健全机构编制管理与财政预算管理、组织人事管理的协调配合机制。通过创新管理，严控总量，盘活存量，优化结构，实现机构编制增减平衡，提高机构编制资源效用。

二、加快政府职能转变

把政府职能转变放在更加突出的位置，处理好政府与市场、政府与社会、政府层级间的关系，把该放的权力放开放到位，把该管的事情管住管好，强化对行政权力的制约监督，推动政府职能向创造良好发展环境、提供优质公共服务、维护社会公平正义转变，进一步激发市场和社会的创造活力，切实提高政府管理科学化水平。

（一）推进简政放权，激发市场、社会和基层活力

1. 最大限度精简行政审批事项。把深化行政审批制度改革作为职能转变的重要抓手和突破口，最大限度精简行政审批事项。做好上级政府下放行政审批事项的承接工作，转给市场和社会的，任何部门不得截留或变相审批。明确由区一级审批的事项要接好管好，有必要由上级政府进一步取消和下放的，由区政府汇总报上级政府提出调整建议。

进一步清理现有投资审批、生产经营活动审批、资质资格许可和认定、评比达标表彰、考核评估、年检年审等事项。全面清理不符合法律法规、利用"红头文件"设定的非行政许可审批项目。除依照行政许可法要求具备特殊信誉、条件或技能的职业行业外，其他资质资格许可一律予以取消。除法律、行政法规或市政府有明确规定的外，政府部门或政府部门委托专业机构对企业、社会组织发展情况的评比达标、检查评估活动一律予以取消，依附于政府机关的各类评估咨询等机构一律脱钩。

2. 加强对行政审批事项的管理。贯彻执行《长沙市行政审批事项目录管理暂行办法》，结合望城区实际，对已公布的行政审批事项目录实行动态管理，没有纳入目录的一律不得实施，每年根据调整变动情况予以更新。全面清理并取消非行政许可审批事项，确需保留的要通过法定程序调整为行政许可。推进行政审批标准化，推行重大项目审批代理制和并联审批制，对保留的行政审批事项，要优化审批流程，推行"阳光"审批。最大限度减少预审和前置审批环节，创新审批方式，明确办理时限，公开办理流程，接受社会监督。今后，一般不再新设行政审批事项，确需设立的，必须严格遵守行政许可法的规定，加强论证和审查，严格审批程序，切实防止行政审批事项边减边增、明减暗增。

3. 进一步加强和规范财税管理。建立透明预算制度，进一步推进预算信息公开工作。完善政府预算体系，将政府收支全部纳入预算管理。完善财政预算和国库管理等相关支出管理，强化预算约束，严格预算执行，预算一经审定，原则上不得调整和追加；健全预算管理、绩效管理及绩效评价结果应用机制。严格执行"收支两条线"，对非税收入项目尤其是涉企收费事项进行清理、规范、公示，实行目录管理。

4. 推进商事登记制度改革。放宽登记和审批条件，降低市场准入门槛，将注册资本实缴登记制改为认缴登记制；由"先证后照"改为"先照后证"，商事主体向工商部门申请登记取得营业执照后，即可从事一般性生产经营活动。加强和改进政府部门服务，厘清部门审批监管职责，提升整体监管效能，建立高效有序的市场监

管体系。全面推行注册资本登记制度改革,继续完善和实施商事登记改革试点。

5. 加快培育发展社会组织。重点培育、优先发展行业协会商会类、科技类、公益慈善类、城乡社会服务类社会组织,民政部门依法加强登记审查和监督管理,指导社会组织完善治理结构,强化行业自律,规范行业管理,充分发挥其提供服务、反映诉求、规范行为的作用。2017年基本形成布局合理、结构优化、功能完善、运行有序的社会组织体系。

(二)改革政府管理,强化事中事后监管

1. 改善和加强宏观管理以及市场监管。区政府各部门要转变管理理念,改进工作方式,加强事中事后监管,有效履行职责,避免管理缺位,防止"一放就乱"。区政府要着重加强公共服务、社会管理、市场监管、环境保护等方面的职责。加大对市场主体和市场行为的监管力度,着力规范市场秩序。市场监管原则上实行属地管理,执法重心逐步下移,建立权责统一、权威高效的行政执法体制。

2. 改善和加强基本公共服务保障。加强政务服务体系建设,打造更为综合、更为完善、更加高效的政务服务平台,方便公民和企业办事。强化基本公共服务保障工作,改进和创新公共服务提供方式,鼓励和公平对待社会力量提供医疗卫生、教育、文化、群众健身、社区服务等公共服务。积极稳妥地推进政府向社会购买服务工作,凡属事务性管理服务,原则上都要引入竞争机制,通过合同、委托等方式向社会购买。建立健全政府购买服务的标准、招投标和监督评估等制度,在与民生密切相关的领域先行试点并稳定推进,加快形成提供公共服务的新机制。

(三)加强依法行政,规范行政权力运行

1. 加快法治政府建设。全面实施《法治湖南建设纲要》,加快推进依法治区建设。完善依法行政各项制度,推进政府事权规范化、法律化,坚持用制度管权管事管人,提高政府公信力和执行力。推行政府权力清单、责任清单制度,梳理行政职权,明确政府责任,及时公布政府权力清单和责任清单。严格依照法定权限和程序履行职责,规范行政权力运行,坚决消除权力设租寻租空间。

2. 加大政务公开力度。严格执行政府信息公开条例,推行决策公开、执行公开、管理公开、服务公开、结果公开,主动接受群众监督,逐步实现政务公开规范化、标准化、法制化。区政府及其工作部门依据权力清单和责任清单,向社会全面公开政府职责权限、法律依据、实施主体、管理流程、监督方式等事项。除涉及国家秘密和依法受到保护的商业秘密、个人隐私外,行政机关要及时公开行使行政职权的依据、过程和结果,切实抓好重大突发事件和群众关注热点问题的公开。

3. 完善决策监督制度。认真落实《湖南省行政程序规定》,完善科学民主依法决策机制,建立行政机关内部重大决策合法性审查机制,对涉及经济社会发展全局的重大决策和涉及公众切身利益的重大事项,将公众参与、专家论证、风险评估、合法性审查和集体讨论确立为法定程序,并建立决策评估和纠错制度。建立健全各项监督制度,拓宽群众监督渠道,将权力置于人民群众的监督之下。强化督导督查,完善行政问责制度,改进和规范绩效管理,建立重大决策终身责任追究制度和责任倒查机制,严格责任追究,突出责任落实,做到有令必行、有禁必止。

三、深化政府机构改革

按照精简、统一、效能的原则和稳步推进大部门制改革的要求,结合望城区实际,规范机构设置,加大机构和职责整合力度,理顺职责关系,加快形成精干高效的区政府组织体系。

(一)优化组织结构,合理设置政府工作部门

1. 组建区农业和林业局。将区委农村工作部(区政府农村工作办公室)的职能、区农业局的职能、区林业局的职能、区商务局牲畜屠宰监管职责、区畜牧兽医水产局的行政职能、区动物卫生监督所的行政职能整合,重新组建区农业和林业局,为区政府的工作部门,挂区委农村工作办公室牌子。保留区畜牧兽医水产局、区动物卫生监督所,不再保留区委农村工作部(区政府农村工作办公室)、区农业局、区林业局。

2. 组建区卫生和计划生育局。将区卫生局除餐饮服务许可和餐饮业、食堂等消费环节食品安全监管以外的职能、区人口和计划生育局计划生育管理和服务的职责整合,组建区卫生和计划生育局,为区政府工作部门。将区人口和计划生育局研究拟定人口发展战略、规划及人口政策的职责划入区发展和改革局。不再保留区卫生局、区人口和计划生育局。

3. 组建区市场和质量监督管理局。将区食品药品监督管理局(区食品安全管理办公室)的职能,区卫生局餐饮服务许可和餐饮业、食堂等消费环节食品安全监管的职责,区商务局酒类流通食品安全监管的职责,区工商行政管理局的职能、区质量技术监督局的职能整合,组建区市场和质量监督管理局,为区政府工作部门,挂区食品药品监督管理局、区食品安全委员会办公室牌子。不再保留区食品药品监督管理局(区食品安全管理办公室)、区工商行政管理局、区质量技术监督局。

4. 组建区城市管理局。在区政府直属事业单位原区市政管理局行使的市容环卫、市政、园林绿化、广告、道路照明及城市景观亮化、渣土、垃圾、给排水等城市管理方面职能的基础上,整合全区的城市管理职能,组建区城市管理局,为区政府工作部门。不再保留原区市政管理局。

5. 区城乡规划局由区政府工作部门调整为长沙市城乡规划局望城区规划分局。不再保留区城乡规划局。

6. 区工业和信息化局更名为区经济和信息化局。

7. 区人民防空办公室调整为区政府工作部门。区人民防空办公室既是区国防动员委员会的常设办事机构,也是区政府人民防空工作主管部门,列入区政府工

作部门序列，不计入区政府机构个数。

区政府机构改革后，设置工作部门24个。

（二）加强协调配套，统筹推进相关改革

1. 推进事业单位分类改革。政府机构改革要与事业单位分类改革相协调，对承担行政职能事业单位，逐步将其行政职能划归相关行政机构或转为行政机构，涉及机构编制调整的，不得突破政府机构限额和行政编制总额。具体做法是：按照“分门别类、区别对待，先进笼子、下步明确，成熟一个、处理一个，平稳过渡、逐步规范”的思路，适时进行调整规范。除部门纳入行政机构序列以外，有的机构和职责整合归并，调整原有建制；有的整合进入所属行政部门的内设机构；有的将所承担的行政职能剥离划入相关行政机构，保留事业单位，仍承担相关事务工作，重新明确职责划定类别，相应核减事业编制。

（1）将区住房保障局的行政职能划入区住房和城乡建设局，保留区住房保障局。

（2）将区公路管理局的行政职能、区交通运输管理所的行政职能划入区交通运输局。保留区公路管理局、区交通运输管理所。

2. 理顺公共资源交易管理体制。按照国办发〔2015〕63号文件要求，待省里出台具体实施方案后，区公共资源交易中心再按新精神和要求进行调整。

3. 推进行政执法体制改革。有机整合同一部门、同一领域内的执法机构和队伍，减少执法队伍种类，积极推进综合执法，有条件的领域可以推进跨部门综合执法。加强文化市场监管和综合执法，理顺体制机制，建立高效统一的文化市场监管体系。

（三）规范机构设置，理顺职责关系

1. 规范机构设置。区政府不再设置部门管理机构，政府工作部门内设机构要综合设置。区政府工作部门的机构规格为正科级。全面清理规范限额外自定行政机构，从严规范和管理合署办公机构、政府派出机构、开发区（含各类经济功能园区）管理机构、挂牌机构、议事协调机构和临时机构。不得超限额自定行政机构，挂牌机构不得设为实体机构，议事协调机构不单设办事机构，具体工作由相关职能部门承担。不得新设立承担行政职能的事业单位，也不得将行政机构改为事业单位。部门所属事业单位机构规格一般应低于主管部门的机构规格。

（1）区政府法制办公室在区人民政府办公室挂牌。

（2）区机关事务管理局由区人民政府办公室所属事业单位调整为区政府直属事业单位，保留正科级。

（3）将区市政维护处更名为区市政局，区园林管理所更名为区园林局，区市容环境卫生管理所更名为区环卫局，均为归口区城市管理局管理、独立运作的正科级事业单位。

2. 清理解决部门间职责交叉和分散事项。按照同一件事情由一个部门负责的原则，最大限度解决部门职责交叉和分散问题，建立健全部门间的协调配合磋商机制。根据省、市统一部署，积极做好不动产登记职责整合工作，将房屋产权登记、林权登记、农村土地承包经营权登记职责与区国土资源局原承担的土地登记、矿业权登记职责整合，在区国土资源局下设不动产登记中心。

四、严格控制机构编制

按照财政供养人员只减不增的要求，严格控制机构编制，创新机构编制管理，严肃机构编制纪律，切实解决机构庞杂、人员臃肿、人浮于事等现象，确保机构编制得到有效控制。

（一）严控机构编制总量

涉及改革的部门和单位人员编制调整，必须在编制总量内进行，确保改革后不突破省核定的各级行政编制总额和各类专项编制员额。事业编制总额以2012年底统计数为基数，由区政府负责总量控制，制定并落实控编减编工作方案。严禁新设承担行政职能的事业单位和从事生产经营活动的事业单位，严禁将行政职能转由事业单位承担，做到参照公务员管理事业单位、经费自理事业单位、职能萎缩事业单位的机构编制和机关后勤服务事业编制只减不增。严格控制经费自理事业编制转为财政补助事业编制。严格落实人员编制与经费预算联合管控办法，在2012年底全区财政供养人员总量内，以编制数为依据核定经费，原则上不再考虑增人因素。采取有效措施清理编外人员，妥善处理编外用人问题。

（二）创新机构编制管理

加大机构编制管理创新力度，向深化改革要编制，向加强管理要编制，向运用信息技术要编制，不断提高机构编制资源效用。按照严控总量、盘活存量、优化结构、增减平衡的要求，坚持“要增编、必清理、先减法、后加法”的原则，对职能未作大的调整、工作任务没有大幅度增加、内部还有空编、没有提出编制使用情况评估意见和内部挖潜具体措施的部门，机构编制部门不受理和研究其增编事项；对职责相近、设置重复分散、规模过小的事业单位，予以撤并整合；对职能减少、工作任务不饱和的单位，相应划转、核减、收回人员编制。加强事关中心工作、全局工作和重大民生保障方面的人员力量。进一步完善机构编制和组织、财政、人力资源和社会保障等部门协调配合机制，全面推行和不断完善机构编制实名制。加大政府购买服务力度，对可由市场提供、社会承担的公共服务，逐步通过政府购买服务或由政府设立公益岗位的方式完成。

（三）严肃机构编制纪律

任何组织、单位和个人都必须严格遵守机构编制各项法律法规和政策。继续深入开展干部人事和机构编制领域突出问题专项治理工作。严禁行政编制和事业编制混用。上级部门不得以会议、文件、领导讲话、项目经费和评比达标等形式，干预下级的机构编制事项。要将机构编制政策规定执行情况纳入党委和政府督查工作范围，纳入审计、绩效评估和领导班子及成员考核内容，健全机构编制监督检查协调机制，加大对机构编制违纪违法行为的查处力度,对相关责任人员,按照有关党纪政规定严肃处理,维护机构编制管理的严肃性和权威性。

五、关于机构改革中几个具体问题的意见

(一)部门职责、内设机构、人员编制和领导职数的确定

1. 职责的确定。部门职责是其履行行政职能的主要依据,要依法依规予以确定,在具体操作上,按以下原则办理:一是凡与国务院和省、市政府对应设置的部门,其主要职责原则上大体对应,以利工作衔接,减少矛盾;二是国务院和省、市政府无对应部门的,以部门原"三定"规定主要职责为基础;三是部门职责调整,应以现行法律、法规和党中央、国务院、省委、省政府、市委、市政府以及上级机构编制部门有关文件和规定为依据,上级临时交办的事项、阶段性任务不列入部门的主要职责;四是行政审批事项列入部门职责,要按照扩权强区的要求,将省、市下放的审批权限全部接收到位。

2. 内设机构的核定。在核定职责的基础上,根据部门人员编制数,精干设置内设机构。内设机构人员编制数一般不少于2名,各部门业务科(室)应占内设机构总数的60%以上。对保留部门,在不增加内设机构数量的前提下,根据转变职能的要求和自身履职的需要,对现有内设机构进行调整、优化。对合并新组建部门,内设机构有机整合、适当精简。内设机构名称应体现承担的主要职责,政府工作部门内设机构一般称科、室,行政级别为正股级。

3. 人员编制的核定。合并新组建部门,各单位原有人员编制相应予以整合并适当精简,其行政编制总量精简20%。部门间机构或职能调整变动的,其人员编制核定按"人随事走"的原则办理,即在划转职能时,原确定给该项职能的编制和在编人员随职能一并划转。在整合和划转的基础上,根据各部门工作的实际情况,适当调整各部门的行政、事业编制。

4. 领导职数的核定。严格按中央有关规定和《中共湖南省委办公厅湖南省人民政府办公厅关于印发〈湖南省党政群机关领导职能数设置管理规定〉的通知》(湘办发〔2012〕23号)及市编委办的批复核定领导职数,严格按规定职数配备领导干部,不再实行"低职高配"。

对此次改革中涉及机构调整撤并、人员编制划转的,原则上保留干部原职级待遇,逐步消化到位。在空余岗位调整补充干部时,优先考虑安排撤并机构的干部。组织、人力资源和社会保障、财政等部门应研究提出相关优惠政策,尽量减少干部队伍的波动。

(二)机关党组织及工青妇等群团组织办事机构、纪检监察机构,按有关规定和章程设置。

六、认真抓好组织实施

区政府职能转变和机构改革在区委、区政府的统一领导下,由区机构编制委员会负责组织实施,区机构编制委员会办公室具体负责职能转变和机构改革的日常工作。区政府机构改革工作于2015年12月底前全面完成,职能转变工作在3到5年内按照中央和省、市部署要求完成。

(一)加强组织领导

涉及政府职能转变和机构改革部门的"一把手"要负总责,成立精干高效的工作班子,负责本部门职能转变和机构改革的具体工作。调整设立的单位,在新机构正式组建之前,原有机构及其工作人员要继续履行职能职责,积极做好衔接工作,防止工作出现脱钩断档的现象。涉及职能、机构、人员编制和财产等划转的单位,要做好交接工作,处理好遗留问题。要加强思想政治工作,正确处理改革、发展、稳定的关系,确保思想不散、工作不断、秩序不乱。

(二)抓好方案实施

制定区政府职能转变具体实施方案,明确职能转变的目标要求、主要任务和工作重点,研究制定3到5年内职能转变总体安排和工作步骤,确保职能转变工作规范有序、及时到位。对体制调整及职能整合等,要有细化方案和严密程序,明确任务分工和时间节点。根据职能转变要求,按程序抓紧清理和修订政府规章。要做好调整变动部门的"三定"工作,进一步理顺职责关系,明确和强化责任,完善内部机构设置,规范领导职数配备。相关部门要按照有关制定"三定"规定的具体要求,认真拟定本部门的"三定"规定草案或本部门有关职责和机构编制调整的请示,并在动员大会召开后10个工作日内向区编委办呈报。"三定"规定和相关调整文件印发后,各单位要严格按照规定的要求,做好组织实施工作。

(三)严肃改革纪律

区政府各部门要严格执行改革纪律和机构编制管理有关规定,严禁突击提拔干部、突击进人,严防国有资产流失,对违纪违法的,一经发现,坚决查处。机构编制部门要积极履行职责,纪检监察机关和组织、人力资源和社会保障、财政、审计等部门要密切配合,确保顺利完成改革任务。区政府职能转变和机构改革任务完成情况列入绩效考核和领导班子及成员考核内容,区委、区政府适时派出督查组,对各部门转变职能、简政放权情况进行督促检查,对各部门"三定"规定实施情况进行检查和评估,确保各项改革措施落到实处、取得实效。

附件:1. 长沙市望城区人民政府机构设置表

2. 区政府直属事业单位和归口管理独立运作事业单位设置图

附件 1

长沙市望城区人民政府机构设置表

工作部门

1	2	3	4	5	6	7		8	9	10	11	12	13	14	15	16	17	18	19	20	21	22	23	24	
政府办公室	发展和改革局	经济和信息化局	教育局	科学技术局	住房和城乡建设局	公安局	监察局	民政局	司法局	财政局	人力资源和社会保障局	国土资源局	交通运输局	水务局	农业和林业局	文化体育广播电视局	卫生和计划生育局	审计局	行政综合执法局	城市管理局	环境保护局	统计局	安全生产监督管理局	市场和质量监督管理局	人民防空办公室

说明:长沙市望城区人民政府设置工作部门 24 个。区监察局与区纪律检查委员会机关合署办公,列入区政府工作部门序列,不计入区政府机构个数;区政府办公室挂区政府法制办公室牌子;区发展和改革局挂区物价局牌子;区科学技术局挂区知识产权局牌子;区农业和林业局挂区委农村工作办公室牌子;区文化体育广播电视局挂区新闻出版局牌子;区市场和质量监督管理局挂区食品药品监督管理局、区食品安全委员会办公室牌子。

区人民防空办公室既是区国防动员委员会的常设办事机构,也是区政府人民防空工作主管部门,列入区政府工作部门序列,不计入区政府机构个数。

附件 2

区政府直属事业单位和归口管理独立运作事业单位设置图

区政府直属事业单位

1	2	3	4	5	6	7	8	9
商务局	粮食局	旅游局	畜牧兽医水产局	住房保障局	政务服务中心	供销合作社联合社	工务局	机关事务管理局

归口管理,独立运作的事业单位

归口区交通运输局

10
公路管理局

归口区城市管理局

11	12	13
园林局	环卫局	市政局

中共长沙市望城区委 长沙市望城区人民政府关于调整部分乡镇行政区划的通知

望发〔2015〕17 号

各乡镇党委、人民政府,各街道工委、办事处,区直机关各单位:

根据《湖南省民政厅关于同意望城区乡镇区划调整方案的批复》(湘民行发〔2015〕39 号)和《长沙市人民政府关于调整望城区部分乡镇行政区划的通知》(长政函〔2015〕153 号)精神,现就我区部分乡镇行政区划调整的有关事项通知如下:

一、将靖港镇和格塘镇成建制合并设立靖港镇;将新康乡和高塘岭街道成建制合并设立高塘岭街道;将东城镇慎家桥社区五杉片(含跃进、染匠、禾家、姚家、五杉、大官、鱼心7个居民小组)划入铜官镇华城村,将茶亭镇郭亮村划入铜官镇,将茶亭镇(除郭亮村)和东城镇(除慎家桥社区五杉片)合并设立茶亭镇;将铜官镇和书堂山街道成建制合并设立铜官街道;将乌山镇和喻家坡街道成建制合并设立乌山街道;将雷锋镇和廖家坪街道成建制合并设立雷锋街道。

行政区划调整后,靖港镇辖石豪、复胜、农溪、金星、福塘、前榜、新峰、杨家山、格塘、柏叶、合池、高桥、三桥、凌冲14个建制村,芦江、众兴2个社区,总面积92.5平方千米,总人口6.7万人,镇人民政府驻前榜村(原靖港镇人民政府驻地)。

高塘岭街道辖胜利、裕农、长联、新阳、六合围、兴旺、月圆、湘江、新河、谭家湖、合益11个建制村,高塘岭、西塘街、雷锋路、高塘、白芙塘、莲湖、航运、斑马湖、望府路、新康集镇10个社区,总面积69平方千米,总人口约7.7万人,办事处驻高塘岭社区(原高塘岭街道办事处驻地)。

茶亭镇辖望群、九峰山、谭家园、狮子岭、西湖寺、代公桥、洪开桥、中兴、泉丰、杨家坪、静慎、金钩寺、大龙、苏蓼、东闸15个建制村,梅花岭、慎家桥(不含五杉片)2个社区,总面积116.4平方千米,总人口5万人,镇人民政府驻梅花岭社区(原茶亭镇人民政府驻地)。

铜官街道辖太丰、万星、花实、华城(含五杉片)、郭亮、书堂山、何桥、石渚湖、中山、彩陶源10个建制村,誓港、袁家湖、铜官街、高岭、洪家洲5个社区,总面积90.3平方千米,总人口5万人,办事处驻华城村(原铜官镇人民政府驻地)。

乌山街道辖黄花岭、金树、双丰、茶园、八曲河、团山湖、蓟家巷、乌山、龙王岭、双兴、原佳、高冲12个建制村,徐家桥、旺旺路、喻家坡、仁和4个社区,总面积97.7平方千米,总人口6万人,办事处驻徐家桥社区(原乌山镇人民政府驻地)。

雷锋街道辖真人桥、桥头铺、雷锋、牌楼坝、坪山、白马、廖家坪、三益8个建制村,荷花塘、和润园2个社区,面积79.8平方千米,总人口约4.6万人,办事处驻荷花塘社区(原雷锋镇人民政府驻地)。

二、白箬铺、乔口、桥驿3个镇的行政区域和黄金园、金山桥、白沙洲、大泽湖、月亮岛、丁字湾6个街道的管辖范围及人民政府(办事处)驻地不作调整。

三、本轮行政区划调整后,我区共减少6个乡级建制,现辖白箬铺、靖港、乔口、茶亭、桥驿5个镇,雷锋、黄金园、金山桥、白沙洲、大泽湖、月亮岛、乌山、高塘岭、铜官、丁字湾10个街道。总面积951平方千米,总人口57.8万人,区人民政府驻地不变(雷锋北大道1688号)。

四、相关要求。一是加强领导,确保稳定。各乡镇(街道)合并后,要进一步统一思想,精心组织,按照区委、区政府总体部署,切实维护社会稳定,积极谋划区域发展,确保区划调整工作取得实效。二是加强配合,促进发展。区直各部门要立足全局,密切配合,主动服务,迅速指导完成乡镇(街道)合并工作,大力支持新设乡镇(街道)的工作,确保乡镇区划调整工作成效。三是厉行节约,勤俭办事。相关乡镇(街道)要严明工作纪律,本着厉行节约的原则,确保资产、资源的有效利用,严禁借机乱发滥用公共财物,减少一切不必要的开支。

中共长沙市望城区委
长沙市望城区人民政府
2015年11月30日

长沙市望城区人民政府
关于推进政府购买服务的实施意见

望政发〔2015〕19号

各乡镇人民政府、街道办事处,区直机关各单位:

为全面推进服务型政府建设,进一步转变政府职能,改进服务质量,提高财政资金使用效益,根据《中华人民共和国政府采购法》和《国务院办公厅关于政府向社会力量购买服务的指导意见》(国办发〔2013〕96号)、《财政部、民政部、工商总局关于印发〈政府购买服务管理办法(暂行)〉的通知》(财综〔2014〕96号)文件精神,以及省、市关于推进政府购买服务工作有关要求和规定,结合我区实际,现就加快推进政府购买服务工作提出以下实施意见。

一、总体要求

以进一步推进政府职能转变和深化公共财政体制改革为目标,围绕政府职能转变,加强和创新社会管理,坚持"以人为本、服务为先、社会协同、广泛参与"的原则,建立健全政府购买服务机制,逐步实现部分公共性、公益性、社会性的服务事项由"政府直接提供、直接管理"向"政府购买服务并加强监督管理"转变,鼓励社会力量为社会提供多样化、多层次、多渠道的服务,全面提升政府服务水平,最大限度满足公众需求,增强社会幸福感。

二、基本原则

(一)政府主导,社会参与。按照事权与支出责任相统一的原则,在准确把握公众需求的基础上,研究制定指导性目录,有效引导并培育社会力量参与服务供给,加强对政府购买服务工作的组织领导、政策支持、财政投入和监督管理。

(二)规范有序,稳步推进。结合我区政府职能转变、事业单位分类改革、财政支出管理改革、服务市场化等系列改革进度,从优化工作流程、控制成本费用、改善服务质量、提高人员素质、满足服务需求等方面严格规范操作,积极稳妥推进政府购买服务工作。

(三)以事定费,政社分开。坚持费随事走,正确处理政府和社会力量之间的关系,大力推动政府职能转变和政社分开,实现政府由"养人"向"办事"转变,凡是适宜由社会力量提供的服务,政府原则上不再直接举办,不再就此设立机构、配备人员,切实推动"花钱办事"替代"花钱养人"。

(四)公开透明,竞争择优。加强政府购买服务制度建设,将政府购买服务纳入政府采购范围。坚持公开、公平、公正的原则,及时充分向社会公开购买服务的项目内容、承接主体条件、绩效评价标准等信息,确保社会力量公平参与竞争,充分发挥市场机制作用,以竞争方式为主选择承接政府购买服务的社会力量,实现"多中选好、好中选优"。

(五)权责明确,统筹兼顾。合理界定政府购买服务的内容和要求,明确服务购买方、承接方和受益方在购买、提供和享受服务过程中的权利和责任。正确处理当前与长远、全局和局部的关系,正确对待利益格局调整,全面推动公办事业单位与主管部门理顺关系和去行政化。坚持与政府职能转变、事业单位分类改革相互兼顾,建立全市统筹、逐步实施、部门配合、积极履责的工作机制,确保政府购买服务工作有序进行。

(六)强化监督,注重绩效。建立公共服务绩效评价体系,加强日常监督考核,及时向社会公开服务内容、执行标准、考评办法、服务效果等。强化政府购买服务的过程控制,逐步建立包括公共服务对象代表在内的多方参与政府购买服务监管和绩效评价的长效机制。

三、规范有序开展政府购买服务工作

(一)购买主体。政府购买服务的主体是全区各级行政机关和参照公务员法管理、具有行政管理职能的事业单位。纳入行政编制管理且经费由财政负担的群团组织,也可根据实际需要,通过购买服务方式提供服务。

(二)承接主体

1. 承接政府购买服务的主体包括依法在民政部门登记成立或经国务院批准免予登记的社会组织,以及依法在工商行政管理部门登记注册的企业或在其他行业主管部门登记成立的机构等社会力量,且需具备《中华人民共和国政府采购法》第二十二条规定的条件。

2. 承担有服务职能的公益性事业单位在符合前述条件、不新增财政供养人员编制的情况下可以成为承接主体,并与具备条件的社会力量公开、平等参与竞争。

3. 各部门要进一步健全社会组织管理体制,拓宽社会组织发展空间,提升社会组织服务管理能力,规范社会组织监管,使社会组织成为服务的重要承接主体,对获得3A以上评估等级的社会组织,可以优先获得政府购买服务资格。

(三)购买范围。政府购买服务的范围为适合采取市场化方式提供、社会力量能够承担的服务,主要包括使用财政性资金并由购买主体负责组织实施的具有公益性和公共性的社会服务与管理事项,以及购买主体自行履行职责所需要的服务事项。对应当由政府职能部门直接提供、不适合社会力量承担的服务,以及不属于政府职责范围的服务项目,政府不得向社会力量购买。购买项目基本分类为:

第一类:保障政府部门自身正常运转需要向社会购买的服务,包括会议培训、公车租赁、物业管理、软件开发、系统维护等事项。

第二类:政府部门为履行宏观调控、市场监督等职能需要向社会购买的服务,如科研、行业规划与咨询、社会调查、社会审计与资产评估、检验检疫检测、法律服务、课题研究、发展规划、会展服务、监督、评估、绩效评价、技术业务培训、工程相关服务等辅助性和技术性事务。

第三类:为增加国民福利、受益对象特定,政府向社会公众提供的公共服务,如公共教育、医疗卫生、公共文化、公共体育、社区事务、养老助残、社会救助、法律援助、城市维护服务、公共交通服务等事项。

(四)购买方式

1. 购买主体应根据购买内容的市场发育程度、服务供给特点等因素,按照方式灵活、程序简便、竞争有序、结果评价的原则,通过政府采购程序(以公开招标为主要方式),确定服务承接主体,并纳入政府购买服务的范围管理。

2. 对全区适用范围广、采购频繁的服务项目(如第二类项目),由行业主管部门牵头,公开招标建立全区统一的定点单位中介机构库,购买主体在购买服务时在定点库内择优选择。

3. 对特殊购买服务项目,经区政府批准后,也可以根据具体的政府购买服务项目实施需求,采用委托、承包等方式选择承接主体。

(五)购买程序。政府购买服务,应按照政府采购的有关法律法规和操作规程,充分依托政府采购相关工作机制运行。各部门要按照公开、公平、公正、竞争的原则,不断健全政府购买服务机制,逐步建立起涵盖包括确定购买项目、制定购买计划、组织实施采购、项目合同管理、服务履约验收、项目绩效评价的规范化流程。

1. 制定指导性目录。区机构编制部门、财政部门会同有关部门根据我区经济发展水平、政府转变职能要求、部门职能职责、社会需求、财力水平等因素,制定第一批政府购买服务指导性目录,后续的指导性目录将根据部门的需求和改革发展的要求补充完善。

2. 确定购买项目。购买主体根据政府购买服务项目指导性目录,结合本部门工作任务和部门经费预算安排情况,提出年度政府购买服务项目需求,并按规定程序申报财政预算资金,纳入部门财政预算,政府购买服务所需资金原则上在原有财政预算中统筹安排,禁止单位将本应由自身承担的职责,转嫁给社会力量承担;同时避免将不属于政府职责范围的服务大包大揽,增加财政支出压力;新增重大购买公共服务项目,需报区政府批准后组织实施。

3. 制定购买计划。购买主体根据本部门(本单位)当年批复的部门预算,编制购买服务项目实施计划,细化项目资金安排,明确购买服务项目基本情况、购买需求、购买方式和购买期限等内容,提出绩效目标、量化考核标准,并报经财政部门批准后实施。

4. 组织实施采购。购买主体根据购买服务项目实施计划适时开展采购活动,按照政府采购的相关要求在政府采购信息化管理平台申报采购计划,并按《中华人民共和国政府采购法》规定的相关程序和购买方式组织实施采购,确定购买服务承接主体。

5. 项目合同管理。确定服务承接主体后,购买主体要按照合同管理的要求,与承接主体签订购买服务合同,明确购买服务的范围、内容、数量、质量要求,以及服务期限、绩效目标、考核标准、资金支付方式、权利义务和违约责任等内容,并报政府采购监管部门备案。服务承接方要严格按照合同约定提供各项服务,保证服务数量和质量,严禁转包行为。

6. 服务履约验收。购买主体要对承接主体提供的服务实行全过程跟踪监管,依据合同约定条款对服务机构提供的服务成果进行检查验收,验收过程应邀请服务对象或社会公众共同参与,有特殊需求的可请专业机构进行验收,并建立应急工作机制,应对服务过程中的特殊情况。对承接主体履行服务过程和服务成果检查验收中存在的问题,要及时向行政主管部门和政府采购监管部门报告。

7. 项目绩效评价。建立健全由购买主体、服务对象及第三方组成的综合性评审机制,对购买服务数量、质量和资金使用效益等进行绩效考评。评价结果向社会公布,并作为以后年度编制政府购买服务预算和选择政府购买服务承接主体的重要参考依据。

(六)职责分工

相关行政职能部门是政府购买服务工作的主体,承担具体实施和管理工作。购买主体要按照相关程序和规定,在认真进行市场调查、科学确定并细化服务需求的基础上组织实施采购,对服务合同要严格审核把关,自觉组织履约验收和开展绩效评价,不得逃脱、规避主体责任。

区财政部门负责牵头建立政府购买服务制度,会同相关职能部门拟定并发布全区政府购买服务指导性目录,审核政府购买服务项目并将所需经费纳入预算统筹安排,及时拨付购买服务所需资金,研究制定购买服务的操作规程、招标文书范本,确定具体采购方式,每年对各单位购买服务若干项目进行评估并适时引入第三方监督评估机制,监督、指导购买主体依法开展购买服务工作。

区机构编制部门根据各部门职能职责,会同相关部门确定全区政府购买服务项目指导性目录、政府转移职能目录和禁止政府职能转移事项,明确各部门购买服务项目。负责牵头加快推进事业单位分类改革,推进有条件的事业单位转为企业或社会组织,研究制定政府赊买服务、严格控制机构和编制增长、严格控制行政事业单位供养人员规模的政策措施。

区发改部门负责将政府购买服务列入国民经济和社会发展中长期和年度计划,会同工信、商务、科技、国资等部门研究制定我区支持企业参与政府购买服务、推进中小企业发展的服务体系建设的政策措施。

区民政、工商等部门负责制定支持和培育社会组织、企业和机构等社会力量发展的政策措施,开展社会组织评估,编制社会组织目录,明确具备资质条件承接政府转移职能和购买服务的社会组织。

区政府法制部门负责审查政府购买服务合同范本。

区审计部门负责对政府购买服务项目的真实、合法、效益情况进行审计监督。

区监察机关依法对相关行政职能部门及其公务员(或任命的其他人员)在政府购买服务中的工作情况进行监督检查。

(七)组织保障

1. 加强组织领导。区政府统筹负责全区政府购买服务工作;各职能部门要组织力量,协同配合,制定完善政府购买服务的政策、措施、评价和监督机制,积极稳妥推进全区政府购买服务工作;各部门单位要把政府购买服务工作列入重要议事日程,立足工作需要,制定本部门购买服务实施计划,组织实施购买服务工作。

2. 健全工作机制。政府购买服务,要按照政府主导、部门负责、社会参与、共同监督的要求,确保工作规范有序开展。建立"政府领导,区财政牵头,区机构编制、民政、工商部门和行业主管部门协同,职能部门履职,监督部门保障"的工作机制,拟定购买服务目录,确定购买服务计划,组织社会力量积极参与承接,指导监督购买服务工作。相关职能部门要加强协调沟通,各负其责、齐抓共管。

3. 严格监督管理。区财政、监察、审计部门应加强对政府购买服务的监督,严禁层层转包、豪华购买、暗箱操作等违法违规行为,确保政府购买服务资金规范管理和使用。区民政、工商部门和行业主管部门等应建立相应的信用记录和应用制度,不断健全守信激励、失信惩戒和退出机制。购买主体应健全内部监督管理制度,按照规定公开购买服务相关信息,自觉接受社会监督,严格遵守相关财政财务管理规定,不得截留、挪用和滞留资金。承接主体应当健全财务报告制度,并由具有合法资质的会计师事务所对财务报告进行审计,接受有关部门的监督。各职能部门要按照职责分工,加强对政府购买服务工作的组织指导、沟通协同、监督管理。区政府每年定期组织对购买服务实施情况进行讲评,邀请受益对象代表参加，确保购买过程和结果公开透明，取得为民、服务、清廉的效果。

4. 做好宣传引导。各部门要广泛宣传政府购买服务工作的意义，做好政策解读，加强舆论引导，主动回应群众关切，充分调动社会参与的积极性。同时要按照规定主动做好政府购买服务的有关政策和实施过程的信息公开，接受社会监督。

四、附则

本意见自2015年5月1日起实施。

附件：长沙市望城区政府购买服务项目指导性目录（第一批）

长沙市望城区人民政府

2015年3月24日

附件

长沙市望城区政府购买服务项目指导性目录（第一批）

类别		序号	项目	项目内容	实施主体	备注
社会事业	公共卫生	1	基本公共卫生服务	购买社会力量为城乡居民免费提供的11项基本公共卫生服务	区卫生局	服务单位为基层医疗卫生机构
		2	健康教育与健康促进	购买社会力量提供的健康主题宣传服务	区卫生局	
		3	艾滋病防治	购买社会力量提供的高危人群宣教及行为干预服务	区卫生局	
	公共教育	4	民办学前教育发展九年制义务教育	购买社会力量提供的非公办普惠性学前教育和非公办义务教育等基本公共教育服务	区教育局	
		5	教育信息化建设	购买社会力量提供的教育信息资源和平台公共教育服务	区教育局	
		6	教育后勤服务	购买社会力量提供的学校后勤社会化保障服务	区教育局	
	文化体育	7	群众体育	购买社会力量提供的全民健身、群众体育赛事活动组织与实施、公共体育基础设施的管理与维护服务、群众性体育队伍建设	区文体广电局	
		8	其他全民健身公共服务	购买社会力量提供的全民健身服务、信息查询、技术指导及培训服务	区文体广电局	
		9	公共文化服务建设	购买社会力量提供的公共文化设施管理与维护、公共文化服务于管理等服务	区文体广电局	
		10	群众文化建设	购买社会力量提供的民办文化项目、社会化活动文艺节目和文化惠民活动等服务	区文体广电局	
社会服务	社会福利	11	社区健康养老服务	购买社会力量为社区老年人提供日常护理、慢性病管理、康复、健康教育和咨询、中医保健等服务，开展上门巡诊等健康延伸服务	区卫生局	
		12	社会保障—军培	购买社会力量提供的对退役1年内的退役士兵进行职业技能培训和就业指导等服务	区民政局	
		13	社会福利—残疾人服务	购买社会力量为残疾人提供的康复、托养、职业技能培训、职业能力评估等服务	残 联	
		14	社会养老服务	购买社会力量为社会老年人提供的日常护理服务	区民政局	
		15	社区老年人活动中心、农村幸福院组织管理服务	购买社会力量对社区老年人活动中心和农村幸福院进行日常管理，开展服务	区民政局	

长沙市望城区人民政府关于印发《2015年“望城旅游产业整合提升计划”实施方案》的通知

望政发〔2015〕30号

各乡镇人民政府、街道办事处,区直有关单位:

《2015年“望城旅游产业整合提升计划”实施方案》已经区人民政府审定同意,现印发给你们,请认真贯彻执行。

长沙市望城区人民政府

2015年5月20日

2015年“望城旅游产业整合提升计划”实施方案

为推动望城旅游产业全面转型升级,实现望城旅游从旅游资源大区向旅游经济强区转变,经区人民政府研究同意,决定从今年开始启动“旅游产业整合提升计划”。现结合我区旅游产业发展实际,制定实施方案如下:

一、指导思想

以党的十八大和十八届三中、四中全会精神为指导,贯彻落实国家、省、市旅游工作会议精神,紧紧围绕区委一届二十二次全体(扩大)会议和2015年《区政府工作报告》部署,进一步解放思想,创新发展理念,加强统筹协调,转变发展方式,增强旅游产业综合实力和市场竞争力,以旅游发展促进生态环境保护、弘扬地方民俗文化、推动产业结构调整、统筹城乡协调发展和区域经济社会发展。

二、建设目标

实施“旅游规划、旅游产品、旅游营销、旅游机制、旅游公共服务”五大提升工程。到2015年底,初步形成“总体规划+专项规划+实施纲要”为引领的旅游产业发展规划体系;提升以湘江古镇群、乡村旅游区、休闲主题园等为代表的旅游产品体系;以统一的望城旅游品牌形象整合提升旅游营销体系;探索建立适合望城旅游业发展的新机制、新平台,提升旅游管理服务机制;启动望城旅游公共服务体系建设,初步构建旅游公共服务五大体系。努力把望城建设成为旅游产品众多、文化内涵丰富、地方特色鲜明、基础设施完备、生态环境良好、旅游经济强劲的旅游目的地。

三、主要任务

1. 提升旅游规划。强化“发展旅游,规划先行”的理念,突出规划在产业发展中的引领作用。完成《望城旅游“十三五”发展规划》、《湘江古镇群发展专项规划》、《旅游产业整合提升规划及实施纲要》编制工作,使其成为我区旅游产业发展的纲领性文件。

2. 提升旅游产品。研究启动乡村旅游和古镇旅游项目扶持提升计划;推进旅游家庭旅馆建设,完成两年内100家发展任务;根据《长沙市望城区2015年重点工程建设计划》铺排,主要围绕推进新华联铜官窑旅游度假区、桥头古驿、铜官陶城等旅游项目,做好旅游规划评审、旅游项目宣传和旅游招商推介服务。

3. 提升旅游营销。按照“区域形象统一,重点景区先行,精品线路扮靓,分步联动实施”的原则,实施旅游营销提升工程。整合全区旅游产品资源,在主客源地城市举办望城旅游专场推介会;出台旅游促销奖励办法,加强市场渠道合作,探索以市场机制推动“望城一日游”和“望城两日游”产品的诞生;指导支持区内旅游景区点根据资源产品特点策划不同季节、不同节日、不同主题的营销活动。

4. 提升旅游机制。探索建立区旅游发展管理委员会统筹领导下的望城旅游发展新机制,理顺旅游发展管理体制,适时启动旅游产业发展模式和运营管理模式的顶层设计;从2015年起,将旅游工作纳入各乡镇(街道)、相关区直部门年度工作绩效考核范畴。

5. 提升公共建设。启动望城旅游公共服务体系建设,并作为2015年全区旅游产业整合提升计划的主要工程,按照旅游公共服务五大体系的总体框架,明确今年的重点建设内容和任务,初步构建旅游公共服务五大体系。

(1)旅游交通便捷服务体系建设。完善通达景区的旅游公共交通,用市场机制推动“望城一日游”和“望城两日游”产品的诞生;启动连接重要景区的公交线路建设;完善优化旅游交通引导标识,增设主要交通干线旅游交通引导标识标牌30块;优化湘江古镇群、铜官窑、千龙湖、黑麋峰等主要景区(点)的内部游道导引建设;按照2015年全区重点工程建设项目铺排,加快通景公路建设、生态绿道建设和公共自行车服务试点建设;制订《长沙市望城区旅游旺季交通畅通保障工作预案》,建立多部门联合工作机制,确保旅游交通的便捷和畅通。

(2)旅游信息咨询服务体系建设。推进旅游服务公共场所信息化建设,启动3个景区免费wifi试点建设;规划启动望城旅游集散服务中心建设;加快推进雷锋纪念馆、靖港古镇、千龙湖、黑麋峰景区的游客服务中心标准化建设并投入使用,完成书堂山、铜官古街游客服务中心的建设方案编制;结合望城步行街、交通客运中心、加油站、宾馆酒店、社区综合服务中心等公共服务设施,启动10个旅游信息咨询点建设,初步构建城区—

乡镇—咨询点三级实体服务体系；改版望城旅游门户网站，推广望城旅游微信公众平台。

(3)旅游便民惠民服务体系建设。以“便民惠民、主客共享”为建设原则，对主要景区(点)、城市公园、城区旅游公共厕所进行亮化，提质改造全区主要景区(点)旅游公共厕所10个；全区主要景区(点)增设停车位1000个；启动3个“雷锋号志愿者工作站”试点建设，探索建立旅游公共服务志愿者参与机制。

(4)旅游安全保障服务体系建设。建立完善旅游安全保障体系及风险评估机制。以安全风险防范为重点，启动6个旅游安全防护设施标准化建设试点；实施旅游保险统保示范项目建设，采用以奖代补的方式，选择5个景区点进行旅游责任保险统保试点建设；完善全区主要景区(点)医疗网点建设，将全区主要景区(点)纳入全区医疗应急救治体系管理和服务，提高区域大景区医疗应急救治能力；建立完善旅游消防安全体系，督促全区景区(点)、宾馆酒店配备消防安全设施设备；推进旅游食品安全建设，重点推进全区景区(点)、宾馆酒店旅游食品安全监管；将旅游安全纳入安全应急联动管理平台统一管理，经常性开展应急演练，增强安全突发事件应急处置能力。

(5)旅游行政服务体系建设。在区旅游发展管理委员会的统筹领导下，建立旅游环境与公共服务的行政服务保障机制，制定科学有效的旅游产业发展评价标准和考核体系；加强旅游人才引进和7培训，启动旅游专家顾问团队建设。

四、保障措施

1. 提高认识，加强组织实施。实施“旅游产业整合提升计划”是当前望城旅游产业发展转型的必然要求，是“项目攻坚年”活动的重要内容，各相关区直部门、乡镇(街道)、旅游企事业单位要高度重视，认真贯彻落实各项工作任务；相关单位要根据责任分解任务，制定具体实施方案，把旅游产业整合提升相关工作纳入本部门工作规划和议事日程，打破区域、部门、行业界限，形成齐抓共管、协同作战、合力兴旅的发展局面。

2. 加大支持，拓展资金来源。围绕旅游产业整合提升计划的要求，加大财政资金统筹保障力度，完善旅游产业奖励扶持政策，鼓励和引导民间资金、金融资金和工商资金积极参与到旅游产业整合提升计划的项目建设中来。有关责任单位要加大力度，积极向上争资金、要土地、争项目，用好、用足中央、省、市有关政策。

3. 形成合力，健全工作机制。实行望城区旅游发展管理委员会组织实施工作机制，及时研究并解决旅游提升计划实施中遇到的困难和问题，确保各项工作有效落实。477建立“大旅游”工作机制，协同推进旅游产业整合提升行动计划；充分发挥旅游协会作用，形成政府牵头、部门参与、旅游协会上下联动工作机制；建立绩效监督考核工作机制，将旅游工作纳入各乡镇(街道)、相关区直部门年度工作绩效考核范畴，实施效果跟踪督查评估，年度通报考核结果。

附件：2015年望城区旅游产业整合提升计划责任分解表

附件：

2015年望城区旅游产业整合提升计划责任分解表

序号	五大提升	项　目	建设内容	2015年	责任单位	责任人	配合单位
1	规划提升	旅游规划建设	“十三五”旅游发展规划	完成“十三五”旅游发展规划	发改局 规划分局 旅游局	高　明 肖宇杰 何迎春	各乡镇(街道)及旅游企事业单位
2	规划提升	旅游规划建设	旅游产业整合提升规划及实施纲要	完成旅游产业整合提升规划及实施纲要	规划分局 旅游局	肖宇杰 何迎春	各乡镇(街道)
3	规划提升	旅游规划建设	湘江古镇群片区专项规划	完成湘江古镇群片区专项规划	规划分局	肖宇杰	区旅游局 各乡镇(街道)
4	产品提升	旅游家庭旅馆建设	推动核心景区点旅游家庭旅馆建设	计划到2015年底，在核心景区点扶持建设100家旅游家庭旅馆	旅游局	何迎春	公安局、 工商局、 卫生局、 消防大队等、 各乡镇(街道)
5	产品提升	旅游家庭旅馆建设	服务好《望城区2015年重点工程建设计划》涉旅项目	着力推进新华联铜官窑旅游度假区、桥头古驿、铜官陶城等旅游项目的高品质建设	相关区直单位、相关乡镇(街道)	相关区直单位、乡镇(街道)主要负责人	

序号	五大提升	项 目	建设内容	2015 年	责任单位	责任人	配合单位
6	产品提升	旅游家庭旅馆建设	实施重点旅游项目扶持提升计划	研究启动乡村旅游和古镇旅游项目扶持提升计划	区旅游发展管理委员会办公室	何迎春	各乡镇(街道)及旅游企事业单位
7	营销提升	旅游营销建设	整合产品,开展望城旅游宣传营销	在省内外多个客源地城市举办望城旅游推介会	旅游局	何迎春	各乡镇(街道)及旅游企事业单位
8	营销提升	旅游营销建设	加强营销渠道建设,引导旅游企业开展营销活动	出台旅游促销奖励办法,加强营销渠道建设,指导支持旅游企业开展营销活动	旅游局	何迎春	各乡镇(街道)及旅游企事业单位
9	机制提升	旅游机制建设	探索旅游管理新机制	成立区旅游发展管理委员会,适时启动旅游发展模式的顶层设计;将旅游工作纳入各乡镇(街道)、相关区直部门年度工作绩效考核范畴	绩效办 区旅游发展管理委员会办公室	易　涛 何迎春	区旅游发展管理委员会成员单位
10	配套提升	旅游交通便捷服务体系建设	旅游专线建设	探索市场合作模式,推动"望城一日游"和"望城两日游"产品的诞生	旅游局	何迎春	各乡镇(街道)及旅游企事业单位
11	配套提升	旅游交通便捷服务体系建设	景区公交线路建设	启动连接重点景区的公交线路建设	交通运输局	刘洪波	各乡镇(街道)及旅游企事业单位
12	配套提升	旅游交通便捷服务体系建设	旅游交通标识	增设主要交通干线旅游交通引导标识标牌 30 块	旅游局	何迎春	市政局、交通局、公路局 交警大队 各乡镇(街道)
13	配套提升	旅游交通便捷服务体系建设	内部游道导引建设	优化湘江古镇群、铜官窑、千龙湖、黑麋峰等主要景区(点)内部游道导引建设	各乡镇(街道)及旅游企事业单位	各乡镇(街道)及旅游企事业单位主要负责人	旅游局 交通运输局
14	配套提升	旅游交通便捷服务体系建设	通景公路建设	按照 2015 年全区重点工程建设项目铺排,加快建设通景公路	交通运输局	刘洪波	各乡镇(街道)及旅游企事业单位
15	配套提升	旅游交通便捷服务体系建设	绿道建设	按照"五线六环"百公里绿道系统空间规划,完成望城生态绿道建设方案	市政局	王　准	规划分局、工务局、水务局、交通运输局、城投集团、各乡镇(街道)
16	配套提升	旅游交通便捷服务体系建设	公共自行车建设	启动全区主要景区点公共自行车服务试点建设	市政局	王　准	交通运输局、各乡镇(街道)、旅游企事业单位

序号	五大提升	项 目	建设内容	2015 年	责任单位	责任人	配合单位
17	配套提升	旅游交通便捷服务体系建设	建立旅游旺季交通畅通保障机制	制订《望城区旅游旺季交通畅通保障工作预案》，建立多部门联合工作机制	交警大队 交通运输局	胡　鑫 刘洪波	旅游局、各乡镇（街道）、旅游企事业单位
18	配套提升	旅游信息咨询服务体系建设	无线景区建设	制定旅游重点服务场所公共免费 WIFI 建设方案并启动 3 个试点建设	各乡镇（街道）及旅游企事业单位	各乡镇（街道）及旅游企事业单位主要负责人	旅游局
19	配套提升	旅游信息咨询服务体系建设	区域旅游集散服务中心建设	规划启动望城旅游集散服务中心建设	旅游局 交通运输局	何迎春 刘洪波	
20	配套提升	旅游信息咨询服务体系建设	景区游客服务中心建设	完善雷锋纪念馆、靖港古镇、千龙湖、黑麋峰景区游客服务中心标准化建设并投入使用；书堂山、铜官古街完成游客服务中心的方案编制并报规划分局审查	各乡镇（街道）及旅游企事业单位	各乡镇（街道）及旅游企事业单位主要负责人	规划分局 国土资源局
21	配套提升	旅游信息咨询服务体系建设	旅游信息咨询点建设	结合望城步行街、交通客运中心、加油站、宾馆酒店、社区综合服务中心等公共服务设施，启动 10 个旅游信息咨询点建设	旅游局、市政局各乡镇（街道）	何迎春 王　准 各乡镇（街道）主要负责人	交通运输局 规划分局 国土资源局 商务局
22	配套提升	旅游信息咨询服务体系建设	旅游指南平台建设	全面改版望城旅游门户网站，推广望城旅游微信公众平台	旅游局	何迎春	各乡镇（街道）及旅游企事业单位
23	配套提升	旅游便民惠民服务体系建设	旅游厕所建设	对主要景区（点）、城市公园、城区街道旅游公共厕所进行亮化；提质改造全区主要景区（点）旅游公共厕所 10 个	各乡镇（街道）及旅游企事业单位	各乡镇（街道）及旅游企事业单位主要负责人	旅游局 市政局
24	配套提升	旅游便民惠民服务体系建设	停车场建设	增设主要景区（点）停车场车位 1000 个	各乡镇（街道）及旅游企事业单位	各乡镇（街道）及旅游企事业单位主要负责人	国土资源局 交通运输局 规划分局 旅游局
25	配套提升	旅游便民惠民服务体系建设	雷锋号志愿者工作站建设	启动 3 个“雷锋号志愿者工作站”试点建设	团　委 旅游局	毛　柯 何迎春	各乡镇（街道）及旅游企事业单位
26	配套提升	旅游安全保障服务体系建设	旅游安全防护设施建设	选择 6 个旅游景区点，启动景区旅游安全防护设施标准化建设试点	各乡镇（街道）及旅游企事业单位	各乡镇（街道）及旅游企事业单位主要负责人	旅游局 安监局 质监局
27	配套提升	旅游安全保障服务体系建设	旅游保险统保示范项目建设	制定全区主要景区（点）旅游责任保险统一保险方案，选择 5 个景区点试点建设	各乡镇（街道）及旅游企事业单位	各乡镇（街道）及旅游企事业单位主要负责人	旅游局
28	配套提升	旅游安全保障服务体系建设	区域大景区医疗应急救治能力提升	完善全区主要景区（点）医疗网点建设，将全区主要景区（点）纳入全区医疗应急救治体系管理和服务	卫生局	李爱武	各乡镇（街道）及旅游企事业单位

序号	五大提升	项 目	建设内容	2015 年	责任单位	责任人	配合单位
29	配套提升	旅游安全保障服务体系建设	旅游消防安全建设	督促全区景区(点)、宾馆酒店配备消防安全设施设备	公安局 消防大队 旅游局	王建刚 朱湘春 何迎春	各乡镇(街道)及旅游企事业单位
30	配套提升	旅游安全保障服务体系建设	旅游食品安全建设	重点推进全区景区(点)、宾馆酒店旅游食品安全监管,保障食品安全	食药监局 旅游局	谭鸿亮 何迎春	各乡镇(街道)及旅游企事业单位
31	配套提升	旅游安全保障服务体系建设	旅游安全与应急管理工作	将旅游安全纳入安全应急联动管理平台统一管理,经常性开展应急演练,增强安全应急能力	应急办	周智斌	旅游局
32	配套提升	旅游行政保障服务体系	旅游人才引进和培训	继续加强旅游人才引进和培训,组织旅游企业管理人员培训;启动专家顾问团队建设,建立专家库	组织部 人社局 旅游局	邹 文 黄立武 何迎春	各乡镇(街道)及旅游企事业单位
33	配套提升	旅游行政保障服务体系	建立旅游行政服务保障机制	建立旅游环境与公共服务的行政服务保障机制,制定科学有效的旅游产业发展评价标准和考核体系	绩效办 区旅游产业发展管理委员会办公室	易 涛 何迎春	区旅游产业发展管理委员会成员单位

望城湘江洲岛与支流选介

洲　岛

月亮岛　原名“遥埠洲”“许家洲”，位于航电枢纽工程上游，洲长4850米，面积253.02公顷，暂无居民。月亮岛的得名另有故事。洲岛原来是过往商船方便交易的地方，洲以西到水季一片汪洋（清代修堤才将回龙洲围湖造田），远望洲上商船林立，称“遥埠洲”。明末，有许氏至此，见此洲四面环水，土地肥沃，生态宜居，便携全家人在此搭棚筑居，开始了结草而履、结筏为舟的甘苦生活，遂称“许家洲”。月亮岛是一个以原始自然风光为特色的美丽小岛，如一轮明月俯卧湘江之中，1987年故改名“月亮岛”。

冯家洲　航电枢纽工程上游，洲尾濒西岸白沙洲，岛上规划有北横线高速公路大桥，洲长2580米，面积66.72公顷，暂无居民，洲上遍植意大利杨树。

香炉洲　望城境内，航电枢纽工程上游，位于霞凝港下游，岛上规划有丁白大桥，洲长2200米，面积70.67公顷，暂无居民，州上遍植意大利杨树，部分高地可种一季春收作物。因为丁字湾老集镇临湘江原有一顺水庙，从庙前看此洲状似香炉而得名。

蔡家洲　濒东岸石渚坃，岛上建有湘江航电枢纽工程，洲长4850米，面积113.74公顷，暂无居民，洲上遍植意大利杨树。

洪家洲　位于航电枢纽工程下游，临东岸太丰垸，洲长3730米，面积93.18公顷，有少量居民，岛上有已建的京珠复线高速湘江大桥。1854年5月下旬，太平军大败湘军于靖港湘江水域，曾国藩于此洲北端三次投水自尽，被部属救起。1945年7月24日夜，王首道带领的八路军南下支队由此洲渡江进入河西，至今洲上古木浓荫。传说洪家洲不管发多大的洪水都不会被淹没，究其原因是洲底下有一只驮洲的金鸭婆。日军侵华打到这里的时候，曾经打过金鸭婆的主意，但洪家洲的人们与日军斗智斗勇，巧藏金鸭婆，终于获得胜利，所以至今金鸭婆仍在驮着洪家州、保护着洪家州。

甄皮洲　位于长沙与湘阴交界处，航电枢纽工程下游，濒临乔口镇，按东西向分隔，南为望城，北属湘阴，洲长3400米，面积105.62公顷，暂无居民，洲上以意大利杨树和水杉为主。相传甑皮洲上曾突冒一洞，水往外涌，乡民认为是蛟龙出水，惊恐万状，一名酒匠坐木甑（蒸酒用具）堵洞，水被堵住，酒匠也消失无踪，后人为纪念，遂改名“甑皮洲”。

支　流

马桥河　北源出虎仑岭（又名火阳岭，今名英雄岭）南麓，流经蓝田庄；南源出庆云峰东北麓，流经鹅公坝，凡乌山与青天寨两山之间溪流皆会于黄金园东山，经同心桥（旧志称符佳桥）折向东北流，经报母桥、杉木桥，凡尖山西北及观音岩水皆自南注入。又经马桥、艾家桥、城门桥、玉带桥，纳乌山东北麓溪水。又经萧家桥、沈家围子、段家湖、锅底湖、小葫芦顶、大葫芦顶，至桐树港（又名枞树港）入湘江。1958年冬，中、下游河床改道，从黄金坪塘村横堤起堵截故道，抬高河床，沿西侧岗麓新辟洪道，经响塘、新马桥、刘家山、黄土坝、燕坡、茶洲、樟树岭、拦河坝，再下桐树港故道出湘江，全长9187米，较故道短1800米。其中黄土坝一段河床，80年代后期逐渐拓宽至24米，达到上游日降暴雨百毫米的泄洪标准。

八曲河　东源甑皮岭南麓，西源金盆山北麓，至道山东西两水会合，称罗陂河。经曹家桥至良贱桥，始形成航道。至文家洲东纳白箬河水。过惊马桥沿宁、望交界线北流，至石坝、印塘桥，纳渡子桥水。至横田洲，冷洞水（官桥河）经宁乡夏铎铺、粟基坝自西南汇入合流，再折向东北，经茆江桥，纳古冲水。河水经周家坝、徐家桥、枫树河，河床进入低洼地带绕行八曲，故名八曲河。穿越团山湖至十婆桥合沙河水，再经张家围、邋遢湖、鳌头山、罗家湖、邓家围、高砂脊，至梅树港与沩水南支黄沙港合流，经新康茆江嘴出湘江。1957年冬，开展治沩工程，将八曲河改道和围垦团山湖，老河下游一段上截周家坝，下堵十婆桥，废弃故道，沿东岸一侧开辟河床，经龙竹山、排子岭、团山，抵高塘岭白马巷，至三汊河口汇入沩水新道入湘江。

沩水　发源于宁乡沩山，绕宁乡城郊流经双江口，至南湾进入望城西部边境，至石头口分为南北两支，北支经黎家围、孔家垅、荷叶围、西流港、十公渡、挖口子至靖港口入湘江。南支流经沱市又分为三，一支北行流入益家坝与出靖港干流汇合。中支绕杨柳围流经左家围子、六合围之间又分为二，一支旁四合围回转西行称西流港，又汇入出靖港干流；一支绕六合围、四合围之间东流，经黄沙港至梅树港，与南来八曲河合流入湘江。其出沱市前的最南一支名沙河，至沱市东南又分为二，一东北行会于梅树港，一东南行绕白沙围、黄花岭至十婆桥会于八曲河。纵观下游河道，曲折回环，流向紊乱，分流切割，交叉顶托，形成地表破碎、堤长险多局面。1957年冬，中共望城县委和县人民委员会作出关于“整治沩水间洪道及围垦团山湖的决定”，上堵石头口，下塞靖港和新康出口,从石头口至新康上首修筑大堤13.4公里,堵口11处,新辟河床驯沩水东泄。至三汊河口又截纳八曲河并流入湘江。望城境内河长18公里,河面宽150~250米,枯水期航道水深0.5米,河中盛产细砂和卵石。

石渚河 源于茶亭吴家山,经谭家园、阿弥石、戴公桥、五龙台、石栏冲、中雷山、方家洲、和尚桥、新桥、泥水港(旧志称黎舒港)至石渚入湘江。1964年冬,下游改道,从方家洲以下沿故道北侧岗麓裁弯切直,经响水坝、雍家祠堂、曾家祠堂、杨家港、舒家嘴、射三冲、牛山嘴、龙塘冲、磨家洲、荷叶塘、汤家嘴、瓦渣坪至南岸嘴入湘江,长6公里,较故道缩短2公里。

烂泥湖撇洪河 位于望城西北边境,为望城与湘阴、益阳界河。旧称乔口河,亦名乔江、柳林江。新中国成立前,春夏水盛时资江自毛角口分支东南流,会益阳烂泥湖水(烂泥湖纳兰溪、石坝湖、泉交河、侍郎河诸水)经水矶口东流至乔口入湘江。船只亦可经乔口河航行于湘、资两水之间。1952年冬至翌年春,堵截乔口河入湘口,1954年冬,再堵水矶口,阻烂泥湖水系北流,经湘阴茶湖潭、新泉寺入湘江。东端故道成为哑河。1975年冬,修建西起烂泥湖、东至乔口的撇洪河,北堵由云雷山出新泉寺水道,又掘开水矶口,驯烂泥湖水东泄。下游一段河床偏离乔口集镇,北移200米,并在出口处修建防洪闸和30吨位升船机台1座。整个撇洪河西起益阳三里桥,至马转坳进入望城西北边境,再经七里湖、湛湖、水矶口、顺风山至乔口防洪闸入湘江。流经望城边境12.7公里。

龙王港 又名溁湾港,望城境内一段称梅溪河。清末,善化陈运溶编《湘城访古录》称此水为曹塘河,或谓曹家河。源出白马庆云峰南麓,流经鲁家坝、社扶桥、真人桥,至桥头铺西纳烂坝子水。至千弓坝下有牌楼坝水自西南来,经谢家桥、马头坝汇入。至朱家洲有洪家坝水自北注入。至大坝嘴,又有尖山以东、谷山以南两溪流注入。至望麓桥出境,再经市郊咸家湖、溁银桥入湘江。

沙河 下游亦称霞凝河,源于汨罗市分水坳,经三姊桥、高家坊至杨桥界耙山入望城境,京广铁路平行于东侧。至杨桥村余水桥,东纳伍家冲水。至杨桥车站,有湖西冲水经大坝口自东北注入。至姚唐冲,有黑麋峰水经寿字石、沈背岭、沙田从东北注入。至桥头驿瓦碎塘,有黄金园、洪家冲水自西北注入。经王家坊至谭家巷,东纳桂花垅水,西纳落马桥水。进入低洼地带,经舒家套、柳树套、大围子、夹圳等一片小垸,至霞凝港出湘江。望城境内河长22.5公里。1958年冬,沙河改道,裁弯切直,上起杨桥双江口,下至谭家巷,从东南一侧循1953年围垦的翻身垸修建大堤至黄猫嘴,新开河道9公里,较故道缩短3公里。1973年冬,又将黄猫嘴至霞凝港出口一段河道拉直北移,长0.5公里。

黄龙河 起源借洞关,流经南星塘、杨家坪、慎家桥,从罾子港入湘江,河长10公里,流域面积27.9平方公里。

索　　引

说明：

一、本索引把年鉴的条目、正文中出现的人名（特载、统计资料、光荣榜、附录、单位领导名单除外）用主题分析的方法，按英文字母顺序排列。

二、类目、地名用黑体字标明。

三、索引名称后的阿拉伯数字表示内容所在的页码，拉丁字母（a、b、c）表示栏别（从左至右 分 1、2、3 栏）。

A

B

C

D

K

L

M

N

O

P

Q

R

S

Z